第六回日中学者中国古代史論壇論文集

中国史の時代区分の現在

中国社会科学院歴史研究所
一般財団法人　東　方　学　会

中国史の時代区分の現在／目　次

全体会

一　主旨説明――第六回日中学者中国古代史論壇の開催にあたって　池田知久　3
二　法律の儒教化と魏晋以降の制定法運動　楼勁　島田悠（訳）　5
三　人類史と東アジア史の時期区分　妹尾達彦　27
四　明代韶州同知劉承範の「利瑪伝」の発見とその内容及び価値　湯開建　周力（訳）　37

分科会（I）

一　秦漢聚落形態研究――あわせて宮崎市定の「中国都市国家論」について　王彦輝　髙橋康浩（訳）　91
二　漢武帝期の「堯母門」に関する試論　宋艶萍　池田雅典（訳）　119
三　「古典中国」の成立と展開　渡邉義浩　137
四　漢晋の道教における「静室」と斎戒制度の淵源に関する考察　王承文　冨田絵美（訳）　145
五　「霊宝略紀」と北宋初年における霊宝経の伝統　劉屹　冨田絵美（訳）　225

六　陰陽五行観念と魏晋南北朝時代の「祓災、滅災」　劉　洪　波　西念咲和希（訳）　241
七　西魏政権成立当初の宇文泰集団　黄　寿　成　三津間弘彦（訳）　265
八　中国文学史における近代――古典再評価の意味と限界　牧角　悦子　285

分科会（Ⅱ）

一　内藤湖南の時代区分論とその現代的意義　氣賀澤保規　295
二　身分制度より見る中国中世社会の変遷　李　天　石　袴田郁一（訳）　311
三　北宋東京街巷の時代特性と公共性質　梁　建　国　関　俊史（訳）　339
四　「崇士重商」宋代以降の徽州人による四民観――隆慶刊『瑠溪金氏族譜』を中心として　阿　　風　仙石知子（訳）　355
五　思想史から見た宋代近世論　小島　　毅　369

六　唐宋変革と明清実践——朱子学・理学を例にして　陳　支平　黒崎恵輔（訳）　377
七　明代思想の特色に関する試論　汪　學群　阿部　亘（訳）　389
八　元代の詩序にみる元人の詩学観　韓　格平　稀代麻也子（訳）　423
総合討論
一　全体会・分科会Ⅰ・総合討論を振り返って　石井　仁　451
二　分科会Ⅱを終えて　伊東　貴之　456
あとがき　渡邉　義浩　462
The Present State of the Periodization of Chinese History:　Watanabe Yoshihiro　1

中国史の時代区分の現在

全体会一

主旨説明——第六回日中学者中国古代史論壇の開催にあたって

池田知久

東方学会と中国社会科学院歴史研究所は、協定に基づいて二〇〇九年の第一回より毎年一回「日中学者中国古代史論壇」を開催してきた。二〇一二年の第四回論壇では、東方学会が主催し「中国新出資料学の展開」と題して、上海博簡・清華大学簡・湖南大学簡・北京大学簡等々の最新出土資料につき、中国側からの情報提供・研究報告を受けた。それと同時に、それらに呼応して日本側の諸研究を報告し、併せて質疑応答や討論などを通じて、日中間の学術交流をも行った。

その際、私は、目下のところ出土資料研究の大多數は、それぞれの専門領域の個別的具體的研究の段階に止まっているように見えることから、我々は近い將來、これを總括的理論的な研究の段階へと發展させる必要がある、という感想を述べた。特に必要性が感じられるとして、感想を述べたことは次の二點である。

第一に、以上の諸ディシプリンの共同・協力研究が進んだある段階で、個々のディシプリンによる研究成果を大きく總括しながら、思想・歴史・語學文學等々のそれぞれから成る中國古代文化の全體とは、一體いかなる形姿・内容を持つものであるかという、全體像を畫くことが必要ではなかろうか。また、そのようにして畫かれた中國古代文化の全體性の中で、思想・歴史・語學文學等々それぞれが、一體いかなる位置を占め、いかなる意義を有するものであるかという、全體性の構造を明らかにすることも必要ではなかろうか。

第二に、以上の出土資料研究によって明らかになった中國古代文化が、それ以前の殷・周の文化（思想・歴史・語學文學等々）やそれ以後の三國・六朝以降の文化と、一體いかに異なり、中國史の發展の中で一體いかなる歴史的特質を有するものであるかを、解明することも必要ではなかろうか。言い換えれば、かつて論爭されたことのある中國史の時代區分論や中國古代史の歴史的特質論を、伝世資料を使用するだけでなく出土資料をも活用し、思想・語學文學等々をも含めた文化全體の中で考えるという新たな觀點に立って、再度検討し直すことが必要ではないかと思う。「中國古代専制國家論」「東洋的専制主義論」等々を根本からひっくり返す新しい理論は、このような再検討の中からのみ生まれてくるものではなかろうか。以上である。

本年、開催される第六回「日中学者中国古代史論壇」のテーマは、「中国史の時代区分の現在——歴史学・思想史・文学の連携による——」である。報告は、それぞれの問題関心に即して行われるため、必ずしも出土資料を使用するものではないかもしれないが、かつて論爭されたことのある中國史の時代區分論や中國古代史の歴史的特質論を、思想・語學文學等々をも含めた文化全體の中で考えるという新たな觀點に立って、再度検討し直そうという試みである點において、第四回からの継続性を持つテーマと言うことができよう。

時代区分は、政治・経済・文化など全ての側面を含む全体として時代を想定し、歴史の流れをいくつかの時代に区分する。連続する歴史の流れを区分するのは、歴史に何らかの意味を求めようとする試みである。今日、日本や中国の学会においてそれが追究されなくなったことについて、例えば、平勢隆郎「中国社会の発展と時代区分論争」(『世界歴史体系 中国史1』山川出版社、二〇〇三年)は、次のように述べている。

近代にいたる以前の世界は、いくつかのより限られた世界に分かれており、それぞれの世界のなかも一様ではない。そうした相異なる世界をひとつのものさしではかることの妥当性が、つねに議論され、そして現在、ひとつのものさしを使おうとする研究は極端に少なくなってきた。この現状から出発し、将来に求められる対応は、ひとつのものさしを意識してしまう時代区分は意味がないとして放棄するか、発想の層を相互に比較しうるものさしをもとめつつ、地道に検討を進めるのかのいずれかしかない。

私は、時代区分を放棄するという立場には与みしたくない。平勢隆郎の言う比較史に関しては、例えば、岸本美緒「土地を売ること、人を売ること——「所有」をめぐる比較の試み」(『比較史のアジア 所有・契約・市場・公正』(東京大学出版会、二〇〇四年)は、

我々の「所有」概念を他文化に直接当てはめることはできないという、正当な、しかしネガティヴな議論にとどまらず、次のような形で問題を立ててみることができるのではないだろうか。……所有と自由との間のパラドクシカルな関係は、世界史上の様々な時代・地域に即して論じられてきたところであるが、必ずしも比較史的な視点からは十分には検討されていないと思う。自由なヨーロッパと不自由なアジアとを対置するのではなく、またアジアの「自由さ」を対抗的に強調するのでもなく、そもそも「自由」というものの多義性と複雑さを多様な歴史的事例の中で確認してみたいと思った。

と述べて、原理論的比較史の必要性を提起している。

もっとも、第四回会議で私が感想を述べた、思想・歴史・語學文學等々のそれぞれから成る中國古代文化の全體とは、一體いかなる形姿・内容を持つものであるかという、全體像を書くことが、それに先立ってもしくはそれと並行して必要である。このポイントから出発しなければ、意味のある比較史を推進していくことはできないと思われる。

今回の東京論壇は、わずかに一日という短い会議日程ではあるが、以上のような目的のために、例えば、研究史の総括、新たな理論の提起、将来の展望の開示等々を含めた、総合的な報告と討論を行ってみたいと考えている。

全体会二

法律の儒教化と魏晋以降の制定法運動

楼　勁
島田　悠（訳）

はじめに

　秦漢の情況と比べて、魏晋の『律』・『令』の体制が固まったことは重大な歴史の転換であった。中国・日本では、この方面では長期の研究の蓄積があり、優れた成果が認められる。近年から継続的にこの問題について検討している研究として、冨谷至氏の「晋泰始律令への道―第一部　秦漢の律と令」・「晋泰始律令への道―第二部　魏晋の律と令」の二つがあり、（一）この歴史的な転換と関連する問題についての学界の理解を深めたと評価できる。また、筆者にも『格』・『式』之源与魏晋以来敕例的編纂」があり、（二）『晋故事』以来の各種の敕例集が編纂され続け、当時の法律体系に影響を与えたことについて検討し、制敕や敕例を出来る限り統合していこうとする傾向にも『律』・『令』の効果と地位を強調しようとする精神が貫かれていることから、こうした動きは唐代の『格』・『式』の形成前史であって、魏晋の『律』・『令』体制の完成という転換期にも影響を与えた、制定法運動がさかんであったことの表れである、とした。（三）

　また、このように持続的かつ強く『律』・『令』の効果と地位が高まっていくという傾向は、魏晋以来の法制の発展の成果であるというのみならず、魏晋で『律』・『令』の法典化の完成が進められ、『晋故事』が編纂されるといった事態を進める原因となったと見ることができる。よって、本論文では、こうした傾向が結局どのように発生・発展してきたのか検討し、秦漢期よりも大きなものとなった魏晋期における法律体系の変化、魏晋以降の法制の変化の基本的な方向性についても指摘した上で、法史学界において看過できない一大問題について提起したい。

一、問題提起―西晋の律、令観とその前提

　制定法運動の発展に着目して魏晋期の立法を概観すると、まず曹魏が律の形態を整えて『新律』の法典的性質を突出させたこと、続く西晋では泰始『令』の形態が法典化されたこと、さらに『律』・『令』と並行して『故事』を編纂することで、『律』・『令』に協調的な作用をもたらし、新しい『律』・『令』の安定と尊厳を保障したこと、各種の制敕や敕例がまとめられたことなどが特筆される。こうした新傾向において、その立法活動の中で、制定法への自覚とその実現のための実践が持続的に行われるようになり、法律体系の発展の進路は秦漢期に歩んでいた道を逸脱し始めて、隋唐まで続く制定法運動への道に軌道を変えたのであった。

　こうした事実は、魏晋の君臣に、法典の性質、作用、地位に対して

従来よりも深い認識があったことを示している。また、当時の朝廷が法典によって刑事事件の裁判や各種の行政活動を統一的に行おうとし、同時に各種の敕例の効力を法典の下で発揮させようとしていたことからも、魏晋が制定法に傾斜していたことが分かる。ここでは先ず、西晋の泰始『律』・『令』が施行されて以後の、それに関連する出来事について考察し、当時の人々がこの傾向に対してどのような見方をしていたのかを示しつつ、『律』・『令』を厳守し、法律体系における、『律』・『令』の最も高い作用と地位を強調するというのが、当時の有力な趨勢であったということも示してみたい。

『晋書』巻三〇　刑法志には、恵帝の時、政治が多くの下僚によって行われ、それぞれが私情によって断を下すため、臨時の会議が多くなり、刑法が定まらず裁判に関する訴えが急増したことから、『律』・『令』を遵守するよう力説する大臣が現れたことが記されているが、その議論には、当時は既に基本的な定型として公認されていた、儒家的な法律観とその影響が多分にうかがえる。

ここでは、当時尚書であった裴頠の上表が先ず掲載されていて、

夫天下之事多塗、非一司之所管。中才之情易擾、賴恒制而後定。先王知其所以然也、是以辨方分職、為之準局。準局既立、各掌其務、刑賞相稱、輕重無二、故下聽有常、羣吏安業也。……刑書之文有限、而舛違之故無方、故有臨時議處之制、誠不能皆得循常也。至於此等、皆為過當、毎相逼迫、不復以理、上替聖朝畫一之德、下損崇禮大臣之望。臣愚以為犯陵上草木、不應乃用同産異刑之制。按行奏劾、應有定準、相承務重、體例遂虧。或因餘事、得容淺深。

とあり、この上表では、「先王」に名を借りて、泰始『律』・『令』によって「局《しき》りに準《なぞら》える」ことと「刑賞相稱う」ことが定められているとされており、そのために当時の法がありながら参考にせず、妄りに決裁を求める風習が止まないことに対する懸念が表明されている。とくに裴頠は、この弊害について、「上は聖朝畫一の德を替《すた》らしめ、下は崇禮の大臣の望を損なう」ものであるとし、新しい『律』・『令』の性質が従来とは大きく異なっており、厳格にそれに基づいて執行しなければならない旨が強調されているが、それでは一体「崇禮の大臣」が、「聖朝畫一の德」を体現しなければならないのは何故か。そして、どのように体現するのであろうか。

『晋志』は続いて、当時三公尚書となっていた劉頌による、裴頠の懸念に同調した上奏を掲載している。ここでは、

臣竊伏惟陛下為政、毎盡善、故事求曲當、則例不得直。盡善、故法不得全。……古人有言、「善為政者、看人設教。」看人設教、制法之謂也。又曰「隨時之宜」、當務之謂也。然則看人隨時、在大量也、而制其法。法軌既定則行之、行之信如四時、執之堅如金石、羣吏豈得在成制之内、復稱隨時之宜、傍引看人設教、以亂政典哉……又律法斷罪、皆當以法律令正文、若無正文、依附名例斷之、其正文名例所不及、皆勿論。法吏以上、所執不同、得為異義。如律之文、守法之官、唯當奉用律令。至於法律之内、所見不同、迺得為異議也。今限法曹郎令史、意有不同為駁、唯得論釋法律、以正所斷、不得援求諸外、論隨時之宜、以明法官守局之分。（四）

とあり、その大意は、泰始『律』・『令』は「人を看て教を設」（五）け、「時に隨いて宜を制」した結果成立したものであるから、泰始『律』・『令』は政治と教化の基本的な原則を体現しており、ゆえに「法官 局を守」り、「『律』・『令』を奉用」すべきなのだ、ということである。文中で提案されている、「名例に依附して之を斷ずべし」とは、先に引用した裴頠が述べている、「體例 遂に虧く」の語と対応しており、『泰始律』が「刑名」・「法令」篇の規定によって、「聖

朝晝一の德」に貫徹されていたことを示している。

『晋志』にはさらに、劉頌のこの上奏文が公卿の集議に下された時の、汝南王亮の奏議として、[六]

夫禮以訓世、而法以整俗、理化之本、事實由之。若斷不斷、常輕重隨意、則王憲不一、人無所錯矣。……周懸象魏之書、漢詠畫一之法、誠以法與時共、義不可二。今法素定、而法為議、則有所開長、以為宜如頌所啓、為永久之制。

とあり、「禮は以て世を訓じ、法は以て俗を整す……則ち王憲一ならざれば、人錯《お》く所無し」という一節からは、「人を看て時に隨う」ことで、その「教を設け」た泰始『律』・『令』と、それが体現する「聖朝晝一の德」は、礼を本として法を用いるという、礼法の原則とそれに関連する理念を中核にしていることをうかがうことができ、裴頠たちの「崇禮の大臣」といった表現もまた、全てこうした原則と理念が貫徹していると考えられる。

この三篇の上奏文は、まさにこの一点で完全に一致しているのである。その共通の背景は、泰始『律』・『令』が頒行されて以降、司法の過程は依然として漢代の『春秋』決獄、原情定罪の習慣のもとに「善を尽くす」ことと「曲当」を求めるもので、妄りに上奏して集議を要求し、法があるのに依拠しない、という情況であった。そのため上述の三名は、現行の『律』・『令』が全面的に先王・古人の法と教を設立した精神に貫かれていることを強調し、「周は象魏に懸け、漢は晝一を嘆ず」、「信なること四時の如く、堅きこと金石の如し」といった比喩を使い、法典によって司法の基準と権威が明確になったことを示し、厳格な法の執行を建議したのであった。『晋志』はその結果として、この上奏を定制とするという詔が下り、法官たちが妄りに司法を集議するよう上奏することを制限した、としている。このことは、三名の上奏が当時の泰始『律』・『令』が備える特性に対する主流の見解であったことと、それゆえに恵帝期の特殊な政治・法制問題を解決する方策として見なされたことを示していると言えよう。

これに関連して、『晋書』巻三四 杜預伝には、杜預が撰した『泰始律注』の一節を上奏したものとして、

法者、蓋繩墨之斷例、非窮理盡性之書也。故文約而例直、聽省而禁簡。例直易見、禁簡難犯。易見則人知所避、難犯則幾於刑厝。刑之本在於簡直、故必審名分。審名分者、必忍小理。

とあり、「理を窮め性を盡くすの書に非ず」とは、後の劉頌の上奏で述べられる、「事に曲當を求む、故に例 直なるを得ず。善を盡くさんとす、故に法 全きを得ず」と意味するところが同じである。また、『北堂書鈔』巻四五 刑法部・律令十三に、杜預の上奏が引用されて、

被敕以臣造新律事、律吏杜景・李復等造律、皆未清本末之意者也。

とあり、当時の法吏たちが「本末の意」を解さなかった、というのは、杜預が『律』注で述べた、「名分を審らかにするは、必ず小理を忍ぶ」という点を理解しなかったからである。裴頠の上奏文中の「中才の情は擾れ易し、恒制に頼りて後定まる」、劉頌の上奏文中の「人を看て時に隨うは、大量に在り、而して其の法を制す」なども、この点について述べるものと言えよう。

泰始年間に『律』が完成して以降のこうした言論が正そうとしているのは、すべて漢代以来の『春秋』決獄の風習や、司法の過程で「善を盡く」そうとすることであって、そのため各家の『律』注では「理を窮めて性を盡く」し、「小理を忍ぶ」ことで『律』・『令』の条文を最も高い価値のある状態にしようとしたのであった。これは、儒教や経学の法制に対する影響力を削ごうとするものではなく、法制が儒教・経学の影響下にあるからこそ、現在直接的かつ有効な統治方法を

所有していることを強調するものであり、泰始『律』・『令』が礼法の原則に貫徹され、儒教の示す法制原理を体現していることがその前提となっている。裴頠等が述べていない点として、上引の杜預は、「例直にして禁簡」の目的が「刑措」にあるとしている。「刑措」とは古の聖王たちが刑を用いた根本的な目的であり、泰始『律』の制定に参加した杜預もまた、これを『律』の根幹とした。杜預が要求する、「本末の意を清める」とは、いかにして刑措の「大道」を実現するのかを考えるということなのだろう。『晋書』巻三〇 刑法志は張斐の上表にあった『律』注を掲載し、そこでは、当時この「大道」が周知されていたことを明らかにしている。『晋書』巻三〇 刑法志に、

　五刑不簡、正于五罰、五罰不服、正于五過、意善功惡、以金贖之。故律制、生罪不過十四等、死刑不過三……以人得罪與人同、以法得罪與法同。侵生害死、不可齊其防。親疏公私、不可常其教。禮樂崇於上、故降其刑。刑法閑於下、故全其法。是故尊卑敘、仁義明、九族親、王道平也。

とある通りである。恵帝期に裴頠や劉頌などが『律』・『令』を厳守するよう要求したのは、泰始『律』・『令』が、従来以上に儒家的な主題に貫かれていたという事実によっていること、『春秋』決獄と同種のものや、司法の過程において「曲當」を求めることの根拠は既に失われているといった事実によっていることは既に述べた。そのため彼等は、厳格に「法を守」り、「局を守」るよう主張することが道義的にも必要であると考えていたのであり、再三抗議を行うという挙に出たのであった。さらに言うならば、当時の『律』・『令』が曹魏・晋初の定型を経て以降は、全面的に儒教の示す礼法が貫徹するものとなったのであり、漢の武帝の独尊儒術以来の、法律が実質的な政治を行う上での思想と儒教の示す法理が食い違うような局面はなくなったのである。法がありながら依拠しないという事態もあり得べからざるものとされ、司法の過程において経典を参照するという合理性が求められることになった。そこで、『律』・『令』の二部の法典を厳格に執行する重要性が飛躍的に高まり、観念的にも実践的にも、法典が法律体系の中で最高の地位を占めるに至ったのである。

　西晋における以上のような法律観の中で、杜預の述べる「刑を措くの本は簡・直に在り」といった見方や、張斐の、刑罰が簡明になってこそ「王道」に符合するのだといった論点は、泰始『律』・『令』頒行以降に形成されたものではなく、漢代の法律が煩雑であったことによる弊害が深刻であった、という一時期の見解を反映したものであり、彼らの基本的な立場は『漢書』刑法志で述べられている点と多く符合している。『漢書』刑法志は、魏晋の立法期にも存在していたことは間違いない。それゆえに、『律』・『令』が「大道」に符合するよう意識的に求められたのであり、『律』・『令』の作用と地位を強化したのみならず、法典が至上であるかのごとき主張が生まれることになったのではなかろうか。そして、曹魏・西晋の立法のあり方を決め、『律』・『令』の形態を進化させ、秦漢以来の法律体系を大きく変える要素となったのだろう。制定法運動が盛んになった原因[七]を考えると、魏晋以来の新たな『律』・『令』体制を発展させることになった多くの原因の中で、陳寅恪先生が問題提起を行い、瞿同祖先生が論証した「法律の儒教化」の過程が注目される。この点について、従来とは違った視角から考えてみたいと思う。

二、「法律の儒教化」の命題とその内実・背景

　近年、少なからぬ研究者が「魏晋以降の法律の儒教化」の命題につ

いて再検討を行っているが、その中には、戦国・秦漢の法律が、既に儒家が尊重するところの倫理や身分を少なからず体現しており、儒家の学説が法律に影響しているという理由で、法律における儒・法の融合の起点は戦国時代であって、秦漢でこうした流れが顕著となり、漢の武帝の時代にその大勢が定まった、という主張も見られる。(八)

こうした議論の多くは、旧説に対する疑義を、新出の簡牘資料を使って補おうとするものであり、これまでの知見を深化させてきた面も認められる。しかし、儒学が法律に与えた影響がどの程度前倒しされようと、「魏晋以来の法律の儒家化」という命題の成立とその価値は不変であり、魏晋の時代は「儒家の学説が法律に浸透し改変を行った」度合いが最も顕著で深かった転換期であったことは否定し難い。

『律』・『令』が儒教の経典で示される礼法の原則と法制理念に貫徹されている事実を無視することはできない。瞿同祖先生に代わって、次の言葉を強調しておきたい。—この転換期は、本来漢の武帝の独尊儒術以来、政治や制度に儒家の学説が次第に浸透していったことが元になって発生したものであり、これを「法律の儒家化」と命名し、魏晋以降の法律が秦漢の転換期よりも変化の度合いが大きかったことを示すものとする。(九)—

春秋晩期に儒家が形成されて以来、戦国時代の百家争鳴に至ると、儒家は八の流派に分離して、各家の学説の異同が顕著になる一方、相互に交流したことで、各国・各時期の政治と制度が受けた影響の来源は多岐にわたっており、さらに、各学派も当代の社会の基礎的な倫理と身分観が浸透していたため、こうした前提の下では、「儒家の影響」はあり得るとしても、「儒家化」の進展を論じることなどは到底不可能である。厳格に言えば、いわゆる「儒家化」は、漢の武帝の独尊儒術以降に初めて成立するものであって、儒学が官僚の意識形態に浸透しうる地位を確立しなければ、政治の様々な局面や制度に整合的な影響をもたらすことはできない。そして、その具体的な進度も、各時期の儒学や各領域の状況によって変動することは免れないのである。

この点について再び考察を加えてみたい。官学や察挙などの領域に比べて、法律の儒家化は相対的に停滞していた。『漢書』巻二三　刑法志の末尾には、班固が漢代の刑獄が多すぎる弊害を述べているが、その際に班固はこの点についても言及している。ここでは、

> 原獄刑所以蕃若此者、禮教不立、刑法不明、民多貧窮、豪桀務私、姦不輒得、獄豻不平之所致也。書云「伯夷降典、悊民惟刑」、言制禮以止刑、猶隄之防溢水也。今隄防淩遲、禮制未立。死刑過制、生刑易犯。饑寒並至、窮斯濫溢。豪桀擅私、為之囊橐、姦有所隱、則狃而寖廣。此刑之所以蕃也。……自建武・永平、民亦新免兵革之禍、人有樂生之慮、與高・惠之間同、而政在抑彊扶弱、朝無威福之臣、邑無豪桀之俠。以口率計、斷獄少於成・哀之間什八、可謂清矣。然而未能稱意比隆於古者、以其疾未盡除、而刑本不正。……豈宜惟思所以清原正本之論、刪定律令、簒二百章、以應大辟。其餘罪次、於古當生、今觸死者、皆可募行肉刑。及傷人與盜、吏受賕枉法、男女淫亂、皆復古刑、為三千章。詆欺文致微細之法、悉蠲除。如此、則刑可畏而禁易避、吏不專殺、法無二門、輕重當罪、民命得全、合刑罰之中、殷天人之和、順稽古之制、成時雍之化。

とあり、班固はここで、「禮教立たざるは、刑法明らかならざればなり」、「疾未だ盡く除かれざるは、刑の本正されざればなり」と再三強調し(一〇)、前文で力説した「大議立たずして、遂に以て今に至る」の論点をさらに展開している。そして、その解決方法として、「正本を清原するは、『律』・『令』を刪定するなり」と述べている。

これに対応する思考と実践は、『晋書』巻三〇 刑法志に掲載された、後漢の章帝の時の尚書陳寵が、儒教の経典を規範として刑を定めようとしたことであり、「讞ずること五十餘事、定めて令に著す」という結果を出すに至っている。さらに、和帝の時代に廷尉となった陳寵は、『律』・『令』の删定を次のように要求している。『晋書』巻三〇 刑法志には、

臣聞禮經三百、威儀三千、故甫刑大辟二百、五刑之屬三千。禮之所去、刑之所取、失禮即入刑、相為表裏者也。今律令、犯罪應死刑者六百一十、耐罪千六百九十八、贖罪以下二千六百八十一、溢於甫刑千九百八十九……宜令三公・廷尉集平律令、應經合義可施行者、大辟二百、耐罪・贖罪二千八百、合為三千、與禮相應。其餘千九百八十九事、悉可詳除。使百姓改易視聽、以成大化、致刑措之美、傳之無窮。

とあり、この上奏は、陳寵がまもなく罪を得たために施行されることがなかったのであるが、礼法の原則を述べている点と、「經に應じて義を合わせ」て、『律』・『令』を删定するよう要求している点は、班固の議論と同根であると言えよう。

こうした議論は、後漢以降の士大夫の、漢が成立してから二百余年の法律体系に対する見解を代表するものであり、漢初以来の法律が多すぎる弊害を指摘しているように見えるが、その実、武帝が独尊儒術を確立して以降、影響力が次第に大きくなってきた「徳を主とし刑を輔とす」る原則をさらに進め、『律』・『令』を删定することで、礼・法の関係や法律の体用関係などの根本を明確にするよう求めるものだったのである。

ここで注意せねばならないのは、後漢以降の士大夫たちのこうした立法に関する主張が、儒家が尊んでいる統治の方略と礼・法の関係の枠組みを法律の体・用に組み込むことだけではなく、儒教の経典が述べる法制を規範として法律を改めること、特に、聖王の治に象徴される理念や概念を『律』・『令』に可能な限り反映すべき点にも及んでいたことである。

先述の班固の議論のように、『周礼』中の「五聴・八議・三刺・三宥和・三赦の法」を刑事立法の基準にしようとした試みは、曹魏でついに「八議」が『新律』に編入されるきっかけになっており、「五聴」の類も『新律』に編入された可能性がある。『泰始律』の「礼教の防を峻くし、五服に準え以て罪を制す」などは、班固が力説した「刑本」を体現しているのみならず、「八議」に見られる礼制の身分・等級をも反映している。（二一）また、班固・陳寵が删定を要求している『律』・『令』は、大辟の二百章を減らすと三千章であり、『尚書』呂刑篇で述べられている数に合致する。（二二）また、「礼と相合す」とされているのは、『礼記』中庸篇の「威儀三千」が体現する礼法合一のことであろう。（二三）泰始『律』・『令』は合計二千九百二十六条あり、概ね三千の数と一致しているのは、班固・陳寵が述べた観念が影響を与えたからかもしれない。

このように、まさしく武帝の独尊儒術以来、法律の分野は「大議立たず」、「刑本正されず」という停滞的な状況である、という認識が主流になっていくことで、後漢では「正本を清原す」、「経に応じ義に合す」べきであるという旗幟のもとに、それにかなうような『律』・『令』を删定すべきであるという主張が行われ、魏晋の立法における基礎と思想が定まり、儒家の尊重する理念や原則を『律』・『令』の条文に貫徹させ、その実現をはかるべきだ、とされるに至った。『晋書』刑法志で述べられる魏晋の立法の背景は、『漢書』刑法志で述べられる法律の体用問題に関する論述と同様であり、晋唐間の

歴史家が、魏晋の立法と法律は、班固が述べた立法の問題提起と同じ方向性で実現したと認識していたことがうかがえる。[一四]

よって、歴史的に見ると、いわゆる「法律の儒家化」とは、儒学の法制に対する影響がさらに進んだと言うよりは、儒家の経典に示される礼・法の関係と原則、理念を基準に法律を作り直したものであって、漢の武帝の独尊儒術以来、法制の分野で形成された問題とその解決の検討に即して発展した、歴史的進化の過程であった。瞿同祖先生が法律の儒家化の過程を魏晋から隋唐までと規定したのはこうした意義があるのであって、立法・法律の全体的な状況を総合して行われた判断なのである。[一五]

三、法律の儒家化と制定法運動の関連

法律の儒家化が、「儒家の経典で示される礼法の関係の原則、理念によって法律を改める」ものであるならば、制定法運動の開始と発展にも関連があることは容易に理解できるだろう。

立法の過程から見ると、儒家の経典で示された礼・法の関係の原則・理念が全面的に『律』・『令』に貫徹されたことで、朝廷は実際の業務として、各種の儒家の経典や注疏に表れるこうした原則や理念の経義を統一して標準的な解釈を示し、それを『律』・『令』に再び盛り込むことが必要になった。しかし、これは敕例が下される度に随時簡単に編集できるようなものではなく、法律の条文の一部を改正・補充して出来るという訳でもない。討論や斟酌を繰り返し、新しく条文や篇章を起草し構成しなおすことによって、以前の法律ではカバーできなかった礼法解釈を取り込み、中心的な思想を反映させることが可能となり、関連する項目の構成、条文の関連性や各項で規定されている内実を統一させることができる。特定の観念や範疇を反映させるのであれば、全面的に条文や篇章を改定し、これまでの法律が備えていなかった系統性・普遍性・安定性を体現できてこそ、厳格に「法典」を編纂することができるのである。

魏晋の『律』の制定について言うならば、『刑名』篇の創設は曹魏の『新律』が『律』の形態を改め、法典化していくための重要な一歩であり、制定法運動が始まったことを示す象徴的な出来事であった。『新律』が「罪例を集めて以て『刑名』と為し、『律』の首に冠た」らしめた理由は、方法論的には名理学の影響を受けたからであるが、内在的・直接的な原因は、それに先立って確立された、「更に古義に依りて制して五刑と為す……凡そ三十七名、以て『律』の首と為す」とした綱領であった。[一六]このような、儒家の経典に付会した刑名の綱領が確立したことは、法律の儒家化が進展していたことを表している。また、『律』の体例と内容が進化していたことも、『新律』のほかの各篇の条文の規定と配列からうかがうことができる。曹魏以降の王朝の立法は、儒家の経典の内容を参照して討論を行って「五刑」を調整していったが、その基礎となったのは、歴代、議論が紛糾した「肉刑」の存廃問題であった。このように、法律の儒家化はその開始段階から、制定法運動の不断の展開に影響を与えていたのであった。

「八議」が『律』に導入され、「親・故・賢・能・功・貴・勤・賓」の八点は『周礼』の概念を出展としていたが、実際は人間社会の様々な身分や関係をカバーするものであり、一度明確に有罪が確定すると、集議してこの法律的身分に即して量刑と生殺与奪を決めねばならなかったので、儒家の経典が示す礼制身分に関する内容は『律』の前文に浸透することになった。その『律』文規定への具体的な影響は、『晋書』刑法志所収の『新律序』に、

改賊律、但以言語及犯宗廟園陵、謂之大逆無道、要斬、家屬從坐、不及祖父母・孫。至於謀反大逆、臨時捕之、或汙瀦、或梟菹、夷其三族、不在律令、所以嚴絶惡跡也。賊鬭殺人、以劾而亡、許依古義、聽子弟得追殺之。……正殺繼母、與親母同、防繼假之隙也。除異子之科、使父子無異財也。歐兄姉加至五歳刑、以明教化也。

とあり、『新律』の条文の要旨を概括すると、引用されている「家屬」および「祖父母」、「孫」、「三族」、「子弟」、「繼母」、「親母」、「父子」、「兄姉」などは、長期間法律や司法活動に影響している、親族関係を表す言葉だが、『新律』ではこの分野に新たな傾向が見られる。各種の定罪、量刑の規定の中で、細かい親疎の区別があり、親族関係の序列を新たに定めさせることになった背景があったことが察せられる。少なくとも、「八議」中の「議親」が『律』に反映されたからには、儒家の経典が示す各種の親族関係をもとに整理や再定義が行われた上で、関連する『律』の条文を制定したのは間違いない。

「五刑」が刑名の綱領の発生に影響を与えたように、「八議」が『律』に導入されて各王朝の祖形となった際も、儒家の経典中の関連する概念や当時の礼制などの状況を総合して新たに八種の法律的身分を制定し直したのだろう。この点からも、制定法運動の持続的な発展をうかがうことが出来る。

このように見ると、『泰始律』の「礼教の防を峻くし、五服に準え以て罪を制す」は、まさしく「八議」が『律』に導入された際、その法理を継続して発揮させるためのものであったのだろう。大逆無道の罪が「祖父母・孫に及ばず」、「其の三族を夷すも、『律』・『令』に在らず」となっているのことから、『新律』は区別して扱う親族の範囲を「三族」(一七)以内に止め、父子関係をその中核に置こうとしていることがわかる。『泰始律』は親族関係を「五服」以内に止めることを明確にしており、当時の立法は『儀礼』喪服篇などの記述を参照せねばならず、『律』の文が関わる親族関係も調整が進んでいた。「五服に準え以て罪を制す」という原則が確立すると、『儀礼』喪服篇などに示される五服の範囲や内容を、特定の法律上の権利や義務に転化させて表明しなければならなかった。『泰始律』は儒家の経典で示される「親親」、「尊尊」(一八)といった礼制の中心概念を、これまでの王朝と比べて最も反映しており、『新律』よりも全面的に儒家化が徹底していることがうかがえる。

その他の『晋書』刑法志に掲載されている『泰始律』を前掲の『新律』と比較してみたい。まず、

……除謀反適、養母出女嫁、皆不復還坐父母棄市……重姦伯・叔母之令、棄市。淫寡女、三歳刑。崇嫁娶之要、一以下娉為正、不理私約。

とあり、泰始年間に『律』が定まり、儒家の経典で示される「五服」と婚姻関係のあり方の解釈され、具体的な条文として結実していることがうかがえる。『泰始律』では新たに諸侯篇を設けているが、『晋書』刑法志は「周官」に関する解釈をもとに成立したとしており(一九)、近年、甘粛玉門花海出土の『晋律注』残文には、その中の「諸侯律注第廿一」に属するもの(二〇)が、

貢賦□廃王職不〔
擅□土田□□□〔

と二行残されている。ここでは、諸侯国の「貢賦」と「土田」などに違法した場合の処罰規定について記されており(二一)、『尚書』周官篇や『周礼』地官司徒篇などの関連する内容の影響がうかがえる。これらは全て、西晋における法律の儒家化の進展を表すものである。

特に指摘しておかねばならないのは、『泰始律』が礼を法に導入し、

儒家の経典をその条文の要旨に取り入れるものであるから、現存する『泰始律』の佚文を補って全体像を推測することができることである。張鵬一が編集し、徐清廉が校補をした『晋令輯存』巻三　復徐令第十一輯に、『晋令』の一条が、

　庶人遭三年喪者、復徐傜役。

とあり、この文が本当に『晋令』の佚文であるのか、という点はなおも問題があるが、『晋令』にこのような規定があったことは間違いない（一二）。泰始元年、武帝が吏民に父母の三年の喪に服するよう詔を下した際、庶人には二年の復除をさせたが、こうした規定が泰始三年の立法の際に勘案され、最善の形で『令』に編入されたことが想定されるからである。その根拠となるものが、『太平御覧』巻七七五　車部四・驛車所引『晋令』に、

　乗伝出使、遭期喪以上、即自表聞、聴得白服乗驛車、副使摂事（一三）。

とあり、儒家の経典の喪に関する概要の中で、喪制と「五服」は密接な関係があり、ここで言う「期喪以上」とは、三服のうちの喪の期間が一年以上の親族の喪を指し、父母のために「斬衰」の三年の喪に服することも含む（一四）。よって、この『晋令』の条文は、五服喪制が『令』に規定され、『泰始律』と共に、「五服」が罪を定める制度に組み込まれたことを示している。

また、『初学記』巻二七　宝器部・絹第九が引く『晋令』には、

　趙郡・中山・常山国輸縑当絹者、及余処常輸疏布当綿絹者、縑一匹、当絹六十丈。疏布一匹、当絹一匹。絹一匹、当綿三斤（一五）。

とあり、各王国の貢賦の制度が逐一『令』に定められており、儒家の経典に定められている、諸侯はその土地の特性に応じて租税を送り届けるべき、という記述が具体化されていることが分かる。上引の『諸侯律注』の王国の貢賦に関する処罰規定も、欠落があるものの、『令』で制度を定めて『律』でその罰則を決めるという、相補う関係になっていたことをうかがわせるものである。

『魏書』巻一八　太武五王伝・臨淮王譚伝附元孝友伝などには、東魏の時の上表が、

　古諸侯娶九女、士有一妻・二妾。晋令、諸王置妾八人、郡公・侯妾六人。

とあり、「古の諸侯 九女を娶る」は『春秋公羊伝』を典拠とし、後漢の『白虎通』嫁娶篇にもこの一節の引用があり（一六）、媵婚制のもと、諸侯は妻を一人、妾を八人娶ることができた、としている（一七）。鄭玄が今・古文経学を総合してからは、天子・諸侯の嬪妃の制度は、魏晋以来は周公の定めた礼の産物と見なされ、広義の「周礼」（一八）に属するものとされたが、『晋令』が諸侯王の妾を八人、公・侯がそれより少ない六人とされているのもこれに基づいており、当時、「周官を撰して『諸侯律』を為」したという記述にも符合する。

こうした事例からは、泰始年間、儒家の経典が示す礼法の関係の原則と理念を法律に貫徹させる際に、『律』・『令』の制定だけでなく、それが経典に対応しているかという点も新たに顧慮せねばならなくなったことが分かる。これは、西晋の政治と様々な制度の儒家化が更に進んでいったこと、「諸生」出身の司馬氏たちが「令」の法典化に重要な働きをしたことも深く関係している。その原因は、前述のように、事あるごとに随時敕例を出してそれをまとめていくだけでは、儒家の経典に示される礼法観念を体現することが困難であり、新たに制定法を起草することによってのみ、要求に合った形式にすることが出来るからである。特に、現行の朝廷と合わせるためには、儒家の経典が示す原則や理念の相互関連を討論してよく勘案し、それをよく反映した『律』・『令』の条文を作成するためには、制定法がなければ不可能

である。

ここで、再び杜預の「法は縄墨の斷例にして、理を窮め性を盡くすの書に非ず」という見解を見ると、泰始年間の立法が儒家の経典を反映していたことに対して疑義を展開していることが分かる。かつての各『律』家もまた、このために議論が紛糾していたために、杜預はさらに、「文約にして例直にして、見易く犯し難」くするよう要求しており、法典の文例を起草する際に、従来のように煩瑣な論証を重ねたり、微言大義[一九]を行うことがないよう強調している。このように、一つの礼法観念を貫徹させるには、刑事領域のみならずあらゆる制度をカバーし、その文は簡約で意味が明白でなければならず、泰始『律』・『令』は、相互に関連する形にすることで、様々な関係のない文字を削ることに成功した。結果としては、漢魏の轍を踏むことはなく、敕例を『令』として折々に編集していくことで『律』の規定を補うという規定によって、『律』が罪名を定め、『令』で制度を定めるという、両者が共に法典として相補う新しい体制が形成されたのであった。これは、法律の儒家化が発展したことで起きた、きわめて重要な作用であった。

司法の過程においては、儒家の経典に示される礼法の関係の原則と理念が『律』・『令』に貫徹されたことは、秦漢の法律のあり方が大幅に変化したことを示しており、法律において「大議」が確立し、「刑本」が正されたという新局面が出現することで、『律』と『令』の新法典による司法の厳粛性と権威性が強化されたのであった。恵帝の時代の裴頠らの上奏について先に検討したが、ここでは、当時の法官たちが旧習から脱し切れず、儒家の経典が示す法制のあり方を具現した泰始『律』・『令』に適応しきれていない段階であったために、裴頠らは再三にわたり「聖朝畫一の徳」を説き、断罪は必ず『律』・『令』の正文に依拠し、正文がなければ「名例」が示す法意に依拠して断ずるべきだ、と厳しく要求したのである。

実際、同様の申告は既に恵帝以前から司法問題の焦点となっており、例えば、『晋書』巻五九 趙王倫伝には、武帝の時のこととして、

> 封琅邪郡王、坐使散騎將劉緝買工所將盜御裘、廷尉杜友正緝棄市、倫當與緝同罪。有司奏倫爵重屬親、不可坐。諫議大夫劉毅駁曰、「王法賞罰、不阿貴賤、然後可以齊禮制而明典刑也。倫知裘非常、蔽不語吏、與緝同罪、當以親貴議減、不得闕而不論。宜自於一時法中、如友所正。」帝是毅駁、然以倫親親故、下詔赦之。

とあり[三〇]、当時は『律』・『令』が頒行されて間もなく、そのことについては、当時の法官が「礼制を斉え典刑を明らかにす」る根本が貫徹していたとしても、「親・貴 減を議する」という『律』の文をどのように執行するかという問題があったことからもうかがうことができる。これは「八議」が『律』に導入されてから、法を執行する上でつきまとってきた典型的な問題であるが、劉毅は『律』に依拠して罪が定まってから減刑を議論するべきであるとし、法とその執行に関する道理を明らかにして、『律』文の規定が厳密であることを強調しているのであった。彼の議論からは、法律の儒家化が必然的に法の厳格な執行の論理を強調しがちであることを示している。

とは言え、『律』・『令』の二部の法典による司法の厳粛性・権威性を強化するには、制敕・敕例と法典の関係をどのように位置付けるのか、という問題を解決せねばならない。先述の『晋書』刑法志にあった恵帝時代の劉頌の上奏文には、

> 夫出法權制、指施一事、厭情合聽、可適耳目、誠有臨時當意之快、勝於徵文不允人心也。然起為經制、終年施用、恒得一而失十。故小有所得者、必大有所失。近有所漏者、必遠有所苞。故諳事識體

者、善權輕重、不以小害大、不以近妨遠。忍曲當之近適、以全簡直之大準。不牽於凡聽之所安、必守徵文以正例。毎臨其事、恒御此心以 決斷、此又法之大概也。

と言及されており、ここで言う「法」は泰始『律』・『令』のことに他ならず、(三一)「法を権制より出だす」とは、『律』・『令』を「経制」の外に出すことであり、随時政務を処理する際に、それに関連することを規定する制敕や敕例が「権制」のことであると見てよい。劉頌がここで述べているのは、「経制」の『律』・『令』は、遠にして大なる性質と簡にして直なる形態が必要で、臨時に下される制敕や敕例のようであってはならない、ということである。ゆえに、君臣はみな『律』・『令』を司法の基準として、制敕や敕例でこの「大準」を妨げてはならず、何事もこれを基準にして正確な判断が要求される、と述べている。この「経制」と「権制」の区分は、制敕や敕例は、『律』・『令』のもとで補助的な作用を果たすべきであるという認識の表れであり、劉頌の主張は、法典をもとに敕例がまとめられていく趨勢の嚆矢であって、後に多大な影響を与えることになる。(三二)

このように、法律の儒家化の進展とは、儒家の経典が示す礼法の原則・理念に沿って行われた法律の改定であって、その中で制定法の作用とそのしかるべき地位が強調されたのであった。こうした立法においては、聖王の治理の道と社会の公義が示されねばならないとされ、そのためには法の篇章と条文が統一され、かつ齟齬があってはならないとされたことで、さらに法や敕例の法典化が進んだ。同時に、司法の過程において法典の地位が必然的に高まって、国を挙げた行政の権威性と厳粛性を発揮していくためにも、敕例の作用と特色をより明瞭にしていかなければならなくなったのである。

四、古文経学と法律の儒家化、制定法運動

以上のような認識を本に、法律の儒家化と制定法運動の関連を考えると、二つの問題が浮上してくる。先ず考慮せねばならない問題は次の通りである。儒家の経典の形成・伝承・解釈はそれぞれ異なった過程で行われており、それぞれ異なった経典の本文と学説には、全く異なった背景と影響がある。魏晋以降、法律の儒家化と制定法運動が起こった理由を考える際に、この点は注意が必要である。今文経学が古文経学に全面的に取って代わられたのも魏晋から始まり、その流れは大体において以降も変わることはなかった。(三三)

法律の儒家化と古文経学の間に関連があることは確実である。先述のように、後漢の班固が法律の儒家化を説いた際、「復古」、「稽古」を強調していた。(三四)曹魏の『新律』と西晋の『泰始律』もまた、「古義に依」り「五刑」を定め、「八議」を取り入れていたのであった。ここで言う「古」とは、古の聖王の治に倣うという寓意ではあるものの、古文経学の主旨に合うように取り計らわれている。(三五)後漢の陳寵の立法に関する主張が班固とほぼ同じであったのは、史書が伝えるように、「家 法律を傳え經書に兼通」していたからだろう。(三六)祖先の陳咸が王莽の「講禮祭酒」(三七)となったように、家学として古文経学に通じていたのであった。曹魏で立法を行う際も、漢代以来の各家の『律』注を整理したが、「但だ鄭氏の章句のみ用い、余家を雑《まじ》えて用いるを得ず」との詔があり、鄭玄の学は今文・古文を総合して「通学」(三八)と称されてはいたけれども、その基底にあったのは古文経学であった。西晋の立法で重要な役割を果たした杜預は『春秋左氏伝集解』を編纂したが、彼も本来は古文経学の大学者であって、彼が編纂した『律』注も自ずとその影響を受けている。張斐は『上律注表』で、『泰始律』が罪人

の罪を決定する際は、犯人の「声色」、「視息」を精査するべきであるとしているが、これは、古文経学で最も代表的な経典の一つであった、『周礼』の「五聴」の説の影響を受けたものであった。

後漢以来士大夫たちが主張してきた、「正本を清原」し、「経に応じて義を合わ」せ、『律』・『令』を定めるべきだという主張は、魏晋で現実のものとなり、法律の儒家化に沿って行われた。これは後漢以来の古文経学の影響が次第に大きくなり、魏晋で官学の地位にまで上昇したことと無関係ではない。古文経学が主導してきた理論展開と解釈は、今文経学と比べて「古に託し制を改」めることに適しており、法律の儒家化の過程で行われた立法に関する主張にも合致していた。古文経学の興隆は、法律の儒家化の過程で依拠すべき経典とその解釈を提供しただけではなく、法律の儒家化が進展する上での基礎的な動力源をも提供したのであった。

古文経学と制定法運動の始まりがどのように関連するのか、というのは注意すべき問題である。漢の武帝による独尊儒術以来の全体的な趨勢は、政治社会の多方面に対する経学の影響が次第に大きくなっていく、というものであった。そして古文経学の内容と形態には、今文経学と比べると、制定法観念を実践し発展させる上で有利な特色があった。それは、学界で既に提起されている玄学ないし名理学である。

例えば、古文経学における重要な経典である『周礼』は、「周公太平を致すの法」と見なされ、その内容から形態まで、古代の聖王の治世に仮託された、理想的な制定法であると考えられてきた。『周礼』は前漢末から実際の制度を調整する役割を果たし始め、王莽の時代は古に仮託した制度改革の際の重要な藍本となり、後漢以降も影響力が強まっていく中で、先述したように班固の論では『周礼』の多くの法制が引用された結果、魏晋で「八議」や「五聴」が『律』に取り入れられ、他の箇所でもこれを参考にして礼儀・職官などの制度が整えられていった。[三九]『周礼』はその影響力が大きかったのみならず、様々な法制の実施や制度改革・制度の立案なども主導していったのであった。『周礼』の「聖王の制定法」の影響は次第に大きくなり、制定法の作用と地位が強調されていくことで、人心にも浸透していった。漸次影響を拡大していった古文経学が魏晋で官学に立てられたように、『周礼』の、特に法律を含めた各制度や行政に対する影響も拡大していき、制定法の理念と実践を発展させていくことになったのである。[四〇]

先述のように、鄭玄の学問は今・古文学を総合して「通学」と称されたが、その基底は古文経学であった。鄭学は後漢末から流行し、魏晋では官学に立てられた各家の古文解釈において特別な地位を占めるに至り、当時の古文経学の状態と命運は鄭学が握っていた。[四一]鄭玄の晩年は隠遁状態で、「先聖の玄意を述べ、百家の斉わざるを整」[四二]えるという、後世で議論を呼びそうな経義解釈を、先聖の本意に統一しようと努めるものであった。この先聖の本意とは、「三礼」、特に『周礼』に最も体現されているとされたので、鄭学の核心は「三礼注」、そのうち特に『周礼』を重んじるもので、[四三]そのため後世の経学家たちから、鄭学は「礼学」とも称されるようになる。[四四]鄭学の目指すところを概括するならば、古礼における論理を簡易にしつつ再現し、古礼と現在の秩序を融合させて、現在における礼を形成していく、というものであった。鄭学の影響力が拡大すると同時に、経学における礼学の地位も大きくなっていき、魏晋以降は『礼』こそが六経の「本」であるとされた。[四五]漢魏以来、規範について論じられる際は「礼」や「律」が挙げられてきたが、[四六]それは当時の士大夫の礼法に関する理論への認識が深まったからである。そこで、『周礼』の地位が向上し、鄭玄の『周礼』への注解が礼学の中心となってくると、『周礼』に基づく立法活動が重要なものとなってくる。すなわち、法律の儒家化が進んで、礼を重視し、礼法の関係の研究が進んでいっても、制定法の理念と実践は『周礼』に範を取ることによって行われたのであり、さらに、その背後には鄭学の影響があったのであった。

『周礼』の典籍もしくは鄭玄という学者が存在しただけでは、その影響力は両者が結合した水準には至らなかっただろう。古文経学は、経文と注釈が分化し、時代にあった注釈が生まれていく点に特色があり、それは両漢以来発達してきた政治と社会の需要に合ったものであった。魏晋以降、官学としての古文経学の地位が確立されると、法律の儒家化と制定法運動を主導することになっていくのであった。

古文経学と制定法運動の関連の、別の側面についても述べておく必要があろう。経学が政府の意向を再現することに傾注するようになれば、儒家の経典が示す理論を貫徹させ、法の本文を定めその字句と示す意味を明らかにしようとするようになってくるのも当然である。これは経学が法律を実施していることとほぼ同義であって、礼経・礼文の実践と法律の実施が次第に共通するものとなっていかざるを得ない。この点がまさに、古文経学が今文経学と大きく違っていた点であり、古文経学が制定法に関与していくことによって、法定主義の拡大にも寄与することになっていった。今文・古文経学の法制における特徴は、以下のようにまとめることができよう。

第一に、今文学では経典の口伝心授が重視されたが、古文家たちは古伝の写本を重んじた。これが法制に表れるとすると、今文学では『律』の文意は法吏の間で以心伝心されて、文字では残らないことになるが、古文学では法典の定本を重視し、その内容を増減しないように努めるだろう。第二に、今文家は一つの経典の解釈に専念し、師や家伝の教えを墨守するが、古文家は様々な経典に通じて全体的な道理を会得しようとする。よって、今文家が法家の学問を身につければ、それぞれの分を守って互いの長短を意識せず、各々が勝手に『律』注を作ろうとするだろうが、古文家は法典の規定を照らし合わせて補い合ったり、異なる法典の内容や条文を一貫させようとするだろう。第三に、今文家は微言大義を好み変わった議論を行うが、古文家は文字の訓詁や語句の意味が通じるかという点を重視し、論理をはっきりさせようとする。よって、今文家が法官に類する存在となれば、自由裁量に任せて前例を根拠に『律』を破ったりもするだろうが、古文家は法典の決まりに違わないようにして、法の執行もその条文を明らかにして曲解を許さないだろう。第四に、今文家の経典の解釈は難解で、その字句も増えていく傾向にあるが、古文家は本文に沿った注釈を心掛け、比較的簡約である。よって、今文家が法官となれば各種の敕例を際限なく出し続け、机も処理しきれない敕例に埋もれることになるだろうが、古文家の法典の条文は分かり易く、無駄な文字がないものとなるだろう。

このように、全体的な特徴は、今文経学は非法定主義的であるけれども、古文経学は法定主義に近い。古文家は経典を実行すべき法典のように扱い、万人が遵守できるように取り計らうが、今文家にとっての経典は比肩する物のない聖なるものであって、経典の内容の実践は、条文をその通りに機械的に実行すればよいというものではない。この両種の経学の体系と気風を法律や司法分野に適用してみると、各種の敕例の取り扱いや司法解釈において大きな違いが発生する。これもまた、法律の儒家化と制定法運動の始まりが魏晋以来の古文経学の時代に見られた一因と言えるだろう。

五、礼典と「律」・「令」の編纂の同時展開

法律の儒家化と制定法運動の関連を考える際、注意すべき問題は、魏晋以降『律』・『令』と礼典の編纂が相互に関連する制度設計として行われるようになったことである。本来、法律の儒家化は礼・法の関連において行われるものであるから、礼を法に導入する際に礼文・礼制も整備せねばならず、そうして初めて原則と理念を統一・明確にし、『律』・『令』に組み込むことができる。また、礼・法の規定をいかにバランスよく定めていくかという問題も発生するが、そのためには、後漢の陳寵が、「礼の去る所は、刑の取る所にして、礼に失わば即ち刑に入れ、相表裏と為す者なり」と述べたことを基礎として、礼典と『律』・『令』を編纂していけばよく、こうして、魏晋以降、礼典と『律』・『令』が明らかに相互的な関係となっていったのである。

『晋書』巻一九 礼志上に、

> 晉始則有荀顗・鄭沖裁成國典、江左則有荀崧・刁協損益朝儀。周官五禮、吉凶軍賓嘉、而吉禮之大、莫過祭祀、故洪範八政、三曰祀。祀者、所以昭孝事祖、通于神明者也。漢興、承秦滅學之後、制度多未能復古。歴東・西京四百餘年、故往往改變。魏氏承漢末大亂、舊章殄滅、命侍中王粲・尚書衞覬草創朝儀。及晉國建、文帝又命荀顗因魏代前事、撰為新禮、參考今古、更其節文、羊祜・任愷・庾峻・應貞並共刊定、成百六十五篇、奏之。

とあり、秦漢から魏晋までの礼制を定めた概要について記されているが、ここに表れている問題を分析するために、礼制の設定と礼・法の関係の変化の段階を三つに分けて説明し、魏晋以降の礼典と『律』・『令』の編纂の相互関連を理解する一助としたいと思う。

第一段階では、『周礼』における「五礼」が吉・凶・軍・賓・嘉とされた、とある。漢代は「制度の多くは未だ古を復する能わず」という状態であったが、『周礼』によって「五礼」を定めることで、礼制の基準が出来たことは確かであり、「未だ古を復する能わず」とは古文経学の立場からの見解だろう。また、ここでは、漢初の叔孫通以来、秦を継承して定められた礼制が変遷を経ながらも、古の聖王の治世で示された礼・法が体現できていない現状が述べられている[四七]。さらに、秦漢の礼制は雑駁で、漢の武帝の独尊儒術以降、今文経学が官学的な立場となったことで、古文経学、とくに『周礼』に表された礼制を展開することは困難になった、とされている[四八]。

この傍証となるのが、『漢書』巻二二 礼楽志に、成帝の時代、犍為郡の海浜で古い磬が十六枚得られた際、劉向はこれによって礼楽を興すべき旨を述べた上奏文である。ここでは、

> 宜興辟雍、設庠序、陳禮樂、隆雅頌之聲、盛揖攘之容、以風化天下。……今之刑、非皋陶之法也、而有司請定法、削則削、筆則筆、救時務也。至於禮樂、則曰不敢、是敢於殺人不敢於養人也。為其俎豆筦弦之間小不備、因是絶而不為、是去小不備而就大不備、或莫甚焉。夫教化之比於刑法、刑法輕、是舍所重而急所輕也。

とあり、古文経学に通じる劉向は、この上奏文で礼・法の関係に着目しており、当時の法律が古の聖王の法ではない点、礼楽が人に軽んぜられ、完全とは程遠い状態であることを批判している。これは、成帝以前は礼楽が盛んにならなかった史実と符合するものであり、前述の班固や陳寵の議論にも通じるものである。『漢書』礼楽志の後文では、

> 今叔孫通所撰禮儀、與律令同錄、臧於理官、法家又復不傳。漢典寢而不著、民臣莫有言者。又通沒之後、河間獻王采禮樂古事、稍稍增輯、至五百餘篇。今學者不能昭見、但推士禮以及天子、説義又頗謬異、故君臣長幼交接之道寖以不章。

とあり、ここで二箇所見られる「今」とは、班固の時代の後漢前期である。叔孫通以来、礼儀が定められていったが、「理官に臧され、民臣言有る者莫し」となった、とある一節では、こうした礼儀制度は制詔の形式で効果が生ずるものであって、『律』・『令』と共に『尚書旧事』(四九)の類に編入された結果、法官のもとで秘され、世の重んずるところとはならなかった、と説明されている。続く「河間献王礼楽古事を采る」以下では、古文経学が武帝期前後に河間献王が「学を修め古を好む」ことによって始まり、『左伝』・『周礼』といった経典が伝わったのみならず、「礼楽古事」も劉徳の編集によってほぼ備わった(五〇)が、後漢に「謬異」でその本旨が「彰らかならず」とされた、とされる。総じて見ると、後漢までに古文経学はその影響力を次第に拡大させ、光武帝以来、礼楽制度も復古が留意されるようになった(五一)が、礼制の全体的な状態は法律と同様に班固が満足するには到底足るものではなく、礼・法の諸制度に沿って何等かの措置が取られる際は、魏晋の時代とは全く異なるものとなった。

『晋志』は、第二段階で曹魏の王粲・衛覬が「朝儀を草創」したことが強調され、それによって西晋の荀顗などが『新礼』を制定できる要因になったことが指摘されている。『三国志』巻二一 王粲伝では、曹操が魏国を建てた際には侍中に任じられ、建安二十二年に没したが、「博物多識、問いて対えざるは無し。時に旧儀廃弛され、制度を興造するに、粲恒に之を典」ったことが称えられている。裴注では、この点について、王粲が諸制度を定めた実例が補足されており、

摯虞『決疑要注』曰、「漢末喪亂、絶無玉珮。魏侍中王粲識舊珮、始復作之。今之玉珮、受法於粲也。」

とある。『決疑要注』は摯虞が荀顗などと『新礼』を定めた際に討論を行ったことによる副産物であり、この条について裴注では、「今の玉珮、法を粲より受く」とあって、王粲が定めた礼制が少なからず晋に継承されていることがうかがえる。また、衛覬が王粲と侍中となって「并に制度を典」った後、再び尚書となったのは魏の文帝の後期から明帝の時代と推定される(五二)が、衛覬が尚書として「朝儀」にあって制度を定めたというのは、王粲の後を受けたものと考えられる。よって、『晋志』の「侍中王粲・尚書衛覬 朝儀を草創」したというのは、曹操が『甲子科』を定めてから文帝が『律』・『令』を定めるまでの時代で、礼と法が相補って作られていたことも推測される。さらに、「朝儀を草創」したというのも、西晋で礼典を定めたことと同様のことであって、これが『新律』に「八儀」が導入され、礼制が浸透することになった背景なのだろう。

王粲・衛覬が朝儀を草創したことは、史書の記述が簡略に過ぎてその詳細を知ることは難しいが、若干の資料は残されており、その概略をうかがうことは可能である。例えば、『宋書』巻一四 礼志一に、嘉礼・先蚕の制のことについて、

周禮、王后帥内外命婦、蠶於北郊。漢則東郊、非古也。魏則北郊、依周禮也。晉則西郊、宜是與籍田對其方也。魏文帝黄初七年正月、命中宮蠶于北郊。按韋誕后蠶頌、則于時漢注已亡、更考撰其儀也。及至晉氏、先蠶多采魏法。晉武帝太康六年、散騎常侍華嶠……於是使侍中成粲草定其儀。

とあり、魏の文帝の黄初七年、『周礼』(五三)の記述を参考に、後漢の東郊とは異なった、皇后による北郊先蚕の儀が定められたことが記されている。晋で『新礼』が定められた際は、「先蠶は多くは魏の法を采る(五四)」とあるから、概ね王粲・衛覬が定めた朝儀の内容を踏襲したのだろう。太康六年、華嶠が上奏を行い、成粲が制度を起草したことで、先蚕は籍田とは逆の西郊で行われることになった。この例からは、王

粲・衛覬が曹魏の礼制を定めた際に、『周礼』に範を取ったのみならず、新たに「其の儀を考撰」したことが分かるが、その制定の過程は制定法の起草と類似していて、敕例を単にまとめる類のものではなくなっている。よって、内容のみならずその形態においても、『新礼』の先駆的存在であって、漢代の礼制から魏晋の礼制に向かう過渡的性格を表していると言えよう。

　第三段階では、晋の文帝が荀顗・鄭沖らに『新礼』[五五]の制定を命じているが、その時期は『晋書』刑法志にある、「文帝晋王と為」り、「賈充をして法律を定めし」めた時と符合しており、さらに『律』・『令』を定めた十四人には、『新礼』を制定する上で重要な役割を果たした鄭沖・荀顗・羊祜の三人が含まれている。このことから、西晋の礼制度と『律』・『令』の制定が連動しており、泰始年間の立法が、曹魏の時期に比べて礼を法に導入してその儒家化をより進めていると言えよう。

　『晋書』巻一九　礼志上によると、荀顗らが定めた『新礼』は、上奏されても施行されなかった。太康初年、尚書僕射の朱整と尚書郎の摯虞がそれについて議論を行い、摯虞がその内容を十五篇にまとめて上奏した結果、元康元年に裁可された。その際に摯虞は、『新礼』の改めるべき点について、

　臣典校故太尉顗所撰『五禮』、臣以為夫革命以垂統、帝王之美事也、隆禮以率教、邦國之大務也、是以臣前表禮事稽留、求速訖施行。又以喪服最多疑闕、宜見補定。……又此禮當班於天下、不宜繁多。顗為百六十五篇、篇為一卷、合十五餘萬言、臣猶謂卷多文煩、類皆重出。案『尚書』堯典祀山川之禮、惟於東嶽備稱牲幣之數、陳所用之儀、其餘則但曰「如初」。『周禮』祀天地五帝享先王、其事同者皆曰「亦如之」、文約而義舉。今禮儀事同而名異者、輒別為篇、卷煩而不典。皆宜省文通事、隨類合之、事有不同、乃列其異。如此、所減三分之一。

と述べている。ここでは、『新礼』の編纂によって、王者が代わって制度が一新され、「禮を隆め以て教を率べ」る国策を明らかにして、「五礼」にかなうようにせねばならない、とされているが、その具体的な内容は『周礼』の吉・凶・軍・賓・嘉礼に基づくものと見てよい。[五六]

　ここで注意を要するのは、『新礼』が合計百六十五篇十五万余字で、一巻（篇）が九百余字としても、摯虞はそれでもなお「巻多く文煩く、類ね皆な重出す」ものであり、「文を省き事を通ぜしめ、類に隨い之を合わす」ことを求めている点である。摯虞はその理由として、「此の『禮』は當に天下に頒つべくして、宜しく繁多たるべからず」とし、ゆえに「文約にして義舉がる」状態にせねばならない、としている。『新礼』の編纂は、「例直にして見易く、禁簡犯し難し」という制定法の要求に沿って行われ、新『律』・『令』と共に新たな基準として全国的に頒布された。しかし、『律』・『令』よりも複雑となり、ともに文帝が晋王となった時に編纂が始って、礼制の中心的な内容やその編集などは早くから決まっていたはずなのだが、泰始四年に『律』・『令』が頒行されてから、さらに十年をかけてようやく初期段階のものが完成した。さらに、その施行は元康元年の摯虞の議論の後になってからで、しかもそのうちの十五篇しか実行に移されなかったのである。

　それはともかくとして、『新礼』の制定は、朝廷が『五礼』を制定して天下に頒布すべきであるという原則を作ることになった。曹魏の王粲・衛覬が「朝儀を草創」してから、西晋の荀顗や鄭沖が『新礼』を制定することで、漢代の礼・法の諸制度の改革が完了し、「大議立たず」、「刑本正されず」という局面が改められ、礼・法を一にする

という原則のもとで、『律』・『令』体制と五礼体系の出現という新たな歴史的段階に至ったのであった。

　以上の議論によって、『周礼』の「五礼」説をもとに定められた礼典が、儒家の経典の礼に関する事項と理念を制度化していたのみならず、編纂の過程、規範の形態、天下に頒布して礼の模範とするという作用を考慮すると、多くの部分を『律』・『令』と一致させねばならなかったことが理解できると思う。礼と『律』・『令』の規範の領域は異なり、その強制力も当然異なってはいるものの、礼典が示す原則や規定に違反した場合は、おそらく『令』の規範に違反した場合と同様に、『律』中に相応の罰則規定があったのではなかろうか。

魏晋以来の礼典の制定は、当時の『律』・『令』の内容と外観の変革に伴って行われたものであり、ここで体現されているのは、法律の儒家化の過程で表面化してきた礼・法の原則であった。さらに、魏晋の礼典の制定は、制定法運動が法律の儒家化によって行われたことも意味しており、制定法運動の進展は礼制のあり方からうかがうことができる。魏晋以降の歴史展開を考えると、この段階で一つの重要な立法のあり方が確立されたと言えよう。これより後の王朝の立法は、礼制の確立という範疇の中で、或いは礼制の確立と並行して行われるようになり、礼典の編纂と『律』・『令』の制定は相互的なものとなって、法律の儒家化と制定法運動を持続的に推進させていったのであった。

《注》

（一）それぞれ、『東方學報』第七二、七三冊（二〇〇〇年、二〇〇一年）参照。

（二）『文史』二〇一二年第二輯、北京、中華書局参照。「敕例」とは朝廷が行政指導の意義を明確にした制敕のことで、直接行政の規定にすることもできる。具体的な解釈は本文を参照。

（三）本文で近代法学の「制定法」の意味に近いものとして使っている「法典」は、元来からあった制敕や法律をもとに、定まった過程と形式の下に編纂され、統一的に頒布された、篇章が明確で内容も系統立っている制定法を指すものとし、現行の法律・法規が編集されたものとは異なるものとする。梅因『古代法』第一章　古代法典（沈景一訳、商務印書館、一九九六年版）、穂積陳重『法律進化論（法源論）』第一編　無形法、第三章　規範法、第六節　規範法の発達と第二編　成形法、第三章　文字法（黄尊三、薩孟武等訳、中国政法大学出版社、二〇〇三年版）、望月礼二郎『英美法（新版）』第一篇　英美法総論、第三章　法源　第二節　判例法・第三節　制定法（郭建・王仲涛訳、商務印書館二〇〇三年版）を参照。

（四）『芸文類聚』巻五四　刑法部・刑法も劉頌のこの上奏を引いていて、校勘の参考とすることができる。

（五）「教」とは教令であり、法令であって、政教合一を寓意するものでもある。

（六）この一節は、中華書局点校本の校勘記が引く『通鑑考異』では、当時、汝南王司馬亮は既に卒しており、晋志は誤りであるとしている。この上奏はおそらく別人によるものだろう。

（七）筆者がこれまで学界で提起された中で注目しているのは、魏晋以来の漢代の法制への反省、名理学の理論の発達とその影響、文法の吏の地位の低下、司法権の発達と行政との一体化といった趨勢であり、これらの全てが魏晋で形成された「律」・「令」体制に何等かの影響を与えている。漢代の法制への反省は法律の儒家化の過程で生じたものであり、名理学の影響はそれと並行して効果を発揮したのだろうが、他の要素は外在的な必要性を与えただけであって、内在的な要因とは言えないだろう。

（八）『中国法制通史』第二巻　戦国秦漢の緒言と、韓樹峰『漢魏法律与社会―以簡牘・文書為中心的考察』の後論「従法律・社会的変遷審視法律「儒家化」学説」を参照。

（九）瞿同祖『中国法律与中国社会』附論「中国法律之儒家化」には、三つの基本的な観点が認められる。第一に、秦漢の法律は法家が定めたもので、法化の精神に貫かれているということ。第二に、法律の儒家化は漢代に既にその端緒がうかがえること。第三に、儒家による全体的な法律の改正は曹魏から始まっていることである。瞿先生のこうした観点については、その表現や細部などでは議論すべき点はあるものの、全体的には疑問の余地はない。

(一〇) ここでは、成帝が漢初以来の法令が「日以益滋」な状況に対して、詔を下して精査させた後、「務準古法」と命じたが、「有司無仲山父將明之材、不能因時廣宣主恩、建立明制、為一代之法、而徒鉤摭微細、毛擧數事、以塞詔而已。是以大議不立、遂以至今」という事態となった、としている。

(一一) 祝総斌「略論晋律之『儒家化』」(『中国史研究』一九八五年第二期)を参照。

(一二)『尚書』呂刑篇では、「五刑之属三千」について、「墨罰之屬千、劓罰之屬千、剕罰之屬五百、宮罰之屬三百、大辟之罰、其屬二百」としている。

(一三)『礼記』中庸篇には、「礼儀三百、威儀三千、待其人然後行。故曰、苟不至德、至道不凝焉」とあり、鄭注には、「言為政在人、政由礼也」とある。

(一四) 唐修『晋書』の多くは臧栄绪などの各家『晋書』を元にしており、刑法志の叙も、それぞれ典拠がある。

(一五) 瞿同祖『中国法律之儒家化』の結論は、「帰納言之、中国法律之儒家化可以説是始于魏晋、成于北魏・北斉、隋唐采用後便成為中国法律的正統。其間実経一長期而複雑的過程、蘊醸生長以底于成。」となっている。

(一六)『晋書』巻三〇 刑法志所載「新律序」を参照。

(一七)「三族」の解釈は漢代から紛糾している。「父族・母族・妻族」とする解釈と、「父母・兄弟・妻子」とする解釈がある。沈家本『歴代刑法考』の刑法分考一、「夷三族」の箇所を参照。

(一八)『周礼』天官冢宰篇と『礼記』喪服小記で述べられる「親親」と「尊尊」の関係については、銭杭『周代宗法制度史研究』第六章 宗法倫理結構類型(学林出版社、一九九一年版)を参照。

(一九)「周官」の二字は、中華書局の点校本が加えた書名である。魏晋以降の「周官」は常に『周礼』を指し、ここでは確かに諸侯の政治について多く言及されている。例えば、地官司徒篇の大司徒では、「以土均之法辨五物九等、制天下之地徴、作民職、以令地貢、以斂財賦、以均齊天下之政」とあり、「諸侯律」が編纂される上で参考にされただろう。しかし、孔伝の『尚書』にも周官篇があり、ここでは、「内有百揆四岳、外有州牧侯伯」とあって、何れも諸侯の定期的な朝覲と天子の巡考が定められている。よって、『晋書』のこの「周官」は、この二つを指すとも解することができる。

(二〇) 花海出土の『律注』書は木板に書かれたものであるが、出土時の処理が及ばず木板が破損し、現存する文章も少ないが、「諸侯律注第十九」、「諸侯律注第廿」、「諸侯律注第廿一」の文字は判読可能で、その下の条文に、「諸侯謀反、反叛」、「犯『律』」、「卿相」等の王国官の犯罪とそれに対する処置、王国人口の流亡や管理等の内容がうかがえ、不完全ながら残存する文字がある。張俊民『玉門花海出土晋律注』参照。

(二一)『宋書』巻一四 礼志一に、蕃王朝覲の制について述べている箇所があり、「晋泰始中、有司奏、「諸侯之國、其王公以下入朝者、四方各為二番、三歳而周、周則更始。若臨時有故、却在明年。來朝之後、更滿三歳乃復、不得從本數。朝禮執璧、舊朝之制。不朝之歳、各遣卿奉聘。」奏可。」とあり、この記述も『諸侯律』に関する内容を反映したものと考えられる。

(二二)『晋令輯存』はこの出典を『通典』巻一〇八引「晋令」とする。しかし、『通典』巻一〇八には開元礼類纂三が収録され、「君臣冕服冠衣制度」から「雑制」に至る五点の記述が見られるが、引用は唐令で、このような内容は見当たらない。しかし、『通典』巻八〇 礼四十・凶二の「総論喪期」に、「晋武帝泰始元年、諸將吏二千石以下遭三年喪者、聽歸終寧、庶人復除徭役二年。」とある。『宋書』巻一五 礼志二もこの詔を掲載しているが、「二年」の二字は見られない。『晋書』巻三 武帝紀には、泰始元年十二月丙寅に武帝が告天して即位し、それから間もなくしてこの詔を下したという記事が見られる。

(二三)『宋書』巻一八 礼志五には、車輿の制とこの《晋令》が引かれているが、「期」の一字が脱落している。

(二四)『礼記』中庸篇に、「期之喪、達乎大夫。三年之喪、達乎天子。父母之喪、無

貴賤、一也」とあり、『晋令』のこの規定は『礼記』中庸篇のこの文を体現したものと考えられる。

（二五）『晋令輯存』巻三　戸調令第九のこの文は、王国維の『釈幣』の、「疏布一匹、当絹一匹」を「疏布六丈當絹一匹、一匹當綿三斤」とすべきだ、という見解を参考にしている。

（二六）陳立撰、呉則虞点校『白虎通疏証』（中華書局1994年版）巻十　嫁娶に、「論天子嫡媵」の一節があり、「天子・諸侯一娶九女者何。重國廣繼嗣也……或曰、天子娶十二女、法天有十二月、萬物必生也」とある。同巻の「論同姓諸侯主婚」には、「卿大夫一妻二妾者何。尊賢重繼嗣也……士一妻一妾何。下卿大夫、禮也」とある。元孝友の説く、古は「士に一妻二妾有り」という説は、これとは違っている。しかし、『礼記』曲礼篇下の「士不名家相・長妾」の句に、孔疏が、「熊氏云、「士有一妻二妾」」と引いている。熊安生の『礼記義疏』にこの説があり、徐遵明門下の三礼学から出たものなのだろう。

（二七）『公羊伝』荘公十九年の、「四月秋、公子結媵陳人之婦于鄄」の文に、「媵者何。諸侯娶一國、則二國往媵之、以姪・娣從。姪者何。兄之子也。娣者何。弟也。諸侯一聘九女、諸侯不再娶」とある。この大意は、諸侯が一国の娘を娶って妻とした場合、その妻の姪や妹が一人ずつ陪嫁し、他に妻の国と同姓の二国の女娘が一人ずつとその「姪」と「娣」も一人ずつ陪嫁するので、合計九人の一妻八妾を娶るということである。

（二八）『晋書』巻三一　后妃伝序に、「周禮、天子立一后、三夫人、九嬪、二十七世婦、八十一御妻、以聽王者内政」とある。『隋書』巻三六　后妃伝序には、「周公定禮、内職始備列焉……開皇二年、著内官之式、略依周禮、省減其數。嬪三員……世婦九員……」とある。『魏書』巻一三　皇后伝序には、孝文帝による「改定内官」について述べられ、一后二昭儀三夫人・九嬪と世婦・御女が立てられたとあるが、これも広義の「周礼」に基づくものであろう。『魏書』巻五三　李沖伝には、「高祖初依周禮、置夫・嬪之列。以沖女為夫人」とある。しかし、『周礼』天官冢宰篇にはただ天子に「六宮」と「九嬪」があることが述べられているに過ぎず、この三の倍数をもとにした嬪妃の序列は『礼記』昏義篇の説で、漢代以来の注釈家はこれを『周礼』の「六宮」の構成と把えてきた。孫詒譲『周礼正義』巻一三　天官・内宰の「以陰禮教六宮」の条、『礼記正義』巻四　曲礼篇下の「天子有后、有夫人、有世婦、有嬪、有妻、有妾」、巻六一　昏義第四十四の「古者天子后立六宮、三夫人・九嬪・二十七世婦・八十一御妻」の鄭注・孔疏を参照。

（二九）杜預が要求した「文約例直、易見難犯」は、法律を起草する際のルールとして守られてきたもので、出土した簡牘に示される秦漢の『律』文にもこのような傾向が見られる。杜預がこれを再び強調したのは、当時、儒家の経典に示される理念が法律に反映されるという新しい情況の中で注意を喚起するためであり、また、漢魏の時代にも、なおも敕例やそれをまとめただけの『令』文が存在したという情況に警鐘を鳴らすためであった。

（三〇）『晋書』巻三　武帝紀は、司馬倫が琅邪王に封じられたのが泰始元年十二月丁卯であるとし、刑法志には、文帝が律令を定めようとした際、杜友を廷尉とし、賈充らと共に律令の編纂に着手させた、とある。『晋書』巻四五　劉毅伝には、「武帝受禅、為尚書郎・駙馬都尉、遷散騎常侍・國子祭酒。帝以毅忠蹇正直、使掌諫官」とある。よって、劉毅が諫議大夫となったのは泰始三年後であろう。

（三一）引用した「故諳事識體者、善權輕重、不以小害大、不以近妨遠。忍曲當之近適、以全簡直之大準」は、先述の杜預が上奏した『律注』で述べられた「必忍小理」、「例直易見、禁簡難犯」の論の変奏と言える。

（三二）『晋書』巻三〇　刑法志には、東晋創業の時代、「議斷不循法律、人立異議」という状態であったので、元帝の主簿の熊遠が、「權道制物、此是人君之所得行、非臣子所宜專用。主者唯当徵文据法、以事為斷耳」と上奏した。『宋書』巻六〇　王韶之伝には、武帝期の初めに黄門侍郎となった時のこととして、「有司奏東冶士朱道民離三叛士、依例放遣。韶之啓曰、「尚書金部奏事如右、斯誠検忘一時權制、惧非經國弘本之令典……」」。とあり、『魏書』巻一五　昭成子孫伝・常山王遵伝附元暉伝には、孝明帝の時代、時の政治について議論した際、河北の飢饉が連年続いているとされ、「自非更立權制、善加検括、損耗以來、方在未已。請求其議、明宣条格」という見解が述べられている。このように、「權制」が個別に続いていく状況がうかがえる。

(三三) 王国維『観堂集林』巻四　漢魏博士考（中華書局、一九五九年版）を参照。

(三四) 班彪・固父子は共に「通人」とされ古文経学を好んだ。『漢書』の随所に彼等が古文経学を好んだ形跡をうかがうことができる。

(三五) 班固の議論は、『周礼』の影響を深く受けており、「五刑」・「八議」は『周礼』秋官司寇篇で刑事事件を裁く際の関鍵とされている。このほか、『三国志』衛顗伝裴注引『魏書』には、漢末のこととして、「臺閣故事散亂……顗以古義多所正定」とある。『晋書』巻四　恵帝紀末には、太子であった恵帝に対して、武帝が試みに尚書台の事務を決裁させようとした時のこととして、「賈妃遣左右代對、多引古義」とある。『宋書』巻四〇　百官志下には、「諸官府至郡、各置五百者……依古義也」とあり、これらの「古義」も古文経学を指すと考えられる。

(三六) 『後漢書』巻四六　陳寵伝参照。

(三七) 『漢書』巻九九　王莽伝中に、建国して三年後、「六經祭酒各一人」を置き、「沛郡陳咸為講禮」とした、とある。当時、陳咸が講義した内容には、古文経学の『周礼』と逸礼が含まれていたに違いない。また、王葆玹は、王莽のこの時代、講礼祭酒となったのは陳咸の長子の陳参であるとし、『後漢書』の陳寵伝はその家伝の影響を受けて咸と子の参・豊・欽（寵の祖父）が王莽の時代に辞職したことを強調しているだけだとする。王葆玹『今古文経学新論』第三章古文経学及其流派の五　周官的伝承譜系（中国社会科学出版社、一九九七年版）を参照。

(三八) 周予同『周予同経学論著選集（増訂本）』の「経今古文学」四、経今古文的混淆（上海人民出版社、一九八三年版）を参照。

(三九) 『三国志』巻一　武帝紀に、建安二十三年六月、葬制を定めた際に、『周礼』春官宗伯篇の文が引用されている。『宋書』巻一四　礼志一には、魏の文帝の黄初元年、服色を定めた際に、「宗廟所服、一如『周禮』」とした、とある。同書巻一六　礼志三には、魏の明帝の時代、『周礼』を参考に武宣皇后を北郊に配祀し、文帝の甄后は別に寝廟を立てることが決定された、とあり、巻一九楽志一には、魏の明帝が『周礼』によって宗廟楽舞の制を定めたことが記されている。西晋のこのような例も枚挙に暇がなく、封爵の五等の制や、官制の「上公」、「太宰」などの役職、輿輦の「五路」の制、田賦の「限田」・「占田」の法、后妃の「三夫人」、「九嬪」の設置などは、全て『周礼』を典拠にしている。

(四〇) 冨谷至「晋泰始律令への道―第二部　魏晋の律と令」の文末では、西晋に『律』・『令』の二種の法典の編纂を促した要因として、「書写の材料が簡牘から紙に変化した」という「物理的外在要因」を挙げている。このほか、「内在的思想性原因也値得注意、這就是隆盛于東漢時期之礼教之義的礼的理念被采用為現実的法令……以『周礼』為代表的礼典只不過是記載了理想統治方式的経書、但是在応当制定以典籍形式表現出来的令典時、它們推動了行政法規典籍的誕生。在内因与外因的双重推動下、晋泰始律令誕生了、這就是本文的結論」とあり、ここで提起されている「物理性外因」は検討の余地があると思われるが、「礼の理念が現実の法令に採用された」ことが泰始「律」・「令」体制が形成された「内在的思想的原因」であると明確にしている点は、『周礼』の影響と関連させている点も考えると、まさに卓見であると言えよう。

(四一) 呉承仕『経典釈文序録疏証』（中華書局、二〇〇八年版）の「注解伝述人」の箇所を参照。

(四二) 『後漢書』巻三五　鄭玄伝所収の誡子益恩書を参照。

(四三) 清代の学者にはこの点に関する指摘が多い。銭大昕『潜研堂文集』巻二四儀礼管見序には、「三禮之有鄭注、所謂懸諸日月不刊之書也」とあり、邵懿辰『礼経通考』論王礼には、「後世所傳三禮之名自鄭氏始……鄭氏釋經之功、莫大于禮」とあり、また、「鄭氏學盛行而後『周官』闌入于『禮』之中、『禮記』逸出乎經之外矣」とある。皮錫瑞『経学通論』易経の「論鄭・荀・虞三家之義」には、「鄭学最精者三禮、其注『易』、亦据禮以証易義廣大、無所不包」とあり、また同書三礼には、「論鄭注『禮器』以『周禮』為經、『儀禮』為曲禮」、「論鄭君以『周禮』為經『禮記』為記」とあって、彼等が鄭学は最も『周礼』

を重視していたと把えていたことが分かる。

(四四)張舜徽『鄭学叢著』(斉魯書社、一九八四年版)の「鄭氏校仇学発微・条理礼書第四」には、『礼記』月令・明堂位・雑記疏并云「礼是鄭学」、良不誣已」とある。南宋の魏了翁『礼記要義』巻六、衛湜『礼記集説』巻三七でも、孔疏を踏襲して、「禮是鄭學」と強調されている。

(四五)『三国志』巻二五　高堂隆伝には、明帝の景初年間中期の詔が、「昔先聖既没、而其遺言余教、著於六藝。六藝之文、禮又為急、弗可斯須離者也」とあり、ここでは礼が六経の要であるとされている。『宋書』巻五五　傅隆伝には、元嘉年間の礼の議論として、「所謂極乎天、播乎地、窮高遠、測深厚、莫尚于禮也。其『樂』之五声、『易』之八象『詩』之『風』・『雅』、『書』之『典』・『誥』、『春秋』之微婉勧懲、無不本乎禮而後立也。其源遠、其流廣、其體大、其義精、非夫睿哲大賢、孰能明乎此哉」とあり、ここでも礼が六経の根本とされている。『礼記』経篇孔疏引皇侃説には、「六經其教雖異、総以禮為本」とあり、同趣旨のことが述べられている。

(四六)『三国志』巻一　武帝紀には、建安十八年五月、曹操を魏公として九錫を加える策命に、「以君經緯禮律、為民軌儀」とあり、巻五三　闞澤伝には、「(闞澤)斟酌諸家、刊約禮文及諸注説以授二宮」とあり、また、「(孫権欲)増重科防、以検御臣下、澤毎曰「宜依禮律」」とある。これらは「礼」・「律」が並立された早い例として注目される。祝総斌「西晋法律儒家化」は、西晋以来「礼律」が通行したとするが、「礼律」が固有名詞として通行し出したのはより前とすべきであろう。

(四七)『漢書』巻四三　叔孫通伝に、漢初、叔孫通が弟子と共に朝儀を作成した際、「頗る古礼と秦儀を采り之を雑就せしむ」というものであったので、魯の儒生が「公の為す所、古と合わず」と批判したところ、叔孫通は「鄙儒、時の變わるを知らず」と返答した、とあり、叔孫通が朝儀を定める際に時宜に適うことを旨とし、古制に合わせることを第一とはしていなかったことがうかがえる。

(四八)『宋書』巻一四　礼志序に、「閔子譏古禮、退而致事。叔孫創漢制、化流後昆。由此言之、任己而不師古、秦氏以之致亡。師古而不適用、王莽所以身滅。然則漢・魏以來、各揆古・今之中、以通一代之儀」とある。「復古」をかなり明確に提示しており、今・古文学の消長がうかがえる。

(四九)『晋書』巻三〇　刑法志には、建安元年、応劭が整理した法のうち、『五曹詔書』、『尚書旧事』など七種あることが記されている。「旧事」とは故事のことで、『尚書旧事』は同僚の衛覬が整理した『台閣故事』と似たものであろう。

(五〇)『漢書』巻五三　景十三王・河間献王徳伝参照。

(五一)『続漢書』祭祀志上に、「(建武)二年正月、初制郊兆于雒陽城南七里、依鄗、采元始中故事」とあり、「元始中故事」とは、平帝期に王莽が政権を掌握し、古をもとに制度を改革した故事を指す。『続漢書』にはこうした事例は少なくない。

(五二)『三国志』巻二一　衛覬伝参照。

(五三)『周礼』天官冢宰篇に、「内宰」の職として、「中春、詔後帥外内命婦始蠶於北郊」が挙げられている。

(五四)『宋書』巻一四　礼志一に、嘉礼の、冬至の受賀の制について、「魏・晋則冬至日受萬國及百僚称賀、因小會。其儀亞於歳旦、晉有其注」とあり、魏晋では冬至の日の受賀の儀が踏襲され、晋で改善されたことから「晉有其注」とされるのだろう。「注」とあることから、専門的に儀式の注が作成されたことが分かり、西晋で定めた『新礼』とは「五禮儀注」であった、とも言い得る。この、冬至の日の受賀の儀の注も必ずこの中にあっただろう。このことも、晋が魏の儀礼を踏襲した傍証となり得る。

(五五)『晋志』の前文には、「晉始則有荀顗・鄭沖裁成國典、江左則有荀崧・刁協損益朝儀」とある。『宋書』巻一四　礼志序には、「魏初則王粲・衛覬典定衆儀、蜀朝則孟光・許慈創理制度、晉始則荀顗・刁協緝理乖紊」とある。

(五六)摯虞のこの上表では、喪礼に何故改定が必要なのかが述べられており、「蓋冠・婚・祭・會諸吉禮、其制少変、至於「喪服」、世之要用、而特易失旨」とある。『新礼』では冠・婚・祭・会等の儀注は「吉礼」に入れるべきだ、と述べられている。晋以降、五礼の分類が継続されていく状況については、梁満倉『魏晋南北朝五礼制度化的過程原因及意義』第二節

五礼制度発展的三个階段、二　両晋宋斉—五礼制度的発育期を参照。

全体会三

人類史と東アジア史の時期区分

妹尾 達彦

――東アジア・西アジア・ヨーロッパの三つの小世界は現今までに、夫々古代史的発展、中世史的発展、近世史的発展の三段階を経たと思われる。而して各個の時代的発展は、三つの世界に於いて決して暦学的時間の上に平行しては行われず、相前後してちぐはぐに継起している。各地域の文化的発展様式の個性なるものは、実はその世界の暦学的時間と、歴史時期との相対的関係によって生ずる場合が多い。この点こそ余が全世界を三つの地域に区分する理由とした重要な着眼なのである。

宮崎市定「世界史序説」一九五九年

問題の提起
―歴史学は、現在を位置づけるために時期区分を必要とする

時間の流れをいくつかの時期に分けて理解することは、神話の時代から現在にいたるまで、人類の立ち位置を理解するための重要な方法でありつづけている。歴史学が過去を事例に現在を解釈する試みであるとすれば、時期区分という行為は歴史学の特質を集約するともいえよう。本報告において人類史と東アジア史の時期区分を試みる目的も、現在の歴史的位置を考えてみたいからである。もちろん、このような大問題に答える能力を私個人が備えているわけではない。また、時期区分の前提をなす時間の因果律が恣意的なものであることも確かだろう。ここでは、できる範囲で問題を整理し、今後の展望をのべてみたい。

一、時期区分の基準
―(a)時代・(b)技術革新・(c)衝撃の共有―

時間を区分する従来の基準を整理すると、主に以下の三種類に分類できると思われる。それぞれの時期区分は、たがいに関連しあっている[一]。

(a) 時代にもとづく時期区分（いわゆる時代区分）

社会構造や生産構造、政治形態、文化傾向、思想動向などの指標によって、一定の長さの時間をある特徴的な時代に分けることができるという考え。二分法（古代〈前近代〉・近代）や三分法（古代・中世・近代）、四分法（古代〈上古〉・中世〈中古〉・近世・近代）等がある。時代区分は、近代国家形成期に、一つの国家の自成的歴史を創造するために機能した。そのために、人類史や世界史、グローバル・ヒストリーを模索し始めた二一世紀の歴史学にとって、近代国家の国民の歴史を想像するための二〇世紀の時代区分論のどの観点を継承すべきか、

という点が問題化している。

(b) 技術の革新にもとづく時期区分

狩猟・採集から農業・牧畜への農業牧畜革命、遊動から定住への定住革命、新石器革命、青銅器革命、都市革命、産業革命〈工業革命〉、情報革命等がある。技術革新の時期は、地球の気候変動や環境変化の時期に重なることが多い。

(c) 衝撃の共有にもとづく時期区分

広い地域が共通の衝撃をうける時期を基準に、その前後に時期を区分する考え。衝撃の要素としては、気候変動や政治的・軍事的・経済的・社会的衝撃があり、人間集団の移動や技術・疫病・食物・貴金属・資源等の伝播をともなう。たとえば、四〜七世紀や一三世紀の遊牧民の移動、一六世紀以後の西欧諸国の海外進出などが時期区分の基準となる。本稿は、基本的にこの観点を基礎に時期区分を考察する。

日本における代表的な時期区分として国内外の学界に大きな影響を与え続けている学説として、内藤湖南（一八六六〜一九三四）と宮崎市定（一九〇一〜一九九五）の学説をあげることに異論はないだろう。内藤湖南は、主に中国史の時期区分を論じ、宮崎市定は、内藤説にもとづきながら中国史のみならず世界史の時期区分を論じた。両氏の学説を整理すれば、以下のようになる。

表一　内藤湖南（一八六六〜一九三四）の時代区分　※（　）内の西暦は筆者が記入

三時期区分法による時代区分		西暦	中国史における該当時期	各時代の特色
第一期・古代（上古）		〜後二世紀半ば	歴史のはじまりから後漢（二五〜二二〇年）の中頃まで	前期は中国文化（支那文化）の形成期、後期は中国文化の外部への発展による東洋史の成立期
過渡期（第一期・古代から第二期・中世への過渡期）		二世紀後半〜四世紀初	後漢後半（二世紀後半〜三世紀初頭）から西晋（二六五〜三一七）まで	中国文化の外部発展の一時的な停滞期
第二期・中世（中古）		四世紀初〜八世紀後半	五胡十六国（三〇四〜四三九）から唐（六一八〜九〇七）の中世（中期）まで	外部種族の自覚により、その勢力が中国内部におよぶ時期
過渡期（第二期・中世から第三期・近世への過渡期）		八世紀末〜一〇世紀初	唐末から五代（九〇七〜九六〇）まで	外部からの勢力が中国において頂点に達する時期
第三期・近世	近世前期	一〇世紀後半〜一四世紀後半	宋（九六〇〜一二七九）・元（一二七一〜一三六八）	貴族政治にかわる君主独裁政治の時期
	近世後期	一四世紀後半〜二〇世紀初	明（一三六八〜一六四四）・清（一六三六〜一九一二）	

表二　宮崎市定の時代区分　※西暦は筆者が記入

時代区分＼地域区分	西洋（ヨーロッパ）	西アジア（シリア・メソポタミアを中心とする地域）	東洋（中国を中心とする地域）
古代（都市国家から古代帝国へ）	〜ローマ帝国（西ローマ帝国）滅亡（〜五世紀）	〜アレクサンドロスの大帝国（〜前三三六年）	〜後漢（二五〜二二〇年）
中世（古代帝国の分裂と貴族社会）	ゲルマン民族の大移動〜ルネサンス前（五世紀〜一三世紀）	ヘレニズム王国〜ササン朝ペルシャ（前四世紀〜七世紀後半）	三国〜唐末五代（二二〇〜九六〇年）
近世（国民主義《ナショナリズム》の形成と君主独裁政治）	ルネサンス〜〜産業革命前（一三世紀〜一八世紀中葉）	イスラム教の興起〜オスマン・トルコ帝国の滅亡（七世紀後半〜一九二二年）	宋〜清（九六〇〜一九一二年）
最近世（資本主義社会の成立）	産業革命〜（一八世紀中葉〜）	トルコ共和国（一九二三年〜）	中華民国以後（一九一二年〜）

上記の内藤湖南、宮崎市定の時期区分の考えをふまえ、筆者は、両氏の説をより簡潔にした以下のような時期区分を提示している。以下の時期区分自体は、周知のごとく古くから存在するものであり目新しいものではないが、人類史という大きな枠組みをめざす場合は、各国史によるばらばらの時代区分の併存を避けるために、この簡潔な時期区分の原点にもどるべきだと考えている。

表三　アフロ・ユーラシア大陸の歴史の三段階（妹尾二〇〇六年）

時期区分（西暦）	各時期の特色	交通手段の変遷
第一期（〜三世紀）	古典国家の形成期	陸路の時代
第二期（四世紀〜一五世紀）	ユーラシア史の形成期	陸路から水路・海路への移行期
第三期（一六世紀〜現在）	地球一体化の進展	海路の時代

表三の世界史の三段階を概念図で描くと、以下の図一のようになる。

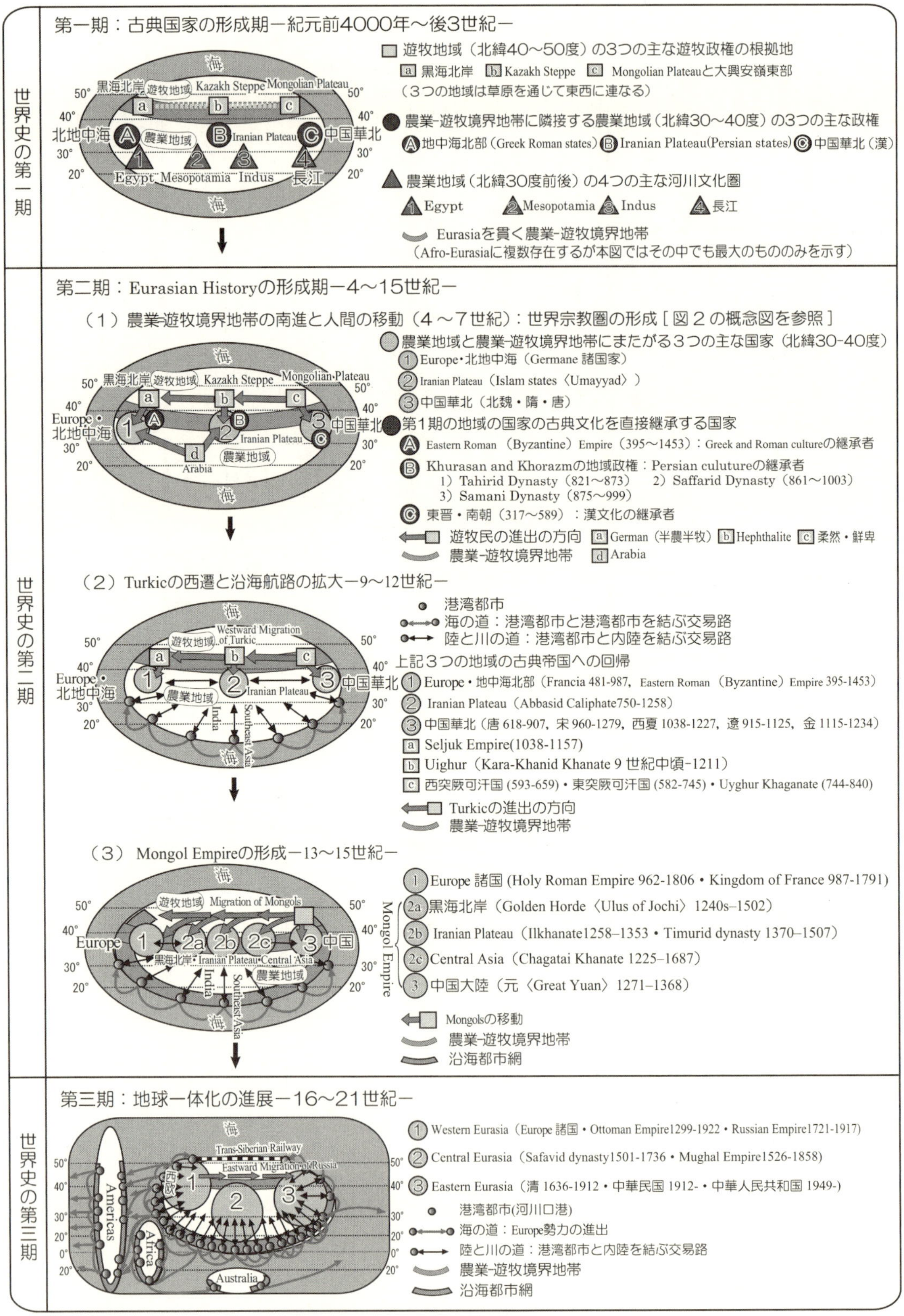

図1 世界史の三段階

【出典】妹尾達彦「イギリスから眺めたアジアの都市」（静永健編・小島毅監修『東アジア海域に漕ぎだす6 海がはぐくむ日本文化』東京・東京大学出版会、2014年）69頁図Aを改図。

二、世界史の構造—内陸都市網の時代から港湾都市網へ

本節では、表三の時期区分に基づく図一の内容を簡潔に整理したい(二)。ユーラシア大陸の各地域は、銀による地球経済圏の形成や産業革命による地球の一体化以前においても、共通する歴史の展開をたどってきた。その理由は、ユーラシア大陸には、前一〇〇〇年紀から同緯度の東西方向に、遊牧地域・農牧複合地帯（農業—遊牧境界地帯）・農業地域という同じ生業の帯がのびており、ユーラシア大陸各地域が、等しく、この環境に適合した歴史を築いてきたからと思われる。

東西一万数千キロにおよぶユーラシア大陸では、以下のように、ユーラシア大陸をつつみこむ大きな二つの人間移動（第一回目は四世紀～七世紀、第二回目は一六世紀～一八世紀の移動）を共有することで、同じような歩みをたどりながら現在の世界が生まれている。そこで、論の前提として、ユーラシア大陸が共有する人類の歩みを簡潔にふりかえってみたい。

(1) 世界史の第一期——古典国家の形成期

第一期（前四〇〇〇年紀—後三世紀頃）は、ユーラシア大陸の各地域において古典国家が形成される時期である。まず、前四〇〇〇年紀から前三〇〇〇年紀にかけて、北緯三〇度前後の大河川流域に農業にもとづく最初期の国家群が生まれた。初期国家の形成である。この初期国家において、農耕や牧畜、青銅器・鉄器の使用、文字による伝達、複雑な官僚制度、都市、抽象的な思考様式、宗教の体系が生み出され、これらの文化は、その後のユーラシア大陸各地に伝播・受容されていくことになった。

農業と牧畜による生業は、技術の改良をともなってユーラシア大陸の各地域に拡大していき、前一〇〇〇年紀頃から始まる寒冷化と乾燥化とともに牧畜地域が拡大して、かつての農業地域の北緯四〇度～五〇度の多くが、移動する牧畜の地域、すなわち遊牧地域に変化した。その結果、遊牧地域と農業地域の間には農業と遊牧・牧畜の両方が可能な農業—遊牧境界地帯（農牧複合地帯）が形成された。このようにして、ユーラシア大陸の南北に、緯度に応じて生業の異なる、遊牧地域、農業—遊牧境界地帯、農業地域がそれぞれ誕生したのである。

遊牧地域・農業—遊牧境界地帯・農業地域の誕生は、緯度を同じくする東西には同じ生業が連なる一方、緯度の違う南北には異なる生業が連なる土地利用の誕生であった。生態環境にもとづくこの東西・南北の生業の同異が、ユーラシア大陸東西の奢侈品交易と南北の日常品交易を生みだし、ユーラシア大陸を縦横に貫く複雑で効率的な交易体系を成立させた。そして、この新たに登場した交易体系が、商品の集散地に大規模な富の集積を可能にし、大河川流域の初期国家とは異なる新しい古典国家を生み出していく動力となるのである。

すなわち、前八世紀から前三世紀にかけて、遊牧地域の多数の部族が統合されてユーラシア大陸各地に遊牧国家が形成されていくと、農業—遊牧境界地帯と隣接する農業地域にも従来の小国家を統合する統一国家が生まれた。

遊牧地域の古典国家は、高度な遊牧・牧畜の技術（搾乳と去勢の体系など）と軍事技術（騎馬と騎射の技術）をもつ国家であり、スキタイ（前八世紀～前三世紀）・サカ（前六世紀頃～後五世紀発）・匈奴（前五世紀～後五世紀）などに代表される。スキタイが人類最初の遊牧国家を形成したとする通説に対し、近年は、匈奴の方が早く国家形成をしたとされている(三)。ここでは、前八世紀から前三世紀にかけて、遊牧地域に次々と遊牧国家が誕生したことの重要性に注目したい。

遊牧国家の誕生にあわせて、農業―遊牧境界地帯に隣接する北緯三〇度～四〇度前後の農業地域にも統一王朝が生まれた。ローマ（前七五三年王国建国、前五〇九年共和国に移行、前二七年帝政に移行、四八〇年西ローマ帝国滅亡、一四五三年東ローマ帝国滅亡）・アケメネス朝ペルシア（前五五〇～前三三〇）・秦漢帝国（前二二一～後二二〇）である。ユーラシア大陸において、遊牧地域の統一国家の形成とそれに隣接する農業地域の統一国家の形成とが、密接に関連していたことをうかがわせる。要するに、大河川流域の国家の形成後に、遊牧地域の形成にあわせて、農業―遊牧境界地帯をはさむ遊牧地域と農業地域にも、それぞれ古典国家が形成されたのである。

前八世紀から前三世紀にかけて、農業―遊牧境界地帯に隣接する農業地域に形成された古典国家が、前四〇〇〇年紀から三〇〇〇年紀にかけて大河川流域に生まれた初期国家と異なる点は、より集権的で大きな官僚機構と軍事・財政組織、体系的な政治理論をもつ点である。このような特色は、遊牧国家と対峙する地理環境が生みだす軍事緊張と商業利益がもたらしたものだろう。現在のユーラシア大陸各国の源流が、この時期の農業国家と遊牧国家であることを思い起こすとき、世界史におけるこの時期の重要性に改めて気づくのである。

(2)　世界史の第二期―ユーラシア史の形成期―

第二期（四世紀頃～五世紀頃）は、ユーラシア大陸の二つの大規模な人間移動期（四世紀～七世紀と一六世紀～一八世紀）にはさまれた時期であり、ユーラシア史の形成期である。ユーラシア大陸を貫く交通幹線が内陸陸路から海路へと転換を始める時期でもある。

第二期の始まりは、四世紀から七世紀にかけての遊牧民の移動とそれにともなう混乱を契機に、第一期の古典国家が崩壊する事件におかれる。遊牧民の移動は、農業地域の人々をふくむ人類の大規模な移住をうながし、その移住の混乱の中でキリスト教・イスラーム教・仏教の三大世界宗教圏が形成され、アフロ・ユーラシア大陸の各地域に新しい国家と社会秩序がつくりだされていった。

遊牧民の騎馬軍団から逃れるために、農業地域の人々は、今まで人の住む場所ではなかった低湿地の開拓を本格化させ、漁業に携わる人々の他には住民のいなかった沿海地帯に集住するようになった。干潟(ラグーナ)におけるヴェネツィアの都市造りは、騎馬戦術に長けるが海戦には弱いゲルマン諸部族の攻撃を避けるために行われ、中国江南の都市造成も、華北に侵入した遊牧民の騎馬軍団を逃れた人々が主体となり、長江下流域の低湿地帯の丘陵部を開拓しながら進められたのである。この結果、ユーラシア大陸における低湿地の開拓が進展して港湾都市が造成され、内陸水運と海路の連結をうながし交通の体系を変えていくことになった。

このようにして、ユーラシア大陸の東西の沿海地帯に誕生した港湾都市は、バクダードに奠都したアッバース朝のイスラーム商人たちの帆船によって八世紀以後本格的に連結し始め、ユーラシア大陸の沿海地帯をつなぐ港湾都市網が形成されていく。この港湾都市網は、東南アジアや中国大陸、アフリカ東海岸の港湾都市をくみこんで拡大していき、一五、一六世紀には、イスラーム商人を始め、中国商人、インド商人、日本商人などによって、ユーラシア大陸をつなぐ幹線交通路になっていった。

このように、世界史の第二期は、第一期に形成された遊牧地域と農業地域にそれぞれ生まれた古典国家が、遊牧民の侵入を契機に解体して農業地域と遊牧地域を包含する農牧複合国家が樹立され、世界宗教にもとづく国家統合がなされていく時期といえよう。ユーラシア大陸の東西につらなる世界宗教圏は巨大な商業圏でもあり、農牧複合国家の形成とともにユーラシア大陸各地域は相互に関連をもって動きだし、ユーラシア大陸の歴史が初めて一つに連動しだした。世界宗教としての仏教や都城を核とする行政都市網、外交儀礼を共有する東アジア世界は、上記のような遊牧民の移動を契機とする海と内陸河川の時代への転換の中で形成されたものである。

各地域で個別に古典国家の文化が開花していた三世紀以前の時期と違い、四世紀以後は、地域間での時間差はありながらも、(a)遊牧民の移動を契機に拡大された陸上交易路の都市網と、(b)イスラーム商人等によって拡大された海洋交易路の都市網とが系統的に連結するようになった。その結果、ユーラシア大陸の海陸の都市網を走る情報が共有されるようになり、ユーラシア各地における歴史の並行現象が進行し始め、「ユーラシア史」という範疇が成立する。一三世紀におけるユーラシア大陸を覆うモンゴル帝国の樹立によって、このような四、五世紀以来の時代の流れが集約された。

(3) 世界史の第三期——地球一体化の進展

第三期（一六、一七世紀〜現在）は、海路の時代であり近代社会が始動し定着する時期である。この時期は、上記の四世紀から七世紀にかけての時期に匹敵する第二の大きな人間移動期をへて始まる。

すなわち、海路によるヨーロッパ勢力の地球全域への拡大を契機に、ユーラシア大陸の人間集団がアメリカ大陸等に次つぎと移住しはじめ、アフリカの黒人が多数アメリカ大陸に奴隷労働者として運ばれ、ユーラシア大陸やアフリカ大陸、アメリカ大陸等の各大陸が、政治・経済的に一体化していく。この時期になって、初めて地球をつつみこむ世界史がうまれたということができよう。世界史の第三期は、海路から

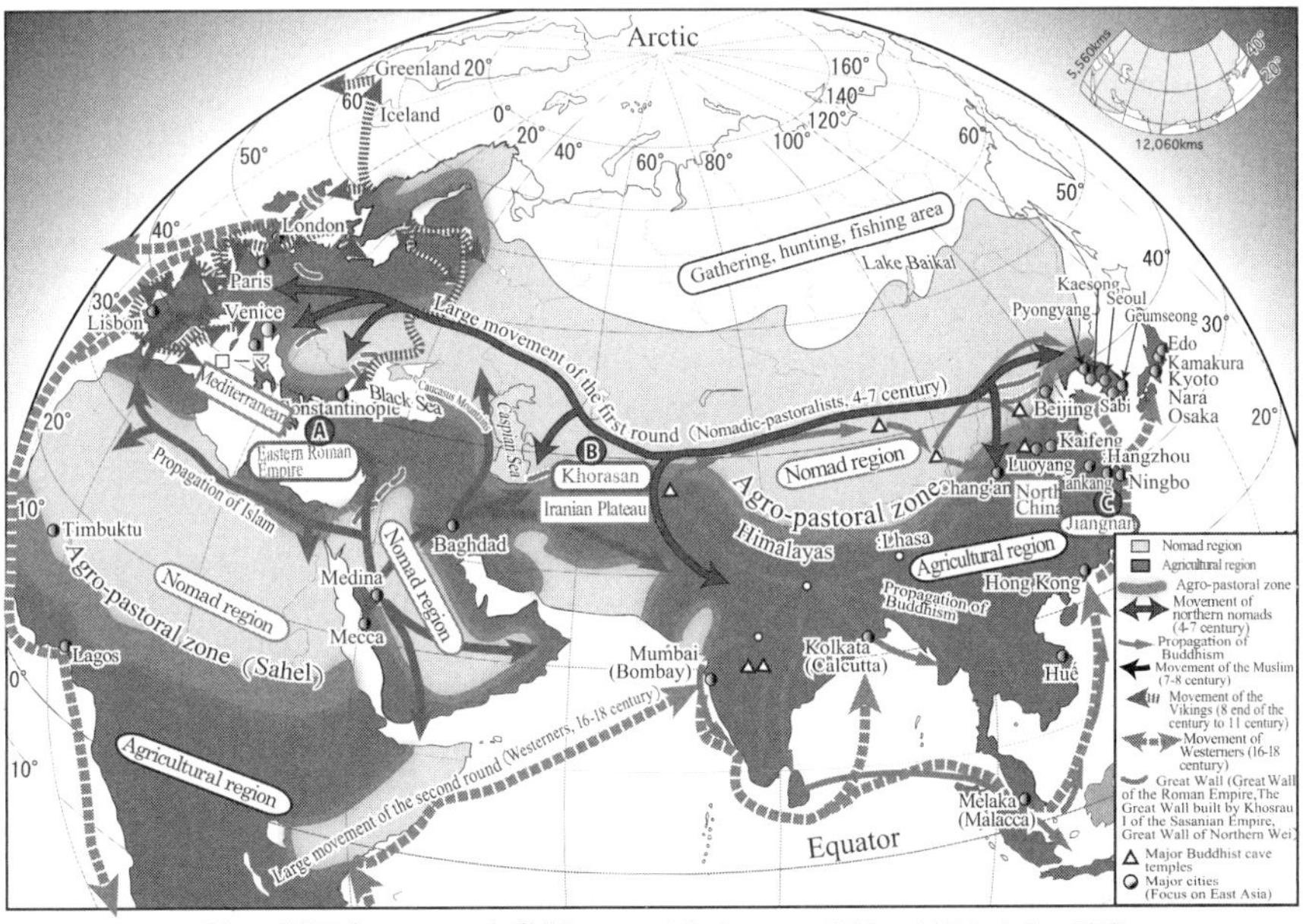

図2　世界史の2つの変動期ー4〜7世紀と16〜18世紀の人間と文化の移動ー

Mediterranean　Iranian Plateau　North China　……農業=遊牧境界地帯に隣接する３つの古典文化圏の政権拠点地 (30-40°N)

Ⓐ Eastern Roman Empire　Ⓑ Khorasan　Ⓒ Jiangnan　……上記の３つの政権拠点地の古典文化を直接継承する地域（図１ 第２期(1)のⒶ Ⓑ Ⓒに対応している）。これらの３地域は、９世紀以降、上記の３つの古典文化圏の文化を復興するルネサンス運動の原動地となる。

【出典】妹尾達彦「東アジア都城時代の形成と都市網の変遷」（中央大学人文科学研究所編『アフロ・ユーラシア大陸の都市と国家』（東京・中央大学出版部、2014年）87頁図9を改図。

空路へと交通の量と速度をまし、地球一体化の速度を加速しながら現在にいたるもつづいている。

(4) 交通幹線・交通手段の転換

以上のように、人類の歴史を交通幹線の転換を軸にかえりみると、図三 交通幹線の転換のようになる。この図のように、交易と情報交換の媒介地が、内陸の農業＝遊牧境界地帯から沿海部の沿海地帯に移行する過程で、陸路を中核とする内陸都市網は、海岸の港湾都市間をむすぶ海路と港湾都市と内陸の河口都市を結ぶ内陸水運が連結する都市網にとって替わられるのである。

水運は、浮力があるために大量の物産を安価に安全に運ぶことができ、日常品の売買を飛躍的に増加させ、陶磁器や茶などの世界的な商品を生み出した。その結果、徐々に、交易を推進する主体が、需要側から生産・供給側に移行してゆき、従来の陸路による少量の奢侈品の遠隔地貿易は衰退していった。

三、事例分析―四〜七世紀の衝撃の共有と異なる地域的対応

最後に、上記の論述をふまえ、人類史と東アジア史における四〜七世紀に注目し、この時期の遊牧民の移動がアフロ・ユーラシア大陸にあたえた衝撃と、その衝撃への地域的に異なる対応のあり方を事例に、時期区分のもつ問題点を具体的に再考してみたい。ここで問題となる点は、四〜七世紀の変動と唐宋変革論として知られる九〜一二世紀の変動との関連である。現時点では、筆者は、四〜七世紀のアフロ・ユーラシア大陸をつつみこむ大きな衝動への各地域の対応の違いが、中

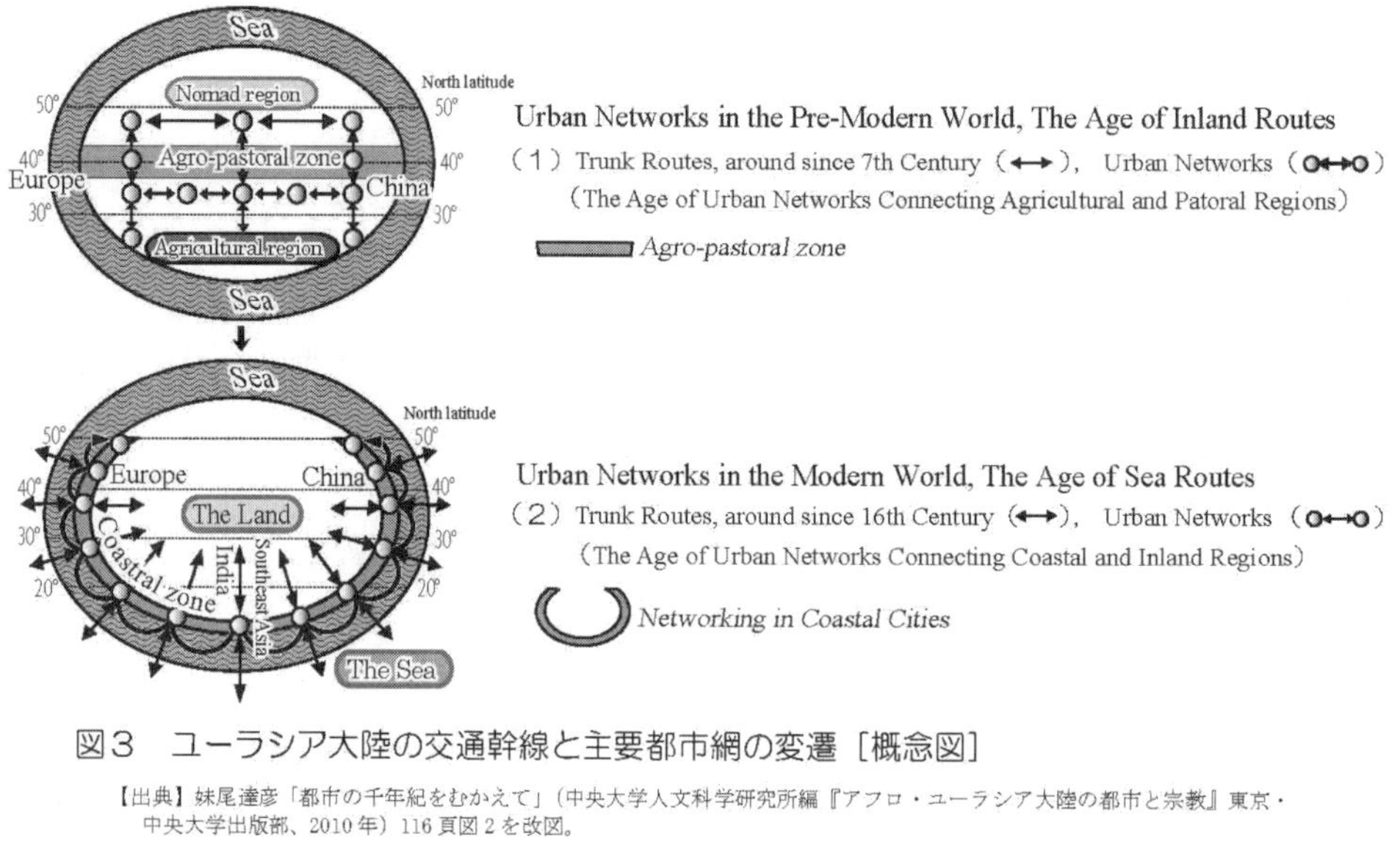

図３ ユーラシア大陸の交通幹線と主要都市網の変遷［概念図］

【出典】妹尾達彦「都市の千年紀をむかえて」（中央大学人文科学研究所編『アフロ・ユーラシア大陸の都市と宗教』東京・中央大学出版部、2010年）116頁図２を改図。

国史では「唐宋変革」というかたちで生じたと考えている。この観点から、まず、四～七世紀の現象として次の二点を検討してみたい。

(1)　世界史の第一期に形成された古典国家が解体し、農業地域と遊牧地域を包含する新しい遊牧牧畜系の農牧複合国家が形成されていく過程。

(2)　農牧複合国家が、世界宗教にもとづく国家形態を創造する過程。

次に、八～一四世紀のアフロ・ユーラシア大陸の各地域に、中国史の「唐宋変革」とよく似た変動が生じた経緯とその理由について、次の三点を軸に論じてみたい。

(1)　農牧複合国家が解体し、近代国民-国家の原型が生み出されていく過程。

(2)　その際に、世界宗教への批判が動力の一つになっていること。

(3)　アフロ・ユーラシア大陸の「唐宋変革」が、世界史の第一期の古典国家体制を継承する地域（江南・ホラーサーン・東ローマ）を起点に生じていること。

このような問題群について、筆者が十分に答える能力も実績も持ち合わせていないことはよくわきまえている。ただ、問題点を指摘することによって、今後の包括的な研究の進展に少しでも寄与することができればと願っている。

《注》

（一）時期区分、ないし時代区分の思想に関しては、膨大な研究の蓄積がある。ここでは、時代区分という思想の問題を明快に論じる岸本美緒「時代区分論」（樺山紘一他編『岩波講座世界歴史1世界史へのアプローチ』東京・岩波書店、一九九八年）一五～三六ページ、時代区分論争の詳細を整理した谷川道雄編『戦後日本の中国史論争』（東京・河合出版、二〇〇一年）、時代区分の問題を世界史の中に位置づけ直した本田實信・越智武臣・小野山節・谷川道雄・冨谷至「ユーラシア史を時期区分する」（『古代文化』四六号　一九九四年）五五～六二ページをあげるにとどめる。なお、時期区分の問題を唐宋変革論に焦点をあわせて論じる妹尾達彦「世界史の時期区分と唐宋変革論」（『中央大学文学部紀要史学』第五二号　二〇〇七年、一九～六八ページ）も参照。詳細な先行研究の成果については、上記の諸論考を参照願いたい。

（二）本節は、以下の拙稿を整理し直したものである。とくに、(4)六六～七五頁の叙述に基づく。参考文献は以下の拙稿を参照願いたい。

(1)　妹尾達彦『長安の都市計画』（東京・講談社、二〇〇一年）第一章ユーラシア大陸の三つの都、一二～八四ページ。

(2)　同「北京の小さな橋―街角のグローバル・ヒストリー―」（関根康正編『ストリートの人類学　下巻　国立民族学博物館調査報告』八一　吹田・国立民族学博物館、二〇〇九年）。

(3)　同「都市の千年紀をむかえて―中国近代都市史研究の現在―」（東京・中央大学人文科学研究所編『アフロ・ユーラシア大陸の都市と宗教』二〇一〇年）

(4)　同「イギリスから眺めたアジアの都市」（静永健編・小島毅監修『東アジア海域に漕ぎだす6　海がはぐくむ日本文化』東京・東京大学出版会、二〇一四年）六九ページ図A。

(5)　同「東アジア都城時代の形成と都市網の変遷―四～十世紀」（東京・中央大学人文科学研究所編『アフロ・ユーラシア大陸の都市と宗教』二〇一四年）七三～二一七ページ。

(三)　林俊雄『スキタイと匈奴　遊牧の文明（興亡の世界史02）』（東京・講談社、二〇〇七年）。

全体会四

明代韶州同知劉承範の「利瑪伝」の発見とその内容及び価値

湯開建

周力（訳）

はじめに

一六一五年に、金尼閣（Nicolas Trigault）は『マテオ・リッチ日記』に基づき、『キリスト教中国遠征史』を編纂した。そこから数えると、マテオ・リッチに関する研究は今日で、すでに四〇〇年の月日を経たこととなる。この間、汾屠立（Tacchi Venturi）・徳禮賢（Pasquale d. Elia）・裴化行（Henri Bernard）・鄧恩（George H. Dunne）・平川佑弘・西比斯（Joseph Sebes）、及び史景遷（Jonathan D. Spence）など、世界一流の研究者が現れると同時に、マテオ・リッチ研究の優れた著作も出版された。一方、中国において、台湾出身の羅光・大陸出身の朱維錚・林金水・許明龍などの研究者によって、いくつかの影響力のある著作も出された。その間、マテオ・リッチに関する研究論文は、1万本以上に上り、二〇世紀九〇年代において、国際中国学界におけるマテオ・リッチ研究は、すでに「熱い学問（人気のある学問）」となったと言えよう。二十一世紀に入り、とりわけ近年では、マテオ・リッチ研究は国際中国学研究者の注目を集め、中国の改革開放の拡大に伴って、中国の学術研究が世界の歩調に合わせるようになったことで、中国のマテオ・リッチ研究の熱意はさらに高まったと言える。二〇〇四年に黄時鑒のマテオ・リッチ研究の専門書である『マテオ・リッチ世界地図研究』が出版された後、この三、四年の間に、新しく出版されたマテオ・リッチの伝記は三種類があった。それはイタリア人菲利浦・米尼尼（Filippo Mignini）の『マテオ・リッチ――鳳凰閣』、イタリアの中国系研究者宋黎明の『神父の新装――中国に滞在するマテオ・リッチ（一五八二～一六一〇）』と、中国系アメリカ人の夏伯嘉の『マテオ・リッチ――紫禁城のイエズス会士』である。とりわけ、明代韶州同知劉承範の子孫である劉明強は、肇慶地元の研究者で、彼の一族のことを記録した『劉氏族譜』から、劉承範が書いた「利瑪伝」という一文を見つけ、公表した。中国語の文献の中に、数千字にも上るマテオ・リッチの肇慶・韶州における活動に関する資料が存在していることは思いがけないことで、それは学界を非常に驚かせた。そこに記録されているほとんどの内容が、現存の中国語と西洋文献の中には記録されていないからである。この資料は今のマテオ・リッチ研究にとって宝と言えよう。二〇一〇年に劉明強は、『韶関学院学報』と『肇慶学院学報』を相次いで発表し[1]、学界の反響を呼んだ。ただし、劉の研究に対して、その信憑性を疑う研究者も少なくない。このようなマテオ・リッチ研究の進展に影響を与える可能性の高い史料に対しては、細緻にわたる十分な分析が必要となろう。それには、先ず現存の「利瑪伝」の版本や、その源流を明確にすると同時に、この「利瑪伝」の作者である劉承範について明らかにし、「利瑪伝」の内容及び問題点を検討し、その上で、史料的な価値を示す必要があろう。本稿は、前述のいくつかの問題について検討するものである。

一、「利瑪伝」と民国甲寅年の『劉氏族譜』との関係

劉明強が公表した明代劉承範の「利瑪伝」は、現在、劉後清の主監修による、民国甲寅年（一九一四）監利県存澤堂刊の『劉氏族譜』序巻二に収められている。目録と伝記の名称は、ともに「利瑪伝」となっている。劉氏一族の劉国棟によると、民国甲寅年の『劉氏族譜』は、「もともと木版印刷で、五十部印刷され、一部は十六冊からなり、存澤堂より刊行された」という。しかし、この五十部の族譜は九〇年あまりの間に、浸水や虫食いなどの被害や、戦乱被害を受けたために「友」という印のある『劉氏族譜』の一種類しか残っていない。これは監利県存澤堂刊『劉氏族譜』の中で、唯一現存する一種であり（二）、国内の孤本だと言えよう。だが、この民国初期に刊行された族譜に収められた明代劉承範の「利瑪伝」の信憑性については、民国甲寅年の『劉氏族譜』の源流を探ることで明らかとなろう。

監利の劉氏は、もともと山東東平の人で、その始祖は劉宗である。宋代に茶税を徴収する役人であった。二世の劉隆、及び三世の劉宝は、ともに岳飛のもとで金と戦い、手柄を立て、都統制となった。岳飛が殺害された後、劉宝は部隊を解散し、湖南の華容に移った。五世の劉文義公の時、華容から監利に移り、監利の劉氏一族が形成した（三）。『劉氏族譜』の編纂は、三世の劉宝から始まり、その後は子孫たちによって何度も編まれた。その経緯は、『劉氏族譜』に記録された旧序文に詳しい。明代黄虞稷の『千頃堂書目』巻十には、「華容劉氏族譜四巻」（四）と記されている。万斯同『明史』の一三四巻にも「華容劉氏族譜四巻（五）」と記されている。こうして見ると、『劉氏族譜』は明代において、すでに民間に流通していることが分かる。監利『劉氏族譜』は、元代漢陽ダルガチの劉天与公によって、初めて伝わった。監利劉氏の劉肆詩が、道光戊戌年（一八三八）に書いた「劉氏族譜序」には、次のように記されている。

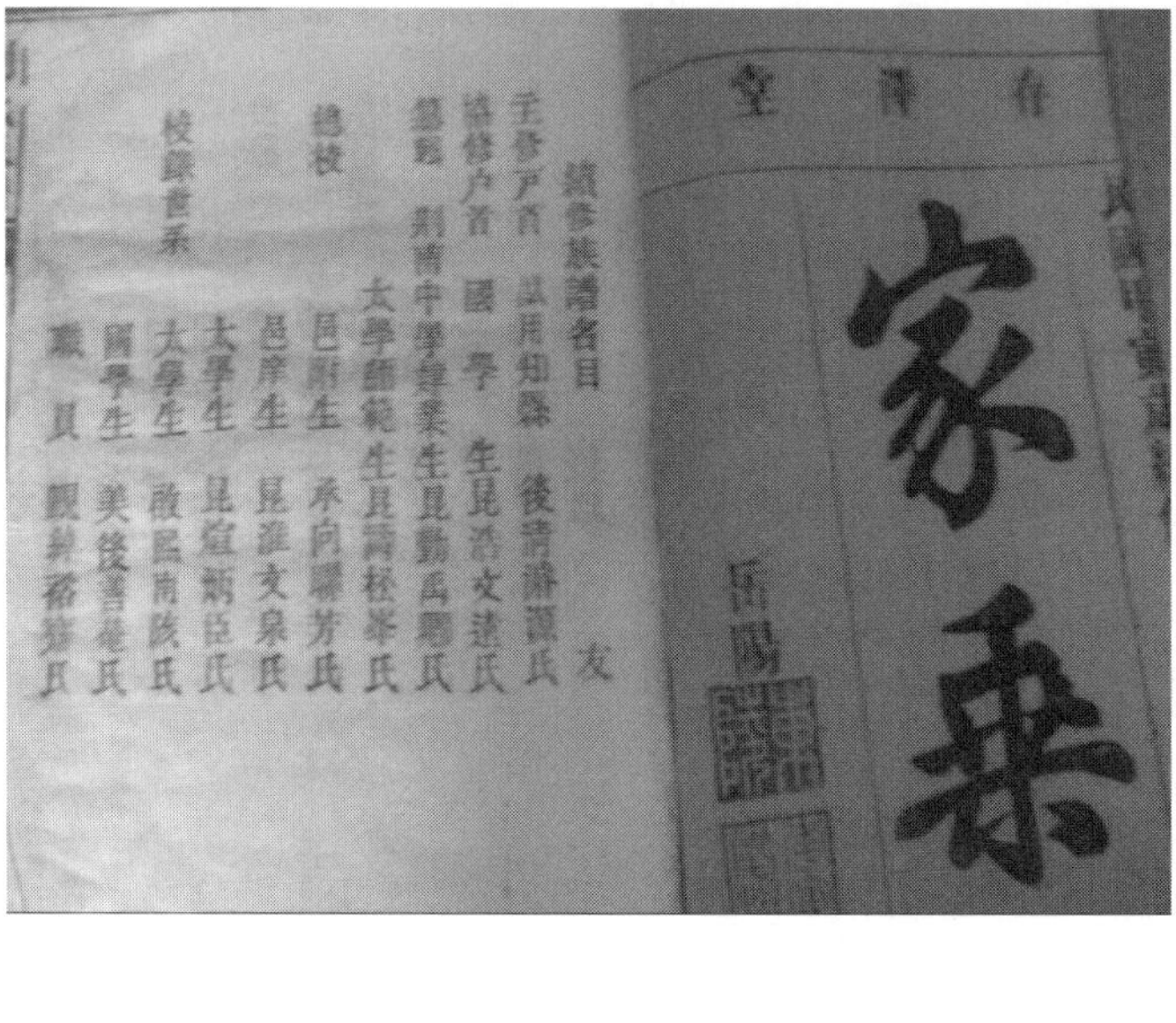

初めて族譜を作り始めたのは、三世の統制の宝公である。それからは引き続き、各代において増補する人が少なくない。華容において用傑・天源・行簡・仁宝といった各先祖がおり、監利において太守公天与・吏隠公魁・誥封公昇・奉政公承範・耐庵公綜・歳

薦公光孝・燃藜公遵貴がいる。そのほか同族の兄の歩雲公詩炳などは、みな仁愛と孝行と忠誠と尊敬を重んじる者であり、以上の方たちが先祖の名を上げられたのだ。子孫の手本となるべく人々がいたことにより、族譜は代々伝えられ、何度も修正を加えられ、すべて清書を終えていたのだが、世に問うことはできなかった。同族の甥である会一・兼三兄弟は、誥封・奉政二公の嫡出の子孫である。先祖のことを忘れず、道光辛卯（一八三一）年には、先祖の墓地のある土地を買戻し、族譜を編修し後世に伝えようとした。私自身は力不足で重任に堪えられず、知恵も足りず重要なことを成し遂げられなかった。今幸いにも二人の甥は先祖のために、事業を受け継げ、どうにか誥封・奉政二公の心を安心させることができ、誥封・奉政二公の霊を慰められたと思う。去年の乙未（一八三五）、私は一族の信頼を得たことで、家政を任された。丙申（一八三六）と丁酉（一八三七）の二年、私は春と秋に祠堂に入り祭祀を執り行った。大勢の一族が集まり、そこで甥たちは私に何度も族譜の編修を頼んできた。そのとき無知蒙昧な私でさえ、責任逃れはできまいと自覚したのである。先祖が取り決めたことに従い、族譜の編修に携わった。自身の愚昧さは忘れ、自ら校正を行い上梓させた。並びに会一兄弟のことも掲載し、十数年を経てやっと完成した[六]。

また、監利劉氏の劉詩貫が、道光戊戌年（一八三八）に書いた「劉氏族譜後叙」には、次のように記されている。

私はしばしば箪笥を点検し、綿密に古い族譜のチェックを行った。宝公から族譜が伝わったが、隆公に関してはただ年月日と日時しか記載されておらず、その以前のことは分からなかった。また承範公の編修と光孝公の編纂により、先祖の名前・号・言行・墓地の地図・地誌などを知ることができた。さらに尊貴公の力で家系の校閲や、文芸・大小内外の伝の考証ができ、この族譜はようやく完璧なものになったと言える。ただ年月を経て、族譜が散逸し伝わらなくなることが心配である。これから、族譜の校正や刻版に務め、族譜が虫に食われたり、散乱したり、誤字があったりすることのないようにしなければならない。それらをきちんとしなければ、今世の人に信頼されず後世の手本にもならないだろう。幸い丁酉年（一八三七）の秋、一族のリーダーである雅三公と、一族の有能者が族譜の編纂について相談にのってくれた。私は大賛成であった。また一族の兄である詩炳公から自ら校正した族譜の続編数冊もらったことで、記載漏れを防ぐことができ、互いに参考になった。また先祖の墓地を巡り碑文を確認し、その図を描き族譜に収録した。こうしてやっと族譜の形が出来上がった。次男の書黻には南北へ行き、図画を模写してくるよう命じ、成功に至ったのである[七]。

同じく監利劉氏出身の劉書准は、道光戊戌年の「族譜後叙」において、以下のように記している。

族譜を編修したのは、三世の宝公から始まり、その後十回修正し、すべて手書きのもので、刊行されていない。これは残念なことである。道光丁酉年に、一族の伯父の詩貫公は、孝を尽くすことを忘れず、族譜を引き続き編修し刊行ようと思ったところ、ちょうど私は先祖の祠を祭るにあたり詩貫公は私に、「わが一族の族譜は、先祖の尊貴公から、先人の後につき編修し続けた。その数百年して一族の兄の詩炳公は、乾隆五十四年（一七八九）に、懸命に捜索し、家系を補い、十年あまりを経て、手書きのものができた。まことに後世に役に立つものだ。その後五十年あまり経ち、族譜は散逸したり、ひどく傷んでしまった。私は微力ながら、先人の取り決めに従い、再び編修した。子孫のためになり、族譜の完成に貢献しようと思ったからである」と言った。……戊戌（一八三八）の春には、家廟において一族が集まり、寒暑を恐れず、苦労も厭わず、一族の賢人たちが互いに校正し合い、欠けたところを補って、一年を経てようやく完成した。[八]

一方、民国甲寅（一九一四）年に書かれた劉承向の「続修族譜跋」には、次のように記されている。

わが一族は宋の三世の宝公が初めて族譜を作って以来、元代八世の天与公・明代十世の魁公・十三世の昇公・十四世の承範公が、相次いで増補した。王朝が何度も交代したにもかかわらず、一族の堂々たる家系は、少しも乱れたことがなかった。子孫の錝公・光孝公・遵貴公・詩炳公は、みな手書きで仕上げたが、それらは刊行されなかった。清の道光戊戌年に、禎系の肆詩公と祥系の啓鳳公が、それぞれの族譜を刊行した。しかし二つの家系からそれぞれ編纂されたものなので、独自の一派をなしている。光緒丙戌年（一八八六）になって、啓鏞公と達後公も同時にそれぞれ族譜を編修した。今見てみると、すでに板木を彫ったものもあるし、筆で書いたものもあって、功績も一致していない。結局、欠点を残してしまっている。[九]

前述した序文、跋文には、民国甲寅年の『劉氏族譜』の完成に至るまで編纂の過程が明記されている。そこから以下の事が分かる。『劉氏族譜』は、宋代岳飛の部下である劉宝によって制作され、元代と明代に増補された。（華容）『劉氏族譜』は、明代後期に民間で流通し、いくつかの書目に収められた。監利劉氏一族の先祖は、劉宝の孫の劉文義であり、「五世の文義公が、華容から監利に移った」[一〇]という。八世の元代漢陽のダルガチの劉天与[一一]の時には、（監利）『劉氏族譜』が初めて作られた。[一二]その後、十世の劉魁や十三世の劉昇と十四世の劉承範も族譜を増補した。しかし、劉承範は晩年に「病気を患い、左の腕が上げられず、族譜の九割が出来上がったのに、余儀なく中断せざるを得なかった」[一三]という。元代と明代の族譜は割合と簡略で、清代康熙年間に尊貴公が、「家系を調査し、文芸や大小内外の伝を考察し、族譜は初めて完璧なものになった」[一四]という。つまり、康熙年間において、『劉氏族譜』は、すでに非常に成熟かつ完璧な族譜となっていたのである。その中には、「芸文」などの志及び大小内外などの伝が設けられた。劉承範の「利瑪伝」は、彼が族譜を編修する際、彼の詩文とともに族譜の中に収録されたものと考えられる。また、康熙三十九年（一七〇〇）に尊貴公が書いた『劉氏族譜後跋』には、以下のように記されている。

そののち韶陽公（即ち劉承範のこと）は官職を辞め故郷に戻り、編修が終わろうとした時、病気で腕が上げられず、その未完成の原稿を光孝公に渡した。そのとき、公は高齢を理由に怠けることなく、族譜を整理し、先祖の人品、交情や諄諄とした教えを記録し、先祖の功績は後世まで残っている。朝廷からの褒賞が鮮明に目に浮かぶ。新しく記録された芸文や、贈られたその激励の言葉は書き写され、それは今も残っている。実に見事な著述であり、光孝公の族譜を上回るものはない。[一五]

ここには、劉承範が自分で編修した原稿を同族の孫の劉光孝に渡したことが記されている。劉光孝は「族譜を整理して」、崇禎六年（一六三三）に完成させた。[一六]劉承範の詩文及び「利瑪伝」はおそらくこの時期に「芸文」に収められたものと思われる。康熙の時、劉尊貴が族譜を増訂する際、正式に「芸文志」を収録した。だが、尊貴公の康熙族譜及び以前の族譜は、みな手書きされたもので、刊行されていない。乾隆五十四年(一七八九)にさらに劉詩炳が十年かけて族譜の増訂作業をしたが、刊行には至らなかった。道光戊戌年に劉詩貴が編修代表となって、『劉氏族譜』を増訂し、刊行した。そのため、『劉氏族譜』の刊本は世に流通するようになった。光緒丙戌年(一八八六)にさらに劉啓鏞と劉達後の二人が、同時にそれぞれ『劉氏族譜』を増訂し、その族譜は半分刻本で、半分手書きという、非常に体裁の悪いものであったため、一族から非難された。民国甲寅年(一九一四)になって、一族の戸首であった劉後清が主宰となり、副戸首の劉昆勤・劉昆濤などが編修を担当し、改めて『劉氏族譜』の増訂作業に取り掛かることになり、版木を彫って、刊行に至った。これは現存する唯一の監利県承澤堂本の民国甲寅『劉氏族譜』である。

　現存する民国甲寅本の『劉氏族譜』の中には、多くの道光以前の古い序文、跋文及び古い詩文が収録されている。例えば、宣徳時の禮部尚書武英殿大学士太師太保南郡の楊溥が書いた「贈劉君景星族譜序」や、嘉議大夫前都察院右副都御史両京大理太僕寺卿呉郡王世貞が書いた「劉氏族譜序」(一七)や、萬暦癸卯(一六〇三)年に、中憲大夫知広東韶州府事南京陝西道監察御史奉敕巡視鳳陽等倉兼督京儲陳奇謀が書いた「贈章華劉氏族譜序」、崇禎六年(一六三三)に、劉光孝が書かれた「劉氏族譜後序」、及び康熙壬子(一六七二)に監利出身の鄧祖清が書いた「劉氏族譜後続」、康熙三十九年に、劉氏十八世の劉尊貴が書いた「劉氏族譜後跋」、また乾隆乙未(一七七五)年に、劉詩炳が書いた「劉氏族譜後叙」などである。残されている詩文は、楊溥の「承澤堂賦」と「詩」各一首、李東陽の『敦本堂記』(一八)一編、寥道南の「明郷進士劉聘君墓表」一編、王世貞の「誥封公(劉昇)像賛一編、巫山知県劉昇「去思碑」一編、王道の「贈江安公掛冠帰詩」一編、誥封公劉昇の「金陵分禮記」・「鷺燕賦」・「賀路侯彩賑」の三編、徐鳳竹の「贈奉政公詩」一首、陳奇謀の「贈奉政公詩」一首、劉光孝「賛」一編、さらに劉承範の「新遷凌雲宮記」・「送別駕春去呂老先生帰序」・「倚雲亭記」・「賀撫院華峰許誕序」、及び「利瑪伝」などの文章と「奉政遣使往問寄詩、両使一往一来、皆同是時、但路相左、復和以答之」という詩である。これらの数多くの序文、跋文と詩文が記録されていることによって、民国甲寅本『劉氏族譜』は後世まで転写・増訂されたのだと言えよう。また、族譜の体裁にこだわり、編修方針も極めて厳格であったことで、『劉氏族譜』は「王朝が何度も交代したにもかかわらず、一族の堂々たる家系は、少しも乱れたことがなかった」(一九)のである。劉氏の二十二世の書准公が記すように、「宗公以来、一つの血

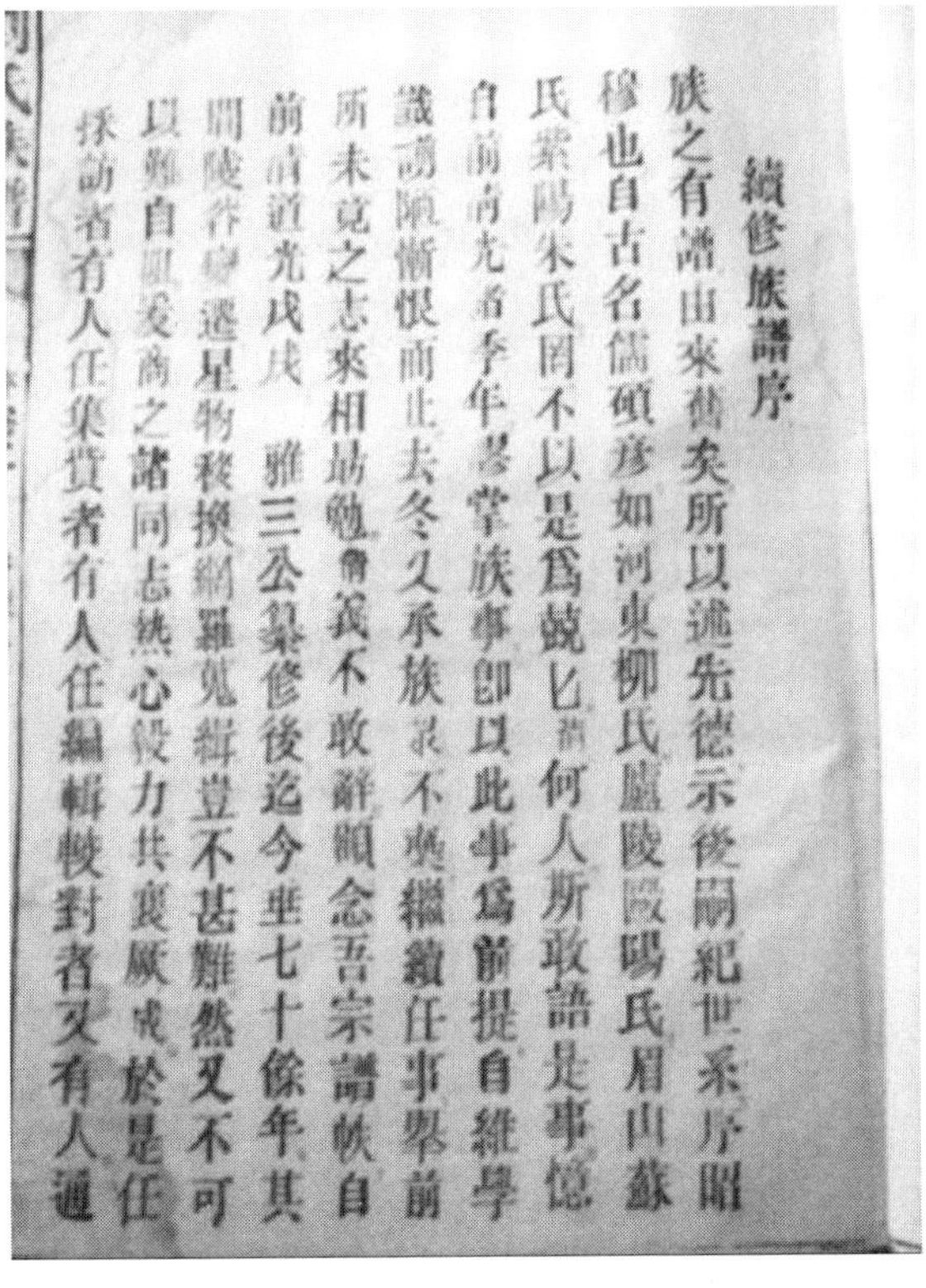
續修族譜序
族之有譜由來舊矣所以述先德示後嗣紀世系序昭
穆也自古名儒碩彦如河東柳氏廬陵歐陽氏眉山蘇
氏紫陽朱氏罔不以是爲兢兢何人斯敢語是事憶
自前甫先季年掌族事即以此事爲前提自維學
識譾陋而止去冬又承族不棄繼續任事舉前
所未竟之志來相勗勉不敢辭顧念吾宗譜帙自
前道光戊戌　雖三公纂修後迄今垂七十餘年其
間陵谷變遷星物移換網羅蒐輯豈不甚難然又不可
以難自阻爰商之諸同志熱心毅力共襄厥成於是任
採訪者有人任集貲者有人任編輯校對者又有人通

統が受け継がれ、同居や別居に関わらず、編修され続けた。族譜はいつでも本源と支脈が明記され整然としている。徳行のある者こそ、後世の模範となる。たとえば官吏に対する褒賞や節操の表彰も事実通りに記録し、漏れることがなく、大げさに述べることもなかった。時の有名な公卿の名を借りて一族の名誉を高めている。これこそまさに歴史を忠実に記録したもの」なのだという[一〇]。

付言すれば、民国甲寅本の『劉氏族譜』は一九一四年に編纂されており、それは民国三年のことである。通常なら、清代の君主の名を避ける必要はない。しかし、族譜に収録された昔の文章や序文の中には、清の君主の名を避けている箇所が少なくない。例えば、「而主者按轡盜徐」一文の「盜」という字は、道光帝旻寧の実名の画数を減らして避けていると思われる。そのほか、「唐元奘[一一]、白馬駝経」の「元」という字は、康熙帝玄燁の名を避けるためである。また、「以「蒸民」「元鳥」章問」の「元」も康熙帝玄燁の名を避けている。つまり、民国甲寅本の『劉氏族譜』に収録されていた古い文章は、すべて道光本の内容を書き写したもので、民国甲寅本『劉氏族譜』は、道光本に基づくものであることが分かるのである。

二、「利瑪伝」の作者劉承範について

劉承範については、『明史』、及び『実録』や『国史』にも記録がない。現存する文献の中に見られる最も古い劉承範に関する記述は、（萬暦）『貴州通志』のものである。そこには、次のように記されている。

> 州の所在地は昔営盤山の東である。萬暦十四年に、知州の劉承範は、城外に不便があることを理由に、城内の守備司と連名で撫按に陳情し、山を切り開き、土地を整え、公署を建てた[一二]。

さらにまた、以下のような記述もある。

> （普安州）は滇黔の間にあり、興古の地である。故に州の所在地はあるが城がなかった。城塞に移転したのはこの時からである。州の長官である劉承範は呉子と対面し、「興古という地は辺境の要地である。……」と訴えた。彼は州守備の以前の役所で占いを行い、上司にまみえ、命令を受け赴任した[一三]。

天啓年刊行された『両浙名賢録』に、「貴州按察史陳観甫順正」という伝記があり、そこには次のように記されている。

> 滇の長官は反乱を起こした継栄と頤正を逮捕するよう命令を出した。諜報活動のせいで継栄と士舎隆の関係は親密で、継栄を投降させるよう働きかけた。策士からの方策により、州守備の丁継文と知州の劉承範で挟み撃ちするよう命じられ、滇の魯溝で捕まえた[一四]。

以上は明代の文献に見られる劉承範に関する記録であり、ともに、劉承範が普安州にいる時のことを述べたものである。劉承範の事績は、（雍正）『河南通誌』にさらに詳しい。

> 劉承範は貢生で、湖広監利の人である。萬暦の始め、淅川県知県に務め、土地を測り食糧を均等にし、興化堰を作り、数百ヘクタールの農地を灌漑した[一五]。

さらに、（咸豊）『淅川庁誌』には、

> 劉承範は湖広監利の人で、恩貢になり、号は華陽である。萬暦八年に赴任し、儒学の奎楼を建て、土地を測り、北渠を開いた。また興化堰を作り農地を灌漑した。貴州の普安州の知州に昇任し、祀名は宦である。

とある[一六]。さらに、（光緒）『荊州府誌』には、劉承範父子の伝記が一

緒に載せられている。

劉昇（原文は誤って「昇」にした」筆者注）は、字を成之といい、嘉靖辛卯年の挙人で、巫山の知県に任命された。むかし茶税徴収官があり、その収入の多くを着服する者がいたが、昇はその不当な利益を得ようとはせず、直接府に献納するよう申し出た。巫山は峡の入口にあたる要地であるため、県民たちは送迎に苦しんでいる。昇はお金を出してその労役に服する人を雇った。そのため県民の負担は多少軽くなり、県民は祠を建て彼を祀った。息子の承範は、字を洪卿といい、隆慶丁卯年に恩貢に選ばれ、淅川県知県に任命された。在任中は功績をあげ、普安の知州に昇任し、のち韶州府同知に転任した。承範は政治を行うとき明晰で機敏で、権謀を振るい、任地で人望が厚かった。普安では策を施し地元の反乱者を捕らえ、韶州ではマカオについての意見を述べ、物事の核心をつき、上官から高く評価された。（二七）

（康熙）『監利県誌』には、劉承範に関するさらに詳しい記述がある。

劉承範は字を洪卿といい、号は陽華という。父は慶陽公であり、巫山で治をなし、善政を行ったことで有名である。公は兄弟の五番目で、幼い時から賢く、経史を広く学び、稗官小説にも精通している。才能はとびぬけていて、受験の能力が十分にありながら、合格には至らなかった。隆慶の改元にあたり、成均に選ばれ、のち河南淅川令に任命された。立派な治績を治めたことで、普安州の知州に昇任し、治績の審査を受け韶州府の二守（副長官）になった。任地での施政が適正で、その恩恵は慶陽公まで及び、それは非常に名誉なことである。公は治をなすことに細心の注意を払い、権謀もうまく使いこなした。しばしばそれは人の予想以上の手腕を発揮した。人材の育成にも尽力し、良き師として、成果は顕著であった。中州の全璲は科挙に合格し、普安の蒋傑・董紹舒・劉洵龍・何汝台たちもみな有名な役人となった。国のために人材育成に当ったことは、忘れるべきではないだろう。最も珍しいのは、普安在任中に、策略を施し滇の匪賊を捕らえ、一本の矢も使わずに、数万人の兵を動かし、皇帝から褒美を賜ったことである。韶州では、香山澳について上奏し、故郷を離れた人を暖かく迎えたため、歓声の声が轟き、督台からも高く評価された。西洋宣教師のマテオ・リッチの予言を受け、故郷に戻る決意をした。故郷で祠堂を建て、家訓を作り、一族を集め、先祖を祀った。それらの行いはすべて後世の手本となれる。二十余年にわたり悠々自適に過ごし、晩年には三人の子供を授かった。その功績は朱博と張敞の間にも陰徳は子孫まで及び、公の善行によるものと言えよう。（二八）

なお、最も詳しい劉承範の事績の記録は、『劉氏族譜』に掲載された「旧伝・承範公伝」である。そこには、以下のように書かれている。

奉政公の名は、諱を承範といい、字は洪卿で、号は陽華である。誥封公の第五子である。生まれつき聡明で、十二歳の時に弟子員になった。十四歳で郷試を受けたが、試験の際に答えを書ききれず、行と行の間いっぱいに書き入れた。巡按は驚き、「こんなに若さで、このような大志を抱くとは、天才に違いない」と言った。結局合格には及ばなかった。家に戻ると今まで以上に勉強に励み、三年間家に籠もり、下に降りることはなかった。小試験なら必ず一位になった。徐公鳳竹は楚の士を考察したことで、高く評価され、国の俸給を手にした。そのとき中丞の楊公や、太守の趙公と親友になった。残念ながら運悪く科挙に受かることはなかった。

穆宗が即位し、その恩で南雍に行き、再び試験を何度も受けたものの合格には及ばなかった。「それは私の運命だ」と嘆息した。上官に願い出て、河南淅川の知県に任命してもらった。着任後、すぐに狡猾極まる悪者を捕らえた。その者とは町の藩の官吏で、後ろ盾に頼り、役所を脅迫し、部下や庶民を搾取していたが、誰も逆うことができずにいた。公はそれを知り、重い罰を与えた。ちょうど新しい巡按がその地を視察し、その者の祟りがあることを案じて、府・州・県に、「この悪者を捕えたならば、それは清廉な政治が行われた証であり、その官僚の行いの正しいことが分かるというものだ」と通知を出した。しかし通知が行き渡らぬうちに、公は報告を終え上司に上申した。巡按は大変感服し、これより彼の政治手腕はますます知れ渡った。県には未納の税金がかなり溜まっていたが、公はそれを清算した。学校ではしばらく科挙の合格者は出なかったが、公は会を作り、毎月麦や紙や灯油を提供し、自ら講義をし、子弟の宿題も添削した。子弟たちはやる気を起こし、合格者も出た。それらの行いは後世の手本となるものである。「両台」（地方の二人の最高長官）からの推薦と、三年の任期中の実績の審査では、ともに高く評価され、それらはすべて自らの努力の結果である。のち普安の知州に昇任した。普安という地は異民族が雑居し、昔から管理の難しい土地とされている。州の所在地には城がなく、「衛城」（防御施設）より十キロ離れている。苗の盗賊が度々侵犯し、武官たちはみな恐れている。公は上官に報告し、「衛城」に移転するよう願い出た。文官と武官がともに管理に当ったことで、その後の被害はなくなった。学校を振興させようと尽力したことも、淅川時代と同じであった。さらに多くの人材を育て、例えば蒋傑・董紹舒・劉洵龍・蒋楷・何汝台などはみな彼が普段からその育成に携わったのである。みな進士となり、郷里の賢人たちを先導し、有名な官僚となり、今でも語り伝えられている。彼はまた地元の人や官僚の心を安定させ、皆が彼のために働きたいと思った。討伐がある度に、必ず勝利を収めた。普安州に境を接している雲南地元の知州は、自分の名声を笠に着て、羅雄を拠点に反乱を起こした。反乱の前に、公は早くもそれを察知し、その知州の兄である隆昝に警告し、二人で計略を立てその知州を殺した。そのため兵部から公の功績は表彰され、「隆昝を投降させ、反乱者を斬罪に服させた。計略を立て顔色一つ変えない。手柄を立て辺境の町を安定させた」と賞された。皇帝から銀十二両を賜り、表彰された。両院が在任中の功績を審査し、さらに表彰を受けた。皇帝に二度も表彰されるのは、非常に珍しいことである。誥封公が恩賞を賜ったのはそのためである。のち広東韶州の二守（副長官）に転任したが、両省両院はみな公に対する処遇が軽すぎると、手紙での慰めを受けた。その手紙には、「華陽の駿馬は、一日千里を走ることができるが、主人は控えさせて、一日の力を発揮させないものだ」とあった。また「公ほどの才能がありながら科挙に合格できず、その資格に縛られ、真に惜しいことだ」とも書かれていた。そして韶州に赴任し、激しい政務もなく、軍隊の訓練を担当した。そのころはちょうど太平の世で、才能を発揮する機会がなかった。ただ書院を作り、太守の陳海楼及び同僚と、酒を飲みながら詩を作り、まるで風流太守であった。韶州に南華寺という景勝地があり、時折そちらを訪ね、山水を楽しみ、その自由闊達さは仙人のようであった。官途では恵まれていたが、家庭では不幸も多かった。二人の息子は早くに亡くなり、孫まで夭死した。僅かに残った一人の娘も死んでしまった。そして辞職を決意し、周囲が引き止めても無駄であった。故郷に戻ったもののすべきことが見つからず、昔の学んだ場所である凌雲宮は、町の東にあったが、狭かったため東の郊外に移り、前より広くなった。毎日西洋の教士と西洋の宗教典籍について議論したり、先祖の眠る観田に足を運んだりと、悠悠自適な暮らしをした。弟の東郷公の次男である鋌を継嗣に決め、晩年は三人の息子にも恵まれ、公はとても満足であった。生涯を科挙のために過ごし、試験の話になれば、興奮して話はなかなか終わらなかった。かつて光を指導し、合格することを期待したが、光はその期待に応えられなかった。光は科挙を受けるために赴き、公は良い知らせが届くことを家でじっと待ったが、その願いは叶わなかった。「遠征して黄金の鎧を脱がず、長きに見通せば、勝利の兆しが見える。日暮れまで戦い、勝報は届かず、何時勝利を収めるのか」と詩を吟じ、寂しくて涙がこぼれた。あるとき光を呼んで、「わが一族の歴史は長くないとは言えないが、族譜が散逸し、記録がなくなってしまう恐れがある。後世の人が互いに知らないとなれば、他人と同じである。私は族譜を編修しようと思っているのだが、手伝ってくれないか」と聞いた。光はその命に従った。公は族譜編纂のための原稿を見せた。光は一時期科挙の勉強をしてはいたが、さほど才はなく、実際に手伝えるほどの力はなかった。ただ受け取った原稿を大事にしまい、完成の日を待った。しかし残念ながら間もなくして公は病を患い、左の腕が上がらなくなった。族譜の九割が出来上がっていたが、中断せざる得なかったのである。悔しくてたまらない。[二九]

『明史』に劉承範の伝記はなく、明代の文献にもほとんど記録は見られない。幸い地方志や族譜で、その生涯のことを知ることができた。劉承範の字は、洪卿といい、号は華陽（或は陽華）である。誥封公劉昪の第五子である。劉昪は、嘉靖十年（一五三一）の挙人で、陝西慶陽府の知府になり、のち子爵を継承し、奉直大夫に封じられた。族譜の「劉承範伝」には、承範は、「十二歳で弟子員となり、十四歳で郷試を受け、……合格することはなかった」と書かれている。[三〇]『荊州府誌』には、承範は、「隆慶丁卯（一五六七）年、恩貢となる」とあり、[三一]また、族譜の「劉承範伝」には、「穆宗が即位し、皇帝の恩で南雍に入った」とある。[三二]これにより、劉承範は十四歳以降、南京の国子監で学んでいたことが分かる。そのため、劉承範の生年は、嘉靖三十二（一五五三）年であると推測される。劉承範は、「幼い頃から読書が好きで、家計のことには無関心で、妻が尽力して家計をやりくりをした。妻は貯金を使って、珍しい本を買い入れ、時には自分の持ち物を売って生活費とした。そんなとき奉政公は、科挙合格への望みを抱いていればよく、家のことを案じる必要はなかった」という。[三三]劉承範の出世は、妻の力が大きかった。劉承範が淅川令に就任した時期については、各文献で異なった記載がある。（雍正）『河南通誌』には、「萬暦のはじめ、淅川県令に就任」とあり、（咸豊）『淅川庁誌』には、「萬暦八年に着任」とあり、（康熙）『監利県誌』には、「隆慶の時、改元され、皇帝の恩を受け、成均に入り、河南淅川の県令に任命される」とある。これらの記録はみな誤りである。（萬暦）『貴州通誌』にある「萬暦十四年知州劉承範」という記述に基づいて、萬暦十四年に劉承範はすでに貴州に赴任し、普安の知州になった、とされるが、族譜の「劉承範伝」の「両台」（地方二人の最高長官）による推薦と三年任期中の実績の審査では高く評価され、その名誉はすべて自ら努力の結果である。その後は普安の知州に昇任した」という記載から、[三四]劉承範の淅川での任期は三年間であったことが分かる。そのため、彼が淅川令に任命された年は、萬暦十一年（一五八三）ということになる。また承範は、浙川の任期中、「清廉で、才識に優れ、上官の推薦を受け、恩賞をもらい、名声を博した。清廉勤勉で徳化を宣揚し、民に対して親切に接した」とされ、[三五]「良吏」と称された。萬暦十二年（一五八四）には、翰林学士の劉楚先が、承範の功績によって、承範の母である余氏と、妻の徐氏を「七品命婦孺人」[三六]に封じた。萬暦十四年（一五八六）に、普安州の知州に昇任され、州の城を建て、苗の反乱を鎮め、学校を作り、人材を育て、それらの功績は実に輝かしいものであった。とりわけ雲南羅雄の乱を鎮めた際、劉承範は、「胸に甲兵があり、切に辺境を安定させようと思い、隆酉に投降させ、反乱者を斬罪に服させた。計策を決め顔色を一つも変えず、反乱を平定し、辺境を安定させた」といい、[三七]さらに、「父は贈君に、母は太宜人に封じられた」ともいう。[三八]父子ともに奉直大夫の封号を与えられたのである。[三九]劉承範の当時の功績であれば、本来、さらに昇進したはずであるが、資格と経歴の縛りによって、劉承範は韶州に異動させられる。（同治）『韶州府誌』の記載によると、萬暦十七年（一五八九）に、劉承範は韶州同知に移り、在任中、マカオについて意見を述べ、それが上官に評価されている。任期を終えると、家庭の不幸が相次ぎ、官途を辞め、故郷に戻り、再び出仕することはなかった。萬暦二十五年（一五九七）には、故郷の監利県で凌雲宮を建て替え、「真武殿三間、山門一つを建てた。のち三階まである楼閣を建て、その横には書斎があった」という。[四〇]晩年には、『劉氏族譜』の編修を主宰した。劉承範の「利瑪伝」には、「西洋僧侶の経歴や行動はみな私がこの目で見たもので、生涯における奇遇である。故にそれを伝え、歴史に残そうと考えた。のち『天学初函』などの書物を目にした」と書かれている。[四一]この記述から、劉承範の逝去は、『天学初函』が刊行された後のことだと分かる。調べによると、『天学初函』は崇禎二年（一六二九）に刊行されているため、[四二]劉承範の逝去は、崇禎二年以降で、享年は、七十六歳以上と推定できる。以上が、前掲の史料から知り得た劉承範の事績である。

劉承範の官職は、劉氏一族の中で、最も高いものとは言えない。しかし、彼は自ら『劉氏族譜』の編修を主宰した。その功績は大きいであろう。「劉承範伝」には、「わが一族の歴史は長くないとは言えないが、族譜が散逸し、記録がなくなってしまう恐れがある。後世の人が互いに知らないとなれば、他人と同じである。私は族譜を編修しようと思っているのだが、手伝ってくれないか」と書かれていた。[四三]結局、族譜は劉承範の手により完成することはなかった。「間もなくして公は病を患い、左の腕が上がらなくなり、族譜の九割は出来上がっていたが、中断せざるを得なかった」からである。[四四]だが、劉承範は同族の劉光孝に依頼していたので、劉光孝は、「光孝にこの大任を負うことができるでしょうか」と言ったが、奉政公が残した原稿の編集に当った。それは、奉政公の期待に背かないためであった。そして、「遺稿を一つ一つ点検・整理を行い、不足している箇所は補い、訂正を加え、族譜に書かれた教えを正しく理解しようとした」という。[四五]劉承範の継嗣であった劉光孝は、承範の遺志に従い、その族譜の遺稿を整理し、完成させた。現存の民国版の族譜の序巻部分の多くは、完全に道光版の内容を写し取ったもので、道光版の序巻部分の多くは、劉承範の「遺稿」に基づくものである。そのため、民国版族譜の中には、劉承範の影響が多く残されている。族譜の中には、劉承範のために書かれた伝記があり、一二〇〇字もの長さがある。また、劉承範の「送別駕春去呂老先生帰序」・「倚雲亭記」・「賀撫院華峰許誕序」・「利瑪伝」などの文章も収録されている。その他、劉承範と関わりのある「徐学憲号風竹贈奉政公同守韶者、奉政帰、遣使来問、寄以詩」・「奉政遣使往問寄詩、両使一往一来、皆同是時、但路相左、復和以答之」という三首の詩も載せられている。族譜の芸文の部分に掲載されている文章は、劉承範による詩文が最も多い。ここからも『劉氏族譜』編纂における劉承範の影響力の大きさが窺えよう。また、劉承範の詩文は、族譜以外にも収録されており、『英徳県誌』の中には、七言律詩一首が載せられている(四六)。

現存の劉承範の詩は、「答陳海楼詩」や「利瑪伝」に収録されている「詠肇慶白塔詩」、及び「劉承範伝」に収録された「贈光孝詩」があり、それらの詩からは、劉承範の詩文の能力の高さが窺えよう。

三、劉承範の「利瑪伝」と史実の異同

劉承範の「利瑪伝」は、イタリア人のイエズス会士であるマテオ・リッチが、早期に肇慶、韶関で活動した記録を残した伝記であり、それはすべて作者自らが経験し、見聞したこと記したものである。内容の多くは、西洋文献の記載と完全に一致している。西洋文献と互いに裏付けられる部分もあるし、西洋文献とまったく異なっている部分もある。それらの内容は、マテオ・リッチの生い立ちを増補する際や、考証する上で有用なもので、極めて貴重な史料だと言える。以下、「利瑪伝」の記述と史実を照らし合わせながら、考証を進めていきたい。

利瑪伝

利瑪竇（マテオ・リッチ）は西洋の高僧で、号は西泰である。弟の僧の天佑と一緒に遙か外国から広東の端州にやってきた。古刹に住み、石を採り、煉瓦を作り、巨塔を建てた。塔は白く、俗に「銀海の世界」と呼ばれている。

劉氏族譜　序言二　藝文　十

求之我自道之外哉昔尹吉甫作頌以美申伯而首稱
其篤生之異故其詩曰崧高維嶽峻極於天維嶽降神
生甫及申夫扶輿以完淑之氣鍾山川而川嶽以神靈
之精毓聖賢是故道德詩考氣運之極降係為非偶然
已也公世家古杭天目苕水濬發厥祥儻所謂崧高維
嶽者非歟敢以柔惠豈弟為公不朽既行將調玉鉉贊
元化保艾
王躬而補袞職之闕又當以歌崧高者歌蒸民局某雖
才不逮吉甫竊願托諸大雅以見志且使貴筑之人知
我兩人之治貴者出一轍也
利瑪傳

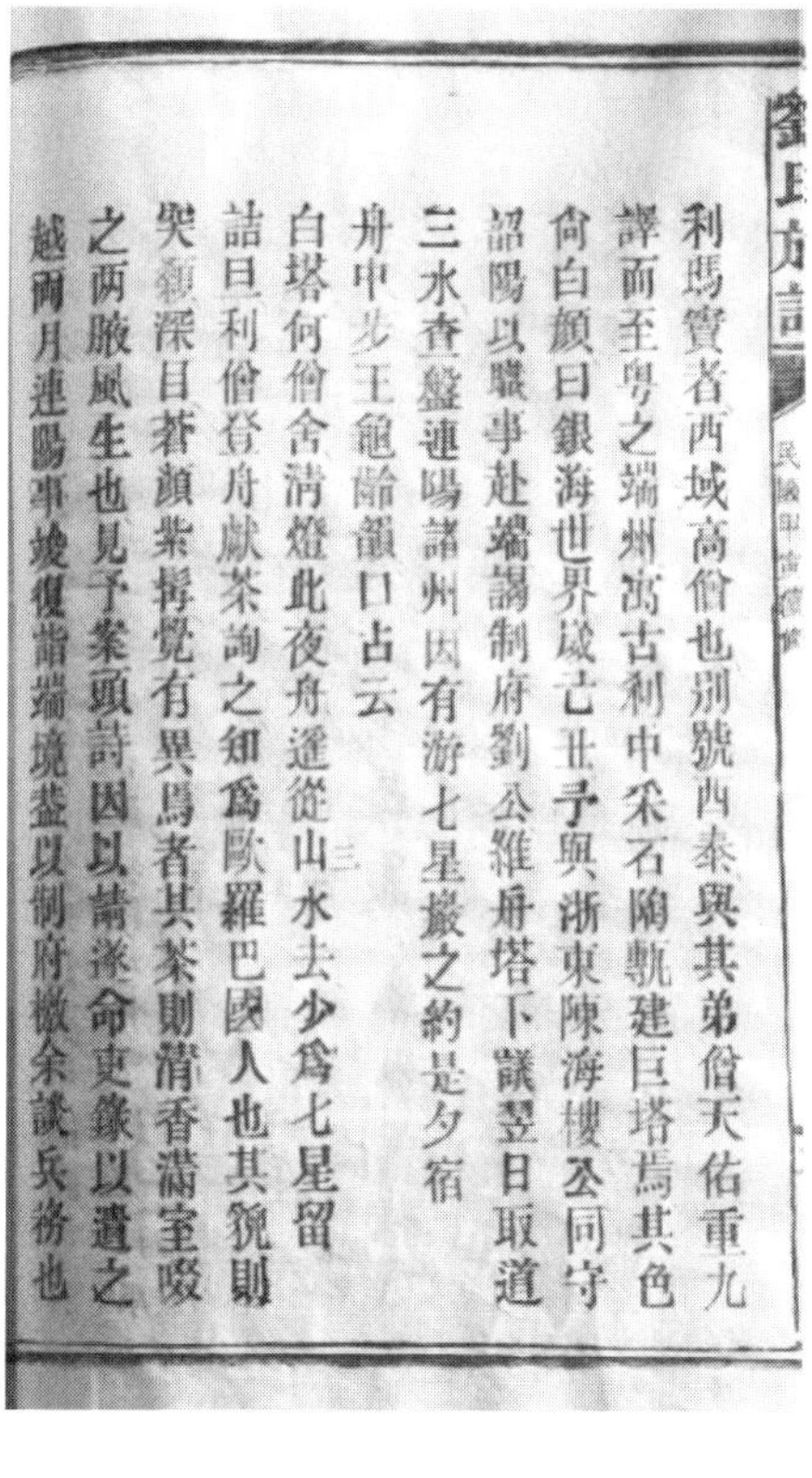
劉氏族譜

利瑪竇者西域高僧也別號西泰與其弟僧天佑重九
譯而至粵之端州寓古刹中采石陶甎建巨塔焉其色
尙白顏曰銀海世界歲己丑予與浙東陳海樓公同守
韶陽以職事赴端謁制府劉公維舟塔下議翌日取道
三水査盤連陽諸州因有游七星巖之約是夕宿
舟中步王龜齡韻口古云
白塔何僧舍清燈此夜舟遥從山水去少為七星留
詰曰利僧登舟獻茶詢之知為歐羅巴國人也其貌則
哭顙深目蒼顏紫髯覺有異焉者其茶則清香滿室啜
之兩腋風生也見予案頭詩因以請遂命吏錄以遺之
越兩月連陽事竣復詣端境盖以制府檄余議兵務也

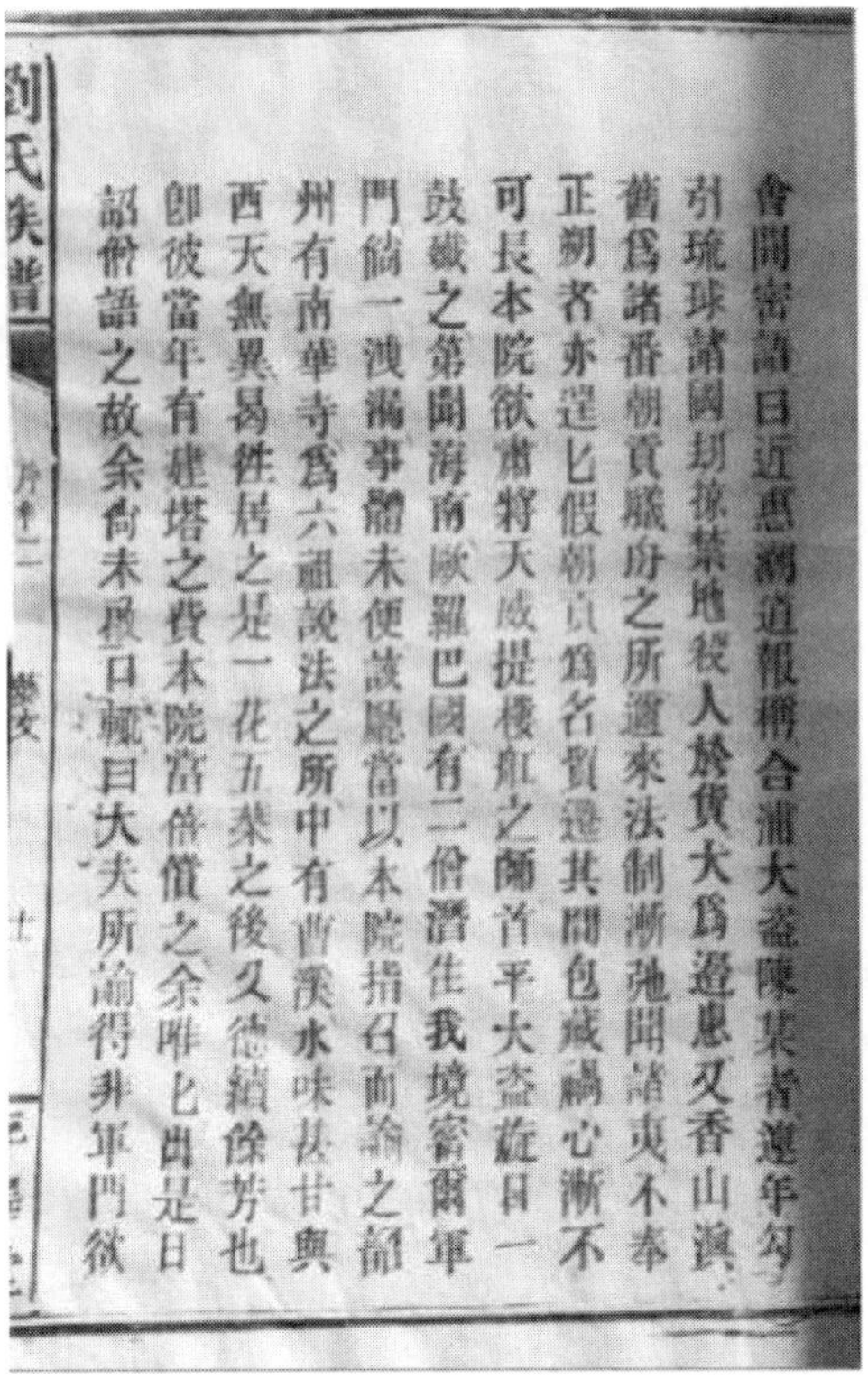
劉氏族譜

會關審諭曰近惠潮道報稱合浦大盗陳某者連年勾
引琉球諸國刦掠禁地殺人於貨大爲邉患又香山澳
舊爲諸番朝貢艤舟之所邇來法制漸弛閧諸夷不奉
正朔者亦遝乜假朝貢爲名貿遷其間包藏禍心漸不
可長本院欲肅將天威提棲虹之師首平大盗旋日一
鼓殲之第聞海南歐羅巴國有二僧潛住我境窩爾筆
門餡一淺漏事體未便該縣當以本院指召而諭之韶
州有南華寺爲六祖說法之所中有曹溪水味甚甘輿
西天無異曷徙居之是一花五葉之後又德續餘芳也
卽彼當年有建塔之費本院當倍償之余唯乜尚是日
韶僧語之故余尚未發口輒曰大夫所諭得非軍門欲

族譜に載っている原文は、「利瑪伝」となっているが、本文の冒頭は、「利瑪竇者」と記されている。これはなぜだろうか。族譜の編纂者の不注意なのか、それとも当時、利瑪竇を「利瑪」と略称するのが一般的だったのであろうか。マテオ・リッチの早期の名称は、各文献によって異なっている。例えば、『昭代紀略』には、「利は姓で、瑪竇は名前である。本来の姓は利著で、いま著を省いた」（四七）と記されているように、マテオ・リッチの最初の苗字は、「利著」であり、のちの「著」の字が省かれ、「利」という苗字になった。（四八）この記録から、マテオ・リッチ早期の姓名は統一されておらず、いつ統一されたのかは、文献には示されていない。マテオ・リッチ早期の名前は「利瑪」と称された可能性もある。

先に引用した文章には、マテオ・リッチは、「弟の僧の天佑と一緒に遥か外国から広東の端州にやってきた」と書かれていた。この「天佑」とは誰のことであろうか。「天佑」の名は、『梅花渡異林』にも見られる。そこには「西洋から二人が来て、一人は利瑪竇で、もう一人は郭天祐である」と記されている。（四九）『梅花渡異林』の記載は、明らかに「利瑪伝」に由来するものであるが、そこには「天祐」の名前に、「郭」という苗字が加えられている。郭天祐とは、郭居静のことである。もし、ここの「天祐」を郭居静と見なせば、西洋文献との相違は遙かに大きい。西洋文献によれば、郭居静は一五九四年に中国を訪れたが、肇慶に来たことは一度もなかった。（五〇）この点は史実と一致しないのである。ならば、この「天祐」とは誰か。私は、麦安東（António de Almeida）だと考えている。麦安東は、一五八五年に訪中し、一五八九年に肇慶を訪れている。一五八九年八月に、マテオ・リッチと一緒に韶州へ移った。一五九一年十月十七日に韶州で逝去した。（五一）一方、「利瑪伝」の記録によれば、劉承範は萬暦十七年（一五八九）のはじめ、マテオ・リッチと天祐に会い、萬暦十九年（一五九一）七月、マテオ・リッチと天祐は劉承範を見送った、という。この「天祐」が現れた時期は、麦安東がやってきた時期と符合し、「利瑪伝」に記された「天祐」は麦安東以外に考えられない。麦安東の最初の名前は「天祐」であった。麦安東の死亡後、郭居静が韶州へやってきたのだが、役所に気づかれないように、郭居静は、麦安東が使っていた「天祐」を名乗って、自らの姓名を「郭天佑」としたのである。

「利瑪伝」に、「古刹に住み、石を採り、煉瓦を作り、巨塔を作った。塔は白く、俗に「銀海の世界」と呼ばれている」と書かれ、この記録からマテオ・リッチが、古刹の中で白い巨塔を作ったことが分かる。さらに、伝記には、「当時、塔を作った費用は、本官が倍にして返さなければならない」とも記されている。これにより、劉承範はマテオ・リッチが塔を作った事実を知っていたことが分かる。言うまでもなく、この白い巨塔は、マテオ・リッチが住んでいた家の横にあった崇禧塔のことである。（宣統）『高要県誌』によれば、「崇禧塔は城の東側の小市頂にあり、萬暦十年に副長官の王泮によって作られた」という。[五二] また、王泮の「新建崇禧塔記」には、「（崇禧塔）は壬午（一五八二）年九月から建設され、乙酉（一五八五）年四月に完成した」とある。[五三] 羅明堅（Michele Ruggieri）が、中国語で書かれた詩「題塔、用王爺登塔志喜韻」には次のように記される。

> 役采星岩白石羊、構成宝塔現金光。
> 摯天柱国三才正、鞏固皇図萬壽長。
> 簷繞雲霞霄漢近、頂闖月窟桂花香。
> 日移影射端溪水、驚動騰蛟海表翔。[五四]

中国語文献は、この崇禧塔が王泮によって作られたものとあるが、羅明堅の詩の中にさえ西洋教士によって作られたとは触れられていない。なぜ、「利瑪伝」は崇禧塔がマテオ・リッチによって作られたとするのであろうか。その最も大きな要因は、崇禧塔の建設が一五八二年の秋に始まり、羅明堅とマテオ・リッチが肇慶に到着した頃、その基礎工事が完了した。当時の肇慶知府であった王泮は、崇禧塔の下で、羅明堅とマテオ・リッチに面会した。そして、塔の建設現場で、宣教師たちの居住場所を決めた。羅明堅は資金を集め、崇禧塔のそばに仙花寺の建設を始めた。この時にはまだ崇禧塔の胴体部分は作られていなかった。一五八五年の旧暦四月に、崇禧塔は完成した。[五五] のち仙花寺と命名された宣教師たちの住居兼礼拝堂も同時に完成した。当時、外国人が塔を建設した、という噂が広まった。しかし、崇禧塔と仙花寺は同じ場所に建設されたことから、外部の人から混同されやすかった。マテオ・リッチは、当時について、次のように記している。

> 最も大きな誤解を受けたのは、神父がお金を出して塔を作ったというデマでした。省のすべての人々は神父らが出資して塔を作ったことを知っていました。そのため、各地の人は皆この塔を「番塔」（外国塔）と呼びました。私たちの住居とこの塔の工事が同時に始まったためです。[五六]

崇禧塔の別名は「外国塔」であり、マテオ・リッチは「Torre forastiera」と訳している。崇禧塔と仙花寺は隣り合っていて、しかも同じ時期に作られた。肇慶及び広東地域では、その塔は外国人の援助を受けて作ったと噂されている。人々はこの塔を外国塔と見なし、外国人のことを「番鬼」と呼ぶ広東人は、この塔を「番塔」と呼んでいる。崇禧塔が作られて四年経つが、「番塔」の名声はますます広がりつつある。一五八八年の後半には、広州の長老たちは再び外国人宣教師を非難し、中には、「肇慶に進出するため、お金を費やして一つの塔を作った」とも言った。肇慶当局は再びこの誤解を解いた。[五七]

崇禧塔が竣工された後、肇慶の地元では、外国人が巨塔を作ったという噂がすでに広まっていた。劉承範は肇慶に赴任したばかりで、崇禧塔の建設とその経緯について詳しく知らず、恐らく地元の噂を聞いて、マテオ・リッチが、「石を採り、煉瓦を作り、巨塔を作った」と信じたのであろう。劉承範が述べたことは事実ではないものの、彼が聞いたという噂は、当時の肇慶の史実であると言えよう。

> 己酉年に、私は浙東の陳海楼公と共に韶陽を守った。公務のため端州へ赴き、制府の劉公に謁見し、塔の下に船を停めた。翌日に三水を経由し、連陽諸州を視察しようと話し合い、そこで七星岩を観光する話が出た。その夜には船に泊まり、王亀齢の韻を踏んで、即興で、「白塔は何の僧侶の住まい、この夜の舟に寂しい灯

りをともす。遙かに三水を経由して、しばらく七星に留まろう」という詩を吟じた。翌日の朝、僧のマテオ・リッチが舟に乗り茶を献じた。尋ねて、欧羅巴（ヨーロッパ）の人だと分かった。その容貌は額が突き出て目がくぼみ、顔が青くひげが紫色で、少し不思議な感じであった。茶の清らかな香りが部屋に立ちこめ、茶を口に含むと清々しい気持になった。机にあった私の詩を見ると、持ち帰りたいと言うので、家の者に写させ渡した[五八]。

己醜年は、萬暦十七年（一五八九）のことで、ちょうど劉承範が普安知州から韶州同知に移った年である。陳海楼公とは、陳奇謀のことで、萬暦十六年（一五八八）に韶州知府を務めたことから[五九]、「ともに韶陽を守った」という。「制府の劉公」とは、両広総督の劉継文のことで、号は節斎で、江南の霊璧の出身である。萬暦十六年から十九年まで両広総督の任に就いた[六〇]。注意すべきことは、劉承範がここでマテオ・リッチのことを「欧羅巴」の人と呼んでいることである。これは、「欧羅巴」という記述のある最も古い文献だと言える。一五八四年に肇慶で刊行された「山海輿地図」の序の中で、マテオ・リッチが「欧羅巴」を紹介しているが、「山海輿地図」は現存していない[六一]。そのため、劉承範による「欧羅巴」という言葉は、文献の中で最も古い記述ということになる。マテオ・リッチが南昌へ章潢に会いに行った際、章潢はまだ「欧羅巴」を「胡洛巴」[六二]と訳していた。注目すべきは、マテオ・リッチ自らが、「欧羅巴国人」と称していたことである。なぜマテオ・リッチは、「欧羅巴国人」と自称して、「天竺僧」・「西竺僧」・「西域僧」・「西僧」などとは称さなかったのだろうか。このことは、一五八九年にマテオ・リッチが、すでに「僧人」という伝統的な呼び名を変えようとしていたことを物語っている。宋黎明は、マテオ・リッチには、一五九四年あたりに「マカオと日本のイエズス会士を、みな僧という身分と見なす」ことを変えようという考えがあった、と述べている[六三]。マテオ・リッチが「欧羅巴国人」と称していたという事実は、宋黎明の見方を裏付けることになるであろう。

劉承範の肇慶の白塔を詠む詩、及びマテオ・リッチが肇慶で自ら船に乗り、劉承範に謁見して、劉承範の詩を求めたことなどは、他の中国文献には見られない。『マテオ・リッチ日記』にも記録がない。そのため、これらの記録は、劉承範とマテオ・リッチとの出会いに関する重要な史料である。中でも劉承範の『詠白塔詩』は、『劉氏族譜』の芸文を補うことができるであろう。伝記の中には、マテオ・リッチの容貌に関する描写があるが、そこには「額が突き出て目がくぼみ、顔が青くひげが紫色で、少し不思議な感じであった」とあった。これも中国人による初めてのマテオ・リッチの容貌に関する記録である。『梅花渡異林』には、マテオ・リッチと郭天佑の容貌について、「みな額が突き出て、目がくぼんでいる。顔が赤く、ひげが紫色である[六四]」と記されている。中国人が初めて記録したポルトガル人の容貌の「その人は肌が白く、きれいで禿げ頭でひげが濃い。鼻柱が高く盛り上がり、眉毛が長くて低く、目が青い[六五]」という見解と大きく異なっているのである。

二か月後、連陽の公務が済み、再び端州に行ったのは、制府から軍務についての話があると言われたためである。会見の中で制府はひそかに、「最近恵潮道から報告があり、合浦の陳という盗賊は、琉球諸国と結託し、強盗殺人を起こし、辺境の災いとなっている。また香山澳（マカオ）はむかし諸外国が朝貢する際に船が停泊する場所[六六]であった。最近は法律の執行が緩んで、諸外国の不法者は、よく朝貢の名目で、商取引をし、企みを抱いている。その勢いを止めなければならない。本官は皇帝の威厳によって、船隊を率いて、盗賊を掃討し、一気に全滅させようと考えた。だがヨーロッパから二人の教士がわが領地に潜り込み、総督に近づいて、そこから秘密が漏れたら大事である。君から彼らに本官からの命令だとして、『韶州には南華寺があり、六祖が説法する場所である。中には曹渓があり、水も美味しく、天国のようであるので、そちらに住まれる方がいいであろう。禅宗の創始者の筋を引く正統の宗派であり、またその徳は今も名高い』と伝えてくれ。塔を作る費用については、本官が倍にして補償をするつもりだ」と言った。私は承諾をして上官と別れた。その日に僧に会い、理由を説明しようと思ったが、まだ話し出さないうちに、僧は、「あなたが言いたいのは、総督がマカオを捜査しようということではないでしょうか。それは私とは関係のないことで、漏らすはずはありません。英知ある君主は天下を統治し、その恩徳は限りなく大きいものです。遙か遠くより外国人を招くときには来ないのではないかと心配し、今度は追い出そうとしている。それでは中国に対する期待も水の泡となります」と言った。私は、「どうしてそのことをご存知なのですか。もしや総督の部下と密かに通じておられるのですか」と聞いた。僧は、「私は世界各地を回って、数万里を歩き続けました。人の考えとは予想できるものなのです。私を南華に移住させるというのは本心なのでしょうか」と言った。そこで塔の建設費用を補償することを言うと、僧は「総督が軍事に力を入れるのは、高官となり子孫に世襲させようとするからに他ありません。僧は中国と周りの国々の人々はみな同じと考えます。僧の体もいつかなくなるのですから、お金など持っていても仕方がありません。ですが人の命は大切なものであり、武力行使に出ればその影響は必ず出るものです。もしあなた様が総督の命令に従うならば、恐らく鬼神からの報いがあることでしょう」と言った。私はそれを聞いて驚いた。翌日の朝早く総督と面会すると密かに総督に、「軍事のことを部下と相談されたことがございますか」と聞いた。総督は「これは重大なことだから、府道にさえまだ言っていない。君は口が堅いから、頼んだわけだ」と答えた。……(六七)

この伝記の中に記された「合浦の陳という盗賊は、琉球諸国と結託し、強盗殺人を起こし、辺境の災いとなっている」という内容は（嘉慶）『増城県誌』の「重修何仙姑廟碑記」にある「乙丑年の春、端州に移り、マカオの匪賊の頭李茂と陳徳楽は海上に千回余り集まり、すぐに船隊を集結できず、奴らが何か企んでいると案じた」と一致する。(六八)（同治）『番禺県誌』にも、萬暦の十七年に「マカオの匪賊は反乱を起こし、凶暴でしたい放題である。派兵をして掃討を乞う」と書いて(六九)ある。萬暦の十七年には、広東とマカオの洋上に強盗事件が頻発し、緊迫していた情勢となっていた。両広総督の劉継文は、この海上の脅威に十分警戒し、さらにマカオのポルトガル人の動きにも注視するようになった。彼は韶州同知の劉承範に次のように語った。

　香山澳はむかし諸外国が朝貢する際に船が止まるところである。最近法律の執行が緩んでいて、諸外国の不法者は朝貢の名目で、商取引をし、悪い企みを抱いている。その勢いを止めなければならない。本官は皇帝の威厳によって、船隊を率いて、盗賊を掃討し、一気に全滅させようと考えた。(七〇)

劉継文のこの言葉は、劉承範との私的な話であるが、以下の二点のことが分かる。一点目は、ポルトガル人はマカオに移住してから、中国の法律を守らず、また中国政府の管理も緩んでいた、ということである。二点目は、劉継文がマカオに住んでいるポルトガル人に対して、

「一気に全滅させる」という考えを持っていたということである。彼はその軍事行動が、肇慶に住む外国人教士から漏れることを心配し、外国人教士を肇慶から韶州へ移動させようとした。そして、外国人教士が肇慶で建設した塔の費用を代償すると約束したのである。韶州同知の劉承範と密かに相談し、マテオ・リッチらに知らせるよう劉承範に命じた。このことは、李日華の著書にも以下のように記されている。

　マテオ・リッチはマカオの主として派遣され、中国を偵察する者である。近頃はマカオの掃討作戦が議論されている。マカオには寺があり、マテオ・リッチは寺の僧である。(七一)

このように、マテオ・リッチは明の官僚からマカオに派遣された「スパイ」と見なされていた。マテオ・リッチ本人もまた次のように記している。

　肇慶の人はポルトガル人がここに来て神父たちと一緒に住むことを毎日心配している。彼らは神父たちがマカオと頻繁に連絡を取り、数多くの役人と密接な関係があることを知っているからである。(七二)

劉継文は、マカオのポルトガル人に対して近く軍事行動を起こそうとしていることをマテオ・リッチが漏らすのではないか、と心配した。劉承範による近くマカオに対して行おうとしていた掃討作戦に関する記述は、非常に正確であることが分かる。劉承範が話し出す前に、マテオ・リッチはその来意を悟り、韶州に移ること表明した。「利瑪伝」の記録は、萬暦十七年の前半に発生したことに関するものと思われる。これはマテオ・リッチと劉承範の二度目の面会である。マテオ・リッチは、『イエズス会とカトリック教中国進出史』の中でも次のように述べている。

　両広総督の呉善は在任中に亡くなり、皇帝はまた南直隷出身の者を任命し彼の職を引き継がせた。新任者はかつて広西の都堂に務め、姓は劉で、名は節斎である。彼は生まれながらの残忍者で、しかも貪欲な人間であった。前任者は肇慶の官邸で亡くなったため、劉節斎はそこに住みたくなかった。そこで彼は莫大な公金を使って自分のために新官邸を建てようと考えた。彼は旧官邸に入居したならば災難が起こると心配をした。彼は広西の桂林からここに赴任したので、しばらく広東と接した梧州に住み、赴任後すぐに広東の各級の官僚と面会した。その中に譚という官僚がいた。彼は肇慶人民の首領で、神父たちとの関係が密接であったが、実際には彼こそが敵であった。彼は新総督に肇慶で塔を作る計画と、人々が嶺西道王泮のために生祠を作ろうとしていることを告げた。新総督も彼のために生祠を作り、それは元総督の一人である呉文華のために作った生祠と同じようなものにしたいと考えた。また譚は花塔の左手が最良の土地で、そこに住んでいる神父たちを追い出して彼らの居所を占拠したらどうかと言った。この考えは前からあったのだとも言った。この考えは明らかに譚のものであった。新総督は梧州から来るとすぐに着手しようとした。(七三)

「利瑪伝」には、劉継文による「塔を作る費用は本官が倍にして補償する」という言葉が記されていたが、それは、『イエズス会とカトリック教中国進出史』の中にも見られる。

　新築の総督府が完成したが、総督は頑なに人を肇慶までやって伝えさせ、神父たちを追い出そうとした。しかし地元の役人は彼の命令に従わなかった。彼は新総督府に住み始めたなら、一日も早く神父たちを追い払い解決しようと思った。しかし役人たちは総督を説得し、神父たちはこの居所のため銀六百両を費やした。中国ではこの金額は相当莫大な支出である、と言った。それを聞いて、総督はいささか迷っていた。まず神父たちは省内で人気があり、何の過ちも犯していないのにこの高価な住まいを取り上げるのは不公平である。次に彼自身も自腹でこの住まいを購入しようと考えていない。この金額は生祠を作る費用よりはるかに高い。そこで、彼は神父たちに銀五、六十両を出して、彼らをマカオに行かせようと考えた。同知はこのお金をマテオ・リッチ神父の前に置いた。しかし神父は、神様の聖堂は売却できない。仮に売却できるとしても、銀六百両の価値がある家を銀六十両ばかりで買い上げることは不条理なことである、と言った。こうして、神父は断固として居住地を売却しようとはしなかった。その理由は神父は総督がこれ以上の金を出さないことを分かっていて、もしいつの日か戻ることができれば、失った住居はまた自分のものになるからであった。その後に住居を売却しない決定は賢い選択だったということが証明された（七四）。

劉継文がマテオ・リッチを肇慶から韶州へと追放する史実について、中外文献の記載はほぼ一致している。最も大きな違いは、中国語文献には両広総督の劉継文がマテオ・リッチを追放する動機が一つであることである。それは、肇慶に潜んでいる外国人によって、明の軍隊が海賊を討伐し、マカオの外国人を掃討しようとする軍事秘密を漏らされないために追放した、というものである。一方、西洋の文献には、マテオ・リッチが肇慶で建設した建物を独占し、自分の生祠にしようとしたため、追放したとある。これについては、マテオ・リッチが一五九二年十一月十二日に記した『ローマイエズス会法比奥・徳・法比(P.Fabio de Fabi)神父宛』の手紙に詳しく記されている。

一五八九年に肇慶の住まいは最後の打撃を受けた。この打撃によって我々はとうとうこの居場所を失った。この事件の張本人は新しく赴任した例の都堂である。彼は我々の居住場所を気に入り、そこで生祠を作り、像を建てようとした。そして彼は地元で根も葉もない噂をばらまき、我々を悪者に仕立て上げた。結局都堂は判決を出し、我々を三日以内に中国から追放しようとした。神父様考えてみてください。私たちの長年の努力は一日のうちに烏有に帰してしまったこと、数少ない信者たちの顔を見た時の心情がどんなものであったか。信者たちは孤児のように、我々のところに駆けつけ声が枯れるまで泣いたのです（七五）。

また、艾儒略の『大西西泰利先生行跡』には、以下のように記されている。

その端州の旧礼拝堂は劉公の生祠となり、わずかな報酬を支払おうとした。マテオ・リッチは固く断り、劉公はさらにマテオ・リッチのことを感服した（七六）。

劉継文が、マテオ・リッチの居住場所を没収しようとした、というのは事実ではないであろう。当時の人々は、劉継文が「三十年間官に務め、廉潔で慎ましく暮らし、家を治めて規則を守った（七七）」、あるいは「審査を終え、海瑞と同じように有名になり、天下二番目の清廉で公正な官吏である（七八）」、などと称した。また、「二番目の海瑞」と呼ばれた両広総督の劉継文が、マテオ・リッチの住居を占拠するために、自分の名誉を汚すようなことをするとは考えにくい。そのため、マテオ・リッチの言ったことは、抱いていた疑惑が、そのようなことを記させたのではないか。よって、劉承範が記した追放の理由こそが、当時の状況に合致するものと言える（七九）。

なお、『イエズス会とカトリック教中国進出史』の中には、「副長官」の名が記されていない。中国語訳の注釈では、この案件を処理する「副長官」は、肇慶府同知の方応時と考訂されており、多くの研究者もそれに賛同している。しかし、劉承範の「利瑪伝」によれば、この案件を処理する長官は、劉承範ただ一人であることが明らかである。しかも、伝の本文には、マテオ・リッチを韶州まで追放することは当時の軍事秘密であり、「これは重大なことだから、府道にさえまだ言っていない。君は口が堅いから、頼んだわけだ」と記されていた。つまり、この件について、劉継文は劉承範にだけ相談し、他の人には知らされていなかった。そのため、この「副長官」は、肇慶府同知の方応時ではなく、劉承範であるはずである。『イエズス会とカトリック教中国進出史』の中に、たびたび見られる「副長官」とは、すべて劉承範を指し、方応時ではないのである。ただし、後に「肇慶副長官」とあるが、それは方応時を指している。「利瑪伝」の記述によれば、マテオ・リッチを韶州に追放する任務に当ったのは、劉継文と劉承範の二人だけとなったいる。しかし、『イエズス会とカトリック教中国進出史』には、四人がこの件に関わった、とある。この四人とは、両広総督の劉継文と嶺西道の黄時雨と肇慶副長官の方応時と韶州長官補佐である。関わった人物について、マテオ・リッチの記述が多く、劉承範の記述が省略をしたのか、は不明である。

　その日、二人の僧が総督のところに別れの挨拶をしにやって来た。旅装を整え、塔の中の物は一つも取らずに、ただ図書を数函、机の上に置き、その後それらを船に積んだ。総督は人に見てきてもらい、初めて彼が持って行ったのは、『六経』・『語』・『孟』、および『性』・『鑑』と『史記』などの書籍であることが分かった。それ以外のものはなかった。ますます深く感服した。船頭に彼らを送らせようとしたが断られた。その日から南華に入った。[八〇]

マテオ・リッチが肇慶から離れ、韶州に赴いたことについて、中外文献の記述には大きな違いがある。マテオ・リッチは次のように記している。

　当件は膠着状態に陥り、住居を守る見通しが立たないので、マテオ・リッチ神父は役人たちに上申書を提出し、神父は町の別のところに留まるようお願いした。神父はこうすれば新しい信者を守ることができると考えている。それが無理なら神父を広西・江西あるいはそれ以外の中国のどこかの省に行かせてほしい。しかし総督はただ神父をマカオに追い出そうと考え、それ以外のことに耳を貸してくれない。その他の地域に行くことも聞き入れようとしない。……八月初め、総督は最終決定を下した。肇慶の役人に神父らを当の町から追放し、マカオまで送還するよう命じた。住居の補償金と帰りの旅費として銀六十両を支払う。……マテオ・リッチ神父は同知に聞いた。他の場所は無理でしょうか。彼は江西で別の場所を探したいと考えているので、肇慶の方には仲間にひそかにそこにいてもらい、家財を見てもらうつもりだ。これを許してもらえば彼はすぐここから退去できる、と。同知は素直に了承し、神父が肇慶から離れ、総督の願いが叶えば結構ですと言った。この考えは神父らを困惑させた。神父らは自分の思った通りに行けると思い、毎日住居と礼拝堂の荷物を整理し、一部は持って行き、残りは麦安冬神父に管理を頼んだ。しかしあの二人の役人が神父らに住居には何も残させなかった。しかも官庁から手配された船は広州だけで他へは行かない。マテオ・リッチ神父が同知と言い争ったが、実際には同知は神父らをマカオに帰らせる他なかった。他の所へ行かせる権限を持っていないからである。このように、神父はマカオに戻らざるを得なかった。……神父一行は広州に着くと、範禮安(Alessandro Valignano)神父と他の神父宛に手紙を出した。彼らはすでに肇慶から追い出され、今広州に到着し、数日してマカオに着く。到着後にまた事件の全容を報告する、[八一]と。

その後、両広総督の劉継文が考えを変え、彼らが韶州に移ることに同意した。

（広州に着いた）翌日、一隻の速い船が彼らの小舟に近づき、船には総督の特使が乗っており、神父らをすぐ肇慶に連れ戻そうとした。……総督はその話を聞いて非常に感動した。彼は最初神父らを中国から追放しようしたのではなく、別の所に移ってもらいたいだけだったが、神父らが同意してくれなかったと弁明した。そしてマテオ・リッチ神父は総督に広西あるいは江西に行くことを承諾してもらいたかったが、それは無理なことだと分かった。この二つの省は総督の管轄外だからである。しかし総督は、もし神父がこの六十両の銀を受け取ってくれるなら、広東の好きな場所に移住してくれて構わない。ただし総督府の所在地である肇慶以外だ。肇慶は本省の省都であり、省都には外国人が居住すべきではないからだ、と言った。……マテオ・リッチ神父は南雄を選んだ。その町は広東と江西の境にある。総督はそれを承諾した。マテオ・リッチ神父は先ずは南華と韶州が理想的な場所であるかどうか見た方がいいと勧められた。[八二]

劉承範の「利瑪伝」には、マテオ・リッチ神父らが肇慶から離れ、直接韶州に赴いたと記録されている。マカオに追放される途中、広州に留まったという細かな記述はない。マテオ・リッチのこの案件を処理した中国人官吏に対する記述は注目に値するだろう。

マテオ・リッチ神父は総督府から出て、すぐ韶州で上位三番の役人の所へ赴いた。この官僚の姓は呂で、皆から「呂三府」と呼ばれていた。「姓が呂という、上位三番の行政長官」という意味である。いま韶州の首席行政長官である知府がいない。それ以外の高級官僚もいない。呂三府は韶州府の通判を務め、知府が来るまで彼は韶州の最高行政長官であった。その時彼はちょうど総督を訪れた。彼は総督と仲が良く、総督はその場で彼に神父のことを頼み、神父らが彼の所に移住してくることを告げた。[八三]

ここに翻訳と考訂の作業の上で重大な誤りをしていることを指摘できる。徳禮賢のイタリア語文書によれば、イタリア語原文では、上述の「呂三府」は「Liu Sanfu」と記され、徳禮賢の考証によれば、この「Liu Sanfu」は韶州通判の呂良佐だと言う。（同治）『韶州府誌』によると、呂良佐は、鐘祥出身で、萬暦十七年に韶州通判を務めた。イタリア語原文は、副長官の名前を「Liu Sanfu」と書いているため、考訂者はこれによって、「呂三府」と訳した。「三府」とは通判のことである。この考証は一見筋が通っているようだが、実際には大きな誤りである。[八四]「Liu Snafu」は、「呂三府」の官話のローマ字表記ではなく、当時、広東語の「劉承範」の読み方なのである。考訂者が広東語をよく知らず、その上、劉承範の「利瑪伝」を見ていないため、このような大きな誤りが生じたのであろう。劉承範の「利瑪伝」を発見したことで、「Liu Sanfu」は劉承範の広東語音訳であることが分かった。

本来なら、劉承範が両広総督の指示に従って、マテオ・リッチたちに同行し、韶州まで行くはずだが、実際には、劉承範は先に行き、彼らに同行することはなかった。一五八九年九月九日にマテオ・リッチは、「マカオイエズス会範禮安神父宛」の手紙の中に次のように記している。

我々は早く上窯（肇慶の地名）から離れた。それは韶州の兵備道に同行させるためである。彼は今韶州城を管掌し、彼しか二府の職を担当することができない。都堂は彼にそこで我々を迎えるよう命じた。肇慶兵備道の公文書も彼宛に出したのである。肇慶の兵備道も代理で肇慶を管掌しており、上窯から送った手紙にある通りである。しかし韶州の兵備道は我々より二日早く出発し、彼の船は我々より速かったので、三、四日早く着いたのである。[八五]

『イエズス会とカトリック教中国進出史』には、以下のように見える。

神父らは一五八九年の聖母の昇天祭の日に、二回目の肇慶への出発をし、韶州に赴いた。この日、神父らは韶州のある川の近くを訪れた。この川は北から流れており、大きな川に流れ込み、三水と呼ばれている。……神父らは船に乗って八日経ち、ある関所に着いた。南華寺はそこから遠くなく、神父らは寺の中で韶州同知（である呂良佐［訳者注］）の召使いに会った。彼は主人の命令で神父らに寺を案内した。[八六]

聖母の昇天祭は、毎年八月十五日なので、マテオ・リッチが肇慶を離れたのは、一五八九年八月十五日だということが分かる。韶州に着いたのは、同年八月二十四日である。劉承範の「利瑪伝」には、肇慶から韶州に赴いた経緯について、極めて簡略な記述で、わずか「ここから南華に入る」とだけ記され、韶州に行った日付は書かれていない。

数日してから私は香山に行く予定で、兵士の俸給を査定すると公言したが、実はマカオの動きを窺うためだった。香山尹の徐君に迎えられ、「あなたは今回、総督の命令で兵隊を視察するおつもりでしょうか」と聞かれた。私は、「ただ兵士の俸給を調べるだけだ」と言った。徐は、「俸給は兵士のために支払うもので、わざとあなたに委ねたということで総督の意図が分かりました」と言った。翌日、私は徐尹を連れてマカオに入った。目にしたのは異民族が異民族の言葉を操り、異様な身なりをしていて、よく大量の財貨を持つ人は、体に入れ墨をし短髪で、特別な才能がないと言われている。訊ねてみると皆中国人に誘われ、彼らの所有物を売買し利益を得ているということだった。徐尹が、「職権は民のため、民を守るしかない。しかも総督が持つ軍の俸給は、広州から供給されるのが毎年三十万以上があり、皆専売税から取ったものである。もし外国人に対して軍事行動に出れば、外国人は怖がって来なくなるはずだ。そうなれば税金はどこから徴収できるだろうか。また中国に朝貢する諸外国は、それを口実に中国と断絶すれば、皇帝から不満の声が出るだろう。私は直ちにやめるべきだと思う」と言った。そして私はマカオにおいて大きな対聯を書いた。「帝徳配天、万里梯航輸上国。臣心如水、一泓星月照靈台」と。徐尹は深く賞賛し、上梓させた。県の公印を押し、共同で上官に上申した。その概略は以下の通りである。先祖にはこういう教えがあった。周りの諸外国はみな山や海に隔てられ、相手は中国の邪魔にならないのに、我々が兵を持って掃討するのは、不祥なことである。天子の考えは、諸外国に対する懐柔ではないだろうか。私は愚か者だが、沿岸警備の方針を知らず、昨日総督の命令を受け、自ら香山に行き、マカオの外国人のことをひそかに議論し、心からつくづくと感じた。マカオは広州から三百里離れており、昔は占城（Champa）・暹羅（Siam）・真臘（Camboja）の諸外国が朝貢する際に船の止まる場所で、海辺にある猫の額ほどの場所である。珠・貝・サイの角・象牙などの類を海上から運んできて、朝貢する以外には、ついでに仲介業者と取引をするだけであった。[八七]中国人の豪商たちも、珍しい貨物を持って行き、その数は数十万人以上に上る。最近当局者は、マカオの外国人がますます増えてきて、何か起こらないかと心配している。軍隊を率いて海上から掃討しようと思っている。これは東粤のことを深く考えてのことではない。東南の島々を見て、日本のみ剽悍で、祖先は往来を断絶させたことがある。しかし占城諸国は、昔からずっと朝貢している。かつて漁民やマカオと商売する人に尋ね、みな諸外国の人が、仏教を信仰し、商売する際少しも詐欺行為はなかった。彼らの首長は皆大金持ちで、自分の名誉を大事にする。水軍の将軍たちは旗を振り、太鼓を持ち、島を安定させ、願い通りになる。見識の狭い人が、外国人の山積した宝物を狙い、派兵すればその財産は丸ごと持ち帰られてしまう。軍事行動はまだ実行されておらず、噂はすでに広まっていた。中には機に乗じて驚かせる者もいた。海賊はその行動をすでに予測していた。仮に軍を派遣したら、彼らはすぐ海に逃げ込み、我が軍は海を見て何もできず引き返し、途中気ままに殺戮し、首級を偽って献上し、海上はもっと不安定になる。これは東粤に災いを招いたことになる。近代において脅威になるのは、辺境の山賊である。わが天子は互いに貿易する要請を許可し、二十年来戦争もなく、平和の日々を享受している。昔の軍費支出を見ると、かなり節約され、これは明らかなことである。なぜおとなしい異民族を驚かせ、追い払おうとするのか。珠・貝は、ずっと飾られるものではなく、サイの角・象牙も慰み物には足らない。告示を大通りに掲示させ、いつも通り利益を取らせ、貿易させ、諸外国の帰順しようという気持ちを落ち着かせる。虚勢を張らず、互いに疑わず、沿海の船隊に厳しく警備させ、相手の攻撃を抑えるのに備えるべきである。もし日本を見る目で異民族を見れば、郭欽となり江統となって、祖先の教えに背くだけではなく、皇帝の貿易させようという意とも異なる。云々。時は萬暦庚寅の春の終りである。総督の劉継文の返答があった。古今の事情を勘案すると、確かに異民族を抑える長期的な策略である。即この返答と上申書の文言を香山、マカオの港などの船が止まる要所に掲示するとよい[八八]。

「利瑪伝」では、劉承範と一緒に香山へ軍の俸給を調べに行ったのは、「香山尹の徐君」となっているが、(乾隆)『香山県誌』によると、塗文奎は萬暦十六年に香山の知県を務めたとあり[八九]、この間に徐という姓の香山令はいない。ここの「徐君」はおそらく「塗君」の誤りであろう。劉承範と一緒に香山へ行ったのは、香山県令の塗文奎であった。

劉承範は、劉継文の命令により「兵士の俸給を調べる」という名目で香山へ行った。だが、実際には「マカオの外国人の動きを窺う」ためで、劉承範をマカオに行かせることで、ポルトガル人の状況を調べてもらったのである。劉承範と香山県令の塗文奎が、マカオを視察したという事実はあった。ただし、これについては、現存の文献には見当らず、僅かに「利瑪伝」にのみ掲載されている。これは極めて重要なマカオの史料であると言える。史料には、当時、マカオにいたポルトガル人の多くは「大量の財貨を持つ」海上の貿易商で、「体に入れ墨にし短髪で、特別な才能はない」とあり、ポルトガル人たちは、海上貿易を通じ、広東の役所に「毎年、三十万以上」の税金を納めたと書かれている。税金については、同時代の文献にも同様の記述が見られる。王臨亨の『粤剣編』には、「私は省に駐在する時、三隻の船がやって来たので、それぞれに白金三十万を持って、税務役所へ納税に行き、その後は町に入って、住民と商取引を許された」[九〇]とある劉承範は、マカオにいるポルトガル人に対して軍事行動に出るべきではないと思っていた。もし、軍事行動に踏み切ったならば、マカオの外国人は、「怖がって来なくなるはずだ。そうなれば税金はどこから徴収できるだろうか」と案じた。劉承範の調査結果は、香山県知県の塗文奎に支持され、二人は連名で両広総督の劉継文に上申し、総督に告示を出してもらい、マカオにいるポルトガル人には「いつも通り利益を取らせ、貿易させ、諸外国の帰順しようという気持ちを落ち着かせる」ようにした。明の軍備については、「沿海の船隊に厳しく警備させ、相手の攻撃を抑えるのに備えるべきである」とした。劉承範の助言は、劉継文に認められ、「古今の事情を勘案すると、確かに異民族を抑える長期的な策略である。即この返答と上申書の文言を香山、マカオの港などの船が止まる要所に掲示するとよい」と言われた。萬暦十七年に両広総督の劉継文は、マカオの盗賊を一掃する方針を「諸外国の帰順しようという気持ちを落ち着かせる」という方針に変更をした。この方針は劉承範の「利瑪伝」により記録が残った。（光緒）『荊州府誌』には、劉承範について、「韶州に在任中、香山澳のことについて上奏し、核心をついて、上官に評価された」と記され、（康熙）『監利県誌』には、「韶州に在任中、香山澳のことについて上奏し、故郷を離れた人を暖かく迎え、歓声の声が轟き、督台からも高く評価された」と記された。「香山澳のことについて上奏する」とは、つまりこれらのことを指していると思われる。また、劉承範がマカオに行ったのは、萬暦十七年の前半であり、香山県令の塗文奎と連名で両広総督の劉継文に上申書を出したのは、萬暦庚寅春の終りであった。つまりこの記述は、劉承範が萬暦十七年のことを記録した際に挿入したものと言うことができる。

また一か月を過ぎ、マテオ・リッチが韶陽に赴き、[九一]公と太守の陳公と面会し、「総督の命令で南華に移住させられ、従わなければならないが、この寺の僧侶たちは生臭坊主で、六祖の戒めを破り、彼らと仲間になるのは恥ずかしいことだ。しかも役所から遠く、デマが広まりやすい。府の城外にある光孝寺に移りたく、徳化を拝見しようと思っていますが如何でしょうか」と言った。[九二]公は平素から彼の徳の高さを知っており、彼のため総督に報告した。総督は、「先日練兵庁は外国人の動きを視察し、その実情を勘案し、中国に訪れた人を暖かく迎えるような、両全の方策を見出し、外国人でも我々の仲間であり、外国人の僧侶も同じだと思いました。あなたの町に移住しようという考えは、遠くの人たちが義を慕う気持ちの表れというものではないでしょうか。移住について承諾します」と言った。寺は町の西側の川の近くにあり、芙蓉山もあり、六祖が『壇経』を著わした場所で、[九三]マテオ・リッチはそのそばの空地に移ったのである。[九四]

ここの「練兵庁」は、劉承範のはずである。明代では同知が兵を掌握した。同知の役所は「庁」と呼ばれる。故に劉承範を練兵庁と呼んだ。ここの「太守陳公」は即ち前に触れた「陳海楼公」で、その時、韶州知府を務めた。劉承範の「利瑪伝」には、マテオ・リッチが韶州に赴き、韶州知府の陳奇謀と会ったことを記録していた。一方、マテオ・リッチ本人の記録は、陳奇謀のことには触れず、劉承範について言及している。一五八九年九月九日、マテオ・リッチは「マカオイエズス会範禮安神父宛」の手紙に次のように記している。

私は韶州に入った後、すぐ兵備道を訪ねる名刺を用意しました。これは人を訪ねる時の慣例で、彼らに我々のことを信用してもらうためであり、我々がこの訪問をいかに大事にしているかを知ってもらいたいと思ったからです。この兵備道は着任したばかりで、我々のことを余り知らないようでした。そのため、私は簡単に中国に来る経緯や各都堂に受け入れられたことを紹介し、また告げたことは、今まで肇慶に長く住んだことや、今こちらの都堂に来るように言われ、またこの兵備道が管轄しているところに住むよう指示されたということです。我々はすでに南華寺に行きましたが、あちらは長く住める場所ではないと思いました。あちらの寺には多くの僧がいますが、彼らの信仰は我々と違っていて、彼らと一緒に住むことは無理だと思ったからです。お寺の外は、あの僧がよく我々に言ったように、盗賊が出没し、安全ではありません。そのため兵備道に頼んで町の中の場所を指定してもらい、具体的な場所については、彼の言うことをきくと告げました。私は今までにないほど強く願うようになっています。こんな親切な役人の近くに住みたいと。ここでは我々を守る人が必要だからです。湖広のこの役人は非常に親切で、それは肇慶の上官から我々の面倒をよく見るようにと言われたからです。こうして今に至っています。私は彼が最大限に我々の面倒を見てくれるよう切に望んでいる次第です。[九五]

『イエズス会とカトリック教中国進出史』にも類似の記述がある。

マテオ・リッチ神父が町に入ると、すぐ同知を訪問し、彼に十分な理由をしながら、南華寺に留まる事ができない理由を力説した。神父はそこは町から遠く、簡単に町の士大夫や役人に会うことは難しく、また寺の連中のひどい評判を耳にすると、とても彼らと一緒に生活することはできないだろう、と。……この話を聞いて、同知は町の別の場所に移ることを認めた。神父らはここに留まる見通しがあるので、南雄に向かう気がなくなった。そこまで行くには二、三日かかるからだ。この間、同知は神父らを連れて町のすべての役人と面会し、彼らは神父らに対して非常に親切で、肇慶の役人とは全く違った。例えば呂三府という役人は、神父らを中国の礼法を知り中国語にも精通した人物と見なして接してくれ、肇慶での処遇とはまったく雲泥の差である。その後、同知は神父らを川の西側の光孝寺に泊まらせ、同時に神父らの住まいを建てる場所を探した。[九六]

劉承範の「利瑪伝」には、マテオ・リッチが韶州同知の劉承範と知府の陳奇謀と面会し、陳奇謀が両広総督の劉継文に報告し、マテオ・リッチを韶州に移住させることを認めたことがはっきりと記録された。ここからマテオ・リッチが韶州の住まいを獲得できたのは、陳奇謀が両広総督に報告したためだということが分かる。しかし、マテオ・リッチ本人の記録には、住まいの斡旋は、すべて劉承範のおかげであるとあり、陳奇謀のことは触れられていない。私は「利瑪伝」の記録は、事実を記していると考えている。劉承範が、自分の功績を陳奇謀のものとするはずはない、と思うからである。裴化行の『マテオ・リッチ伝』も陳奇謀について言及している。

韶州の知州は突然親切さを示したが、この中にはある程度の好奇心が隠されていることは拭えない。……彼らが到着後三日目の九月一日に、知州は彼らを招宴した。神父らはまずお詫びをした。今日は自鳴鐘を見せることができないのは、取りつけはまだ終わっていないからだ、[九七]と。彼に衣料品やバラの香料のみを贈ったが、プリズムもなかった。

裴化行の資料は事実上マテオ・リッチの手紙に拠ったものである。

三日後、我々が町のあの役人と面会する日で、これは我々が待ち望んだことである。あの役人は役所で我々のために宴会を設けた。彼は自鳴鐘がありますかと聞いた。我々は迷わずにありますと返事をした。ただしそれを取りつけるには時間がかかると告げた。[九八]

これらの記録から、劉承範の「利瑪伝」の記述は正しいことが分かる。また、マテオ・リッチと韶州知州の陳奇謀が会見したのは、一五八九年九月一日のはずで、その日は、陳奇謀が宴会を設け、肇慶から北上した神父を招待した。「利瑪伝」の「また一か月が過ぎ、マテオ・リッチは韶陽に赴き、公と太守の陳公に謁見した」と記されたのは、今回の会見のことである。これはマテオ・リッチと陳奇謀の一回目の会見である。ここの「公」はすべて劉承範のことを指している。今回はマテオ・リッチと劉承範の三回目の交際である。マテオ・リッチが韶関に移る際、まず、南華寺に行き、のち光孝寺に移動した。光孝寺のそばの空地に礼拝堂を作ることについては、西洋文献にも詳細が載っている。『イエズス会とカトリック教中国進出史』には、次のように記されている。

　光孝寺の前には広い空地があり、神父らに相応しい土地である。同知の家来は神父らにこの土地を要求し住まいを作ろうとアドバイスした。この土地は寺の財産であるからだ。翌日、ちょうど同知が神父を訪ねてきた。場所を選び住まいを作る話をしていると、神父らは例の土地が欲しいと言い出した。寺の住職と町のすべての和尚が猛反対した。この土地を手放したくなく、さらに神父らと隣り合わせになりたくないからだ。にもかかわらずこの土地は同知の意にかなっているから、和尚たちの反対の意志は通らなかった。同知はまた総督に手紙を出し、神父らが南華寺に住みたくないことや光孝寺前の土地を欲しがっていることを報告した。この土地は川の西側にあり、城壁の外である。(九九)

これに関して、西洋文献の記述は明らかに「利瑪伝」より詳しい。しかし、マテオ・リッチが韶州で礼拝堂を作る際の空地について、中国語文献には、「寺は町の西の川の外にある。そこに芙蓉山があり、六祖が譚経を著わした場所である」と記されている。(同治)『韶州府誌』によると、「光孝寺は川の西にある。唐の開元二年、僧の宗鍚に作られ、開元寺と名付けられた。また大梵寺と改名され、刺史の韋宙が六祖を招き、壇経を講ずる所である」とある。(一〇〇)同書にはさらに、「芙蓉山は郡の西側にあって、郡から五里離れた所にある。むかし山に芙蓉があると伝えられ知られていた」とある。(一〇一)この記述は西洋文献にはない。上述の西洋文献の中に、マテオ・リッチが劉承範に報告した内容は、「利瑪伝」に記載された内容とほぼ一致している。「利瑪伝」には南華寺の「僧侶たちは生臭坊主で、六祖の戒めを破る」と記され、『イエズス会とカトリック教中国進出史』には、「寺の連中のひどい評判を耳にすると、とても彼らと一緒に生活することはできないだろう」と書かれ、表現が違うものではあるが、内容は似ている。よって、「利瑪伝」の記述は、事実と言えよう。『イエズス会とカトリック教中国進出史』には、韶州同知（即ち劉承範を指す）とマテオ・リッチの関係の親密さが詳しく記され、政治の面では、西洋宣教士に対する保護に関することや、経済の面では、西洋宣教士に対する援助などについての記述も含まれている。これらの記述は、「利瑪伝」にはないものである。

　本年九月九日に八方の高閣を作り、上に木（「沐」と疑う）天楼をかけ、七星を彫った。私が端州に寄った時に作った詩の「暫く七星のため留まる」に因んだものだ。高閣は三階建てで、上の階は聖母を祀り、真ん中には天主を祀り、それ以外は何も祀るものはない。また書斎がいくつかあって、所蔵されたものは『六経』の正学、子史など正統な書物である。彼自身が翻訳したものを求めたところ、ただ『大瀛全図』のみであった。(一〇二)

韶州教会堂の建設については、西洋文献にも記載がある。『マテオ・リッチ資料』の第一巻には以下のように記されている。

　呂良佐（おそらく劉承範だろう）から口頭で承諾を得た翌日、マテオ・リッチは四条街頭の老人を仲介人にしてもらい、光孝寺近くの土地を測った。この土地は長さ十一丈、幅七丈で、中には養魚池があり、池の周りには樹木が茂り木陰になっている。仲介人は銀七十両の値段を付けた。マテオ・リッチは自分が総督の客であることを理由に、値下げを要求した。結局銀十両で成約した。その金は光孝寺の和尚に渡され、その後に売買の双方と仲介人が呂良佐を訪問し、呂良佐は契約を結ぶことを要求した。これは十月初めのことである……十月の下旬にマテオ・リッチは病気回復後に呂良佐を訪ね、肇慶方面の情報を尋ねた。肇慶は新しい知府の朱天応に変り、イエズス会の知り合いとして、彼は総督に公文書を起草した。中には、「天竺の僧」は韶州城外の光孝寺に居住でき、自己の住まいと寺院を建築できると書いた。十月三十日にマテオ・リッチは呂良佐を訪ね、後者は肇慶方面の公文書を呈示した。マテオ・リッチは一字一句を書き写した。韶州の住まいは短時間で完成し、肇慶のような二階建ての建物ではなく、中国風な平屋で、軒は洋風であった[一〇三]。

また、『イエズス会とカトリック教中国進出史』には、次のように記されている。

返答を待っていると同時に、同知は神父らに当てが外れないようまず自分の金でこの土地を買い占めた方がいいと勧められた。値段は河西地域の土地売買部門の定価で決めればいいが、土地売買部門の役人は和尚と通じていて、本来十両か八両ぐらいの値段で済むことを、神父らに銀八九十両を出させて、その大部分は彼らが着服する。……その時総督の返答が届き、彼はこの土地を神父らに賜った。そして同知は土地と契約書を神父らに渡した。手続きを終え、神父らは住まいの建設に着手し、この土地のため和尚には一銭も渡さなかった。……その後視察員の神父は他の所要のため、神父らに気前よくすべての条件を提供してくれた。彼のおかげで、神父らは非常に満足であった。短時間で新しい住まいとそれにつながる礼拝堂が完成し、光孝寺での不便な生活を終わらせることができた。しかしここで言わなくてはならないのは、住まいは我々西洋の者が住むような高い様式であるが、人々に知らせなくてはならないのは、役人たちがここで宴席を設け友人を招待するために作ったということである。しかも一階だけ作り、中国の寺院の風格にふさわしいが、ほぼ中国様式である。ただ礼拝堂はとてもきれいで広く、神父らは多くの信者仲間を増やしたいと考えていたからである[一〇四]。

一五八九年九月九日に、マテオ・リッチが記した『マカオイエズス会範禮安神父宛』の手紙には、次のように綴られている。

我々はあるところを訪れ、寺の外に住まいを作れるかどうかを検討してみました。ここは浮橋と住宅街に近く、広い空地があり、非常に理想的な場所のようです。その面積は我々の肇慶の土地の二倍に相当し、四角の土地です。……この役人は我々の肇慶の住まいを見たことがあり、それで彼は、「彼らの作る建物がどんなに精巧であるかあなた方は知らないでしょう。彼らがここで家を建てるとなれば実に名誉なことですと言いました[一〇五]。

裴化行の『マテオ・リッチ伝』には、以下のように記されている。

マテオ・リッチは速やかに新築工事を着工させ、土地は長方形で、その長さは三三メートル、幅二七メートルで、肇慶の土地より二倍広い。その裏に林があり養魚池をぐるりと取り囲んでいる。ちょっと直せば、憩いの場に最適である。範禮安神父の補助金を受け取る前の十月四日に工事を始めた。過去の教訓を踏まえ、彼らは外部の注意や、他人に口実を与え、文人たちが大騒ぎを起こすようなことを避けるよう注意を払った。そのため、建物には楼閣がなく、窓は裏庭に向けて開き、建築の様式はほとんど中国式で、礼拝堂のみやや広々としている。……こんなシンプルな建物を見て、友好的な知州はやや失望した。しかし、範禮安神父からの十分な資金援助のおかげで、建物は間もなくすべて完成した。（一〇六）

西洋文献との比較の結果、韶州の住まいと礼拝堂の建設期間について、「利瑪伝」には、萬暦十七年「九月九日に建てる」と記されている。萬暦十七年九月九日は、西暦の一五八九年十月十七日に当たり、マテオ・リッチが一五八九年九月三〇日に肇慶で書いた手紙によると、韶州の礼拝堂は、「四、五日後には着工できる」（一〇七）と書かれている。裴化行神父の西洋文献には、「十月の四日か五日に工事が始まった」と記されている。一方、徳禮賢の『マテオ・リッチ資料』によれば、韶州居所の着工は十月三十日以降とされ、三者の時間はやや異なっている。建築の様式については、徳禮賢の西洋文献が最も詳しく、「肇慶のような洋風二階建ての建物ではなく、中国風の平屋である。しかし軒は西洋風のものである」と記されている。「利瑪伝」には、「八方の高閣を一つ建てた」、および「その高閣は三階建てである」とある。また、建物の上端には沐天楼があり、楼には七星が彫られ、それは劉承範の「暫く七星に留まる」という詩に因んだものと記録されていた。もし、この記録が劉承範のでっち上げでなければ、マテオ・リッチと劉承範の関係は極めて親密であったと言える。このこともまた西洋文献には記録がない。建物については、片方は平屋と言って、片方は三階建てと言っており、双方は皆その建物の様式は中国様式と言っている。ただ、建物の階の差はあまりにも大きいだろう。これは、西洋文献が記載された平屋はマテオ・リッチの居住場所のみで、礼拝堂はおそらく劉承範が言った「八方の高閣で、その高閣は三階建てである」ということだと思われる。だとすれば中外文献の記録は、ほぼ一致していると言えるであろう。

「利瑪伝」には、礼拝堂と住居についてのさらに詳しい記録が残されていた。「上の階は聖母を祀り、真ん中には天主を祀り、それ以外は何も祀るものはない。また書斎がいくつかあって、所蔵されたものは『六経』の正学、子史など正統な書物である。彼自身が翻訳したものを求めたところ、ただ『大瀛全図』のみであった」という記述は、西洋文献には見られないものである。ここの『大瀛全図』は、マテオ・リッチが一五八四年に肇慶で翻訳し、描いた『世界地図』のことである。

我々は『天主十誡』・『天主経』と『聖母経』を一緒に送ったが、やはり中国語で刊行されたものである。そのほか、一幅の『世界地図』があり、文字・縮尺・時間と地名はみな中国の習慣に合わせたもので、これは地元の肇慶知府に頼まれ描いたものであり、完成後に彼はすぐ上梓させた。（一〇八）

これは初めての近代的な中国語の世界地図であり、マテオ・リッチは当時それを『世界地図』と呼んでいた。後の研究者は、それを「山海輿地図」と呼んだが、それは誤りである。劉承範の「利瑪伝」によると、彼が見たマテオ・リッチの描いた世界地図は、中国語名で『大瀛全図』といい、「山海輿地図」ではない。劉承範は最も早くマテオ・リッチの『世界地図』を目にした中国人士大夫の一人である。しかし、『世界地図』を『大瀛全図』と呼ぶことは、我々研究者は注目すべきことである。また、徐時進が萬暦二十八年（一六〇〇）に書いた『欧羅巴国記』には、次のように書かれている。

マテオ・リッチは中国に入ると、すぐに髪を束ねて櫛をさし、中国語の発音を習い、中国語ができるようになった。また次仲の書

物を研究し、自分が持ってきた『大瀛全図』を翻訳して人に見せた。（一〇九）

徐時進の『欧羅巴国記』の完成は、萬暦庚子（一六〇〇）年のことであり、彼がマテオ・リッチと対面したのは、一五九八～一五九九年の間である。徐時進は、萬暦二十三年に進士に合格した後、南京で官職に就き、先ず南京工部主事を務め、その後は南兵部職方司郎中に昇進（一一〇）した。一五九九年に岳州知府に転任した。（一一一）マテオ・リッチは、一五九八年に南京に到着し、滞在期間はわずか十日間のみである。のち一五九九年二月に、三回目の南京訪問をした。そのため、徐時進がマテオ・リッチと会った時間は、一五九九年二月以降だと思われる。彼が南京で見たマテオ・リッチの『世界地図』は、一五九八年に呉中明が南京で刊行し、広く流通した『山海輿地全図』のはずである。しかし、徐時進はその図を『山海輿地全図』とは呼ばずに、依然として『大瀛全図』と呼び、これは明らかに劉承範の「利瑪伝」から影響を受けていると言える。また、一六一一年に刊行された方弘静の『千一録』によれば、彼は一五九九年に南京でマテオ・リッチと面会し、こう話したという。

彼と交際する人は、その人（マテオ・リッチ）が純粋で礼儀正しく、嘘をつかないと言っていた。中国に入って間もなく中国服を着て中国語を話した。堂々とした知識人の容貌で、顔は少し色目人に似ている。彼の『大瀛全図』を翻訳し、天地の形は瓜のようで、里数と度数は間違えなく調べられている。鄒衍が天を語ることや、『斎諧』（一一二）の怪を記したようなでたらめとは違っていた。（一一三）

当時、南京で兵部右侍郎を務めているはずの方弘静も一五九九年にマテオ・リッチの世界地図を見た。彼も『大瀛全図』と呼び、これも劉承範の「利瑪伝」から影響を受けているはずである。劉承範が見た『大瀛全図』はマテオ・リッチが肇慶で描いた『世界地図』の現存されている最も早い記録である。劉承範が「山海輿地図」と呼ばず、『大瀛全図』と呼んだのは、その図の早期の名前は『大瀛全図』であったからである。そのため、萬暦二十六年から二十七年に至っては、徐時進と方宏静は依然としてその図を『大瀛全図』と呼んだ。「利瑪伝」の発見によって、マテオ・リッチが肇慶で描いた『世界地図』の実名は『大瀛全図』であることが分かるのである。

私と陳堂翁は、「わが中国には昔からこう伝わってきた。達磨は西側から来て、皆阿弥陀仏と呼ばれる。故に仏法を尊奉する人は、必ず三宝を尊奉する。唐の玄奘は、白馬で経を背負ってくるのも、また西側からで、その後いろいろな宗派が出てきた。仏教を信仰し、お経をしまい込む人が数えきれない。あなたは西洋から来た僧なのに、そう思っていないようだ。墨氏に習い、どうして仏教を信仰しないのか」と問い詰めた。マテオ・リッチは、「西側の諸外国は、二百以上があり、あなた方が言った阿弥陀仏は、他国の教主かもしれません。わがヨーロッパにはありません。天下を支配するのは、どこを探してみても、神以外にないのです。そしてこの神を生んだのはこの母です。ですから我が国はこの神しか祀らないのです。もし像を拝めばたくさんの幸福を受けられる、と言ったら専念していないことになるからです」と答えた。我々は、「どうして分かるのか」と聞いた。マテオ・リッチは、「各国に伝わったのは、きっと理由があるでしょう」と言った。見るとその像はガラス板に描かれ、金でも玉でもないが、髭や眉や目など動いているようで、本当に神妙なものである。彼の書物はどこから持ってきたのかと聞くと、彼は、「私が遙か遠い外国へ行くのは、数巻の書物のためです。まず占城へ行って、また数十国を回って、気にいるものはありませんでした。次に暹羅に行って、また数十国を回りましたが心に留まるものはありませんでした。三回目は真臘に行って、四回目は琉球に行って、五回目は福島に行きました。訪れた国は合わせて、百以上があり、時間的には十数年経っています。ですが書物を持っている人に出会うことができませんでした。道行く人に尋ねると、みな広城を勧めました。そのためわざと案内の人を探し、我々の言葉を中国語に通訳してもらい、ゆっくりと広城に入りました。坊間の書籍を見ると、大変気に入るものでしたが、中国語は分からないので恨めしく思いました。主人に頼んで、良い先生を紹介してもらいました。翌日、一人の秀才が来ました。彼との話の中では、（彼が）『僧は良い先生が欲しいと聞きましたが』と言うので、『六経は一人の師が必要で、四書と諸史であれば一人先生がいれば十分です』と答えました。すると秀才は『世の中には五経はありませんが、六経とはどこにあるのですか。誰かに騙されたのではないですか』と言いました。そこで『新会道学の陳白沙の詩は我が国に伝わり、中には六経の仁義が川に満ち溢れるという句があり、この詩は嘘だということですか』と聞いてみました。秀才は答えられずに、去って行きました。数日して、私の師がやって来ました。三年間、朝から晩まで思考をし、本の趣旨をすべて理解しました。官僚や知識人及び一般の人がよくやって来ましたが、応対する暇がなく悩んで、肇慶に逃げ込んだのです。今回やむを得なく韶陽に移り、身を落ち着けるところができて心の拠り所を得たかもしれません」と言った。僕と陳公はそれを聞いて、彼を賞賛して、「おっしゃる通りだ。本当に稀に見る人物で、豪傑の士に止まらない」と言った。(一二四)

ここの「陳堂翁」も陳海楼を指しており、韶州知府の陳奇謀のことである。これはマテオ・リッチと陳奇謀の二回目の面会で、劉承範との四回目の面会である。劉承範と陳奇謀は、西洋の僧でありながら、仏教を信仰せず「墨氏に習う」マテオ・リッチを問い詰めてみたのである。マテオ・リッチはその問題について、巧みに返答した。この対話について、『マテオ・リッチ日記』の中には一切記録がない。これはマテオ・リッチが韶州時代においてすでに仏教に対して否定的な立場をとっていたことが分かる。マテオ・リッチはまた、ヨーロッパのカトリック教と仏教との違いを説明した。「利瑪伝」のこのような記述は、早期の中国文化と西洋文化の衝突の有り様を示すものである。

記録の中には、礼拝堂の西洋絵画に触れ、それらの絵画を「見るとその像はガラス板に描かれ、金でも玉でもないが、髭や眉や目など動いているようで、本当に神妙なものである」と賞賛する様子が書かれている。早くも肇慶時代において、礼拝堂の西洋絵画は、地元の人々の関心を惹いていたことが分かる。一五八五年十月二十日に、マテオ・リッチは「ローマイエズス会総会長阿誇維瓦（Beato Rodolfo Acquaviva）神父宛の手紙」に以下のように記している。

　肇慶の住まいの場所は非常に理想的で、短期間に我々のことを中国人に理解してもらうこともできました。ここにはいくつかの小さな物たちがあります。例えばプリズムや聖人の像などで、彼らからはとても新鮮で珍しいものに見えることでしょう。(一二五)

一五八五年十一月十日に、マテオ・リッチは「ナポリイエズス会馬賽裡（**P. Ludovico Maselli**）神父宛の手紙」にこう書いた。

　私たちも展示品の一つとなっています。また私たちの建物を見に来る人たちもいます。……それにヨーロッパの聖人の像と書籍を見に来る人もいます（一一六）。

こうして彼らは、ヨーロッパから常に西洋の聖人像の絵画を送って欲しいと考えていた。一五八四年一月二十五日に、羅明堅は「総会長阿誇維瓦神父宛の手紙」にこう書いた。

> そのため謹んで神父にお願いしたいと思っていますのがすぐに時計一つと、銅版で印刷された美しい聖母と救世主の像を用意していただくということです。これらは中国人の役人がさらに希望しているものでいくつかの信仰に関する絵画も送っていただきたいと思っています。こうすると分かりやすく彼らに説明しやすいのです。中国人は絵画を非常に好むようです（一一七）。

劉承範が見た絵画は、ヨーロッパから送られてきた聖人像のはずである。劉承範と陳奇謀はさらにマテオ・リッチの書籍は、どこから持ってきたのか、と尋ねた。マテオ・リッチの回答は非常に巧妙で、彼の答えには二つの意味が含まれていた。第一に、彼はヨーロッパから中国にやってきて、十年を費やし、数十か国を回ったが、どの国にも書物を持っている人はいなかった。旅の途中で広州城に書物を持っている人が多いと聞き、広州に入った。さらに中国に来た目的は、「数巻の書物のためである」と言った。このような返答をしたのは、中国の士大夫の歓心を買うためであった。第二に、漢字を習い、中国の古典を研究する上で、自分がいかに勤勉で知識が豊富であるかをアピールした。彼は中国の文人に漢字と中国文化を教えてもらう一方、中国古典に対する自身の素晴らしい識見も表明した。ただし、「利瑪伝」のこの記述には、いくつかの問題点がある。マテオ・リッチは中国に来るまで、訪れた国の一番目は占城で、二番目は暹羅で、三番目は真臘で、四番目は琉球で、五番目は福島だと言っている。福島については、『職方外紀校釈』に、「当時の地理に対する認識では、最も西側の陸地は福島（Fortunate Is.）である。つまり今のアフリカ北西岸の太平洋の中にあるカナリア諸島（Canary Is.）である」とある（一一八）。ここには二つの問題があろう。一つは、「福島」（カナリア諸島）はマテオ・リッチが最後に訪れた所ではなく、最初に訪れた国だということだ。二つ目は、マテオ・リッチは福島と占城以外の暹羅・真臘と琉球には訪れたことがないということである。もし、劉承範が記録したマテオ・リッチとの対話が真実のものだとすれば、この記録には誤差が生じる。もう一つの可能性として、マテオ・リッチが言ったのはイエズス会士による東への道のりと経歴についてであり、彼自身の事柄だけを言っているのではない、ということである。

「利瑪伝」にマテオ・リッチと秀才が『五経』と『六経』の言い争いについて、特にマテオ・リッチが、陳白沙の『六経』の仁義が川に満ち溢れる」の句を引用したことについて、もし、劉承範のでっち上げではなければ、マテオ・リッチが中国古典に対して、深く研究したという証になるだろう。この対話の部分は、西洋文献には記載されていないが、マテオ・リッチが中国古典を研究することは西洋文献に数多くの記録が残されている。裴化行の『マテオ・リッチ神父伝』には、次のように書かれている。

> ヨーロッパの宣教士は順を追って一歩一歩中国古典の勉強を進めている。彼らの勉強の便宜を図るため、『四書』をラテン語に翻訳した。またたくさんの注釈も加えた。七八年中断した後、彼は勇ましく中国の古典を勉強し、彼を指導したのは専門に精通する先生だった。一日二回授業をし、一生懸命に彼がすべては理解できない書籍を読んだ。さらに作文の練習もした。……『四書』というのは、簡単に言えば、大学生向けの初級テキストに過ぎない。最も尊崇されるのは孔子が改編した四つの古書である。加えて彼

自身が書いた五番目の書物である。これが『五経』と呼ばれるものだ。……彼は古典に詳しい先生の指導の下で、まじめに全部研究した。……マテオ・リッチは自分の考えに基づき、注釈を介さず直接原文を読む形で、知らないうちに成果のある方法を切り開いたのである[一一九]。

また、鄧恩の「マテオ・リッチから湯若望まで——清末のイエズス会宣教師」の中には、以下のように記されている。

いま彼を一人の有能な先生に慣れさせ、一生懸命に中国の古典を勉強させる。この数年の韶州での学習によって、マテオ・リッチはしだいに早期の儒家思想と朱子学の注釈や解説の違いが区別できるようになった。これらの注釈や解説が新儒学の特徴を確立させ、当時の社会に正当な学説と見なされた。中国早期の儒家思想はすでに無理やりに当代の永久に変わらない唯物論の色に染められたと確信し、マテオ・リッチは古代の儒家著作から儒学とカトリック教との接点を探し始めた。彼は彼自身の述べた結論を重視すると同時に、学者としての思考方式を示した。現代の学識を用いて早期の儒家思想を分析した。しかしこの一点は確かなことであった。それはすなわち主な考え方において、カトリック教と早期の儒学思想は一致しないということである[一二〇]。

マテオ・リッチが中国の古典に対して深い造詣があるため、劉承範と陳奇謀はマテオ・リッチに大変感服し、彼を「稀に見る人物だ」と言い、普通の「豪傑の士」に止まらないと賞賛した。しかし、一五九二年十一月十二日の「ローマイエズス会法比奥・徳・法比神父宛の手紙」に、マテオ・リッチはこう記している。

我々はこの町にとても早く住居と礼拝堂を作り、その後私は勤勉に中国語の学習に励みました。勉強に一、二年の時間を費やして、いま彼らと会話する際もう通訳はいらなくなりました。私は彼らの文字の勉強に取り掛かり、これは会話よりずっと難しいことです。今までたくさんの苦労に耐えてきましたが、やはり自力でそれらの書物を読むことはできません[一二一]。

これはマテオ・リッチ自身が書いたもので、信憑性がある。つまり、一五九二年まで、マテオ・リッチの中国古典に対する知識はまだ浅く、満足できない状況にあった。劉承範と陳奇謀の賞賛は、一人の中国文化を熱心に勉強する外国人に対する過度な褒め言葉であって、実際とはまだ大きな隔たりがあったのである。

間もなく南雄司理の渭南孫公は公務のため、韶州に立ち寄り私に、「あなたの所領には西洋の僧がおられますか」と聞いた。私は「います」と答えた。「経と史に詳しいですか」と聞きれたので、私は「書物があるようですが、精通しているかどうかは分からない」と答えた。孫と私はマテオ・リッチを訪ねることにした。孫は『詩』を専門とし、「蒸民」・「元鳥」の章から、僕は『易』を専門としているから、「以易与天地准」の章から僧に質問した。すべてその核心を心得ていた。孫は僕を見ながら笑って、「私たち二人はそれぞれ一つの書を専門としているが、僧は両方ができる。彼に笑われてしまうな」と言った。それから僧の名声は高くなった。高位高官の人が韶州に立ち寄る際、町に入らずわざと西洋の僧侶を訪ねる人もいた[一二二]。

ここの「南雄司理の渭南孫公」は、南雄府推官の孫瑋のはずである[一二三]。上述の内容は、南雄推官の孫瑋と劉承範がマテオ・リッチを訪ねたことを記録したものである。孫瑋は明の中、後期の南都の名臣であり、彼とマテオ・リッチの交際については、他の文献には見当たらず、マテオ・リッチの回想録にも触れられていない。今回の訪問は二人の五回目の面会である。今回の面会は、事実上二人の儒学の専門家がマテオ・リッチを試したもので、一人は『易経』、もう一人は『詩経』について質問をした。その結果は、「すべてその核心を心得ていた」という。ここからマテオ・リッチの儒学典籍に対する深い造詣が窺える。孫璋の言葉を借りれば、「私たち二人はそれぞれ一つの書を専門としているが、僧は両方ができる。（自分たちは）彼に笑われてしまう」だろう、というほどの能力だった。この中国人の儒学者が、西洋の儒学者を試したという話は、「利瑪伝」に記録された。その後、マテオ・リッチは韶州で評判が高く、そのため、「高位高官の人が韶州に立ち寄る際、町に入らずわざと西洋の僧侶を訪ねる人もいた」という。

マテオ・リッチの韶州での影響については、西洋文献にも記録されている。『イエズス会とカトリック教中国進出史』には、次のように記されている。

　神父らの名声は町の中に広がり、町中の身分のある人はみな神父を訪ねたが、肇慶の人々よりも恭しい態度であった。こうして、神父らはいち早くたくさんの友達を作った。……瞿太素の人脈で、神父らはここの兵備道と知り合って、新知府とも知り合いになった。この人は兵備道の同郷人である。神父らは役所の下級官僚、及び曲江と南雄の知県とも知り合いになった。この南雄の知県はかつて兵備道の家塾の先生だったので、彼の同郷人でもある。知県の部下である王玉沙も神父らと友達になった。そのほか、神父らはまた地位の高い人物とも知り合って、彼らは神父のことを非常に尊敬し、至る所で神父らを守り助けてくれた。[一二四]

さらに裴化行の『マテオ・リッチ神父伝』には、以下のように記されている。

　マテオ・リッチの名声は遠くまで響き、無数の絶技を持つ人間と言われ、訪れたところは人で埋まり、みな彼をこの目で見るのを楽しみにしている。……一五八九年の暮れから、何人かの役人たちは瞿太素のまねをして、よくマテオ・リッチと交流し、韶州のすべての役人は例外なく（彼らの子弟も含む）神父らを訪問し、居留地に行く人も何人かいた。その中には三衙のほか、兵備道や新任の知府や知県や隣の南雄の知府、及び同知の王応麟などがいる。小さな英徳から、知県の蘇大用が府に公務があるたびに、必ずマテオ・リッチを訪問した。[一二五]

以上見てきたように、中外文献の記録はすべて一致しており、そのため、「利瑪伝」の記録は真実であると言うことができるであろう。

持ってきたのは銅人の時計二台で、別の密室に保管され、そのからくりは一つで、台座の梁に掛けられた。一日を十二時に分け、時間になると、銅人の時を司るものは、起き上がってその時を打ち、その音はとても大きかった。一時間を八刻に分け、その刻になると、刻を司る銅人が、起き上がってその刻を打ち、その音は小さかった。機械が正常に動いていて、その仕組みは素人には全く分からない。また渾天儀二台があり、一つは天を測り、もう一つは地を測る。また山や川や海も測る。たとえば天は九重があると言われて、一重から二重まで、何度あるかで何里を計算する。某国から某国まで、何度あるかで何里を計算する。その他はこれによって類推すればいい。私は最初信じなかったが、向かいの皇岡山を指して、「寺の門から山頂までどのぐらいの距離があるかを測ってみろ」と命じたところ、僧は機械を持って横目で見て、「いくつです」と言った。そして側近に麻糸数本を取って、山頂まで引かせ、僧が測った距離と照合してみると、少しの相違もなかった。また珍しい石が一つあり、約一尺五寸あり、明るく透き通って、水晶のようで、その滑らかさは水晶を超えている。仰ぎ見れば、日星すべて見え、見下ろすと、山川や湖や海みな並んでいる。最も奇妙なことは、見物客の気持ちを推察し、故郷の名勝地を映り出してくれることだ。例えば陳旦那は浙江省の出身で、西湖を見たければ西湖が映り、普陀を見たければ普陀を見ることができた。私は楚の出身で衡山を見たかったが衡山が見え、黄鶴楼を見たいと思うと黄鶴楼も映った。なんと神妙なものだろう。実家が北京の人がちょうどいて、皇宮を見せてもらいたいと思ったが、その人を止めて、「遙か万里も離れている皇宮はそう簡単に見えるものではありません」と言って、それを函に収めた。[一二六]

早期における肇慶、韶州の自鳴鐘の記録については、以下のものがある。一五八二年八月七日に、マテオ・リッチがインドからヨーロッパ製の美しく、歯車が付いた大きな機械時計を持ってマカオへやって来た。彼は中国に来る前、ローマ学院で時計の製造方法を学んでいた。[一二七]同年十二月には、羅明堅と巴範濟 (Francesco Pasio) が、プリズムと機械時計など贈り物を持って肇慶まで来た。両広総督の陳瑞が大喜びし、それらは城外東の天寧寺に置かれた。翌年一月四日には、羅明堅が銅製の機械時計を調整し、専用の時計のカバーや飾りを取り付けた。ヨーロッパの二十四時間制を十二時刻制に改め、アラビア数字を漢数字に変え、一日を百等分にし、一等分を百分にした。中国人の習慣に合わせるためである。[一二八]後、マテオ・リッチは上京し、渡した自鳴鐘は、

大きな時計が時を知らせるために鳴る。正午に一回打ち、初未に二回打ち、初子になると十二回打つ。正子に一回打ち、初醜に二回打ち、初午になると十二回打つ。小さい時計は刻のとき鳴る。一刻一回打ち、四刻のとき四回打つ。[一二九]

という。徐時進は、マテオ・リッチが北京に持って行った二台の自鳴鐘を見た。彼は次のように言った。

持ってきた自鳴鐘は、大小一台ずつある。私はその小さいのを見た。時計は亭のような台に掛けられ、亭の形はやや扁平で、高さは八寸、幅は六寸がある。その時計は時に鳴るものもあれば、刻に鳴るものもある。かねかけは鏞という楽器に似ていて、亭の下に吊り下げられている。車輪のような歯車を動かし、三、五個の亭の中に収められる。二本の針は文字盤に嵌められる。銀色の物は刻を指し、金色の物は時を指す。文字盤に十二時まで並べられ、時の次は刻が並んでいる。『周易』の丸い図のようである。二本の針は静かに動き、急に見れば、その動きは分からず、太陽の光に照らされ旗の影が動いていないように見えることと同じだ。亭の中から音がして、かさかさと止まらない。静かな時は二歩以外から聞こえるが、鐘の音ではない。刻に鳴るものは、一刻ごとに鳴る。私に聞こえたのは酉戌の間で、戌まで動くと八回打ち、しばらくすると、また一回打ち、戌の一刻になる。戌の真ん中に動くと九回打ち、亥まで動くと十回打つ。亥の真ん中に動くと十一回打ち、子まで動くと十二回打つ。打つ数の多いものは、みな自動的に打つが、子の真ん中に行くと一回のみ打つ。ますます多くなり十二回打って止まり、自動で繰り返す。その音は清らかではっきりと聞こえる。静かな時に二十尺まで聞こえる。日の出や日の入りのような節目と同じで、年が定まる順序のように誤りがない。それは寸刻の誤差もなく、我々の水時計より簡単で精巧である。[一三〇]

「利瑪伝」に記録した韶州の「銅人の時計二台」は、十二時刻制に

改めた銅の自鳴鐘のはずである。「マテオ・リッチの書簡」によれば、

三日後マテオ・リッチと麦安東は呂良佐（劉承範であろう）を訪ね、兵備道は役所で食事に招待し、彼らに自鳴鐘があるかどうかを聞いた。マテオ・リッチは迷わずにあると答えたが、ただ少し調整してから正常に動くようになると返事した。（一三一）

という。渾天儀の紹介について、『坤輿万国全図』によれば、マテオ・リッチは巻の初めに「天地混一説」という一文を載せたという。この図は萬暦壬寅（一六〇二）に描かれたが、実際は肇慶時代に刊行されたマテオ・リッチの『世界地図』に基づき修正、再版したものである。マテオ・リッチは、肇慶時代にすでに渾天儀を紹介したことがあるのである。「マテオ・リッチ書簡」には、

韶州の役人たちは皆マテオ・リッチにそこに留まって欲しいと思った。ある察院はマテオ・リッチが肇慶に滞在する時の詳細を知り、錬金術ができるかを執拗にマテオ・リッチを問い詰めた。マテオ・リッチがさんざん口数を費やして彼自身は偉大な天文学者と宇宙学者（cosmografo）で、世界地図を作製でき、肇慶にいる時は自分の手で、『山海輿地全図』を制作したことを告げた。その役人はマテオ・リッチに渾天儀（sfera）を貸して欲しいと願い出て、見終わったら返すと言った。（一三二）

とある。また、『イエズス会とカトリック教中国進出史』に、瞿太素がマテオ・リッチから数学を学んだことが記録されている。

彼（瞿太素）は本を書くだけではなく、我々西洋の書籍を真似して自らの手で挿絵を描くが、我々のものと少しも劣らない。彼はまた多くの六分儀・地球儀・天球儀・四分儀・日時計・羅針盤と、その他の精美な機器を作った。木製のものもあれば、銅製のものもある。さらに銀で作ったものもある。（一三三）

「利瑪伝」には、劉承範がマテオ・リッチの目の前で、光孝寺の門から皇岡山の山頂までの距離を測ってもらったことが記録されている。マテオ・リッチは、渾天儀を使って、幾何学の原理を用い、二点間の距離を測った。そして、劉承範は「側近に麻糸数本を取って、山頂まで引かせ、僧が測った距離と照合してみると、少しの相違もなかった」という。皇岡山は韶州城の北側にある。（同治）『韶州府誌』によると、「皇岡山は郡の北側から三里の所にある。貂蝉石とつながり、筆峰から出て高く、聳え立っている。まるで、障壁のようである。（一三四）幾何学の原理を用い、光孝寺の門から皇岡山の山頂までの距離を測り、麻糸で測った結果と「少しの相違もなかった」という言葉は、マテオ・リッチが早期、韶州で見せた科学的な行いを記録したものである。今回、劉承範がマテオ・リッチに光孝寺の門から皇岡山の山頂までの距離を測らせたことは、二人の六回目の面会での出来事である。交際である。これは、西洋文献には記載されておらず、西洋文献の不足部分を補える史料であると言えよう。

なお、マテオ・リッチの韶州礼拝堂にある珍しい石に関する記載は、徐時進の『欧羅巴国記』にも記録がある。

また石が一つあり、長さは数寸で、水晶に似ている。目で仰ぎ見ると、地面にあるものはすべて逆さまに映っていて、色が鮮やかで大変風変わりである。高い所から見下ろすと、遠ければ遠いほど奇妙に見える。（一三五）

また、支允堅の『梅花渡異林』には、

ガラスの石があり、目の前に映すと、枯木や崩れた垣であっても五色の光を放っていた。（一三六）

と書かれている。この奇妙な石とは、水晶に似たガラスの石のことで、つまりプリズムのことであろう。『マテオ・リッチ神父著作集』には、

次のように書かれている。

（一五八五年）孟三徳は王泮を訪ね、王泮がどうしても手に入れたいプリズムを贈った。このプリズムは王泮の考えを変え、彼はひそかに孟三徳が肇慶に留まる事を認めたが、他の人は認めない。（一三七）

さらに、『マテオ・リッチ資料』には、次のように記されている。

一五一九年の正月、マテオ・リッチが住まいで新スペイン（メキシコ）から持ってきた神様の像とプリズムを展示し、見物客が大勢いた。（一三八）

プリズムは太陽に照らされると、いろんな景色が現れる。しかし、劉承範によれば、この「奇妙な石」は、さらに玄妙で不思議な雰囲気が漂っているという。

翌年の元宵節の夜、町の数名の酔っ払いが、寺まで遊びに来て、見物の名で酔ったことを口実に、ものを奪おうとした。その時二人の僧は高閣の下で経について文人たちと議論しているところだった。酔っ払いに、「君たちがもし我々の衣鉢が欲しいのなら、神に拝め、そうしたならば持って行くのを許そう」と言った。酔っ払いたちが礼拝した途端、高閣の上から大きな音が響き、すべての扉が閉じられた。八方の窓までも開けることができなかった。その仕掛けの巧妙さは見ての通りである。酔っ払いたちは地面に俯せ、縛られたようにちっとも動けなかった。翌日、曲江県令はここへ線香をあげに来て、酔っ払いたちを懲らしめようとしたところ、二人の僧が代わりにやると言って県令を止めた。県令は府道に頼み、出入り禁止の布告を出した。二人の僧はそれを束ねて高閣にしまい、出そうとはしなかった。彼らは「和尚が府道の威勢を笠に着てというのでは、人々を怖がらせてしまいます」と言った。（一三九）

ここの「翌年」というは、萬暦十八年のことで、「元夕」とは、正月の十五日の元宵節を指しているはずである。ここの「曲江県令」とは、萬暦十二年に曲江知県に就任した福建長汀出身の張履祥のことである。（一四〇）伝記のこの部分は、マテオ・リッチの住まいと礼拝堂が韶州の民衆に襲撃されたことを記録した。韶州の民衆によるマテオ・リッチの礼拝堂を襲撃については、『イエズス会とカトリック教中国進出史』にも以下のように記載されている。

マテオ・リッチ神父は町の住民の冷たい態度を変えようとし、彼らに我々の聖教のことを知ってもらいたいと考え、彼らを神父の家に来てもらい、カトリック教を彼らに理解して信仰してもらおうとした。ちょうど中国の新年にあたり、マテオ・リッチ神父はこの機会を利用して新スペインから運んできた一体の彫像を礼拝堂に数日間展示させ、すべての人が見物できるようにした。以前この彫像はずっと小礼拝堂に置かれ、女性も含む一般庶民は見ることができなかった。彫像は祭壇の上に置かれ、周りはガラスで囲まれ、絵画で飾りつけられ、周囲にはたくさんの油ランプとロウソクが置かれ、人々を静粛な気持ちにさせた。このニュースを知り、人々は一目見ようと四方八方から駆け付け、あたかも町中の人すべてが見物に来たかのようであった。しかし近くの住民は石を投げつけこの善行に抵抗した。我々の屋根に当たり壊された。夜になって神父らが外へ見に行くと、彼らは路地に身を隠し、神父らが中へ入った途端、彼らはまた石を投げ続けた。……瞿太素の予想通り、知府はすぐ神父の見舞いに訪れ、神父にどうするつもりか、ここの住み心地はどうかなど質問をした。瞿太素の知府に昨晩の悪質な事件を説明した。……知府はとても怒り、しばらく言葉が出なかった。神父らを敵視する人に対して強い怒りを感じた。……彼はすぐさま町の保丁を呼んで来させ、誰がこの事件の犯人かを問い詰めた。……保丁らが困っていると、神父の二人の家来が何も言わずに家から出て、埠頭の近くで待って、その夜凶行を働く犯人の一人の若者を捕まえたとして、町の保丁に引き渡した。すると、犯行を起こした者が暴れ出し、若者の家族は非常に恐れた。その夜から若者を連れて恭しく神父のところへやってきては、この事を荒立てないで欲しいと懇願した。今回のことは親の話を聞かない浅はかな若者がやった愚かな行為であった。マテオ・リッチ神父はこれらの礼儀のわからない若者がやった愚かなことを残念に思った。そして神父は家長に対して誰かに報復しようなどとは思っておらず、知府に告発もしなかったことを告げてやった。(一四一)

この事件について、西洋文献の記述は極めて詳細である。「利瑪伝」と『イエズス会とカトリック教中国進出史』は、同じ萬暦十八年正月に起きた韶州礼拝堂襲撃事件を記録したが、双方は記録した内容が異なっている。すべての研究者が一致してこの事件を処理した「長官」は韶州知府の謝台卿と考えている。(一四二)しかし、「利瑪伝」には、曲江県令の張履祥がこの事件を処理したとある。これまでの研究者の見解が誤りであろう。また、「利瑪伝」に記されている韶関の礼拝堂に「しかけ」があるということは、疑問を抱かせるものである。おそらく、騒ぎを起こした者が、教会の下僕を捕まえ、礼拝堂に仕掛けがあるという噂を立てさせたのであろう。劉承範は事実は知らず、単に噂をそのまま記録してしまったのだと思われる。マテオ・リッチが事件を起こした者に対してどのように対処したかについては、中外文献の記録はほぼ一致している。「利瑪伝」のこの事件に関する記録はほぼ事実通りだと言えよう。

辛卯五月朔二日、二人の僧がわが役所に訪れ、面会を求めて、「あなた様は間もなく遠いところへ旅に立つと思いますが、どうか楽しくのんびりして、何も心配なさらないでください」と言った。私は退官の兆しと分かった。彼に、「私は何の心配事もありません。ただ後継ぎがないことが気がかりです」と答えた。神父は、「あなた様は常に善行を行い、香山の公務で、数万人以上を助けました。神は分かっていらっしゃいます。息子に恵まれるのは六十歳以降のことで、いま願う必要はありません」と言った。私は詳しく尋ねてみた。神父は、「あなた様は『易』において大いに役に立つのは、「乾天也」の章だけです。それを丹念に読み込むべきでしょう。あなた様の子女はすべてそこにいますから、そこから外れることはないでしょう」と言った。私は彼が言った事を理解できずに、別れた。その年の七月、黔中人が言った通り、官職を辞め故郷へ帰った。二人の僧は見送りに来て、私に、「あなた様がお帰りになられたら、私たちも旅装を整え、両都を周り、各省を巡り、じっくり天子の風俗教化を見たいと思っています。あなた様が八十歳になって、私たちに楚へ行く機会があれば参ります。再会した折りには、一言ご教示いただけることを願うばかりです」と言った。私は、「あなたの識見は私よりずっと高い。私が言うことなど何もありません。ただ天下の宝物は、天下の人に享受させるべきです。これは古今変わらないことでしょう。もし皇帝に謁見できれば、宝物を献上すべきで、きっと厚い賜物を得るでしょう。たとえ官職は欲しくないとしても、保身のために役に立つことでしょう」と言った。僧はその通りだと賛同し、叩頭して別れた。(一四三)

ここの「辛卯」とは、萬暦十九年のことである。この部分はマテオ・リッチが劉承範の任期満了に伴い、故郷に帰ることを知って、韶州同知の役所に出向いて、劉承範と面会したことを記録したものである。これはマテオ・リッチと劉承範の七回目の面会である。今回の面会について、中外文献にはすべて記録されいない。今回二人会談の内容は、主に劉承範の後継ぎに関することで、族譜に収録された「劉承範伝」にも記されている。

　官途では恵まれていたが、家庭では不幸も多かった。二人の息子は早くに亡くなり、孫まで夭死した。僅かに残った一人の娘も死んでしまった。そして辞職を決意し、周囲が引き止められても無駄であった(一四四)。

　これは「利瑪伝」に書かれた「私は何の心配事もありません。ただ後継ぎがないことが気がかりです」の由来である。劉承範の二人の息子は早くに亡くなり、残された孫と娘も死んで、後継ぎがいなかった。そのため劉承範は、官界に未練はなく、退官して故郷に帰りたいと考えたのである。マテオ・リッチは、彼を慰め、広東当局のマカオ派兵を辞めさせ、「数万人以上を助けた」から、良い人には必ずいい報いがある、と励ました。子供は、六十歳以降に授かると言い、マテオ・リッチは、『易』の卦と爻によって、六十歳以後に子供を授かる理由を説明した。マテオ・リッチはまた、劉承範が八十歳を過ぎ、もし自分が湖広に行く機会があれば、再会しようと言った。マテオ・リッチの予言は見事に当たり、族譜に収録された「劉承範伝」には、「晩年は三人の息子にも恵まれ、公はとても満足であった」と書かれていた(一四五)。劉承範は、晩年に三人の息子に恵まれた。マテオ・リッチの予言は当たったのである。そのため、(康熙)『監利県誌』には、「(劉承範は)マテオ・リッチの予言を受け、故郷に帰ることにした」と記録されているのである(一四六)。

　西洋文献には、マテオ・リッチによる劉承範が六十歳以後に子供を授かるという予言に関する記録はない。しかし、イエズス会士が後継ぎのない中国人官僚のために、神に祈り、そのおかげで子供に恵まれた、という記述は、散見できる。例えば、王泮は妻一人と妾二人がいるが、三十三年間子供ができなかった。天竺の僧の祈りによって、一五八四年に王泮は嶺西道を務めている時に、ようやく女児を授かり、翌年には男児も生まれた、という(一四七)。また、羅明堅は、「賀憲司生子」の中国語の詩を作った。その詩は、「十月三日子供が生まれ、小僧十日で祝いが遅れ、神様の慈悲の恵み、恩恵を受けて、真にめでたい」というものである(一四八)。艾儒略は、マテオ・リッチが神に祈ると、子供を授かることができるとして、マテオ・リッチには、「超能力がある」と言った。瞿太素はマテオ・リッチに次のように頼んだという。

　小生は四十三歳になり、家内は四十二歳で、まだ子供に恵まれていない。神様に祈ってもらえませんか。マテオ・リッチは彼のために密かに祈った。その年に男の子に恵まれた。いま式穀と名乗っている人はその子だ(一四九)。

　また、徐光啓は洗礼を受ける前は、息子一人しかいなかったが、妾を娶って子孫を増やそうと考えた。羅如望神父は、彼に次のように言った。

　子供ができるかどうかは、すべて天命である。しかもすでにご子息がいて、将来にはもっと子孫が繁盛するかもしれない。すぐに洗礼を受け家に帰った。間もなく孫ができた。公は大いに喜び、神に感謝をした(一五〇)。

　宣教師の多くは子供を授かるよう祈り、宣教活動を進めた。そのため、マテオ・リッチが『易』を用いて、劉承範が六十歳以降に子供を恵まれると予想したという記録も信用できるであろう。マテオ・リッチは、劉承範と別れる際に、はなむけの言葉を求めた。劉承範は彼に中国の官僚と付き合う秘訣を告げた。「もし皇帝に[一五二]謁見できれば、宝物を献上すべきで、きっと厚い賜物を得るでしょう。たとえ官職は欲しくないとしても、保身のために役に立つことでしょう」という言葉は、マテオ・リッチの十数年の中国人との交際の中で、非常に大きな影響をもたらした。「マテオ・リッチは遥か中国へやって来て、友人を作ることが務めなのである」と言われた。彼は西洋の珍しいものを献納することで、中国人とのネットワークを作り、中国において宣教活動を推進させたのである。

西洋僧侶の経歴や行動などは、みな私がこの目で見たもので、まさに一生の奇遇である。そのため後世に伝えその歴史を記録した。後に『天学初函』などの書物が刊行された。偶然に本府『徐公祖文集』[一五三]を目にし、中には『西僧伝』[一五四]に「天和尚は金陵に留まり、[一五五]マテオ・リッチが宝物を献納して都へ行った」と記されている。

よって前述のことは間違いない。[一五六]

最後の一段落は、原文に対する作者のメモ書きのようである。それを書いた時期は、「利瑪伝」が完成した後に補足されたものである。「利瑪伝」は、一体いつ完成したのだろうか。伝記の中には、「本年九月九日」と書かれている。この「本年」は、「利瑪伝」が書かれた年のはずである。一方、「本年九月九日」と書かれているところに記載されている内容は、韶州の礼拝堂についてである。韶州の礼拝堂が作られたのは、萬暦十七年（一五八九）の末である。つまり、この「本年」は、萬暦十七年のはずで、「利瑪伝」が完成した時期である。しかし、本文中には「萬暦庚寅」や「明年」及び「辛卯」という紀年が見られる。「萬暦庚寅」は、萬暦十八年のことで、「辛卯」は萬暦十九年のはずである。「利瑪伝」は、萬暦十七年に完成したのだが、ではなぜ、「庚寅」や「辛卯」が出てくるのだろうか。劉承範が彼とマテオ・リッチの面会を数回に分けて記録したものであり、その完成は劉承範が引退し、帰郷後のはずである。しかし、その文章をきちんと整理しておらず、時間的な誤差が生じたわけである。劉承範の「利瑪伝」は、完成した後に刊行されていないが、その抄本はすでに民間に流通していた。（康熙）『監利県誌』には次のように書かれている。

韶州にいるとき、香山澳のことについて上奏し、故郷を離れた人を暖かく迎え、歓声の声が轟き、督台からも高く評価された。西洋宣教師のマテオ・リッチの予言を受け、故郷に戻る決意をした。[一五七]

劉承範とマテオ・リッチの面会、及び劉承範がマカオの軍務を処理することについては、すべて「利瑪伝」のみに見られるもので、他の史料には載っていない。（康熙）『監利県誌』に、上述のように引用されているというのは、「利瑪伝」がすでに民間に流通していたという証である。このほか、一五九八～一五九九年の間、南京でマテオ・リッチと面会した徐時進が、萬暦庚子（一六〇〇）年に書いた「欧羅巴国記」の中に、マテオ・リッチの世界地図を『大瀛全図』と呼んだのは、明らかに彼が劉承範の「利瑪伝」を見ていたからだと言えよう。一五九九年に、南京で戸部右侍郎を務めた方弘静もマテオ・リッチが見せてくれた世界地図を『大瀛全図』と呼んだ。彼も劉承範の「利瑪伝」を見て、地図をそう呼んだはずである。また、崇禎甲戌（一六三四）年に刊行された支允堅の『梅花渡異林』の中に、「大西洋国から二人がやってきて、一人はマテオ・リッチといい、もう一人は郭天佑という。みな額が突き出ていて目がくぼんでいる。顔が赤くひげが紫色である」と書かれている[一五八]この一文も明らかに劉承範の「利瑪伝」に由来したものである。マテオ・リッチの同行者を「天佑」と言ったのは、劉承範の「利瑪伝」しかないからである。しかし、支允堅は劉承範の「利瑪伝」の記述を引用し、また、勝手に「天佑」の前に「郭」という苗字をつけた。彼がマテオ・リッチと同行したのは、「郭居静」と勘違いしたためである。そのため、支允堅も劉承範の「利瑪伝」を見たと言えるであろう。前述の四つの資料によって、劉承範の「利瑪伝」が、抄本の形で民間に流通していたことを知ることができよう。その抄本の完成は、早くとも萬暦二十六年（一五九八）以降のことと推測される。

　このメモ書きの中で、劉承範は「西洋僧侶の経歴や行動などは、みな私がこの目で見たもので」と記している（一五九）。つまり、読者に「利瑪伝」の記述は、当時の史実であり、そのため、後世に伝え、その歴史を記録しようとしたのである。メモ書きではまた、劉承範が後、『天学初函』と『徐公祖文集』の「西僧伝」を読んだことに触れた。『天学初函』は、李之藻が編集したカトリック教の著作の叢書で、崇禎二年（一六二九）に初めて刊行された。ここから、このメモ書きは崇禎二年以降に書かれ、「利瑪伝」の完成から四十年も経っていたことが分かる。このメモ書きから、劉承範が退官して帰郷し、その後の数十年間、ずっとマテオ・リッチの行方を気にかけていたことが分かり、これは二人の親密さを表わしていると言えるであろう。

　伝記に言及された「本府徐公祖」とは、徐時進のはずである。徐時進の字は「見可」で、号は「九贏」である。浙江の鄞県出身で、萬暦二十三年に進士になった。南京の工部主事を務め、蕪湖権関を兼任した。南兵部職方司員外郎、郎中に昇進し、三十年荊州知府を務めた。父親と死別し、その後、恵州知府や広東按察司副使の欠員があり、彼が就任した。三十八年に皇帝の誕生祝いをし、上奏文を提出し、帰郷した。天啓に改元、南光禄少卿に任命され、以後、太僕少卿に変わることになったが、就任しなかった。大理寺卿となって退官した。享年八十四歳だった（一六〇）。著作に『鳩茲集』・『啜墨集』・『逸我堂餘稿』がある（一六一）。ただし、『徐公祖文集』は未見である。もし、『徐公祖文集』が、『鳩茲集』と同じ書物であれば、『鳩茲集』の中には、「西僧伝」という伝記がないということになる。もし、「西僧伝」が、すなわち「欧羅巴国記」なのであれば、この「欧羅巴国記」の中には、劉承範が言った「天和尚は金陵に留まり、マテオ・リッチが宝物を献納し、都に行かれた」という記述はないということになる。そのため、徐時進には、実は別の文集があって、他に「西僧伝」を書いたのではないかと考えているが、今もなお発見されてはいない。支允堅は、『梅花渡異林』の中で、「マテオ・リッチが宝を持って北京へ献上しに行き、天佑は金陵に留まった」という一文は（一六二）、徐時進の文集の「西僧伝」から踏襲したはずである。つまり劉承範が見たという「天和尚は金陵に留まり、マテオ・リッチが物を献納し、都に行かれた」という一文のことである。これも徐時進には、実は別の文集があり、マテオ・リッチに関する記録は、「欧羅巴国記」以外の「西僧伝」があったのではないかと考えている。

四、劉承範「利瑪伝」の史料的な価値と学術的な意義

　前述のように、民国甲寅本『劉氏族譜』に収録されている「利瑪伝」は、学術的に意義のある史実を豊富に提供してくれる価値の高い史料である。それらの意義は、具体的に以下の五点にまとめられよう。

　1．「利瑪伝」が掲載されている民国甲寅本『劉氏族譜』は、宋代から民国まで絶えず修正され、代々伝わってきた。非常に完成度の高い族譜である。その「利瑪伝」は、劉承範の手により族譜に収録され、のち代々伝わり、残されたものである。つまり、『劉氏族譜』に収録

されている劉承範の「利瑪伝」は、当時の人が当時のことを記録したものである。伝記の中に記された劉承範とマテオ・リッチの親密な友人関係については、他の史料には記録がない。この伝記は、マテオ・リッチが中国に滞在した様子を知る上で、最も有用な史料であり、極めて高い価値のあるものと言えるであろう。民国初期の族譜から明代のヨーロッパ宣教師であるマテオ・リッチの中国滞在に関する長編記録を探し出し、そこに書かれている記録の信憑性を証明し、それらの族譜資料を利用することによって、明代における中国と西洋の交流史の研究を深めることは、文献学においては、非常に大きな学術的意義があることなのである。

2．統計によると、明代には六本のマテオ・リッチに関する中国語の伝記がある。(一六三)それらは、以下のものである。①劉承範の「利瑪伝」(約四一〇〇字)、②張維枢の「大西利西泰子伝」(一六四)(約三一〇〇字)、③艾儒略の「大西西泰利先生行跡」(一六五)(約七七〇〇字)、④朱懐呉の「利瑪竇」(一六六)(約一五〇〇字)、⑤張岱の「利瑪竇列伝」(一六七)(約一三〇〇字)、⑥沈徳符の「大西洋利瑪竇」(一六八)(約一〇〇〇字)である。この六本の伝記について、時間的に見ると、劉承範の「利瑪伝」はもっとも古く、マテオ・リッチのことを中心に記録した伝記である。字数から言えば、艾儒略の「大西西泰利先生行跡」は最も多く、劉承範の「利瑪伝」は二番目に多い。しかし、「大西西泰利先生行跡」の作者とされる艾儒略は、イタリア人であり、彼が書いた伝記は数多くの西洋文献を参考にしたはずで、完全な中国語の記録と見なしてはならないだろう。そのため、劉承範の「利瑪伝」は、明代で最も字数の多いマテオ・リッチの伝記であり、初めてマテオ・リッチのことを記録した長編の中国語文献だと言えよう。

3．現存する明代の文献の中には、マテオ・リッチが肇慶、韶州に滞在した時の記載はほとんど見られず、劉承範の「利瑪伝」は、マテオ・リッチが肇慶、韶州で活動した際の記録を最も詳細に示してくれる有用な中国語資料であり、マテオ・リッチの初期活動の研究に貴重な文献資料を提供してくれた。「利瑪伝」に記録されたマテオ・リッチの肇慶、韶州における活動内容は極めて豊富で、中には西洋文献に見られない記述も多く、「利瑪伝」によってその不足を補うことができた。ある部分は西洋文献の記載と同じであるが、中国文献と西洋文献を照らし合わせることで、事実を互いに裏付けることができた。最も重要なことは、「利瑪伝」が西洋文献に欠けているマテオ・リッチの資料を記載しただけではなく、一部の内容は西洋文献にあるマテオ・リッチに関する誤りを正すことにつながったことである。そのため「利瑪伝」の学術的な価値は高い。

4．劉承範の「利瑪伝」の発見と研究によって、劉承範とマテオ・リッチの間に密切な関係があることが分かった。この伝記の中に、劉承範とマテオ・リッチの面会に関する記録は七箇所にも上った。そのいくつかの面会については、「利瑪竇中国札記」の中にも記されており、その中で言及されている「副長官」については、ともに一致していることが分かった。もし、この「副長官」が劉承範のことであれば、(今までは「方応時」と「呂良佐」とされた)劉承範は、マテオ・リッチの中国の官僚との付き合いの中で、最も仲のいい人物であったことが証明されよう。その関係の深さは、マテオ・リッチと肇慶の知府であった王泮との付き合いを超えていた。劉承範の「利瑪伝」の発見と研究によって、劉承範とマテオ・リッチの付き合いと、その親密さを証明することができ、これは、マテオ・リッチ研究の新しい進展だとも言えよう。

5．劉承範の「利瑪伝」の発見と研究が、我々に提示したことは以下の通りである。今までのマテオ・リッチ研究は、西洋文献を中心としたものであった。しかし、西洋の原資料もイタリア語のマテオ・リッチの日記や書簡のみであり、各テキストの翻訳、及びマテオ・リッチの回想、あるいはマテオ・リッチ本人の勘違いなどによって、さまざまな問題をもたらした。後の研究者による翻訳や注釈は、日記と書簡の中に数多くの問題点を残している。その一方で、数多くのマテオ・リッチに関する中国語文献が発見され、利用されてきた。これらの資料の多くは、当時の人がマテオ・リッチ本人と接し、あるいはマテオ・リッチの著作を学習することによって得た認識や感想を基にして書かれている。これらの認識や感想は、必ずしも正確なものとは限らないが、だがやはり真実を記すものと言えるであろう。彼らがマテオ・リッチを支持したか、否かは別の問題として、劉承範の「利瑪伝」は、これらのマテオ・リッチ研究における中国語文献の典型的史料となろう。そのため、これからのマテオ・リッチ研究の方向としては、まず、中国語文献に記録されたマテオ・リッチ資料の十分な解読、及び有効なる活用をすることが大切であろう。そして、さらに中国語原文資料とイタリア語の原文資料を読み比べることで、マテオ・リッチの中国滞在に関する歴史的事実が見い出せれば、それは、マテオ・リッチ研究の発展につながるはずである。

《注》

（一）劉明強『萬曆韶州同知劉承範及其「利瑪伝」』（『韶関学院学報』第三一巻第十一期、二〇一〇年十一月）、黎玉琴・劉明強『利瑪竇史海鉤沉一則』（『肇慶学院学報』、二〇一一年第四期）。

（二）（民国）劉後清主修『劉氏族譜』（劉氏族譜編纂委員会、民国甲寅本翻刻本、二〇〇九年）の劉国棟による再版本の前掲部、一〜七頁、参照。（以下、劉後清主修『劉氏族譜』は、『劉氏族譜』と略称）。

（三）『劉氏族譜』序巻一、『劉氏続修族譜序』八頁。

（四）（明）黄虞稷『千頃堂書目』巻十「譜系類」（上海古籍出版社、二〇〇一年）二九一頁。

（五）（清）萬斯同『明史』巻一三四「譜牒類」（続修四庫全書本、三八〇頁）。

（六）其創修譜系者、則三世祖統制宝公也。嗣後続輯、代不乏人。在華邑則有若用傑、天源、行簡、仁宝諸祖、在監利則有若太守公天與、吏隱公魁、誥封公昇、奉政公承範、耐庵公鋕、歳薦公光孝、燃藜公遵貴。下暨族兄步雲公詩炳、皆仁孝誠敬、有以上光乎祖考。下啟乎孫枝者也、乃譜伝累世、修経數屆、均已繕寫成牒、而未能刊行於族。族侄會一、兼三弟兄、乃誥封、奉政二公嫡裔。切念本源、於道光辛卯歳、有贖田保墓、刻譜垂遠之商。余當以力小不堪任重、智小不堪謀大為辭。今兩侄果仰體祖志、光復先業、庶幾可慰告誥封、奉政二公之心、而妥誥封、奉政二公之靈矣。前歳乙未、余承族不棄、公舉總理家政。丙申、丁酉兩歳、余春秋入祠承祭。族諸賢暨會、侄等屢以鐫譜囑余。余於此時雖愚昧鮮識、自攜責無可貸。爰遵祖制、率譜旧章。忘其讓陋，親校付梓。並敘刊會一弟兄事、閱十年餘而告成。『劉氏族譜』序巻一「劉氏族譜序」一二六頁。

（七）余每檢敝笥、詳閱旧譜。自宝公譜載相伝、僅有隆公年月日時、以上無聞焉。又有承范公之編輯、光孝公之纂修、而先代名號、懿行、墓図、地志，何緣得悉。更仗遵貴公校閱世系、以及考據文藝、大小内外等伝、譜於是始得稱備。惟恐世遠年深、致譜之散佚而失伝也。自茲以往、藉非校對、鏤書、保無簡蠹編殘。亥豕貽戚、不足以信今而示後乎。唯幸丁酉秋、族兄戶首雅三公、暨族中賢能者、以鐫譜來商。余不勝擊節。又得族兄詩炳公有手訂続譜數冊、罔有遺漏、因與互相參考。走巡各先塋碑板、並繪其図而譜之。規模粗就。於是命次子書黻南北趨乘、亦襄校畫而譜之、大功告成。『劉氏族譜』序巻一「劉氏族譜後叙」一二八頁。

（八）但譜之修、自三世祖宝公、而後凡十屆、類皆繕寫成帙、未有鐫本。斯盛中稍不足也。歳道光丁酉、族叔詩貫公、孝思不匱、有繼修付梓之意。適准訓蒙祖祠，承公垂青示准曰、余等族譜、自族祖遵貫公、承諸先哲纂修。而後幾百年有族兄詩炳公、於乾隆五十四年、勤労捜訪、増添世系、十年之久、治成繕本。誠有裨於後代。茲越五十餘載、部帙不無散佚、簡編亦多朽殘。余欲微竭鄙誠、本先人之旧規、再匯刻修。俾後賢有志者、更易為聯本而收族。……於戊戌春、遂乃設局家廟、罔辭寒暑、不憚勤労、與族賢參互考訂、補諸剞劂、閲一載而告成。『劉氏族譜』序巻一「族譜後叙」三〇頁。

(九) 我族自宋世三世祖宝公創修世譜、迄元代八世天與公、明時十世魁公、十三世昇公、十四世承範公、亦相與賡続修明。故朝凡屢易、而烈烈家伝、適如繩貫絲牽毫無紊亂。嗣是若鍒公、若光孝公、若遵貴公、詩炳公、類皆繕寫成牒、未有鐫本。前清道光戊戌、禎房裔肆詩公、祥房裔啟鳳公、始付梨棗。然兩房分修、未免各樹一幟。越光緒丙戌、啟鏞公與達後公亦同時分修。由今考之、有已経剞劂者、有僅成墨譜者、功不一致。究屬缺點。『劉氏族譜』序巻一「続修族譜跋」一四〜一五頁。

(一〇) 迨五世祖文義公、由華容遷監利。『劉氏族譜』序巻一「劉氏続修族譜序」八頁。

(一一)『劉氏族譜』序巻二「劉氏族譜歴代紳鈴名目」一五四頁。

(一二) 湖南図書館編『湖南氏族源流』（嶽麓書社、二〇〇六年）二五六頁に、「(劉宝) 卜居華容老鸛沖。六伝至文珍公、文珍公長子用明子三、安器、安鼎、安泰。安器生天澤、天浩、子孫世居東山。安鼎五伝不祀、安泰生天與、天常、天與遷監利、天常遷柏木港。澤、浩、常三房族譜創修于宋乾道九年」とあり、本論で挙げた（華容）『劉氏族譜』の記述は適切ではない。乾道九年には澤・浩・常の三譜が続修されていたからである。最初の制作者は劉宝でなければならない。

(一三) 得疾、左臂不能舉、譜成十九、而竟輟矣。『劉氏族譜』序巻二「劉承範伝」一八九〜一九〇頁。

(一四) 校閲世系、考據文藝大小内外等傳、譜於是始得稱備。

(一五) 迄後韶陽公（即劉承范）解組歸里、編輯將成、因臂疾不舉、遂以遺稿授之光孝公。當其時、公不以耄老倦勤、條理其伝帙、伝紀其品誼、秩秩綸音諄諄家訓，而祖宗之勞規不朽。天朝之寵錫。如新録其藝文、列其贈言、至今手澤猶存。善繼善述、非我光孝公其誰與歸。『劉氏族譜』序巻一「劉氏族譜後跋」四九頁。

(一六)『劉氏族譜』序巻一「劉氏族譜後叙」三九頁。

(一七)（明）王世貞『弇州山人四部続稿』巻四六、『華容劉氏族譜序』（文淵閣四庫全書本）六〇四〜六〇五頁）。『弇州山人四部続稿』の中に掲載されている「華容劉氏族譜序」と、民国甲寅本にある王世貞の「劉氏族譜叙」には大きな違いがある。後半部分の一致している箇所以外、前半部分はほとんど削除による改変が見られる。

(一八) 周寅賓点校『李東陽集』（嶽麓書社、一九八四年）一五五頁に収録されている「敦本堂記」を参照した。

(一九) 朝凡屢易、但烈烈家傳適如繩貫絲牽、毫無紊亂。『劉氏族譜』序巻一「続修族譜跋」一四〜一五頁。

(二〇) 自宗公以下、凡屬一脈、無論聚處分居、查每届所修之譜。本源支派倶已晰載有條不紊。其有德行素著才能足法者、與夫仕宦之褒封節義之旌表亦實錄罔遺、並未鋪張揚厲。拔援一時名公钜卿借為家乘光、真不啻朝之有信史也。『劉氏族譜』序巻一「族譜後敘」三〇頁。

(二一) もとは「荘」であるが、「奘」に改めた。

(二二) 州治、旧治在營盤山左。萬曆十四年、知州劉承範、條議以郭外不便、呈詳撫按會題以城内守備司、相易鑿山拓地、創建公署。（明）江東之『（萬曆）貴州通志』巻九「普安州」『日本藏中国罕見地方誌叢刊』一八一頁。

(二三)（普安州）介滇黔之間、為興古地。故有州地無城郭。遷於入衛城自今日始。州之守劉子承范謁吳子請曰、興古邊陲重地也……。厥既得卜於守備之旧署、而承範亦以覲事畢、復任受命。前出『貴州通志』巻二十二「芸文志」五三五頁。

(二四) 滇台檄捕叛酋繼榮頤正。諜知繼榮與土舍隆串密、乃召降。客授方略、敕與守備丁繼文知州劉承範夾擊擒之、俘於滇魯溝。（明）徐象梅『兩浙名賢錄』巻二十「経済」（『続修四庫全書』五九九頁。

(二五) 劉承范貢生、湖廣監利人。萬曆初、知淅川縣、丈地均糧、開興化堰、灌田數百頃。（清）田文鏡『（雍正）河南通志』巻五十六「宦跡」（『文淵閣四庫全書』三一九頁）。

(二六) 劉承範湖廣監利、恩貢、別號華陽。萬曆八年任、修儒學奎樓、丈量田地、開北渠。又開興化堰灌民田。升貴州普安州知州、祀名宦。（清）徐光第『（咸豐）淅川廳志』巻三「職官」（成文出版社、一九七六年）三二九頁。

（二七）劉昦（原文誤作"昪"）、字成之、嘉靖辛卯舉人、除巫山知縣。旧有茶税令、多侵漁入己、昦不欲自染、乃請輸於府。地當峽口要到、民苦迎送。昦出金募人應役。由是民力少紓、縣人立祠祀之。子承范、字洪卿、隆慶丁卯恩貢、除淅川知縣。治最、擢普安知州、又遷韶州府同知。承範為政明敏、輔以權略、所至有聲。在普安計擒士酋、在韶州條議香山澳事宜、洞中機要、上官重之。（清）倪文蔚（光緒）『荊州府志』巻五十「人物志」（成文出版社、一九七〇年）六二七頁。

（二八）劉承范字洪卿、號陽華。父慶陽公、治巫山、以循良著者也。公行五、幼擅穎異、博習経史、稗官小説無不通究。而才識超邁、足以幹運之試、輒冠軍乃艱一第。隆慶改元、恩選入成均、授河南淅川令。以治最、擢守普安州、考成升韶州府二守。所至著威惠系去後思、恩綸再賜於慶陽公、有光焉。公為政精明嚴密、輔以權畧。往往出人意表。至培植人材、溫藹不啻良師，造就為多。中州全璲領解聯捷、普安蔣傑、董紹舒、劉洵龍、何汝台輩皆起家名宦。樹人為国、勿可諼已。最奇者、任普安時、計擒滇士酋、既用不折一矢、拔數萬之兵、受欽賞銀兩。在韶州、條議香山澳事宜、招攜懐遠、歡聲動地、督台推重。因受西師利瑪竇諦語、遂決計歸家居。建祠堂、立家訓、收族敬祖。規條皆可師法。優遊二十餘年、晩舉三子。蓋治行在朱博張敞間、而陰徳與釋之、於公等既多受祉宜哉。（清）郭徽祚（康熙）『監利縣誌』巻九「人物伝」康熙四十一年刻本、二八頁）。

（二九）奉政公者、諱承范、字洪卿、號陽華。誥封公第五子也。生而穎異、十二歳補弟子員、十四歳應郷試、對策卷不能盡、夾行以書。按君異之曰、如此孺子、而有此抱負、當是天才。竟未售。歸來益勤學篤志、居小樓三年、足不履地。每小試則必首多士。鳳竹徐公校楚士、尤極賞之、食廩祿。一時如中丞楊公、太守趙公皆引為知己。奈數奇不遇。至穆宗禦極、恩如南雍、又困屋場數次。乃歎曰、是余之命也。遂謁、選授河南淅川知縣。新政之初、即擒巨猾窩訪者。先是邑有藩吏某、每憑藉城社、挾制官府、剝噬胥吏郷民、莫敢誰何。公知之、處以重法。適新按君入境、察之此輩為祟、移文府、州、縣、云能拿解者、即為廉政、不則人可知已。然文未至、而公已先具申矣。按君深為激賞、自是政治日益有聲。縣多逋賦、公為清丈、量以均之。學久無科目、公乃立會、毎月給稞紙燈油、自為講授書義、批閲會文。諸生彬彬興起、後有全。遂即領解額作人之效也。兩台交薦、三載考績、得蒙寵褒、榮其所自。既復留秩普安知州。普安雜夷、素稱難理。州治無城、去衛城二十里、苗賊屢犯、武弁多秦越視之。公言於上、題請遷入衛城。文武共治、而後得免於患。其作興學校、亦如在淅川時。得人更盛、如蔣傑、董紹舒、劉洵龍、蔣楷、何汝台諸君子、皆其素所拔識培養者。胥成進士、領郷賢、且為名臣、至今誦之。又撫綏夷民及土官、皆樂為用。時有征剿、戰則必克。有雲南土知州、名者既用、據羅雄作亂與普安接壤。未亂之先、公早識之、乃戒其夷之兄曰隆酋者、定計誅之。以故兵部敘公之功、有令隆酋輸誠慕義、致逆党一時授首。計定而聲色不動。功成而邊徹奠安之語。欽賞銀十二兩、以旌之。兩院交薦考績、復誥贈。兩承天寵、真奇遇也。即誥封公之受贈亦以此。後遷廣東韶州二守、兩省兩院皆為報公太輕、以書來慰。慰之曰、華陽之駿、日可千里、而主者按轡盜徐、不欲盡以一日之力也。又曰、以公之才不得一第、竟為資格所限、惜哉。乃至韶陽郡倅、無甚煩劇、職屬練兵。而時亦清寧、無所用之。惟辟一書院、與太守陳海樓諸同僚、杯酒吟詠、為一風流太守。有南華寺勝地在韶境、時往探奇選幽、山水自娯、泠然又為仙吏矣。宦況正適、家難薦加、二子早世、遺孫亦殤。僅有一女至是又不壽。遂決然解組、不可復留。歸來一無所事、乃以旧日所讀書處凌雲宮、在城東隅、因湫隘、移之東郊、更加宏敞。日與方外禪僧談西方教典、或來祖居觀田、以自適。立弟東郷公二子鋋為嗣、末年続舉三子、而公亦暢然矣。生平於精舉業一途、毎談及、輒掀髯兢奮、縷縷不能休。亦嘗指授光孝、望以大事、而光不能副。光入試、公在家、望捷不至。有句云、遠征莫卸黄金甲、長算猶懸太白旗。戰到日酣警未捷、淩煙図畫是何時。莊誦斯語、涙不覺泠泠下矣。一日呼光曰、吾家世、亦不可為不遠、而譜帙散佚、族無所紀。恐後不相屬、與外人無異矣。吾欲修譜、汝其助吾。光唯唯應命。遂脱槁以示。光一時習舉業、才淺陋、不能贊一詞。但謹藏之、以俟其成。無何公得疾、左臂不能舉、譜成十九、而竟輟矣、傷哉。『劉氏族譜』序巻二「奉政公劉承範伝」一八九～一九〇頁。

（三〇）十二歳補弟子員、十四歳應鄉試、……竟未售。『劉氏族譜』序巻二「奉政公劉承範伝」一八九頁。「補弟子員」とは、恩貢のことである。額哲克の（同治）『韶州府志』巻四「職官志」（七一頁）には、「劉承範、監利人、舉人、萬曆十七年任韶州同知」とある。劉承範は生涯科挙に合格しなかったため、族譜『劉承範伝』には、「以公之才不得一第、竟為資格所限、惜哉」とあり、この「資格所限」とは、劉承範がまだ舉人や進士の資格がないことを示している。そのため、（同治）『韶州府志』にある劉承范が舉人という記載は間違えである。

（三一）隆慶丁卯、恩貢。

（三二）至穆宗禦極、恩入南雍。『劉氏族譜』序巻二「奉政公劉承範伝」一八九頁。

（三三）少好讀書、不問家產、宜人（指劉承范妻）多方補葺百計支吾。時出贏金、以市異書、或脫簪珥以供常費。當是時、奉政公擁大儒臚傳之望、而無先業瓦解之憂。『劉氏族譜』序巻二「奉政公劉承範伝」一八九頁

（三四）兩台交薦三載考績得蒙寵褒、榮其所自。既復留秩普安知州。

（三五）行屨修潔、才識茂明、恩薦蜚英、名封親篆。乃能廉勤宣化、愷悌宜民。

（三六）『劉氏族譜』序巻二「外伝徐氏奉政公妻」二〇六頁。

（三七）胸富甲兵、志切安攘、令隆酋義誠慕輸、致逆党一時授首。計定而聲色不動、功成而邊徼奠安。『劉氏族譜』序巻二「章華劉氏恩綸錄　河南淅川縣知縣二軸」一一二頁。

（三八）『劉氏族譜』序巻二「章華劉氏〈恩綸錄〉附欽賞」一一五頁。

（三九）『劉氏族譜』序巻二「奉政公劉承範伝」一八九頁。また、「兩院交薦考績、複誥贈。兩承天寵、真奇遇也。即誥封公之受贈、亦以此」とあり、この時の朝廷の誥封は、劉承範が奉直大夫に封じられただけでなく、父の劉昇もまた封奉直大夫に封じられた。

（四〇）建真武殿三楹、山門一區。又其後建飛閣三層、旁列齋舍庖湢。『劉氏族譜』序巻二「新遷淩雲宮記」一二七頁。

（四一）西僧履歷行藏皆余所目擊者、真生平奇遇也。故傳之、以誌歲月後見所著。有《天學初函》諸書行於世。

（四二）徐宗澤『明清間耶穌會士譯著提要』（上海書店出版社、二〇〇六年）二一九頁。李之藻は、「一六二九年卒、『天學初函』者、其卒前一年所刻」という。『徐光啟集』巻七崇禎三年十二月初二日「因病再申前請以完大典疏」に基づくもので、三六二頁には、「今秋纔欲続成、而寺臣李之藻物故」とある。これによって、李之藻は崇禎三年（一六三〇）秋天に亡くなったのであって、一六二九年ではないことが分かり、『天學初函』は崇禎二年に完成した見るべきである。

（四三）吾家世亦不可為不遠、而譜帙散佚、族無所紀。恐後不相屬、與外人無異矣。吾欲修譜、汝其助吾。

（四四）無何公得疾、左臂不能舉、譜成十九、而竟輟矣。『劉氏族譜』序巻二「奉政公劉承範伝」一九〇頁。

（四五）『劉氏族譜』序巻一「劉氏族譜後敘」三八頁。

（四六）詩は以下の通り。「夜靜千山入翠微、偶從青雀扣仙扉。風前石髓華堪折、空裡雲車勢欲飛。玉練中懸光隱現、青獅旁立影依稀。諸天合在藤蘿外、禮罷何妨戴月歸。」（清）黃培燦の（道光）『英徳縣誌』巻四「山川」道光二十三年刻本、十一頁。

（四七）利姓、馬竇名。本姓利著、今去著。（明）朱懐吳『昭代紀略』巻五「利瑪竇」日本内閣文庫蔵明刊本、六七頁。

（四八）金国平『利瑪竇本姓「利著」』に掲載されている「澳門日報・新園地」（二〇一二年七月一七日版）を参照。

（四九）大西洋國二人來、一曰利瑪竇、一曰郭天祐。（明）支允堅『梅花渡異林』巻四「時事漫記」（四庫全書存目叢書影印崇禎刻本、一三頁。

（五〇）（法）費頼之（LouisPfister）著、馮承鈞譯『在華耶穌會士列伝及書目』中華書局、一九九五年、五七～六一頁。

（五一）前掲（法）費頼之著書、四七～四八頁。

（五二）崇禧塔在城東小市頂、萬曆十年副使王泮建。（清）馬呈図の（宣統）『高要縣誌』巻七「營建篇」二（成文出版社、一九七四年）二八一頁。

（五三）（崇禧塔）始壬午九月、迄乙酉四月告成。前掲『高要縣誌』巻二十三「金石篇」二、一三〇七頁。

(五四) Albert Chan, S.J., "Michele Ruggieri, S.J. (一五四三～一六〇七) and His Chinese Poems", in *Monumenta Serica* 四一, 一九九三

(五五) (意) 徳礼賢『利瑪竇資料』一巻、一八八～一九〇頁。本論は、宋黎明『神父的新装装——利瑪竇在中国』(南京大学出版社、二〇一一年) 一九～二三頁より引用した。

(五六) 最招惹是非的還是、那些關於神父出資費力建塔的謠言。全省的人都知道是神父們出資建的花塔。所以、各地人都把花塔稱為番塔。這只是因為我們的寓所和這座塔幾乎是同時開工的。利瑪竇著・文錚訳・梅欧金校『耶穌會與天主教進入中国史』(商務印書館、二〇一四年) 一〇六頁。

(五七) 崇禧塔還有一個別名番塔、利瑪竇譯為Torre forastiera (外國塔)。由於崇禧塔與仙花寺毗鄰而立、且同時建造。肇慶乃至廣東地區、傳言該塔依賴外國人的資助。人們將它視為外國塔、習慣將外國人稱為番鬼的廣東人、便名之以番塔。崇禧塔建成四年後、番塔的名聲愈傳愈廣。一五八八年下半年、廣州耆老再次指控外國傳教士、其中提到、為了進入肇慶、花錢建造一塔。肇慶官府再次澄清誤會。前掲『利瑪竇資料』一巻、二〇三頁及び二五三頁、二三八～二三九頁。同じく前掲『神父的新装装——利瑪竇在中国』二七～二八頁より引用。

(五八) 歲己丑、予與浙東陳海樓公同守韶陽。以職事赴端、謁制府劉公、維舟塔下。議翌日取道三水、查盤連陽諸州、因有遊七星岩之約。是夕宿舟中、步王龜齡韻、口占云、白塔何僧舍、清燈此夜舟。遙從三水去、少為七星留。詰旦、利僧登舟獻茶。詢之、知為歐羅巴國人也。其貌則突顙深目、蒼顏紫髯、覺有異焉者。其茶則清香滿室、啜之兩腋風生也。見予案頭詩, 因以請、遂命吏錄以遺之。

(五九) (清) 額哲克の (同治)『韶州府志』巻四「職官志」七一頁。

(六〇)『明神宗実錄』巻二〇一、万暦十六年七月己巳、巻二三三、万暦十九年三月甲醜。

(六一) 黄時鑒・龔纓晏『利瑪竇世界地図研究』第一章 (上海古籍出版社、二〇〇四年) 四～五頁。

(六二) (明) 章潢『図書編』巻十六「昊天渾元図」(文淵閣四庫全書本) 三四頁。

(六三) 前掲、宋黎明著書、八五頁。

(六四) (明) 支允堅『梅花渡異林』巻四「時事漫記」一三三頁。

(六五) (明) 葉権『賢博篇』之「遊嶺南記」(中華書局、一九八四年) 四五頁。

(六六) 民国甲寅本『劉氏族譜』の「利瑪伝」の原文にあるのは、「往」の字の異体字であり、二〇〇九年の劉氏族譜翻刻本にある「遄」という字は誤りである。

(六七) 越兩月、連陽事竣、復詣端境、蓋以制府檄余談兵務也。會間密語曰、近惠潮道報稱、合浦大盜陳某者、連年勾引琉球諸國、劫掠禁地殺人於貨、大為邊患。又香山澳舊為諸番朝貢艤舟之所。邇來法制漸弛、聞諸夷不奉正朔者、亦往往假朝貢為名、貿遷其間、包藏禍心。漸不可長。本院欲肅將天威、提樓舡之師、首平大盜、旋日一鼓殲之。第聞海南歐羅巴國有二僧潛住我境、密爾軍門、倘一洩漏事體未便。該廳當以本院指召而諭之、韶州有南華寺、為六祖說法之所。中有曹溪、水味甚甘、與西天無異、曷徃居之。是一花五葉之後、又德積餘芳也。即彼當年有建塔之費、本院當倍償之。余唯唯出。是日詔僧、語之故、余尚未啟口、輒曰、大夫所諭、得非軍門欲搜香山澳乎。此不預吾事、吾何敢泄。第皇明禦世、如天覆地載。異域遠人招之尚恐其不來、今欲逐之。則越裳白雉不當獻周庭矣。余曰、汝何以知之。豈軍門將吏有私於汝者乎。曰、小僧舫海越都、走數萬里。豈人間念頭尚不能前知乎。但欲我移居南華固所願也。及語以建塔償金、乃曰、軍門用兵、無非欲加官蔭子耳。和尚視中國四夷如一人。即此幻身究亦成空耳、須金何為。但人命至重、一觀兵不無波及、大人若承望風旨而行之、恐有鬼神司禍福者。予聞其言大駭。次早謁軍門密請曰、臺下曾以兵事詢將吏乎。曰、此事甚大、即府道亦未及詢。直以該廳慎密、故厚託之。……

(六八) 歲乙丑春、移鎮端州、時澳酋李茂・陳德樂嘯聚海上烏合至千余次、一時未集舟師、慮懷叵測。(明) 劉繼文『重修何仙姑廟碑』所載の (清) 熊學源による (嘉慶)『增城縣誌』巻十九「金石錄」(臺北成文出版社) 一六二五～一六二六頁。

(六九) 澳酋叛撫、倡狂無忌。請兵征討。(明) 劉繼文『關武安王祭文』所載 (清) 李福泰による (同治)『番禺縣誌』巻三十一「金石」四(広東人民出版社、一九九八年) 五四四～五四五頁。

(七〇) 香山澳舊為諸番朝貢艤舟之所。邇來法制漸弛、聞諸夷不奉正朔、亦遄遄假朝

貢之名、留遷其間、包藏禍心。漸不可長。本院欲肅將天威、提樓舡之師、首平大盜、旋日一鼓殲之。

(七一) 利瑪竇乃香山澳主所遣、以偵探中朝者。為近日有掃除香山澳之議故也。澳中有寺、瑪竇為寺中僧。(明) 李日華『味水軒日記』巻一の万暦三十七年九月七日の條。続修四庫全書本、三〇頁。

(七二) 肇慶人日甚一日地擔心葡萄牙人來這裡與神父們住在一起。因為他們看到神父們與澳門聯繫頻繁、而且與大批官員關係密切。前掲『耶穌會與天主教進入中国史』一〇六頁。

(七三) 兩廣總督吳善死於任上、皇帝又派了一個南直隸人接替他的職位。此人曾任廣西都堂、姓劉、名節齋。他生性殘忍、而且唯利是圖。鑒於前任總督死在肇慶府邸。所以劉節齋不願住在這裡。於是他想用一大筆公款給自己修一座新的官邸、他擔心住在舊府之中會發生什麼不幸。他是從廣西桂林來此赴任的、這段時間暫住在與廣東接壤的梧州、他到任後不久便立刻接見了廣東的各級官員。其中就有那個姓譚的人。他是肇慶百姓的首領、此人雖與神父們來往密切、但實際上卻是個敵人。他向新總督介紹了肇慶建塔、以及人們為嶺西道王泮修建生祠的事、新總督也想讓民眾為他修建一座生祠、就像為前三任總督之一吳文華修的那座一樣。那個姓譚的人還向總督建議花塔左手邊的那塊地最為理想、可以把那裡住的神父趕走並佔據神父們的寓所、他自己早有這種想法。顯然這個主意是那個姓譚的人出的。因為新總督從梧州一來便要馬上著手辦理此事。前掲『耶穌會與天主教進入中国史』一三九頁。

(七四) 新建的總督府竣工了、但總督仍執意派人來肇慶傳話、把神父們從這裡趕出去。但當地官員都沒有聽從他的命令。他一住新總督府、就開始設法儘快解決驅逐神父的事情。但官員們提醒他說、神父們為修建這處寓所花費了六百兩銀子。這在中國是一筆相當大的開支。聽了這話、他有些猶豫。一是神父們在全省較有名氣、沒犯任何錯誤就剝奪他們造價昂貴的寓所顯然有失公允。二是他本人也不想自己出錢買下這所房子。這筆錢要比建那座生祠的錢多得多。因此、他說要給神父們五六十兩銀子、然後打發他們回澳門去。同知把這筆錢放在利神父面前。但神父回答說、天主的聖堂是不能出賣的。就算真的要賣、值六百多兩銀子的房子只給六十兩、也是不合情理的。因此、利神父堅決不出賣寓所、一是因為神父知道總督絕不會給更多的錢、而是因為有朝一日如能回來、寓所還會失而復得。事實證明、保留寓所的舉措是相當明智的。前掲『耶穌會與天主教進入中国史』一四一〜一四二頁。

(七五) 一五八九年肇慶寓所經受了最後一次打擊。這次打擊使我們終於喪失了這家寓所。這一事件的始作俑者正是那個新上任的都堂。他看中了我們寓所的那個地方、想要在那裡建他的生祠、立他的塑像。於是他就在當地散步聳人聽聞的謠言、說我們在此作惡。最後都堂作出判決、要在三日之內把我們我們逐出中國。神父您想、當我看到多年的努力一天之內化為烏有、和那少數幾個教友時會是什麼樣子。那些教友們像孤兒一樣、來到我們寓所失聲痛哭。利瑪竇著・文錚譯・梅欧金校『利瑪竇書信集』(商務印書館、二〇一四年) 八一頁。

(七六) 其端州舊堂、劉公取為生祠、薄酬價於利子。利子力辭不受、劉公愈高之。『耶穌會羅馬檔案館明清天主教文獻』第一二冊、艾儒略『大西西泰利先生行跡』二〇三頁。

(七七) 曆官三十年、所在流清惠名自奉甚約、治家有規矩。(清) 貢震による (乾隆)『靈璧縣誌略』巻三「人物・鄉賢」(江蘇古籍出版社、一九九八年) 五五頁。

(七八) 考滿、與海瑞並稱、天下清官第二。(清) 沈葆楨『重修安徽通志』巻一九七「人物志・宦跡」(続修四庫全書本) 五三四頁。

(七九) 劉明強『萬曆韶州通知劉承範及其〈利瑪伝〉』所収の「韶關學院學報」(二〇一〇年、第一一期、二〜三頁) では、すでに考察されており、劉節齋が占有しようとしたという説を否定している。宋黎明は『關於劉節齋逐利瑪竇出肇慶的動機――劉承範《利瑪竇伝》讀後 (二)』において、劉繼文はマテオ・リッチが黄白術を伝授してくれなかったために追放したと述べている。

(八〇) 是日、二僧亦赴軍門叩辭。且治裝行、塔中物一無所取、僅圖書數匣、出之幾上、方移入舟中。軍門令人覘之、始知其所攜者、皆六經・語・孟、及性・鑒・史記諸書。而他不與也。益深喜。復遣篙師送之而二僧竟辭不受。蓋自是即入南華矣。

(八一) 利神父見事情陷入僵局、保住寓所的希望很渺茫、於是又開始向官員們遞送呈文、請求他們允許神父留在本城的其他地方。神父認為這樣可以保住那些新教友。或請求他們允許神父去廣西・江西或中國任何一個省份。但總督只想把神父遣回澳門、其他什麼也不想談。也不想聽取讓神父去異地的意見。……八月初、總督為此事做出最後的決定。命令肇慶的官員將神父們逐出該城、遣返回澳門。並付給神父們六十兩白銀作為寓所的補償和回程的旅費。……利神父問同知。能否把它遣往別的地方。他可以去江西省另尋一個地方、肇慶這裡可以讓一個同伴暗中留下、照看家裡的財物。這樣他便會立即離開本城。同知很爽快地答應了、說只要神父願意離開肇慶地界、遂了總督的心意就行。這一想法卻給神父們增加了麻煩。因為神父們本次以為能行、便整天忙著收拾寓所和教堂裡的東西、一部分帶走、另一部分留下由麥安東神父看管。但那兩個捕快卻不想讓神父們在寓所中留下任何東西。而且官方給神父們派的船也只能到廣州不去別處。利神父回去找同知理論、但事實上同知除了能讓神父們回澳門。根本無權准許他去其他任何地方。這樣、神父只好決定返回澳門。……神父一行到達廣州時、……還致信范禮安神父和其他神父。說他們已被總督逐出肇慶、現在已到廣州、兩三天後即可到達澳門、到後再詳細地介紹事件的全過程。前揭、利瑪竇『耶穌會與天主教進入中国史』一四二～一四五頁。

(八二) (到廣州的) 第二天、看到一隻輕便的快船飛速駛近他們的小船、快船上有一名總督派來的使節、要馬上把神父們帶回肇慶。……總督聽了這番話很是感動。說他的初衷也不是把神父們逐出中國、只是讓他們搬往別處、只是神父們不想去罷了。於是利神父請求總督允許他們去廣西或江西、但這是不可能的。因為此二省不歸這位總督管轄。但總督說、倘若神父收下這六十兩銀子、便可以到廣東的任何一個他們喜歡的城市去定居。只是總督衙門所在地肇慶除外。因為這裡是本省的首府、首府是不應有外國人居住的。……利神父選擇了南雄。該城位於廣東與江西的交界處。總督答應了、但勸神父最好先去南華和韶州看一看、看看那些地方是否更理想。前揭、利瑪竇『耶穌會與天主教進入中国史』第一四九～一五一頁。

(八三) 利神父從總督衙門出來、馬上去了位居韶州第三的行政官那裡。此人姓呂、人稱呂三府。意思是說、姓呂的、位居第三的行政官。目前韶州既沒有首席的行政官。知府也沒有其他的大官。呂三府在這裡是作為韶州府的通判，直到真正的知府到來之前他都是韶州最高的行政官。此時他正巧來拜訪總督。他和總督的關係相當好、因此總督當面把神父的事託付給他、告訴他神父們要被送往他那裡定居。前掲、利瑪竇『耶穌會與天主教進入中国史』一五一頁。

(八四) 利瑪竇・金尼閣著、何高濟等譯『利瑪竇中国劄記』二三五頁の訳者注による。林金水『利瑪竇與中国』(中国社會科學出版社、一九九六年) 二七頁の注、夏伯嘉著、向紅豔等譯『利瑪竇──紫禁城裡的耶穌會士』(上海古籍出版社、二〇一二年) 一二三頁、宋黎明「"Liu Sanfu"：呂良佐還是劉承範？──劉承範利瑪 (竇) 伝讀後 (一)」(『韶關學院學報』第三三巻、第一二期、二〇一一年一一月) など参照。

(八五) 我們很快離開上窯 (肇慶地名)。為的是想讓韶州的兵備道能和我們一起走。他現在正掌管著韶州城、因為那裡只有他能擔任二府之職。都堂令他在那裡接待我們、肇慶兵備道的通關文書和書信也是發往他那裡的。肇慶的兵備道也在代替支付掌管著肇慶、就像我從上窯寄的那封信中寫的那樣。但韶州的兵備道已先於我們兩天起程、他的船比我們的快捷、因此比我們早到了三四天。前掲、利瑪竇『利瑪竇書信集』六五～六六頁。

(八六) 神父們於一五八九年聖母升天節那天、第二次從肇慶起程、奔赴韶州。這天、神父們來的韶州的一條河邊。這條河自北而來、注入大河、被稱為三水。……神父們乘船走了八天、到達了一個關口。南華寺就離那兒不遠、神父們在廟裡遇到了韶州同知 (譯者注：即呂良佐) 的一個僕人。他奉主人之命帶神父們進寺。前掲、利瑪竇『耶穌會與天主教進入中国史』一五二～一五三頁。

(八七) 民國甲寅本『劉氏族譜』所収の「利瑪傳」には、「自朝獻抽分、外襟與牙人互市」とある。ここは句点が「外」の字の前に付いているが、「襟」は副詞として解釈すべきである。よって、「外」の字の後ろに句点を付けるのが正しいであろう。

(八八) 居數日予有香山之行、聲言查盤軍餉、實是則物色澳夷也。香山尹徐君迎而問曰、大人此行、豈軍門令觀兵乎。余曰、惟查餉耳。徐曰、餉以餉兵、而特委大人、固知軍門指矣。次日、余偕徐尹親詣澳中。則見諸番皆鳥言卉服、即所稱操萬貲者、多文身斷髮、絶無他技。詢之皆中國之人勾引而來、利其所有耳。徐尹曰、職矢以百口、保其無他。且軍門軍餉、取給廣州者、每歲不下三十餘萬、皆自榷稅中來也。倘必欲加兵諸夷、必疑畏而不至。則此餉何從取足。又朝貢諸番、假令藉口而絕中國、九重之上將有辭於此舉矣。竊以為寢之便。余於是大書一聯於澳門曰、帝德配天、萬里梯航輸上國。臣心如水、一泓星月照靈台。徐尹深嘉之、而授諸梓。乃取該縣印、結連回呈以上。其略曰、伏睹皇明祖訓。有以四方諸夷、皆隔山限海、彼既不為中國患、而我輕兵以伐、不祥也。大哉王言、其萬世禦夷之高抬貴手乎。職至愚、不知海防至計、昨祇承憲令、躬詣香山、竊於議澳夷者、有慨於中焉。夫香山澳距廣州三百里而遙、舊為占城・暹羅・貞臘諸番朝貢艤舟之所、海濱彈丸地耳。第明珠・大貝・犀象・齒角之類航海而來、自朝獻抽分外、襟與牙人互市。而中國豪商大賈、亦挾奇貨以徃、邇來不下數十萬人矣。頃當事者、睹澳夷日聚、或釀意外之虞。欲提樓舡之卒、驅之海上。豈非為東粵計深遠哉。顧東南島、惟日本鷙悍、祖宗朝嘗絕之。而占城諸國、世修朝貢。嘗詢之浮海之民。及商於澳門者、鹹謂諸夷、素奉佛教、貿易毫髮不敢欺紿。彼酋長皆家累萬金、重自愛惜。乃樓舡將軍、謂擁旗提鼓、以靖海島、可大得志。諸褊裨之仕、慕諸夷珍寶山積、大創即可囊而歸之。事雖未行、而先聲已播。且有乘此詐嚇者。不知諸夷念此至熟矣。假令一旦出師、彼且漂海而逝、我軍望洋而返、意必恣意殺戮、偽上首級、海上益騷然矣。無乃為東粵生靈禍乎。近代為患者、莫如邊虜。我皇上俯從互市之請、二十年來垂櫜臥鼓、以享太平之福。視往歲興兵之費、所省什伯、此其尤大彰明較著者也。獨奈何使款順之夷、望之而驚且走哉。是明珠・大貝、不飾朝夕、犀象・齒角不充玩好也。請牓之通衢、照常抽分、聽彼貿易、以安諸夷向化之心。毋弦虛聲、自相疑駭、而沿海弋舡、仍嚴為防守、斯備其在我以制之之道也。倘必以倭奴視諸夷、而曰、吾且為郭欽為江統、無論仰背祖訓、即視皇上互市之意異矣。云云。時萬歷庚寅春莫也。奉軍門劉批據議。酌古准今、信為馭夷長策。即將批詞及申文警語、懸之香山、澳門港口泊舟緊要處可也。

(八九)(清)暴煜の(乾隆)『香山縣誌』卷四「職官」(中山文獻叢刊)三〇六頁。

(九〇)(明)王臨亨『粵劍編』卷三「志外夷」(中華書局、一九八四年)九一頁。

(九一)「利僧至韶陽請公」が、劉承範であるというのには疑問が残る。劉承範が「利瑪傳」を記した際、「吾」あるいは「予」と記す可能性が高いからである。ただし、後世の者が伝記を写す時に、劉承範を尊重して、「吾」・「予」を「公」に改めた可能性も否定できないが、劉承範が「公」と自称すると、意味が通らなくなる。

(九二)甲寅本『劉氏族譜』の「利瑪傳」は、「利僧至韶陽請公、太守陳公曰」の箇所には句点の誤りがある。太守陳公の言葉が続くのではなく、以下は利瑪竇の言葉である。よって、「曰」の字の前に句点を付けるべきである。

(九三)原文は「譚經」だが、「壇經」に改めた。惠能『壇經・行由品第一』に、「時大師至寶林、韶州韋刺史與官僚入山、請師出、於城中大梵寺講堂、為眾開緣說法」とあり、大梵寺とは、光孝寺である。劉承範が言う光孝寺とは、六祖が『壇經』を著わした場所である。

(九四)又越月、則利僧至韶陽請公、太守陳公、曰、蒙軍門命僧移居南華、敢不遵依、但寺僧皆椎牛嗜酒、大壞六祖之教、僧羞與為侶。且去府較遠、浮言易興。願移府城外光孝寺、以觀德化何如。公素聞其美、即為之具陳軍門。軍門云、前練兵廳、勘處諸番情由、招攜來遠、兩得其道、則蔡人皆吾人也、又何有於僧人哉。其欲移居府城也、或亦遠人慕義之誠乎。雖與之處可耳。寺在府城西河外、芙蓉山在焉、即六祖著壇經處、利僧取旁隙地居之。

(九五)我進入韶州後、立即準備了拜訪兵備道的拜帖。這是拜訪他人時的一種慣例、為的是讓他們信任我們、讓他們知道我們對拜訪的重視程度。這位兵備道才上任不久、對我們不是非常瞭解。為此、我簡要地向他介紹了我們來華的過程以及被各位都堂接受的情況、我還告訴他、我們在肇慶住了很長時間、現在那裡的都堂讓我們來到這裡、住在這位兵備道管轄的地方。我們已經去過南華寺、認為那裡不是久居之地。因為在那座寺院內有很多僧人、他們所遵循的教義與我們的不同、我們不可能與他們合住在一起。然而在寺院之外、正如那些僧人對我們說的那樣、我們不可能與他們合住在一起。然而在寺院之外、正如那些僧人對我們說的那樣、匪盜經常出沒、很不安全。因此我請他在城裡為我們指定一個地方、至於具體地點、完全聽他安排。我從未有過像現在這樣強烈的願望。希望能住得離這位對我們極為熱情的官員近一些。因為我們在這裡最好能有一個保護人。湖廣的這位官員對我們非常友善、這也是因為在肇慶的上級官員叮囑他要股按照我們。因此才有現在的結果。我希望他能盡其所能地關照我們。前揭、利瑪竇『利瑪竇書信集』六九頁。

(九六) 利神父一進城、立即就去拜見同知、並向他擺出極為充足的理由、說明神父們為什麼不能留在南華寺裡。利神父說那裡離城太遠、不能經常與城裡的士大夫和官員們相聚、還說南華寺中的那些人是何等聲名狼藉、和他們生活在一起一點都不安全。……聽了這番話、同知答應給神父們在城裡另選一個地方。神父們看到留在此地已有眉目、便不想再前行去南雄了。因為去那裡還要再往北走兩三天的路程。此間、同知請神父們去拜見本城所有的政府官員、他們待神父相當客氣、超過了肇慶的官員。比如呂三府、他把神父們視為深知中國禮法又精通中國語言的人來對待、與當初神父們到肇慶時所受的待遇有天壤之別。隨後、同知把神父們安置到河西岸的光孝寺居住、同時為神父們選址修建寓所。前揭、『耶穌會與天主教進入中國史』一五四～一五五頁。

(九七) 韶州知州忽然表示親切、這裡邊也不排除隱藏著某種好奇。……他們到達後三天九月一日、知州宴請他們。神父們首先表示抱歉。不能出示自鳴鐘、因為還沒有裝好。只給他贈送了衣料玫瑰香精等等、也沒有三棱鏡。『利瑪竇文集』二卷、八六頁。本論は、裴化行『利瑪竇神父傳』(商務印書館、一九九八年) 一三五頁、より引いた。

(九八) 三天以後、是我們去面見本城那位官員的日子、這是我們急切盼望的事。那位官員命人在他府中為我們準備酒宴。他問我們有沒有鐘錶。我們肯定地回答有。但需要一些時間來安裝。前揭、『利瑪竇書信集』七三頁。

(九九) 光孝寺的前面有一大塊空地、特別適合神父們。同知的僕人建議神父們要下這塊地修建寓所。因為這屬於寺裡的產業。次日、正巧同知來看望神父。並來商議選址修建寓所的事、神父們便提出要那塊地、儘管寺內方丈和本城所有和尚都極力反對。不想失去這塊土地、也不想與神父們為鄰。但這塊地也正合同知之意、和尚的反對毫無用處。同知還給總督修書一封、向他說明神父們不願住在南華寺中、並想要下光孝寺前的一塊土地。這塊地位於河西城牆以外。前揭『耶穌會與天主教進入中國史』一五五頁。

(一〇〇) 「光孝寺在河西。唐開元二年、僧宗錫建、名開元寺。又更名大梵寺、刺史韋宙請六組、說壇經處」。(清) 額哲克の (同治)『韶州府志』巻二十六「古跡略」(成文出版社、一九九六年) 五三五頁。

(一〇一) 「芙蓉山郡西、五里。相傳山舊有芙蓉得名」。前揭《韶州府志》巻十二「輿地略」二五〇頁。

(一〇二) 以本年九月九日建八方高閣一座、上懸木 (疑為「沐」) 天樓、刻七星。因取予過端州詩「少為七星留」之句以為儆。閣凡三層、上祀天主母、中祀天主、他無祀焉。又精舍數間、所藏皆六經正學、子史諸書。求其手自翻譯者、獨大瀛全圖耳。

(一〇三) 在獲得呂良佐 (應為劉承範) 口頭承諾的次日、利瑪竇請來四條街頭的老者做中人、丈量光孝寺附近的一塊地。這塊土地長十一丈、寬七丈、中有一魚塘、塘邊樹木成蔭。中人開價七十兩銀子。利瑪竇以自己是總督的客人為理由、要求降價。最後以十兩銀子成交。銀子交給光孝寺和尚、然後買賣雙方和中人往見呂良佐、呂良佐要求簽署契約。此事發生在十月初。……十月下旬利瑪竇病癒後拜訪呂良佐、繼續打聽肇慶方面的消息。肇慶換了新知府朱天應、作為耶穌會士的老熟人、他為總督起草一個公文說。天竺僧可以居住在韶州城外的光孝寺內、也可以建造自己的寓所和寺廟。十月三十日利瑪竇拜訪呂良佐、後者出示了來自肇慶的公文。利瑪竇逐字抄錄。韶州寓所在短時間內建成、不是肇慶的西式二層小樓、而是中國式的平房、但屋簷是西式的。前揭『利瑪竇資料』一巻、二九三頁。利瑪竇は、肇慶仙花寺よりも素晴らしいと述べている。(『利瑪竇信函』一六一頁。) 前揭、宋黎明『神父的新裝——利瑪竇在中國』六三～六四頁、参照。

(一〇四) 在等待批復的同時、同知希望神父們先自己出資買下這塊地以免落空。價格按照河西地區地產交易部門的定價即可、但那些主管地產交易的官員們與寺裡的和尚串通一氣、本來十兩八兩銀子的價格、卻要神父們付出八九十兩、其中大部分錢都被他們私吞了。……這時總督的復批到了、他把這塊地賜給了神父們。於是同知便把地和地契一同交給了神父們。地契一經辦妥、神父們便開始興建寓所、而並沒有為這塊地給和尚們一分一厘的錢。……此後視察員神父因其他需要、慷慨地為神父們提供了一切條件。有他的幫助、神父們倍感欣慰。在很短的時間內修建了新的寓所以及與寓所相連的教堂、結束了在光孝寺中諸多不便的生活。應當指出、寓所之所以是按照我們西方的風格修建得很高、是為了告訴人們、這是為官員們到這裡設宴款待朋友而準備的。而且只修建了一層、符合所有中國寺廟的風格、幾乎就是中國式樣。只是教堂修得相當漂亮寬敞、因為神父們期待著能發展更多教友。前掲『耶穌會與天主教進入中國史』一五九頁。

(一〇五) 首先我們來到一個地方、看看是否能在寺外建一座寓所。這裡距浮橋和居民區都很近、並且有一大塊空地、看起來非常合適。他的面積大概是我們在肇慶那塊地的兩倍、是一塊方形的土地。……這位官員曾見過我們在肇慶的寓所、因此他說、你們不知道他們建的房子有多巧妙。他們要是能在這裡建房是這裡的榮幸。前掲『利瑪竇書信集』七一頁。

(一〇六) 利瑪竇迅即促使新建築開工興建、地皮為長方形、長三三米、寬二七米、比肇慶的地皮大兩倍。背後一個小樹林環繞著產魚的池塘。略加整治、可以作為休息的場所。在收到范禮安神父撥予的補貼之前早在十月四日或五日就動工了。吸取過去的教訓、他們避免引起外界的注意、或假人以口實、讓文人可聚眾鬧事。因此、房子沒有樓、窗子開向後花園、建築的樣子幾乎完全是中式的、只有小教堂面積大些。……見他們這樣樸素、友好的知州有些失望。不過、得助於范禮安神父撥給的充裕款項、房屋很快就全部完工了。裴化行『利瑪竇神父傳』(商務印書館、一九九八年) 一三七頁。

(一〇七) 「在四五天之後可以動工」。前掲『利瑪竇書信集』七七頁。

(一〇八) 我們一併寄去天主十誡・天主經和聖母經、也是用中文刊印的。此外、還有一副世界地圖、但文字・尺規・時間和地名都符合中國的習慣、這是我們所在地肇慶的知府囑我繪製的、然後馬上由他請人刊印。前掲『利瑪竇書信集』四〇～四一頁。

(一〇九) 利生入中國、即束髮加櫛、即習漢音、能漢言。即攻次仲書、以所攜大瀛全圖譯而示人。(明) 徐時進『鳩茲集』巻六「歐羅巴國記」(四川省圖書館藏明萬曆三十六年張萱刻、四十五年徐時進增刻本) 一三頁。

(一一〇) (清) 汪源澤の (康熙)『鄞縣誌』巻十七 (熙二十五年刻本) 五六～五七頁。

(一一一) (清) (嘉慶)『巴陵縣志』巻十五「秩官」(嘉慶九年刻本) 一四頁。

(一一二) 與之遊者、言其人 (利瑪竇) 醇謹無他、不應作偽。入中華未甚久而儒服漢語。楚楚佳士、貌稍似色目人耳。譯其所謂大瀛全圖、言天地形圜如瓜也、而里數度數可稽不謬。非若鄒衍談天、齊諧志怪荒唐無當者。(明) 方宏靜『千一錄』巻十八 (續修四庫全書本) 三七一～三七二頁。この書は方宏靜自序に萬曆三十九年に完成したとある。

(一一三) 方弘静は、万暦十五年に南京戶部右侍郎に就任しており、萬曆十七年に官職を退いて引退したいと申し出たが、認められなかった。退職時期は不明である。(明) 葉向高『神宗實錄』巻一九三 (万暦十五年十二月甲子條、巻二一〇、万暦十七年四月乙酉條)。

(一一四) 予與陳堂翁詰之曰、吾中國世傳。謂達摩西來、人稱阿彌陀佛。故禮佛法者、必尊三寶。唐元荘、白馬馱經、亦自西番來、自是支流派演。稱佛藏經者、幾汗牛充棟。爾為西僧、獨曰不然。毋乃學於墨氏、而不從其教乎。曰、西番諸專城之國、不下二伯有奇、今所稱阿彌陀佛、或係他國教主。我歐羅巴國無是也。惟以天下之至稱者、莫於天蒼蒼之表、惟神主之。而此神實生於此母。故本國止祀一神。若曰見象作福多、則念不專矣。曰、何以知之。曰、下國相傳、自有典故。及視其象繪在玻璃板中、非金非玉、然鬚眉眼目俱覺微動、真神物也。及詢其書所自來、曰、吾遠遊上國、直為數卷書耳。始一譯而之占城、又歷數十國、無過吾心者。乃再譯而之暹羅、又歷數十國無當吾心者。乃三譯而之真臘、四譯而之琉球、五譯而之福島。計所適國、凡百有奇、為時則十年徃矣。然竟未睹挾書者。問之道路、皆盛稱廣城、故專覓鄉道、盡譯漢音、乃徐徐入廣。至睹坊間書籍、大契吾心、恨獨不識漢字耳。遂謀之主人、專求明師。翼日、果有秀士至。且問且答、曰、聞僧欲求明師乎。曰、六經須得一師、四書諸史共一師可也。秀士曰、天下止有五經、安得有六經。此是人紿汝耳。曰、汝新會道學陳白沙詩傳入我國、有六經仁義沛江河之句、豈此詩亦妄乎。遂不答而去。越數日、則有余師矣。三年間、朝夕思繹、遂盡得諸書之趣。官長士夫及俗輩來訪者、多苦無暇晷、乃避之肇慶。今不得已而處於韶陽、或亦安身立命處也。予與陳公聞之、遂嘉賞曰、如僧所言、蓋振古異人也。豈特彼所謂豪傑之士哉。

(二五)肇慶這家寓所的地理位置非常好、能讓在我們短期內被全中國的人所瞭解。我們這裡有一些小東西。比如三棱鏡聖像之類、但在他們看來則是非常新鮮的。前掲『利瑪竇書信集』四八頁。

(二六)以至於我們也成為參觀的物件。還有些人是來看我們房子的。……也有人是來看我們歐洲的聖像和書籍的。前掲『利瑪竇書信集』五二頁。

(二七)因此謹盼神父速覓一架鐘錶、一些銅板印刷的精美聖母與救主的聖像。這是中國官吏們所希望的再寄來一些有關信仰奧跡的繪畫。這樣很容易理解介紹給他們、中國人是甚喜愛看圖書的。利瑪竇著・羅漁譯『利瑪竇書信集』(臺灣光啟出版社、一九八六年)四五七頁。

(二八)據當時的地理知識、認為最西段的陸地為福島(Fortunate Is.)。即今非洲西北岸外大西洋中的加那利群島(Canary Is.)。艾儒略著・謝方校釋『職方外紀校釋』(中華書局、一九九六年)三〇頁注七、參照。

(二九)歐洲傳教士們循序漸進地研讀中文經典。為便於他們的學習、利瑪竇用拉丁文翻譯了四書。還加上許多注釋。中斷七八年之後、他自己又勇敢地研習中國典籍、指導他的是一位業務精通的老師。一天上課兩次、奮力閱讀他不能全懂的書籍。甚至還做作文。……四書、簡言之、只是大學生用的初級課本。更受尊崇得多的還是孔子改編的四部古書。加上按傳統說法是他自己撰寫的第五種。這叫做五經。……他自己在一位業務精通的老師說明下、認真全部加以用心研習。……利瑪竇按照自己的思想習慣、以摒棄詮釋而試行不經媒介直接進入原文的方式、不知不覺開創了一種富於成果的運動。前掲『利瑪竇神父傳』一六一〜一六二頁。

(三〇)現在他使自己適應了一位能幹的老師、努力學習中國的經典名著。就是通過這些年在韶州的學習、利瑪竇漸漸能夠區分早期經典儒家學說與後來朱熹學派文人對其所作的注解和詮釋之間的不同。這些注解和詮釋確定了新儒學的特徵、而被當時的社會視為正統學說。由於確信中國早期的儒家學說已經被武斷地嫁接上了當代儒學一成不變的唯物主義、利瑪竇開始在古代儒學經典著作中尋找儒學與天主教的接觸點。他在關注他所闡明的結論時、顯示了他的學者的思維方式。現代的學識被他加在了對早期的儒學的主要立場的分析上。但是這一點是確定的。即在一些主要觀點上、天主教與早期的儒學是不一致的。鄧恩著・余三樂・石蓉譯『從利瑪竇到湯若望：晚明的耶穌會傳教士』(上海古籍出版社、二〇〇三年)一八〜一九頁。

(三一)我們很快在此城中建立了寓所和教堂、然後我就勤奮地學起了中文。並在這上面花了一兩年的時間、現在我和他們談話時已經不需要翻譯了。我還致力於學習他們的文字、這要比講話更難。儘管時至今日我已歷盡了許多磨難、但還是不能獨自讀懂他們所有的書籍。前掲『利瑪竇書信集』七九頁。

(三二)無何南雄司理渭南孫公、以公事過韶問余曰、貴治有西僧乎。余曰、然。精書史乎、余曰、書雖有、精不精非所知也。孫遂與余造之。孫業詩、以蒸民・元鳥章問、余業易、以易與天地准章問僧。皆能言其旨。孫目余笑曰、余兩人各治一經、而僧兼之。寧不見笑於彼乎。遂揖去。蓋自是僧之名重矣。諸達官過韶間、有不入城而獨謁西僧者。

(三三)(清)餘保純の(道光)『直隷南雄州志』卷三「職官」(成文出版社、一九六七年)五八頁。

(三四)神父們的大名已在城裡傳開、全程的顯貴都來拜訪神父、比肇慶的人們還要客氣。這樣、神父們迅速結交了許多朋友。……通過瞿太素的關係、神父們與這裡的兵備道交上了朋友、也結實了新知府。此人是兵備道的同鄉。神父們還認識了府中的一些下屬、以及曲江和南雄的知縣。這位南雄知縣曾是兵備道的家塾先生、和他也是同鄉。知縣的下屬王玉沙也成了神父們的朋友。另外、神父們還結交了許多大人物、這些朋友對神父都非常尊敬、處處維護和幫助神父們。前掲『耶穌會與天主教進入中國史』一五六、一六二頁。

(三五)利瑪竇名聲遠揚、被說成身懷無數奇技異能、所經之處人山人海、都以一睹為快。……從一五八九年底開始、一小群官員效法瞿太素、常與利瑪竇交往、不僅韶州全體官員無一例外(以及他們的子弟)去拜會神父們、去往居留地的還有若干人士。除了三衙外、還有兵備道新任知府知縣鄰府南雄的知府、以及同知王應麟。從英德小城、知縣蘇大用只要詣府公幹、也必定來看望利瑪竇。前掲『利瑪竇文集』第二卷、八二頁、八七頁、二一二〜二一四頁。本論は、裴化行『利瑪竇神父傳』一四五頁より引いた。

(三六)所攜有銅人刻漏二、別為密室藏之、其機發一、懸之梁上。日有十二時、每時至、則銅人之司時者、起而一擊於某時上、其聲巨。時有八刻、每刻至、則銅人之司刻者、起而一擊於某刻上、其聲細。中間消息流動、非他人所能識。又有渾天儀二、一以測天、一以測地。一以測山川河海。如雲天有九重、自第一重至第二重、該若干度算若干里。自某國至某國、該若干度算若干里。餘皆執至以坐照之。吾初未甚信、因指所對皇岡山、而命之曰、汝試度寺門至山頂、相幾何。僧執儀而睨視之曰、若干、若干。乃命左右取麻線數縷、牽至山頂、以僧所定步弓較之、無毫髮爽。又有奇石一、約一尺五寸許、光明瑩徹、若水晶然、而溫潤過之。仰照之、則日星辰無不垂象。俯照之、則山川湖海無不深列。其最妙處、又能解觀者意、現出本省名勝。如陳翁浙人、欲見西湖則西湖、欲普陀則普陀。予楚人欲衡嶽則衡嶽、欲鶴樓則鶴樓。其神妙有如此者。會有家京師者、請見皇宮、則止之曰、萬里君門、豈易窺、遂函收之而罷。

(二七) 前掲『利瑪竇神父傳』五〇頁、参照。

(二八) 裴化行著・蕭濬華譯『天主教十六世紀在華傳教志』(商務印書館、一九三六年) 二〇八頁、参照。

(二九) 大鐘鳴時。正午一擊、初未二擊、以至初子十二擊。正子一擊、初丑二擊、以至初午十二擊。小鐘鳴刻。一刻一擊、以至四刻四擊。(清) 稽璜『欽定續文獻統考』卷一〇九「樂考」一 (文淵閣四庫全書本) 一六頁。

(三〇) 所攜有自鳴鐘、大小各一。余所睹其小者。鐘懸以亭、亭制稍匾、高八寸、廣六寸。鐘有鳴刻者、有鳴時者。制似鐻、並懸於亭之脊下。施關機如車輪、凡三五填亭中。而以二晷托於亭門之外。一銀色按刻。一金色按時。門列十二時、時間列刻。如周易圓圖。兩晷密移其上、驟諦之、不可見、如日之靡旃。亭中有聲、的瑠無已。時靜則可聞二步外、然非鐘聲也。鐘之鳴刻者、度一刻一擊。余所聽在酉戌之間、其度而交戌八擊、有頃、又鳴一聲、則戌一刻。戌之中九擊、度亥十擊。亥之中十一擊、度子十二擊。其擊數多者、皆鳴時鐘自擊之、然子之中止一擊。漸而益以十二擊為止、自相迴旋也。聲甚清越可人耳。靜則聞於二十尺外。陽至之半律灰飛管、歲序之可驗良不誣。而准刻準時、簡於吾所謂壺漏亦巧矣。徐時進『鳩茲集』卷一「歐羅巴國記」(臺北) 藏萬曆間刻本、一一～一二頁。

(三一) 三天後利瑪竇與麥安東拜訪呂良佐 (應為劉承範)、兵備道留他們在府上用飯、並詢問他們是否有自鳴鐘。利瑪竇做了肯定的回答、但稱需要修理才能讓自鳴鐘運行。前掲「利瑪竇信函」一四四頁。本論は、前掲『神父的新裝——利瑪竇在中國』六二～六三頁より引いた。

(三二) 韶州的官員都希望利瑪竇留下。一個察院知道利瑪竇在肇慶的底細、不厭其煩地追問利瑪竇是否善點金術。利瑪竇費盡口舌地說明他是一個偉大的天文學家和宇宙學家 (cosmografo)、可以繪製世界地圖、在肇慶時就曾親手繪製《山海輿地全圖》。該官員要求利瑪竇帶一個渾天儀 (sfera) 給他、看後歸還。前掲「利瑪竇信函」一三九～一四〇頁。本論は、前掲『神父的新裝——利瑪竇在中國』六一～六二頁より引いた。

(三三) 他 (瞿太素) 不僅著書、還模仿我們西方書籍親手繪製了插圖、毫不遜色於我們所做的。他還製作了許多六分儀・地球儀・天球儀・四分儀・日晷和羅盤、以及其他非常精美的儀器。有的是木制的、有的是銅制的。還有的是銀制的。前掲『耶穌會與天主教進入中國史』一六一頁。

(三四) 前掲『韶州府志』卷十二「輿地略」二四九頁。

(三五) 又有一石、長數寸、似水晶。以橫於目仰視之、地面上物盡倒懸、而色鮮麗絕奇。憑高俯曠睹、愈遠愈奇。前掲『鳩茲集』卷一「歐羅巴國記」一二頁。

(三六) 有玻璃石、一照目前、即枯木頹垣皆現五色光。(明) 支允堅『梅花渡異林』卷四「時事漫記」(四庫全書存目叢書本) 二三～二四頁。

(三七) (一五八五年) 孟三德拜訪王泮、贈予王泮夢寐以求的三棱鏡。三棱鏡讓王泮改變了主意、他私下同意孟三德居留在肇慶、但其他任何人不得前來。汾屠立『利瑪竇神父歷史著作集』二卷、四三五頁。本論は、『神父的新裝——利瑪竇在中國』三七～三八頁より引いた。

(三八) 一五九一年春節期間、利瑪竇在寓所展出了一個來自新西班牙 (墨西哥) 的天主像三棱鏡等、觀者甚眾。前掲『利瑪竇資料』一卷、三〇六頁。本論は、『神父的新裝——利瑪竇在中國』六八頁より引いた。

(三九) 明年元夕、市中酒徒數人、至寺遊玩、借觀神物意恃酗酒、即可攘而有也。時二僧方與諸文學談經閣下。謂酒人曰、汝誠欲我衣缽、但拜天主老爺、可任意攜去。數人方下拜、忽聞閣上大響一聲、各門盡合。即八方窗櫺無一得開。其宮室機法之妙大率類此。數人俯伏地下、若綑縛然牢不可脫。次日、曲江縣令至彼處拈香、諸酒徒將責治之、二僧因請代責乃罷。令遂為之請於府道、出示嚴禁。二僧惟東之高閣、絕不張掛。曰、恐人謂和尚假府道勢、以恣恐嚇也。

(一四〇) 前揭『韶州府志』卷四「職官」七五頁。

(一四一) 利神父想改變一下本城居民的冷淡態度、想讓他們瞭解些關於我們聖教的事、努力使他們能到神父家中、讓他們熱愛天主教。這時正趕上中國的新年、利神父決定利用這個機會把一座從新西班牙運來的雕像在教堂中豎立幾日、讓所有人都能參觀。以前這座雕像一直放在小教堂之中、包括婦女在內的平民百姓是無法看到的。雕像置於祭台之上、四面用玻璃包圍、飾以掛畫、周圍還放置著許多油燈和蠟燭、令人肅然起敬。人們得知此事後、從四面八方趕來觀看、好像全城所有的人都想來看看似的。但附近居民卻以石塊來回報這一善舉。把我們的房頂全部砸漏。夜間、當神父們出去查看時、他們就躲在胡同裡讓神父們發現不了、而神父剛一回去、他們就又接著投擲石塊。……正如瞿太素所料、知府果然馬上來家中探望神父、問神父們作何打算、在這裡住的如何。瞿太素向他介紹了前晚的惡性事件。……知府大怒、一時說不出話來、對那些與神父們作對的人非常氣憤。……他立刻派人把本街的保丁都叫到他面前、並質問他們誰是這次襲擊神父事件的兇手。……正在保丁們左右為難的時候、神父的兩名家人沒打招呼便從家中出來、在碼頭邊守候、抓到了一個那晚行兇的青年、並把他交到本城的保丁手裡。這樣、所以那些行兇的人都感到了恐慌、他們家裡的人非常害怕。連夜一起恭恭敬敬地到神父家中、請求神父不要把這件事鬧大寬恕他們。因為這都是不遵家教又沒有頭腦的年輕人做的荒唐事。利神父為這些不懂禮教的青年做出這種蠢事而惋惜、並對他們的家長說他把並不想報復誰、也沒有向知府告發他們。前揭『耶穌會與天主教進入中國史』一六六～一六七頁。

(一四二) 林金水『利瑪竇與中國』三二頁。前揭、宋黎明『神父的新裝――利瑪竇在中國』六八頁。

(一四三) 辛卯五月朔二日、二僧入敝署求見、因謂曰、老爺不久當有遠行、但要歡然自得、絕莫憂煎。予知其為休官兆也。即應之曰、吾何所憂。但慮嗣息耳。曰、老爺念念好生、即如香山一行、全活不啻數萬。上天已昭鑒之。公子須在六十之外、此時且不必望。予細叩之。曰、老爺遂於易者、唯乾天也一章。最宜熟玩、老爺子女多在其中、終始不脫此數。余不省所謂、遂辭之而去。是年七月、余果以黔中人言、掛冠還里。二僧相送、謂余曰、爺行後、亦欲治裝遊兩都、歷各省、備觀皇明風教。俟老爺八十後、僧尚有緣適楚。又當圖一良晤、祈留一言教之。余曰、汝之見識、高出凡庸一等、何待余言。惟天下之寶、當與天下共之。此今古不易之理也。倘至闕下、出寶藏以獻當寧、必獲重賚。即官爵非汝所欲、亦明哲保身之道也。僧深以為然遂稽首而別。

(一四四) 宦況正適、家難薦加。二子早世、遺孫亦殤。僅有一女至是又不壽。遂決然解組、不可復留。前揭『劉氏族譜』序卷二「劉承範傳」一九〇頁。

(一四五) 末年續舉三子、而公亦暢然矣。前揭『劉氏族譜』序卷二「劉承範傳」一九〇頁。

(一四六) (劉承範) 因受西師利瑪竇諦語、遂決計歸家居 。前揭『監利縣誌』卷九「人物傳」二八頁。

(一四七) 前揭『利瑪竇資料』一卷、一八三頁の注二。本論は、前揭『神父的新裝―利瑪竇在中國』二九頁より引いた。

(一四八) 十月初三上得兒、小僧初十賀遲遲。奇逢天主慈悲大、盛澤淋頭萬福宜。Albert Chan, S.J., "Michele Ruggieri, S.J. and His Chinese Poems," in MonumentaSerica四一, 一九九三。p. 134

(一四九) 吾年四十有三、吾內子四十有二、尚未有子。先生能為我祈求大主乎。利子因代為密禱。是年即生一男。今名式穀者是也。『耶穌會羅馬檔案館明清天主教文獻』12冊、および艾儒略『大西西泰利先生行跡』二〇四頁を參照。

(一五〇) 有子無子、鹹出於天主之命。況既有子、則後來繁盛亦未可知。既領洗歸家、則生一孫矣。公喜之盛、感謝天主。『法國國家圖書館明清天主教文獻』12冊、および柏應理『徐光啟行略』(臺北利氏學社、二〇〇九年) 五三八頁を參照。

(一五一) 「闞下」は、恐らく「闕下」の誤りであろう。

(一五二) 西泰子迢遙山海、以交友為務。(清) 劉凝『天學集解』卷六の馮應京「交友論序」(俄羅斯聖彼德堡東方研究所藏清稿本) 二頁。

(一五三) 徐公祖、當指徐時進。查 (清) 汪源澤の (康熙)『鄞縣至』卷十七「人物志」（中國地方誌集成影印康熙二十五年刻本）五六〜五七頁、及び（清）倪文蔚の（光緒）『荊州府志』巻三十一「職官」（中國地方誌集成影印光緒六年刻本）一一頁の「徐時進萬曆三十年任荊州知府、時人對本地知府以上官員尊稱公祖、故知徐公祖當為徐時進」という記録による。

（一五四）徐時進の文集は、『啜墨亭集』と『鳩茲集』の二種が残っている。『啜墨亭集』の中には、利瑪竇に関する記録はない。『鳩茲集』は現存の刊本がとても多い。四川省圖書館・日本東洋文庫には十二巻刊本があり、天津圖書館には十二巻とまた二巻雜著1巻刊本があり、浙江圖書館には八巻民國抄本があり、中國社科院文學研究所には『鳩茲集選』八巻刻本がある。本論は、鄭誠「〈歐羅巴國記〉與〈天母歌〉—有關利瑪竇的兩篇明人詩文」（澳門歷史文化研究會編『澳門歷史研究』一二輯、二〇一三年十二月）を参照した。諸書は「西僧傳」は未見であり、「歐羅巴國記」が残っているだけである。この「歐羅巴國記」は、劉承範が見た「西僧伝」ではないかと思われる。

（一五五）「天和尚留金陵、西泰則以進寶如京師矣」という一文は、『鳩茲集・歐羅巴國記』には見られず、ただ「其在金陵、多訪視者。……已挾所有往北、期得上貢」の句があるだけである。また、支允堅『梅花渡異林』巻四には、「而天祐留金陵」の句がある。支允堅は天佑視を郭居靜と見なすからである。当時確かに郭居靜は南京におり、そのため支允堅はこの句を入れた。支允堅は韶州で利瑪竇と一緒にいた「天祐」が麥安東だということを知らなかったため、「天祐」を郭居靜と間違えたのである。利瑪竇が後半に一緒に行動していたのは、郭居靜である。

（一五六）按西僧履歷行藏、皆余所目擊者、真生平奇遇也。故傳之以誌歲月。後見所著有天學初函諸書行於世。隨閲本府徐公祖文集、亦有西僧傳、稱天和尚留金陵、西泰則以進寶如京師矣。蓋信前言不誣云。

（一五七）（劉承範）在韶州、條議香山澳事宜、招攜懷遠、歡聲動地、督台推重。因受西師利瑪竇諦語、遂決計歸家居。前掲『監利縣誌』巻九「人物傳」二八頁。

（一五八）大西洋國二人來、一曰利瑪竇、一曰郭天佑。俱突額深目。朱顏紫髯。支允堅『梅花渡異林』巻四「時事漫記」（四庫全書存目叢書影印明崇禎刻本）子部一〇五冊、二三三頁。

（一五九）西僧履歷行藏、皆余所目擊者

（一六〇）前掲『鄞縣誌』巻十七、五六〜五七頁、前掲『巴陵縣志』巻十五「秩官」一四頁。

（一六一）黃虞稷『千頃堂書目』巻二十五（上海古籍出版社、二〇〇一年）六三七頁。

（一六二）前掲「時事漫記」子部百五冊、二四頁。

（一六三）清代萬斯同『明史』巻三九七「利瑪竇傳」、阮元『疇人傳』巻四十四「利瑪竇傳」、趙世安の（康熙）『仁和縣誌』巻二十二「利瑪竇傳」を含めば、九篇が現存していると言える。

（一六四）『耶穌會羅馬檔案館明清天主教文獻』一二冊、張維樞『大西利西泰子傳』（臺北利氏學社、二〇〇二年）一八七〜一九九頁。

（一六五）前掲『耶穌會羅馬檔案館明清天主教文獻』》一二冊。艾儒略『大西西泰利先生行跡』二〇〇〜二四二頁。

（一六六）（明）朱懷吳『昭代紀略』巻五「利瑪竇」（日本内閣文庫本）六七〜七一頁。

（一六七）（明）張岱『石匱書』巻二〇四「利瑪竇列傳」（續修四庫全書本）二〇五〜二〇七頁。

（一六八）（明）沈德符『萬曆野獲編』巻三十「外國」（中華書局標點本、一九五九年）七八三〜七八五頁。

分科会（Ⅰ）一

秦漢聚落形態研究――あわせて宮崎市定の「中国都市国家論」について

王　彦輝
髙橋　康浩（訳）

二〇世紀の中頃、中国の国家起源の道筋および商周の国家形態の過程を探索する中で、幾人かの国内外の学者は文化人類学のパターン構造を運用し、商周ないしは春秋時代の「城市国家」（日本の学界では「都市国家」）についての学説を提出した。侯外廬先生は一九三〇年代にアジア生産様式を研究していた時に、殷周を城市国家とする問題を系統立てて論述し、あわせて中国「城市国家」の起源は商の晩期にまで遡及でき、古文字の「邦」と「封」が同義であり、また「城」と「国」が同義であることを指摘して、邑や邦を作る「封建」の秘密が「古代城市国家の成立」とする。西周が国を運営し植民や築城を行うにつれて、「東の洛陽を運営してより春秋初年のいわゆる『諸侯　楚丘に城きて衞を封ず』るに至るまでの、城市国家が築城と建国をした一連の歴史を説くことができる」という。春秋時代は政権が下位に移って、（『春秋左氏傳』桓公　傳十八年の）「政を両《ふたつ》にし國に耦《なら》ぶ」という現象が出現したため、「春秋各国の築城運動は、すでに西周時代の建国ではなく、経済的基礎（下部構造）で言えば、氏族内部の階級分化より郡県制に到るまでの過渡的形態である」という（一）。侯先生が執筆したモノグラフは一九四三年に『中国古典社会史論』として出版されたが、この理論モデルと当時主流の言説は完全に一致したわけではなかったため、彼の学説は一向に学界の共鳴を引きつけなかった。

日本の中国古代史研究の中で、関西学派の貝塚茂樹・宮崎市定らも中国古代の「都市国家論」を提出しており、とりわけ宮崎市定を代表とする。宮崎市定は一九五七年に「中国における聚落形体の変遷について」という一つの論文を発表し、中国古代が都市国家から古代帝国へと発展していく歴史プロセスを論述した。彼は「都市国家」が人類の文明発展中の共同段階であると認識し、「ギリシアの都市国家も、中国の都市国家も、その中の一環をなすものとして理解したいのである」と述べる（二）。宮崎氏は研究手順の上で逆推論の方法を採用し、『續漢書』郡國志の本注と劉昭注および『水經注』に記載されている県・郷・聚・亭のような古代の邑国について、それらが上代、主として春秋時代の某国の後身であり、すなわち古代の邑国と漢代の郷・聚・亭の地が重なり合い、これら郷・聚・亭の周囲になお城郭を有していたことが想像されることを論じている。上古の邑国が漢代に到るまで存続して遺址に城郭を廻らせていた以上は、中国上古の国家形態を「都市国家」であったと反証することも可能である。

もし宮崎氏の論証が、漢代の「遺跡」をもって上古の邑国もまた「都市国家」という存在だと逆に推測するにとどめるならば、あるいは私たちの論題とはまったく関わりないのならば、ただ彼の目的は「都市国家」もまた「集村型聚落」が散村型の聚落――村（邨）に向かう変遷であるということを一貫させたいのであり、漢代はまさにその過渡期であるがゆえに、大量の紙幅を割いて漢代の郷・亭と城郭について、そこに何らかの問題があることを論じているに過ぎない。彼の結論は「その本質において、(県・郷・亭の) 三者殆ど同様な、変る所のない聚落であり、何れもその周囲に城郭を持っている」というものである。しかも彼の理解する漢代の官僚組織とは、「大小の長官の集合したようなもの」というような特性であり、さらには、「漢代の地方制度も大小の細胞の集合だと説明できる」という。これは作者の真意を含んでいるようで、すなわち「漢帝国の実際の状態」とは上古の「都市国家」の簡単な集合体に過ぎないのであり、帝国の組織系統はあたかも「大小の軍艦が集合した時のような平面系統」なのである。(三)

事実上、中国古代の官僚化の過程は西周を端緒とし、戦国時代に新たな官僚制度と地方行政制度が現れ、秦漢時代にさらに定型化および改善した。マックス・ウェーバーに称賛された、かかる「極めて古い」官僚制度は、世界の歴史において領袖の風流韻事たること数千年、イギリスの政治学者サミュエル・E・ファイナーは中国の官僚制度を世界で最も早い「現代式官僚制度」であると評価した。(四) 中国早期の国家の類型については、今のところ多くの諸説があり、「城市国家」「領土国家」「封建国家」「邑制国家」などのごときだが、これは本文で検討する論題ではない。ただし宮崎氏の「都市国家論」は想像あるいは推論がつくもので、商周ないしは春秋時代の国家形態の認識に関わるだけでなく、さらに秦漢の聚落形態の検討や、漢帝国の国家行政化の発展の程度と地方の技術管理水準の判断に対しても影響しており、ひいては我々の秦以後の帝制国家に関する本質的な深い思考を妨げることになるかも知れないため、あらかじめ駁論する必要がある。宮崎氏の論の核心は、漢代の郷・聚・亭がいずれも城郭を持っていると認識しているところにあり、この話題から論ずることにしたい。

一　聚落と城邑

「聚落形態」とはもともと現代の考古学上の一つの概念であり、考古学の方法論に関わるもので、「いわゆる聚落の考古学は、聚落を対象とし、その具体的な形態およびそこに反映されている社会形態を研究し、さらに聚落形態の変遷が社会形態の発展の軌跡に反映されるところを研究するものである」という。(五) 考古学の調査対象を根拠として、聚落形態が異なるランクの聚落のまとまりに区分でき、例えば龍山文化の時期の聚落は一級・二級・三級聚落に分けられ、これらの聚落が国家形態に入った後にそれぞれ発展して城邑と郷村になるのである。漢代の聚落形態はその規模と重要さに基づいて、おおよそ都城・郡国城・県邑・郷聚に分けることができ、いくつかはまだ郷里体制の聚落に組み入れられていない。しかし「聚落」もまた中国の伝世文献中における一つの固有「概念」であり、文献および出土資料中では往々にして「聚」と単称されるが、その意味は考古学の「聚落」と互換使用することはできない。原因はとても簡単で、昔からすでに「聚落」の概念と考古学的な意味の「聚落」はともに不完全な合致を内包しているからである。だからこそ、我々が「聚落」と題して漢代の聚落形態を研究する時には、まず必ずこの概念の内包するものを説明する必要があり、概念の使用と材料の選択においてこれを省くと混乱をきたしてしまう。

近年来の漢代聚落形態の論著の討論において、「聚落」の概念を使用する時は往々にして限定されるものではない。たとえ「聚落」についての定義を定め、それぞれの話をしても、はなはだ混乱するものが内包されている。例えば劉慶柱は「聚」が「郷」と「邑」の下部社会組織であると認識し、言外の意味として「聚」が「里」と同じものとみなしている。[六]白雲翔は「聚落」を広義と狭義の二つの定義に区分しているが、彼のいう狭義の聚落とは、一般的な郷鎮と村落のことであり、「秦漢時代の県城以下の郷・聚・亭・里」も包括している。[七]もちろん、一部の学者は「自然聚落」という概念を用いて古代の聚落の性質を判断しており、馬新・斉涛は「自然聚落の村落が異なる時代にいくつかの名称を備えることについては論ぜず、それが中国古代社会の基本単位に相応する城邑となっている」と認識する。[八]侯旭東は前漢の初年から後漢の末年に至るまでに存在した郷里の系統以外の自然聚落を指摘し、あわせて魏晉期の「村（邨）」の起源を検討した。[九]劉海旺も漢代文献中の「聚落」「聚」「落」等の概念を分析し、「この時期の『聚落』が一般の郷以下の農耕聚居地を包括していることが比較的はっきりしている」と認識する。[一〇]このことから、研究の深化につれて、人々が概念を使用する上でさらに「聚落」について制限を加える傾向にあり、ゆえに限定語の「自然」はその自然形成の内包を表現し伝え、これを城邑と区分し始めていることが分かる。それにも関わらず、我々は問題に真の解決がないことを認識しており、とりもなおさず「聚」と「聚落」とが当時の固有概念であり、その本義と転義が結局いかなるものなのか、さらに一歩進めて討論する起点とせねばならない。

『説文解字』巻九に、「聚は、會なり。乑に从ふ、取の聲、邑落を聚と云ふ」とある。[一一]すなわち「聚」の本義は集合することを指し、特に人の集まりを指す。「邑落を聚と云ふ」の「落」は、『説文解字』巻二には、「凡そ草を零と曰ひ、木を落と曰ふ」とある。『禮記』王制篇には、天子・諸侯の田猟の礼を述べる文に、「草木零落し、然る後に山林に入る」とある。つまり、「落」の本義は樹木や草花がしぼみ枯れ落ちることを指し、乱雑で自然のままなことである。ちょうどこの義の項目から出発して、李賢が「聚落」についての注を作った時に引用した『廣雅』には、「落は、居なり」とある。[一二]これをもとに論じてみると、許愼の（『説文解字』の）「邑落を聚と云ふ」もまた「邑居を聚と云ふ」と言え、この「邑落」の「邑」とは明らかに古義として使用しておらず、すなわち商周時代の「制邑」「作邑」の類のような人為的な計画や規制を経た「邑」ではなく、後代の百室の邑・十室の邑・郷邑・聚邑の派生義である。もし「聚」の本義から出発して、「邑」に対応する内容に緩慢な自然形成の特徴を有するのならば、「聚落」とは自然に集まり住むという意味になる。そしてこれらの「聚」が人為的に計画されたり、あるいは行政に組み入れて編成した後に、「邑」あるいは「里」に変化して「聚邑」「里聚」と称することができるのである。「聚邑」「里聚」は「聚」より変化して発生した「邑」「里」の通称であり、それぞれの具体的な「聚」から発生した「邑」「里」にはそれぞれ名称があり、いわゆる（『論衡』書虚篇の）「天下の郡國 且に百餘ならんとし、郷邑は萬を出で、郷亭聚里、皆な號名有り」がそれである。[一三]

「聚」から変化して発生した聚落には、その地名の中におそらく「聚」の歴史記憶が保存されており、例えば前漢の宣帝が即位した際、衞太子を戻太子と謚するよう相談して決定し、あわせて（『漢書』巻六十三 武五子傳に）「湖閿郷の邪里聚を以て戻園と爲す」とあって、[一四]この「邪里聚」がすでに里を称し、かつ「湖閿郷」に隷属しており、「聚」の統合により郷となり、所属している「里聚」の変遷の筋道が一目瞭然である。もう一つの例として、湖南沅陵県虎溪山一号漢墓より出土した「黄簿」MIT：43-101簡には「泣聚戸百卌四、口五百廿一人」とある。[一五]この「泣聚」はおそらく「邪里聚」の公文書における慣例であり、あるいは「泣里聚」と称されることもある。またさらに、多くの「聚」

より派生した「里聚」が行政の命名によるもので、その「聚」の歴史記憶を喪失したことが分かり、例えば劉邦の本貫は「沛豊邑中陽里」であり、（『漢書』巻一上 高帝紀上の）顔師古の注には、「沛とは、本《も》と秦の泗水郡の屬縣なり。豐とは、沛の聚邑なるのみ」とある。[一六]この注を考えるに、「豐」は最も早い「聚」であり、秦の時にすでに昇格して郷となったもので、すなわち「郷邑」である。別の例を挙げれば、酈商は高陽の人であり、（『史記』巻九十五 酈商列傳に引く）『史記索隱』に、「高陽は、聚名なり」とある。（同列傳の）『史記正義』には、「雍丘の西南の聚邑の人なり」。とある。[一七]すなわち、高陽はもとは「聚」であり、行政による編成を受けて「聚邑」となったのである。豐邑であろうと、高陽であろうと、すべては「聚」から変遷して生じたものだが、地名の上からは「聚」の痕跡がとっくに見えなくなった。

我々は古代史家の使用する概念を説くとき、必ずしも厳格に「名を制して以て實を指す」の論理要求に従うとは限らないが、しかしやはり人為的な計画になる「邑」と自然形成よりなる「聚」をおおよそ区分するであろう。文献の記載から言っても、一面では我々は大量の「作邑」「制邑」「城××地」といった活動を見ることができるが、別の一面からは「攻王の聚」[一八]といった文辞もある。また一方では都・郡・県・邑・郷・里の記載が文献中に絶えず、別の一面では「都邑郷亭聚落」[一九]と並列して記載されているものもある。当時の政治・軍事・文化・社会活動が主に城邑郷里の中に集中していることにより、主流社会に縁辺化された「聚」が諸史書にほとんど見えないのは怪しむに足りない。さらに中国文明の進化過程の特徴がいずれも中心の「都」から四方に放射していくことにより、続いてまた中原から周辺に向かって拡張しており、だから、異なる時代すべてに、多くのまだ郷や里の設置されていない「聚」が存在しているのである。ましてや人口増加につれて、自然に形成された「聚」も次から次へと生じてやまない。戦国・秦漢以来、地域は南から北に到り、たとえ時間が数百年にまたがろうとも、みな文献および簡牘資料のあちこちに「聚」と「聚落」の字句を探し出すことができ、その要点をまとめると次のようになる。

1. 賈讓は哀帝初年に上奏した「治河三策」中において黄河の大堤防の建造の歴史を回顧した際に、「蓋し堤防の作は、近くは戰國より起く」と指摘し、齊と趙・魏は黄河を以て国境としており、三国は相前後して黄河から二五里のところに堤防を築き、両岸は五〇里のところの広範な砂州に形成し、黄河の水は「時至りて去れば、則ち淤に塡まり肥美にして、民は之を耕田す。或いは久しく害無ければ、稍く室宅を築き、遂に聚落を成す」のである。[二〇]
2. 前漢の初年、劉章は呂氏一族を排除した功績により城陽王に封ぜられ、死ぬに及んで、「琅琊・青州の六郡自《よ》り、渤海に及ぶまでの都邑郷亭聚落、皆な爲に祠を立」てた。[二一]
3. 宣帝が即位すると、詔を下して衞太子の謚号を議定させ、園邑を置いた。有司が奏請して、「湖閿郷邪里聚を以て戻園と爲し、長安の白亭の東を戻后園と爲」した。[二二]
4. 江陽侯の劉仁は、「元康元年、附落を役使するに坐して免ぜ」られた。顔師古は、「聚落有つて來附する者、輒ち之を役使するは、法制に非ざるなり」と述べる。[二三]
5. 居延漢簡 **E.P.T50:3** に、「郷八、聚卌四、戸七千九百八十四、口万五千七百卌五」とある。[二四]前掲の簡は上計に属する内容のようだが、紀年がない。ただし、同簡が言及する「東成侯國」について、考えるに前漢史上相前後して二つの東成侯が存在していた。一人目は東成節侯の丁禮であり、高祖六（前二〇一）年に封ぜられ、武帝の元鼎三（前一一四）年に国を奪われた。[二五]二人目は東成敬侯の許延壽であり、宣帝の元康二（前六四）年に封ぜられ、その孫の許常が没した際に後嗣がなかったことで中断したが、成帝の元延二（前一一）年に許常の弟の許恭が封を継ぎ、王莽が敗亡して国が絶えた。[二六] 前掲の簡が甲渠侯官の遺址より出土したことを考慮すると、その遺址より現れた簡の紀年の上限は昭帝の始元元（前八六）年であり、簡文中の東成侯とは東成敬侯の許延壽のことを指すべきである。簡中の「聚卌四」は郷に隷属しており、時代は宣帝以後である。

6. 建武年間の初め、衞颯が桂陽太守に遷ると、所轄の含洭・湞陽・曲江の三県について、「民は深山に居り、溪谷に濱《そ》ひ、其の風土に習ひて、田租を出さず。郡を去ること遠き者は、或いは且に千里ならんと」していた。傜役が面倒であったことで、山民や漁夫は次々に逃亡したため、衞颯は「乃ち山を鑿ちて道を通ずること五百餘里、亭傳を列ね、郵驛を置」いたのである。かくして傜役は省かれて過重な労働は取り止めとなり、「流民稍《やうや》く還り、漸《やうや》く聚邑を成」したという。[二七] これは単に馬王堆漢墓「駐軍圖」の示す四二の里のうち一五の里に「今毋人」との注記があり、八つの里に他の里と合併したことの注記があり、四つの里に「不反」という注記があるということを連想させるだけではない。[二八] この四二の里はまず最初に五嶺山区に自然形成された「聚」と見るべきで、国家統治の触覚が深く入り込むことで郷や里が設置されていくが、様々な原因により民戸が逃亡するという現象が比較的甚だしく、含洭・湞陽・曲江の三県と「深山に居り、溪谷に濱《そ》ふ」ところの民が官吏の仕事に堪えられず逃亡するのは同工異曲な部分がある。

7. 後漢の初め、王扶は「少くして節行を脩め、琅邪の不其縣に客居し、止まる所の聚落は其の德に化」した。[二九]

8. 後漢の章帝期、李恂は侍御史となり、節を持して幽州に使いし、「過ぐる所 皆な山川・屯田・聚落を圖寫すること百餘卷」であった。[三〇]

9. 後漢末、濟陽成武の人である孫期は、「家貧しく、母に事へて至孝、豕を大澤中に牧《やしな》ひて、以て奉養せり。遠人の其の學に從ふ者は、皆な經を壟畔に執りて以て之を追ひ、里落は其の仁讓に化」したという。[三一]

10. 居延漢簡 **EPT51:249** は掛け買いの文書であり、その内容は、「第卅二隊卒郏邑聚里趙誼、自言十月中貰買糸絮二枚直三百居延昌里徐子放所、已入二〼」とある。[三二]

11. 居延漢簡 **EPT40:46** に残簡があり、そこには、「〼□□郡縣郷聚、移徙吏員戸〼」とある。[三三]

12. 両漢志（『漢書』『後漢書』の志）に著録されている各郡国の戸数・口数と県（城）数の後には、往々にして某県・邑・侯国の目下の注に、「××聚」「有××聚」と言及されており、例えば『漢書』地理志の上黨郡銅鞮県について、本注に、「上虒亭・下虒聚有り」とあり、[三四]『續漢書』郡國志の弘農郡弘農県の記載には、本注に、「桃丘聚有り、故の桃林なり」等々とある。[三五] 筆者の統計によると、この類の「聚」は両漢志の本注中におよそ六一例あり、その内容は自然状態下の聚落と区別する所があらねばならない。

13. 『續漢書』郡國志は陳留郡外黄県を列記し、その本注に、「葵丘聚有り、齊の桓公 此に會す。城中に曲棘里有り」とある。[三六]

その他、史書中にまだいくつか自然に形成された聚落に属すると判断できるものがあるけれども「聚」あるいは「聚落」の字句の断片は出現しておらず、賈讓が黄河の水患を解決した『治河三策』の中で、

「又た内黄の界中に澤有り、方數十里、之を環《めぐ》るに堤有り。往くこと十餘歳にして太守 以て民に賦し、民は、盧舍を其の中に起つ。此れ臣の親ら見る所の者なり。東郡白馬の故の大堤も亦た復た數重にして、民は皆な其の間に居る」と指摘されている。(三七) 按ずるに、「盧舍を起つ」の「盧舍」とは、もともと漢代の田間にあった臨時の居所だが、後文の「民は皆な其の間に居る」の一語と結合すると、この「盧舍」がすでに新たな聚落を形成しているのである。また章帝の元和三（八六）年、張禹が下邳相に遷ると、徐県の北界には蒲陽坡があり、傍らには良田が多かったが、荒廃して修築されることがなかったため、張禹は水門を開き、水を導引して灌漑し、とうとう肥沃な田地数百頃を造成した。「鄰郡の貧者 之に歸するもの千餘戸、室廬相屬し、其の下に市を成」したのである。李賢注に引く『東觀漢記』に、「後年、鄰國の貧人 來りて之に歸する者、茅屋草廬千戸、屠酤 市を成す」とある。(三八) 按ずるに、「茅屋草廬千戸」は「室廬相屬」に対応しており、これが移住してきた者によって自然に形成される「聚落」であることを説明するものである。

つまり、以上の「聚」と「聚落」、また「××聚」などの記載についての要点を論じると、「聚落」という概念は秦漢時代において通称と名義の区別が存在していた。通称の「聚落」としては概ね城邑と郷亭聚里を指すことができ、これは現代の考古学で使用される「聚落」のニュアンスとだいたい同じである。例えば、例2の「都邑郷亭聚落」、例7の王扶が留まった「聚落」、例8の李恂が図写した「聚落」等、概念の使用する上で一般的なものに属する。名義としての「聚」「聚落」とは、一般に某地点において自発的に聚居して居住地を成すことを指し、この聚落は行政の編成を経過した後で往々にして地名の後ろに「聚」という字句を綴っており、例えば例3の「邪里聚」がそうである。さらに一歩進めていうならば、秦漢時代に厳密な郡県郷里体制が建立されたことで、「聚」「聚落」の来源からその自発あるいは自然形成の属性について根源をつきとめることができるが、国家の管理という観点やあるいは行政の編成という説から、「聚」を名とする、あるいは某県・郷・里が「聚」の相関概念に起因すると判断しうる理由は史籍にわずかな痕跡を残している。ちょうど、これらの「聚」「里聚」あるいは「××聚」がすでに本来の意味での聚落ではなくなっており、これは行政化による具体的な地名で、その行政の等級は規模と地理的重要性によって確定する。具体的にこれを論じてみると、この時期の「聚」あるいは「聚落」にはおおよそ三つの意味が内包されている。

一つ目は、新たに形成された自然状態の聚である。例えば例1の魏郡内黄県一帯の河辺や湖浜上に形成された聚落であり、例4の江陽侯の劉仁が使役した附落は、すなわち顔師古注がいうところの「聚落」等々である。

二つ目は、郷里体制に納められた「里聚」である。例えば例3の「邪里聚」、例5の「聚卌四」、例6の「聚邑」、例9の「里落」等がそれである。その中で、例5に見える「郷八、聚卌四」の状況は比較的複雑で、厳密に言えば簡文の漏れた情報はまだ完全には読解できていない。八つの郷は一県で管轄できるし、またいくつかの県に属することもできるが、特に郷以下のものをただ「聚」と書いて「里」と示さないのはすこぶる難解である。ただいずれにせよ、簡文の郷・聚の書写順序を考えるに、「聚」は郷に隷属するものである。四四聚で合計七九八四戸あり、平均すると聚ごとに一八一・四五戸となり、前引の湖南沅陵県の虎溪山漢墓の簡牘の「泣聚戸百卌四」にだいたい相当する。「聚」は自然に形成されるものであり、旧城・新邑のようではない人為による「制里割宅」の空間制限を受け、人戸は通常言われる里ごとに百戸よりも多いというのは道理にかなっている。この類の「聚」はすでに戸数と口数が登記されている以上、文献にある「湖閿郷邪里聚」の性質と一致させねばならないが、すでにそれらは自然状態下の聚落ではなく、しかも郷里体制に納められ行政化による管理を受けた「里聚」なのである。例9の「第卅二隊卒郱邑聚里趙誼」云々について、「聚里」の「聚」がまさに「聚」を以て里名とすべきものであり、「聚」を取って里名とし、あるいは聚落と関係を有し、「聚里」が邑の下につながることで、漢簡に書かれている姓名や本貫の通例と符合する。この意味の上から言って、馬王堆漢墓出土の「駐軍圖」(三九)は紅円で標示した四二の里名のうち二一個には戸数が注記されており、その性質はまた「里聚」に属すべきもので、ただ「聚」の記憶を留めていないだけである。

三つ目は地名郷としての「××聚」である。例12の両漢志の県・邑・侯国の目下に注されている「××聚」を概括したところ、あるいはすでに一般的な意味での自然聚落ではなく、行政編成を経た郷であろう。すなわち班固・司馬彪の両漢志の本注における「××聚」について言うと、某県邑侯国に注されている「有××郷」「有××里」「有××亭」は同じものであり、これら郷・里・亭を強調して一般的な意味での行政郷・行政里あるいは機能亭ではなく、すでにもともとの「聚落」の「聚」が進展変化してから標識性を有する地名となったことを強調するものである。これら地名郷が「聚」から進展変化し、かつ漢晉期にまだ当地の歴史典故や伝説が残存することで、歴史的名所として特に標示されるのである。例えば(『漢書』巻二十八上 地理志上にて)班固は河南郡緱氏の箇所の本注に「劉聚」と附し、あわせて「周の大夫劉子の邑なり」と記している。また同じく(『漢書』巻二十八上 地理志上にて)本注に「陽人聚」とあって、あわせて「秦 東周を滅ぼして其の君を此に徙す」と記している。(四〇)劉昭は(『續漢書』志十九 郡國志の)洛陽の箇所に「唐聚」と注を附した上で、『左傳』昭二十三年に、『尹辛 劉の師を唐に敗る』と」と述べている。また(『續漢書』志十九 郡國志の)「士郷聚」の箇所に、「馮異 武勃を斬る地なり」と注を附す等々あり、(四一)大多数の「××聚」の歴史記憶はつとに歴史の変転の中で失われてしまったため、その欠落を残念に思う。

私は両漢志中の「××聚」が郷クラスの行政単位であると考え、この類の名義を備えた「××聚」がすでに最初の「聚」から昇格して郷になったことを説明したいが、それらと一般的な地名郷との区別が地名中に「聚」の記憶として残り、郷里体制の外にあった別個の郷レベルの「聚」を書き並べるわけではない。かかる判断は、当然わずかな推測の基礎の上で立てることは不可能だが、根拠となるものを探し出せた。第一に、『漢書』平帝紀の「郷を庠と曰ひ、聚を序と曰ふ」という記述で、とりわけその顔師古注に、「聚は郷より小なり」とあり、郷と聚には行政等級上、同じ等級関係に属するものであり、隷属関係にないことがすべて説明できる。例11の「▨□□郡縣郷聚、移徙吏員戸▨」の「郷聚」もまた同等級に属するもので、秦漢の制度に照らしてみれば、戸籍の正本は郷に所蔵し、副本は県廷に届け出るものであるため、「移徙吏員戸▨」の官府がただ郷以上の組織となるだけで、このようであればつまり「郡縣郷聚」の「郷聚」は同じ郷の等級に属する。第二に、例13に示した葵丘聚について、「城中に曲棘里有り」という箇所の注釈は極めて珍しく、これは「××聚」の下に里が設置されていたことを示す最良の注釈である。第三に、これら地名聚がすでに昇格して郷となることにより、いくつかの「××聚」と称して管轄する戸が「里聚」よりはるかに重要かつ高い組織となるからである。

例えば成帝の鴻嘉元（前二〇）年、史丹を武陽侯に封じ、「東海郯の武彊聚、戸千一百を國とす」とある。(四二)もう一つの例として前漢の哀帝が即位すると、王莽を罷免して私邸に帰らせたが、あわせて詔して「黄郵聚の戸三百五十を以て莽を益封す」とある。(四三)武彊聚が一一〇〇戸を管轄し、黄郵聚が三五〇戸を管轄しているのはいずれも郷の規模である。里と同級の「聚」はもし戸口が膨脹したら、自然に昇格して郷聚となることができ、例えば劉邦の故郷の豊邑は里聚より昇格して郷邑になったものである。これによれば、「××聚」はその他の郷と合併して県となることができ、例えば南陽郡の冠郡県は、班固の本注によれば、「武帝置く。故の穰の盧陽郷・宛の臨駣聚なり」とある。(四四)すなわち、冠軍県は穰県と宛県がそれぞれ一つの郷聚を分出して合併したことで形成されたものである。これに対して、私は冠軍県が、盧陽郷が一つの里を合併したことによるものなのか、あるいは自然聚落から編成されたものなのかを説明することはできないだろう。

如上から分かるとおり、実存状態について言えば、自然形成の聚落は古来よりあり、決して漢代に新たに生じた事物ではない。古人がこれらの聚落を記載あるいは叙述する時、あるものは「聚」「聚落」と称し、あるものはその自発形成した存在形態を直接描写する。概念の使用について言えば、その内涵は、国家がこれら聚落の郷を設け里を置くことに対応し、その外延は絶えず拡大していき、自然状態の「聚」「聚落」が次第に進んで行政単位の里の一級たる「里聚」、郷の一級あたる「××聚」となる。つまり、私がもし必ず「聚落」というこの概念を用いて当時の「聚」「里聚」「××聚」の話を指摘して述べねばならないとすれば、人為的計画の聚居単位である「城邑」に対応した意味で使用することにあり、その行政による編成問題を考慮しない。

「城邑」は、漢代の文献中に慣用される一つの概念であり、あるいは「城郭」「都邑」、「都市」「都会」と称し、あるいは単に「城」と称し、これらの名称のうち、「城郭」を使用する確立が最も高く、「内城外郭」を築造する、あるいは外を城壁で囲むことを説明するうえで顕著な特徴である。私が使用する「城壁」というこの概念は漢代の都城・郡国城・県邑城等を指摘するものであり、一方では論題中の「城市国家」に対応するための提起であり、別の一方では早期の城市の呼称である「邑」とかみ合わせるためでもある。漢代の城邑は三代の特に戦国時代の城邑の基礎の上に修繕し発展したものであり、したがって、漢代の郷聚亭が城郭を築いていたかどうかの疑問を解明する必要があり、まず先に古代の邑国の変遷を整理したうえで、これら邑国が必ず城郭を築いていたかどうかの問題に及ばねばならない。

文献の記載によれば、商周時代に指摘されるいわゆる「城市」の概念は「邑」であり、春秋以後は往々にして「城郭」「城邑」と連用されたり、あるいは単に「城」と称される。「邑」字の出現は比較的早く、甲骨や金文に均しく見られる。于省吾先生は「中国」を論じるにおいてこの通称がもっと早く使われた時期を古文字学の観点から「邑」字の起源を解析しており、「回」字は邑の初文であり、口に从《したが》い囗に从う、すなわち会意の字である。口に从うのは、これが古文の方字を借用して、城邑の四面に城壁がある形を表示し、囗に从うのは、すでに口（方）とは別に、都邑以外の四方の郊外を表示しているのである」と考えた。(四五)この解釈は字形から言えば正しいが、「邑」の起源については回答していない。なぜなら、「都邑」と「四郊」はいずれも国家形態形成以後の概念だからである。林澐は考古学的発見たる半坡・姜寨遺跡の濠や柵などの施設と結合させ、さらに一歩進めて「邑」の造字を説いており、「当時の居住地区における各種の防衛施設を概括して抽象化した結果かも知れない」と述べる。[四六]甲骨文の「邑」の書き方は一般に囗字の下面に人を加え、あるいは口字の下面に人を加えるものであり、これは「邑」字が比較的熟した書き方とすべきである。これで「邑」の意味が、氏族時代より防衛施設を備えた居住区を持つものであり、発展して行政編成の単位という性質を持つ単元実体であることが説明できる。ちょうどこの意味では、学者たちがようやく遺跡群の面積の大小を根拠にして、龍山時代の一級・二級・三級聚落を区分して性質を定め、普通の聚落を「聚」、中心聚落を「邑」、高級聚落を「都」としたのである。[四七]

松丸道雄は比較的早期に商周期の「邑」を研究し、邑と呼ばれる聚落を帰納して三つの類型を作り、都邑・族邑・属邑に分け、属邑はいずれも都邑と族邑の附属聚落であるとして、邑の三等級の階層が商周国家の基本構造であるとした。[四八]宋鎮豪は『禮記』王制篇の「凡そ民を居くは、地を量りて以て邑を制し、地を度りて以て民を居く」と、『尉繚子』兵談篇の「土地の肥磽を量りて邑を立つ」等の見解を結び合わせ、「邑は自然形成されず、一般に人為的計画を経るのが普通である」と指摘している。そのうえ、商代の邑がその規模および性質により大きく四つに分類できるとする。第一に商都が「大邑商」と称することである。第二に方国の都が邑と称することである。第三に臣属した諸侯の一級の邑である。第四に以上の三類型の大邑の下に属する小邑である。[四九]これらの邑は春秋戦国時代に到って併合され、戦争の規模拡大と経済の発展につれて、迅速に発展して城内の施設がわりに完備され、防御能力も強化し、構造計画にも趣向を凝らすようになり、手工業部門が揃った近代的な意味を持つ「城市」となる。そして歴史の文化・伝統の影響を受けて、これらの数量が空前の増加を遂げた城市もまた習慣上「邑」と称されたため、万室の邑・千室の邑といった類の表現が存在する。郡県制と郷里制が作られた後、各国はあまねくこれらの大邑と小邑の進行に対して行政編成したことで、郡邑・県邑・郷邑・里邑の称が存在する。邑に大小があり、多くの邑は城郭と環濠を有するが、一部の邑は城郭と環濠を持たず、『商君書』兵守篇はいかにして「有城の邑を守る」かという問題に言及し、当時はまだ城郭がなくとも守るべき邑が存在していた。このため、我々がもし中国固有の概念より出発した名称が人為的計画を経た居住単位とするなら、「城市」というこの概念を使用するのはあまり正確ではなく、これを「城邑」と称するのは、あるいはより妥当であろう。

三代の古国はどれほどであったのだろうか。これは本来証明を求めることができない問題である。劉昭の『續漢書』郡國志の序文に引かれている皇甫謐『帝王世紀』の見解によれば、夏禹の時は万国あり、殷の湯王が受命した時は国が三千あり、周の武王が商に勝って五等爵の封を建てた時、一七七三の国があり、春秋時代に至ってようやく一二〇〇国が存在したという。皇甫謐の「万国」「三千余国」という説は、『戰國策』趙策に記される趙奢と田單による兵談の対話、および『呂氏春秋』用民篇に所載のいかにして民を治めるかの議論に基づくものであり、大げさに流れるのは免れがたい。やむを得ず次善のものを求めたところで、たとえこれらの数字にもともと根拠があったとしても、商周ないし春秋期の古国・古邑がみな城郭を建築していたと確定することはできず、甲骨・金文中の「作邑」「立邑」は「地を量りて以て邑を制し、地を度りて以て民を居く」だけに過ぎない。[五〇]考古学調査と発掘から見れば、商周期の王朝の都城は偃師商城・鄭州商城のように城郭があり、安陽の殷墟の王城は環濠があるとはいえ洹河と接しており、ただ最終盤になると城壁を建築しておらず、西周期の都城は「豊鎬・洛邑あるいは岐邑を問わず、現在いずれもまだ遺跡を取り囲んだ城壁・城の外堀の類が発見されていない」という。[五一] 特に指摘せねばならないことは、商代の多くの邑が城壁を備えていないことであり、「特に人口の多い小邑は、おそらくほとんどが城壁と環濠を持たず、防衛性能が甚だ不足しており、でなければ数十の邑で敵対関係にある何者かが侵略・占領・掠奪する事件が頻発するようなことはないだろう」という。[五二]

思うに西周の礼制規定では、諸侯の国の都城は周囲九百丈（三百雉）を過ぎず、卿大夫の都邑は国都の三分の一（百雉）を超過することはできず、いわゆる（『春秋左氏傳』隠公元年の）「先王の制、大都は、國を參するの一に過ぎず。中は、五の一。小は、九の一」である。[五三] 春秋戦国は「禮壊れ樂崩る」の時代であり、城を建て邑を置くにはもう礼制の制約を受けないので、城邑の数が激増した。学界では文献の記載から当時の城邑の数を推測するか、あるいは考古学調査による分析をまとめており、例えば潘英は、文献から春秋期の城邑五八一座を調査し、九七〇座余りに達すると推測する。[五四] 許宏は現時点で発見されている春秋戦国時代の城址の数百箇所を統計しており、すでにデータを公表あるいは報道に見えたものは四二八座に達したという。[五五] 後暁栄は秦代に設置された県の明確なもの七三二、地の不詳な県二四を考証して、合計七五六県であるとし、もし考察できないものを加えたとしたら、秦一代で設置された県数が分かり、あるいは楊守敬のいうようにちょうど「八九百」個であろう。[五六]

戦国時代の城邑は、秦が引き起こした統一戦争中に、無論、一定程度の破壊を受け、特に秦の始皇帝が天下を平定した後は、諸侯の残党が要害を拠点として乱をおこすことを防止したことで、六国がもともと所有していた城郭・長城等の防御施設については一度全国的な取り壊しが進んだ。だから、劉邦が項羽を討ち破った翌年には、関東の異姓諸侯が合従して漢を攻撃するかもしれないという厳しい状況に直面したため、ただちに「天下の縣邑をして城かし」めたのである。「縣邑」の「邑」とは、（『漢書』巻一下 高帝紀下の）張晏注に、「皇后・公主の食む所を邑と曰ふ。今 各々自ら其の城を築かしむるなり」とある。その実、列侯の食を「邑」と称しており、例えば『二年律令』興律には、縣・道の官が各種の殺人罪を審判するという規定があって「上獄屬所二千石官」が必要であり、同時に、「徹侯邑上在所郡守」を要求する。[五七] とても顕著なことに、高祖六年の詔の中にいう県邑の県が指すものは行政編成の単位であって、「邑」を名とする地名あるいは総称としてのいわゆる「小邑」ではない。

要するに、両漢の城市建設と郡県侯国の分離合併を通じて、平帝期までには、およそ県邑道侯国が一五八七、[五八] 順帝期に至るまでは、およそ県邑道侯国が一一八〇あり、[五九] これはつまり漢代の城市発展のおおよその規模である。思うに『續漢書』郡國志に列記されている某郡国に領属する県は多かれ少なかれ「城」を冠するのが通例であり、これらの県邑道侯国の治所はもしかするとほとんどが城郭を有したかもしれないが、県城以下の郷聚亭に至ってはすべてに城郭をめぐらせてはいまい。わずかにいくつかの郷聚亭と古国古邑の地の一致ならびに個別の郷聚亭に外郭が築かれていたという事例に基づき、漢代の郷聚亭の周囲にすべて城郭があったという結論を導き出したとて、可能性を説いて実際とひどく食い違うよりは、むしろ論証のロジックを説くに性急である方がよい。

二　秦漢の城邑と「聚落」の地域性考察

漢代の郷聚亭がすべて城郭を築いたというのは、宮崎市定が導き出した「都市国家論」の基礎である。私は漢代の郷聚亭について静態観察を行い、いくつかの郷聚亭が城郭を築いていたという結論を得たが、城郭を有した郷聚亭に地域性による区別が存在していたかどうかを明らかにする必要がある。漢代の城邑と「聚落」の分布における地域性の分析について、二つの手順に沿って展開できる。一つ目は県の領有する面積と人口密度の上から漢代の城邑分布の地域的特徴を考えるものであり、二つ目は城郭を有していたであろう郷聚亭が秦漢帝国の境域内で普遍性を備えていたかどうかを考察するものである。

秦漢帝国の境域が拡大すると、秦の始皇帝は統一した後で北は匈奴を伐ち、南は五嶺を守った。漢の武帝は朝鮮に東征し、西南を経略し、郡県の版図は西は敦煌から起きて、東は楽浪に及び、南は交趾を窮め、北は五原に到達した。かかる空前の広大な行政管轄範囲内にあって、郡国が領有した県数と県に属する面積および人口密度の差異は極めて大きく、したがって城邑分布上の地域性の特徴を決定づけた。もちろん、文献の記載よりは考古学調査だが、漢代の城邑分布が主に黄河の中・下流地区に集中していることを証明せぬものはなく、盤上の碁石のようだといえる。北方の長城の沿線と西北一帯は軍事防御機能の突出した姿により城邑の様相を展開する。江淮以南および西南の広大な地帯は、郡県の分布がまばらに広がり、星が瞬くようだといえる。県の領有する面積からこれを論じると、邢義田は労幹・葛剣雄・楊遠ら三先生の漢代郡国の面積測定を結びつけ、「西漢末県平均面積分類表」を製図しており、今、簡略化してここに記す。

西漢末県平均面積分類表[六〇]

県面積（㎢）	郡国	郡国数合計	県数合計
100～500	巨鹿 清河 廣平 真定 信都 山陽 東平 琅琊 平原 千乘 齊郡 北海 菑川 高密	14	232
501～1000	京兆 馮翊 河内 河南 潁川 汝南 沛郡 梁國 魏郡 常山 中山 河間 東郡 陳留 濟陰 泰山 城陽 東海 魯國 楚國 泗水 濟南 東萊 胶東 雲中 定襄 涿郡 渤海 廣陽 五原	30	499
1001～1500	扶風 趙國 淮陽 臨淮 南陽 天水 西河	7	151
1501～2000	河東 廣陵 九江 六安 雁門 代郡 上谷	7	95
2001～3000	武都 武威 安定 北地 太原 上黨 上郡	7	117
3001～4000	弘農 南郡 廬江 丹陽 隴西 金城 漁陽 右北平 遼西 樂浪	10	149
4001～	江夏 貴陽 武陵 零陵 長沙 會稽 豫章 漢中 廣漢 蜀郡 犍爲 越嶲 益州 牂牁巴郡 張掖 酒泉 敦煌 遼東 玄菟 朔方 南海 郁林 蒼梧 交趾 合浦 九眞 日南	28	335
	総計	103	1,578

上表より分かることは、面積一〇〇～一〇〇〇平方キロメートルある

県の合計は七三一あり、四四の郡国に分属し、郡国ごとの平均領有県数は一六・六である。面積一〇〇一～四〇〇〇平方キロメートル以上の県の合計数は八四七であり、五九の郡国に分属し、郡国ごとの平均領有県数は一四・四である。面積四〇〇〇平方キロメートル以上の県は二八の郡に分属し、郡ごとの平均領有県数は一二・七である。人口密度から見れば、葛剣雄は前漢の元始二（西暦二）年の各郡国の面積および人口密度について統計を算出し、郡国の人口密度表を列記しており、今、この分類に基づいて図を記すと以下のとおりになる。

西漢末郡国人口密度分類表（六）

人口密度（人／㎢）	郡国	郡国数	総人口	総面積（㎢）	平均人口密度（人／㎢）
50以上	京兆 河内 河南 魏郡 巨鹿 清河 廣平 信都 趙國 眞定 中山 河間 潁川 汝南 沛郡 梁國 山陽 陳留 濟陰 東郡 城陽 淮陽 東平 琅琊 東海 楚國 魯國 平原 千乘 濟南 北海 齊郡 菑川 高密 渤海 涿郡	36	30,881,372	326,472	94.59
49～15	馮翊 扶風 河東 常山 泰山 臨淮 泗水 廣陵 東萊 膠東 南陽 九江 六安 蜀郡 太原 云中 定襄 廣陽 五原	19	11,910,997	402,918	29.56
14.～5	弘農 南郡 廬江 會稽 丹陽 廣漢 武都 巴郡 隴西 天水 上黨 雁門 代郡 上谷 漁陽 右北平 遼西 西河 上郡 九眞	20	8,630,195	1,033,506	8.35
4.99以下	江夏 桂陽 武陵 零陵 長沙 豫章 漢中 犍爲 越嶲 益州 牂牁 金城 武威 張掖 酒泉 敦煌 安定 遼東 玄菟 樂浪 朔方 北地 南海 郁林 蒼梧 交趾 合浦 日南	28	6,248,838	2,170,773	2.88
総計		103	57,671,402	3,933,669	14.66

上の表によれば、平方キロメートルごとの人口密度が全国平均値の一四・六六人を超えているものは合計五五郡国あり、主に江淮以北、燕山・太行山以南に集中し、人口の最稠密地区は関東と関中平原であり、平均密度はおよそ平方キロメートルごとに五〇人以上、その中で、河南・眞定・潁川・陳留・濟陰・東郡・東平・魯國・千乘・北海・齊郡・菑川・高密などの地は一〇〇人以上に達する。その他の地区にも比較的小範囲の人口稠密区が存在し、例えば南陽盆地や成都平原、臨汾・遠城河谷盆地などである。また、全国平均値より低い四八の郡国は、ほとんどすべてが江淮以南ならびに北部と西北部の辺境の諸郡である。ここから分かるのは、人口密度の高低と県の領有面積の大小はちょうど反比例をなしており、この反比例現象は地域分布においておよそ一致するものである。すなわち県の領有面積の小さければ、人口密度が過剰に大きく、城邑分布がきわめて密集している。県の領有面

積が大きければ、人口密度は過剰に小さく、城邑分布はきわめてまばらである。その中で、県の領有面積が最小の四四郡国と人口密度が最高の五五郡国の中の四四個がすべて符合し、その地域はほとんどすべてが黄河の中・下流に集中しており、敷地面積はおよそ全国の一八・五%である。県の領有面積が最大の五九郡国も人口密度の比較的小さい四八郡国を包括し、ほとんどすべてが江南および帝国の辺境の広大な地帯に位置し、敷地面積はおよよ全国の八一・五%にあたる。もちろん、この推定と実際の状況の間には一定の誤差が存在するだろうが、いずれにせよ、漢代の城邑分布密度を観察する視角を我々に提供する。

以上の分析を通してみると、漢代城邑の地域構造において中原を中心として南北へ波状式に躍進するという分布の特徴が現れたと言ってよい。もし京兆――東海の第一線を枢軸とし、北は巨鹿より起ち、南は汝南に及ぶまでの、おおよそちょうど横向きにして手で開いた傘状のようにしたら、県の面積は平均一〇〇～一〇〇〇平方キロメートル、人口密度は最も高いだろう。北は上谷より起ち、南は六安に及ぶまでの傘状に位置した第二波では、県の面積が平均一〇〇一～三〇〇〇平方キロメートル、人口密度は全国平均値を上下に浮動するだろう。北は遼西より起ち、南は南海に達するまでの傘状に位置した第三波では、県の面積が平均三〇〇一～四〇〇〇平方キロメートル、人口密度は平均値から平方キロメートルごとに三人足りないだろう。右扶風を起点として、北は敦煌より起ち、南は九眞に至るまではまた逆向きの傘状の分布を呈するだろう。文献と考古学調査を結びつけると、黄河の中・下流地区の城邑数が全国の範囲内において割合を占めるのは確かに最高で、『漢書』地理志と『續漢書』郡國志の記載によれば、「前漢末期、司隷・豫・冀・兗・徐・青州の郡県城は七三一座、およそ全国の郡県総数の四三%を占める。後漢期、当該地区の郡県城は五一二座、全国の郡県総数の四三・三%を占める」ことになる。考古学調査から見れば、この地区に出現した城址はおよそ全国の出現総数の半分以上を占め、例えば、今のところ出現した秦漢地方の城址は約六二〇座余り、その中の半分以上は黄河の中・下流地区に集中し、合計すると郡国の城址は二七座あり、郡国の首県の外の一般県邑は二五〇座余り、その特徴は、「戦国時代の旧城を継続使用するのが主であり、秦漢時代に新たに建てられた城邑の出現は比較的少ない」のである。長江の中・下流地区に出現した城址で県邑城と確定できるものはおよそ四〇余座あり、城址の規模は普通で大きくなく、漢代に新築された城邑数は明らかに増加している。北方の長城沿線の辺境都市（朔方・五原すなわち秦の九原・雲中・西河・定襄・雁門・代郡・上古・漁陽・右北平・遼西などの郡を含む）、ならびに東北・西北と嶺南地区の城址は同様に面積がすべてやや小さく、絶対多数は漢代に新築の軍事防御機能を備えた城址および数のやや少ない少数民族が築造した山城である[六二]。

すなわち、現在のところ出現した秦漢時代の城址においてその性質が見分けられるもののほとんどは郡国城・県道城・帝王の陵邑・列侯の封邑および属国都尉城であり、ただいくつかの規模のやや小さい城址だけが郷亭城あるいは城堡などに属することができる。このため、我々が郷聚亭などの「聚落」形態を討論するには、主に文献の記載とすでに考古学報告が公表された村落の遺跡から入手するだけである。

秦漢時代の聚落形態の研究は、中国大陸において着手されたのがやや遅く、二〇世紀の一九五〇年代以後に遼陽の三道壕村落遺跡・河南の遂平小寨村落遺跡などが相次いで出現したことで、漢代の異なる聚落形態の実例の観察を提供したが、残念ながら当時の「五朶金花」討論の中に埋没してしまった。九〇年代後期になり社会史研究の深化につれ、特に二〇〇三～二〇〇八年の河南省内黄県三楊荘の漢代聚落遺跡において実地調査と発掘がなされると、学者はようやく漢代の下部聚落形態の多様性の問題に焦点を当てるようになった。その中で、侯旭東は漢魏六朝期の広大な郷村自然聚落――邨・村関係ならびに簡牘・石刻銘文等の資料についての系統考察を通じて、前漢初年から後漢の終始に至るまで、郷里系統以外の自然聚落の存在を証明した[六三]。邢義田は新たに放馬灘・馬王堆古地図の基本性質の基礎を解読し、漢代聚落遺跡と簡牘の示す城邑里制を結びつけ、「一般の農村聚落がたとえ郷里の編成に納められたとしても、それはもともと地理自然条件と農耕活動の利便性により決定される居住形態であり、おおかた改変することはできない。換言すれば、ただ行政管理の利便性あるいは里制の画一的需要のためだけに移転・分割あるいは集中をするはずがない」と指摘する。すなわち城邑中の里が計画を通じて、比較的整理されることもあり得、郷野農村がたとえ里の編成に組み込まれたとしても、その居址の構造は明らかに必ずしも充分に整っているわけではないのである[六四]。上述の結論に対して私はだいたい賛同する。なぜならば、各時代の人々はみな前人の創造した土台上に生産と生活を進歩させるからである。城邑について論じるならば、秦漢の郡国城と県邑城は戦国時代の城邑を直接利用および改築したものがとても多く、これは城邑の考古学調査の中ですでに実証できた。郷野の聚落について言えば、商鞅の「小郷邑聚を集めて縣と爲す」だろうが、秦の始皇帝の東南と嶺南への推進ならびに漢の武帝の西南への開拓だろうが、同時に郡を建て県を置き、古くからあった聚落が郷を設け里を建てることに対しては、どうせ行政編成を進行させるにすぎず、分割や再建の進行を不要とするだけの力がなく、聚落の分布はだいたいすべて元からの状態を保っており、関中の諸陵邑と西北の移民区は別の問題とし、一般的に言えば大部分が事前に「邑を營み城を立て、里を制して宅を割」り、「室居櫛比し、門巷修直す」るのである[六五]。討論に必要な問題の一つ目は、郷野・村落の住居址の分布が邢義田の主張するようにみな「必ずしも十分に整っていない」のかどうか、あるいは三楊荘の農舎のように耕地の中に位置する村落の分布が典型的な意味を備えているかであり、二つ目は、自然形成の「聚」と郷里体制の関係の問題である。

私が思うに、郷野・村落の分布を考察するにはまず伝統要素の影響に関心を払うべきである。歴史伝統から言えば、中原地区は西周より国野郷遂制度を実行し、「城郭を築きて以て之に居き、廬井を制して以て之を均しく」[六六]し、城邑と郊野は「都鄙をして章有り、上下をして服有り、田をして封恤有り、廬井をして伍有らし」めぬものはない[六七]。かかる計画の、趣があるうえに整然とした住居址分布の理念は、歴史上、一種の思考パターンを形成しており、人々が新たな居住区を創建する、あるいは、ある土地から別のある土地への転居、ひいては自然聚居時において、たとえあらかじめ設計・計画をしていなかったとしても、習慣上、共通の伝統的制約に従うだろうし、街道あるいは河流に沿って進みながら順次配列するだろう。

先賢の定住した場所が地理条件において、一般にみな人間居住に適合する優位性を持っていたことにより、たとえ天災・人災である一時期に千里の彼方に鶏の声も聞かなくなったとしても、平和な時代が到来するにつれて、またもとの場所に再建されるだろうし、定住地点として継承されて今に至っており、ゆえに我々の観察に提供できる郷野の考古遺跡は明け方の星のように少ない。現時点で公表されている漢代聚落の考古遺跡の分析について、河南遂平小寨村落遺跡は中原にあり、考古学の報告が示唆した街道の方向・丁字街口および井戸の配列等の形跡を見ると、この遺跡の建物の配列は整然として秩序だっている（六八）。遼陽三道壕村落遺跡は六箇所の住居址が互いに連なっていないにもかかわらず、建物の間が窯跡で隔たっており、ただ屋敷の間の距離が一般に一五〜三〇メートルとまちまちである（六九）。もし暫時、この遺跡の農工型の特徴を考慮しなければ、このような間隔は土地が広くて人口の少ない東北の辺境郡において実に正常に属するものである。河南内黄三楊荘遺跡だけはすでに整理された四箇所の屋敷跡がそれぞれ耕地の中に位置しており、1号と4号は一〇〇メートル近く隔たり、2号と3号は四〇〇メートル隔たり、ただ3号と4号だけは庭が隣接して建っており、これは通常理解するところの漢代「里」制とわりあい大きい距離が存在するようである。学者が指摘するには、内黄三楊荘遺跡は黄河の大堤防内の砂州にあった可能性が高く、王莽の始建国三（一一）年に「河が魏郡に決し」て水浸しとなったことにより（七〇）、あるいは後漢時代に黄河の川筋が変わったことで廃棄されて村落が完全に保存されたという（七一）。しかし、「それは必ずしも漢代の農村聚落の共通特性を反映したとはかぎらず（七二）」、あるいは、「これは漢代のありふれた農村ではなく、黄河の砂州の新開拓地区に出現した新たに建てられた荒ら屋であり、その中庭の『無鄰独居』現象が反映しているのは、開拓の自然進化過程である」という（七三）。

以上三箇所の村落遺跡はそれぞれ今の河南・遼寧両省に位置し、地域において広範さを備えてはおらず、だからこそ、漢代の村落分布を判断する材料として基づくにはまだ明らかに薄弱にすぎる。たとえそうであっても、もし我々が先賢の居住習慣と伝統的な思考パターンを考慮したら、やはり黄河中・下流地区ないしは比較的早く開発された遼東一帯を認識したかもしれず、郷野・村落は分布において一定の法則にしたがうべきであり、城内の「室居櫛比し、門巷修直す」と違っていようと、ただおおよそは入り交じって趣があり、乱雑ではない。すなわち、河南遂平小寨村落遺跡の中庭の整然とした排列と遼陽三道壕村落遺跡の屋敷間の隔たりは、さらに普遍性を備えるべきであり、河南内黄三楊荘の村落分布はただ個別の現象に過ぎないかもしれず、典型的な意義を備えず、まさに孫家洲が指摘するその中庭の「無鄰独居」現象が反映したのは開拓の自然進化過程のようである。そのうえこのような村落はほとんどみな河の砂州や湖畔あるいは深山渓谷に形成されており、例えば前引の例1のような河土手の間の「稍く室宅を築き、遂に聚落を成す」もの、例6の「深山に居り、渓谷に濱ふ」ような「聚邑」ならびに下邳郡徐県の「茅屋草廬千戸」などである。これらは新たに形成された聚落あるいは地勢によって向かうものであり、あるいは、先占取得の原則に応じて、庭の間隔を当初はやや大きくしていたかもしれず、外来の戸の増加と分戸・別居等々の要因にしたがって、庭の分布はやがてますます密集したであろう。江南の特に嶺南に至っては、湖畔や大河の支流が入り交じり、採光の制限を受けず、郷野・村落の分布はあるいはさらに様々な様態だったのかもしれない。すなわち、私は三楊荘村落遺跡だけを見ることができず、いささか大山の深所の聚落分布の古地図を描写して欣喜雀躍し、まるで新大陸を発見したかのように軽々しく史書に記載の里制を否定してしまい、地域的要因を考慮しなかったのである。

村落の遺跡が反映しているものは当時の生活模様にすぎず、これら村落の社会組織体系やあるいは三楊荘式のような自然形成聚落が郷里体制を逸脱しているかについては、遺跡自体から解答を見つけ出す方法がない。したがって我々はやはり関連文献に戻って価値ある手がかりを探す必要がある。実は、三楊荘に類似した自然聚落が文献中の記載にあり、例えば前引の濟陰成武の人の孫期は大澤の中に豚を飼育し、里落はその仁讓に化した。「黄巾賊 起こるや、期の里陌を過ぐるも、相ひ約して孫先生の舍を犯さず」とある。[七四] 後漢の濟陰郡成武県は今の河南省成武県であり、その西北には菏澤・雷澤と巨野澤があり、菏澤は成武から最も近く、孫期が豚を飼育した「大澤」はあるいはこの菏澤かもしれない。その位置した聚落の史称は「里陌」であり、黄巾軍が通過した際に「相ひ約して孫先生の舍を犯さず」としたことは、すなわち孫期の房舍は田野の阡陌中に位置していた可能性があり、三楊荘村落遺跡と似通っている。このような「聚」を「里陌」または「里落」と称し、地方政府がすでにこの類の「聚」の郷里編成を実現していたことを説明するものであり、もしそうであれば、三楊荘村落が郷里体制に入っていたかどうかの討論は事実上すでに意味があるまい。すなわち平原地区に新たに形成された「聚」であろうと、河の砂州や湖畔に次第に生まれた「聚」であろうと、一旦規模を形成したら、国家はみな郷を設け里を置いて管理したことが分かる。例えば例13の江陽侯劉仁が使役した附落について、顔師古注は、「聚落有つて來附する者、輒ち之を役使するは、法制に非ざるなり」と記す。[七五] いわゆる「法制に非ず」とは、侯国は制度によって固定の戸数があり、新しい「聚落」は地方の郡県の管轄に帰するべきで、劉仁が勝手に自ら使役するのは違法なのである。

　文献が示す秦漢時代の通常「聚落」と呼ばれるものは、地域分布において南は荊・交州より起き、北は幽・冀州に至り、東は青・徐州を極め、ほとんど秦漢帝国の全国土を包括している。ただし、具体的名称の「聚」あるいは「聚」から変化して生じた「里聚」「××聚」は主に帝国の内陸に見え、すなわち司隷部の三河と冀州の魏郡・巨鹿郡、荊州の南陽郡・南郡、徐州の琅邪郡などである。これらの地区はまさに殷周以来の中華民族の主要活動範囲および歴代中原に鹿を逐った場所であるため、広く伝わる歴史典故と伝説は最も発達し、故に両漢志が尽く著録でき、我々が漢代聚落の形成と変化を観察するために、貴重な素材を提供する。その他の地区ももちろん多くの聚落が分布しているが、歴史記憶を有する県・郷・聚・亭は極めて稀である。筆者の大まかな統計では、『續漢書』郡國志に記載される行政区によって論じるならば、歴史記憶を有する郷・聚・亭・城が存在する県邑侯国は約一三〇あり、県邑侯国の治所で歴史記憶を有するものは八七、その合計は二二〇未満であり（その中にさらに多くの重複がある）、一一八〇ある県邑道侯国のわずか一八%強にすぎない。さらに江淮以南と西南の広大な地域は、戦国以来、夷と漢および越と漢の民族が雑居して、自然聚落がたくさん分布しており、さらに順を追って開発・強化された郷里編成の状態にある。

　自然形成聚落の地域上の分布は極めて広く、聚落の行政編成についての実現は中原から全国に向かって次第に推進していった。換言すれば、我々はいかなる時間点を切断面として、郡国県邑の治所の外にある聚落を観察しようとも、みなすでに郷里編成を完成した郷聚と自然状態にある「聚落」をみることができるのである。さらに一歩進めて言えば、古人が都を建てて邑を制し、「天の材に因り、地の利に就くが故に、城郭は必ずしも規矩に中らず、道路は必ずしも準縄に中らず」[七六]の原則にしたがい、人為的計画の城邑たる「郭」の是非は一致を求めぬ方向に進み、城内の街道・官府・祠廟・民家・市場等の配置もそれぞれの土地柄に応じて適切な措置をとる。郡城・郡治・県治であろうと、郷・聚・里と隔たろうと、郷里の編成は貫徹していて変わらない。

　いずれにせよ、秦漢時代の城邑は地域においては黄河の中・下流を円の中心として周囲に点状に分布し、数量においては一つの石が千のさざ波を引き起こして次第に減少するようなものである。郷聚亭里などの大小の聚落は一つの郡城と県邑を取り囲んで守っており、密度においては城邑数の減少につれて逓減する。自然聚落は秦漢の四百年間に絶え間なく生じたが、国家の強制性・社会組織形式・郷里体制の触角もまたどこにもあり、あらゆる機会を利用し、自然聚落が長期にわたって郷里体制から逸脱する例外を存在させない。郷野村落の分布は黄河中下流地区にあって歴史の継承性等の原因によりおおかたは整然として秩序だっており、深山や渓谷・河の砂州や湖畔ならびに江南と西南等の地に分散した聚落は自然状態のまま郷里体制に入ったものであるため、その分布もまた色々な様態であったことが分かる。

三　宮崎市定「中国都市国家論」駁議

周知のとおり、「城市国家（都市国家）」は早期の国家類型を研究する中で抽出されたモデルの一つであり、ギリシア城邦（都市国家）の史的研究にともなって定義された一つの概念であり、最初は一般にギリシア半島とイタリア半島の都市群を城邦国家と呼称した。この種の国家モデルをその他の文明史研究に応用する時、しばしば両河流域・インダス川流域・地中海沿岸ないし中国の黄河流域に生じた原始類型の国家すべてを「城市国家」と総称した。もちろん、研究の深化につれ、人々は東方のいわゆる城市国家の内部構造と原始民主政治体制の発育の程度が所詮はギリシアの城邦と同じでないことに気づき、これによりある学者が「東方の城市国家の発展が真の城邦制度（都市国家制度）に到達するのではない」と指摘した。(七七) すなわち、城市国家は早期の国家類型中において一定の普遍性を備え、城邦制度はただギリシアとイタリア半島にのみ存在するという。筆者が考えるに、「城市国家」モデルも中国古代に適合しない。なぜなら国内外の学者がこの問題の研究に向かうにつれ、私は「城市国家」の備えているべき条件が中国古代に備わっていないとますます感じたからである。

ギリシア城邦国家の本質についての認識は、トゥキディデス、プラトン、アリストテレスら古代史学家・哲学家が彼らの著作において生き生きと描写している。コロンビア大学の李峰教授は現代の西洋学者の研究について総合的な総括を進めており、この他、前ソビエト連邦の歴史学界は城邦問題についてまた比較的深く掘り下げた理論探求があり、現在、国外の学者の「城市国家」に関する主要な特徴的観点を帰納すると下記のとおりである。1．「城市国家」は必ず群れを成すか、あるいは網状に分布せねばならず、一つ一つの領土面積は小さく、国民は少なく、地位が平等で政治の独立した主権実体であり、その領土面積は国家の中心から歩いて国境に至るまでわずか一日を要する。2．外観から言えば、「城市国家」は一つ一つに輪郭のはっきりした中心があり、すなわち城郭あるいは堀に守られる城市であり、これら城市は生産物資を提供する内陸付近を保有して、経済上の自給自足を実現する。(七八) 3．内部権力構造から言えば、「城市国家」は通常三つの権力成分——民衆総会・長老会議・首脳会議あるいは領袖会議を包括する。(七九) 城邦制度の最も重要な基礎は公民平等原則と民衆総会の立法権であり、また公民総会の主権原則たる「直接民主」とする。(八〇) 補足説明すべきこととして、典型的な「城市国家」は随分と対外貿易に依存し、他社会と資源を交換することを通してようやく存在できるのである。

これに基づいて論じると、もしただ領土面積の小ささと国民の少なさという項目から中国古代社会を観察すれば、商周期ひいては春秋期を「城市国家」と称することができ、商周期の王室がじかに制御する土地方円千里、いわゆる「王畿千里」「天子の制は、地方千里」等の口実は虚語ではないだろう。殷商時代の商王朝と方国の関係は、たとえ仮に「諸侯の長」と定義したとしても、覇主と従属国の関係に属し、西周の天子は諸侯に対しては「諸侯の君」であり、分封した諸侯国は主権の上で独立していない。春秋期の中原地域の諸侯国は確かに事実上の独立主権を所有したが、その周囲にはほどなく秦・晉・齊・楚などの領土大国が建ったので、国と国の間は共存と相対的平等関係ではなかったか。もし再び「城市国家」の要件における内部権力構造の要素を考慮して言うならば、あるいはただ中国古代に「城市国家」の発展段階が存在しないという結論を出すだけである。まさにこのように捉えるわけは、人々が中国古代「城市国家」モデルを論証する時に、ただ外部の相似性より着手するので、「城市国家」には輪郭のはっきりした中心が一つ一つにあり、城郭あるいは堀に守られた城市なのである。よしんばこのようであったとしても、幾人かの学者は、中国古代が経験した都市国家の発展段階か、それとも漢代の郷聚亭がみな城郭を築いていたかを論証するが、証拠も不十分であり、あるいは材料についてのまちがった解読か、それともまさしく作者の想像である。

宮崎市定の提出した「都市国家論」に焦点を当てると、日本の中国学界にも同じからざる声が存在し、例えば池田雄一は、「漢代においても、城郭などをもちえない、自然発生的と思われる小規模の散村が、かなりの数存在していたことを窺わせる」と述べる。[八一] 五井直弘は、「文献の上でも城郭のない聚落の存在が確認できる」と指摘する。[八二] 中国大陸や台湾地区においては二〇世紀九〇年代より続々と学者たちの反駁意見が提出され、杜正勝は早くからすでに、「国・都以外の里あるいは邑は城外の聚落であり、後世の農村に類似し、決して日本の一派の学者が主張するようなものではなく、古代中国の城外に聚落はない」と指摘した。[八三] その他、侯旭東・馬新・斉涛・邢義田らもまた、異なる角度から秦漢時代に城邑外に存在した大量の自然聚落の事実を論証しており、これら意見はいずれも我々に大きな示唆を与える。すなわち、宮崎市定がそれによって中国古代にたどった「都市国家」の発展段階を論証したものは根拠が不十分であり、漢代の郷聚亭はいずれも城郭を築いていたという結論は成立し得ないのである。

第一に、西周春秋時代の古国古邑は城郭を築いていたものもあれば、築いていないものもある。

西周春秋時代の古国古邑が城郭を築いていたかどうかの問題を討論するには、元来、先秦文献と考古学資料より着手すべきである。後世の史書の記録は結局のところ数百年さらには千余年の歴史の移り変わりから生じた実在の光景であり、数多の城邑と聚落はすでに見る影もなく変わり果てた。宮崎市定の思考の筋道には取るべきところもあるが、結論上では所詮、確かだと証明する方法がない。彼はむしろ、中国上古に都市国家が存在した主な根拠を、いくつかの古国古邑の地と漢代の郷聚亭の重なりから推測し、また『水經注』中の「某亭」「某城」といった地名で酈道元が某古国古邑などの注釈を附したものを探し出して、これらの郷聚亭が城郭を築いていたことを想像し、最後に、酈道元の注で多くの漢代の亭も「城」と称したことの助けを借りて、漢代の郷聚亭の周囲にみな城郭を築いていたことを引き出した。ここから分かるのは、彼がこの結論を導き出した最終的な帰結は「城」の一字である。彼は「城」と称するものは必ず城郭を有していたらしいとするが、事実上、多くの「城」と称する小型の城邑は必ずしも城郭を有していたとは限らない。

これについては字面の上で煩瑣な考証を行う必要がなく、考古学調査によりすでに解答が出ているのである。まさに前文で指摘したそれらは、商代に多くの邑が城垣を有していなかったのであり、安陽の殷墟の王城の最後でさえも城垣を建築していなかった。西周時代の城邑については、現在、一基の中心城址があって城壁・城濠を外周にめぐらせた類の遺跡はまだ確認・発見されておらず、「大多数の邑と称する聚落は城市の機能をさして持たない」という。[八四] たとえ春秋戦国時代の城邑がみな必ずしも城郭を有していなかったとしても、許宏は城邑遺跡の規模の観点から、すでに公表された城市遺跡を分けて二つに大別した。第一類は、面積が一平方キロメートル～一〇平方キロメートルの間にあって、比較的大きな諸侯国の別都あるいは臨時性の都城・春秋時代の一般諸侯国の都城・戦国時代の重要な大邑（郡・県の治所を含む）より構成する。第二類は、面積が一〇〇万平方メートル（一平方キロメートル）以下で、多くの比較的小さい諸侯国あるいは属国の都城ならびに列国の一般的な都城・同時に軍事城塞としてその中でとても大きな比重を占めるものである。これと平行して、「二重城垣の城郭構造は主要諸侯国の都城のほぼ大部分の城址に見え、一般城市遺跡の第一類城址についても一四箇所あることを発見した。この形成と鮮明な対比をしているものは、数としては多くの第二類城址で城郭構造を帯びているものが七例見え、そのうち面積が二五万平方メートル以下の一二四座の小型城址の中には基本的に見えない」と指摘した。[八五] これらの比較的小さい諸侯国あるいは属国や列国の一般的な城邑は史書中の古国古邑だけであり、これが我々に告げるのは、文献中に見える古国・古城・古邑の字句からきっと城郭を有してめぐらせていたと連想することは不要であり、それによって漢代の郷聚亭が城郭を有していたと論証するのは明らかに推測から証拠を取るものであり、字面だけを見て当てずっぽうの解釈をしているにすぎない。

第二に、文献中には郷聚亭が城郭を有していたという例証が確かに存在するも、反対に、漢代の郷聚亭が城郭を建築したことの普遍性を証明する方法がない。

秦漢時代のいくつかの郷聚亭には城郭があり、これは関連する記載を文献中から探し出すことができる。例えば陳平は河南郡陽武県戸牖郷の人で、「家は乃ち負郭の窮巷にして、席《むしろ》を以て門と爲す」とある。[八六] 南陽郡春陵県は、李賢注によれば「春陵は、郷の名なり」とあり、建武六（三〇）年、劉秀は春陵郷を改めて章陵県とし、劉昭注引『古今注』に、「建武十八年、中郎將の耿遵をして城を築かしむ」とある。[八七] 范曄『後漢書』の光武帝紀の論には、王莽が簒奪すると、「(後に) 望氣の者たる蘇伯阿 王莽の使と爲りて南陽に至り、遙かに春陵の郭を望見して、嗃《おどろ》きて曰く、『氣 佳《よ》き哉《かな》。鬱鬱葱葱然《うつうつそうそうぜん》たり』と」とある。[八八] 文中の「春陵郭」は耿遵が築城した後の城郭かも知れず、ひとまずこれを春陵郷と見なす。その他の記載は字面の分析によってひとまず認定するだけにすぎないか、あるいは行政の等級により出た推論であり、例えば潁川郡新汲県は、『漢書』地理志上の顔師古注に、「闞駰云へらく、本の汲郷なり。宣帝の神爵三年に置く。河内に汲有るを以ての故に新しきを加ふるなり」とある。[八九] あるいは異なる時代の故城より出された判断は、例えば左馮翊臨晉県に王城があり、(『續漢書』郡國志の) 劉昭注は杜預を引用して、「後に改めて武郷と爲し、縣の東に在り」と記す。[九〇] あるいは両漢志の本注および後漢時代の注文の城・郷と互称するものまたは城・聚と互称するものは、例えば河南郡鞏県に東訾聚があり、司馬彪の本注に、「今の名訾聚なり」とある。[九一]

いずれにせよ、探し出した一四例によって、城郭を有した郷聚城は河南・河内などの九郡に属すると区分可能であり、いずれも黄河の中・下流地区に位置する。その他の郡県に属する郷聚で外郭のあるものはただ江北一帯の廬江郡に一例だけ見え、例えば朱邑は若い頃に廬江郡舒県桐郷の嗇夫となり、死ぬに及んで、「其の子は之を桐郷の西郭の外に葬」ったという。[九二] もちろん、中原以外ではめったに見えない郷聚に城郭を有していたという記載によってその存在を否定することはできないが、城郭を持った郷聚が主に中原地区に見えるという判断は、おおよそ成立すべきものである。すなわち、城邑と聚落の分布だけでなく、明確な地域格差が存在し、たとえ城郭を持つ郷聚亭を現有の材料より判断しても、主に秦漢帝国の内陸部に存在するのである。宮崎市定は、中原地域の個別現象が増加して局地的な普遍現象になったとし、その上で秦漢帝国の全体的な様相を論証したが、これは論理がつながらない。

さらに、戦国時代に築かれた城郭のほとんどが秦漢時代の郡国城と県邑城になっており、離郷や離聚と見なせる所在地はせいぜい少ししかない。例えば戦国時代の齊は七十余あるいは百余城を擁することで知られるが、齊の地は前漢に到るまでおよそ七郡四国を設置し、領有する県数の区分は、東萊郡は一七、北海郡は二六、千乗郡は一五、濟南郡は一四、泰山郡は二四、齊郡は一二、琅琊郡は五一、膠東國は八、淄川國は三、城陽國は四、高密國は五、合わせて一七九県であり、もとからある齊の城を県邑城に作ったとしても足りないのだから、郷聚はなおさらである。よしんば「梁伯 土功を好み、今 梁に多く城有り」(九三)とされる魏の地において、郷聚を「城」へ変質できたとしても、それほど多くはできない。つまり、戦国時代の城邑数を九七〇と見積もったにもかかわらず、まだ千余座あり、これら城邑が漢代に到って全部を発展させて県邑道侯国の治所にしたとしても、おそらくはるかに足りないだろう。例えば両漢書記載の前漢末の県道国邑は一五八七、郷は六六二二、亭は二九六三五である。(九四)後漢末の県道国邑は一一八〇、郷は三六八二、亭は一二四四二である。(九五)漢代にまた新たに多くの城邑を建てたにもかかわらず、主要なものは郡国城と県邑城ならびに長城沿線の都尉城などであり、戦国時代の城邑数の整数一〇〇〇座を受けてこれを論ずるならば、漢代の郷亭の総数と比較して、端数を加えても全く足りない。一歩退いて言えば、よしんば戦国時代に残された古城邑にすべて城郭があって、さらにその中の一部分が転化して漢代の郷聚亭になり、たとえば攻防のために築造の必要な軍事砦・交通の要路衝上の堡塁・功臣や将帥の封邑などになったとしても、漢代の郷聚亭がみな城郭を有したという普遍性を証明する方法がない。

第三に、明確に記載される城郭を有した郷聚亭について、具体的にその歴史的な成立要因を分析する必要がある。

漢代のいくつかの郷聚亭に城郭があったのは事実だが、歴史記録の中から、なぜ城郭を有したかという理由を探求する必要があり、推測の基礎の上に結論を立てることはできないのである。普遍的な歴史の法則に照らせば、経済発展と人口増加につれて県郷数が次第に増え、行政編成により里から郷に、郷から県になるのが一般性を持つ法則だとすべきであり、例えば潁川郡新汲県は汲郷より昇格してできた。しかし、県邑の合併と治所の遷移がもとの県治の降格を引き起こしたという可能性も排除しない。漢代最大の郡県の合併は後漢の初年に発生しており、劉秀は前漢の「凡そ郡・國五百、県・邑・道・侯國四百餘所」を裁断した。この五百余の県邑道侯国（郡・王国の首県を含む）の治所はすなわち都郷であり、今や降格して離郷にしたら、城郭を保留するのは何ら奇怪なことではない。宮崎氏の文中に製作された三つの表のうち、郷聚亭が城郭有したと見なす証拠の合計は一二六個の地名にあり、降格後の離郷聚の数と比較すると1／5強にすぎない。もちろんこのような比較は何ら科学的でないし、ひいては道理もなく、我々には、もはや後漢初年廃止の県邑道侯国がもともと有していた都郷の呼称を宮崎市の列記した地名と対応させる方法がないため、両者を比較するのは、一部の郷聚亭に城郭を留めたのが秦漢社会において本来ありふれた事情であることを説明するだけでしかない。

亭の問題はやや複雑で、類型上では、建築の亭（亭舎の亭）・聚落の亭・部域の亭・地名を呼称する具名亭などである[九六]。宮崎市定は『水經注』を引用して、「亭」と「城」と概念を入れ替えることのできる「××亭」が基本的にみな具名亭であることを挙証しており、例えば棘津亭がまた棘津城と称し、岡成亭が岡成城と称し、北皮亭が北皮城と称し、黄龍亭が黄龍城と称すること等々である[九七]。この手のものは両漢志中にも記載があり、例えば汝南郡の弋陽侯国には「黄亭有り」とあり[九八]、『漢書』地理志上の注に引く應劭注に「故の黄國にして、今の黄城は是れなり」とあり[九九]、また河東郡楊県に高粱亭があって、劉昭注は『晉地道記』を引用して、「梁城有り、縣を去ること五十里」と記しており[一〇〇]、この手の名を備える地名「亭」はしばしば城郭を有していた。そして行政部門の治安・郵駅としての「亭」は、通常言うところの「郭を造りて以て民を居く」の郷聚と為すのかどうか、さらに一歩進めて分析せねばならない。例えば尹湾漢簡『集簿』に記録される前漢成帝年間の東海の郡県邑侯国は三八、郷は一七〇、亭は六八八である[一〇一]。全国について言えば、『漢書』百官公卿表には郷六六二二、亭二九六三五を記載してあり、当然これらの「亭」がすべて城郭を有していたと説明することはできず、亭をもって名とする「城」は東海郡において六八八座を擁し、全国では二九六三五座ある。ゆえに筆者は、城郭を有した「亭」あるいはただ部域に存在した亭や具体的地名の亭であろうと推測する。それにもかかわらず、城郭を有した亭もその中の極小部分でしかなく、しかもあるものは県治の変化により生じたもので、例えば東平國東平陸に「堂陽亭有り」として、劉昭注は「故の縣にして、後に省く」と言っている[一〇二]。すなわち、「堂陽亭」はもとは県治であり、城郭を築いていたことは理にかなっている。

要するに、宮崎市定は『水經注』中より六亭・城を入れ換えた地名六〇個を検出し、これを一緒に並べたことで、確かに人々に視覚上の震撼を与えた。しかし、これを全国の範囲内に広げれば、後漢の一〇五郡国の平均として、郡ごとに一個にも到らず、彼の挙げた六〇個の亭のうち、もともと「故城」「故郡城」などであったものはまだ多くあり、これら来歴が不明で「城」と称する地名亭を、漢代の「亭」がみな城郭を築いていたという普遍的存在として論定するのは、たとえ一般的な推理を行ったとしても成立し得ない。

第四に、両漢志に記載の「××郷」「××聚」「××亭」がすべて歴史記憶を持った郷聚亭であり、一般的な行政編成を特例として代表する意義上の郷聚亭として用いることはできない。

宮崎氏は自己の「都市国家論」を証明するために、表を用いて『續漢書』郡國志の本注および劉昭注中に見える古国から変化して生まれた郷聚亭城合計二五個を列挙し、これらは一六の郡国に関わっている。考えるに、『續漢書』郡國志の排列順序は河南尹・河東郡・弘農郡・左馮翊・潁川郡・汝南郡・梁國・巨鹿郡・東郡・濟北國・山陽郡・樂安國・北海國・東萊郡・南陽郡・上黨郡である。その実、『漢書』地理志・『續漢書』郡國志の本注と劉昭注の表記に基づく歴史記憶を備えた県・郷・聚・亭・城は、宮崎氏の列記した一六郡国以外に、まだ河内郡・南郡・呉郡・漢陽郡・太原郡・陳留郡・魏郡・東平郡・濟陰郡・東海郡・東平國・沛國・陳國・魯國・任城國・琅琊國・濟南國など一七郡国があり、合計で三三郡国となる。以上の郡国が両漢志中にて某県に「有××郷」「有××聚」「有××亭」「有××城」と表記される理由は、これら郷聚亭城が商周時代や主に春秋以来の歴史記憶をとどめているからであり、あるものは古国となり、あるものは古邑となり、あるものは会盟を挙行し、あるものは王侯の徙居地となり、あるものはかつて駐軍し、あるものは戦争が起こって漢晉時代の名勝地となった。そのため、ようやく班固・司馬彪・劉昭によって特に注記されたのである。筆者の大まかな統計によると、『續漢書』郡國志記載の行政区画にしたがってこれを論ずれば、歴史記憶を有する郷聚亭城が存在する県邑侯国はおよそ一三〇、県邑侯国の治所で歴史記憶を有するものは八七、合計で二二〇足らずであり（その中でまだ多くの重複がある）、わずかに一一八〇県邑道侯国の一八％程度を占めるにすぎない。

　歴史記憶を有する郷聚亭が存在する郡国は、長江流域の南郡・呉郡など以外に、みな中国文明の主要発現地たる黄河中下流域に集中しており、ここはちょうど商周以来、華夏の民族活動の中心地域である。仮に我々が宮崎氏の観点に同意し、歴史記憶を有する郷聚亭がみな城郭を築いていたとしても、それが主に黄河の中・下流地域に分布することを説明するだけである。地理方位から言えば、その範囲は西は左馮翊に起き、東は東莱郡に至り、北は上党郡に起き、南は汝南郡に至る。この区域は戦国時代の秦の東部、韓と魏の大部分、楚の淮河以北部分と齊を包括しており、これは当時、経済文化の最も発達した地域である。もしこれを考古学調査した春秋戦国時代の城址分布図と対照させたら、発見できた歴史記憶を有する漢代の県郷亭城と東周時代の城址の集中する地域はおおよそ重なり合うだろう[一〇三]。

　しかし、まさしく前文で論じたように、古国あるいは古邑は必ずしも城郭を築いておらず、あるものは城があって郭がなく、たとえ宮崎市定も認める、いわゆる古国が「城は大なりと雖も三百丈に過ぐる者無」[一〇四]く、面積が「これでは一寸した運動場くらいの広さ」であったとしても、機能は「城を築いて以て君を衛る」だけにすぎない。すなわち、我々が文献中より看取できたいくつかの具名の郷聚亭は、すべて史家が特別に注記した歴史文化の名勝であり、その中で、あるものは城郭を持ち得、あるものは城郭を持たず、城郭を持つ郷聚亭は、漢代に行政編成された郷聚亭の大海において一粟のごとく極小のものにすぎない。それにより棺に蓋をして論が定まったとて、漢代の広大な郷村社会全体の普遍的存在とすることがどうしてできようか。

四　余論

　宮崎市定が生きた年代はまさに二〇世紀の国際的に都市国家問題研究のブームにあたり、彼は「都市国家」の理論モデルを中国古代史の研究に応用し、客観的には侯外廬先生の「城市国家」の学説と向かい合って互いに呼応するものであり、これは中国早期の国家の形成と発展経路を探索することについて言えば、ともかくも一種の新しい試みである。彼は漢代の「遺跡」によって上古の邑国もまた「都市国家」であることを類推しており、この後向推論の方法も取るべきところがある。ただし、当時はまだ現代の聚落考古学が中国で真に始まっておらず、多くの新しい考古資料もまだ公表されず、そのため資料自体がすでにまず彼の研究視野を制限し、彼が言明した「漢代を手懸かりとして、そこから更に古い時代に遡っていく研究方法」[一〇五]は、実際に運用する中でとても多くの想像成分を交雑し、はては概念をすり替えてしまった。例えば漢代の郷聚亭の地と古国古邑の重なりとを用いて、これらの郷聚亭が城郭を築いていたと想像するが、かえって古国古邑が必ず城郭を築いていたということを証明しようがない。亭・城が呼称を交換したことを通じて、具名亭から漢代の行政編成による郷亭の「亭」の性質を定めるのは、実際はすでに概念のすり替えという陥穽にはまっている。そのため、これを利用して導き出した結論は、表面上、論理関係が幾重にも漸進したが、実際は憶測と概念すり替えの基礎の上に築かれたものであり、彼は有限の実例考察により、巨大な概観的主張を詰め込んだため、主観性がとても強い。いわゆる「中国古代都市国家論」や、漢代郷聚亭の「周囲はみな城郭を有した」という結論は根本的に根をおろすことができない。

中国古代社会が国家形態に進出して以後、聚落形態はすぐに城邑と「聚落」の共生併存であったことを露呈した。商周時代は一方では「制邑」「作邑」を通じて政治・軍事拠点を建立し、一方では周囲の小邑を王都・諸侯・卿大夫の邑の境界や領土内に吸着させた。この手の多くの小邑は実質的には後代の「就」そのものであり、また分散的な村落である。春秋戦国時代、各諸侯国は相次いで領域内の小郷・邑・聚について行政編成を行い、最終定型として秦漢時代の郷里体制となった。この過程において、戦争環境の需要により、中原の大地は築城の盛り上がりを巻き起こし、続々と城を高くし池を深くして堅牢にし、堅固な鎧と鋭い武器で勝利を収め、厳しく命じて刑罰を頻繁に行って威を示した。しかし、いわゆる「小郷邑聚を集めて縣と爲す」のは、小郷邑聚が郷里編成を行っただけにすぎず、これら分散的な聚落は自然状態で国家の行政システムに入れられるものであり、村落の住居の配置は決して壊せず、なおかつ国都と大城の外の郷聚のほとんどは防御性を備えた城郭を築いていない。故に『墨子』備城門篇は守備を論じる時にそれこそ「城小さく人衆《おほ》ければ、離郷の老弱を國中及び也《た》の大城に葆せしむ」と説く。秦漢時代の聚落形態は前代の城邑と「聚落」の分布構成を継承しており、この基礎の上に多くの郡国城・県邑城および長城沿線の都尉城などを建築した。しかし、黄河中・下流地区の城邑と「聚落」の密集分布構成は決して改変せず、なおかつ県邑の整理統合とその治所の遷移等の要素により、いくつかの郷聚は城郭を留めた。しかるに城郭を有する郷聚亭は主にばらばらに中原の大地を飾っているが、漢代の数千個の行政郷と数万個の職能亭の中においては一種の虚像にすぎず、圧倒的多数の郷聚亭は数百年の長い歴史過程において、決して人為的に城郭を築いたのではない。すなわち、秦漢帝国は城郷社会の制御について、決して有形の城郭を通じて実現したのではないのである。

城市国家にせよ、城邦制度にせよ、つまるところ、これは一種の社会組織形式であり、このような社会共同体の中で、城市国家は必ずその他の城市国家の連結を拠り所として一つの城市群の中に共存せねばならない。城市国家の内部では、公民の社会地位は平等であり、立法権は終始公民大会の手中に掌握され、城邦組織は社会集団の願望を表す法式である。中国古代社会は社会集団の願望によって組織したものではなく、暴力より転化した社会構成員の上を凌駕する強制力のコントロールに依拠したものである。秦漢の専制社会は、「淆函を左にし、隴阺を右にし、蜀漢を前にし、山河を後にし」た千里の金城を以て城とし、万里の長城を以て郭としたもので、いわゆる「北に長城を築かしめて藩籬を守り、匈奴を卻《しりぞ》けること七百餘里」[一〇六]であるが、内陸の城郭は「防盗」と「居民」のためのものにすぎず、当然、末端聚落の土築の垣墻も治安などの要因により生み出され、後世の城寨・防壁・土楼などのようなものである。秦の始皇帝が政治版図としての「大一統」を実現したというのなら、前漢の武帝期に到っては制度と思想の「大一統」を実現した。「大一統」の専制体制下において、郡県城邑を核心的な郷里亭体系とすることを通じて、分散的な城郭のない聚落を組織し、無形だが比類なき厳密な社会ネットワークの中に向かうことは、世界で唯一無二の国家体制である。このようなものだけでなく、儒家が宣揚した「道徳を以て城と爲し、仁義を以て郭と爲す[一〇七]」という道徳哲学は、専制国家によって改造された後で変化して「三綱五常」の国家政治の学説となり、これら仁義道徳の縁取りの背後には誹謗罪・腹誹罪などの暴力の制御を隠している。ここにおいて、国家は郷里組織と法律の厳重な監視によって社会構成員の身体を束縛しただけでなく、いわゆる道徳という「城郭」を通じても人々の心理を制御した。郷里組織の触角はどこにでもあり、専制政治体制の制御も社会の隅々に伸び、道徳という城郭は主流な言葉の煽動下において城を高くし池を深くし、神秘的かつ堅牢にして、専制的帝王が社会心理を制御するための精神の枷へと完全に変質した。一言でいえば、秦漢時代の聚落形態と「都市国家論」は全く無関係であり、秦漢社会の組織形式と「城市国家」の組織形式はさらに一段と食い違うものである。

附記：本文の執筆中、河南大学の李振宏教授からは論文の構成・立意等について多くの指導的意見を、東北師範大学の趙軼峰教授と吉林省社会科学院の尚永琪研究員からは、論文の改修中にいくつかのすばらしい意見を頂戴し、魏永康博士は資料の収集と原稿の校正において多くのご迷惑をおかけした。論文の投稿後には、また匿名の審査員から建設的意見を受け、ここに合わせて心から感謝の意を表明する。

《注》

（一）侯外廬『中国古代社会史論』（河北教育出版社、二〇〇〇年、第一五六・一六一・一九八頁）。侯外廬『中国古典社会史論』（五十年代出版社、一九四三年）。当該書は一九四七年に上海新知書店より再版された際に名を『中国古代社会史』に改め、一九五五年に人民出版社から再版された際にはまた今の『中国古代社会史論』に改めた。

（二）宮崎市定「中国における聚落形体の変遷について—邑・国と郷・亭と村とに対する考察—」（『大谷史学』第六号、一九五七年に初出）。『アジア史論考 中巻』（朝日新聞社、一九七六年）に所収。のちに『宮崎市定全集』第三集（岩波書店、一九九一年）に所収。宮崎市定「関于中国聚落形体的変遷」（黄金山等訳、劉俊文主編『日本学者研究中国史論著選訳』第三巻、中華書局、一九九三年）。本文に引用した内容は均しく漢訳本を出典とする。

（三）宮崎市定「関于中国聚落形体的変遷」（前掲黄金山等訳書、第一二・二一頁）。

（四）李峰『西周的政体：中国早期的官僚制度和国家』（三聯書店、二〇一〇年）第四～八頁より引用。

（五）厳文明「関于聚落考古的方法問題」（『中原文物』二〇一〇年第二期）。

（六）劉慶柱「漢代城市与聚落考古研究」（中国社会科学院考古研究所等編『漢代城市和聚落考古与漢文化』科学出版社、二〇一二年、第一八～二九頁）。

（七）白雲翔「秦漢時期聚落的考古発現及初歩認識」（中国社会科学院考古研究所等編『漢代城市和聚落考古与漢文化』前掲、第四四頁）。

（八）馬新・斉涛「漢唐村落形態略論」（『中国史研究』二〇〇六年第二期）。

（九）侯旭東「漢魏六朝的自然聚落—兼論“邨”“村”關係與“村”的通稱化」（黄寛重主編『中國史新論．基層社会』聯經出版公司、二〇〇九年、第一二二～一四〇頁）。

（一〇）劉海旺「従三楊荘遺址考古発現試談漢代聚落」（中国社会科学院考古研究所等編『漢代城市和聚落考古与漢文化』前掲）第二五七頁。

（一一）許慎『説文解字』（中華書局、一九六三年、第一六九頁）。

（一二）『後漢書』列傳二十九 王扶傳（中華書局、一九六五年、第一二九八頁）。

（一三）王充『論衡』書虚篇（諸子集成本、上海書店、一九八六年、第三七頁）。

（一四）『漢書』巻六十三 武五子傳（中華書局、一九六二年、第二七四八頁）。

（一五）湖南省文物考古研究所・懐化市文物処・沅陵県博物館「沅陵虎溪山一号

漢墓発掘報告」(『文物』二〇〇三年第一期)。

(一六)『漢書』巻一上 高帝紀上(前掲、第一頁)。

(一七)『史記』巻九十五 樊酈滕灌列傳(中華書局、一九五九年、第二六六〇頁)。

(一八)前二九八年、魏・齊・韓の三国は合縦して秦を攻撃して勝利を得、西周は魏が凱旋時に道を借りることを恐れたため、人を使わして魏の襄王に「楚・宋 秦の三國を德するを利とせず、彼 且に王の聚を攻めて以て秦を利せんとす」と説いた。呉師道補正鮑注に、「邑落を聚と曰ふ」とある(劉向集録『戰國策』巻二 西周、上海古籍出版社、一九八五年、第七二頁)。

(一九)應劭撰『風俗通義』巻九 怪神(王利器校注本、中華書局、一九八一年、第三九四頁)。

(二〇)『漢書』巻二十九 溝洫志(前掲、第一六九二頁)。

(二一)應劭撰『風俗通義』巻九 怪神(前掲、第三九四頁)。

(二二)『漢書』巻六十三 武五子傳(前掲、第二七四八頁)。

(二三)『漢書』巻十五下 王子侯表下(前掲、第四八五~四八六頁)。

(二四)甘肅省文物考古研究所等『居延新簡』(文物出版社、一九九〇年、第一五一頁)。

(二五)『漢書』巻十六 高惠高后文功臣表(前掲、第五七三頁)。

(二六)『漢書』巻十八 外戚恩澤侯表(前掲、第七〇〇~七〇一頁)。

(二七)『後漢書』列傳六十六 循吏傳(前掲、第二四五九頁)。

(二八)曹婉如等編『中国古代地図集』(文物出版社、一九九〇年)附図二七。「不反」について、傅举有が「戦争中はこの里の住民は漢朝に叛逆しない」と解釈する(傅举有「馬王堆漢墓出土的駐軍圖」、曹婉如等編『中国古代地図集』第一〇頁)。邢義田は「不返」と解釈して、「これらは里の人戸に入るも徭役に堪えられず、山中に逃亡して戻らなかった」と推測しており(邢義田「從出土資料看秦漢聚落形態和郷里行政」(『治国安邦―法制・行政与軍事』、中華書局、二〇一一年、第二七〇頁)、また通ずる。しかし、私は「不反」と標示する里が主に長沙国の「箭道」付近に集中していることに注意し、北は「箭道」と水を隔てて分布している。これは「箭道」の核心地帯とすべきであり、一家をあげて逃亡するのは口で言うほど簡単であろうか。ましてやもし逃亡したら、思うに「今毋人」の注記は分かるが、どうして特別に「不反」と明記する必要があったのか。それ故に、あるいは「不反叛」と解釈するのはさらに本来の意味に近づくだろう。

(二九)『後漢書』列傳三十九 王扶傳(前掲、第一二九八頁)。

(三〇)『後漢書』列傳五十一 李恂傳(前掲、第一六八三頁)。

(三一)『後漢書』列傳六十九上 儒林上 孫期傳(前掲、第二五五四頁)。

(三二)甘肅省文物考古研究所等『居延新簡』(前掲、第一九五頁)。簡文中の「邪邑」は、琅邪郡に屬し、周振鶴は「居延簡中に齊の地は一簡もなく、始めから終わりまでこの(琅邪)邪邑簡」があるだけで、頗る不思議である」と考えた(「新旧漢簡所見県名和里名」、『歴史地理』第一二輯、上海人民出版社、一九九五年の第一六〇頁を参照)。

(三三)甘肅省文物考古研究所等『居延新簡』(前掲、第八八頁)。

(三四)『漢書』巻二十八上 地理志上(前掲、第一五五三頁)。

(三五)『後漢書』志十九 郡國一(前掲、第三四〇一頁)。

(三六)『後漢書』志二十一 郡國三(前掲、第三四四七頁)。

(三七)『漢書』巻二十九 溝洫志(前掲、第一六九三頁)。

(三八)『後漢書』列傳三十四 張禹傳(前掲、第一四九八頁)。

(三九)傅举有「馬王堆漢墓出土的駐軍圖」(曹婉如等編『中国古代地図集』前掲、第一〇頁)。

(四〇)『漢書』巻二十八上 地理志上(前掲、第一五五五・一五五六頁)。

(四一)『後漢書』志十九 郡國一(前掲、第三三八九~三三九一頁)。

(四二)『漢書』巻八十二 史丹傳(前掲、第三三七八~三三七九頁)。

(四三)『漢書』巻九十九上 王莽傳上(前掲、第四〇四二頁)。

(四四)『漢書』巻二十八上 地理志上(前掲、第一五六四頁)。

(四五)王元化名誉主編、胡暁明・付杰主編『釈中国』第三巻(上海文芸出版社、一九九八年、第一五二三頁）。

（四六）林澐「関于中国早期国家形式的幾個問題」（『吉林大学社会科学学報』一九八六年第六期）。

（四七）邵望平「文明的形成—龍山時代与龍山交互作用圏」（『中国文明的形成』新世界出版社、二〇〇四年、第一二二頁）。

（四八）松丸道雄「殷周国家の構造」（荒松雄等編『岩波講座世界歴史』四、岩波書店、一九七〇年、第四九～一〇〇頁）。

（四九）宋鎮豪「商代邑制所反映的社会性質」（『中国史研究』一九九四年第四期）。

（五〇）孫希旦撰『禮記集解』王制篇（中華書局、一九八九年、第三六一頁）。

（五一）張長寿・殷瑋璋主編『中国考古学・両周巻』（中国社会科学出版社、二〇〇四年、第五六頁）。

（五二）宋鎮豪「商代邑制所反映的社会性質」（『中国史研究』一九九四年第四期）。

（五三）楊伯峻編著『春秋左傳注』（中華書局、一九九〇年、第一一頁）。

（五四）潘英『中国上古史新探：中国上古政治社会変遷之指標』（明文書局、一九八五年、第二五三～二六二頁）。

（五五）許宏『先秦城市考古学研究』（燕山出版社、二〇〇〇年、第八四頁）。

（五六）後暁栄『秦代政区地理』（社会科学文献出版社、二〇〇九年、第四五五頁）。

（五七）張家山二四七号漢墓竹簡整理小組『張家山漢墓竹簡』釈文修訂本（文物出版社、二〇〇六年、第六二頁）。

（五八）『漢書』巻十九 百官公卿表上（前掲、第七四三頁）。『漢書』巻二十八下 地理志下（前掲、第一六四〇頁）。

（五九）『後漢書』志二十三 郡國五（前掲、第三五三三頁）。

（六〇）邢義田『治国安邦—法制・行政与軍事』（中華書局、二〇一一年、第二四八頁）。按ずるに、本表は各郡国名後に附してある県数を省略してある。原表の第三欄は河内を誤写して「河南」となっており、ここに改める。第八欄は「日南」を書き漏らしているので、ここに補う。その他、『漢書』地理志の郡国が領する県邑道侯国数を合計すると一五七八となり、班固が概括した「縣邑千三百一十四、道三十二、侯國二百四十一」の総数一五八七と、『漢書』百官公卿表の「縣・道・國・邑千五百八十七」が合わない。『漢書』が脱漏した九県について、銭大昕は『廿二史考異』にて、周振鶴は『西漢政区地理』中にて相次いで補修しており、最近では後暁栄が『〈漢書・地理志〉脱漏九県補考』において各種の文物資料を利用して新たに補修しており、銭大昕が当時補った八つの侯国はただ利昌・卑梁の両侯国だけ確実な証拠があって、その他の七県は東郡の畔県・東平國の新桃県・山陽郡の西邡県・山陽郡の東邡県・汝南郡の西陵県・東平國の金郷県・廬江郡の金蘭県と考えた。これは『中国歴史地理論叢』第二七巻第四輯、二〇一二年の第七七～八〇頁に見える。

（六一）按ずるに、本表は葛剣雄『中国人口史』第一巻（復旦大学出版社、二〇〇二年版）第四八七～四九〇頁の「西漢元始二年各郡国人口密度表」の作表に依拠している。葛氏が以前に著した『西漢人口地理』に著録する人口数字を『漢書』地理志と対比すると多くの誤りがあり、しかも算定した郡国の面積は両書と多く合わないものもあるが、『中国人口史』は葛氏の最新研究成果を代表するものであるから、『中国人口史』を雄とする。他に、葛氏は『西漢人口地理』の列表において「海南島（儋耳郡・珠琼崖郡を廃す）は面積32,000、推定人口122,000、人口密度3.82」と附語する。ゆえにただ一〇三郡国を列記している。

（六二）劉慶柱・白雲翔主編『中国考古学 秦漢巻』（中国社会科学出版社、二〇一〇年、第二六三～二七〇頁）を参照。

（六三）侯旭東「北朝的村落」（『何玆全教授九十華誕祝寿論文集』北京師範大学出版社、二〇〇一年）。のち『北朝村民的生活世界』（商務印書館、二〇〇五年）に所収。「漢魏六朝的自然聚落—兼論"邨""村"關係與"村"的通稱化」（『中國史新論・基層社會』聯經出版公司、二〇〇九年）。「北京大葆台漢墓竹簡釈義—漢代聚落自名的新証拠」（『中国歴史文物』二〇〇九年第五期）。

（六四）邢義田「従出土資料看秦漢聚落形態和郷里行政」（前掲、第二四九～二八六頁）。
（六五）何清谷『三輔黄圖校注』（三秦出版社、二〇〇六年、第一二五頁）。
（六六）『漢書』巻二十四 食貨志（前掲、第一一一七頁）。
（六七）楊伯峻編著『春秋左傳注』（中華書局、一九九〇年、第一一八一頁）。
（六八）河南省文物研究所「河南遂平県小寨漢代村落遺址水井群」（『考古与文物』一九八六年第五期）。
（六九）東北博物館「遼陽三道壕西漢村落遺址」（『考古学報』一九五七年第一期）。
（七〇）程有為「内黄三楊荘水災遺址与西漢黄河水患」（『中州学刊』二〇〇八年第四期）。
（七一）白岩「三楊荘漢代聚落的廃棄与東漢黄河改道」（中国社会科学院考古研究所等編『漢代城市和聚落考古与漢文化』前掲、第九三～一〇一頁）。
（七二）程有為「内黄三楊荘漢代庭院遺址与漢代聚落様式探討」（中国社会科学院考古研究所等編『漢代城市和聚落考古与漢文化』前掲、第七一頁）。
（七三）孫家洲「従内黄三楊荘聚落遺址看漢代農村民居形式的多様性」（中国社会科学院考古研究所等編『漢代城市和聚落考古与漢文化』前掲、第八九頁）。
（七四）『後漢書』列傳六十九上 儒林上 孫期傳（前掲、第二五五四頁）。
（七五）『漢書』巻十五下 王子侯表下（前掲、第四八五～四八六頁）。
（七六）黎翔鳳撰・梁運華整理『管子校注』巻一 乘馬第五（中華書局、二〇〇四年、第八三頁）。
（七七）安徳烈耶夫「古希腊罗馬城邦和東方城市国家」（安徳烈耶夫等著・張竹明等訳『古代世界的城邦』、華東師範大学出版社、二〇一一年、第六一頁）。
（七八）李峰『西周的政体：中国早期的官僚制度和国家』（三聯書店、二〇一〇、第二八五・二七一頁）を参照。
（七九）安徳烈耶夫「古希腊罗馬城邦和東方城市国家」（前掲、第五〇・六一～六二頁）。
（八〇）科謝連科『城邦与城市』、安徳烈耶夫等著『古代世界的城邦』（前掲、第一六頁）。
（八一）池田雄一「漢代における里と自然村とについて」（『東方学』三八号、一九六九年、第三七頁）。のち、「漢代の里と自然村」と解題して、『中国古代の聚落と地方行政』（汲古書院、二〇〇二年）に所収。
（八二）五井直弘「漢代的聚落」（姜鎮慶・李徳龍訳『中国古代史論稿』北京大学出版社、二〇〇一年、第一一九～一二〇頁）。
（八三）杜正勝『編戸齊民―傳統政治社會結構之形成』（聯經出版公司、一九九〇年、第一〇七頁）。
（八四）李峰『西周的政体：中国早期的官僚制度和国家』（前掲、第二八七頁）。
（八五）許宏『先秦城市考古学研究』（前掲、第一二五頁）。
（八六）『漢書』巻四十 陳平傳（前掲、第二〇三八頁）。按ずるに、戸牖は秦の時に郷となり、漢に至って戸牖を東昏県となり、陳留郡に属した。これは秦代の郷が城郭を持っていた証拠である。漢の戸牖が都郷となるに至って、県治所在地となったが、秦時の郷に城郭があったことを逆方向に否定することはできない。秦漢時代の郡県の隷属関係をまとめると、以下の引文は『續漢書』郡國志に記載の行政区画を拠り所とする。
（八七）『後漢書』志二十二 郡國四（前掲、第三四七七頁）。
（八八）『後漢書』本紀一下 光武帝紀下（前掲、第八六頁）。
（八九）『漢書』巻二十八上 地理志上（前掲、第一五六一頁）。
（九〇）『後漢書』志十九 郡國一（前掲、第三三九〇・三三九五・三四〇五頁）。
（九一）『後漢書』志十九 郡國一（前掲、第三三九〇頁）。
（九二）『漢書』巻八十九 循吏 朱邑傳（前掲、第三六三七頁）。
（九三）『後漢書』志十九 郡國一（前掲、第三三九一頁）。
（九四）『漢書』巻十九上 百官公卿表上（前掲、第七四二頁）。
（九五）『後漢書』志二十三 郡國五（前掲、第三五三三頁）。
（九六）蘇衛国『秦漢郷亭制度研究』（黒龍江人民出版、二〇一〇年、第一一〇～一一二頁）を参照。
（九七）宮崎市定「関于中国聚落形体的変遷」（前掲、第一〇頁）。
（九八）『後漢書』志二十 郡國二（前掲、第三四二四頁）。

(九九)『漢書』巻二十八上 地理志上（前掲、第一五六三頁）。
(一〇〇)『後漢書』志十九 郡國一（前掲、第三三九八頁）。

(一〇一) 連雲港市博物館等編『尹湾漢墓簡牘』（中華書局、一九九七年、第七七頁）。

(一〇二)『後漢書』志二十一 郡國三（前掲、第三四五二頁）。

(一〇三) 江村治樹「戰國時代の都市とその支配」（『東洋史研究』四八―二、一九八二年、第一九八頁）の附図一「戰國都市遺跡分佈圖」および許宏『先秦城市考古学研究』（前掲）の附図40「春秋戦国時期列国都城与一般城址分布図」第八四頁を参照。

(一〇四) 宮崎市定「関于中国聚落形態的変遷」（前掲、第三頁）。

(一〇五) 宮崎市定「関于中国聚落形態的変遷」（前掲、第四頁）。

(一〇六)『史記』巻六 秦始皇本紀（前掲、第二八〇頁）。

(一〇七) 馬非百『鹽鐵論簡注』論勇篇（中華書局、一九八四年、第三六八頁）。

分科会（Ⅰ）二

漢武帝期の「堯母門」に関する試論

宋　豔萍
池田　雅典(訳)

「堯母門」は漢の武帝の晩年に発生した、一見すると平凡な事件だが、実は複雑な社会背景をはらんでいる。後世の一部の史家は「堯母門」と「巫蠱の禍」とについて、両者は前因後果の関係にあるとしている。現代の学者で「堯母門」に関心をはらう者は少ないが、実際それは西漢中後期の政治情勢と政治史観に対していずれも重大な影響を生じさせており、研究に値するのである。

一　「堯母門」の西漢中後期の政治情勢に対する影響

「堯母門」は武帝の太始三年に作られた。『漢書』外戚伝の記事には、

　孝武の鉤弋の趙倢伃は、昭帝の母なり。家は河間に在り。武帝巡狩して河間に過ぎるに、望氣者 此に奇女有るを言えば、天子亟《すみ》やかに使をして之を召さしむ。既に至るに、女の兩手 皆《とも》に拳なり。上 自ら之を披《おお》えば、手 即時に伸ぶ。是に由り幸を得、號して拳夫人と曰う。是より先 其の父 法に坐し宮刑せられ、中黄門と爲り、長安に死し、雍門に葬らる。拳夫人 進みて倢伃と爲り、鉤弋宮に居す。大いに寵有り。太始三年、昭帝を生み、鉤弋子と號せらる。任身十四月にして乃ち生まるれば、上曰く、「聞くならく昔に堯は十四月にして生まるると。今の鉤弋も亦た然らん。」と。乃ち其の生みし所の門に命じて堯母門と曰う。(一)

とある。これが『漢書』の載せる趙倢伃と「堯母門」の故事である。普通なら女子は妊娠十ヵ月で子を産むが、趙倢伃は妊娠十四ヵ月に及んだといい、これはたしかに不可思議なことである。武帝も大いに驚き、古の五帝の一人である堯はその母が妊娠十四ヵ月で産んでいるが、自分の子がこのようになるとは思ってもいなかったとして、ここに昭帝の生まれた鉤弋宮の宮門を「堯母門」と呼ぶに至った。武帝が宮門に名付けて堯母門としたのは、深い寓意を含んでおり、趙倢伃を堯の母になぞらえるということはつまり、子の弗陵を堯になぞらえるということである。

　「堯母門」の裏にはどのような歴史的背景があるのだろうか。弗陵の出生時、当時の皇后は衛子夫であり、太子はその子の劉拠であった。『漢書』外戚伝の記事に、

　衛后立つこと三十八年、巫蠱の事の起こるに遭う。(二)

とある。衛子夫は皇后に立てられてから二十数年を経ており、弗陵の出生時に、彼女は既に五、六十歳であった。同じく『漢書』外戚伝の記事には、

　後に色衰へ、趙の王夫人・中山の李夫人に寵有り。

とある。弗陵が生まれる前から衛皇后は既に容色の衰えから寵愛を失

っていたことが説明される。武帝の寵愛する妃であった李夫人には次のような名言がある。

夫れ色を以て人に事うる者は、色衰えて愛弛み、愛弛めば則ち恩絶ゆ。上の攣攣として我を顧念する所以は、乃ち平生の容貌を以てなり。今我 毀壊し、顔色 故に非ざるを見れば、必ずや悪吐して我を棄つるを畏る。意へらく尚お肯えて復た其の兄弟を追思閔録することあらんや。（三）

「色衰えて愛弛み、愛弛みて恩絶」えるのは多くの后妃の宿命であり、衛皇后も例外ではなかった。太子劉拠は六歳で太子に立てられたが、弗陵の出生前に、太子も既に寵を失っていた。これはもちろんその母の衛皇后が寵愛を失っていることも関係するが、主要因は武帝が彼に対して強い不満の意を持っていたことにある。第一に、太子の性格が武帝と合わなかった。劉拠は「性 仁恕温謹。上 其の材能少く、己に類《に》ざるを嫌」（四）われていた。武帝は雄才大略にして非常に個性的な人物であるのに、劉拠は仁恕温謹と、明らかに武帝と性格が一致しない。『漢書』武五子伝の記事には、

（太子）少壮にして詔もて『公羊春秋』を受く。又た瑕丘江公に従いて『穀梁』を受く。冠して宮に就くに及び、上 爲に博望苑を立て、賓客に通ぜしむるに、其の好む所に従う。故に異端を以て進む者多し。（五）

とある。武帝は『公羊春秋』を好み、彼が学官に立てたのは公羊春秋博士で、穀梁春秋博士ではない。彼は劉拠に『公羊春秋』も学ばせているが、劉拠はかえって『穀梁春秋』を愛好しており、思想傾向の上でも武帝と反発する。第二に、太子は既に一定の勢力を形成しており、武帝の潜在的脅威となっていたことである。『資治通鑑』の記事には、

上は法を用うること厳にして、深刻の吏に任ずること多し。太子は寛厚なれば、平反する所多く、百姓の心を得ると雖も、用法の大臣は皆な悦ばず。皇后 久しくして罪を獲んことを恐れ、毎に太子を戒め、「宜しく上の意を留取すべし、應に擅に縦捨する所有るべからず」と。上 之を聞き、太子を是として皇后を非とす。羣臣の寛厚なる長者は皆 太子に附き、而して深酷用法の者は皆な之を毀つ。邪臣 黨與するもの多く、故に太子 譽少なくして毀多し。衛青薨ぜし後、臣下に復た外家の據の爲にする無く、競いて太子を構えんと欲す。（六）

とある。太子は武帝出京の際には朝政を代行していた。性格が温厚だったことから、深く民心を得て、彼は周囲の寛厚なる長者型の大臣を頼ったが、同時に一部の奸佞酷烈なる臣に疎まれた。これら酷吏はみな武帝の信任するところであり、寛厚なる長者は武帝の信任を得ず、太子の浴びる批判は賞賛よりはるかに大きなものとなった。太子の寛厚なる執政と武帝の厳峻なる刑法とは相容れず、これが武帝を大いに不満にさせた。かつ武帝は疑い多き人であり、太子の勢力は武帝を安心させず、心理的にも太子に対して自己防衛と猜疑心とを生じさせることになった。武帝には六人の子がおり、

衛皇后は戻太子を生み、趙婕妤は孝昭帝を生み、王夫人は齊懐王の閎を生み、李姫は燕剌王の旦・廣陵厲王の胥を生み、李夫人は昌邑哀王の髆を生む。（七）

とある。王夫人の産んだ齊懐王劉閎は早くに死に、「燕王の旦・廣陵王の胥は行 驕嫚（八）」で、「皆に過失多（九）」きがため、武帝は彼らに大いに失望していた。李夫人はいぜんとして寵愛を受けたが、ただ彼女はたいそう若くして世を去り、彼女の子の昌邑哀王の劉髆は、母の死によって後ろ盾もなく、皇帝の関心を失っていた。太子劉拠は寵を失い、その他の子も武帝を失望させているなか、弗陵の出生は、武帝に新た

な希望を見いださせた。弗陵の母親の趙倢伃は、武帝が巡狩して河間をよぎった際に出会い、「望氣者 此に奇女有るを言う。天子 亟かに使をして之を召さしむ。既に至るに、女の兩手 皆に拳たり。上 自ら之を披えば、手 即時にして伸ぶ。是に由り幸を得、號して拳夫人と曰」ったという。武帝は迷信の人でもあり、望気者が趙倢伃を奇女としたため、武帝は必然的に重視し、加えて趙倢伃が弗陵を「任身十四月にして乃ち生」んだことが、さらに武帝を驚かせ、彼にこの子を特別視させ、心理上も弗陵を立て太子とすることに傾かせた。

太子劉拠は政務を処理するにあたって「平反する所多く」、酷吏に糾弾され、一部の佞臣に罪を着せられた。彼らはみな太子を除かんとした。太子の舅の衛青が世を去ると、太子は最大の政治的後ろ盾を失って、政治的地位は危険極まりないものとなった。佞臣の代表は江充で、江充は皇帝専用の馳道を使っていた太子の家使を糾弾したことがあり、太子が自ら出向いて陳情したにもかかわらず、江充は太子の顔を立てなかった。江充は太子の家使の事件を処理するにあたって鉄面無私であったため、武帝の賞賛を得ており、武帝は彼を「人臣 當に是の如くあるべし（一〇）」とし、さらに昇進させて水衡都尉とした。江充が水衡都尉となったとき、まさにこの年に弗陵は生まれた。すなわち太始三（前九四）年、江充と太子とは「堯母門」の前で敵対していた。江充が太子の情実を顧みず、武帝が江充を咎めないどころか、かえって彼の対処を大いに賞賛し、あわせて官位を上げ爵を加えたことは、武帝と太子の関係の微妙な側面を映し出している。武帝はすでに高齢で、病気でやせ細り、江充はひとたび武帝が世を去り太子が即位すれば、敵対する彼に報復があるだろうことを恐れ、急ぎ太子を除く機会をうかがっていたのである。江充は「堯母門」により、武帝が既に「我に類ざる」太子を信任しておらず、その愛情と期待とが、「堯母門」中に生まれた弗陵にあると知り得た。ちょうど陽陵の朱安世が、丞相公孫賀の子が巫蠱を利用して人を呪っていると告発したため、江充はこの機会に武帝へ上奏し、他の病気も巫蠱を行う者がいるせいだと説いた。武帝はこれを信用し、江充を使者に任じ、巫蠱事件を調査させた。江充は逐次機会を利用し、太子を誣告した。

因りて宮中に蠱気有るを言い、先ず后宮の希幸ある夫人を治し、次を以て皇后に及び、遂に蠱を太子宮に掘り、桐木人を得。（一一）

太子は追い詰められどうしようもなくなり、反逆せざるを得ず、最後は朝廷に鎮圧され、数万人が巻き添えで誅殺されるに至った。これが武帝の晩年に世を震撼させた「巫蠱の禍」である。「巫蠱の禍」は武帝晩年の最も重大な政治事件であり、この事件の中で数万人が連座し、皇后・太子および多くの大臣が非業の死を遂げ、武帝の政治に測りがたい損失をもたらした。「巫蠱の禍」は西漢にとって盛から衰への転換点だったとも言えよう。江充ら邪臣が「巫蠱の禍」を引き起こしたのは偶然ではなく、武帝晩期における各種の矛盾が衝突した結果である。「巫蠱の禍」が発生した原因に、「堯母門」事件はその罪を逃れることはできない。「堯母門」に武帝の思惑が漏れ出ていなかったなら、江充ら邪臣もあえて太子に刃向かうことはなかったからである。

後世の一部の歴史家も、「堯母門」と「巫蠱の禍」の関連性を把握していた。たとえば宋代の呂祖謙が著した『春秋左氏傳説』には、

漢武 鉤弋の門に名づけて堯母と爲し、故に江充 遂に戻太子を讒る。是れ命名の際も亦た謹まざるべからざるを知るなり。

とある。元代の程端学の著した『春秋本義』には、

猶お堯母を以て門に名づくる有りて、奸臣をして其の意を探逆せしめ、皇太子の心を危ぶませ、以て巫蠱の禍を爲す者有り。

とある。司馬光『資治通鑑』にもまた、

臣光曰く、人君爲る者、動靜擧措は愼まざるべからず、中に發すれば必ず外に形われ、天下 之を知らざるは無し。是の時に當たるや、皇后・太子 皆な恙無く、而して鉤弋の門に命じて堯母と曰うは、非名なり。是を以て奸人 上の意を逆探し、其の少子を奇愛して、以て嗣と爲さんと欲するを知り、遂に皇后・太子の心を危ぶませること有りて、卒に巫蠱の禍を成す。悲しきかな。(一二)

とある。元代の汪克寛による『春秋胡傳附錄纂疏』中には、「堯母門」および「巫蠱の禍」についての詳細な記述がある。

猶お堯母を以て門に名づくる有りて、奸臣をして其の意を逆探せしめ、皇后太子の心を危うくする有りて、以て巫蠱の禍を成す者なり。前に趙婕抒あり、婕抒に寵有り、元始三年に昭帝を生む。任身すること十四月にして乃ち生めば、上曰く、「昔 堯は十四月にして生まる、今の鉤弋も亦た然り。」と。乃ち其の門に命じて堯母門と曰う。戾太子・衛后の寵は衰え、江充は事を用い、充と太子及び衛后と隙有り。巫蠱の事に會し、充 此に因りて奸を爲し、宮中に蠱気有るを白言し、遂に太子宮に至り、掘りて桐木人を得。太子急ぎ皇后に白し、武庫の兵 充を斬り、丞相劉屈氂と戰い敗走し、皇后・太子 皆な自殺す。

『明史』列傳第一百十九には、

惟うに巫蠱の謗は堯母に啟く。(一三)

とある。大家たちの共通見解は、みな「堯母門」が「巫蠱の禍」を引き起こしたということである。史家たちの視点は臆断ではなく、両者の間には確実にいわゆる「千絲万縷」の関係があるのである。

「堯母門」は武帝の政治にとって、あるいは西漢中後期の政治局面にとって深刻な影響を及ぼした。武帝の晩期から宣帝の前期まで、帝位の継承は非常に敏感な社会問題であった。武帝が嫡長子継承制に背いて幼子を立てたことは、当時において多大な反響を引き起こした。武帝が「堯母門」と命名したとき、既にこの子には高い評価が与えられていたが、この後、衛太子は「巫蠱の禍」のうちに死に、その他の子はみな太子の大任に堪えなかったので、いっそう武帝が弗陵を太子に立てる決心を堅固なものにさせた。武帝の晩期には、何度も群臣に対してこのことを表明している。「堯母門」を置いてからは、武帝は常に群臣に弗陵が「我に類る」ことを語り、彼に賞賛と肯定を示した。弗陵が順当に帝位を継ぐように、かつ継いだ後に政権が安定していて、健全に運営されるようにと、武帝は非常に緻密に案配している。まっさきに、武帝は残忍にも弗陵の母親の趙倢伃を掖庭に送り、彼女を憤死させているが、これにより未来の太后が政権をほしいままにする事態は避けられた。次に、武帝は幼君を補佐する忠臣を求めた。配下のうち、信任に値する者は、第一に霍光であり、また金日磾・上官桀・桑弘羊であった。霍光は名将霍去病の異母弟で、最も武帝に信任された人物である。武帝は画工に描かせた「周公 成王を負う」の図を霍光に下賜し、周公にならって幼君を補佐するよう含意した。后元二(前八七)年、武帝は死に臨んで、詔により霍光ら大臣に大事を託した。正式に少子弗陵を立てて新君とすることを宣布し、霍光には「周公の事を行わせ」、幼君を補佐させた。霍光は大司馬大将軍、金日磾は車騎將軍、上官桀は左将軍、桑弘羊は御史大夫とし、他の者にもおのおの遺詔によって幼君を補佐させた。昭帝は即位時に八歳で、霍光はやがてその他の詔を受けた大臣を排除し、大権独裁して、「政事は壹《ほとん》ど光に決す」こととなった。(一四)昭帝は英年にして早逝し、霍光は昌邑王の劉賀を立てて帝とした。劉賀は品行がおさまらなかったため、霍光はこれを除くことにして、別に衛太子劉拠の子の病已を立て帝とした。これが漢の宣帝である。昭帝の即位(前八七年)より始まり、霍光が世を去るまで（前六八年）、その間二十年あまり、政権は霍光に掌握されていた。霍光は昭帝の上官皇后の外祖父で、宣帝の霍皇后の父である。霍光政権は、西漢中期の外戚専権政治の発端となった。その後、王莽は外戚の身分によって長期にわたり権勢をほしいままにし、最終的に劉漢政権を簒奪し、新朝を建てた。西漢中期の外戚専権は、その源をたどれば、やはり「堯母門」に遡るのである。

「堯母門」は西漢中後期の政治局面に重大な影響を与えただけでなく、以降の封建王朝にも深い影響を及ぼしている。南北朝時代には、宋の孝武帝の寵姫の殷貴妃が世を去ると、文学家の謝荘は誄文を作り、その中で

堯門を賛軌せよ。[一五]

と言っている。「堯門」は漢武帝の「堯母門」である。謝荘は「堯母門」の故事を援引し、宋の孝武帝に早く後継候補を定めるよう勧め、そうでなければ漢武帝の「堯母門」のように政治の混乱を招く、と奏上したのである。明の憲宗は萬貴妃を寵愛したが、萬貴妃は嫉妬深く、後宮の貴妃が妊娠するたび殺していた。女史の紀氏がたまたま子を授かると、門監の張敏に匿われ、廃后された呉氏らがひそかに養育し、のち憲宗の知るところとなって皇太子に立てられた。これが明の孝宗である。紀氏が孝宗によって追尊され孝穆紀太后となると、太学士の尹直は哀冊を作り、「漢家堯母の門を覩て、宋室仁宗の慟を増す[一六]」とした。尹直は漢の代の「堯母門」を鑑として、明の憲宗がみだりに萬貴妃を寵愛し、継嗣がいなくなったというでたらめな行いを諷刺したのである。清朝の雍正年間、大臣の陸生楠は上書し、「天下を有する者は本無きの治を以て之を治むべからず」と言った。陸生楠の上書は、「鉤弋宮堯母門の事に借りて以て本朝の早に儲貳を建てざるを諷む」ものである。陸生楠は清朝のためを思って上書し、かえって雍正帝の怒りを買うことになり、「陸生楠の如きは漢武帝の事に借りて以て諷刺する者なり。實に狗彘に具《つら》なれども之が肺腸に若かず、弥天の爲に赦すべからざるの罪人なり。[一七]」とされた。漢代より以来、大臣が「堯母門」の事件を借りて朝廷を諷喩する現象は絶えず行われていて、これは「堯母門」がすでに今古の鑑の一面をなし、大臣が皇帝を諷刺するための重要な武器となっていたことを示している。

二　「趙蛇」の讖と「堯母門」

漢武帝の太初四年、「趙蛇」事件が起こった。『漢書』武帝紀の記載によれば、

（太始四年）秋七月、趙に蛇の郭外より邑に入る有り、邑中の蛇と孝文廟下に闘い、邑中の蛇 死す。[一八]

とある。この事件が京師・長安で起こったのか、趙国の国都・邯鄲でのことなのか、『漢書』には明記されない。服虔はこの事件に注して「趙の立てし所の孝文廟なり」としており、この説を参照するならば、この孝文廟は趙国が立てた郡国廟であり、趙の都・邯鄲に在ったことになる。文献の記述によれば、西漢の初期には、確かに諸侯国では国都に祖宗の郡国廟を建てる伝統がある。『漢書』韋賢伝の記事には、

初め高祖の時、諸侯王の都をして皆 太上皇廟を立たしむ。惠帝に至りて高帝廟を尊んで太祖廟と爲し、景帝は孝文廟を尊んで太宗廟と爲し、行所・嘗て幸きし郡國は各〻太祖・太宗廟を立つ。宣帝の本始二年に至り、復た孝武廟を尊んで世祖廟と爲し、行所・巡狩には亦た立つ。凡そ祖宗廟の郡國に在るもの六十八、合して百六十七所。[一九]

とある。武帝期には、各郡国は既に太上皇廟と高帝廟と孝文帝廟を建てていたことがわかる。もし趙蛇の事件が趙の都で発生したのなら、「邑中」とは趙国の邑であり、「邑中の蛇」も趙の蛇のことで、この事件は趙国内部での蛇の争いとなり、何ら特別な意義をもたない。『漢書』武帝紀によると、趙蛇事件は京師で発生し、「邑中」とは京師を指し、孝文廟は京師に建てられた廟で、これなら内蛇と外蛇の区別がよくわかる。趙国から来た蛇が京師に侵入し、京師の蛇の群と戦って死んだのである。とはいえ外蛇を「趙國の蛇」と断定してよいものか。この問題は検討に値しよう、あるいは蛇の群が発生して戦った事件と、後に巫蠱の禍が起こることとを相関させて、史家が付会して「趙蛇」としたのかもしれないのだから。

班固『漢書』中には二度「趙蛇」事件の記載がある。一度目はさきほど言及した『漢書』武帝紀中のもので、ただの歴史事件としての記述である。二度目は『漢書』五行志中のもので、

武帝太始四年七月、趙に蛇の郭外より入る有り、邑中の蛇と孝文廟下に斗い、邑中の蛇 死す。后二年秋、衛太子の事有り、事 趙人江充より起こる。（一〇）

とある。班固は趙蛇事件を叙述したのち、直後に巫蠱の禍について述べる。班固は趙蛇と巫蠱の禍とを相関させており、前者が後者の符讖だととらえているのである。『漢書』五行志を見るに、班固は巫蠱の禍の罪を江充に向けているようであり、趙蛇は趙人江充を指し示しているように思われる。しかし子細に『漢書』五行志を読めば、我々は班固が趙蛇事件を分析する前に、『左伝』の二つの故事を引用していることに気づく。

『左氏傳』魯の嚴公の時に内蛇と外蛇と鄭の南門の中に鬪ふこと有り、内蛇 死す。劉向 以爲へらく、蛇孼に近きなり。是に先んじて鄭の厲公 相祭仲を劫かして兄の昭公を逐い、代立す。後に厲公 出奔し、昭公 復た入る。死し、弟の子儀 代立す。厲公 外より大夫傅瑕を劫かし、子儀を僇《ころ》せしむ。此れ外蛇の内蛇を殺すの象なり。蛇死して六年にして厲公立つ。嚴公 之を聞き、申繻に問いて曰く、「猶お妖有るか」と。對えて曰く、「人の忌む所、其の気 炎んなれば以て之を取る。妖は人に由りて興るなり。人 釁亡くんば、妖 自ら作《おこ》らず。人の常を棄つるが故に妖有るなり」と。京房『易傳』に曰く、「嗣子を立つるに疑あれば、厥の妖 蛇 國門に居りて鬪う」と。

また、

（『左氏傳』）文公十六年夏、蛇の泉宮より出でて國に入る有り、先君の數の如し。劉向以爲へらく、蛇孼に近きなり。泉宮は囿中に有り、公の母の姜氏 嘗て之に居り、蛇 之より出づるは、宮の將に不居ならんとするの象なり。『詩』に曰く、「維れ虺《こ》 維れ蛇、女子の祥」と。又た蛇の國に入るは、國に將に女憂有らんとするなり。先君の數の如しとは、公の母の將に薨ぜんとするの象なり。秋、公の母 薨ず。公 之を惡み、乃ち泉臺を毀つ。夫れ妖孼は行に應じて自ら見《あらわ》れ、見れて害を爲すに非ざるなり。文は行を改め正に循い、厥の罰を共御せず、而も非禮を作し、以て其の過ちを重くす。後二年にして薨ず。公子遂 文の二子悪・視を殺して宣公を立つ。文公夫人 大いに齊に歸る。（一一）

この二つの故事はともに蛇に関係する。一つは魯の厳公（荘公）の時に起こり、鄭国の国都の南門にて、内蛇と外蛇が戦いあう事件が発生して、結果として内蛇が戦死した。六年後、鄭国で政変が発生し、亡命していた厲公が外より帰国し、国君として自立した。これはまさしく六年前の外蛇が内蛇を殺した符讖と相応ずるものである。班固は京

房の『易傳』を引用し、「嗣子を立つるに疑あれば、厥の妖 蛇 國門に居りて闘う」と結論する。立太子が明確でないと、国人に猜疑を抱かせ、蛇が戦う事件が発生するというのである。第二の故事は魯の文公の時に発生し、蛇は泉宮から出て、国門に入った。泉宮は魯の文公の母・姜氏がかつてそこに住んでいた場所なので、「國將に女憂有らんとす」るのを預言したのだという。はたしてその數ヵ月後、姜氏はこの世を去った。こののち二年、文公も薨じ、両公子は殺された。班固が『左傳』より両話を引用したのは趙蛇の故事のためであり、「帝太始四年七月、趙に蛇の郭外より入る有り、邑中の蛇と孝文廟下に斗ひ、邑中の蛇 死す。后二年秋、衛太子の事有り、事 趙人江充より起こる。」に接続している。班固の着眼点は漢武帝期の趙蛇にある。彼は『左傳』を引いているが、それは趙蛇の讖を歴史に依拠して求めるためである。二つの故事は、一つは立嗣問題、一つは女性問題で、これこそが班固の「趙蛇の讖」の歴史思考に当たる。彼は単純に趙蛇の讖を趙人江充に比定したのではなく、暗にもう一層の含みを持たせていて、それは趙倢伃と「堯母門」に対してなのである。

「巫蠱の禍」は、趙人江充に逃れることのできない責任を負わせるだけのものではなく、「堯母門」事件と因果関係にある。「堯母門」では、趙倢伃は趙人であり、彼女の生んだ子が、最終的に武帝の他の子を押しのけて、うまく帝位に即いた。これは太始四年に発生した趙蛇と邑中の蛇群との関係と最終的な事象によく似ている。「堯母門」の問題は、一つには立嗣の問題で、それによって劉拠の太子の地位に動揺が生じ、国民に猜疑心を抱かせたこと。もう一つは女性問題で、それによって衛子夫の皇后の地位に動揺が生じるのみならず、趙倢伃の命をも脅かしたこと。いくらもしないうちに、衛皇后は巫蠱の禍の渦中にあって殺され、趙倢伃も残忍に死を迫られたからである。「堯母門」の二つの問題は、まさしく班固が引く『左傳』の蛇の故事の問題でもある。班固が趙蛇事件を記載した真の目的は、実は「堯母門」を顕正することだったが、班固は身を劉漢王朝に置くことから、敢えて明言せず、「微言大義」を用いたので、矛先が江充のみに向けらているのである。後世の史家がこの含意を洞察できず、ただ原文に記された字面のみを追ってしまうと、清代の張尚瑗『左傳折諸』巻三のようになる。

「内蛇と外蛇 鄭の南門の中に闘う」は、京房易傳に曰く、「立嗣に疑を立つれば、厥の妖 蛇 國門に居りて闘う。」と。又た漢武帝太始四年七月、趙に蛇の郭外より入る有り、邑中の蛇と孝文廟下に戦い、邑中の蛇死す。後二年秋に戻太子の事有り、趙人江充より起こる」と。

張尚瑗も趙蛇と趙人江充とを関連させてはいるが、惜しむらくは趙蛇の讖の微言を掘り起こせていない。

先秦・秦漢期には、蛇と上帝あるいは帝王とには密接な関係があった。春秋時代の秦では、

文公 黄蛇の天より下りて地に屬し、其の口の鄜衍に止むるを夢む。文公 史敦に問うに、敦曰く、「此れ上帝の徴なり、君 其れ之を祠れ』と。是に于いて鄜畤を作り、三牲を用いて白帝を郊祭す。[二三]

といい、秦の文公が夢見た蛇は、史敦によれば上帝の徴であった。班固が趙蛇の讖を論ずるにあたり引用した『左傳』の二つの蛇に関する

故事は、蛇と諸侯王とに関係を認め、王位の変遷と争奪を暗示するものであった。漢の高祖劉邦が白蛇を斬って挙兵したことによって、蛇は漢代社会と不解の縁を持った。高祖が白蛇を斬った故事は『漢書』高帝紀に、

高祖 亭長を以て縣の爲に徒を驪山に送るに、徒 多く道亡す。自ら度《はか》るに、至る比《ころ》おい皆な之を亡《うしな》えば、豐西澤中亭に到り、止まりて飲み、夜に皆な送る所の徒を解縱して曰く、「公ら皆な去れ、吾も亦た此より逝かん」と。徒中の壯士 從を願うもの諸に十餘人。高祖 被酒し、夜に澤中に徑り、一人をして前に行かしむ。前に行きし者 還り報じて曰く、「前に大蛇有りて徑に當る、願わくば還れ」と。高祖 醉いて曰く、「壯士行かんとすれば、何をか畏れん」と。乃ち前《すす》み、劍を拔き蛇を斬る。蛇 分れて兩と爲り、道 開かる。行くこと數里にして醉いて困臥す。後人 來りて蛇所に至るに、一老嫗の夜に哭する有り。人 嫗に何ぞ哭するかと問えば、嫗曰く、「人 吾子を殺す」と。人曰く、「嫗が子は何爲ぞ殺さる」と。嫗曰く、「吾が子は白帝の子なり。化して蛇と爲り、道に當るに、今者 赤帝の子 之を斬れば、故に哭す」と。人 乃ち嫗を以て不誠と爲し、之を告げんと欲するに、嫗 因りて忽ち見えず。後人至り、高祖 覺む。後人 高祖に告ぐるに、高祖 乃ち心に獨り喜び、自負す。諸從者 日ゝ益ゝ之を畏る。(一三)

また、

高祖 乃ち立ちて沛公と爲る。黃帝を祠り、蚩尤を沛廷に祭りて、鼓を釁く。旗幟は皆 赤。殺せし所の蛇は白帝の子、殺せし者は赤帝の子なるに由るが故なり。(一四)

とある。高祖が白蛇を斬ったことは、挙兵の予兆とされた。斬った蛇は白帝の子で、劉邦は赤帝の子となったのである。劉邦が沛公となり、正式に反秦の大旗を掲げたとき、この符讖が利用されて、天命を得たとして受命の符を作った。彼が赤帝の子というのにちなみ、旗幟は赤色となった。班固の『漢書』高帝紀には、

是に由り之を推うに、漢は堯運を承け、德祚 已に盛んに、蛇を斷ち符を著し、旗幟 赤を上び、火德に協《かな》い、自然の應、天統を得。(一五)

とある。「蛇を斷ち符を著し」、「天統を得」と言うように、班固は劉邦斬蛇の符讖を肯定し神格化していた。劉邦斬蛇は漢代にあって受命の表現だということが知れよう。劉邦以来、蛇は、漢代における一種の政治符号となったのである。『後漢書』虞延傳の李賢注引ける『陳留風俗傳』には、

沛公 兵を起こし野戰し、皇妣を黃鄉に喪う。天下 平ぎて、乃ち使者をして梓宮もて幽野に招魂せしむるに、丹蛇の水に在る有りて、自ら洗濯し、梓宮に入る。其の浴處に仍《な》お遺髮有り、故に謚して昭靈夫人と曰う。因りて園陵・寢殿・司馬門・鐘虡・衞守を作る。(一六)

とある。ここでの丹蛇は、劉邦の母の魂魄のことである。丹は、劉邦が赤帝の子を標榜するのと関係する。蛇は、天子の母親の魂魄をも象徴するものとなったのである。

東漢の安帝は幼少のみぎり、

數〻神光の室を照らす有り、又た赤蛇の牀第の閒に盤《わだかま》る有り。年十歳にして史書を學ぶを好む。和帝 之を称し、數〻禁中に見る。[二七]

ということがあった。幼年の安帝の室内はたびたび神光に照らされ、また赤蛇が寝台にとぐろをまいていることもあった。赤というのは、東漢では火德の制が確立していて、赤を尊んでいたことによる。神光と赤蛇は、安帝が帝王となる予兆を持っていたことを指す。

漢代の画像石は、蛇に関連する図像がいくつかある。図像の表現を参照して、我々は以下のように分類しよう。

第一に、神仙世界の蛇のイメージを描写したもの。漢代の画像に刻まれた内容は、神仙世界を描いたものと現実世界のものとに大別される。神仙世界では、蛇の形象は一般に人首蛇身の神の姿である。馬王堆帛画は西漢前期の画像で、帛画では最高のものだが、人首蛇身の神の姿が確認できる（図一）。

図一　馬王堆一号墓帛画

帛画のうち、画像の最上部のなかごろに、人首蛇身の神の姿が見える。この神は誰だろうか。学界でも意見が分かれ、ある人は伏羲とし、ある人は女媧とし、また太一ともされる。いったいどの神とすべきなのか、今なお定説はない。ただ間違いないのは、この神が確実に神仙世界でも最高位にある神だということである。

図二　馬王堆一号墓帛画の一部

西漢後期より、墓の中の画像が増え、画像石や画像磚などには多くのバリエーションがある。墓の画像には、人首蛇身の形象が大量に出現する。山東嘉祥武氏祠には一幅の古帝王の画像があり、並んでいる最前面の帝王は、二人の人首蛇身者が合体した形象をしている（図三）。

図像の左側の榜文には、「伏羲倉精、初めて王業を造り、画卦・結縄し、以て海内を理《おさ》む」とある。榜文より、右側の帽子をかぶり規矩を持っているものが伏羲で、ならば左側の人首蛇身者は女媧であろうことがわかる。四川簡陽出土の画像石棺上にも、人首蛇身の形象が見える（次頁図四）。上側の表題にそれぞれ「伏羲」・「女媧」とあり、これが武梁祠の画像で伏羲と合体している者が女媧であるという直接の証拠になっている。山東武梁祠と四川簡陽石棺の表題からは、漢代の人首蛇身像が、

図三　山東嘉祥武梁祠　伏羲

おおよそ伏羲か女媧であることを見いだせる。伏羲・女媧以外では、人首蛇身が捧を手に日・月を象っているものがあり、これらは日神と月神であろう。伏羲・女媧であれ日神・月神であれ、人首蛇身の形象は、当時の人々のイメージの中で高位の神を代表していたのである。

図四　簡陽三号石棺　伏羲·女媧·玄武（二八）

　第二に、現実世界の蛇のイメージを描写したもの。漢代の画像石には現実世界に出現した数多の蛇の形象が刻まれており、大部分が斬蛇と関連する。これは河南南陽の鍼織廠墓に出土した一幅の斬蛇画像である（下図五）。図中左側の人物の手は長斧を握っているが、斧は真ん中より上で折れており、この者は慌てふためき、身体を後ろにかたむけ、転倒寸前である。右側の人物には一条の蛇が巻き付いていて、手に長剣を持ち、今にも抜き放とうとしている。多くの学者がこの図を「高祖斬蛇」の図としている（三〇）。しかし表題がないので、われわれは敢えて断言はしないでおくが、ただ図中に描かれた情景は『史記』高祖本紀中の描写の、「高祖 被酒し、夜に澤中に徑り、一人をして前に行かしむ。前を行く者 還り報じて曰く、『前に大蛇有りて徑に當る、願わくば還れ』と。高祖 醉いて曰く、『壯士行かんとすれば何をか畏れん』と。乃ち前み、劍を拔き蛇を斬る。蛇 分れて兩と爲り、道 開かる。」という情景とよく似ている。高祖斬蛇の故事が、漢代に及ぼした影響は甚大で、画像石中にこの故事が刻まれるのもなんらおかしなことではない。

図五　河南南陽鍼織廠墓画像石（二九）

　漢の画像石の中には、斬蛇図と関連する図像がまだある。図六（次頁）は山東石刻博物館所蔵の一幅の画像である。

　図中の中央の人物は表情が木訥としていて、眠りの中にでもいるかのようである。一条の蛇がその身を穿ち、蛇の上半身はその右手の袖から露出し、下半身は左の袖から出ている。その両隣には別々に戦士がいる。左の戦士は手にハンマーを持ち、右の戦士は斧を持っていて、ともにせめたてているかのようである。『中国画像石全集』の整理者はこの図画を「劇蛇」とし、一種の遊戯であるという。図画が「劇

図六　山東石刻博物館藏戯蛇図[三一]

蛇」であるかのどうか、表題がないのでわれわれに断言することはできないが、この図画と山東嘉祥武氏祠のある図画（右図七）とはよく似ている。

　右の図七の図画には、中央に地に横たわり寝ているかのような者がおり、一条の蛇がその身体にまとわりついていていて、両側にそれぞれ戦士がいる。左の戦士は手にハンマーを、右の戦士は斧を持っており、せめたてているかのようである。図六と図七とは、真ん中の人物が立っているか寝ているか、それ以外の違いはなく、両者とも同一の題目によるものであろう。図六の上面の画像は胡漢交戦図、図七の上面はいくつかの歴史故事であるが、この両図を遊戯だと説明するのは、他の画像石図像の趣と整合性がつかないようである。劉輝は図七が表すものを「漢承堯運」であるとし[三三]、中央の寝ている人物は劉邦の母の劉媼で、「初め劉媼 高祖を任もりて夢に神と遇うに、震電晦冥し、龍蛇の怪有り。太公往きて視れば、則ち蛟龍を其の上に見る。已にして身ごもる有り、遂に高祖を産む」場面を描いているのだという。この見解は注目に値する。

図七　山東嘉祥武氏祠左石室後壁小龕東側画像[三二]

　四川雅安高頤闕上の一幅の画像（図八）も図七とよく似ている。図中では一人の武士が横になって眠り、彼の上に一条の蛇がまとわりついている。この幅画と図七との構図はよく似ており、ともに一人が地に横たわって眠り、身体の上に一条の蛇がいるもので、両者が表すのは同一の主題であろう。整理者も図八を「高祖斬蛇」の図としており[三五]、子細にこの図を観察するなら、『史記』高祖本紀に記載される、高祖が蛇を斬ったのち「酔ひて因りて臥す」場面との相似は明らかである。もし図七・八の表すものが同一の主題であれば、図六もまた図七と描かれた情景がよく似ているのだから、図八とも一定の関係が認められよう。

図八　雅安高頤闕画画像[三四]

はたして三幅の画が同一の主題であるなら、これらはみな斬蛇の故事と密接に関係していることになる。表題がない以上、我々は図六・七・八の画像の含む意図を断定はしないが、ただ劉媼が蛇に感じて子を産んだ図にせよ、はたまた高祖が蛇を斬った図にせよ、帝王と密接に関係すること、漢代の王権符讖の芸術的表現形式だということは論ずるまでもない。

以上によって見るかぎり、漢の画像における蛇の図像は、神仙世界と現実世界とを問わず、みな帝王と関係するのは間違いない。伏羲と女媧は、伝説中の三皇である。斬蛇図・戯蛇図は、いずれも漢代の帝王の符讖と関係する。我々があらためて漢武帝期の「趙蛇」の讖を見るとき、この蛇は専ら卑臣江充をたとえたものではなく、あるいは江充はその中の一部に過ぎず、真に指ししめすもの、最も重要なことは、趙倢伃が「堯母門」に産んだ弗陵が、趙女の産んだ赤子であり、漢武帝のその他の子を打ち負かし、新たに天子となるという点なのである。

三　「堯母門」の西漢中後期の政治史観に対する影響

戦国時代の斉人の鄒衍は陰陽五行思想と歴史観を結合させ、「五徳終始説」を創造した。彼は歴史の発展を陰陽五行相克の順序と照らしあわせ推し広げたのだと思われる。秦の始皇帝は全国を統一した後、

始皇 終始五徳の傳を推い、以爲らく、周は火徳を得、秦は周徳に代われば、勝たざる所に従う、と。方今 水徳の始なれば、年始を改め、朝賀は皆な十月朔よりす。衣服・旄旌・節旗は、皆な黑を上ぶ。數は六を以て紀と爲し、符・法冠は皆な六寸にして、輿は六尺、六尺を歩と爲し、乘は六馬。河を更名して徳水と曰い、以て水徳の始と爲す。[三六]

とした。秦朝は「五徳終始説」に依拠し、五行相克の原則に照らして水徳の制を確立した。西漢初期、国家は「千瘡百孔」「百廃倶興」といったありさまで、急ぎ民力を養う必要があった。新生政権が政局を展開するにあたり、漢の高祖劉邦は「漢承秦制」の原則により、秦の水徳の制度を継続して使用した。武帝期になり、政治が安定し、経済が繁栄すると、秦以来の旧制度を踏襲するのは社会発展の阻碍要因となるため、古きを改め新しきを建つことが焦眉の急となっていた。武帝は力を尽くして漢初以来の因襲的な秦制を改編し、全く新しい政治局面を創始したのである。政治史観では「五徳終始説」を参照し、秦を水徳とすると、土は水に克つから、漢はまさしく土徳であるべきなので、太初元年には、

夏、漢 改暦し、正月を以て歳首と爲して、色は黄を上び、官は印章を更ふるに五字を以てし、因りて太初元年と爲す。[三七]

とあり、正式に土徳の制が確立されたのである。

武帝初期の漢朝は、

國家に事亡く、水旱に遇うに非ざれば、則ち民 人給《た》り家足り、都鄙の廩庾 盡く滿ちて、府庫 財を餘す。京師の錢 累百鉅萬し、貫 朽ちて校《かぞ》ふべからず。太倉の粟は陳陳として相因り、充溢して外に露積し、腐敗して食らふべからず。衆庶街巷に馬有り、仟伯の間に羣を成し、牸牝に乘る者 擯《しりぞ》けられて會聚するを得ず。[三八]

という時代で、国家は勢い盛んで、国は富み兵は強かったが、武帝の後期には、匈奴と連年戦ったことにより、財政の消耗は大きく、

天下 虛耗し、人 復た相食む。[三九]

という危機的状況に陥った。宣帝の時、武帝の宗廟の楽を決めるにあたり、長信少府の夏侯勝が反対し、

武帝は四夷を攘い土を廣げ境を斥くの功有ると雖も、然れども士

衆を殺すこと多く、民の財力を竭くし、奢泰にして度を亡い、天下 虚耗し、百姓 流離し、物故せし者半ばにして、蝗蟲 大いに起こり、赤地 數千里ならんとす。或いは人民相食み、畜積 今に至るも未だ復らず、德澤を民に亡えば、宜しく爲に廟樂を立つべからず。」(四〇)と。

と述べている。夏侯勝のこの発言に深い恨みと批判とが漏れ出しているのは、武帝の功績よりそれがはるかに大きいという、おそらくは当時の人々の普遍的な心情なのであろう。武帝晩年の政治的衰微は、人民の劉漢王朝への失望と不満を誘発し、急進主義者には甚だしくもその徳運が尽きたと疑わせるに至った。

漢昭帝が生まれた時に発生した一連の怪異現象は、主に三つである。一つ目は、泰山上にて大石が自然と立ち上がり、三石がその足になっていたこと。二つ目は、昌邑国の既に枯れた国社の木がまた芽吹いたこと。三つ目は、上林苑内の既に横倒しになっていた大きな枯れ柳がまた立ち、葉に虫食いで文字が出来ていて、「公孫病已立」と読めたことである。これらの怪異現象は当時において相当の騒ぎとなり、こうした現象に対して、経学者たちは次々自説を表明し、彼らは天人感応説を当時の政局に付会した。公羊家の畦弘が言うには、天が奇異な現象を引き起こすのは、上天が人間の君主の失政に向けた一種の警告だという。大石が自立したり、枯れ柳がまた芽吹くといった奇異な現象は、天下が一変しようとしているという預言であり、匹夫の中から賢者があらわれることを指す、とされる。畦弘は昭帝に上書し、

先師董仲舒に言有り、「繼體守文の君有りと雖も、聖人の受命を害《さまた》げず」と。漢家は堯の後、傳國の運有り。漢帝 宜しく天下に誰差し、賢人を求索し、禪《ゆず》るに帝位を以てして退きて自ら百里に封じ、殷周二王の後の如くして、以て天命に承順すべし。(四一)

としている。畦弘は明確に「漢家堯後」説を述べており、漢は堯の後裔であるから、禅譲の美徳を有しており、昭帝は祖先たる堯にならい、受命の新天子を探し出して、その者に禅譲し、自身は殷周二王と同様に、退位して自らを小国に封じれば、天意にかなう、とする。畦弘が西漢中後期に漢家は堯後の人であると提唱したのは、唐突な思いつきなどではなく、漢武帝の「堯母門」の影響を受けてのことである。武帝は昭帝を堯になぞらえたが、実際に劉漢を堯の後裔としたのは、畦弘の「漢家堯後」思想に始まる。畦弘は武帝の「堯母門」を「漢家堯後」思想として捉え直し、昭帝に祖先たる堯にならい、禅譲を行うよう勧めた。「漢家堯後」思想は平和的に政権の移行を勧め、武力による奪取に反対するものなのである。西漢後期にも、この思想は継承され、五行相生説による政治史観は次第に「五德終始説」へと交代していった。西漢晩期には、「漢家堯後」思想は王莽によって大々的に宣揚される。王莽は自ら舜の後裔を称し、堯が舜に天下を禅譲したように、漢がまた彼に天下を禅譲すべきだとしたのである。王莽が大いに宣揚した「漢家堯後」は、劉氏が自発的に政権を禅譲することで、平和的手段によって天下を得られるようにと望んだものなのである。

畦弘の提唱した「漢家堯後」説は、のちに徐々に「漢家火德」説と融合してゆく。漢宣帝の時、鳳凰が多数出現した。本始元年には

五月、鳳凰 胶东、千乗に集う。(四二)

とあり、本始四年には、

五月、鳳凰 北海の安丘・淳于に集う。(四三)

とあり、地節二年には、

夏四月、鳳凰 魯に集い、羣鳥 之に從う。天下に大赦す。(四四)

とあり、

(神爵)二年春二月、詔して曰く、「乃者《さき》の正月乙丑、鳳凰・甘

露 京師に降集し、羣鳥の従うもの萬數を以てす。朕の不徳にして、屢々天福を獲れば、祇事 怠らず。其れ天下に赦す。」(四五)と。

とある。宣帝期にはまだ他にも鳳凰出現の事例があるが、いちいち列挙はしない。鳳凰は祥瑞で、陰陽五行説で言うなら、鳳は赤であり、五行では火に属す、南方七宿朱雀の象である。南方の朱雀は四神の一つであり、その姿はつまり鳳凰である。宣帝期に鳳凰が大量に出現するのは、火徳の符瑞を示している。宣帝の地節元年夏六月、詔を下して、

　蓋し聞く堯は九族に親しみ、以て萬國を和す、と。朕は遺徳を蒙り、聖業を奉承するも、惟だ宗室の屬するもの未だ盡きずして、罪を以て絶ゆるものを念ふ。若し賢材有れば、行を改め善を勸め、其の屬を復し、自新を得さしめよ。(四六)

としている。詔書中にも見えるように、宣帝は堯をたいへん敬仰している。「朕は遺徳を蒙り、聖業を奉承し」とは、宣帝が堯の遺徳・聖業を継承しているという意味で、これはまさに昭帝期における「漢家堯後」思想の影響によるものである。宣帝期に鳳凰が大量に出現するのも、宣帝が堯の徳を継承したと自称するからであり、いずれも「漢家堯後」「漢爲火徳」思想がもたらしたものである。

　成帝期に至ると、「漢爲火徳」説は既に雛形となっている。『漢書』李尋傳には、

　齊人甘忠可 『天官暦』・『包元太平經』十二巻を詐造し、以て「漢家は天地の大終に逢い、當に更に命を天に受くべし。天帝眞人赤精子をして我に此の道を下教せしむ。」と言う。(四七)

とある。甘忠可は当時の一術士にすぎないが、漢家の命数が既に尽きたことを吹聴し、王朝交替を力説した。甘忠可の偽造した『天官暦』と『包元太平經』は、天帝が使者として真人赤精子を派遣し彼に教授したものとされた。赤精子は、つまり火徳の象徴である。

　哀帝期に至ると、甘忠可の学生の夏賀良が師の衣鉢を継ぎ、引き続き改制思想を宣揚した。『漢書』哀帝紀には、

　侍詔の夏賀良ら、「赤精子の讖に、『漢家 暦運して中衰するも、當に再び命を受くべし。」と。宜しく元を改め號を易《か》うべし。」と言ふ。(四八)

とある。夏賀良の言う「赤精子の讖」は、甘忠可の説く「真人赤精子」であり、彼らはこれを漢の再受命の図讖とみなしたのである。その注に應劭は、

　高祖は赤龍に感じて生まれ、自ら赤帝の精と謂う。良ら是に因りて此の讖文を作る。

と指摘する。應劭は一言で真相を突いたと言えよう。

　西漢も成帝・哀帝期に入ると、社会の矛盾が非常に鋭く現れて、劉漢王朝は累卵の危うきにあり、もし改革が加えられなければ、滅亡の運命を免れ得ない事態にあった。武力による王朝交替は、当然ながら人々の望むところではなく、そのため甘忠可や夏賀良らは折衷的手法として、高祖が赤帝の子だという伝説を新たに創り、漢は赤帝の子であり、火徳であって土徳ではないと宣揚した。甘忠可や夏賀良らが徳運の転変を求めたのは、漢が再び天なる架空の存在より命を受けることで、人々の目線をそらし、劉漢王朝の危機を救うことにあった。哀帝はこの夏賀良らの再受命の建議を受け入れ、改制の詔を下した。

　詔して曰く、「漢興りしより二百載、暦數 開元す。皇天 非材の佑を降し、漢國 再び受命の符を獲るは、朕の不徳なること、曷ぞ敢へて通《し》らんや。夫れ事の元命に基づきて、必ずや天下と自新せん。其れ天下に大赦す。建平二年を以て太初元將元年と爲す。號して陳聖劉太平皇帝と曰う。漏刻は百二十を以て度と爲

せ。[四九]」と。

改制の詔書は、哀帝自ら、漢の大運が既に尽きたものの、上天が愛を垂れ、「漢國再獲受命之符」をもたらしたので、改制して新政権を打ち立てることを表明する。哀帝の説く受命の符は、夏賀良らのいう「赤精子の讖」であろう。哀帝は「陳劉太平皇帝」を自称するが、「太平」の二字は甘忠可の『包元太平經』に見えるものである。哀帝の改制は直接に火徳の制を実行すると宣布したものではないが、実質上この政治史観を黙認しているのである。

武帝の「堯母門」は、漢が堯の後裔であることを暗示したが、高祖劉邦は赤帝の子という伝説もあり、ならば劉邦は赤帝の後裔であるはずだから、この問題を調整するため、堯の徳は火徳ということになり、堯は赤帝の子とされた。このような調整がいつ行われたかは、文献に明記されない以上、我々のあえて妄言するところではないが、ただ宣帝期に鳳凰が多く出現し、宣帝もまた堯徳の後継者を自称したところを見るに、このころには既にその萌芽があり、西漢後期には調和が完全に取れていた。『春秋緯感精符』には、

堯は翼星の精、南方に在り、其の色は赤。舜は斗星の精、中央に在り、其の色は黄。禹は参星の精、西方に在り、其の色は白。湯は虚星の精、北方に在り、其の色は黒。文王は房星の精、東方に在り、其の色は青。[五〇]

とあり、堯の色は赤、徳運は火徳とされている。他にも『春秋緯命歴序』には、

堯母の慶都は、世に有名なり。蓋し火帝の女にして、斗維の野に生まれ、常に三河の東に在り。天 大いに雷電し、血流を大石の中に潤す有りて、慶都を生む。長大にして、形 火帝に像る。常に黄雲の之を覆蓋する有り、夢に食えば飢えず。年二十に及び、伊長孺の家に寄叅し、夫無く、三河の首に出現し、常に神随の者有るが若し。赤龍の圖を負いて出づる有り、慶都 之を讀み、赤受天運、下に圖人有り、衣は赤光し、面は八彩あり、須髪は長七尺二寸、兌上豊下。署して曰く赤帝起、誠天下、寶亀龍、陰風雨と。赤龍と慶都と合昏して娠む有り、龍消えて見えず、既にして堯に乳すれば、貌 圖表の如し。堯に知有るに及び、慶都 圖を以て堯に予う。[五一]

とある。ここにおいて、ただ堯が神話とされるだけでなく、堯の母までもが神話化されたのである。堯の母の慶都は火帝の娘で、赤龍に感じて堯を生んだとされた。火帝・赤帝・赤龍・図讖といったこれらの描写は、みな堯が火徳で、赤帝の子であると証明することを目的とする。

東漢期には、堯の母が赤龍に感じて堯を産んだという伝説が社会に受け入れられていた。濮州には堯母碑があり、『漢隷字源』中に記載される「成陽霊臺碑」によれば、

建寧五年 立つ。濮州 雷澤に在り。堯母の慶都 赤龍に感じて堯を生み、后ち慶都に葬られ、名づけて霊臺と曰い、上に黄屋を立つ。集古して堯母碑を作る。[五二]

とある。建寧は漢の霊帝の年号で、建寧五年は西暦一七二年である。堯母碑の上には「堯母慶都感赤龍而生堯」の文字があり、堯と堯の母が神話にされていたという実際の証拠となる。

堯の母が赤龍に感じて堯を生んだと神話化されただけではなく、劉媼もまた赤龍に感じて劉邦を生んだという神話化がなされている。班固の『漢書』叙傳第七十上には、

初め劉媼 高祖を任《みこ》もりて夢に神と遇うに、震電晦冥し、龍蛇の怪有り。[五三]

とある。班固は劉媼の遭遇した「神」が何であるか明言せず、ただ「劉蛇の怪有り」とするだけだが、その実すでに劉媼の遭遇した神は龍だと明らかである。東漢後期の鄭玄は『駁五経異義』において、

春秋公羊説に、「聖人は皆父無し、天に感じて生ず」と。左氏説に、「聖人は皆父有り」と。謹み案ずるに、堯典は以て九族に親しむも、即ち堯母の慶都 赤龍に感じて堯を生まば、堯 安にか九族を得て之に親しまんや。禮讖に云う、「唐は五廟、天に感ぜずして生まるるを知る」と。駁して曰く、諸の感生すれば則ち父無く、父有れば則ち感生せずと言へるは、此れ皆な偏見の説なり。商頌に曰く、「天は玄鳥に命じ、降りて商を生ましむ」と。娀簡狄の鳦子を呑みて契を生むを謂い、是れ聖人の感生の、經の明文に見はるるなり。劉媼は是れ漢の太上皇の妻にして、赤龍に感じて高祖を生む。是れ父有りて神に感じて生まれし者に非ずや。[五四]

とする。ここでは明確に「劉媼 赤龍に感じて高祖を生む」としており、これと「堯母慶都 赤龍に感じて堯を生む」故事とは元は同じである。二つの神話は「漢家堯後」・「漢爲火德」の最もわかりやすい注釈であり、西漢中後期以来の両思想が完全に融合していることを最もわかりやすく例証するだろう。

東漢樹立後、「漢家堯後」・「漢家火德」は、法定の形式として確定する。『東観漢記』世祖光武皇帝の巻は、これを記載すること甚だ詳細である。

上の即位より、圖讖を案じ、五運を推し、漢は火德と爲す。周は蒼、漢は赤、水は火に生じ、赤は蒼に代わる。故に上 雒陽に都す。郊兆を城南七里に制し、北郊は四里、圓壇を爲り、天地 其の上に位し、皆 南面西上す。行夏の時、時は平旦を以てし、服色・犧牲は黑を尚び、火德の運を明らかにし、徽幟には赤を尚び、四時 色に隨い、季夏は黃色たり。議者曰く、「昔 周公 后稷を郊祀して以て天に配し、文王を宗祀して以て上帝に配す。圖讖は伊堯の赤帝の子にして、俱に后稷と並に受命して王と爲るを著かにす。漢劉は堯を祖とすれば、宜しく帝堯を郊祀して以て天に配し、高祖を宗祀して以て上帝に配せ。」と。有司 議を奏して曰く、「先代を追跡するに、其れ五運の祖を郊する者無し。故に禹は白帝を郊さず、周は帝嚳を郊さず。漢は唐の苗と雖も、堯は歴數を以て舜に命じ、高祖は自ら赤龍火德に感じ、承運して起つ。當に高祖を以て堯の後に配し、還た漢に復せしめ、宜しく濟陽成陽縣の堯冢を脩奉し、雲臺に敬祭祀禮を致して亦た之を宜ぶべし。」[五五]と。

東漢樹立後、五行相生の原則に照らして、公的に火德の制が打ち立てられた。堯は東漢期の祭祀で高い地位を占め、郊祀の際は帝堯を天に配し、宗祀には高祖劉邦を上帝に配している。「漢は火德と爲す」・「堯は赤帝の子」・「漢劉は堯を祖とす」とはみな東漢樹立初期に定まった観点で、あわせて国家の指導思想にもなっていた。班固は上述した『漢書』高帝紀に、「漢は堯運を承け、德祚已に盛んに、蛇を断ち符を著し、旗幟 赤を上び、火德に協、自然の應、天統を得」と記した。すなわち「漢家は堯の後」・「漢は火德と爲す」の理論による。武帝の「堯母門」に引き続いて、光武帝もまた子を堯に比している。『東觀漢記』顯宗孝明皇帝には、

孝明皇帝、諱は陽、一名を荘、世祖の中子なり。建武四年夏五月甲申、帝生まる。豊下鋭上、項 赤色、堯に似たること有り、上 赤色を以て之に名づけて陽と曰う。[五六]

とある。建武四年、光武帝政権は樹立当初より、正当性を火德に求め、

赤相符ほか多数の図讖を尊んでいた。明帝の出生時に項が真っ赤だったというのは、まさに火徳の色と応じるもので、大いに宣揚されたのも、「堯に似たること有」るからであろう。武帝の「堯母門」の後、漢代における二人目の、赤子を堯に比した事例である。これらの事例で、劉漢王朝は「漢爲堯後」「尚赤火徳」を明確に打ち出している。これは漢武帝の「堯母門」が確実に西漢中後期以降の政治史観に重大な影響を及ぼしていることのさらなる証明となる。

以上のように、漢武帝の「堯母門」は、西漢中後期の政治情勢に深刻な影響をもたらしただけでなく、西漢中後期の政治史観にも深遠なる影響を生じさせており、その歴史における作用は軽視できないのである。

《注》

(一)『漢書』巻九十七上 外戚傳上（北京：華書局、一九九六年）三九五六頁。
(二)『漢書』巻九十七上 外戚傳上、三九五〇頁。
(三)『漢書』巻九十七上 外戚傳上、三九五二。
(四)『資治通鑑』巻二十二（北京：中華書局、一九九五年）七二六頁。
(五)『漢書』第六十三 武五子傳、二七四一頁。
(六)『資治通鑑』巻二十二、七二七頁。
(七)『漢書』第六十三 武五子傳、二七四一頁。
(八)『漢書』巻七 昭帝紀、二一七頁。
(九)『漢書』第六十八 霍光傳、二九三二頁。
(一〇)『漢書』巻四十五 江充傳、二一七八頁。
(一一)『漢書』巻四十五 蒯伍江息夫傳、二一七九頁。
(一二)『資治通鑑』巻二十二、七二三頁。
(一三)『明史』巻百十九 于孔兼傳（北京：中華書局、一九七四年）六〇四三頁。
(一四)『漢書』巻六十八 霍光傳、二九三二頁。
(一五)『宋書』巻八十五 謝荘傳（北京：中華書局、一九七四年）二一七七頁。
(一六)『明史』巻百十三 后妃列傳一 孝穆紀太后傳、三五二三頁。
(一七)『世宗憲皇帝上諭内閣』巻八十二（『文淵閣四庫全書』史部・詔令奏議類、台北：台湾商務院書館、一九八七年）
(一八)『漢書』巻六 武帝紀、二〇七頁。
(一九)『漢書』巻七十三 韋賢傳、三一一五頁。
(二〇)『漢書』巻二十七下之上 五行志下之上、一四六八頁。
(二一)『漢書』巻二十七下之上 五行志下之上、一四六七～一四六八頁。
(二二)『史記』巻二十八 封禪書（北京：中華書局、一九八二年）一三五八頁。
(二三)『漢書』巻一上 高帝紀上、八頁。
(二四)『漢書』巻一上 高帝紀上、一〇頁。
(二五)『漢書』高帝紀下、八一～八二頁。
(二六)『後漢書』列傳二十三 虞延傳（北京：中華書局、一九八二年）一一五一頁。
(二七)『後漢書』巻五 孝安帝紀、二〇三頁。
(二八)『中国画像石全集』第七巻（山東美術出版社、二〇〇〇年版）図版八〇頁。
(二九)『中国画像石全集』第六巻、図版一四頁。
(三〇)『中国画像石全集』第六巻、図版七頁。
(三一)『中国画像石全集』第六巻、図版九五頁。
(三二)『中国画像石全集』第一巻、図版五七頁。
(三三)劉輝「武氏祠中『漢受堯運』的漢画像解讀」（『徐州工程学院学報』、二〇〇七年、第七期）。
(三四)『中国画像石全集』第七巻、図版六八頁。
(三五)『中国画像石全集』第七巻、図版六八頁を参考にされたい。また、『出土漢画像石破解千年帝王相』（『彭城晩報』二〇〇九年一〇月三〇日C06版）もこの説を採る。
(三六)『史記』巻六 秦始皇本紀（北京：中華書局、一九八二年）二三七～二三八頁。
(三七)『漢書』巻二十五下 郊祀志下、一二四五頁。

（三八）『漢書』巻二十四上 食貨志上、一一三五頁。

（三九）『漢書』巻二十四上 食貨志上、一一三七頁。

（四〇）『漢書』巻七十五 夏侯勝傳、三一五六頁。

（四一）『漢書』巻七十五 眭弘傳、三一五四頁。

（四二）『漢書』巻八 宣帝紀、二四二頁。

（四三）『漢書』巻八 宣帝紀、二四六頁。

（四四）『漢書』巻八 宣帝紀、二四七頁。

（四五）『漢書』巻八 宣帝紀、二六二頁。

（四六）『漢書』巻八 宣帝紀、二四六頁。

（四七）『漢書』巻七十五 李尋傳、三一九二頁。

（四八）『漢書』巻十一 哀帝紀、三四〇頁。

（四九）『漢書』巻十一 哀帝紀、三四〇頁。

（五〇）『玉函山房輯佚書』春秋緯・感精符（揚州：広陵書社、二〇〇六年）一五八頁。

（五一）『玉函山房輯佚書』春秋緯・命暦序、一七〇頁。

（五二）婁機『漢隷字源』（『文淵閣四庫全書』経部・小學類）二二五～七九四頁。

（五三）『漢書』巻百上 叙傳上、四二一一頁。

（五四）鄭玄『駁五経異義』（『文淵閣四庫全書』経部・小五経・総義類）一八二～三一一頁。

（五五）『東観漢記』世祖光武皇帝（『文淵閣四庫全書』史部・別史類）三七〇～三七三頁。

（五六）『東観漢記』顯宗孝明武皇帝（『文淵閣四庫全書』史部・別史類）。

分科会（I）三

「古典中国」の成立と展開

渡邉　義浩

はじめに

日本における中国史研究では、一九五〇年代から七〇年代を中心として、時代区分論争が盛んに行われた。同じころ、中国では、マルクス主義の唯物史観に基づく時代区分により研究を進展させていた。両国の似て非なる時代区分に対して、日中で共同研究が行われたこともあった（一）。しかし、互いの歴史観を摺り合わせることができず、共通認識は生まれなかった。以後、両国とも個別研究は進展したものの、近年ではとくに、中国史の時代区分を論ずる研究や、自らの研究が中国に対する如何なる時代認識と繋がるものであるのかという明確な問題意識を持つ研究は、少なくなってきている。

しかし、時代区分は、歴史認識を根底で規定する営みであり、その試みは継続していくべきである。そして、時代区分の際には、明確な指標が必要となる。しかも、指標は、生産様式・国制・思想など単一の指標ではなく、それらの複合体として設定される必要があろう。

本報告は、中国史における新しい時代区分として、「古典中国」を指標とする四時代区分を提起するものである。

一、日本における中国史の時代区分論争

日本における中国史の時代区分論争は、宋以前を中心に考えると、以下の五期に分類できる（二）。戦前の中国史研究に見られた「停滞論」からの脱却を目指し、「世界史の基本法則」を中国史に適用するために、当該時代の基本的生産関係を規定すると考えられた大土地所有の経営形態が、奴隷制であるのか、農奴制（小作制）であるのかという問題が、主要な論争点とされた一九五〇年代を中心とする第一期。中国独自の専制権力の成立基盤を専制君主と小農民との直接的な関係に求めた一九六〇年代を中心とする第二期。専制国家と小農民との間に介在し、小農民の存立を保障するとともに、国家の支配を可能にする「共同体」が問題とされた一九七〇年代を中心とする第三期。第三期より継承された「共同体」論と「小経営生産様式」論との間で論争が行われながらも、時代区分と直接関わらない研究が増加した一九八〇年代を中心とする第四期。時代区分を正面から取り上げることに疑問が生ずるようになった一九九〇年代から現在に至る第五期、以上である。

岸本美緒によれば（三）、第五期の風潮は、時代区分の背景となる共通認識が崩壊することにより生まれた。すなわち、社会というものをある構造をなすものとして一種の実体のごとく捉える考え方、さらには、

それぞれの地域が遅速の差や地域的特色はあれ、ある段階を踏んで発展しており、その発展を共通の物差しで計ることができる、という考え方の崩壊である。

時代区分論の前提となっている発展史観について、たとえば、ポパー[四]は、物事は一定の法則にしたがって歴史的に発展していく、という歴史主義あるいは社会進化論を厳しく批判する。また、フーコー[五]は、時間の流れは政治・経済・文化など局面ごとに異なった速度で流れているため、一つの統一された「時代」というものは存在しない、という。たしかに、すべての社会が同一の発展法則に従うとすることには無理があり、「世界史の基本法則」のような歴史認識は力を失っている。さらに、ウォーラーステインの「世界システム」論[六]は、十六世紀以降に対する一国的発展論と、それに基づく時代区分の方法の限界を鮮明にした。あるいは、時代区分は、歴史の「主体的把握」の問題であって、客観的考証に終始する歴史学の限界をはみ出るものである、という考え方もある[七]。歴史学の緻密な分析的研究が進むほど、時代と時代との連続性が浮き彫りになるためである。

それでは、第一期から第四期までに試みられてきたような、一国史における発展を考えていく時代区分は、現在でも可能性を持ち得るのであろうか。

二、中国国家の規範

一九九〇年代、中国が全面的な西欧化を掲げていたころ、話題になった中国史の把握方法に、金観濤・劉青峰の「超安定システム」論がある[八]。それによれば、中国封建社会は、「宗法一体化構造」を特有の構造として持つ。「宗法一体化構造」は、国家が農民大反乱の中で崩壊した際、王朝修復の鋳型を提供し、社会を従来の旧構造へと引き戻す。中国封建社会は、このような超安定システムを有するが故に、停滞性の中に王朝の周期的崩壊を繰り返した、とするのである。「超安定システム」論では、儒教により形成された「宗法一体化構造」は、中国社会を発展とは縁遠いものとする巨大な「わな」に落ち込ませ、中国の発展を阻害したものと位置づけられている。

このように中国前近代の歴史を停滞と捉え、それを超えていくために西欧化の必要性を主張する「超安定システム」論は、「全盤西化」が唱えられた一九九〇年代の中国史の把握方法の現れとしては興味深い。時代区分は、歴史像の構成において、常に何らかの理念を欠かすことのできない営みだからである[九]。しかし、「超安定システム」論の捉え方は、前近代を生きた中国人の抱いていた歴史認識とは、大きく異なる。時代区分は、当該時代を生きる人々が自ら主体的に認識していた歴史観に基づいてなされるべきである。

西欧では、十七世紀にドイツのケラーが、古代・中世・近代という三時代区分を行い、それが十九世紀になって進化論と一体化した[一〇]。三時代区分の源は、ペトラルカ以来のルネサンス期の人文主義者や宗教改革者に起源を持つ。古代・中世・近代という時代区分は、人間性の同一という普遍的基盤に立って、生→死→復活という象徴的な三幅対の方式を世界史に適用したものに他ならない[一一]。すなわち、古代・中世・近代という時代区分には、ルネサンス期を生きた人文主義者や宗教改革者の理念が、そして、それを継承した十九世紀の歴史学には、進化論という人類史の理念が、それぞれ内在化されているのである。異なる理念を持つ中国史に、古代・中世・近代という時代区分をそのまま適応できるはずはない。

中国前近代においては、ルネサンス期の人文主義者や宗教改革者のように、宗教的な時代観を背景としながら、時代と称すべき長い期間を「暗黒」と捉えたことはない。そうした事象が中国に見い出し得ないにも拘らず、中国史に「中世」が必要とされたのは、停滞史観を打破するため、近代の前提となるべき、克服すべき「中世」が中国にも存在することを「発見」することが求められたためである。近代の価値が相対化され、超克すべき「中世」が不必要となった現在において、中国史に「中世」を設定する積極的な意味はない。

中国前近代において内在的な歴史認識は、儒教の尚古主義を基調とする。[二] ただし、堯・舜・禹といった聖王の御世や周の文王・武王を理想と仰ぎながらも、現実には秦の始皇帝以来の皇帝による中央集権的な官僚制度が整備された統一国家を規範とし続けてきた。

統一国家を尊重することについては、「大一統」という『春秋公羊伝』隠公元年の経義に基づき、その重要性が表現された。「大一統」を保つための方策としては、「郡県」と「封建」が対照的に語られる。「大一統」の障碍となる私的な土地の集積に対しては、「井田」の理想を準備し、文化に依拠するあらゆる価値基準を国家のもとに収斂するため、「学校」が置かれる。また、支配の正統性は、「皇帝」と共に用いられる「天子」という称号に象徴される。さらに、現実に中国を脅かす異民族を包含する世界観としては、「華夷」思想を持つ。

このように、中国における国家の規範型は、儒家の主張により表現されてきた。したがって、それが形成された時代は、始皇帝が現実の型を創造した秦代ではない。前漢の景帝期より段階的に形成されていく「儒教国家」において中国国家の規範は形成される。[三]

この結果、中国は自らが生きる社会や国家が限界を迎えようとするとき、「古典」とすべき中国像を有していた。それを「古典中国」と称するのであれば、中国の歴史は、「古典中国」の成立するまでの「原中国」、「古典中国」の成立期、「古典中国」の展開期（「近世中国」）、「古典中国」を直接的には規範としなくなった「近代中国」に区分することができよう。それでは、「古典中国」はいつ、どのような形で成立したのであろうか。

三、「古典中国」の成立と展開

「古典中国」は、「儒教国家」の国制として後漢の章帝期に白虎観会議により定められた中国の古典的国制と、それを正統化する儒教の経義により構成される。[四] かかる理想的国家モデルの形成に大きな役割を果たした王莽の新は、わずか十五年で滅びた。[五] それにも拘らず、新を滅ぼした後漢は、王莽の国制を基本的には継承し、それを儒教の経義と漢の国制とに擦り合わせ続ける。その結果、後漢で確立した「古典中国」は、儒教の経義より導き出された統治制度・世界観・支配の正統性を持つに至るのである。

1．大一統（統治制度）

「古典中国」の統治制度の大原則は、『春秋公羊伝』隠公元年に記された春秋の義である「大一統」である。天が一つである以上、天の命を受けて天下を支配する天子が、そして実力により世界を支配する皇帝が、統治する中華世界は統一されていなければならない。統一を保つための手段は、「郡県」と「封建」として対照的に語られる。しかし、中国の「封建」は、feudalismとは決定的に異なる。国家権力の分権化を許容するfeudalismとは異なり、中国の「封建」は、社会の分権化に対して、君主権力を分権化して、国家権力全体としての分権化を防ぐ理念として機能する。

中国史上、「封建」論が盛んに論ぜられたのは、魏晋・明末・清末である。これらの時期は、秦・宋・清で形成された三つの「郡県」的な専制政治の衰退期とも言えよう。宋の「郡県」の限界の中で明末の「封建」論は地方行政の立て直しを主張し（一六）、清の「郡県」の限界の中で清末の「封建」論は、地方自治を主張した（一七）。したがって、三つの「封建」論の中では、漢の「郡県」の限界の中、社会の分権化傾向を皇帝権力の分権化により防ごうとする中から生まれた両晋南北朝の貴族制を正統化する「封建」が、西欧のfeudalismに最も近い（一八）。しかし、土地の分与が貴族制では否定されたように、「大一統」の原則が揺らぐことはなかった。

それでも、私的な土地の集積が「大一統」の障害であることは明らかであった。儒教は、ここに「井田」の理想を準備する。西晋では、占田・課田制として政策化された「井田」は、北魏・隋・唐の均田制として日本にも大きな影響を与えた（一九）。支配の側だけではない。清に対する太平天国の乱で掲げられた天朝田畝制度にも、「井田」の思想を求めることができる。さらに言えば、孫文の民生主義、毛沢東の人民公社運動にまでその影響は及ぶ（二〇）。これらの土地制度は、いずれも土地を国有と考える点において「井田」の系譜を継承する。

また、「大一統」を保つためには、あらゆる価値基準を国家のもとに収斂しておく必要があった。そのための装置が儒教に基づく教化を行う「学校」、そして科挙に代表される官僚登用制度であった。さらに、皇帝による文化事業も、文化価値の収斂を推進する。たとえば、唐の勅撰事業として行われた『藝文類聚』（類書）、『初学記』（類書）、『五経正義』（経書）、『帝範』（儒教〈経義〉）、『群書治要』（政書）、『文翰詞林』（総集〈文学〉）、『唐六典』（職官）、『隋書』などの南北朝正史の編纂（史学）は、唐の文化価値収斂への努力を今日に伝える。台北や北京の故宮博物院に残る文物も、歴代皇帝の文化価値の収斂事業の成果と考えてよい。

こうして「大一統」は、政治制度・経済政策・文化の収斂によって守られ続けていった。ただし、その際、ある時代を画期に、「古典中国」へのまなざしに、相違が現れることに留意しなければならない。たとえば、明末清初の王夫之（王船山）は、「封建」について次のように述べている。

両端 勝を争ひて、徒らに無益の論を為す者は、封建を辨ずる者是れなり。郡県の制、二千年に垂んとして改むる能はず。古今上下に合ひて皆 之に安んずればなり。勢の趨く所、豈に理に非ずして能く然るや（二一）。

王夫之は、封建制が復活せず、郡県制が続いていることは「勢」の赴くところであり、それが「理」に合致している、と主張する（二二）。「古典中国」の国制においては、「封建」が理想とされるべきであるが、「理」の指し示すものが「郡県」であるならば、「古典中国」の国制である「封建」に復帰する必要はない、とするのである。ここでは、「古典中国」は、規範としての絶対的な地位を失い、「理」が優先されている。「古典中国」の形成期では、あくまでも「封建」を理想とする主張が崩れなかったことに対して、「古典中国」という規範より、「理」を優先する時代となっているのである。

また、同じ時期に王夫之とは逆に、「古典中国」の理想である「封建」を復活しなければならない、と説く論者も、その理由を「理」に求めていた。

封建・井田の廃るるや、勢なり、理に非ざるなり。乱なり、治に非ざるなり。後世の君相、因循苟且して、以て其の私利の心を養成す。故に復た三代に返る能はず、孔・孟・程・朱の憂ふる所以

なり。而るに必ず争ふ者は、正に此れと為すのみ。[一三]

明末清初の浙江の朱子学者である呂留良は、封建・井田を必ず復活させなければならず、封建・井田が廃れたことは、「勢」であって「理」ではないという。王船山とは封建への方向性が反対であるが、封建を復活することが「理」である、と「古典中国」への回帰の理由に「理」を掲げていることに注目したい。

これらの主張に見られるような、「古典中国」という規範以上に「理」を重要視する時代の位置づけについては、後述することにして、「古典中国」の構成要素をさらに掲げていこう。「封建」を復活することを「理」と捉える呂留良は、雍正帝に屍を戮されている。それは、「古典中国」を尊重する呂留良の「華夷思想」の影響を受けた曾静が、雍正帝の弾圧を受けたためであった。[一四]

2．華夷（世界観）

「古典中国」の天下観・世界観である華夷思想は、『春秋公羊伝』成公十五年に記される「諸夏を内として夷狄を外にす」という春秋の義により規定される。華夷思想は、地理的に世界を説明するものではない。天子が徳治を行う中華を世界の内とし、徳の及ばない「南蛮・東夷・西戎・北狄」の夷狄を世界の外とする概念である。したがって、教化が及べば、夷狄もまた中華に成り得る可能性を持つ。それを積極的に主張した者が後漢末の何休である。何休は、『春秋公羊経伝解詁』隠公元年の注で、「夷狄も進みて爵に至る」[一五]ような「大平」の世では、中華と夷狄の区別が消滅することを説いた。たとえば、五胡君主が好んで述べたように、禹は夷狄であり、周の文王も異民族の生まれである、という。かれらが中華の理想的な君主となったのは、禹が黄河を治めて中華の文明の基礎をつくり、周の文王が礼を治めて中華の文化の基本を定めたためである。たとえ夷狄の出身であっても、中華の「文」を体現することにより、中華の君主となり得る。それが「文」によって中華と夷狄を区別する儒教の規定であった。

しかし、現実問題として、異民族が中国を支配すると、民族的な軋轢が生じることは多かった。北魏の漢化政策から隋唐の胡漢融合へと、たとえば何休が主張するような異民族の漢民族への同化が順調に進めば、民族問題は表面化しなかったであろう。ところが、北族系の国家は、おしなべて仏教を尊崇している。ここに、民族問題に対する儒教の弱さを窺い得る。遼・金・元・清という征服王朝も、一貫して仏教を崇拝している。仏教は、中国外部からもたらされた世界宗教である点において、異民族国家の正統性を保証する理念と成り得た。儒教は、北族支配下においては、中華と夷狄の問題について、世界宗教である仏教に一歩譲るところがあった。それでも、中華と夷狄という儒教が形成した世界観は、前近代中国において脈々と継承されていく。

3．天子（支配の正統性）

中国の君主は、漢代以降、天子と皇帝という二つの称号を持つ。中国を実力で支配する皇帝の持つ権力を、天命を受けた聖なる天子の支配という権威が正統化していたのである。天子が天の子であることを、鄭玄は感生帝説に基づく六天説により説明した。これに基づき曹魏の明帝は、冬至には圜丘で昊天上帝を祀り（圜丘祀天）、正月には南郊で五天帝を祭った（南郊祭天）。これに対して、西晉の武帝が採用した王粛説は、感生帝説と六天説を否定し、圜丘と南郊を同一のものとして、昊天上帝一柱を南郊で祭ることを主張する。[一六]

鄭玄説か王粛説かの違いはあるが、南郊での祭天儀礼は、遼を唯一の例外として、すべての前近代中国国家に継承された。ただし、後漢から唐までは、南郊の祭天に参加するものは、皇帝および一部の高級官僚だけであった。「古典中国」において、皇帝や皇帝の支配を受ける人々がつくる共同体に、共属意識を抱いていたのは、支配階級や国家から利益を得ている裕福な階層に限られる。ほとんどの農民は、自分達を統治する人々について、関心も持たないことが多かった。少数の知識人の間で、同じ国家に属しているという意識を共有できれば、国家の正統性を作りあげることができたのである。[二七]

　ところが、北宋になると、首都開封の南郊儀礼は、宮殿→大慶殿→太廟→景霊宮→圜丘へと続く豪華のものとなり、商業都市でもある開封の都市構造とも相まって、首都全体をまきこみ、城内の住民を熱狂させる、華麗なペイジェントとして機能するようになる。[二八]明代に本格化する儒教の民への普及などにより、国家が正統性を主張する範囲はさらに拡大していく。

　南郊での祭天儀礼の対象が唐から宋の間で変化し、国都が長安・洛陽から開封へ代わったように、「古典中国」からの様々な展開が、唐宋変革期に起きている。国家の正統性に最も深く関わる天観念も、古代の天から大きく変容した。

　古代の天は、超越的で不可知的な所与の自然としての天であり、天により正統化される皇帝の神秘性を支えていた。前漢の董仲舒が述べた、皇帝が善政を行うと天は瑞祥によりそれを褒め、皇帝が無道であると天は地震や日食などの災異により君主を譴責するという、天人相関説で述べられる天譴は、その端的な現れである。

　これに対して、宋以降の天は、「天とは理である」との北宋の程顥の規定を承けて、天理という概念が広がるように、宇宙を秩序づける可知的な合理性を持つようになる。[二九]「古典中国」の時には必ず行われるべきとされた「封建」が、朱子学以降は、「理」に叶っているか否かにより、行われるべきか否かが判断された理由である。唐宋変革期に、「古典中国」は展開するのである。

　ここに中国史に内在する「古典中国」の主体的把握に基づく時代区分を設定することができる。すなわち、中国史は、

　「原中国」　先秦。「古典中国」成立以前、
　「古典中国」　秦から唐。「古典中国」の成立、
　「近世中国」　宋から清。「古典中国」の展開、
　「近代中国」　中華民国以降。「古典中国」からの脱却、

の四時代に区分することができるのである。

　一九一一年の辛亥革命により、天を祭らない中国の支配者が誕生した。創立民国（共和制の樹立）を説く孫文は、天子ではないため、祭天を行う理由がなかったのである。しかし、最後の南郊祭天は、この後に行われた。一九一四年、孫文から中華民国の実権を奪った袁世凱は、北京南郊の天壇で祭天儀礼を行った。[三〇]しかも、南郊祭天は国民に通達され、国民が各家庭で天を祭る祭壇を設け、儀礼に参加するよう呼びかけられた。袁世凱は、皇帝制度を復活し、天子となることを目指していたのである。

　袁世凱の死後、中国では二度と天は祭られていない。天を祭らない中国の支配者の出現、それは「古典中国」の伝統から断絶した中国、すなわち「近代中国」の成立を意味するのである。

おわりに

　ある国家の政治的・社会的な統合には、イデオロギーがつきものである。中国の場合も、二千年前の統一国家誕生以来、思想・理念が国家の統合に作用してきた。その意義を歴史的に認識することは、中国

がアメリカと並ぶ大国として世界に大きな存在感を示している現在、改めて重要になっている。

中国の理想的な国家モデルである「古典中国」は、前漢を簒奪した王莽期に形成され、後漢「儒教国家」により確立した。こうした「古典中国」が大きな展開を迎えた時代は、宋代であった。唐が衰亡したあとの混乱期を経て、宋は再び中国を統一したとされる。しかし、北方の遼との並立、あるいは軍事的劣勢は、宋代の士大夫たちに強く意識されざるを得ない状態にあった。南宋ともなると、かつての中原の地を金に奪われて南方に逼塞するに至る。このように、宋は現実には「大一統」を成し遂げていないにも拘らず、これを夏・殷・周の三代に並ぶ「盛世」として自画自賛する動きが生まれる。

その中で最も成功を収めたものが朱子学であり、中華文化の精髄である儒教を純化・復興するために、孔・孟の精神に帰ることを標榜し、後漢以来の経学を批判して「古典中国」モデルに代わる「理」を中核に置く別様の思想体系を樹立した。元代を経て、明においてこの新たな体系が、国家体制を支える理念として確立する。

こうして「古典中国」は「近世中国」へと展開したが、後漢末の鄭玄（二〇〇年没）、南宋の朱子（一二〇〇年没）という二人の儒者は、「古典中国」と「近世中国」を象徴する存在であると言えよう。

《注》

（一）鈴木俊・西嶋定生『中国史の時代区分』（東京大学出版会、一九五七年）。

（二）渡邉義浩『後漢国家の支配と儒教』（雄山閣出版、一九九五年）の序論において、その時点までにおける、中国古代国家の支配形態をめぐる諸研究を四段階に整理している。それぞれの時期の具体的な研究については、就きて参照されたい。

（三）岸本美緒「時代区分論」（『岩波講座 世界歴史 1 世界史へのアプローチ』岩波書店、一九九八年、『風俗と時代観―明清史論集1』研文出版、二〇一二年に所収）。

（四）カールR．ポパー、久野収・市井三郎（訳）『歴史主義の貧困―社会科学の方法と実践』（中央公論新社、一九六一年）。

（五）ミシェル・フーコー、中村雄二郎（訳）『知の考古学』（河出書房新社、一九七〇年）。

（六）I．ウォーラーステイン、川北稔（訳）『近代世界システム』1～4（名古屋大学出版会、二〇一三年）。

（七）大島康正『時代区分の成立根拠』（筑摩書房、一九四九年）。

（八）金観濤・劉青峰『興盛与危機―論中国封建社会的超穏定結構』（湖南人民出版社、一九八四年）。日本語訳に、若林正丈・村田雄二郎（訳）『中国社会の超安定システム―「大一統」のメカニズム』（研文出版、一九八七年）がある。

（九）大島康正『時代区分の成立根拠』（前掲）。

（一〇）G．パラグラフ、前川貞次郎・兼岩正夫（訳）『転換期の歴史』（社会思想社、一九六九年）。

（一一）大島康正『時代区分の成立根拠』（前掲）。

（一二）増淵龍夫「歴史認識における尚古主義と現実批判」（『哲学』Ⅳ、一九六九年、『歴史家の同時代的考察について』岩波書店、一九八三年に所収）を参照。なお、王充『論衡』の斉世篇、葛洪『抱朴子』の鈞世篇のように、古と今とを同価値と捉える時代認識も少数ではあるが存在する。

（一三）中国における最初の「儒教国家」が、後漢の章帝期に成立することについては、渡邉義浩『後漢における「儒教国家」の成立』（汲古書院、二〇〇九年）を参照。

（一四）中国における古典的国制については、渡辺信一郎『中国古代の王権と天下秩序―日中比較史の視点から』（校倉書房、二〇〇三年）を参照。

（一五）「古典中国」形成における王莽の役割については、渡邉義浩「「古典中国」の

形成と王莽」（『中国―社会と文化』二六、二〇一一年）、渡邉義浩『王莽』（大修館書店、二〇一二年）を参照。

（一六）林文孝「顧炎武「郡県論」の位置」（『「封建」・「郡県」再考―東アジア社会体制論の深層』思文閣出版、二〇〇六年）によれば、明末の封建論は、その対象として宗室の比重が低下し、王朝の存続を必ずしも目的とせず、地方行政の問題が前面に現れ、『周禮』の理念にもとづく統治体制が提起され、一部の論者が世襲を除外することに特徴がある、という。

（一七）清末の「封建論」が、西欧近代の理解に道を開き、康有為らの立憲運動に繋がることは、増淵龍夫『歴史家の同時代的考察について』（前掲）、地方自治の主張へと繋がることは、溝口雄三「中国における「封建」と近代」（『文明研究』七、一九八九年、『方法としての中国』東京大学出版会、一九八九年に所収）を参照。

（一八）渡邉義浩「中国貴族制と「封建」」（『東洋史研究』六九―一、二〇一〇年、『西晉「儒教国家」と貴族制』汲古書院、二〇一〇年に所収）を参照。

（一九）渡邉義浩「「井田」の系譜―占田・課田制の思想史的背景について」（『中国研究集刊』三七、二〇〇五年、『西晉「儒教国家」と貴族制』前掲に所収）を参照。

（二〇）桑田幸三「「孟子」井田制の経済思想について」（『彦根論叢』一五四、一九七二年）。

（二一）両端争勝、而徒為無益之論者、辨封建者是也。郡県之制、垂二千年而弗能改矣。合古今上下皆安之。勢之所趨、豈非理而能然哉（『読通鑑論』巻一　秦始皇、「船山全書」第十冊、嶽麓書社出版、一九八八年）。

（二二）王夫之の「封建」については、大西克巳「王船山「郡県／封建」論をめぐって―その歴史理論と政治思想」（『日本中国学会報』四九、一九九七年）を参照。

（二三）封建・井田之廃、勢也、非理也。乱也、非治也。後世君相、因循苟且、以養成其私利之心。故不能復返三代、孔・孟・程・朱之所以憂。而必争者、正為此耳（呂留良講、周在延編次『呂晩邨先生四書語録』巻三十七　孟子　滕文公上、広文書局、一九七八年）。

（二四）呂留良の曾静への影響、ならびに雍正帝の弾圧については、小野川秀美「雍正帝と大義覚迷録」（『東洋史研究』一六―四、一九五八年）を参照。

（二五）渡邉義浩「両漢における華夷思想の展開」（『両漢儒教の新研究』汲古書院、二〇〇八年、『後漢における「儒教国家」の成立』前掲に所収）を参照。

（二六）渡邉義浩「両漢における天の祭祀と六天説」（『両漢儒教の新研究』汲古書院、二〇〇八年）、「鄭箋の感生帝説と六天説」（『両漢における詩と三伝』汲古書院、二〇〇七年）いずれも『後漢における「儒教国家」の成立』（前掲）に所収、「王肅の祭天思想」（『中国文化―研究と教育』六六、二〇〇八年、『西晉「儒教国家」と貴族制』前掲に所収）を参照。

（二七）妹尾達彦『長安の都市計画』（講談社、二〇〇一年）を参照。

（二八）梅原郁「皇帝・祭祀・国都」（『歴史の中の都市―続都市の社会史』ミネルヴァ書房、一九八六年）。

（二九）以上、中国における天観の展開については、溝口雄三「中国の天（上）（下）」（『文学』五五―一二、五六―二、一九八七、八八年、『中国思想のエッセンス　I異と同のあいだ』汲古書院、二〇一一年に所収）を参照。

（三〇）竹内弘行『中国の儒教的近代化論』（研文出版、一九九五年）を参照。

分科会（Ⅰ）四

漢晋の道教における「静室」と斎戒制度の淵源に関する考察

王承文
冨田絵美（訳）

漢晋の道教における「静室」は重要な宗教的建築設備であり、道教徒の日常的な宗教生活にもちいる神聖な空間でもある。「静室」が早期道教の発展に与えた影響は極めて広く深い。一九八七年、吉川忠夫は「静室考」を発表し、早期道教の「静室」の来源や構造や機能などについて、専門的な研究を行った。彼は、「静室」ははじめに前漢時期において「請罪」の性質をもった「請室」より起こり、後に道教徒が神霊に対して祈祷・懺悔をし道術を実修する宗教的建造物へと展開したと考えている[一]。以来三十年間、この研究は早期道教の「静室」に関する最も先駆的で代表的な論著であったことは疑いようもない。多くの研究者たちはこの論文を引用しており、筆者もまた大いに啓発と示唆を受けた。しかし本論では、漢晋の道教に見られる「静室」の由来は、前漢時代において監獄としての性質を持っていた「請室」ではなく、先晋から両漢の祭祀礼制における「斎宮」・「斎室」・「静室」などの宗教施設であると考える。古代の祭祀礼制における「斎宮」・「斎室」・「静室」などと道教の「静室」とのもっとも重要な共通点は、いずれも専門的に斎戒活動を行う場所として定められているという点である。そして、儒家の祭祀の斎戒制度にあった、人と神とが交感するという性格とそれに関する規定などは、漢晋の天師道およびその他の道派の斎戒制度の形成に直接的な影響を及ぼした。漢代以降、儒家の祭祀の斎戒制度は、道教や中国本土に伝来してきた仏教に取り入れられたため、非常に長い間、事実上「静室」は儒道釈の三教いずれにも存在してきた。近年、呂鵬志は早期道教における儀式の形成について一連の論著を発表し、これによって多くの具体的な問題に関して顕著な進展が見られた。しかし、彼の一連の研究中の最も重大で革新的な論点に対して、筆者は疑念を抱いた。第一に、呂鵬志は中古の道教における斎戒制度の形成を、先秦秦漢の祭祀礼制に見られる斎戒と無関係であるとし、さらに、漢晋の天師道とその他の道派は斎戒制度を実行していなかったと述べている。第二に、呂鵬志は道教の斎戒制度、とりわけ道教の「斎儀」や戒律などについて、東晋末年から劉宋初年の「古霊宝経」において始まったものであり、「古霊宝経」の直接的な影響下に南朝天師道とその他の道派の斎戒制度が形成されたと考え、その「古霊宝経」の斎戒制度も、初期インド仏教の「布薩」制度に基づくものであるとしている[二]。斎戒制度は道教の儀式の研究にとっての起点であると同時に、道教の儀式の最も基本的な内容と表現形態でもある。中古の道教の斎戒制度は中国の伝統的な祭祀礼制に基づいているのか、それともインド仏教に由来するのか。この問題に対する回答は、漢晋の道教史についての重要な議論に大きく影響するだけではなく、早期の儒道仏三教関係の研究にも全く異なる結論をもたらす。本論の検討によって、呂鵬志の認識と漢晋における歴史資料の実際の状況には食い違いがあることが明らかになったため、彼の一連の研究の結論についても、さらなる討論が必要である。

一　早期天師道の「静室」と漢代の「請室」・「静室令」との区別

『三国志』張魯伝注には三国時代の魚豢による『典略』を引いており、これは漢末の天師道に関して、現存する最も早い記載の一つである。『典略』には、漢末における漢中の天師道の教法と「静室」について、以下のように記されている。

> 光和（西暦一七八〜一八三年）中、東方に張角 有り、漢中に張脩 有り。（中略）角は太平道を為し、脩は五斗米道を為す。太平道なる者、師は九節杖を持ち符祝を為し、病人をして叩頭・思過せしめ、符水を以て之を飲むに因りて、病 或ひは日び浅くして愈ゆるを得れば、則ち此の人 道を信ずと云ひ、其れ或ひは愈えざれば、則ち道を信ぜずと為す。脩の法 略ぼ角と同じく、加ふるに静室を施し、病者をして其の中に処り思過せしむ。又た人をして姦令祭酒と為す、祭酒は主るに『老子』五千文を以てし、都習せしめ、號して姦令と為す。鬼吏なるは、病者の為に請禱するを主る。請禱の法、病人の姓名を書き、服罪の意を説く。三通を作し、其の一は之を天に上り、山上に著け、其の一は之を地に埋め、其の一は之を水に沈め、之を三官手書と謂ふ。病者の家をして米五斗を出さしめて以て常と為し、故に號して曰く五斗米師と。（中略）魯の漢中に在るに及びて、其の民の信行し脩業するに因りて、遂に之を増飾す。[三]

この記載によれば、「静室」は早期の天師道が治病や神霊との交感を行うための重要な場所であった。「病者をして其の中に処り思過せしむ」とは、病人が静室の中で神霊に対して罪過を懺悔することをいう。天師道の宗教的職能者である「鬼吏」などは、その中で病者のために「請祷」や「思過」などの儀式をつかさどる。天師道が天・地・水の神霊に対して祈祷する「三官手書」は、それを投げ入れることも儀式の構成要素に含まれれている。南朝初期に成書された『太上太真経科経』は天師道について「道民 入りて化し、家家 各おのに靖室を立つ。[四]」と言う。「靖室」と「静室」とは同じ意味である。天師道では信徒の家々に「静室」を建立するよう求めた。南朝道教の宗師である陸修静（西暦四〇六〜四七七年）の撰述した『道門科略』もまた、天師道について、「奉道の家、靖室 是れ致誠の所なり。[五]」と述べている。これらの記載によれば、「静室」を建立し、宗教活動を行うための専門的な場所として用いることは、もともと天師道の基本的な制度である。しかし、「静室」は早期天師道だけのものではない。天師道のほか、『太平経』や漢魏六朝のその他の道派の有していた典籍にもまた、「静室」について多くの記載があるのは、道教における「静室」にその普遍性と重要性を反映しているのである。

「静室」は早期道教における重要な建築設備として、一体どのように発展してきたのだろうか。吉川忠夫は後漢の応劭などの記載にもとづいて、道教の「静室」は、請罪の性質を持った前漢の「請室」に由来するとしている。彼は、「請室が罪をわが身にひきうけ、つまり罪を告白するところの「請罪の室」であったように、静室もまた罪を懺悔する場所であった。」、「漢代の請室と道教との静室とのあいだには、両者がともに罪の告白を行う場所である点に緊密な連絡をもとめることができる。」と述べている。また「ただし、告白される罪の内容は、刑法上のそれから道徳上、宗教上のそれに、属なるものから聖なるものに変わった」としている。吉川によれば、「静室」を通して、「漢代社会と六朝社会の間の変化の軌跡と烙印との考察」を行うことができるのだという。[六] そこで本論では、早期の道教における「静室」と漢代の「請室」とが関連するという説について、さらに議論する必要がある。

（一）前漢時代の、大臣を拘禁する監獄
――「請室」と漢晋天師道の「静室」との違い

前漢の文帝四年（西暦前一七六年）、絳侯周勃は丞相の職を罷免され、自らの封国に帰った。『史記』周勃世家には「其の後 人 上書して勃の反せんと欲するを告ぐる有り、廷尉に下す。廷尉 其の事を長安に下し、勃を逮捕して之を治む。[七]」とあり、『史記』袁盎伝には「国人 上書して反を為さんとするを以て、徴して清室に繫がんと告ぐ。」と記されている。この漢代の史料中では一箇所だけ「清室」という語があらわれる。劉宋 裴駰の『集解』では以下のように述べられている。

『漢書』は「請室」と作す。応劭曰く、「請室、請罪の室なりて、今の鍾下の若きなり。」と。如淳曰く、「請室、獄なりて、古の甸師氏を刑するが若きなり」と。[八]

この文章には、後漢の班固・応劭や曹魏の如淳らが、みな『史記』中の「清室」という言い方に同意せず、周勃を禁固した場所を「請室」と呼んでいることが示されている。『漢書』袁盎伝には「絳侯 国に就くに及び、人 上書して反を為さんとするを以て、徴して請室に繫がんと告げ、諸公 敢て言を為す莫く、唯だ盎のみ絳侯の罪無きを明らかにす。[九]」と記載されている。さらに、『漢書』司馬遷伝に収録されている、司馬遷の著名な『報任安書』にも、「絳侯（すなわち周勃）諸呂を誅し、権 五伯を傾くるも、請室に囚はる。[一〇]」とある。周勃を拘禁した場所が本来「請室」と呼ばれるべきことは明らかである。『史記』が「徴して清室に繫ぐ」と記載しているのは、テキストの流伝する過程で誤りが生じたのであろう。本論では、前漢における「請室」の性質や役割などの側面を検討した上で、「請室」と早期道教の「静室」との間には直接的な関係はないと考える。

第一に、前漢の「請室」は単に大臣を禁固する監獄であり、早期道教の神霊と交感するたの宗教施設である「静室」と、共通する点はない。応劭は「請室」を「請罪の室」と呼んだ。また如淳は「請室」を監獄と解釈し、「請室」の起源を「古の甸師氏を刑」した場所であると考えている。そこで、古代の「甸師氏」の静室と役割を明らかにすることは、「請室」の由来に関する本論の議論に役立つだろうと思う。

甸師氏とは周代の官名で、王の籍田を耕し祭祀に用いる物を提供することをつかさどる。甸師に所属する者は甸人とも呼ばれ、甸と簡称する場合もある。甸師氏は、罪を犯して死罪となった大臣や周王室の成員に対して死刑を執行するという特殊な職務も持つ。『周礼』には、「凡そ爵有る者、王の同族と与に、奉りて甸師氏に適き、以て刑殺を待つ。[一一]」とある。一般的に、死刑はみな公衆の面前である市で執行される。しかし、罪を犯して死罪となった大臣あるいは王室の成員は、甸師によって秘密の場所で死刑とされる。『周礼』には、「凡そ王の同族 罪有れども、市に即かず。」とも記される。孔穎達の疏には、「必ず甸師に於てすべきは、甸師は王籍を耕耨するを掌り、其の場上に屋多く、隠処に就きて之を刑し（中略）市朝に於てせざるが若きは是れ与にせざるなり。天子の礼も亦た然り。[一二]」とある。この原因は、一つには周の天子が依然として身分の高貴な人を特別に礼遇しており、彼らに屍を晒して辱めを受けさせることを避けたためである。もう一つの原因は、周王室の内紛や殺し合いに対して外部から非難をさせな

いためである。このため、『礼記』では「隠にて刑するは、国人と与にせず兄弟を慮るなり。[一三]」と述べている。

前漢の「請室」はまた、「詔獄」とも呼ばれる。『漢書』巻四の『文帝紀』には、「絳侯周勃 罪有り、逮へられて廷尉の詔獄に詣る。[一四]」とある。「詔獄」とは、皇帝の勅命によって作られた獄を指す。『漢書』袁盎伝に見られるような、周勃を囚禁した「請室」は、皇帝の勅命を受けて設ける特別な法廷である。宋代の章如愚は、前漢時代の監獄の名称が雑多で紊乱していることに着目し、「絳侯は請室に囚はれ、則ち請室も亦た皆な監獄なり。是れ紛紛たりて紊乱するに非ざらんや。[一五]」と述べている。また洪邁も、

漢は廷尉を以て刑獄を主らしめ、而れども中都の它獄も亦た一ならず。宗正の属官 に左右都司空有り。鴻臚に別火令丞 有り、郡邸の獄なり。少府に若盧獄令有り、考工・共工は獄なり。執金吾に寺互・都船獄有り。又た上林詔獄有り、水司空の掖は秘獄を受け、暴室・請室・居室・徒官の名なり。『張湯伝』に蘇林曰く、『漢儀註』の獄 二十六所」と。『東漢志』云く、「孝武帝の置く所、世祖 皆な之を省く」と。東漢と唐と、鞫囚するところ一処に非ざると雖も、然れども是く其の多きが如きに至らず。国朝は但だ大理及び台獄有るのみ。[一六]

という。「孝武帝の置く所、世祖 皆な之を省く」とは、前漢の多種の監獄の名称のほとんどは前漢武帝の時代に設けられたものであるが、みな後漢の光武帝のときに廃止されたことを言う。したがって、「請室」の監獄としての本質は、宗教的な色彩を全く帯び得ない。

次に、漢代の「請室」の名称の起源から検討してみると、前漢の政治における「尊者の為に諱す」という伝統に由来するだけである。したがって、「自己の罪過を懺悔する」という意味は一切持たない。では、重犯罪者を禁固する監獄が、なぜ「請室」と呼ばれるのだろうか。顔師古は『漢書』袁盎伝に「請室、獄なりて、解は賈誼伝に在り。[一七]」と注をつけ、漢代においてこのような監獄を「請室」と呼ぶのは、『漢書』賈誼伝にある特別な解釈が原因であると述べている。『漢書』賈誼伝の記載によれば、前漢の文帝六年（西暦前一七四）に、賈誼は以下のように上疏している。

故に古者は礼は庶人に及ばず、刑は大夫に至らざるは、寵臣の節を厲ます所以なり。古者は大臣の不廉に坐して廃せらるる者有れば、不廉と謂はず、「簠簋不飾」と曰ひ、汙穢淫乱なりて男女別を亡きに坐する者は、汙穢と曰はず、「帷薄不修」と曰ひ、罷軟にして任に勝へざるに坐する者は、罷軟と曰はず、「下官不職」と曰ふ。故に大臣を貴び定めて其の辠有れども、猶ほ未だ斥然として正して以て之を謼ばざるなりて、尚ほ遷就して之の為に諱むなり。故に其の大譴大何の域に在る者は、譴何を聞けば則ち白冠氂纓し、盤水加剣して、請室に造り辠を請ふのみなりて、上るに執縛係引せずして行くなり。其の中罪有る者は、命を聞きて自ら弛め、上るに人をして頸盭せざらしめて加ふるなり。其の大辠有る者は、命を聞きて則ち北面して再拝し、跪きて自ら裁り、上るに捽抑せざらしめて之を刑するなりて、曰く、「子大夫 自ら過有るのみ。吾 子の礼有るに遇はん。」と。之を遇するに礼在り、故に群臣自ら憙ぶ。嬰ぐに廉恥を以てし、故に人 節行を矜る。[一八]

顔師古の注には以下のようにある。

應劭曰く、「請室は、請罪の室なり。」と。蘇林曰く、「音は契清。胡公『漢官』に、車駕 出づるに請室令有りて前に在りて先驅すといふ、此の官に別獄有るなりと」と。如淳曰く「水は性平らか

なりて、若し己に罪を正す有れば、君は平法を以て之を治むるなり。加剣は、当に以て自ら刎ぬべし。或は曰く、牲を殺す者は盤水を以て頸血を取る、故に此くの若きを示すなり」と。師古曰く「應・如の二説 皆な是なり」[一九]と。

ここで顔師古は、「請室」の意味について三種類の解釈を引用している。そして「應（劭）・如（淳）の二説 皆な是なり。」と述べているのは、後漢 蘇林の「請室」と「請室令」とを関係づける見方を否定しているのである。しかし、蘇林の説は後世に長く影響を及ぼした。このことについて、本論ではこれからさらに説明したい。周勃等が「請室」に禁固された経緯から見て、前漢の「請室」と早期の天師道の「静室」とにはなんの関係もない。前漢王朝では、周勃等の重犯罪者に対して名義上は礼を重んじて待遇していたが、重罪そのものに対しての優遇措置は見られない。周勃自身は漢初の開国の功臣である。とりわけ、呂后一族の勢力を殲滅した後に漢の文帝を擁立したことで、その功績は高まった。司馬遷は「伊尹・周公と雖も、何を以てか加へんや。」と称賛している。しかし、『史記』周勃世家には、周勃が禁固された後のことについて「勃恐れ、辞を置くを知らず。吏稍く之を侵辱す。」と記述されている。周勃の謀反は、人に誣告されて罪を着せられたものである。しかし事態が重大であったために、王公大臣らはみな巻き込まれることを恐れ、ただ袁盎だけが周勃のために反駁した。漢の文帝が周勃を赦免して、その爵邑を元通りにした際に、周勃は感歎して、「吾 嘗て百万の軍を将いるも、然れども安んぞ獄吏の貴きを知らんや。」と言った。漢朝の獄吏の厳酷さの一端をここに見ることができる。宋代の王楙はこれについて「漢の獄は固より酷なりて、獄吏 尤も恤れまず。[二〇]」と述べている。

「請室」に囚禁される犯罪は、謀反などの極めて重大な罪行に属するものである。その結果多くは自殺し、あるいは皇帝の詔令を待って死罪に処せられる。「請室」から出て生き延びた者は極めて少ない。『漢書』賈誼伝の記載によれば、賈誼は漢の文帝に上書した後に、「上 深く其の言を納れ、臣下を養ふに節有り。是の後大臣 罪有れば、皆な自殺し、刑を受けず。[二一]」、「是の時 九卿の罪死なるものは即ち死し、刑せらるること少なし。[二二]」とある。清人趙翼は、「蓋し其の時 大臣多く貴重なるによりて、獄吏に屈辱せらるを肯んぜざるが故なり。仲長統謂ひていはく、賈誼 絳公の因辱に感じ、因りて大臣の廉恥の分を陳べ、自裁の端を開き、是れより以来、遂に以て俗と成ると。[二三]」と述べている。朱彝尊もまた「古は宰相 犯有れば、請室に坐し、数日を過ぎずして、大逆に非ざるによりて、或は裁かれ、或は原され、人主 未だ嘗て為に引痛せざるあらず。[二四]」としている。これらによれば、犯罪者が「請室」に入った後に、「自己の罪過を懺悔す」ることによって皇帝の許しを請うた可能性が全くないことが分かる。したがって「請室」は、本来は「自己の罪過を懺悔する『請罪の室』である」とは言いがたい。

以上に述べてきたように、漢代の「請室」は、前漢時代において多くの名を持っていた監獄のうちの一つに過ぎない。ここに禁固されるのは、功績のある大臣でありながらも重罪に値するものであり、自殺によって自らの命を終わらせるか、あるいは皇帝の詔令を待って処刑されることとなる。このことから考えて、早期の天師道が宗教活動を行った「静室」と漢代の「請室」とを関連させて考えるべきではない。また、「請室」と「静室」とが関連しているという見方から、「漢代社会と六朝社会の間のそのような変化の跡が刻印されているであろうことを考え」るべきではない。

（二）漢晋において皇帝の巡行中の駐蹕に関係する「静室令」と、天師道の「静室」との違い

吉川忠夫は前漢の「請室」と早期道教の「静室」の起源との関係を分析し、また漢代には皇帝の出巡を専門的に担う「請室令」あるいは「静室令」があったと述べている。これについても、簡単にではあるが考察を行いたい。秦漢魏晋時代の宮廷には、帝王の出巡駐蹕を専門的につかさどる官職、すなわち「静室令」が置かれた。後漢の応劭『漢官儀』巻上には以下のようにある。

静室令・式道候、秦官なり。静宮令、車駕 出づるに、前に在りて駆け、車を徼め逆日する所を静清し、以て重慎を示すなり。式道は左右凡そ三、惟れ車駕 出でれば、迎ふるに式道 王宮に麾を持ちて、之を行へば乃ち閉づ。（二五）

「静室令」と「静宮令」とは同じである。後漢の衛宏『漢旧儀』には、「皇帝 殿を出づれば則ち伝蹕して人を止め、先に索室を置き、宮を清めて後に往く。（二六）」とある。「索室」とは物のない清浄な部屋をいう。「清宮」とは、皇帝の駐蹕のために宮室をきれいにすることをいう。後漢 安帝の永初四年（西暦一一〇年）、太尉張禹は「臣聞くならく王者 動けば先置を設け、止まれば則ち戟を交はり、道を清めて後に行き、室を清めて後に御し、離宮 宿らず、宿衛を重んずる所以なり。」と奏し、唐の李賢は『前書』に曰く、「旧典は、天子 行幸するに、至る所 必ず静室令を遣はして先に案行し、殿中を清静たらしめ、以て非常を慮る」と（二七）。」と注している。後漢の桓帝は「微行」を好み、元嘉元年（西暦一五一年）に、侍中楊秉は「王者は至尊なりて、出入するに常有り、警蹕して行き、静室して止まり、郊廟の事に非ざるによれば、則ち鑾旗 駕せず。」と上疏し、李賢は「蹕は、行人を止むるなり。静室は先に宮を清めしむるを謂ふなり。『前書音義』に曰く、漢に静室令有るなりと（二八）。」と記している。ここでの「静」は明らかに一つの動詞であり、「清静にする」といった意味を持っている。したがって、さきの「清宮」や「清室」と同じ意味である。魏の文帝曹丕のとき、司空王朗は「夫れ帝王の居、外は則ち周衛を飾り、内は則ち禁門を重ね、将に行かんとすれば則ち兵を設けて後に幄を出で、警を称げて後に墀を践み、弧を張りて後に輿に登り、道を清めて後に奉引し、列を遮りて後に轂を転じ、静室して後に駕を息むるは、皆な至尊なるを顕し、戒慎に務め、法教を垂る所以なり（二九）。」と上疏している。「静室令」の主要な職掌は、皇帝の臨御する宮室の安全と清静を保障することであった。『三輔黄図』にはまた、「清道（令）、天子将に出でんとし、或ひは斎祠有れば、先に道路をして掃灑し清浄ならしむるを謂ふ。静室（令）、天子 出入するに警蹕し、旧典は行幸して至る所、必ず静室令を遣はし、先に按行して殿中を清静たらしめ、以て非常を慮る（三〇）。」と記されている。清道令は主に皇帝が道に出る際にそこを掃き清めて清浄にすることを担当し、静室令は宮室を安全で清静にすることを担当している。

しかし、後漢以降の多くの文献では、『史記』・『漢書』を注釈したり引用する際に、往々にして帝王の出巡駐蹕を担当する「静室令」と前漢において監獄の性質を持つ「請室」とが混同されている。先に引いた顔師古の解釈によれば、後漢末の蘇林は「胡公『漢官』に、車駕出づるに請室令有りて前に在りて先驅すといふ、此の官に別獄有るなり（三一）。」と述べている。胡公の『漢官』というのは、後漢中期の胡広が後漢初年の王隆『小学漢官篇』に注を付けたもので、『漢官解詁』ともいう。「請室」と「静室令」との混淆は、後漢中期にはすでに起こっていたことがわかる。蘇林の『漢書』注解はこのような錯誤を沿用しているのである。南朝の劉昭が西晋の司馬彪撰『後漢書』百官志

に補注を付け、「請室令有り、車駕 出づるに、前に在りて幸する所を請ひ、車を徼め迎へ白し、重慎を示す。中興には但だ郎を以て兼ね、事 訖はれば罷む。」[三二]と述べている。ここでの「請室令」は「静室令」の誤りであろう。

後漢以来「静室令」が所謂「請室令」と混同されるようになったのは、両漢の際における政治制度の劇的な転換に基づくところが大きい。宋代の王応麟は「漢は秦官に依り、簡易たりて時に随ふ。後に頗る改作し、制度 奢広なり。世祖 中興し、並びに官省の職、残欠を補復し、四海 風に従ふ。」と記している。王応麟が『玉海』の「漢の請室令・静室令」の条目においても、このような錯誤を踏襲して両者を混同していることは明らかである。[三三]明末の方以智は歴史文献中の所謂「請室令」の記述について、その矛盾を指摘している。彼は『後漢書』百官志の「請室令」について、「車駕 出づるに、前に在りて幸する所を請ひ、車を徼め迎へ白し、重慎を示す。」ことを担うと記載されていることは、「乃ち伝 会ふ。[三四]」としている。以上のように、文献中の「請室令」についての記載は、「静室令」の誤りである。そして秦漢魏晋の宮廷の官職である「静室令」は、早期天師道の「静室」とは直接的には無関係であると考えられる。

二 先秦から魏晋までの祭祀の斎戒制度と「斎宮」・「斎室」および「静室」の起源

漢晋の天師道の「静室」は、先秦秦漢の祭祀礼制において斎戒に用いられてきた「斎宮」・「斎室」・「静室」などから発展してきたと考えられる。古代社会において、神霊や祖先に対する祭祀は、帝王にとっても、官員、士大夫、一般民衆にとっても、普遍的に行われていた宗教活動である。したがって、斎戒や斎戒活動を行うための特別な場所である「斎宮」・「斎室」・「静室」などは、先秦秦漢から六朝の社会において広く存在していた。そして、早期道教の斎戒制度もまた、華夏本土の宗教的伝統に基づいて発展してきたものである。

（一）古代の祭祀礼制において皇帝が斎戒に用いた「斎宮」・「斎室」・「静室」

中国古代の祖先や神霊に対する祭祀の歴史は長く、そうした祭祀制度は斎戒と不可分の関係にある。『後漢書』祭祀志の冒頭に、「祭祀の道、生民より以来 則ち之有り。」とあるように、祭祀は古代国家において最も重視される。また『左伝』には、「国の大事、祀と戎とに在り。」とあり、『礼記』祭統には「凡そ人を治むるの道、礼より急なるは莫し。礼に五経有り、祭より重きは莫し。」、「祭は、教の本なり。」と記されている。祭祀の目的は神霊と交感し、神霊に対して加護を垂れ災害や病気を取り除くよう祈求することである。『漢書』郊祀志の冒頭には、「祀は、孝を昭かにして祖に事へ、神明に通づる所以なり。[三六]」とある。そして斎戒は、神霊に対して祭祀し神霊と交感するための前提として欠かすことのできないものであり、早期の儒家の典章において厳格に規定されている。『礼記』祭統には、「斉は、精明の至なり。然る後 以て神明に交はるべきなり。[三七]」とある。また、『礼記』表記には「斉戒して以て鬼神に事へ、日月を択びて以て君に見ゆるは、民の敬はざるを恐るるなり。[三八]」と記されている。唐代の成伯璵の撰述した『礼記外伝』にも、「凡そ大小の祭祀、必ず先に斎し、天神人鬼に敬事するなり。[三九]」とある。

古代には、人間のあらゆる疾病災禍はしばしば人の罪過に起因しているという、普遍的な社会意識があった。このため、斎戒によって、人間の禍福を掌握している上天の神霊に対して罪過を懺悔し、許しを求める必要があった。たとえば、秦末、宦官である趙高が権力をほしいままにしていた時、秦二世が太卜を召して之を占わせたところ、太卜は「陛下 春秋に郊祀し、宗廟に鬼神を奉るも、斎戒 明らかならず、故に此に至る。徳を盛んにするに依りて斎戒を明らかにすべし。」と言った。このため、秦二世は「乃ち上林に入りて斎戒」した。[四〇] 疾病についてはこの考え方がさらに顕著で、後漢の劉熙『釈名』では、「疫」について「疫、役なり、鬼有りて疾を行ふを言ふなり。[四一]」と説明している。『墨子』には「天子 善を為せば、天能く之を賞す。天子 暴を為せば、天能く之を罰す。天子 疾病禍祟有れば、必ず斎戒沐浴し、潔くして酒醴粢盛を為し、以て天鬼を祭祀すれば、則ち天能く之を除去す。[四二]」とある。このように、祭祀によって治病を祈願するのは極めて普遍的である。『論語』述而には、「子の疾 病く、子路 祷らんことを請ふ。子曰く、「諸れ有りや。」と。子路 対へて曰く、「之有り。誄に曰く、『爾を上下の神祇に祷る。』と」と。子曰く、「丘の祷ること久しき」と。[四三]」とある。孔子は再々「怪力乱神を語らず」、「鬼神を敬ひて之を遠ざく。」と言明しているにも関わらず、彼もまた疾病に罹患した際に神霊に対して祈祷しているのである。『後漢書』礼儀志には、皇帝が「不予」すなわち病にかかった際に、太医令丞が衆医を率いて治療するほかに、「太尉 南郊に告請し、司徒・司空 宗廟に告請し、五獄・四瀆・群祀に告し、並びに祷りて福を求む。疾 病なれば、公卿も復た礼の如し。[四四]」と記載されている。

「斎」は往々にして「斉」とも書かれ、祭祀の前に神霊に対して敬虔で真摯であることを表明するという意味を持つ。斎戒の時間は、大祭の前には十日の斎戒が必要である。この十日間は二段階に分けられ、前の七日間は「散斉（斎）」と呼ばれ、後の三日間は「致斉」と呼ばれる。『礼記外伝』には「大祀は散斎七日、致斎三日、則ち十日斎す」、「中祀は七日、小祀は三日なり。[四五]」とある。しかし、後漢初以来、国家の大・中・小の祭祀の前に行われる斎戒の時間は短縮された。『後漢書』礼儀志上には、「凡そ斎するに、天地は七日、宗廟・山川は五日、小祠は三日。[四六]」とある。後漢初期における祭祀の斎戒で、「散斎」と「致斎」の日程は異なり、一般的には「凡そ大祀は、散斎四日、致斎三日。中祀は、散斎三日、致斎二日。小祀は、散斎二日、致斎一日。[四七]」であった。

古代の祭祀礼制における斎戒と「斎宮」・「斎室」・「静室」との関係について、これまでの研究者はほとんど関心を払っておらず、また研究も少ない。『礼記』祭義には、「内に致斉し、外に散斉す。[四八]」とあり、「散斎」は「斎宮」に留まらないが、「致斎」は「斎宮」の中に留まらなければならないと述べている。散斎は「戒」とも呼ばれ、戒めることがあるのを意味する。一方、致斎は「宿」とも呼ばれ、「斎宮」に宿泊することを意味する。祭祀を行おうとする者は、昼夜絶えず「斎宮」中で休んでいなければならないのである。『周礼』には、「戒及び宿の日」という言い方があり、唐代の賈公彦は疏に「戒は散斉七日を謂ひ、宿は致斉三日を謂ふ。[四九]」と述べている。「散斎」の段階では、外出することができる。ただし不御・不作楽・不弔喪などの規定を遵守しなければならない。そして「致斎」は、「斎宮」や「斎室」と呼ばれる特定の場所で行わなければならない。「斎宮」における「致斎」は、もともとは大祭を公に行う前の最も重要な過程である。実際に神霊と交感することを表すために、斎戒者は厳格に戒規を守らなければならない。『礼記外伝』には「斎は、敬ふなり。其の心を斎しみ、其の貌を思ひ、然る後に以て廟に入るべし。斎するに必ず食を変へ、其の葷羶を去るべきなり。居は必ず坐を遷し、其の常処を易ふべきなり。故に外に散斎し、内に致斎す。[五〇]」とある。

祭祀前の斎戒の規定については、『礼記』・『儀礼』・『周礼』などの文献に多くの記載がある。その中でも特に、『礼記』祭統の内容は最も詳しく記しており、以下のようにある。

時に及びて将に祭らんとすれば、君子 乃ち斉し、斉の言為るは斉ふるなり。斉はざるを斉へ、以て斉を致す者なり。是こを以て君子は大事有るに非ず、恭敬有るに非ざれば、則ち斉せず、斉せざれば則ち物に於て防ぐ無きなり、嗜欲 止まる無きなり。其の将に斉せんとするに及びてや、其の邪物を防ぎ、其の嗜欲を訖め、耳に楽を聴かず。故に『記』に曰く、「斉する者は楽せず」と、敢へて其の志を散ぜざるを言ふなり。心 苟しくも慮らず、必ず道に依る。手足 苟くも動かさず、必ず礼に依る。是の故に君子の斉するや、専ら其の精明の徳を致すなり。故に散斉七日 以て之を定め、致斉三日 以て之を斉ふ。之を定むるを之れ斉と謂ふ。斉は精明の至なり。然る後に以て神明に交はる可きなり。[五一]

林素娟はこの記述について分析し、「祭祀の主な目的は神明とつながることにある。斎戒はその前に身心を浄化する作業であり、斎戒によって身心の状態を「精明の至」にできるように望む」、「斎戒の時には、日常生活の居処・服飾・飲食もすべて改変される。俗世の身分や思考から脱却し、この神聖な状態に集中することに影響するものは、みな邪物と見なされて除き去られる。俗世とのつながりが取り払われた後、斎戒者は神聖な時空へと進み、社会的な倫理名分などの存在からは切り離される。致斎というのは、散斎の基礎の上にさらに専心集中し、祭られる者とのつながりを構築するものである。社会の時空とは隔絶され、さらに神聖な時空へと入り込み、心神は神明と互いに通じ合えるようになる。」と述べている。[五二]

先秦秦漢から明清に至るまでのどの王朝においても、帝王はみな様々な重要な祭祀を定期的に実施しなければならず、「致斎」は各種の特定の「斎宮」において行われた。前漢の韓嬰『韓詩外伝』の記載によれば、黄帝は仁政をおこなって天下を大いに治めたが、祥瑞を表す鳳凰はついに出現しなかった。そこで黄帝は、「惟だ其の象を思ひて、夙に寐ね晨に興」き、天老は彼にその方法を告げ、黄帝は「乃ち黄衣を服、黄紳を帯び、黄冕を戴き、中宮に致斎」し、その結果鳳凰は「乃ち日を蔽」ったのだという。[五三]「中宮に致斎」したと言うのは、黄帝が「斎宮」で「致斎」を行ったことを指す。戦国初期に整理され成書された『国語』周語上には、籍田の礼ついて「時に先んずること五日、瞽 協風の至る有るを告ぐれば、王 斎宮に即く。百官 事を御し、各おの其の斎に即くこと三日。[五四]」と記載されている。この「斎宮」について、三国時代の韋昭は「斎する所の宮」としている。これによれば、「斎宮」は君主が「致斎」に用いる特別な場所である。

『史記』には、秦朝末に丞相趙高が秦二世胡亥を殺し、胡亥の兄の子である公子嬰を擁立した際のことについて次のようにある。趙高は「子嬰をして斎し、廟見するに当たり、王璽を受けさし」めた。斎戒の五日目に、子嬰はその二人の子と謀って「(丞相)今 我をして斎し見廟せしむるは、此れ廟中に因りて我を殺さんと欲す。我 病を称して行かざれば、丞相 必ず自ら来、来れば則ち之を殺さん。」言い、その後趙高は果たして赴き、「子嬰 遂に(趙)高を斎宮にて刺殺」した。[五五]この記述における「斎宮」とは、秦朝の宗廟に付属する建築物である。皇帝が祖先を祭祀する前の「致斎」のために特別に使用したのだろう。前漢の五鳳三年(西暦前五五年)に、漢の宣帝は郊祀の大典を挙行し、「朕 躬を飾へて斎戒し、上帝を郊し、后土に祠すれば、神光 並びに見え、或は谷を与にし、灯 斎宮を耀かせ、十有余刻、甘露降り、神爵 集ひ、已に有司に詔して上帝宗廟に祠せんと告げん。[五六]」と詔した。また、後漢の順帝の時、黄瓊は「祈穀絜斎の事」を重視すべきだと上疏し、「臣聞くならく先王 典を制り、籍田すること有日、司徒 咸な戒み、司空 壇を除く。時に先んずること五日、協風の応有り、王 斎宮に即き、醴を饗し耒を載け、誠に之を重んずるなり。[五七]」と述べた。また、周沢という者は、後漢の明帝の時に太常であった人物である。太常とは朝廷の宗廟礼儀を専門に担当する官員である。周沢について史書には、「清絜循行なりて、宗廟に敬を尽くす。嘗に斎宮に臥疾し、其の妻 沢の老病を哀れみ、闚ひて苦しむ所を問ふ。沢 大ひに怒り、妻の斎禁を干犯するを以て、遂に収送し詔獄して謝罪す。当世其の詭激なるを疑ふ。時人之が為に語りて曰く、「生世 諧せず、太常の妻と作り、一歳三百六十日、三百五十九日 斎す」と。[五八]」とある。これについて唐の李賢の注には応劭『漢官儀』を引用し、「三百五十九日斎す」の後には、「一日は斎せず酔ふこと泥の如し。」と記している。周沢が「嘗に臥疾」していた「斎宮」は、後漢の宗廟に付属していた「斎宮」であったのだろう。太常であった周沢は、各種の祭祀活動を担当していたため、一年のうちのほとんどの日に斎戒を行わなければならず、したがってほぼ一年中禁酒しなければならなかった。しかし斎戒をしなくてよいわずかな日には、泥のように酔うほど酒を飲んだのだという。また、南朝の太清元年（西暦五四七年）正月、梁の武帝は南郊に祠し、「朕 斎宮に沐浴し、上帝に虔恭とし、祗みて櫄燎を事とし、高く太一に標す。[五九]」と詔している。

「斎宮」に関する記載は史籍中に数多く見られる。『景印文淵閣四庫全書』を検索すれば、その条目は一二三六条にも達する。現在、北京市内において、古代の重要な宗教祭祀に関する場所、たとえば故宮・天壇・地壇などには、それぞれの「斎宮」が今に至るまで残されている。

中国古代の祭祀礼制において、「斎宮」は「斎室」と呼ばれる場合も多い。『黄帝内経』は戦国・秦漢のころに作られた。その『霊枢』禁服には、皇帝が雷公に三部九候脈および針指法の奥義を授けたと記されており、以下のようにある。

黄帝曰く、「善なるや問ひなるや。此れ先師の禁ずる所なりて、坐ながらに私かに之を伝ふるは、臂を割き血を歃ぐの盟なり、子若し之を得んと欲せば、何ぞ斎せざらんや。」と。雷公 再拝して起ちて曰く、「請ふて命を聞かん」と。是こに於てや、乃ち斎宿すること三日、而して請ふて曰く、「敢て問ふ今日正陽なりて、細子願くは以て盟を受けんと」と。黄帝乃ち与に倶に斎室に入り、臂を割き血を歃ぐ。黄帝親ら祝し、曰く、「今日正陽なりて、血を歃ぎて方を伝ふ、敢て此の言に背けば、反て其の殃を受けん」と。雷公 再拝して曰く、「細子 之を受けん」と。黄帝 乃ち左に其の手を握り、右に之の書を受け、曰く、「之を慎しめ。之を慎しめ。吾 子の為に之を言ふ」と。[六〇]

雷公が「斎宿すること三日」したとあるのは、「致斎」を三日間行ったことを言う。そして「致斎」に用いた「斎室」とは、先の「斎宮」の意味と全く同じである。黄帝と雷公が「斎室」において行った斎戒のいろいろな手順には、割臂歃血・天に対する盟誓・手を握り書を授ける・祝文を誦念するなどが含まれる。これは事実上、早期の「斎儀」である。漢魏六朝における道教経典の伝授、治病の請祷、神霊と交感するための活動などは、必ず斎戒を行わなければならない。斎戒に関する「斎儀」はこれらと関連が多く、「斎室」や「静室」において形成されたと考えられる。

漢代以前には、「宮」と「室」とは同じであった。だが、漢代に皇帝権力が高まり、初めて両者は区別されはじめ、その後「宮」は帝王のいる室を特別に指す語となり、「斎宮」という語の使用は大きく制限された。[六一] しかし、帝王が斎戒のために用いている「斎宮」は、「斎室」と呼ぶべきである場合が多く、史書中の事例も極めて豊富である。隋代の釈彦琮『通極論』には「竊ふに帝王の宗廟を祠るを以てすれば、夫の子 伯陽に請ふに、猶ほ須らく辛葷を味はふを絶ち、斎室に清居すべく、況んや吾れ身を亡へども道を訪ねんと欲すれば、寧んぞ復た心を美膳なる者に留めんや。[六二]」とある。また『唐六典』には「凡そ大祭祀は、皇帝 致斎し、既に朝すれば、則ち請ひて斎室に就く。[六三]」とある。『通典』には「皇帝拝陵」について、「拝謁前一日、皇帝至りて宮に行き、斎室を詣で、仗衛すること式の如し。[六四]」と記載されている。これらによれば、皇帝の「致斎」もまた「斎室」の中で行われたことが分かる。

「斎宮」や「斎室」は「静室」と呼ばれる場合もあった。北魏の太武帝が北魏旧都の雲中宮（今の内蒙古ホリンゴル県）に巡行したとき、宮中にて宴席を設けて諸将を招いたが、また「別に静室に御」み、中書監穆寿・司徒崔浩・尚書李順らを招集してその中で話し合いをしたのだという。[六五] ここでの「静室」は、北魏の雲中宮において皇帝の「致斎」のために特別に用いた「斎室」であろう。また、開元十三年（西暦七二五年）、唐の玄宗が泰山の封禅の大典を挙行した際に、中書令張説は封禅使に任命された。その張説が撰述した『大唐封禅壇頌』には、以下のようにある。

　是の月 来れば岱宗に至り、斎宮に祇祓し、静室に滌濯し、神を凝らし玄覧し、将って太一に款む。[六六]

ここで張説は、帝王が斎戒に用いた場所として、「斎宮」と「静室」を並びに挙げている。「祇祓」や「滌濯」は、皇帝が神霊に対して敬意を示すために行う斎戒沐浴を指す。

漢魏六朝から隋唐時代にかけて、道士たちは斎戒を行い道を修めるのに「静室」を専ら利用していたが、これが「斎室」と呼ばれる場合も多かった。「斎宮」や「斎室」は「静室」と共通する意味をもつ。それは、中国古代の文化や宗教において、斎戒を行う第一の目的が「守静」と「養静」とにあったためである。したがって、斎戒者は「斎室」における守静と養静を通じて初めて、身心を清浄にして真摯に崇敬し、神霊と交感することができるようになるのである。この点については、後章にてさらに論じたい。

また指摘しておきたいのは、古代の皇帝が宗教祭祀を行う重要な場所は、史料上「斎宮」や「斎室」と明確に記載されてはいないものの、そこで行われた斎戒活動はやはり必ず「斎宮」や「斎室」と関連があるという点である。これには、皇帝が国政を処理する宮殿も含まれる。西暦前二〇七年、秦二世胡亥は夢に白虎が彼の馬に噛みついている夢を見たため、占卜をさせたところ、「涇水 祟りを為さん」ことを知った。そこで秦二世は「乃ち望夷宮に於て斎し、涇を祠らんと欲」したのだという。後漢末の張晏の解釈によれば、秦朝の望夷宮とは、「涇水に望みて之を作」ったものである。[六七] 望夷宮とは、斎戒のための「斎宮」であることがわかる。加えて、漢代の「宣室」もまた、長安の未央宮中の正堂であり、皇帝が日常生活を送り斎戒を行う場所である。『漢書』には、前漢の宣帝が「常に宣室に幸し、斎居して事を決め、獄刑 号して平と為」したとある。顔師古注には、如淳の「宣室、政教を布くの室なり。用刑を重んじ、故に斎戒して以て事を決む」という注記と、晋の晋灼が「未央宮中に宣室殿有り」という言を引用している。顔師古は「晋の説 是なり。『賈誼伝』に亦た釐を受けて宣室に坐すと云ふ、蓋し其の殿 前殿の側に有り、斎するに則ち之に居す。」と述べている。[六八] 斎戒の期間は、本来は刑罰の判決を行うためのものではない。しかし漢の宣帝が「斎居して事を決」めているのは、刑罰の判決に対する極めて厳格な態度を反映しているのである。このように、政務を処理する「宣室」もまた、斎戒を行う場所であった。さらに、古代の「殷祠」は「殷祭」ともいい、喪礼中の盛大な祭祀のことであり、一般的には特に小祥・大祥の二つの祭を呼ぶ。『宋書』礼儀志には「殷祠するに、皇帝 散斎すること七日、致斎すること三日。百官の清なる者は亦た之の如し。致斎の朝、太極殿の幄坐に御し、絳の紗袍・黒の介幘・通天金博の山冠を著く。[六九]」と記されている。ここでは皇帝が「殷祠」のための斎戒を行う際に、太極殿において帷を張って隔離した空間が、「致斎」の場所として用いられている。また、皇帝は致斎の間、特定の色の衣服を身に着けていた。

以上のように、本論では主に古代の帝王の行った斎戒に着目し、祭祀礼制に用いられた斎戒と宗教的建築設備である「斎宮」や「斎室」との関係について検討してきた。次に、官員士大夫や民衆の行った斎戒と「斎室」や「静室」との関係について、さらに議論する必要がある。

(二) 古代の官方の祭祀礼制において、官員が斎戒に用いる「斎室」・「斎坊」・「斎所」

古代の祭祀礼制の規定によれば、国家が祭天などの重要な祭祀を挙行する際の典礼には、皇帝が自ら斎戒を行う以外に、皇室の成員、官員士大夫、一般的な民衆なども斎戒を行なわなければならないとある。先に引用した『国語』周語上では、籍田の礼について、周の天子が自ら「斎宮」に臨んで「致斎」を行わなければならないとあるのに加えて、「百官 事を御むるに、各おの其の斎に即くこと三日。」と規定している。三国時代の韋昭の注には、「御、治むるなり」とある。籍田の儀式に参加する官員は、各々に関連する職務を担当するほか、特定の「斎室」中で「致斎」を三日間行わなければならない。他の祭祀の典礼では、官員の「致斎」の場所もそれぞれ異なっている。たとえば、漢代の「三老」と「五更」は、国家が授与した老人を貴ぶ名誉職で、各一人があてられる。『後漢書』礼儀志には、朝廷が挙行する「三老・五更を養ふの儀」について記載されている。これによれば、「三老」・「五更」の官員に選ばれると、「吉日」すなわち祭日の前日に、「皆 太学講堂にて斎す」のだという。[七〇]「太学講堂」が斎戒に使う「斎室」にあたることは明かである。

蕭嵩らが編纂した『大唐開元礼』と杜佑の『通典』は、いずれも唐代に成書されたものである。しかし、祭祀礼儀制度は総じて古代以来の継承性が強く、両書中の祭祀と関連する記述は、歴代の関連する制度を踏襲して総括している。『大唐開元礼』には以下のようにある。

> 凡そ大祀するに、斎官 皆な祀の前七日の平明に、尚書省に集ひて誓戒を受けしむ。其の致斎の日、三公 都省に於て安置し、司るところの舗設、其の余官、皇城の内に本司有れば、本司に於て致斎す。本司無ければ、太常・郊社・太廟の斎坊に安置し、皆な日出づる前に斎所に到る。祀の前一日に至れば、各おの斎所より昼漏上水三刻に祀所に向かふ。[七一]

これによれば国家の重大な祭祀の際には、その七日前の明け方に、祭祀と斎戒に参加する官員がみな尚書省に集まって「誓戒を受」けなければならない。「誓戒を受」けるとは、斎戒を正式に開始することをいう。先に四日間の「散斎」、そのあとに三日間の「致斎」を行う。「致斎」を行う場所は、「三公」すなわち大尉・司徒・司空が都省（すなわち尚書省）の官署に設けた「斎室」である。その他の官員は、みな京城のなかに自分の官署がある。そこで「本司において致斎す」るのである。一方、官署がない者は、「太常・郊社・太廟の斎坊にて安置す」ると述べられており、ここでは「斎坊」において「致斎」を行っているとある。官員は「致斎」を開始する日の日の出前に「斎所」に行き、「致斎」を行う。祭祀の前日には、「昼漏上水三刻」の時間に、各々に「斎所」から「祀所」へ行く。また、たとえば、国家が冬至に円丘を祀る大典を行うことについて、唐代の杜佑『通典』には以下のように記載されている。

祀に前だつこと七日、皇帝 別殿に於て散斎すること四日。致斎すること三日、其の二日 太極殿に於てし、一日は行宮に於てす。(中略)凡そ応祀の官は、散斎すること四日、致斎すること三日。(散斎は皆な正寝に於てし。致斎は二日は本司に於てし、一日は祀所に於てす。其の本司無き者は、皆な祀所に於いてす。)近侍の官・応従升者及び従祀の羣官・諸方の客使、各おの本司・館に於て、清斎すること一宿。(本司無ければ、各おの家に於て正寝す。)諸祀官の致斎の日、(中略)各おの斎所に於て礼を習ふ。(七二)

「斎所」とは、国家祭祀の礼儀中にしばしば見られる語である。この語は一般的に、官員が集団的に斎戒を行うための様々な「致斎」の場所を総称する。

名山や大澤といった比較的に固定された祭祀の場所では、国家は祭祀の官員が斎戒を行うための「斎宮」や「斎室」を設置する。西門豹は戦国時代の魏の文侯(在位西暦約前四四六~四三九年)の時に鄴令となり、その任地には河神に婦を捧げる風俗がもともとあることを知った。これについて『史記』には以下のように記載されている。

巫 行きて小家の女の好き者を視、是に当に河伯の婦と為るべしと云ひ、即ち娉取る。之を洗沐し、為に新繒綺縠衣を治め、間居して斎戒す。為に斎宮を河上に治め、緹絳の帷を張り、女は其の中に居す。(七三)

この文章は典型的な史料である。ここでの「斎宮」とは、官府が河神の祭祀のために特別に作った建築物であろう。巫師によって「河伯の婦」に選ばれると、河に投げ入れられて河伯と結婚することになる。その前には、かならず「斎宮」にて「間居して斎戒」し、河神に対する尊敬を示さなければならない。「間居」というのは、一般的には斎戒期間における清静で安寧な状態を指す。

後漢の『西嶽華山亭碑』の記述によれば、後漢霊帝の光和元年(西暦一七八年)冬に、弘農太守であった樊毅は、詔を受けて華山を祀った。祭祀の前には斎戒を行わなければならなかったが、華亭では「斎室 逼窄なりて、郡県の官属、法斎するも処 無し。尊卑 錯□し、精誠 固まらず。天の威を畏れ、斯に逢ひて癉怒し、時雨 興こらず、甘澍 □布。」とある。華山の祭壇の近くの「斎室」が狭すぎたため、祭祀に参加する官員は礼制の規定に従って「致斎」を行うことができず、樊毅はこのために上天の怒りをかって天災が起こることを危惧したことを述べている。そこで樊毅は、再び修繕するよう県令である朐忍の先讜公に命令し、「故に断度して廓を擣り、室を立てて処を異に」させたのだという。(七四)『隋書』礼儀志に、「常に仲春を以て、少牢を用ひて馬を祖於大澤、諸預の祭官、皆な祭所に於て致斎すること一日。」(七五)とあるように、大澤を祭祀する祭壇付近には、祭官たちが「致斎」に使う「斎室」が必ず存在した。

両漢以来、地方の州県の長官が司る様々な祭祀の斎戒の活動のうち、社稷の祭祀は最も代表的なものである。たとえば甘粛省で出土した居延漢簡のEPT二二、一五三A—一六一は、後漢光武帝の建武五年(西暦二九年)八月に居延都尉の府から所轄の侯官と県廷に下された、社稷の秋祠についての府書である。その中には、以下のようにある。

　令を以て秋に社稷を祠り、吉日を撰びて牒を如かしむ。書到れば、令・丞　循行し、謹みて社稷を修治し、鮮明ならしむ。(七六)

この文書から、漢王朝では西北の辺境においては、社稷の祠祀と斎戒活動はすべて皇帝からの命令に準拠して実行されていたことが分かる。郡太守府や都尉府は、所轄の侯官と県廷に対して、社稷を祀るように府書を下している。それと同時に、予め斎戒と祭祀を行うのに適した吉日を選んで文書にし、府書の付属書類として送っている。侍祠に参加する侯官・県令・丞やそれ以下の官吏に対して、祠祀に当たって事前に二日間の斎戒を行い、謹敬・清浄・節制にしなければならないと義務づけている。そしてもし違反があれば、規律に照らして処分される。

『通典』の「諸州 社稷を祭る」の記載によれば、官員の「散斎」と「致斎」の場所は明確に区別されており、以下のようにある。

　刺史　散斎すること二日　別寝に於てし、致斎すること一日　庁事に於てし。亜献以下応祭の官、散斎すること二日　各おのに正寝に於てし、致斎すること一日　皆な壇所に於てす。諸従祭の官、各おの公館に於て清斎すること一日。(七七)

刺史が「散斎」を行う「別寝」という場所は、寝室以外の休息所を意味する。一方、「致斎」を行う「庁事」とは、ここでは官署の執務審理を行う広間を指す。官署の広間もまた、「致斎」を行う「斎室」に該当することが分かる。県レベルの官員の祭祀もまた同様である。社会の基層部分を反映する「諸里 社稷を祭る」の記載では、祭祀の前日に、「社正及び諸社人の応祭者　各おの家に於て清斎すること一日。」とある。「正寝は、人家の前堂の賓を待するの所なり。(七八)」と述べられているように、一般的な民衆の広間や正屋も、官が「清斎」を行う場所として指定されていたことを示す。

　古代の国家の法典においては、官員が斎戒に関する規定に違反した場合について、具体的で厳格な懲罰措置があった。『漢書』功臣表には、孝景二年に、嗣侯蕭勝は、「斎せざるに坐し、耐して隷臣と為」ったとある。(七九)つまり、規定通りに斎戒を行わなかったので鬢毛と顎鬚を切り落とされて、廃されて奴隷となったのである。『漢書』百官公卿表にも、漢の武帝の元狩三年（西暦前一二〇年）に、「衛尉充国　斎して謹まざるに坐し棄市せらる。衛尉充国、三年坐斎不謹棄市。」とある。斎戒の時に身を慎まなかったので死刑とされたのである。唐律は秦漢以来の刑律を継承しさらに補完したもので、『唐律疏義』は官員の斎戒について非常に詳細に規定している。たとえば以下のようにある。

　即ち散斎に入るに、正寝に宿せざれば、一宿に笞五十。致斎するに、本司に宿せざれば、一宿に杖九十。一宿に各おの一等を加ふ。中・小祀は二等を遞減す。『疏義』に曰く、依令、「大祀するに、散斎すること四日、致斎すること三日。中祀するに、散斎すること三日、致斎すること二日。小祀するに、散斎すること二日、致斎すること一日。」と。散斎の日、斎官　昼は事を理むること故の如くし、夜は家の正寝に宿す。正寝に宿せざれば、一宿に笞五十、一宿に一等を加ふ。其の正寝無ければ、当家の内の余の斎房内に宿すれば、亦た罪無きなり。皆な穢悪の事を習ぬるを得ず。故に礼に云く、「三日斎して、一日之を用ふるも、猶ほ敬あらざらんことを恐る。」と。致斎は、両宿　本司に宿し、一宿　祀所に宿す。本司無きもの及び本司皇城の外に在る者、皆　郊社・太廟に於て宿斎す。若し宿せざれば、一宿に杖九十、一宿に一等を加ふ。通て散斎に上ふ、故に云く、「各おの一等を加ふ」と。中・

小祀は、社稷・日月・星辰・嶽鎮・海瀆・帝社等もて中祀と為し、司中・司命・風師・雨師・諸星・山林・川澤の属もて小祀と為すを謂ふ。大祀より以下 犯せば、中祀なれば大祀より二等を減じ、小祀なれば中祀より二等を減ず、故に云く、「各おの二等を遞減す。」と。[八一]

古代の国家では、祭祀礼儀において官員の敬虔さと誠実さを確かめ、祭祀を行うことによって得られる効果を保証することを目的として、厳密な刑罰の条文によって斎戒を規定している。

(三) 古代の官員士大夫と民衆の住宅において斎戒に用いる「斎室」や「静室」

古代の家族社会においては、祖先祭祀は極めて重要な意味を持っていた。後漢の崔寔は、『四民月礼』を撰述したのは、地主層の子弟が参考にするためである。[八二]この書には、当時の社会における四季の様々な宗教活動が記されている。年初の祖先祭祀については、以下のように記載されている。

正月の旦、是れ「正日」と謂ふ。躬ら妻孥を率ゐて、祖禰を絜祀す。前期三日、家長及び執事 皆な致斎す。祀日に及び、酒を進めて神を降す。畢はれば、乃ち家室の尊卑、小無く大無く、次を以て先祖の前に列し、子・婦・孫・曾、各おの椒酒を其の家長に上り、觴を称げ寿を挙げ、欣欣如なり。[八三]

この文章は重要な史料である。ここから、『礼記』などに見られるような、儒家の典章における祭祀の斎戒に関する規定は、実際には古代の家族社会において行われていたことがわかる。「前期三日、家長及び執事 皆な致斎す。」というのは、正式な祖先祭祀の儀礼を行う前に、家族の頭首と祭祀に参加する人々が、まず四日間の「散斎」を行い、次に三日間の「致斎」を行うことをいう。斎戒の日程も、後漢における国家の大祀についての規定と全く同じである。「執事」という言い方は、もともと国家の祭祀官の呼称である。[八四]そして、家長と執事が「致斎」を行う場所は「斎室」の中でなければならない。杜佑『通典』には、「諸侯大夫士の宗廟」の祭祀についての記載があり、西晋の賀循によって撰述された『祭儀』を引いて以下のように言っている。

祭るに首時及び臘を以てし、(首時は、四時の初月なり。)歳ごとに凡そ五たび祭る。将に祭らんとするに、前期十日 散斎し、御せず・楽せず・弔はず。前三日、沐浴して服を改め、斎室に居り、外事と交はず、葷辛を食はず、静志虚心なりて、親の存せしを思ふ。祭に及べば、位を施す。[八五]

「前期十日 散斎」するというのは、正式な祭祀の十日前に「散斎」を開始することである。「散斎」の期間にも世俗の物事を行うことはできるが、房室に近づく、音楽を聴く、喪事に参加するなどはできない。正式な祭祀の三日前から「致斎」を開始し、沐浴をして衣服を代え、「斎室に居り」、外界の事務的な繋がりを一切絶ち、臭い物と辛い物を食べず、心を静めて虚しくし、毎日祖先の在りし日の姿を追憶しなければならなかった。先に引いた林素娟が述べるように、「致斎」は「散斎」からさらに進んで、なお一層心を集中させ、祭られる者との連結を作り出す。これによって社会の時空から隔絶し、徐々に神聖な時空に進入し、精神と神明とが互いに交感するのである。

「斎室」や「静室」は、官員士大夫の私宅における最も基本的な構成要素である。劉宋の崔凱が記した『喪服節』には、『礼』にいはく、人君の宮室の制、殿屋を為す。殿屋、四夏屋なり。卿大夫 夏屋を為すに、半を隔て、北を以て正室を為す、中半は南を以て堂を為す。

正室、斎室なりと。」[八六]とある。ここでの「正室」とは「斎室」を指し、一般的に庁堂の後ろに位置する。たとえば、漢の宣帝のとき、大司農田延年は賄賂を受け、それが発覚して尋問を受けた。『漢書』ではこの事件についての記述があり、田延年が、「即ち閤を閉じ独り斉舎に居り、偏袒して刀を持ち東西に歩く。数日して、使者延年を召して廷尉に詣らしめんとす。鼓声を聴き、自ら刎死」[八七]したとある。顔師古の注によれば、「斉舎」とは「斎舎」であり、斎戒に用いる部屋のことである。また、後漢の初めに、大将彭寵は自ら燕王を称し、漁陽（現在の北京市）を占領した。『後漢書』彭寵伝には次のようにある。

寵 斎し、独り便室に在り。蒼頭子密等三人 寵の寐に臥するに因りて、共に縛りて牀に著け、外吏に告げて云く、「大王 斎禁し、皆な吏をして休ましむ」と。偽りて寵の命教を称し、奴婢を収縛し、各おの一処に置く。又た寵命を以て其の妻を呼ぶ。妻入りて、大ひに驚く。[八八]

「便室」というのは正室以外の別室を指す。唐代の李善は、「便座の室、正室に非ざるなり」と注し、彭寵が当時「致斎」に用いていた「便室」は、正式な「斎室」ではなかったと述べている。祭祀礼制の規定によれば、斎戒者は「致斎」の期間中「其の中に臥息」しなければならず、他人が勝手に侵入することはできない。子密らは奴隷であったからこそ、彭寵の命令と称して門番の「外吏」達に門を開けさせることができたのである。

西晋の王沈は『釈時論』を著し、当時の富貴の家に対して猛然と批判している。そこには、以下のようにある。

京邑 翼翼たりて、羣士千億、奔りて勢門に集ひ、官を求め職を買ひ、童僕 其の車乗を闚ひ、閽寺 其の服飾を相し、親客 靖室に陰参し、疏賓 門側に徙倚す。[八九]

ここでの「靖室」は「静室」と同じである。「親客 靖室に陰参」するとあることから、「靖室」が往々にして官員士大夫の私宅の最も隠密な場所であったことがわかる。晋人干宝の『捜神記』には、新蔡の人である王昭平の条に、以下のようにある。

犢車 庁事の上に在り、夜 故無くして自ら斎室中に入り、壁に触れて出づ。後に又た数たび呼噪攻撃の声、四面より来るを聞く。昭 乃ち衆を聚め、弓弩戦鬥の備へを設け、指声して弓弩 倶に發すれば、鬼 声に応じて矢に接する数枚、皆な倒れて土中に入る。[九〇]

ここでの「庁事」とは私宅の建物であり、「斎室」は広間と隣り合っている。王昭平の家の中で、広間に置いておかれた牛車が訳もなく「斎室」の中に入ったことは、鬼神との争いに関連するといわれている。また劉宋の虞通之によって撰述された『妬記』には、東晋の孝武帝泰元年間（西暦三七六～三九六年）、荀という姓の人がおり、その妻である庾氏はとても嫉妬深く、「荀 嘗て宿行し、「庾氏」遂に二児を殺す。屋を為すも斎室を立てず、唯だ庁事有るのみ、後壁を作らず、堂上に在りて冷然と外事を望見せしむ。」[九一]とある。一般的な官員士大夫の住宅と違って、荀氏の家には庁堂だけがあり、「斎室」は設けられていないといわれている。「斎室」を設けていない理由は、妻である庾氏が二人の子を殺したので、恨みをもった魂が「斎室」に出現することを恐れたためである。以上の二例から、「斎室」は神霊と交感するための特定の場所であり、鬼神がたびたび出没する場所と考えられやすかったことが分かる。

魏晋以降も「静室」に関する史料は多く、「静室」がいかに普遍的なものであったかがわかる。梁の武帝の第二子である豫章王蕭綜は、呉淑媛から生まれた。呉淑媛はもともと南斉の東昏侯の寵姫であり、梁の武帝が呉淑媛を略取した七か月後に蕭綜が生まれたので、蕭綜は自らの出生に常に疑念を抱いていた。『南史』には。「毎に静室にて戸を閉ざし、地に藉り被髪して藁を席く。」、「外斎にて客に接し、粗服を分く。」、「常に内斎に於て沙を地に布き、終日跣行す。[九二]」とある。「外斎」は広間のことであり、「内斎」は「静室」をいう。『資治通鑑』には、「昼は則ち談謔すること常の如くし、夜は則ち静室にて戸を閉ざし、披髪して藁を席き、私かに別室に於て斉氏七廟を祭る。[九三]」とある。『北史』列女伝には、鄭善果の母である崔氏について以下のように記されている。

初めて寡となりしより便ち脂粉を御いず、常に大練を服る。性又た節倹なりて、祭祀賓客の事に非ざれば、酒肉 妄りに其の前に陳ねず。静室に端居し、未だ嘗て輒ち門閭を出でず。内外の姻戚 吉凶の事有れば、但だ厚く贈遺を加ふるのみなりて、皆な其の門に詣らず。[九四]

崔氏が「静室に端居」していたのは、彼女が長年斎戒をしていたためである。また、唐代の劉応道は孝友であることで世に知られており、高宗の顕慶二年（西暦六五七年）吏部外員郎に移された。『唐故秘書少監劉府君墓誌銘並びに序』には、「公事を以て除名せられ、府君の罪に非ざれども、竟に一言を以て自ら雪がず。静室に端居し、戸庭を出でざること十年に殆かれども、終始 憂慍の色無し。[九五]」とある。唐代の竇懐は河南の人であり、代々宦官の家柄である。彼について『扶風竇公（懐）墓誌並びに序』には「公 弱くして弄を好まず、長く自ら棲神す。乃ち家庭に於て別に斎室を開く。[九六]」とある。「家庭に於て別に斎室を開く」とは、「斎室」を家屋の外の庭に建てたことをいう。張詠（九四六～一〇一五）は北宋の太宗・真宗二代の名臣であり、また張乖崖ともいう。彼については、「寡薄倹約なること、寒士と雖も若かざるなり。公 静室に退辟し、香を焚きて静坐し、書を聚むること万巻、往往にして手自から校正し、絶へて声色の好無し。[九七]」と記されている。北宋の王旦官は右僕射・昭文館大学士となり、史書には「人と言笑すること寡く、默坐すること終日。与人寡言笑、默坐終日」、「家に帰れば或に冠帯を去らず、静室に入りて独坐し、家人敢て之を見る莫し。[九八]」と記載されている。以上の「斎室」や「請室」の用例は、いずれも天師道など道教とは全く無関係である一方で、祭祀や斎戒活動とは密接に結びついている。

（四）小結

古代の人々の生活には、神霊世界に対する高い依存感情と崇拝がある。人々が祭に関わりを持たないことは不可能に近い。そのような中で、斎戒に用いる「斎宮」・「斎室」・「請室」などは、本来は祭祀礼儀制度における不可欠な構成要素であり、社会の各階層に広範に存在していた。したがって、早期天師道が「道民 化に入り、家家 各おの靖室を立つ」ことを求めたのは、漢末の天師道がつくりだした独創的な制度に基づいているのではない。古代社会にもともと存在していた宗教伝統に由来するのである。早期天師道が「家家 各おの靖室を立つ」と特に強調したのは、早期天師道の治病や符籙などの基本的な教義思想と宗教儀礼は全て、神霊との直接的な交感を根幹として成立しているためである。では、古代の祭祀礼制において、斎戒に用いる「斎宮」や「斎室」はなぜ「静室」と呼ばれるのだろうか。儒家の祭祀礼制と早期の道教とは、斎戒制度においてどのような共通点をもつのだろうか。これらの問題については、先秦秦漢魏晋の宗教文化から、さらに専門的な考察と分析とを行う必要がある。

三　先秦秦漢の祭祀の斎戒と、早期の道教の斎戒における「守静」の伝統と「静室」という名称の来源

（一）先秦秦漢の祭祀の斎戒における「斎宮」・「斎室」と「守静」との関係

中国古代の斎戒制度に一貫しているのは、鬼神を敬う働きをもつ点だけではなく、深大な「守静」の伝統があるという点である。特に、戦国時代以降には、陰陽五行思想と天人合一・天人感応思想が流行した。このため斎戒活動には、陰陽を調和させる、天人を相関させる、といった内容が次第に加えられた。「静室」という名称の由来は、斎戒を通して「守静」に到達するという目的と密接に関わっている。『礼記』月令は、儒家の典章において斎戒に関する最も代表的な論述の一つである。『礼記』月令は、一年のそれぞれの時候について、祭祀を行い神霊を敬う内容を規定している。人間の活動は、陰陽の気の消長や万物の変化と相互に感応しながら成立する関係性の中にあると考えられていた。したがって、祭祀斎戒の活動には宇宙論が強く反映されている。『礼記』月令には、「仲夏の月」すなわち旧暦五月の「夏至」節に行う祭祀斎戒について、以下のようにある。

> 是の月や、日長至り、陰陽 争ひ、死生 分かつ。君子 斎戒し、処るときは必ず身を掩ひ、躁ぐこと毋し。声色を止め、進む或る毋く、滋味を薄くし、和を致すこと毋く、耆欲を節し、心気を定む。百官 静め、事は刑むること毋く、以て晏陰の成る所を定む。（九九）

以上の記述は、伝統的な祭祀の斎戒において、「静室」という名称がいかに生まれたのかを考える上で重要である。漢代の鄭玄や唐代の孔穎達も、この文章について解釈を記している。したがって、本論ではさらに詳細に検討を加えたい。（一）「陰陽 争ひ、死生 分かつ。」について、鄭玄注には「争ふとは陽 方に盛んなれば、陰 起らんと欲するなり。分は猶ほ半のごときなり。」とある。孔穎達疏には『死生分かる』とは、分は半なり、陰気 既に起き、故に物は半死半生なり。」とあり、また蔡氏の説を引き、「陽気に感ずれば、長ずる者 生じ、陰気に感ずれば、成ずる者 死す、故に夏至の日に於て相ひ与に分なり。」と述べられている。「夏至」節に神霊を祭祀し斎戒を行う根本的な理由は、この時節の陰陽の気の消長と密接に関係している。

（二）「君子 斎戒し、処るときは必ず身を掩ひ、躁ぐこと毋し。」について、鄭玄注には「掩ふとは、猶ほ隠翳のごときなり。躁ぐとは、猶ほ動くがごときなり。」と記されている。孔穎達疏には蔡氏を引いて「君子とは、人君以下 位士に在るに至るなり。斎戒するは、所以に道を敬ひて陰を萌すなり。処るときは必ず身を掩ふとは、処るは猶ほ居るがごときなり。掩ふとは、隠翳なり。陰既に始めて萌し、故に君子の居処 顕露せず、陰に干さるるを恐るるなり。」とある。また孔穎達は『躁ぐこと毋し』とは、躁ぐとは、動くなり。既に顕露せず、又た躁動するを得ず、宜しく静まりて以て安んじて陰を萌すべきなり。」と言っている。「陰」と「静」とは連関する。したがって、「陰を萌す」とは「陰を養う」ことであり、「守静」や「養静」を指している。君子は斎戒を行なうとき、その居所では必ず身体を覆い隠し、せわしく動き回らず、それによって陰陽の気の変化に順応するよう力を尽くすのである。そして、「処るときは必ず身を掩」う場所は、「致斎」を行う場所、すなわち「斎宮」・「斎室」・「静室」である。

（三）「声色を止め、進む或る毋く、滋味を薄くし、和を致すこと毋く、耆欲を節し、心気を定む。」とは、舞楽や女色を楽しむことをやめなければならず、君子に対して舞楽や女色を献上してはならないこと、飲食の味は薄くしなければならず、五味の味わいを求めてはなら

ないこと、欲求を節制し、心気を安定させなければならないことが述べられている。(四)「百官 静め、事は刑むること毋く、以て晏陰の成る所を定む。」とは、身体の各器官を静め、万事は成功を急いではならず、それによって、陰陽の二気から成り立っている物事を安定させることができると述べる。「事毋刑」には、歴史上大別して二種類の解釈がある。第一はたとえば鄭玄などで、彼の注には、「刑罰の事、聞すべからず。」とある。第二は孔穎達などで、「上 皆な是れ清静止息の事なりて、身中を正定するを以て陰の成就する所を安んず、初めて陰を安んずるを感ずと謂ふは、若し清静ならざれば、則ち微陰 人の病を為すに与かり、故に須らく之を定むべしと。」と述べられている。

『礼記』月令だけでなく、『呂氏春秋』と『淮南子』にも、上の引用文と一致する記述や類似する内容がある。(一〇〇)『礼記』・『呂氏春秋』・『淮南子』中の三種の記載とそれについての注疏の内容を総括して、本論では以下の三点に整理したい。第一に、中国の伝統的な斎戒は神霊を祭り敬う方法というだけではなく、宇宙論を強く反映しているという点である。このような宇宙観では、人と宇宙世界とが互いに干渉しあって一つの体系を形成していることが述べられている。そして人の斎戒の活動は、陰陽と調和するための特殊な働きを持つ。したがって、為政者は斎戒の特別な方法によって、宇宙の運行の道に順応することを表す必要がある。そのためには、自身の行為を陰陽の気と調和させ、天地の陰陽の気の生成変化に参入していかなければならない。第二に、斎戒に要求される「守静」と「養静」は、身体の各器官の安寧だけではなく、さらに内奥の精神の清静も意味しているという点である。「守静」や「養静」によって人間の各種の欲望を節制し、外界の物事からの干渉を防がなければならない。そのために、斎戒の具体的な規定には、俗世から離れて身心の安寧を保持し、音楽や舞踊といった陰陽の気に影響する行為や、男女の性愛活動、美食の楽しみ、欲望を満たそうとすることを止め、その行動を抑制しなければならない。第三に、『礼記』月令に「処るときは必ず身を掩ひ」とあり、『呂氏春秋』に「処るときは必ず揜ふべし」とあるように、斎戒者の居所は必ず覆い隠さなくてはならないという点である。特定の「斎宮」・「斎室」・「静室」の中で「致斎」を行わなければならない理由は、このような宗教的な建築設備には一般的に、高度に密閉され、覆い隠されて暗く清静で、静や陰を保つというがあるためである。そして斎戒者は、単に世俗の物事から完全に隔絶された環境にあるだけではなく、真に身心を清静寡欲にすることで、精神と神霊とを感応させることができる。

以上のことをまとめると、先秦から両漢までの祭祀礼制における斎戒には、神霊を祭り敬うためのものであるだけではなく、「節欲」・「守静」・「養静」に到達することによって、人の行為を天道と符合させるという特別な意味を持つのである。このことが、「斎宮」・「斎室」が「静室」とも呼ばれる最大の原因である。漢晋の道教における「静室」は、神霊を祭り敬うことと「守静」を行うことという二つの側面において、伝統的な祭祀の斎戒を継承している。

（二）先秦秦漢の儒家や道家などの経典における「守静」・「節欲」と斎戒との関係についての考察

先秦から両漢までの祭祀の斎戒に一貫して認められる「守静」・「養静」・「節欲」の考え方について、早期の儒家や道家などの典籍中には多くの言及がある。儒家の経典では、「守静」によって欲を抑制しと心や性を養うという目的が強調されている。『礼記』楽記には以下のようにある。

人 生まれて静かなるは、天の性なり。物に感じて動くは、性の欲なり。物至りて知知る、然る後に好悪 形る。好悪 内に節無く、知 外に誘ふときは、躬に反る能はずして、天理 滅ぶ。夫れ物の人を感ずること窮まり無くして、人の好悪 節無ければ、則ち是れ物至りて人 物に化するなり。（一〇一）

ここでは、人はもともと清静な天性を持っている。しかし、外界から不断の誘惑を受けることにより、欲望がその天性を徐々に失わせるのだと述べられている。「守静」と「節欲」のみによって人の本性は回復する。『孟子』尽心下には、「心を養ふは寡欲より善きは莫し。」「其の心を存し、其の性を養ふは、天に事ふる所以なり。」とある。朱熹『孟子精義』には、「其の性を養ふとは、守静して以て其の本に復るなり。欲は外に馳せず、忿は内に作さず、反聴内視し、以て有極に帰せば、則ち其の心を存するの道なり。其の志 一を致し、其の気 専らにするを致し、至大至剛にして、以て直せば則ち其の性を養ふの道なり。存養すること此く至れば、則ち天地と相ひ似たりて違はざらん。（一〇二）」とある。「守静」・「養静」は、「養性」・「養心」と同一である。また、董仲舒の『春秋繁露』には以下のようにある。

故に養生の大なるは、迺ち愛気に在り、気は神に従りて成り、神は意に従りて出づ。心の之く所は意と謂ひ、意 労れれば神 擾れ、神 擾れれば気 少なく、気 少なければ久しくし難し。故に君子欲を閑ぎ悪を止め以て意を平らげ、意を平げて以て神を静め、神を静めて以て気を養ひ、気 多くして治むれば、則ち身を養ふの大なるは得られん。（一〇三）

これによれば、早期の儒家の祭祀礼制において斎戒が持っている「守静」の働きは、儒家が尊重する「節欲」・「養静」・「養生」・「養気」・「養性」・「養身」の思想と通じ合うものである。

先秦の道家では、「守静」と「養静」考え方に関する多くの記述が見られる。老子は「虚を致すこと極まり、静を守ること篤ければ、萬物 並び作り、吾以って其の復るを観る。夫れ物の芸芸たるも、各おの其の根に帰す。根に帰るを静と曰ひ、是れ命に復ると 曰ふ。（一〇四）」と述べている。「虚静」とは生命の本来的状態と根源であり、寂然無為と致虚守静は、根源に回帰し大道を体得することであると述べられている。老子は、人の様々な欲望を節制すべきことを主張しているのである。老子はまた、「五色は人の目をして盲ならしめ、五音は人の耳をして聾ならしめ、五味は人の口をして爽ならしめ、馳騁田猟は人の心をして發狂せしめ、得難きの貨は人の行ひをして妨げしむ。是こを以て聖人は腹の為にして目の為にせず、故に彼を去りて此を取る。」という。「欲せず以て静」といい、各種の欲望を除き、自然に順って、心を本来的な虚静の状態に戻さなければならないとしている。

荘子において見られる、「斎戒」と「守静」に対する考え方の大きな展開には、注目すべき点がある。第一に、荘子が孔子の言を借りて「心斎」の思想を述べ、同時に「心斎」と「祭祀の斎」との区別についても言及している点である。「心斎」とはなにか。『荘子』人世間には「唯だ道は虚に集まる。虚とは、心斎なり。」とあり、晋の郭象による注には、「其の心を虚しくすれば則ち至道は懐に集まるなり。（一〇五）」と述べられている。荘子のいう「心斎」とは、情を除き欲を止め、心を淡泊で固執するところのない清静虚極の状態に維持することを意味する。荘子における「心斎」の考え方は、中古の道教における斎法理論の深化に大きな影響を与えた。『荘子』に見られるもう一つの展開は、荘子が伝説中の黄帝に言を寄せて、「斎戒」と「守静」との関係について解釈していることである。荘子には、黄帝が天子となって十九年たち、天下に威令が広まったときに、広成子が空同山上で道を修めたと聞き、広成子のもとへ赴いて天下を統治する「至道」を尋ねたことが記載されている。黄帝は広成子から批判を受けたため、一転して「治身」の「至道」を尋ねた。このことについて、『荘子』在宥篇には、以下のようにある。

黄帝 退き、天下を捐て、特室を築き、白茅を席き、間居すること三月して、復び往きて之に邀む。

唐代の成玄英の疏には、

黄帝 退きて、清斉し心を一にし、九五の尊位を舎て、特室を築き、讙囂を避け、白茅を藉き以て潔浄にし、間居して時を経、重ねて往きて道を請ふ。[一〇六]

とある。「間居すること三月」というのは、斎戒の三か月を指している。「間居」とは、先に引いた『史記』に「間居して斎戒す。為に斎宮を河上に治め、」とあるのと同じく、斎戒期間に身心を清静で安寧な状態に保つことをいう。「特室」というのは、斎戒に用いる「斎宮」や「斎室」を指す。先秦秦漢の文献において、「斎戒すること三月」・「斎戒すること百日」という記載は数多く見られる。その斎戒の期間が一般的な礼制の規定よりもはるかに長いのは、神霊に対する崇拝と誠虔の気持ちの深さを示すことを目的としているためである。「白茅」は「霊茅」ともいい、古代においてこのような茅草には神を呼び霊に通じる働きがあった。先秦時代の祭祀礼制では、大量の白茅を祭神に捧げていた。また戦国秦漢では、神を呼び真人を降来させ、鬼を除き邪を払うための重要な道具として、白い茅草を用いていた。[一〇七]黄帝が三か月間の斎戒を行った後、広成子は「長生」のための「至道」を彼に授けた。広成子はそこで以下のように言っている。

至道の精、窈窈冥冥たり。至道の極、昏昏默默たり。視る無く聴く無く、神を抱きて以て静なれば、形 将に自ら正しくす。必ず静 必ず清なりて、女の形を労する無く、女の精を搖する無ければ、乃ち以て長生す可し。目に見る所無く、耳に聞く所無く、心に知る所無ければ、女の神 将に形を守り、形乃ち長生す。女の内を慎しみ、女の外を閉じ、知多ければ敗を為す。[一〇八]

荘子が述べている「神を抱きて以て静なれば、形 将に自ら正しくす。」とは、精神的に視る無く聴く無く、必ず静 必ず清であるように修練を行うこととともに、身体的に「目に見る所無く、耳に聞く所無く、心に知る所無」い状態にすることでもある。心が虚であれば必ず形は寂であり、形が動けば必ず神も動く。したがって、形神がともに静寂であってはじめて、「女の神 将に形を守り、形乃ち長生す」ることができる。それゆえ、「慎みて女の身を守れば、物 将に自ら壮ならん」といわれるのである。では、「視る無く聴く無く、神を抱きて以て静」にし、「必ず静 必ず清なりて、女の形を労する無く、女の精を搖する無」く、「目に見る所無く、耳に聞く所無く、心に知る所無」い状態は、どのようにすれば実現できるのであろうか。上の荘子の記述は、「斎宮」や「斎室」における斎戒の状態であると考えられる。そのため、漢魏六朝の道教経典では、「斎室」や「静室」における斎戒の様子を荘子と関連させて記している場合が多い。

『列子』黄帝篇には、上の『荘子』の文章と類似した記述があり、以下のようにある。

黄帝即位して十有五年、天下の己を戴くを喜び、正命を養ひ、耳目を娯しましめ、鼻口に供するも、焦然として肌色皯黴し、昏然として五情 爽惑す。又た十有五年、天下の治まらざるを憂ひ、百姓を營むも、焦然として肌色皯黴し、昏然として五情 爽惑す。黄帝 乃ち喟然として讃じて曰く、「朕の過ち淫し。一己を養ひ

て其の患 此くの如く、萬物を治めて其の患 此くの如し。」是に於て萬機を放ち、宮寝を舍て、鐘懸を徹し、廚膳を減らし、退きて大庭の館に間居し、心を斎め形を服へ、三月 政事を親せず。（一〇九）ここにいう「大庭の館」とは、黄帝が斎戒に用いた「斎宮」を指す。「斎心服形」とは、東晋の張湛が、「心 欲する無ければ則ち形 自ら服（ととの）ふ。」と注をつけているように、「斎宮」における斎戒の「守静」の状態のことである。

先秦の道家では、「道」・気・元気を「一」と呼ぶ。そして、道の原則を守り、情欲を除き、心を静かにして神を養うことを「抱一」・「執一」・「守一」等という。『老子』や『荘子』には、これに関する記述が見られる。そのほか、戦国時代における稷下の黄老学派は、清静養神を主張した。黄老学派では、精神は小さな気であり、もし人の欲望が多すぎると、精神は身体から離れると考えられている。したがって、『管子』でも、「其の欲を虚しくすれば、神将て舍に入る。潔ならざるを掃除すれば、神乃ち留処す。（一一〇）」、「凡そ道は所無けれども、心を善くすれば安愛す。心静まりて気理まり、道は乃ち止む可し。」、「心を修めて音を静むれば、道 乃ち得可し。（一一一）」と述べられている。精神を安定させて外に流出させることがないことを、「執一」や「守一」という。『管子』にも、「執一して失はざれば、能く萬物に君たり。」、「其の形もて安んじて移さず、能く守一して萬苛を棄てよ。（一一二）」とある。心を静めて神を養い、情欲を節制しなければならず、これによって長寿となれるのだという。漢晋の道教では、特に漢代の『太平経』が「守一」の思想を極めて重視している。道教の「守一」の思想も、こうした背景の下で発展してきたものである。（一一三）早期の道教における「守一」の修練方法は、斎戒と不可分である。そのことについて、本論では以下に検討を加える。

『黄帝内経』の自然観や価値観は、黄老道家と一致する。この書では、「守静」を養生にとって極めて重要なものと見なしている。素問』痺論篇には、「陰気は、静なれば則ち神 蔵れ、躁なれば則ち消亡す。」とある。唐代の王冰による注には「陰は、五神蔵を謂ふなり。神蔵 消亡すと説く所以は、人 安静にして邪気に渉らざれば、則ち神気 寧んずるに内蔵を以てす。人 騒動にして邪気に觸冒すれば、則ち神は害せられて離散し、蔵は守る所無く、故に消亡すと曰ふ。（一一四）」とある。『素問』上古天真論篇には、「恬淡虚無なれば、真気は之に従ひ、精神は内に守られ、病 安くに従りて来たるや。是こを以て志 閑にして欲を少なくし、心 安んじて懼れざれば、形 勞して倦まず。」とある。王冰は「恬淡虚無は、静なり。道に法りて清静なれば、精気は内に持たれ、故に其の気［従ひ］、邪は害を為す能はず。（一一五）」と解釈している。これによれば、心を恬淡虚無に保ち、虚静の状態が極まれば、人体に内在する精気が保持されて、外部の邪物は侵入せず、疾病も生じようがなくなるのだという。しかし、「恬淡虚無」の最も重要な点は、心を休め精神を安定させることである。『素問』霊蘭秘典論にも「心は、君主の官なり、神明 焉に出づ。」とあり、王冰注には「物を治むるを任ひ、故に君主の官と為す。清静なれば栖霊にして、故に神明 焉に出づと曰ふ。（一一六）」と述べられている。心は人体の各種の感覚器官をつかさどっているので、もし心が動けば、その神は必然的に不安定になる。清静を保った場合にもまた同様である。心は神を内包しているので、心が動けば神は消耗するが、性が静であれば形はすぐれたものとなる。先に引いた『淮南子』時則訓では、「斎戒」と「守静」との関係について説明されていた。また、同書の原道訓には、以下のようにある。

夫れ精神気志は、静にして日び充つれば以て壮にし、躁にして日

び耗れば以て老ゆ。是の故に聖人 其の神を将養し、其の気を和弱にし、其の形を平夷にし、而して道と沈浮俛仰す。(一七)

精神訓にも、以下のように述べられている。

夫れ孔竅は、精神の戸牖なり。而して気志は、五蔵の使候なり。耳目 聲色の樂しみに淫れれば、則ち五蔵 搖動して定まらず。五蔵 搖動して定まらざれば、則ち血気 滔蕩して休まず。血気 滔蕩して休まざれば、則ち精神 外に馳騁して守らず。(一八)

以上のような理由により、精神を保持して消耗させないためには、感覚器官の欲求を抑制しなければならない。そして斎戒は、「守静」と「節欲」によって精神を清静にして神を内に保つための、最も重要な方法なのである。

(三) 漢晋の道教における斎戒と「守静」との関係、および「静室」という名称の由来

漢晋の道教でも、「守静」は最も重要な修練法のひとつであると考えられていた。そして、「守静」と斎戒制度とは不可分の関係にある。漢代の『太平経』には、道教の斎戒制度と「静室」との関係について多くの記述がある。これについて、本論では以下に考察する。『太平経』では、斎戒に用いる「静室」を「斎室」と呼ぶほか、(一九)「茅室」・「空間の処」・「閑善靖処」・「香室」・「神室」・「幽室」などと称している。『太平経』では、形を静めることと心を静めることの二つの側面から、「守静」が道教の修練において大きな意味を持つと述べている。心神の清静について、以下のようにある。

心は則ち五臓の王、神の本根、一身の至りなり。善を為すに主執し、心 為すを樂しまざれば妄りに内に邪悪あるなり。凡人 能く善を執り、清静し自居し、外は妄りに端正を求めず、内は自ら腹中の王者と相ひ見ゆるは、謂明能く還りて其の心を観ると謂ふなり。(二〇)

「清静し自居し」、「内は自ら腹中の王者と相ひ見ゆ」とあるのは、いずれも修道者が「静室」において斎戒を行い「守静」することで得られる効果をいう。『太平経』にはまた、

安坐の瑞は、清なり、静なり、端なり、正なり、専なり、一なり。心と天地と同じくして、時令を犯さざるなり。

「安坐」というのは、「斎室」や「静室」で「静坐」を行うことである。「清静端正専一」に関して、『太平経』では天師の解答という形で、「故に人の心 端正清静なれば、至誠 天に感じ、悪意 有る無し、瑞應善物 其の為に出づ。(二一)」、「古者 大聖賢 皆な心を用て清静専一にし、故に能く瑞應を致す。」と述べている。「古者大聖賢」は『荘子』在宥篇に登場する黄帝などを指すと考えられる。

身形の清静について、『太平経』では以下のように述べている。

身を静め存神すれば、即ち病 加はらず、年寿 長く、神明 之を祐く。故に天地は身を立つるに靖を以てし、守るに神を以てし、興るに道を以てす。故に人 能く清静すれば、精神を抱き、思慮して失はず、即ち凶邪 入るを得ず。其の真神 内に在りて、人をして常に喜ばしめ、欣欣然として財宝を貪ぼり、訟爭を辯じ、功名を競ふを欲せざれば、久久として自ら能く神を見ん。(二二)

『太平経』の作者によれば、清静にして自居することができれば、世俗的な執念や妄想を消し去り、精神を身体に長く保持することができる。そしてこれによって、百病に害されたり、凶邪が入り込んだりすることがなくなる。さらに守静を継続すれば、長生不死が可能であるのだという。

『太平経』は、修道者が「静室」において「守静」を行うことが宗

教的にどのような意味を持つのかについて、詳しく記述している。そこには、

　久久として自ら静なれば、萬道 倶に出で、長存して死せず、天と相ひ畢はる。之が為に必ず和せば、道と一なりて、賢持して置く無く、凡事 已に畢はる。俗念 除去せられれば、神と交結し、雲に乗り龍を駕し、雷公 室を同じくし、軀 化して神と為り、狀は太一の若し。思を詳らかにし言を書き、愼みて節を失ふ無かれ。凡そ精思の道は、幽室にて成り、榮位を求めず、日を志して調密すれば、蒙を開き洞白なりて、晝日に類似す。学ばざるの時は、夜に漆を視るが若く、東西南北、其の室にて迷ふ。（中略）食はずして自ら明なれば、百邪 皆な去りて禍殃を遠ざく。守静して止まず喪はず、幸ひにして長命して久行す可ければ、敢へて意を恣にして常を失ふ無し。之を求めて止まざれば道の王と為り、治活の術 各おの方を異にするも、民と事を殊にすれば相ひ妨げず。[一二三]

とある。この史料に着目している研究者はほとんどいない。しかし、この記述の内容は、早期道教における「静室」の源流を考えるために重要である。第一に、「凡そ精思の道は、幽室にて成り」とある「幽室」とは、斎戒に用いる「斎室」や「静室」のことである。また、上に引用した文章は、「静室」にて行う「守静」の修練の意義を説明している。ここでは、「守静」によって「長存して死せず、天と相ひ畢はる」ことができ、「神と交結し」、「軀 化して神と為」ることが可能となるほか、「百邪 皆な去りて禍殃を遠ざ」けることなどもできるようになる。

　敦煌本の『老子想爾注』は、漢末の天師道の経典である。この書には、「守静」の思想について詳細な記述があるので、以下に数例を挙げて説明する。（一）『道徳経』では「虚を致すこと極まり、静を守ること篤」くするべきことや、「根に帰るを静と曰ひ、是れ命に復ると曰ふ」ことを述べている。一方『老子想爾注』では「強欲は虚詐をして真ならしめ、其の極なれども、守静の自ら篤くするに如かざるなり。」、「道気 根に歸り、愈いよ当に清浄なるべし。宝に根の清静なるを知るは、命に復るの常法なり。[一二四]」とある。（二）『道徳経』には、「重は輕の根なり、静は躁の君なり」「輕なれば則ち本を失い、躁なれば則ち君を失ふ。」とある。対して『老子想爾注』には、「道人 当に自ら精神を重くし、清静たりて本と為す。」、「輕躁なれば多く道の度に違ひ、則ち罰辱を受け、其の本身を失ひ、其の尊推を失ふ。[一二五]」とある。（三）『道徳経』に「欲無く以て静かなれば、天下自ら正しくす」とあるのに対して、『老子想爾注』には「道は常に欲無く清静を樂しみ、故に天地をして常に正しくす。[一二六]」とある。（四）『道徳経』が「濁れば以て之を静かにして徐に清まさん。」とあり、『老子想爾注』には「人 天地に法り、故に燥処を得ず。常に清静もて務めと為し、晨暮 露れて上下し、人身の気も亦た布き至る。師は晨暮を設け清静もて大要と為す。故に天地 失有りと雖も、人の為に誡を為し、輒ち能く自ら反り、還た道の素に歸す。人徳 及ばず、若し其の失有れば、遂に去りて顧りみず、致ねて当に自ら約持すべし。[一二七]」とある。饒宗頤は「これは静かにするよう努めて倹約することを述べているのである」とし、さらに『太平経』における「入室存思」と同じ意味であると指摘している。[一二八]「入室存思」とは、斎戒者が「斎室」や「静室」に入って身体神を存思することをいう（後章で論じる）。そして漢晋の道教おいて、「守静」・「守一」をはじめとする多くの修道方法は、「斎室」や「静室」中で斎戒の手法によって行なわれたのである。

　さらに、六朝時代の典型的な記述がある道教経典を用いて、早期の道教における「斎戒」と「守静」との関係について論じる。『老子西

昇経』の成立について、多くの研究者たちが四世紀中期以前であると考えている。（一二九）『老子西昇経』では、老君が弟子である尹喜に対して教えを説くという筋立てで、以下のように記している。

尹喜言を受けて誠深として、則ち關にて疾と稱して位を棄て、獨り空閑の室に処り、恬淡なりて道を思ひ、志を歸して守一す。（一三〇）

「空間の室」という名称は、『太平経』に最も早くに見られる。（一三一）早期の道教において「斎室」や「静室」の別の呼称である。『西昇経』では「斎室」や「静室」における斎戒と「守静」とによって、「恬淡なりて道を思ひ、志を歸して守一」することができると強調している。「守一」とは虚静で無為であることによって形神を養い保つ方法である。魂神を体内に保持し、身体形魄と結び付けて一にするのである。先に述べたように、「守一」は早期の道教における最も重要な修練方法である。その修習はすべて、「静室」で斎戒を行っている状態で実行される。『老子西昇経』にはまた、老君が尹喜に対して以下のように述べたとある。

道の言は微深なりて、子未だ能く別たず。略を撮取し、戒め慎しみて失ふこと勿れ。先に諸欲を損て、勿令意をして逸らしむること勿れ。静処に閑居し、斎室に精思せよ。丹書 萬巻なれども、守一に如かず。（一三二）

「斎室に精思せよ。」の「斎室」とは、斎戒を行う「静室」である。そして「静処に閑居」するとは、「静室」における状態を示している。斎戒者は身心を安静にし、様々な俗界の雑事や欲望を排除しなければならないことを述べている。「丹書 萬巻なれども、守一に如かず」とは、数多くの金丹の書を修練することも、斎戒の手法によって「斎室」中で「守一」を修練する方法には及ばないと主張しているのである。

『登真隠訣』と『真誥』は、南朝における上清派の宗師である陶弘景（西暦四五六～五三六年）によって編纂された。これらの書の内容の大部分は、西暦四世紀六・七〇年代における早期の上清派の代表的な人物が記録した真人の誥訣である。その中には、道教の斎戒制度についても多くの記述がある。『登真隠訣』には、「道斎 之を守静と謂ひ、斎して其の心を定め、其の體を潔静にし、神を澄ませて務めしめ、檢して内外を隔つに在るを謂ひ、心斎なる者なり。（一三三）」とある。上の記述においては明らかに、「道斎」が「守静」と同一のものとされている。早期の上清派においても、「守静」は道教の斎法の最も核心的な部分であり、斎戒によって身心を清静にすることが主張されていたことがわかる。そしてここでは、『荘子』の確立した「心斎」の思想に言及している。敦煌文書S．四三一四・S．六一三九とS．二七五一は、東晋の上清派の経典である『紫書行事訣』の写本である。そこには「長斎隠棲し、以って其の真を存す。道斎 之を守静と謂ひ、佛斎 之を耽晨と謂ふ。」とある。早期の道教でも、道教の斎法と仏教の斎法との異なる点として重要なのは、「守静」であると考えられていたことがわかる。劉宋初期の上清派の道教経典である『太真科』にも、以下のようにある。

是こを以って聖人 抱一して天下の式を為し、化を行ひて守一し、天下 同に歸し、清虚に歸し、守静すること唯だ篤し。未だ能く待する無からず、常に学びて私を少なくし、稍く世をして務めしむれば、三業 修む可し。三業を修めて守一し、斎を以て本と為す。斎は、斉なり、潔なり、静なり。（一三四）

『太真科』によれば、「斎」は「静」と同一であり、「清虚に歸し、守静すること唯だ篤」くしなければならないのだという。以上の史料から、「守静」は漢晋以来、道教の斎法における最も核心的な要素であり、このことが早期の道教において斎戒を行う場所である「斎室」を「静室」と呼ぶようになった主な原因であると考えられる。

（四）小結

戦国秦漢以来、陰陽五行思想、「気」の思想、天人合一と天人感応の思想などが流行した。これに伴って、伝統的な祭祀の制度における斎戒は、単に神霊を祭り敬い、神霊と交感するための不可欠な手段であるのに加えて、天地の陰陽の気と協調し、守静・養静・養気・養性・養心・養身などを行うという働きを持つようになった。そして、漢晋の道教において、斎戒制度はこの二つの側面で大きく発展した。伝統的な祭祀の斎戒と早期の道教の斎戒とは、いずれも「守静」と密接な関係がある。したがって、「静室」は本来的には、斎戒によって「守静」と「養静」を実現するための場所であると言える。漢魏六朝時代には、儒家の祭祀制度では「斎宮」や「斎室」の語が主に用いられてきたのに対して、道教では「静室」の名称が使用されることが多い。このことから、道教では、「守静」によって修養を行うという斎戒の機能がより明確に反映されていることがわかる。早期の道教における伝統的な斎戒制度の継承と発展については、さらに多くの方面から考察する。

四　先秦秦漢の祭祀礼制における「斎宮」・「斎室」と漢晋の道教における「静室」との、神霊と交感するという効能の共通性

（一）先秦秦漢の祭祀制度において神霊と交感するための神聖な空間としての「斎宮」・「斎室」

古代の祭祀において、斎戒の最も根本的な目的は、神霊と交感することである。斎戒における「散斎」は神霊と交感するための準備段階であり、「致斎」は実際に神と交感する重要な段階であると考えられる。「致斎」を行うための「斎宮」・「斎室」・「静室」は、斎戒者が神霊と交感するための神聖な空間である。

斎戒者が祭祀の対象である祖先の神霊と交感することについて、儒家の制度に関する文献中に説明されている。先に引いた『礼記』祭統の

是の故に君子の斉するや、専ら其の精明の徳を致すなり。故に散斉七日 以て之を定め、致斉三日 以て之を斉ふ。之を定むるを之れ斉と謂ふ。斉は精明の至なり。然る後に以て神明に交はる可きなり。（一三五）

という記述である。「致斎」の三日間は、「散斎」での様々な禁忌を守り続けるのに加えて、「斎宮」や「斎室」内で一日中瞑想をし、祖先の在りし日の姿形を想像して、神を降し祭祀するのに備える。また、「専ら其の精明の徳を致す」ことによって「神明に交はる」ことができる。上記のほかにも、『礼記』には典型的な記述が見られる。

一　『礼記』祭義には次のようにある。

内に致斉し、外に散斉す。斉（即ち致斎）の日、其の居処を思ひ、其の笑語を思ひ、其の志意を思ひ、其の樂しむ所を思ひ、其の嗜む所を思ふ。斉すること三日、乃ち其の為に斉する所の者を見る有り。祭の日、室に入れば、僾然として必ず其の位に見る有り。周還して戸を出づれば、粛然として必ず其の容聲を聞く有り。戸を出でて聴けば、愾然として必ず其の嘆息の聲を聞く有り。（一三六）

上記の「為に斉する所の者」とは、祭り敬われる神霊を言う。鄭玄の注には、「致斉は此の五者を思ふなり。散斉すること七日、御めず、

樂しまず、弔はざるのみ。為に斉する所の者を見るは、之を思ふことを熟たるなり。嗜む所は、素より飲食せんと欲する所なり。」とある。

孔穎達の疏には、

此の一節は祭前の斉日の日を明かにす。「其の居処を思ふ」とは、孝子 親の存せしの五事を思念するなり。「其の居処を思ふ」以下の五事は、祭の致斉の日を謂ふなり。先に其の麤なるを思ひ、漸く其の精なるを思ふ。故に居処 前に在りて、樂・嗜は居の後なり。「斉すること三日、乃ち其の為に斉する所の者を見る」とは、致斉して其の親を思念し、精意し純孰（熟）すれば、目 之を想へば、其の為に斉する所の親を見るが若し。（中略）「室に入れば、僾然として必ず其の位に見る有り」とは、祭の日の朝、初めて廟室に入る時を謂ふなり。初めて室に入り陰厭する時、孝子 像の優優なるを想ふに当りて、彷彿 見るるなり。『詩に云ふ、「愛なりて見えず」』と。見は、如見親の神位に在るを見るが如きなり。故に『論語』に云ふ、「祭るに在りしの如くせよ」（一三七）と。

とある。儒家の祭祀において斎戒者が「斎宮」や「斎室」において祖先や神霊と交感することは、上のような思惟方法によって実現するのだと言える。

二 『礼記』祭義にはまた、次のようにある。

是に於て其の志意を諭し、其の慌惚を以て、以て神明と交はり、之を饗くる或らんと庶ふ。

鄭玄の注には「『其の志意を諭し』とは、祝をして祝饗し及び尸に侑めしむるを謂ふなり。或は、猶ほ有のごときなりて、其の彷彿の来たるを想見するを言ふ。」とある。孔穎達の疏には

孝子 既に其の俎を薦め、是に於て其の祝官をして鬼神に啓告し、鬼神に曉諭するに志意を以てす。「其の慌惚を以て、以て神明と交はり、之を饗くる或らんと庶ふ」とは、孝子其の思念の情 深きを以て、慌惚として神明 交接するに似たりて、神明 或り来て饗を歆くるを庶望す。故に神明 之を饗くるを庶幾ふは、是れ孝子の志意なり。其の親の彷彿 来たるを想見するを言ふ。（一三八）

とある。この鄭玄と孔穎達の注疏は、伝統的な祭祀の斎戒制度における「斎儀」と早期の道教における「斎儀」との関係を見る上で、極めて重要である。彼らの解釈によれば、斎戒者は「斎宮」において思惟と瞑想を行って神霊を降臨させ、神霊と交接するのだという。「祝官」は、「斎宮」で人と神との橋渡しとして媒体の役割をする。斎戒者は祝官を通じて「鬼神に啓告し、鬼神に曉諭するに志意を以てす」ることを行い、祝官は神霊に対して斎戒者の願いを伝えるのである。斎戒者の「志意」が、神霊に対する懺悔や、神霊に対して治病、攘災、幸福を願うものであることは疑いようもない。「祝官」が「斎宮」で「鬼神に啓告」し「鬼神に曉諭するに志意を以てす」る過程は、神霊と交感する儀式に必ず含まれている。このような内容は、伝統的な祭祀の斎戒の「斎儀」中で核心に置かれ、早期の道教における「斎儀」の成立と発展に大きな影響を与えた。『太平経』の記述によれば、「斎室」や「静室」で病人のために「首過」や「叩頭自搏して仰ぎて天に謝す」ことなど一連の「斎儀」は、「祠漢」が担当している。（一三九）これは、伝統的な祭祀の斎戒制度に由来するのである。本論第一章の冒頭に引用した『典略』には、早期の天師道の宗教的職能者である「鬼吏」等が、「静室」において病人のために請祷や思過などの儀式を行うという内容がある。この起源もまた、古代の祭祀制度と直接的に関連している。

三 『礼記』郊特牲には、以下のようにある。

斉の玄なるは、陰幽の思を以てするなり。故に君子は三日斉して、

> 必ず其の祭る所の者を見る。[一四〇]

「斉の玄なるは、」の「玄」とは、斎戒者が斎戒する期間中に玄（黒）冠をつけ、玄衣を着ることをいう。その理由は、陰に属する鬼神と接触し交感するためである。「三日斎」とは「致斎」のことである。鄭玄の注には、「斉すること三日とは、其の居処を思ひ、其の笑語を思ひ、其の志意を思ひ、其の楽しむ所を思へば、則ち之を見るなり。」[一四一]とある。孔穎達は「玄は、陰色なり。鬼神は幽陰を尚み、故に斉者は玄服し、以て心に幽陰の理を思ふを表し、故に『陰幽の思』と云ふなり」、「鬼神は陰に居り、故に三日斉して其の親の居処・笑語を思ひ、故に祭の時 其の祭る所の親を見るが如きなり。」[一四二]と解釈している。斎戒者は、慎み深く恭しく「致斎」を行うことによって、「必ず其の祭する所の者を見る」、つまり祖先の神霊と相互に感応しあうことができるのである。

祭祀礼儀中、人が斎戒によって祭祀対象である神霊と交感することについては、漢代以来の儒家にも多くの言及がある。漢代の揚雄は、「孝子は祭有るか。斉有るか。夫れ能く亡形を存し、荒絶を属るは、惟だ斉のみなり。故に孝子之れ斉に于て、父母の存するを見る。」[一四三]と述べている。劉向の『説苑』修文には以下のようにある。

> 斎は、其の居処を思ふなり、其の笑語を思ふなり、其の為す所を思ふなり。斎すること三日なれば、乃ち其の為に斎する所の者を見る。祭の日、将に戸を入らんとすれば、僾然として其の容を見る有るが若し。盤旋して戸を出づれば、喟然として歎息の聲を聞く有るが若し。先人の色は目に絶へず、聲音咳唾は耳に絶へず、嗜欲好悪は心に忘れず、是れ則ち孝子の斎なり。（中略）聖主将に祭らんとすれば、必ず潔斎し精思すること、親の在るが若くすべし。方興未だ登らざれば、禑禑憧憧なりて、専一に親の容貌の彷彿を想ふは、此れ孝子の誠なり。[一四四]

宋代の理学化である朱熹は、祖先の神霊だけではなく、その他の神霊との交感する際も、これと同様であると考えている。朱熹は

> 君子は七日 戒め、三日 斎し、必ず其の祭る所の者を見るは、誠の至なり。是の故に郊すれば則ち天神降り、廟すれば則ち人鬼亨くるは、皆 己に由りて以て之を致すなり。其の誠有れば則ち其の神有り、其の誠無ければ則ち其の神無し、慎まざる可けんや。[一四五]

と述べている。また以下のようにもいう。

> 祭に在するが如くすれば、神を祭るに神在するが如しとは、此に是れ弟子 平時 孔子の祖先を祭り及び外神を祭るの時、其の孝敬を致して以って鬼神と交はるを見る。孔子 祖先を祭るの時に当たりて、孝心純篤にして、死者 已に遠しと雖も、時に因りて追思し、聲容 接す可きが若く、以て其の孝心を竭盡するを得、以て之を祀るなり。外神を祭るは、山林溪谷の神の能く雲雨を興す者を謂ひ、此れ孔子の官に在りし時なり。神明は有るが若く亡きが若しと雖も、聖人は但だ其の誠敬を盡くし、儼然たること如神明の来格するが如くし、以て之と接するを得るなり。（中略）范氏の所謂「其の誠有れば則ち其の神有り、其の誠無ければ則ち其の神無し」[一四六]なり。

古代の祭祀礼儀において、「散斎」と「致斎」とは、空間上でも機能上でも非常に明確な区別がある。「斎宮」や「斎室」は各種の神霊の降臨する場所であり、祭祀者と神霊とが直接交感する場所でもある。

現代の研究者である銭穆は「これは、致斎を行う者の想像の中で、死者の身体が現れるように見えれば、死者の鬼も、本当に降臨したように感じるのである。」、「なぜなら、このようにしてはじめて、致斎する者の心の中で死者の精神を再び復活させることができるのであ

る。」と考察している。[一四七] 林素娟は以下のように述べる。

祭義の「内に致斎し、外に散斎す。」という記述の「外」とは、「内」の対義語として用いられ、外界の干渉を取り去ることを意味する。「内」とは、空間的な隔離を通じて精神的な転化を実現することに加えて、「専ら其の精明の徳を致」し、時間的に「其の居処を思ひ、其の笑語を思ひ、其の志意を思ひ、其の樂しむ所を思ひ、其の嗜む所を思ふ」ことを重視する。孝を尽くして終生親を忘れず、特に斎戒の時には、真摯にひたすら親と感応することに集中し、その極限にいたれば、ついに「其の斎する所の者を見」、神鬼との感応に達することができる。このような状態下において、「僾然として必ず其の位に見る有り」、「粛粛然として必ず其の容聲を聞く有り」、「愾然として必ず其の嘆息の聲を聞く有り」という神秘体験が可能となる。[一四八]

斎戒者は「斎宮」や「斎室」において「致斎」を行い、長い瞑想によって「其の為に斎する所の者を見る」、すなわち其の祭祀の対象である鬼神と感応することができるのである。そして儒家の祭祀斎戒では、斎戒者がその精神を神明と交感させるのは「斎室」中であると述べている。このような神秘体験や神霊との交感といった内容によって、関連する儀式の内容は必然的に神秘化する。

(二) 祭祀制度における「斎室」の「致斎」と漢代の「存思」法の発生

早期の道教における「静室」や「斎室」での「存思」は、古代の祭祀斎戒における、「斎室」での祖先の神霊に対する瞑想から発展してきたのだと考えられる。「存思」は道教において、神に通じる最も重要な手段であり、「存想」・「存神」・「思神」などとも呼ばれる。「存思」は内在的な思考を表現する行為であり、目を閉じて体内や体外の神々の姿形を瞑想することである。道教では、人間の身体を小宇宙に擬えており、人体に内在する宇宙と外側の宇宙とは対応しあい、人体内の神々と大宇宙の神霊とは一体である。道教とって「存思」とは、計り知れない神秘的な力を持つものである。「存思」の手法によって体内の神々を呼び出し、大宇宙中の物事をとり行うために派遣して、人と神霊との媒体にするのだと考えられている。したがって、「存思」は、道教の斎醮儀礼の様々な場面で広く用いられる。道教では、斎醮儀礼において存思ができなければ、人と神とが交感する手段が持てない。そうなれば、斎醮儀礼の目的を実現する術がなくなる。

「存思」は、もともとは養生修練の方法であり、漢末における道教の形成よりも前に出現した。「存思」の形成は、人体の五臓中に神々が存在するという思想と密接に関連する。「存思」が形成された背景の一つは、先秦秦漢以来の「天人合一」・「天人感応」思想の発展である。たとえば『礼記』・『呂氏春秋』・『淮南子』・『春秋繁露』などの文献中では、人体の五臓と外側の宇宙の五方・五行とを連関させる思想がすでに確立している。もう一つの背景は、『黄帝内経』などをはじめとする、人体の経脈や臓腑についての学説が発展したことである。現存する資料によれば、「存思」の修練の歴史は、遅くとも前漢後期にまで遡る。『漢書』郊祀志には、前漢の成帝(在位西暦前三二~前七)は治世の後期に、「頗る鬼神を好み、亦た繼嗣無きが故を以て、多く上書して祭祀方術を言ふ者、皆な待詔するを得」たのだとある。その中の多くは神仙方士であった。永始三年(西暦前一四年)、谷永の上書には以下のようにある。

世に僊人有り、不終の薬を服食すれば、遙興輕擧し、登遐倒景し、縣圃を覽觀し、蓬萊に浮遊し、五德を耕耘し、朝に種へて暮に穫、山石と極まり無く、黄冶 変化し、堅冰 淖溺し、色五倉を化すの術者と言ふ者に及びては、皆 姦人なりて衆を惑わし、左道を挟ち、詐偽を懐き、以て世主を欺罔す。

「化色五倉之術者」について、顔師古は後漢の李奇の「身中に五色有り、腹中に五倉神有るを思ふなり。五色存すれば則ち死せず、五倉存すれば則ち飢えず。[一四九]」という注を引いている。この一文は、これまであまり注目されてこなかったが重要な史料である。「五倉神」とは「五臓神」のことである。前漢後期に儒学の神秘化と宗教化が起こったことは、たとえば讖緯説などに見られる。緯書では人の身体の中に多くの神霊が存在していると考えている。たとえば、緯書である『龍魚河図』には、「髪神 名は寿長、耳神 名は嬌女、目神 名は珠映、鼻神 名は勇盧、歯神 名は丹朱。夜臥せて三たび之を呼び、患有れば亦た便ち之を呼ぶこと九過、悪鬼 自ら卻く。[一五〇]」とある。これらの身体神の名前は、漢代の道教経典である『老子中経』や後の『太上洞玄霊宝五符序』にも記載されている。後漢の延熹八年（西暦一六五年）、漢の桓帝は夢に老子を見て人を遣わして祠を祀り、陳相である辺韶に命じて「老子銘」を撰述させた。そこには「三光を規矩し、四霊 傍に在り。丹田、大一紫房を存想す。道成りて身化し、蟬蛻して世を渡る。[一五一]」とある。「丹田、大一紫房を存想す。」の「存想」とは、「存思」と同じである。これと同年の八月に、漢の桓帝は使者を遣わして「真人」王子喬を祭祀した。蔡邕の撰述した「王子喬碑」には、以下のようにある。

好道の儔、遠方より集ひ、或ひは絃琴して以て太一を詠じ、或ひは覃思して以て丹丘を歴す。其の疾病ありて尪瘵する者、躬を静めて祈福すれば即ち祚を獲ん。若し虔恪せざれば、輒ち顛踣せん。故に至徳の宅兆、真人の先祖なるを知る。[一五二]

「或ひは覃思して以て丹丘を歴す」の「覃思」とは、深思することである。「丹丘」とは丹田のことである。これらは「存思」の修練方法と非常に関連が深い。また、後漢の『老子道徳経河上公章句』は愛気養神について多くの言及があり、その中で最も重視されているのは五臓神を養うことである。そこには、「人能く神を養へば則ち死せざるなり。神は、五臓の神を謂ふなり。肝蔵は魂、肺蔵は魄、心蔵は神、腎蔵は精、脾蔵は誌、五臓盡く傷はれれば、則ち五神 去らん。[一五三]」と記されている。後漢の荀悦『申鑒』俗嫌にもまた、「夫の導引して気を蓄ひ、歴蔵して内視するの若きは、過ぐれば則ち中を失ふも、以って疾を治む可し、皆な養性の至術に非ざるなり。[一五四]」とある。ここで「歴蔵内視」といっているのは、「存思」と関係がある。[一五五]以上のように、漢晋の道教の「存思」の考え方と方法は、両漢の伝統的宗教にすでに存在していた体内神の考え方を基盤として発展してきたものである。

これまで挙げてきた『漢書』郊祀志などの史料に反映されている早期の「存思」の実践法には、いずれも直接的に「斎戒」の二字は記されていない。しかし、指摘しておきたいのは、後漢の『太平経』や『老子中経』および魏晋時代の多くの道教経典に見られるように、「存思」の実践は、体内の神霊と直接的に交感する重要な方法であり、斎戒制度と分かちがたく結びついている。そして、「存思」は「斎室」や「静室」といった特別の環境中でのみ実行できるものであったという点である。たとえば、漢代の『老子中経』巻上 第二十六 神仙には、奉道者が「静室」中で斎戒して神霊を瞑想することについて記されている。そこには、以下のようにある。

子 道を為さんと欲すれば、当に先ず歴蔵すべし、皆 其の神を見、乃ち信有り。信の積有れば、神 自ずから之に告ぐ。先に天霊君を念ず。天霊君は青身白頭なりて、正は眉間に在り、之を思ふこと三日、即ち其の神を見る。（中略）三日すれば、念じて道を為

し竟ふ。静室を出でず、庶俗を辞し、清虚に赴き、先に斎戒し、飲食を節し、乃ち道に依りて之を思ふ。[一五六]

「之を思ふこと三日、即ち其の神に見ゆ」とあるのは、「静室」中で三日間の「致斎」を行った後に、「存思」していた神霊と対面できることをいう。先に引いた『礼記』祭義には、「斉すること三日、乃ち其の為に斉する所の者を見る。」とあり、また『礼記』郊特牲にも「故に君子は三日斉して、必ず其の祭る所の者を見る」とある。『老子中経』中の神霊の「存思」とまったく同じであることが分かる。早期の道教の実践者が人体内の神霊や外側の宇宙の神霊と交感するためには、「斎室」や「静室」中で「存思」を行わなければならなかった。

この数十年間、欧米と日本の道教研究においては、早期の上清派およびその修練方法について、極めて専門的で詳細な研究がある。その中で研究者たちは、道教の「存思」の起源を後漢時代と考えてきた。[一五七]ただし、早期道教の「存思」の起源を、中国の古代祭祀の斎戒制度や早期道教がもともと持っていた斎戒制度と関連させて考察した研究は、まだないようである。本論では、伝統的な祭祀斎戒における「致斎」の、祖先の神霊に対する瞑想と、神霊と通じ感応しあう神秘体験に基づいて、漢晋の道教の「存思」が形成されたと考える。そして早期の道教は、自己の神霊体系とそれに関する儀式をさらに発展させたのである。

(三)漢晋の道教における神霊と交感する空間としての「斎室」・「静室」

「斎室」や「静室」は、人と神霊とが交感するための神聖な空間である。これについて、漢晋の道教経典中には極めて多くの言及があるので、ここでは概述的に検討する。『太平経』は歴史上最初の道教経典であり、その成書は二世紀前半だと考えられている。[一五八]すでに『太平経』において、体内外の神霊を「存思」することに関する思想と方法が詳しく記述されている。これについて、研究者たちの間にはこれまで多くの議論があった。[一五九]しかし、本論で特に重視したいのは、『太平経』に斎戒制度や「斎室」と「静室」についての言及が多いという点である。たとえば、この書の巻七十二には「斎戒思神救死訣」がある。[一六〇]「思神」とは「存思」である。そして「斎戒思神」とあるのは、「存思」と斎戒とが本来不可分であることを示している。『太平経』巻七十八には「入室存思圖訣」、巻八十四には「大人存思六甲圖」がある。「入室存思」とは、「致斎」専用の「斎室」や「静室」の中に入って存思を行うことである。『太平経』の「分別形容邪自消清身行法」は治病や禳災について、以下のように記している。

> 或ひは度厄を求むれば、其の為すの法は、当に斎室を作り、其の門戸を堅くし、人の妄りに入るを得る無かるべし。日び往きて自ら試み、精ならず安からずして復た出で、強ひて之を為す勿れ。此くの如くして復た往き、漸く精熟すれば即ち安し。安ければ復た出でんと欲さず、口は語らんと欲さず、視食飲、人聲を聞かんと欲さず。關錬して積善し、瞑目して還た形容を観れば、容象鏡中に居るが若く、清水の影を闚ふが若く、已に小成を為す。鞭策無かれども嚴なりて、兵杖無かれども威なりて、萬事自ら治む。豈に神ならざらんや。入神の路と謂ふなり。守三は守二に如かず、守二は守一に如かず、此の言を深思すれば、道の深奥を得ん。[一六一]

「斎室」は「静室」である。「度厄を求む」とは、治病や禳災などを指す。上の記述は、「斎室」での「守一」によって、邪を払い厄を除くよう求めるものである。このような「斎室」は扉や窓が眩子で、他人の進入を防ぐものでなければならない。その方法は精神の誠実さと清静さを保持し、自身を省みる思考から、最終的に「瞑目して還た形容を観れば、容象　鏡中に居るが若く、清水の影を闚ふが若く、已に小成を為す」ことができるのである。『太平経』にはまた、

> 空室内をして傍に人無からしめ、象を畫くに其の蔵色に随ひ、四時の気と相ひ應じ、之を窗光の中に懸けて之を思ふ。上に蔵象有り、下に十鄕有り、臥して即ち念ずるに近き懸象を以てし、之を思ひて止めざれば、五蔵神　能く二十四時の気に報じ、五行神且に来て之を救助し、萬疾皆愈ゆ。[一六二]

とある。『太平経』に「空室」という記されているのも、道士が「致斎」に用いる「斎室」や「静室」のことをいう。そして「五臓神」などを存思することは、斎戒者が「斎室」や「静室」で「致斎」を行うことと切り離せない。

伝統的な祭祀斎戒における「斎室」を基盤として、漢晋の道教経典は「静室」を、神霊が降臨して留まって斎戒者を監察する神聖な空間として発展させた。そして、『太平経』と漢晋の天師道およびそのほかの道派の行う、神霊と交流する各種の儀式は、いずれも「静室」や「斎室」中での斎戒の手法である。[一六三] 陶弘景の『登真隠訣』巻下入静法には、早期の上清派が行っていた「斎儀」が記されており、このような「斎儀」は漢魏の天師道の「入治朝静」などの「斎儀」を基盤として形成されたものである。入静法には「静に入り神に朝す」る儀式が詳細に記載されている。また以下のようにもある。

> 凡そ旦夕に静を拜し竟へ、亦た又た経前に還り、更に焼香して衆真に請乞し、長生を求め願ふ所は、其の餘章もて天帝君に奏請し、請官治病、滅禍祈福、皆　静中に於てす。[一六四]

上記の「静に入る」の「静」や「皆　静中に於て」の「静」とは、斎戒に用いる「静室」を指す。そして「拝静」や「朝静」とは、いずれも「静室」において天師道の神霊に対して拝礼することである。したがって、入静法とはまさしく「静室」における「斎儀」を指す。『登真隠訣』に強調している、道教の信徒が神霊に対して上章・祈祷し、懺悔して、官位・治病・滅災を祈福することなどは、いずれも特定の場所、すなわち「静室」における斎戒によって実現するものである。そして本論第一章冒頭に引く『典略』に、早期天師道の宗教的職能者である「鬼吏」などについて、「鬼吏なるは、病者の為に請祷するを主る。」と、「静室」において病者のために請祷や思過などの儀式をつかさどると記されているのは、これと関係している。

漢晋の道教の斎戒が「静室」において神霊と交流していたことは、儒家の祭祀とは明らかに異なっている。また道教の各派が「静室」において交流する神霊もそれぞれ異なる。しかし、「斎室」や「静室」が斎戒のための特定の場所であり、神霊と交流する役割を持っている点は共通している。この点は、古代の祭祀斎戒と早期の道教の斎戒に共通している点のうち最も重要なものである。また、古代の祭祀斎戒や早期の道教の斎戒と早期のインド仏教の「布薩」制度が最も根本的な相違点である。

（四）漢晋の道教における「静室」での「守一」・「守静」と仏教の「禅定」との違い

漢晋時代において、道教の「守静」・「守一」と仏教の座禅や禅定とは形式上いくつかの共通点があった。六朝の一部の道教経典には直接的に「禅定」を「仏斎」すなわち仏教の斎法のことと見なすものさえある。したがって、早期の道教の「守一」や「守静」と仏教の座禅との違いを明らかにすることは、早期の道教の斎戒制度の本当の淵源を検討するために重要な意味がある。

仏教の「禅定」は、サンスクリット語でdhyāna、パーリ語でjhānaで、また禅那などともいう。静慮・思惟修習・舎悪などと意訳し、寂静思慮をあらわす。これは心を何か一つの対象に集中させて、極めて寂静にすることによって思惟を均等な状態にすることを指す。座禅とは、インドの宗教家が古来行ってきた内省と調息の方法であり、仏教では大乗も小乗もとりいれている。仏教経典ではシャカが真理を悟った時に、菩提樹などの下に端座して静思していた、これが座禅の始まりである。

この数十年間、研究者たちは漢代の『太平経』における「守一」の思想とインド仏教の禅定との関係についてもしきりに討論してきた。最初に湯用彤が、『太平経』の「守一」の法はインド仏教の禅法から直接的な影響を受けたものであると主張した[一六五]。また任継愈の研究は、『太平経』の「守一」の法の由来は先秦の老荘道家などの思想であり、漢魏時代の漢訳仏典中の「守一」などの概念は、紛れもなく中国本土の宗教文化の影響を受けたものであることを明らかにした。蕭登福は、道教の「守一」は形・神を固守して精神を専一にし、「視る無く聴く無く」、「必ず静かなりて必ず清たり」て、外物に惑わされないという点において、仏教の禅法が雑念を制止して集中するのと類似していると述べている[一六六]。蕭登福によれば、道教の「守一」の目的は、形神が分離しないようにすることである。一方、仏教の禅法は、観想からはじめて、外物による誘惑や雑念が発生するのを制止し、定境に入ることを目的とする。したがって、両者は精神を集中するという点で類似しているが、修習の順序は異なっているのだという[一六七]。

早期の道教の「守一」や「守静」には、形式においても内容においても、仏教の「禅定」とは大きく異なる点がある。第一に、両者の修練には、時間的にも空間的にも顕著な違いがある。「後漢安息国三蔵安世高訳」と題されている『大比丘三千威儀』では、早期の仏教の座禅について明確に規定しており、以下のように記している。

坐禅せんと欲するに五事有り。一は当に時に随ふべし、二は当に安床を得べし、三は当に軟座を得べし、四は当に間処を得べし、五は当に善知識を得べし（中略）時に随ふとは、四時を謂ふ。安床とは、縄床を謂ふ。軟座とは、毛座を謂ふ。閑処とは、山中の樹下を謂ふ。亦た私寺中 人と共にせざるを謂ふ。善知識とは、居を同にするを謂ふ[一六八]。

「時に随ふとは、四時を謂ふ」とある「四時」とは、一年の四季を指すほか、一日の朝・昼・夕・夜の四つの時刻をいうこともある。『礼記』孔子間居 には「天に四時有り。春秋冬夏なり。」とあり、また『左伝』昭公元年には、「君子 四時有り、朝は聴政を以てし、昼は訪問を以てし、夕は修令を以てし、夜は安身を以てす。」とある。仏教の「座禅」の場所は、「閑処」でなければならず、それは「山中の樹下を謂ふ、亦た私寺中 人と共にせざるを謂ふ」のである。したがって、仏教の「座禅」は、実際には厳格な時間的既定と空間的既定を持たない。

しかし、早期の道教の「守一」や「守静」は、道教自身の持つ斎戒制度と切り離せないものであり、「守一」や「守静」の修練は斎戒の状態で行わなければならない。そして、その場所は必ず「斎室」や「静室」[一六九]の中である。『太平経』には「守一入室知神戒」が記されている。「守一入室」とあるのは、「守一」の法を修練するには必ず斎戒用の「静室」の中に入らなければならないことを言う。『正統道蔵』太平部所収の『太平経聖君秘旨』一巻は、唐末の道士閭丘方遠が『太平経』を抄録して編纂したものである。この書には「守一」の方法と効能について多くの言及がある。そこでは「守一」の環境について、「守一の法、始め閑処に居らんと思へば、宜しく牆を重ね壁を厚くし、喧嘩の音を聞かざるべし。[一七〇]」と記されている。ここにある「閑処」とは、斎戒に用いる「斎室」や「静室」のことである。したがって、『太平経』ではこのような高度に閉鎖的な環境においてはじめて、感情を抑制し、俗界の塵芥による妨害を排除して、内面的な瞑想に心を集中させることができると述べられている。先に引いた『老子西昇経』にも、「獨り空閑の室に処り、恬淡なりて道を思ひ、志を歸して守一す。」とある。

　第二に、早期の道教の「守一」と仏教の「座禅」とは最終的な目標に根本的な違いがある。前引の『太平経』の守一入室知神戒によれば、「守一」の最終的な目標は神に通ずることである。『太平経聖君秘旨』には、「守一の法、将に神と遊び、萬神自ずから来て、昭昭として儔となる可けん[一七一]」、「守一して復た久しくし、自ら光明を生ず。昭然として四方を見れば、明に随ひて遠行し、尽く身の形容を見る。群神将 集ひ、故に能く形化して神と為る。」、「夫れ守一せんと欲し、乃ち神と通ず。安臥し無為にして、反りて腹中に求む」とある。葛洪の『抱朴子』内篇 地真にも、「守一存真すれば、乃ち能く神に通ず[一七二]」とある。また、金丹の錬成について、「当に復た斎潔して清浄にし、人事を断絶すべし。諸もろの易からざること有れば、当に復た之に加ふるに思神守一を以てすれば、悪を却けて身を衛らん。[一七三]」とある。早期の道教の「守一」は、いずれも神霊との交感と密接に関係していることが分かる。

　そして、六朝の道教経典においても、道教の「守静」や「守一」と仏教の禅定との根本的な相違点について、明確な指摘がある。南朝初期の天師道の経典である『三天内解経』は一面では斎戒が修道や神霊との交流に対してもっている重要な意味を強調し、もう一方では道教の斎戒の「守静」や「守一」を仏教の禅定や「静座」と区別し、以下のように記している。

　夫れ沙門道人小乗学者は、則ち静座して自ら其の気を数へ、十に満つれば始めに更へり、年に従ひて歳を竟へ、暫時も之を忘れず。仏法は身神を存思せしめず、故に気を数へて務めと為し、以て外想を断つ。道士大乗学者は、則ち常に身中の真神の形象、衣服の綵色を思ひ、導引 往来すること、神君に対するが如くし、暫時も輟めざれば、則ち外想 入らず、神真 来降し、心に多事無し。小乗学者は、則ち百事相ひ牽く有り、或ひは憂愁萬慮有り、外念の纏ふ所なり。大乗・小乗は、其の路は同じからず、了に相ひ似ず。小乗学は則ち口辞を弁ずるを須ひて、世師と為る可し。大乗の学は、気を受けて守一し、実に身の資を為す。[一七四]

沙門道人が「静座して自ら其の気を数へ、十に満つれば更めて始め、年に従ひて歳を竟へ、暫時も之を忘れず。」とあるのは、「禅定」の修練について述べている。その修練方法は、意識のすべてを鼻の穴に集中させ、息が鼻の穴から出る時に心の中で數を数え、息を吐き出すごとに（または息を吸う時に）、一つずつ数を数え、同時に自身が解放されていくように暗示をかける。数を数える規則は、一から十まで数え、その後十から一まで数える。そして『三天内解経』の作者は、道教の「静室」の斎戒における「存思身神」や「受気守一」の由来と、仏教の禅定の「静座して自ら其の気を數ふ」などとには、根本的な差違があるとする。その最も根本的な違いは、道教の「静室」における「存思身神」は、斎戒者が神霊と交感する点であると述べている。仏教の持つ、「縁起論」などの基本的な教義においては、「存思身神」のような考え方はあり得ない。

　敦煌文書S．四三一四・S．六一九三・P．二七五一写本の『紫書

行事訣』は六朝の上清派経典である。この経では「道斎」と「仏斎」との根本的な相違についても専門に論じている。関連する研究によれば、この経の大字の経文はおおよそ東晋のころにあらわれ、中字や小字の注訣は南朝の顧歓か陶弘景によって撰述されたものである。[一七五] この書の七　九真八道行事訣 第七の論神には、

長斎隠棲し、以って其の真を存す。道斎 之を守静と謂ひ、佛斎 之を耽晨と謂ふ。道は静に両膝に接手し、仏は晨に口前に合手す。

とある。これについて注訣には、以下のように述べている。

此れ蓋し斎の義を為すを明らかにするなり。接手して静観すれば則ち百神自ずから朗かなり、合掌して耽念すれば則ち身相 倶に徹かなり、斯れ道仏の真致、二斎の正軌なり。夫れ仏の道たるや、則ち道の一法なりて、形を忘れ神を守るは、亦た妙の極みなり。耽晨は即ち今の所謂思禅なる者なり。玉皇 秦に留まり、玄精 象を同じくし、南岳赤君、教に随ひて服を改む。方諸なる者の境は、之を奉ずる者半ばなりて、三真弟子、両学相ひ若く、此れ乃ち術に内外有り、法に異同有れども、本は華戎の隔に非ず、精粗の殊なり。而るに辺国 剛疎なりて、故に宜しく其の宏経を用ゐるに宜し。中夏は柔密なりて、所以に其の淵微に遵ふのみ。[一七六]

「道は静に両膝に接手し」とは、早期の道教において「存思」の修練について述べる際の、比較的典型的な表現である。『上清太上帝君九真中経』は最も早く世に出た上清派経典の一つである。「九真の法」の修練は、上記の引用文と関連が深く、たとえば以下のようにある。

第一の真法は、正月本命日・甲子・甲戌の日の平旦を以て、帝君太一五神、壹に共に混合し、変じて一大上と為り、心の内に在り、号して天精君と曰ひ、字は飛生上英、貌は嬰兒の始めて生まるるの状の如し。是れ其の日の平旦、当に室に入り、両膝上に接手し、気を閉じ目を冥りて内視し、天精君の心中に在るを存し、号して大神と曰ふ。大神をして口に紫気の鬱然たるを出ださしめ、以て我が心の外を繞らすこと九重、気上りて泥丸中に沖り、内外一の如く（以下略）。[一七七]

正月の本命日・甲子・甲戌の日は定期的な斎戒の日である。「入室」とあるのは「静室」の中に入って「致斎」を行うことである。そして「静室」内の儀法には、「両膝上に接手し、気を閉じ目を冥りて内視し、天精君の心中に在るを存」することが含まれる。その他の八種の「真法」は、体内の各種のその他の神霊を「存思」することであり、その方法はいずれも上記のものと類似している。注訣に「接手して静観すれば則ち百神自ずから朗かなり」というのは、斎戒と「守静」によって「百神 自ずから朗らか」となること、すなわち道教の各種の神霊を顕現させることである。斎戒者はこれによって神霊との間に相互に感応し合う関係を作り出すのである。「佛斎 之を耽晨と謂ふ」、「耽晨は即ち今の所謂思禅なる者なり。」とあるのは、六朝の人が往々にして仏教の「思禅」すなわち「禅定」を、仏教の斎法の重要な要素であると考えていたことを示す。「夫れ仏の道たるや、則ち道の一法なり」とあるのは、仏教がもともと道教の一つの支流であったと述べているのである。この書は、仏教の思禅を肯定する一方で、仏道二教の間の重要な区別を明確に主張している。そして仏教の「合掌して耽念すれば則ち身相 倶に徹かなり」というのは、仏教では「禅定」の最終的な目的が、身体と諸々の名相がみなひとしく虚空であることを悟ることにあるのを述べている。

道教の宇宙生成論と仏教の縁起論には、根本的な相違がある。したがって、道教の斎法の「守静」と仏教の習禅にも、その指導思想と修行目的において、根本的な差違がある。南北朝時代になると、一連の

仏教の疑偽経もまた、仏教の「斎日」（すなわち「布薩」の日）における「斎戒」を道教の「身神」の思想と関連づけられた。たとえば、劉宋の孝武帝（在位四五九～四六四年）の時に北魏の曇靖の撰述による『提謂波利経』では、仏教の信徒は毎月の「六斎日」に斎戒と身神の「存思」を行わなければならないとしている。ストリックマンの指摘によれば、「身神」と関連するこれらの内容は、後漢の『老子中経』を模倣している[一七八]。

(五)小結

古代の祭祀制度と早期の道教は、斎戒の根本的な目的が共通する。いずれも斎戒は、神霊と通じるために行われる。先に引いた『礼記』祭統にも、「斉は精明の至なり。然る後に以て神明に交はる可きなり。」とある。陸修静は道教の斎戒の本質について詳細に論じており、道教の「衆斎法」について、「道は斎戒を以て立徳の根本、尋真の門戸と為す。道を学び仙を求むるの人、福を祈め慶祚を希むの家は、萬も之に由らず[一七九]。」、「聖人は百姓の五欲に奔競し、自ら定むる能はざるを以て、故に斎法を立つ。事に因りて事を息め、禁戒もて已に内寇を閉じ、威儀もて以て外賊を防ぎ、礼誦して身口を役し、動に乗じて以て静に反るなり。神を思ひて心念を役し、有を禦ぎて以て虚に帰すなり。能く静なりて能く虚なれば、則ち道と合するは、逸驥の足を廻らに譬へ、以て帰真の駕を整ふ。厳遵云く、心を虚にして以て道徳を原ね、気を静めて以て神霊に期ふと。此の謂なり[一八〇]。」とある。特にここに引かれている漢代の厳遵の「気を静めて以て神霊に期ふ」という言は、道教の斎戒の根本的な目的を本質的に説明している。唐代の道教の宗師である杜光庭も、道教の斎戒について、「斎は、斎して心神を潔め、思慮を清滌にして、専ら其の精を致して神明と交らんと求むる所以なり[一八一]。」と述べている。漢晋の道教の各種の「斎儀」は、多くの場合、「静室」において神霊と通じる儀式のことを指しているのである。したがって、早期の道教の神霊観念や斎戒者と神霊との関係などは、いずれも伝統的な祭祀斎戒制度を基盤として成立したと言える。早期のインド仏教の「布薩」制度には、このような観念が無い。その原因の一つは、早期の仏教の最も根本的な思想は、「業」(karma) の思想を基盤として構築されているためである。因果応報の法則によって、人のすべてはその人自身によって左右されると決まっている。また、早期のインドの原始仏教は典型的な無神論であり、神造論や天命論を否定している[一八二]。もう一つの原因は、中国の伝統的な祭祀制度や漢晋の道教とを比較すると、早期のインド仏教の僧団の構成員は一般的に住居を定めない生活をおくっていたことによる。このため、「布薩」制度には中国の伝統的な祭祀斎戒の「散斎」や「致斎」の区別がないばかりか、神霊と通じるために特別に用いる「斎室」や「静室」がそもそも必要ない。漢魏六朝時代、漢訳仏典には「静室」や「斎室」の概念が数多く出現した。また同時に、「布薩」制度に関する記述の中に、斎戒の方法によって直接的に仏教の天界の神霊と通じる内容が登場した。これらは、仏経が漢訳の過程で中国本土の宗教の伝統を吸収したためである。

五　先秦秦漢の祭祀斎戒の様々な規定と漢晋の道教の斎戒制度に対する影響

中国古代の祭祀礼制では、斎戒に対して極めて厳格で明確な規定を設けていた。これらの規定は、早期の道教の斎戒制度の形成や、それにかかわる戒律条文の制定に継承されている。南朝初期の『三天内解経』では天師道の斎戒制度の内容と由来について詳細に述べており、以下のようにある。

夫れ学道を為すに、斎に先んずる莫し。外は則ち塵垢に染まらず、内は則ち五蔵もて清虚ならしめ、真を降して神を致し、道と居を合す。能く長斎を修むれば、則ち道真と合し、禁戒を犯さざるなり。故に天師 教を遺す。学を為すに斎直を修めざれば、冥冥たること夜行するに火燭を持たざるが如し。此れ斎直は應に是れ学道の首なり。夫れ霊に啓し冥に告げんと欲し、斎直を建立する者は、宜しく先ず散斎し、必ず宿食の臭腥をして消除し、肌體をして清潔にし、玷穢有る無からしむべし、然る後に斎に入るを得可し。爾らざれば、徒らに洗沐を加ふれども、臭穢は肌膚の内に在り、湯水も亦た除く能はず。天臺より公家祠祀霊廟、猶ほ先に散斎を加ふるを尚ぶ、況んや真道もて霊の降るを求むる者をや。（一八三）

この文章は、いくつかの非常に重要な内容を持つ。第一に、天師道の斎戒制度における「散斎」と伝統的な祭祀制度中の「散斎」とはまったく同じものであるという点である。「然る後に斎に入るを得可し。」の「斎に入る」とは、厳密には「致斎」を意味し、「斎室」や「静室」に入って斎戒を行うことをいう。「天臺より公家祠祀霊廟、猶ほ先に散斎を加ふるを尚ぶ、況んや真道もて霊の降るを求むる者をや。」とは、国家の神霊に対する祭祀礼制における祭祀斎戒の規定は、いずれもこのように厳格であり、天師道が「霊に啓し冥に告げんと欲し」て神霊の降臨を希求するのであれば、なおさら厳格に斎戒を行わなければならないと述べている。またここでは、早期の天師道でも、自身の斎戒制度が本土の祭祀礼制における斎戒の伝統に由来するものであり、外来の仏教とは何の関係もないと考えていることが示されている。第二に、早期の天師道は、斎戒者に対して、「外は則ち塵垢に染まらず」と外在的な行為規範を厳格に定めているのに加えて、「内は則ち五蔵もて清虚ならしめ」と、内心の虚清さ・純正さ・敬虔さも強調している点である。これらを守ってはじめて、「真を降して神を致し、道と居を合す」ることができる。「斎直」については、陸修静が以下のように述べている。

道言ふ、人を治めんと欲すれば、当に先に身を治むるべし。人を正さんと欲すれば、当に先に自ら正すべし。身を治め心を正すに、斎直に先んずる莫しと。斎は、斉なり、人の参差の行を斉しくす。直は、正なり、人の入道の心を正す。（一八四）

陸修静もまた、伝統的な祭祀斎戒の精神に照らし合わせて「斎直」の概念を説明している。早期の天師道の斎戒や「斎直」の根本的な目的は、神と通じること、すなわち「を降して神を致し、道と居を合す」ることである。このことは、早期の道教が伝統的な祭祀斎戒の最も核心的な精神を継承した点である。また、外来の仏教制度とは本質的に区別される点である。

古代の祭祀斎戒制度に関する規定は、早期の道教の斎戒制度に対して直接的に影響を与えた。このことについて、いくつかの具体的な側面から説明したい。

（一）先秦秦漢の祭祀斎戒の前と斎戒過程中の沐浴が早期の道教に及ぼした影響

中国の古代の祭祀斎戒は、いずれも沐浴更衣をしなければならずなかった。これに関して、歴代の礼書祀典には詳細な記録がある。先に引いた『墨子』天志には、「天子 疾病禍祟有れば、必ず斎戒沐浴し、」とあり、『孟子』には「悪人有りと雖も、斎戒沐浴すれば、則ち以て上帝を祀る可し。」とある。漢代の趙岐の注には、「悪人は、醜類者なり。面は醜きと雖も、斎戒沐浴し、自ら潔浄を治むれば、以て上帝の祀を待つ可し。[一八五]」と記されている。董仲舒の『春秋繁露』には「斎戒沐浴は、潔清にして敬を致し、其の先祖父母を祀る。」、「孔子 太廟に入り、毎に事問するは、慎の至りなり。陛下 祭ること躬親なれば、斎戒沐浴し、以て宗廟を承るは、甚だ敬謹なり。[一八六]」とある。

そして、中古の道教における「斎戒沐浴」は、古代の祭祀礼制の伝統に直接的に由来しており、関連する多くの記述が見られる。後漢の『太上老子中経』には、「先に斎戒沐浴し、其の日に至れば、静室中に入る。[一八七]」とあり、「静室」において「致斎」を行う前には、必ず沐浴しなければならないのだという。東晋の上清派の経典である『太上素霊経』には、「太上 曰く、兆の道を為すは、『大洞真経三十九章』を存思す。」、「行事の日、毎に当に先に自ら清斎し、蘭湯に沐浴すべし。[一八八]」とある。六朝の『上清太上帝君九真中経』には二十四種の「神丹方」が列挙され、薬を作る人について「当に温むるを得べきは慎みて口舌を多くする无き者なりて、当に先に斎せしむること三十日、日訖はれば、乃ち別処静室にて擣ち、其の衣服を潔め、日数沐浴し、毎に清香を従ふ。[一八九]」と記されている。斎戒者は「静室」の中で「日数沐浴」しなければならないことが分かる。東晋末の「古霊宝経」である『太上洞玄霊宝度人上品妙経』には、「道言ふ、行道の日、皆な当に香湯もて沐浴し、斎戒して室に入るべしと。[一九〇]」とある。「入室」というのは、「静室」に入ることである。敦煌文書P．三六六三『太上洞玄霊宝金籙簡文三元威儀自然真経』は、『正統道蔵』には遺されていない古霊宝経である。この経の「下元黄籙簡文」霊仙品には、「経の威儀を奉ずるに、常に当に身をして香芳盛んならしめ、以て真炁を招き、混濁するを得ず。」、「経の威儀を奉ずるに、登斎誦経するに、当に香湯もて沐浴し、以て神炁を精ならしむ。神気 清からざれば、魂爽 奔落し、考は禁神曹に由る。」とある。丁煌は、「後漢から唐宋まで、道士が身を清める沐浴（身・心・口の三業もみな然りである。）を極めて重視していたのは、仏教から継承されたものではない。殷周以降、巫化した医薬が次第に発達し、（中略）潔整の必要性は礼儀において厳守された。沐浴は、宗教の神聖な儀式においては、欠くことのできない要素である。[一九一]」としている。古代の祭祀礼制と道教においては、斎戒を神霊と通じるための前提と考えていた。したがって、斎戒の前に必ず沐浴しなければならないのは、沐浴によってはじめて、神霊に対する恭敬と虔誠を示すことができたためである。

（二）先秦秦漢の祭祀斎戒期間における飲酒の禁止・葷辛や肉魚を食べることの禁止などの規定が道教に与えた影響

中古の道教の斎戒制度には、酒を飲むことを禁止する規定や、「葷辛」や肉魚などを食べることを禁止する規定などがあった。呂鵬志は、これらの規定について、道教の斎戒制度が外来の仏教の「斎儀」の影響を受けた明確な証拠であると考えている。[一九二]古霊宝経には「葷辛を禁ず」ることなどに関連する規定と戒律の条文がある。これについて呂鵬志は、「霊宝斎での飲食に関する規定は様々な仏教の斎法を取り入れている」と述べている。六朝の道経である『洞淵神呪経』巻二には、斎法では「菜食」の斎を設けなければならないとある。また、この書の巻二十には「葷酒」を絶たなければならないとしている。呂鵬志は、これらの記述は「洞淵神呪経」の「斎儀」が東晋末の古霊宝経の斎儀を吸収したことによって、間接的に仏教の斎法の影響を受けていることに基づくと述べている。[一九三]北魏の寇謙之の『老君音誦誡経』には、以下のように規定している。

老君 曰く、廚会の上斎は七日、中斎は三日、下斎は先に宿する

こと一日。斎法、素飯菜一日、米三升を食べ、房室・五辛・生菜を断ち、諸肉 尽く断つ。[一九四]

呂鵬志はこの記述に基づいて、上述の寇謙之の天師道の「廚会斎」はインド仏教の「斎儀」の直接的な影響を受けているとし、「廚会は仏教の斎の制度に基づき、素食を主とし、葷辛を断つ」と述べる。[一九五]しかし本論では、上記の「廚会斎」の「房室を断つ」などの規定は、いずれも中国の伝統的な祭祀斎戒の制度に由来すると考える。というのも、「廚会の上斎は七日」という規定は、後漢以来の「大祀」の七日間の斎戒と共通している。「中斎三日」の「三」の字は「五」の書き誤りである可能性が高い。したがって、「廚会斎」の規定は、国家祭祀の礼制が「中祀、散斎三日、致斎二日」と定めていることに基づいている。また、古代の祭祀礼制において、「宿」は「致斎」の特別な呼び方であるので、「先宿一日」とは、「斎室」や「静室」で「致斎」を一日行うことである。これは、国家祭祀の礼制が「小祀」は「散斎することと二日、致斎すること一日」をしなければならないと規定していることに基づいている。[一九六]

呂鵬志が、道教の「素食」や「断絶葷辛」の規定はいずれも仏教の斎法の影響をうけた結果であると考えているのは、そもそも彼が早期の仏教の戒律制度に対して誤解していることに原因がある。インドの早期の仏教の僧尼の出家制度は、もともとインドの当時の遊行乞食の生活に適応したものである。このような状況では、僧尼はただ縁によって飲食し、基本的に食物を選択する手段はない。したがって、仏教は最も早く厳格な「不殺生」の戒律を実行したとはいえ、厳格な「素食」の制度を実行したのではない。蘇遠鳴も、インドの原始仏教における「布薩」の日について、「斎戒は行わず普段よりも厳格な飲食の規定を実行する。」と述べている。[一九七]

仏教の経律に関する記載によれば、釈迦牟尼と彼の弟子たちはみな肉食を禁じていない。このため、代々伝えられてきた仏教のいかなる律典中にも、肉を食べることを禁止する戒律は無い。反対に、小乗仏教の戒律には、「三種の浄肉」を食べてもよいという記述がある。陳寅恪の撰述した名著である「崔浩と寇謙之」の中では、北魏の寇謙之の「清整道教」に最も直接的で最も大きな影響を与えたの仏教経典は、後秦の弘始七年（西暦四〇五年）罽賓国の僧である弗若多羅と鳩摩羅什とが訳した『十誦律』であると述べている。[一九八]しかし、『十誦律』では、釈迦牟尼の堂弟である提婆達多が徹底的に「素食」を主張したのが退けられ、釈迦牟尼が以下のように明言している。

痴人、我 能く三種の不浄の肉を噉ふを聴さず、見るが若く、聞くが若く、疑ふが若し。見るとは、自ら眼見するは是れ畜生の我の為に故に殺さるるなり。聞くとは、信ず可き人に従りて汝の為に故に殺すは是れ畜生なるを聞くなり。疑ふとは、是れ中に屠売の家無く、又た自ら死する者無ければ、是れ人 凶悪にして能く故に畜生の命を奪ふなり。痴人、是くの如き三種の肉は我 噉ふを聴さず。

痴人、我 能く三種の浄肉を噉ふを聴す、何等か三なるや。見ず、聞かず、疑はず。見ざるとは、我の為に故に殺さるるは是れ畜生なるを自ら眼見せざるなり。聞かずとは、信ず可き人に従りて汝の為に故に殺すは是れ畜生なるを聞くざるなり。疑はずとは、是れ中に屠兒有り、是れ人慈心ありて、能く畜生の命を奪はざるなり。痴人、我 是くの如き三種浄肉を噉ふを聴す。[一九九]

僧衆は乞食を行って生きており、僧人を招待したときに意図的に殺生することは明らかに全く特別でなく、疑いなく肉食は殺生戒に違反するものではない。仏教が中国に伝入したとに、主に小乗戒が広まったため、仏教において肉食が許される状況は、南朝梁の武帝お時代までなお続いた。「酒肉を戒む」状況は、すべて単に僧侶の個人的な範疇を請えなかった。康楽もまた、「仏教が初めて中国に入ってきたとき、インドの伝統的な殺生を戒める思想もまた付随してきたとはいえ、僧団自体はこの思想を素食と同一視することはなく、ただ個別の僧侶が素食を守っていただけであった。[二〇〇]」と述べている。南北朝中後期に至って、南方の梁の武帝、北方の斉の宣帝、周の武帝は、みな国家の行政手段に基づいて、仏門に強制的に「素食」をさせた。これによって「素食」の制度が仏教内部に確立し始めた。[二〇一]今日に至るまで、インド・中央アジア・東南アジア・日本・モンゴル・チベット等の地域の仏教には、いずれも「素食」の伝統はない。したがって、翻印順は、素食すなわち肉食の禁止は、「千百年ものあいだ我が国の仏教界の伝統的な美徳であり、深遠で崇高な仏教精神に合致する。奥深い文化の基盤を持つ中国の仏教徒だけが、これを十分に発揮してきた。[二〇二]」と述べている。したがって、呂鵬志が、外来仏教の影響によって中古の道教において「素食」が展開したと考察しているのは、中古の仏教の斎戒制度に対する誤解に基づく。

　また、漢晋の道教では天師道も含めて、斎法における「断肉」や「禁葷辛」について明確な規定がある。これは、中国の伝統的な祭祀制度中にあった斎戒の規定に由来している。中国の古代の祭祀斎戒はもともと「不茹葷」・「素食」・「不飲酒」などの内容を含む。『論語』郷党には、「斎するに必ず布衣を明らかにする有るべし、斎するに必ず食を変へ、居は必ず坐を遷すべし。[二〇三]」とあり、朱熹の注には、「食を変ふとは、酒を飲まず、葷を茹でざるを謂ふ。坐を遷すとは、常処を易ふるなり。此の一節、孔子の謹みて斎するの事を記す。楊子曰く、『斎は神に交はる所以に、故に潔を致して常を変へ以て敬を尽く』と。」とある。先に引いた『礼記』月令には、「君子 斎戒」の際には、「滋味を薄くし、和を致さず、嗜欲を節し、心気を定」めなければならないと述べられている。斎戒の期間には、必ず一連の関連する戒規を厳密に遵守しなければならなかった。『礼記』玉藻には、「子卯(日)、稷 菜羹を食す。[二〇四]」とある。特定の斎戒の日には、飲酒食肉ができないことを意味する。『礼記外伝』には、「斎するに必ず食を変へ、其の葷羶を去るべきなり。[二〇五]」とある。『荘子』人世間には、顔回が道を孔子に尋ね、孔子が「斎せよ、吾 将に若に語げんとす。」と述べ、顔回が「回の家 貧なりて、唯だ酒を飲まず葷を茹はざること数月なり、此くの如ければ則ち以て斎と為す可きか」と問い、孔子が「是れ祭祀の斎にして、心斎に非ざるなり。[二〇六]」と述べたとある。古代の「葷」というのは、もともとはネギ・ニンニク・ラッキョウ・ニラ等の香辛野菜を指す。「祭祀の斎」とは、もともと「酒を飲まず葷を茹はざる」ことであったことが分かる。先に引いた後漢の応劭の『漢官儀』には明帝のときに周沢が太常の位につき、「一歳三百六十日、三百五十九日斎す。一日は斎せず酔ふこと泥の如し」とあるのもまた、祭祀の斎戒では必ず禁酒しなくてはならないことを示している。古代の国家の祭祀斎戒の規定はみな法律としての効力を持ち、王公貴族であってもこれらの禁則に違反すると、刑法の厳しい制裁を受けなければならなかった。[二〇七]

　古代の祭祀礼制が斎戒期間中に葷辛酒肉を口にすることを禁じていた理由について、林素娟は、中国の古代の飲食観では原始的な信仰の時代から交感巫術の影響が常にあったために、飲食は神秘的な通交と気の感通の力を持っており、また身心を変化させる大きな力も持っており、このため礼儀・祭祀・人生の諸段階における儀式では重要な役割を果たしてきた。そして斎戒や祖先祭祀の儀式は、本来は身心を転化させて神聖なるものと通じる方法であった。[二〇八] 中国の伝統的な斎戒祭祀は本質的に、人と神との間の関係を反映している。斎戒期間に葷辛酒肉などを禁止する根本的な目的は、斎戒者が身心の清浄を保ち、神霊に対する敬虔や忠誠を示すためである。

また伝統的な祭祀斎戒に関する規定は早期の道教の斎戒制度に極めて直接的な影響を与えた。漢晋の道教経典には多くの関連する規定がある。後漢の『太上老君中経』巻上「第二十六神仙」には、

子 道を為さんと欲すれば、当に先ず歴蔵すべし、皆 其の神を見、乃ち信有り。（中略）静室を出でず、庶俗を辞し、清虚に赴き、先に斎戒し、飲食を節し、乃ち道に依りて之を思ふ。[二〇九]

とあり、「静室」に入り斎戒を行う前に、「飲食を節」しなければならないとあり、飲食の面で節制を行うとは、葷辛などを食べないことである。巻下の「第三十八神仙」には、「炁に乗じ丹を服して室に入るの時、生物を食する無く、五畜の肉を食するを禁ず」[二一〇] とある。「炁に乗じ丹を服して室に入る」の「室に入る」とは、斎戒に用いる「静室」に入ることをいう。葛洪の『抱朴子』内篇の金丹篇には、「九液金丹」の焼錬について、「此の大薬を合するに皆当に祭るべし、祭れば則ち太乙元君老君玄女 来たりて鑒省す。（中略）必ず名山の中に入りて、斎戒すること百日、五辛生魚を食さず、俗人と相ひ見えず、爾して乃ち大薬を作す可し。薬を作り成るを須ちて乃ち斎を解き、但だ初めて成作すときのみ斎せざるなり。[二一一]」と述べている。早期の道教では、金丹の「大薬」の焼錬を成功させるには、必ず神霊の助けを得なければならないと考えていた。そこで、神霊に降臨して感通するように祈求するために、必ず俗人から遠く離れた名山中で、斎戒を百日間行わなければならない。「五辛生魚を食さず」とは伝統的な祭祀斎戒の規定と同様である。早期の道教の「乗蹻」とは一日に万里を進む方術の名である。葛洪は「乗蹻するに須らく長斎し、葷菜を絶ち、血食を断つべし。一年の後、乃ち此の三蹻に乗る可し。[二一二]」とも述べている。葛洪によれば、乗蹻の修練のために必要とされる「長斎」は、一年以上の期間を必要とする。『黄庭内景経』は、道教の「存思」について記述された、魏晋時代における最も有名な経典の一つである。先に述べたように、道教の「存思」と斎戒とは不可分の関係にある。この書は様々な「存思」の方法と禁戒ついて、以下のように言及している。

大都 通ずるに六畜及び魚臊の肉を食するを忌む、六畜は、牛馬豬羊鶏犬なり。魚臊は当に生臊を謂ふべきのみ、故より禁を為すなり。五辛を忌むは、生葱・蒜・薤・韮・胡荽なり。[二一三]

陶弘景が編纂した『真誥』には、「諸もろの道を為す者は、酒肉もて最も大忌と為す。酒の物たるは、能く人の識慮をして昏迷し、性懐をして乱僻せしむ。[二一四]」とある。『太上洞玄霊宝五符序』は、「古霊宝経」の中で最も早くに成書された経典で、その成書の遅い部分であっても、早ければ東晋末以前であると考えられている。この経の巻中「霊宝黄精方」には、以下のようにある。

先に蘭湯に沐浴し、斎戒すること三日、婦人を避け、豬犬の肉を食するを断つ。此の物肉を食べれば人をして死して、上天を得ず、但だ泰山に止まり、三官地獄に入り、守檻鬼吏と為らしむ。此の科 道士より施さる。又た豬犬の肉を食するを忌む者、之を食すれば、人をして老ひれば則ち忘誤し、面目をして黶痩し、歯敗れ身壊らしむ。夫れ清真を食すれば長生し、穢濁を食すれば命 断たれん。[二一五]

「清真を食すれば長生し、穢濁を食すれば命 断たれん。」とあるのは、早期の道教の飲食関連の禁忌が、しばしば「気」の観念や「行

気」の修練と関係していることを示す。「行気」は「食気」・「服気」・「煉気」・「吐納」などともいう。「行気」は重要な修練方法の一つで、長い伝統がある。長沙馬王堆漢墓より出土した医書の中には「卻穀食気」篇がある。[二二六]前漢初の大儒である戴徳の撰述した『大戴礼記』には、「気を食せば神明にして寿あり、食せざれば死せずして神あり。[二二七]」とある。『太平経』には、「是の故に食すれば命 期有り、食せざれば神と謀り、気を食せば神明 達し、飲まず食さざれば、天地と相ひ卒するなり。[二二八]」とある。「行気」の修練は必ず「斎戒」と関係している。たとえば、『太平経』には、「故に上士 将に道に入らんとすれば、先に有形を食さずして気を食し、是れ且に元気と合せんとす。故に養ふに当たりては茅室中に置き、其の斎戒をして、邪悪を睹ざらしめ、日び其の形を練る。[二二九]」とある。この中の「茅室」とはまさに「静室」である。葛洪の『抱朴子』内篇には、「行炁の大要は、多食を欲せず、生菜肥鮮の物を食すに及びては、人炁をして強難に閉ざしむ。[二三〇]」とある。したがって、葛洪は「仙法は欲臭腥を止絶し、糧を休め腸を浄めんと欲す[二三一]」と記している。これもまた、葛洪が『抱朴子』内篇で斎戒期間の「五辛を禁」じ、魚肉などを食べることを禁じていることの主な理由の一つである。

早期のインドの仏教でもまた「葷辛」などを食べることを禁止する戒律規定があり、また仏教自身による解脱もある。釈印順は、「仏法において、葷は葷辛であり、ネギ・ニンニク・ラッキョウ・ニラなど香味の極めて強い植物をいう。もし人々がこれらを食べれば、一人ないし数人が食べたのであって、大勢が食べたのではなくても、その強い臭いは、他人がかげばどうしても気分が悪くなる。したがって仏の弟子はこれらを食べるのを避けた。治病のために食べざるを得ない場合には、群衆の周かいに参加することは許されず、他人の気分を害することを避けた。仏教で葷を食べるのを制限しているもともとの意味はここにあり、一般的に言われている不食葷（不食肉）とは、全く異なる。[二三二]」と述べている。したがって、インドの仏教で葷辛などを食べることを禁止する戒律の起源は、単純に教団内部の人間関係上の配慮に由来しており、人と神霊との関係とはかかわりがない。

中国の古代の祭祀礼制と早期の道教が斎戒期間に葷辛を食べることを禁じる規定を設けているのは、専ら神霊を祭り敬う必要性からである。早期の道教では身神の観念があり、道教の神霊は酒肉や「五辛」など「不潔」の物を極端に嫌う。六朝の『太極真人説二十四門戒経』の第十九誡には、「葷辛葱蒜韮蒜を雑食するを得ず、身中 臭穢なれば、神霊 居らず。[二三三]」とある。『无量変生経』には、「肉及び五辛を食すれば、神 人身中に虚ならざるなり。[二三四]」とある。南朝初期の『太真科』には、

> 香燈相ひ続け、神を存し真に習へば、真霊 来降す。空しく治職を受けて室廬を無くし、利養を逐ふを得ず、請乞啓告すれども、穢雑にして精ならざれば、千（干）霊 気を忤し、人物 疑惑し、毀笑して愆を成す。当に居家を陋くし、麤衣蔬食し、急ぎ治舎を営むべし。若し混雑乱誤すれば、五刑もて論ず。[二三五]

とある。修道者が身心と身の周りの環境を高度に潔浄に維持してはじめて、神霊は降臨して存思者の体内に入りこむことができ、そこで修道者は真に神霊と通じることができるのである。

古霊宝経の『太上洞玄霊宝智慧本願大戒上品経』では、学道は「酒・声色・嫉妬・殺害・奢貪・驕怠を絶つなり。次に五辛・肥生・滋味の肴を断つなり。次に想念をして冥を兼ね、心をして清居を覩せしむるなり。次に服飾して糧を休め、大戒を奉持し、堅質勤志、導引胎息し、吐納和液し、功徳を修建」する必要があるという。また、

「道 行はるるふこと此くの如ければ、乃ち鎮むるに霊薬を以てし、雲芽を餐み、尸蟲 沈落し、穢漏 消滅し、三宮 滌盪せられ、五臓 安閑たり。（二二六）」とある。『太極真人敷霊斎戒威儀諸経要訣』にも、道士は名山幽谷の中で長斎を行い、「道士 五穀を服食し、断ちて餌する所無ければ則ち已む。若し薬物を服すれば、正中に之を服するなり。過中 飲むを聴し、清飲して絶食し、平旦に粥を飲み、日中に菜食す。斎限 竟はれば、斎を解き、如し大廚の状を設くれば、唯だ宜しく爾を潔浄にし、菓 時に随ひて珍とす。」とある。また「建斎 極まれば、幹棗を食す可し。鹿脯臘是れ生鮮の物なりて、一も亨くるを得ず。（二二七）」ともある。古霊宝経の「素食」・「禁葷辛」などの内容は、いずれも漢晋の道教自体の教義思想や斎戒規定に基づく。「中を過ぐれば飲むを聴し、清飲して食を絶つ」・「日中菜食」というのは、まさしく中古の道教の「日中に一食す」や「午後に食せず」という思想と関連がある。たとえば『太真科』には、

道士 能く日中に一食し、穢悪を飧とせず、月に随ひて斎戒し、昼夜 怠らず、一切を害せざれば、抜度して蜎飛し、当に至道を得べし。（二二八）

とある。『太真科』の「日中一食」や「長斎菜食」について、呂鵬志は、「諸霊宝斎戒の飲食規定にもとづく」と述べている。（二二九）しかし、本論の考察によれば、「日中一食」や「長斎菜食」の規定は、仏教の「斎儀」とは根本的に異なる。第一に、仏教の「日中一食」によって、日常生活の一般的な形とはことなる生活形態を作る。一方、道教の「日中一食」は、特定の斎戒期間おいてのみ実施される。第二に、道教で「日中一食」を行う理由は、道教自身の考え方に基づくものであり、外来仏教の「斎儀」の影響はない。（二三〇）

漢晋の天師道の「三会日」とは、正月七日・七月七日・十月五日に天師道の信徒たちが集会することである。これは天師道の集団的な「斎会」である。陸修静の『道門科略』には、「師民皆当に清静粛然として、酒を飲み肉を食し、諠嘩言笑するを得ず（二三一）」とある。これは、「五辛の菜、六畜の肉、道の至忌（二三二）」であることによる。先に引いた北魏の寇謙之の『老君音誦誡経』には、「廚会の斎」について、「五辛・生菜を断ち、諸肉 尽く断」たなくてはならないとある。また、『三天内解経』では、張道陵が受けた「三天正法」の中に、「治病療疾するに、酒を飲み肉を食するを得ず。（二三三）」という規定がある。この理由は、天師道の治病は「静室」における斎戒の手法によって行われるためである。天師道の信徒は、なぜ斎戒期間に酒肉を断たなければならないのだろうか。『三天内解経』にはまた、「夫れ学道を為すに、斎に先んずる莫し。外は則ち塵垢に染まらず、内は則ち五蔵もて清虚ならしめ、真を降して神を致し、道と居を合す。能く長斎を修むれば、則ち道真と合し、禁戒を犯さざるなり。（二三四）」ともある。早期の天師道では、「五蔵もて清虚ならしめ」ることにより、「真を降して神を致し、道と居を合す」ることができた。ここから、斎戒期間に葷辛や肉魚等を食べることを禁止しているのは、漢魏以来の道教の伝統であることがわかる。このような規定は、漢晋の道教における道派において広く行われていた。その本来の起源は、先秦秦漢の祭祀斎戒制度である。

補足しておきたいのは、漢晋の道教における「素食」や「葷辛の禁止」などは、道教徒が入道した後に一生守り続けなければならない戒律なのか、斎戒期間に限って厳格に実行されるものなのかという点である。先に引いたように、『抱朴子』金丹には、「斎戒すること百日、五辛生魚を食さず、俗人と相ひ見えず、爾して乃ち大薬を作す可し。薬を作り成るを須ちて乃ち斎を解き、但だ初めて成作すときのみ斎せざるなり。」とある。「五辛生魚を食さず」などの斎戒の規定は、「斎

戒すること百日」の間だけ適用されていることが示されている。『雲笈七籤』には、道教の「朝真儀」について記載し、毎月一日・十五日・三元日・庚申日・甲子日・本命日・三会日・八節日などに、「朝真儀」を実施するよう定めている。その規定には、以下のようにある。

　凡そ靖に入り朝礼するに、預め先の一日 五辛酥乳酪を食せず、能く常に尤佳を断つ。若し未だ能く常に断たざれば、但た修行の日のみ慎みて之を食す勿れ。桃竹湯を以て沐浴す可し。其の日の五更に到れば、以て衣服を潔浄にし、簡を執り、香爐もて靖戸に至り、叩歯すること三通、微祝して曰く（以下略）[二三五]

「靖に入り朝礼する」とは、道教徒が「靖室」に入って「致斎」を行うことをいう。『雲笈七籤』にはまた、「以上の五等の朝儀は、魏婦人 嵩嶽の呉天師に伝へ、亦た常に此の儀礼を用ふ。」とある。これらの記述によって、六朝から唐代の道教において、「五辛酥乳酪を食せず」という規定は、特定の斎戒期間においてのみ適用されていたことがわかる。道教では、「能く常に尤佳を断つ」という記述もあるが、道教徒に対して、斎戒以外の期間にもずっと禁止しているのではない。したがって、このような規定もまた、本土の祭祀礼制における斎戒制度を、六朝から隋唐の道教が継承したものであることは明らかである。

　最後に、本論において指摘しておきたいのは、漢晋の道教の各派、特に早期の天師道における、大量の戒律条文の制定には、このことが密接に関わっているという点である。たとえば、『老君一百八十戒』は早期の天師道の戒律として有名である。その第二十四戒「酒を飲み肉を食するを得ず」、第一百七十六戒「能く衆生六畜の肉を断つもて第一と為し、然らざれば則ち戒を犯す。」、第一百七十七戒「能く菜を食するは最も佳く、而して王者に向かう可からず。[二三六]」とある。また、六朝時代の『正一旨教斎儀』には「威儀十二法」があり、その中の一つには、「血を含み生炁有るの物、葷辛の属を食するを得ず、唯だ菜を食するを得るのみ、向生の月に非ず。[二三七]」とある。天師道の『老君一百八十戒』は古霊宝経の「新経」に著録され、世界中の研究者たちの多くは、その成立年代を、東晋末期における古霊宝経の成立より前の、魏晋時代であると見ている。[二三八]また、呂鵬志は、「素食」と「葷辛の禁止」の戒律を、仏教の「斎儀」の影響によって形成されたものであるとし、「道教史上最も早く仏教の『戒本』を模倣したのは古霊宝経で、古霊宝経は最も早く斎儀を取り入れた。[二三九]」と述べている。漢末における道教の形成から東晋末期における古霊宝経の成立までの二百年あまりの間、道教はまだ自分で制定した戒律を持っていなかったことになる。呂鵬志によれば、古霊宝経が仏教の戒律を模倣して、道教においてはじめて自分自身で戒律を制定するよになった。そして南朝の天師道などが古霊宝経の影響を受けて、『老君一百八十戒』などの天師道の戒律条文を制定したのだという。[二四〇]

　本論では呂鵬志のこのような結論を前提として議論を進める。第一に、本論では早期読経における「素食」や「葷辛の禁止」などの規定は、外来仏教の「斎儀」の影響とは何の関係もないことを明らかにした。次に、『老君一百八十戒』に見られるような斎戒期間の「素食」や「葷辛の禁止」についての記載は、早期の天師道の戒律注にも同様の規定が存在している。たとえば、『太上老君経律』の「道徳尊経想爾戒」は、「想爾戒」、「想爾訓」とも呼ばれる。研究者たちは一般的に、この戒は漢末の『老子想爾注』に直接関係する天師道の戒律であろうと考えている。[二四一]そしてその中には、「戒にいはく血を含む物を食し、其の美味を楽しむ勿れ。」、「戒にいはく殺し、殺すを言ふ勿れ。」、「戒にいはく身を恣にして衣を好み食を美くする勿れ。[二四二]」といった記述がある。ここに見られるように、早期の天師道の斎戒制度における「素食」や「葷辛の禁止」などの規定は、戒律条文と不可分の関係にある。

（三）先秦秦漢における祭祀斎戒の男女関係に関する厳格な禁止と、早期道教に対する影響

古代の祭祀礼制において、神聖な空間である「斎宮」・「斎室」・「静室」と世俗社会との隔離を特に作り始めたことで、男女の性行為もまた完全に断絶されたと考えられる。先に引いた『礼記』月令には斎戒の期間について「御めず」と規定されている。「御」というのは通常、天子や国王の性生活を指す。『礼記』内則にはまた、「夫 斉するに、則ち側室の門に入らず。（二四三）」とある。「側室」というのは、妻妾の寝室を意味する。「御めず」とあるほかに、『礼記』月令ではまた、「聲色を止」めなければいけないとも規定されている。これは、舞楽と女色をやめることをいっている。『礼記』祭統ではまた、「其の将に斉せんとするに及びて、其の邪物を防ぎ、其の耆欲を訖め、耳に樂を聴かず。故に記に曰く『斉する者は樂せず』と。敢へて其の志を散ぜざるを言ふなり。（二四四）」とある。舞楽を禁止しなければならない理由は、舞楽が斎戒者の情志を分散させてしまうであろうためである。

祭祀斎戒の期間には、妻妾と寝室をともにすることができないだけではなく、女性を極力避けなければならない。先に引いた後漢の明帝の時の太常である周澤について「嘗に斎宮に臥疾し、其の妻 沢の老病を哀れみ、闚ひて苦しむ所を問ふ。沢 大ひに怒り、妻の斎禁を干犯するを以て、遂に収送し詔獄して謝罪す（二四五）」とあるのは、女性が「斎禁」を侵すことができないという事情を示している。西晋の武帝の時、劉毅は尚書左僕射となり、「夙夜 公に在り、坐して旦を待」ったのだという。そして、「嘗て散斎して疾み、其の妻 之を省れば、毅 便ち奏して妻に罪を加へて請ひて斎を解かんとす。妻子 過有れば、立ちどころに杖捶を加へ、其の公正なること此の如し。（二四六）」と記されている。周沢の妻は周沢の「致斎」の期間中に「斎宮」に見舞いに行き、一方劉毅の妻は、「散斎」の期間に尚書省の官府に見舞いに行った。この二人の妻はともに、「斎禁を干犯」したという罪によってその夫により官府に送られ懲罰を受けた。劉毅の「請ひて斎を解かんとす」というのは、彼が自主的に斎戒の状況を解除することを請求したことを示す。

古代の祭祀斎戒に見られる、このような男女の性関係の規定は、原始的なタブーと関係する。いくつかの民俗的資料によれば、多くの原始民族は女性の月経や分娩などを邪穢なものであり、神霊が最も忌諱すると考えていた。（二四七）『後漢書』礼儀志上には、

凡そ斎するに、天地は七日、宗廟・山川は五日、小祠は三日。斎日 内に汙染有れば、斎を解き、副倅して礼を行ふ。先に斎すること一日、汙穢災変有れば、斎祀 儀の如くす。大喪なれば、唯だ天郊のみ紼を越えて斎し、地以下は皆な百日の後に乃ち斎すること、故事の如し。（二四八）

とある。「大喪なれば、唯だ天郊のみ紼を越えて斎し、地以下は皆な百日の後に乃ち斎す」と記されているのは、国家の大喪に遭遇した場合には、ただ天を祭る儀式と関係する斎戒のみ期日通りに行うことができることをいう。このほかの、山川を祭祀する儀式などと関連する斎戒などは、必ず百日後以降に行わなければならない。上に「汚染」・「汚穢」というのは、喪葬などの事を指すほかに、女性の分娩などのこととも関係している。許慎の『説文解字』には、「姅、婦人の汚れなり。女に从ひ半の聲なり。『漢律』にいはく『姅変を見れば、祠に侍するを得ず』と。」とあり、段玉裁の注には、「月事及び免身

及び傷孕を謂ふ、皆な是れなり。[二四九]」と述べられている。もし「汚染」を見れば、「祠に侍するを得ず」と記述されているように、「解斎」すなわち斎戒の状態を解除しなければならない。これによれば、斎戒の期間中には、君主や国王およびあらゆる斎戒者は、必ず女性を遠ざけなければならない。劉毅が「散斎」の期間中に妻に訪問され、これを「汚染」と認識して、「請ひて斎を解かんと」したのは、「祠に侍するを得」なかったことを意味する。

「淫を戒む」ことは、仏教僧団においては、最も重要で普遍的な規範の一つであった。一方、漢晋時代の道教徒には、出家と在家の区別がなかった。特に早期の天師道の祭酒と統民とは「戸」を単位とし、その信奉者は基本的には在家信者であり、みな通常の家庭生活があった。しかし、早期道教は道教徒が斎戒期間においては、男女関係から遠ざからなければならないと主張している。したがって、早期の道教における斎戒制度の関係する規定および教理解釈は、伝統的な祭祀斎戒からの直接的な継承と発展を、明確に示している。北魏の寇謙之は『老君音誦誡経』において、道門内部で黄赤合炁の法が乱用されている現状に対して厳しい批判を加えている。しかし、彼は合法的な男女関係についてはかえって肯定しており、「房中は求生の本の経契なり、故に百餘法の斷禁の列に在らざる有り。若し夫妻 法を樂めば、但だ勤進して清正の師に問ひ、按じて之を行ひ、意を好む所に任せて、一法を伝ふるも亦た足る可し。[二五〇]」と述べている。ただし、斎戒期間の男女の性関係については厳格な規定がある。寇謙之は各種の「厨会の斎」の斎法について明記しており、「素食」のほかに、また「房室を斷つ」ともある。

陶弘景は『真誥』協昌期において女仙人である劉綱の妻の以下のような口訣を載せている。

仙を求むる者は女子と与すること勿れ。三月九日・六月二日・九月六日・十二月三日、是れ其の日 室に入るに当たり、女子を見る可からず。六尸乱れれば則ち蔵血 擾潰して飛越し、三魂 守を失ひ、神彫れ気逝き、積もれば以て死を致す。忌此の日を忌む者、但だ淫泆を塞遏するのみに非ず、将に以て女宮を安んず。女宮は申に在り、男宮は寅に在り。寅申 相ひ刑し、刑殺 相ひ加ふ。是の日、男女の三尸 目珠の瞳の中に出で、女尸は男を招き、男尸は女を招き、禍害往来し、神を喪ひ正を虧き、人自ら覚えざると雖も、形 已に損なふを露はすは、三尸 眼中にて戰ひ、泥丸に流血するに由る。子 其の日に至れば、至寵の女子、親愛の令婦と雖も、固く不可相ひ対する可からず。[二五一]

三月九日や六月二日などは、早期の上清派の定期的な斎戒の日である。「是れ其の日 室に入るに当たり」とは、これらの日に必ず「静室」の中に入って斎戒を行わなければならないことをいう。男女の人体中に各々「三尸」がいて祟りをなす原因となるため、修道者はこれらの斎日に「至寵の女子、親愛の令婦と雖も、固く不可相ひ対する可」きではない。このように、すでに早期道教において、本来は祭祀礼制に由来していた斎戒規定には、新しい宗教的意味を付与されていた。甲寅や庚申などの日もまた早期上清派の定期的な斎戒の日である。『真誥』協昌期には、以下のようにある。

凡そ甲寅・庚申の日、是れ尸鬼 競乱し、精神 躁穢する日なり、夫妻と席を同じくし、及び言語し面会する可からず、当に清斎して寝ねず、其の日を警備し、諸もろの欲す可きを遣つべし。[二五二]

この書ではまた、学道の士は、月晦（大月の三十日と小月の二十九日）と月朔（一日）と庚申・甲寅の日に、「清斎して入室するに当たりて、塵埃を沐浴し、席を正して坐し、眠らざるを得れば益ます善し」という。加えて、服薬呪誦などを行えば、「尸鬼の路を塞ぎ、二景の薫を引きて、淫乱の炁を遏むるなり。」[二五三]とある。また『真誥』協昌期には、許翽が書き記した「守玄白の道」を載せている。そこには、その法を修めるには「尤も六畜の肉・五辛の味を禁ず。当に寝処を別にして静思す。尤も房室を忌み、房室あれば即ち死す。」[二五四]とある。「守玄白の道」とは、一種の服気法である。また、『真誥』稽神樞には、「此の道 守一と相ひ似たり」[二五五]、「房室を忌むは守一に於て甚だし。守一の忌は之を節する法に在り」とある。先に引いた『上清太上帝君九真中経』には、「薬を合するに先に禁戒すること七日、永く房室を犯すを得ず、雞犬小兒婦人をして之を見せしむること无かれ。」[二五六]とある。この「七日」の斎の規定は、後漢以後の国家の重要な祭祀にあたっての斎戒の期間と同じである。先に引いた、『太上洞玄霊宝五符序』巻中の「霊宝黄精」の服用法に関する記載には「先に蘭湯に沐浴し、斎戒すること三日、婦人を避」けなければならないとある。さらに、道教の経典の伝授も、斎戒の過程と分かちがたく関係している。『洞真太上素霊洞元大有妙経』には、「凡そ学者 上清宝経・三洞秘文を受くるに、婦人に帯近し、及び穢濁の処に行くを得ず、皆な真炁を混染す。十犯より二十四過に至りては、功を罰し事を斷つこと三百日、然る後に更めて清斎し修業するを得る。」[二五七]とある。

さらに補足しなければならないのは、漢晋の道教における男女関係の禁止は、永久的なものであるのか、あるいは単に特定の斎戒の期間にのみ適用されるものなのか、という問題である。先に引いた陶弘景編の『真誥』にある、許翽が記した「服気の法」は、陶弘景の『登真隠訣』巻中にもおおよそ同一の記載がある。そこには以下のようにある。

尤も六畜の肉・五辛の味を禁じ、寝処を別にして静思するに当りて、尤も房室を忌み、房室あれば即ち死せん。此の道 守一と相ひ似、但だ以経要之を為しを減ずるのみ。房室を忌むは守一より甚だしく、守一の忌むは之を節するに在るのみ。守一は既に許に兒有りて、故に都なは斷つを為さざるなり。[二五八]

陶弘景の注には、「守一は既に許に兒有りて、故に都なは斷つを為さざるなり。」とあり、最も早期の上清派において「守一」の法を修練する者に、子孫を生み育てることが認められている。したがって、当時の道士が、みな完全に性生活を禁じられているわけではないことがわかる。また、漢晋の道教は天師道も含め、関連する戒律を実行し遵守するのは、主に斎戒期間であったことも明らかである。

早期の道教において、戒律に関連する多くの条文は、こうした考え方に基づいている。早期の天師道の重要な経典である『女青鬼律』は、もともと八巻本であるが、現存する『正統道蔵』本は六巻である。『女青鬼律』巻三「道律禁忌」には、戒律の条文計二十二項を記載している。そしてこの経では、これらの「道律」のことを「善戒の文」と呼んでいる。『女青鬼律』の作られた年代について、中国の研究者たちの間では、三国・西晋・東晋後期など多くの説がある。しかし一般的には、この経の出世は遅くとも、東晋末における古霊宝経よりも早いだろうと認められている。クリストファー・シペールらは、この経が三国時代に出世したとし、また最も早い天師道経典だろうと見ており、『大道家令戒』よりも早いと考えている。[二五九]この研究に基づいて、呂鵬志は、天師道にある戒律の条文は、古霊宝経の影響を受けたために出現したと主張している。しかし、このような見方は、早期の天師道の実際の状況とは差異がある。

『女青鬼律』「道律禁忌」の二十二条において、男女の性関係の禁止に関する内容をもつのは、第八条「鬥争言語し、酔に因りて色を淫し、大道に假託し、妄りに鬼語を言ひ、男女を要結し、酒を飲み寅（肉）を食らふを得ず、天 筭三百を奪ふ。」、第九条「東西に遊行し、男女を周合し、消災 解かず、因りて邪乱を成すを得ず。天 筭萬三千を奪ひ、死して殃 七世に流る。」、第十条「道を童女に伝へ、因りて生門に入れ、神を傷つけ気を犯し、逆悪にして道無く、身死すれども後無きを得ず。男を反して女と為し、陰陽 倒錯するを得ず。天 筭三百を奪ふ。」、第十一条「陰陽を合するを露はにし、三光に觸犯し、酒に因りて往還し、威を承けて相ひ接するを得ず。天 三百を奪ふ。」、第十九条「行道の日、色を貪り心を淫し、気を行ひて長ずる有り、自ら解すれども已めず、私かに共に約誓すれば、因りて孝ならず、五内に姦心ありて、無道の子を生ず。天 筭三萬を奪ふ。」、第二十条「神の報いざるを思い、因りて行ひて気を生じ、取りて元炁を降し、愛色を貪淫し、手足 離れず、日を彌しくして夕を竟へるを得ず。此くの如く道無ければ、天 筭三百四十二を奪ふ。」[二六〇]である。特に、第十九条の「行道の日」と言うのは、天師道の斎戒の日である。漢晋の天師道自体は斎戒制度が非常に完備されていた。したがって、このような戒律の条文と天師道の斎戒制度とは不可分であると考えられる。南北朝から隋唐代に、「道館」と「道觀」が起こったことにより、道教の宗派は、初めて自派の出家制度を確立した。したがって、漢晋時代の道教の男女関係に関する戒律の制定は、外来の仏教の戒律の影響とは無関係である。

（四）先秦秦漢の祭祀において斎戒期間に不浄の事を避ける規定と、
その早期道教に対する影響

中国の古代祭祀の礼制においては、斎戒は身心を整え清めるための神聖化の過程と見なされ、病気や死や刑殺などは不潔で不浄な事とされていた。許慎『説文』巻一には、「斎、戒なり、潔なり。」とある。したがって、斎戒は必ず不潔で不浄な事を避けなければならない。先に引いた『礼記』祭義には、「内に致斉し、外に散斉す。」とあり、鄭玄注には「散斉すること七日、御めず、樂しまず、弔はざるのみ。」[二六一]とある。「弔」とは死者を供養することであり、葬儀や死事をいう。しかも『礼記』月令の斎戒の規定には、「百官 静め、事は刑むること毋く」とあり、鄭玄は「罪罰の事、以て聞する可からず。」と注しているように、斎戒の期間には刑罰を行うことが禁じられているのである。この「不弔」や「事毋刑」などの規定は、いずれも「気」の観念に関係するのであろう。「弔」は葬儀や埋葬の気の表れであり、「刑」は刑殺の気の表れである。したがって、これに関する言行はみな宇宙における陰陽の気の生成変化を乱してしまう。また、『礼記』曲礼篇上には、「斉者は樂しまず弔はず」とあり、鄭玄注には「哀樂を為せば則ち正を失ひ、其の思を散ずるなり。」[二六二]と述べられている。この記述から、斎戒期間に葬儀と舞楽を避けなければならない理由は、哀傷や享楽が斎戒者の清浄で正直な心を失わせ、その意思を乱して分散させてしまい、その結果斎戒の効果を得ることができなくなってしまうためであると言える。

先秦の儒家の文献に見られる規定も、後の国家の祭祀礼制において極めて重要な伝統となった。先に引いた『後漢書』礼儀志の規定には、「大喪」の際には、「地以下は皆な百日の後に乃ち斎す。」と記している。『隋書』礼儀志には、

凡そ大祀は、斎官 皆な其の晨に尚書省に集ひ、誓戒を受く。散斎すること四日、致斎すること三日。祭前一日、晝漏上水五刻、祀所に到り、沐浴し、明衣を著け、咸な衰絰哭泣を聞見するを得ず。[二六三]

とある。また『大唐開元礼』には、以下のように述べられている。

散斎の日の若きは、晝に事を理むること舊の如くし、夜に家の正寢に宿止し、惟れ弔喪問疾するを得ず、刑殺の文書に判署せず、罪人を決罰せず、樂を作さず、穢悪の事に預らず。致斎は惟れ祀事 行くを得、其の餘 悉く斷ず。(二六四)

『大唐開元礼』は全部で一五〇巻あるが、この書の六十余巻近くに至る内容は、先の内容に関連する事を繰り返し述べるだけである。これらの斎戒の規定が極めて重要であることを反映している。杜佑の『通典』は、この『大唐開元礼』の記述を引用し、「苟しくも或ひは此に違へば、則ち祭を為すに非ず、所以に嚴潔を崇ぶなり。(二六五)」と述べている。唐朝の関連する法律にもまた厳格な規定があり、「諸もろの大祀は散斎に在りて弔喪・問疾・刑殺の文書に判署し及び決罰する者、笞うつこと五十。奏聞する者、杖すること六十。致斎者は、各おの一等を加ふ。」とあり、疏義には以下のように記されている。

大祀は散斎すること四日、並びに弔喪するを得ず、亦た問疾するを得ず。刑は罪を定むるを謂ひ、殺は罪人を殺戮するを謂ひ、此等の文書は判署するを得ず、及に杖・笞を決罰するを得ず。違ふ者は笞うつこと五十。此く刑殺・決罰の事を以て奏聞する者の若きは、杖すること六十。致斎の内に在りて犯す者の若きは、各おの一等を加ふ。中・小祀にて犯す者は、各おの遞ひに二等を経る。(二六六)

漢晋の道教の斎戒制度は、これらの伝統的な要素を吸収し、具体的な規定と道教神学などの方面において大きく展開させた。早期の道教の「八節日」は、立春・春分・立夏・夏至・立秋・秋分・立冬・冬至の日の定期的な斎戒を謂う。陶弘景の編纂した『真誥』の協昌期には、以下のようにある。

八節の日、皆な当に斎盛し、諸もろの善事を謀り、以て道の方を營むべし。愼みて其の日を以て忿爭喜怒し、及び威刑を行ふ可からず、皆な天人 大ひに忌み、重罪と為す。(二六七)

漢晋の時期には、多くの道士が往々にして国家の官職を兼任していた。このため、道教はこうした道士としての身分を持った官員が斎戒の日に「威刑を行ふ」ことを禁じている。六朝の上清派の経典である『上清太上黃素四十四方経』には、以下のようにある。

凡そ道士の存思の上法は、太一の事を修学するに及びて、皆な死尸血穢の物を見るを禁ず。若し兆 之を見れば、聴きて三光隠謝解穢内法を得る。(中略)凡そ道士の学を受け生くるの法は、死事に稱及するを得ず。死事に稱及すれば、則ち生炁変動し帝に居らず、故に死炁 運入し、生神 離棄し、是こを以て悪炁游屍 其の間孔に陳なり、将に病まんとし将に死せんとすること之れ漸くするなり。(二六八)

道教は宇宙の変化について生炁と死炁とが消長し合い絶え間なくせめぎ合っている過程であると見なしている。また、斎戒期間においては「死尸血穢の物」や、「死事に稱及」することも、みな生炁の減少と死炁の増加を引き起こすはずだと考えられている。六朝の道教経典である『太上洞玄宝元上経』は炁の修練について述べており、「之を修めて室に入り、静篤精思し、妙なること日の如きを見、明来りて闇去り、死炁を消除す。死炁稍く遠く、生炁 浸長し、長生不死なり、是れ常を得ると曰ふ。(二六九)」とある。「之を修むるに室に入」るとは、「静室」における斎戒によって修練することである。

『黃帝九鼎神丹経訣』は古代の道教の金丹煉養に関する最も代表的な文献の一つである。この書は全部で二十巻あり、これまでの考証によれば、第一巻は漢代に作られ、他の十九巻は唐代に作られたものである。(二七〇)この書の巻一は金丹焼煉と斎戒との関係について論じており、以下のようにある。

黄帝曰く、神丹を合さんと欲すれば、当に深山大澤、窮里曠野の無人の処の若きに於てすべし。若し人中に於て之を作せば、必ず高牆厚壁に於てし、中外をして見えしめざれば、亦た可なり。結伴するものは二・三人を過ぎざるのみ。先に斎すること七日、五香に沐浴し、置くに清潔を加ふ。穢汙・喪死・嫁女の家の相ひ往来するを経る勿かれ。(二七一)

上の「若し人中に於て之を作せば、必ず高牆厚壁に於てし、中外をして見えしめざれば、」というのは、正しく「斎室」や「静室」を指す。「先斎七日」というのは、後漢の国家祭祀の礼制と同じである。また葛洪の『抱朴子』内篇金丹篇に引く『黄帝九鼎神丹経』には、「丹を合するに当に名山の中、無人の地に於てすべし、結伴するものは三人を過ぎず、先に斎すること百日、五香に沐浴し、致すに精潔を加へ、穢汚に近づき、及び俗人と往来する勿れ。(二七二)」とある。

古霊宝経『太上洞玄霊宝五符序』には「霊宝三天」を服食する方法が記載され、斎戒の規定も含まれており、「生魚・豬肉・韭菜を食するを禁じ、喪尸・犬豬・産汚を見るを禁ず、之を慎しめ。(二七三)」とある。また、『太極真人敷霊宝斎戒威儀諸経要訣』には、太極真人が「人汙穢を経て、香湯を以て沐浴せざれば、病の人を害する所となるは、民に示して清濁を知らしめんと欲する故なり。夫れ鬼神の道、倍ます汙穢 多きなり、汙るれば便ち行かざるなり。」、「大法真道は、汙穢する所無ければ明らかならん。」、「世人 汙を経れば、大小を問わず、應に即ち解くべし。(二七四)」と言ったとある。「應に即ち解くべし。」というのは、すぐにその斎戒の状態を解除しなければならないということである。

早期の天師道は特に「生炁」と「故気」との対立を強調している。これは重要なが念である。「故気」というのは汚穢の気である。『正一法文経章官品』において「故気」は、「鬼気」・「悪気」・「煞気」・「殺炁」・「血炁」・「強炁」・「逆炁」・「瘴炁」・「邪気」・「土炁」・「災炁」・「九室炁」などを含む。(二七五) そしてこれらと相対するのが、「生炁」・「真炁」・「清炁」・「神炁」などである。したがって、早期天師道の斎戒制度には刑罰・死・女性の出産などの忌避する事柄についても非常に厳格な規定があった。『老君一百八十戒』の第一百二十七戒には「人の為に詞訟を作し、人の官事に和するを得ざらん。」とあり、第八十三戒には「世俗に馳騁し、死喪に弔問するを得ず。」とある。そして原注にも「宜しく密かに之を哀卹すべし。」とある。もし斎戒期間にちょうど「死喪に弔問する」状況に遭遇したならば、秘密裏に哀悼や慰問の気持ちをつたえるべきであるというのである。

常璩の『華陽国志』は晋の穆帝の永和四年（三四八）から永和十年の間に撰述された。この書には西晋のころの巴蜀地域の天師道のリーダーである陳瑞の乱についての記載があり、そこには以下のように記されている。

咸寧三年（二七七）春、刺史（王）浚 犍為の民 陳瑞を誅す。瑞初め鬼道を以て民を惑はし、（中略）其の死喪産乳者は、百日ならざれば道治に至るを得ず。其の師なる者は「祭酒」と曰ふ。父母妻子の喪は、殯を撫して弔に入り乳病者に問するを得ず。[後に] 奢靡に轉じ、朱衣・素帯・朱幘・進賢冠を作す。瑞自ら「天師」と称す。徒眾は千百を以て數ふ。浚聞し、以て不孝と為す。瑞及び祭酒袁旌等を誅し、其の伝舎を焚く。(二七六)

この一条は、早期の天師道に関する大変重要な史料である。しかし、長い間、この史料について合理的に解釈できる研究者は居なかった。「其の死喪産乳者は、百日ならざれば道治に至るを得ず。」というのは、先に引いた『後漢書』礼儀志に大喪の際に「地以下は皆な百日の後に乃ち斎す」とあるのと全く同じである。したがって「道治」とは、正しく天師道が集団的な「斎儀」と宗教活動を行う場所のことである。そして、「父母妻子の喪は、殯を撫して弔に入り乳病者に問するを得ず。」とあるのは、先に引いた『老君一百八十戒』第八十三戒に「世俗に馳騁し、死喪に弔問するを得ず。」とあるのと関連する。そして、こうした禁忌のもともとの由来は、やはり古代の祭祀斎戒制度の規定である。最も注目に値するのは、刺史王浚が陳瑞と祭酒袁旌らを「不孝」の罪で殺したという記述である。陳瑞と祭酒袁旌らが殺された本当の原因は、早期の天師道が「不孝」を行うよう唱導していたからではない。早期の天師道の斎戒制度と戒律規定は、現実社会における儒家の礼俗との間に矛盾や衝突を生じていたためである。

六朝の天師道経典である『赤松子章暦』に引用する『太真科』には、このような禁忌について詳細な規定があり、以下のように記されている。

科に曰く、家 死亡する有れば、大小を論ずるなく、婦人 生産すれば、大喪し、殗なること一百日。生産し、女子 身を傷つくれば、殗なること一百日。産婦の房に入れば、殗なること三日。小兒及び奴婢死すれば、殗なること一月。六畜死すれば、殗なること一日。外に在れば即ち殗無し。朞喪すること四十日。大功緦麻し、月内 殗なり、月を出でれば即ち解く。喪家に往きて哭泣すれば、其の日 殗なり。久喪すれば殗無し。喪家の祭食は、産婦は三日、及び満月の食なれば、並びに喫ふ可からず。右 已上の諸殗あれば、修斎・設醮・上章す可からず。如し別処に在りて遇へば、但だ符水を以て之を解く。[二七七]

「殗」は、汚染や汚穢を意味する。各種の様々な「殗」に対して、その解除に必要とされる時間もまた様々である。これらの汚穢が解除された後に初めて、斎醮や上章など、神霊と通じるための活動を行うことができる。北魏の寇謙之の『老君音誦戒経』は「厨会斎」について、「喪穢・新産を経ず」[二七八]、「道官・道民 言を出し気を吐くに、死事を言説するを得ず、此れ道民の大忌なり。」[二七九]、「道官道民 死亡する有れば、七日の後に穢を解く。」[二八〇] などの禁忌をもうけている。「穢を解く」というのは、死によって生じた汚穢を取り払った後に、はじめて斎戒をすることができるということをいう。

唐代の道書である『斎戒籙』は『三洞奉道科戒』を引用して以下のように記している。

斎を行ふの人、特だ斬衰の孝子・新産の婦人・月信の未だ斷たざるもの及び痎瘧瘡疥癩疾等を忌み、並びに斎堂庭壇に昇りて驅使するを得ず。如し願ふこと苦だしく斎に預りて乞解過咎せんと求むれば、任じて辭を投じ其の陳懺悔謝を為し、雑な堂宇に登るを得ず。應に法事等を行ひ、仍ち遷して坐を別けしめ、兼ねて六畜を忌むべし。[二八一]

宋代の張若海による『玄壇刊誤論』では道教の斎戒に関する規定と国家の祭祀制度との関係について説明しており、そこには以下のようにある。

凡そ斎を修むるに、三日前、道士 斎堂靖室に入り、襟（精）神を澡雪し、妄念を止息し、殗穢を履まず、笙歌を聴かず、端然として心を一にし、唯だ斎法に在るのみ。（中略）假如し国家 郊廟に事とする有れば、其の斎官太常卿は、上は太尉に至るまで、並びに散斎すること四日、致斎すること三日、戒誓を受くる後は、弔喪問疾せず、樂を作さず、刑殺の文書に判せず、刑罰を行はず、穢事に親しまず、妻妾の房に入らず。祭前一夜、都省に鏁宿す。

明日、御史 道を清め、其の往く所の郊廟の路、金吾司勒 地に界し、師僧・孝子・喪車を禁斷し、斎官を觸汚し、尊神を瀆すこと有るを許さず。況んや三清上聖をや。（中略）今 宮觀に精思堂・凝神堂・思微堂・存真堂なる者有り、即ち是れ靖に入るの所なり。（二八二）

郊廟で昊天上帝を祭祀することは、古代国家の最も重要な祭祀であった。祭祀に関わる「斎宮」が本当に穢悪の事から隔絶されていることを保証するために、朝廷は「斎堂」の「致斎」に用いる「斎所」から郊廟までの道路を、厳密に隔離した。「三聖上道」とは、道教の最高の神格である「三清」の神霊である。張若海は道教の「三清」の地位を国家祭祀における昊天上帝よりも上であると考えているので、関連する斎戒規定もまた、郊祀よりもさらに厳格であるのだろう。また、特に注意する必要があるのは、道観における「精思堂」・「凝神堂」・「思微堂」・「存真堂」などの建築について、張若海は「即ち是れ 入靖の所なり。」と述べている点である。つまり、「精思堂」・「凝神堂」・「思微堂」・「存真堂」などは、道教の宮観において、実際に「致斎」に用いる「静室」や「斎室」の機能を持っていたのである。このことは、南北朝以降における「道館」や「道観」などの建築物の出現やその構造が、漢晋の道教自体の斎戒制度に由来していると考える上での、重要な判断材料である。

(五) 小結

中古時期の道教と儒家の祭祀制度との関係は、道教学会の議論の焦点の一つである。しかし、従来の研究では、両者の間の対立という側面ばかりを強調しすぎてきたようである。シペールは、「儒家と道家・道教との分裂と対立は、中国文化史上の一つの極めて重要な現象であり、また研究者たちに認められた常識で」あり、「二者の最も主要な差異もまた信仰、儀式、制度などの側面に基づ」き、『神は飲食しない』というのは道教と古代の生贄宗教の分野であると言える。」のであるという。「神は飲食しない」というのは、早期の天師道が動物を殺して神霊に捧げることに反対していたことを指す。よく知られているように、民間の祭祀のほかに、先秦秦漢以来の国家の祭祀制度においては、生贄による祭祀が最も中核的であったことは間違いない。（二八三）しかし、漢晋の天師道と古霊宝経などには、生贄による祭祀に対する批判がある。（二八四）古霊宝経などが生贄による祭祀に反対していた根拠について、呂鵬志は、「古霊宝経が斎戒と祭祀に反対した上で、斎戒を以て祭祀に代わる概念としたのは、仏教がバラモン教の生贄による祭祀に反対し、仏法に帰依して斎戒を守持することを主張したことに基づく。このような観念は『三天内解経』と『陸先生道門科略』の作者を啓発し、天師道の宗教生活を反省し改めて規定させる状況をもたらした（二八五）。」と述べる。彼はまた、「五世紀前期の天師道教内の文献は、天師道が霊宝の教えの影響を受けたことにより、斎戒生活を主張し始めた（二八六）。」という。呂鵬志がここで述べようとしているのは、古霊宝経よりも前の漢晋の天師道においては、斎戒制度は行われておらず、また斎戒生活はなかったということである。呂鵬志は、早期の道教の斎戒制度と儒家の祭祀制度を、根本的に対立する二種の体系であるとみなしている。そして、道教、とりわけ古霊宝経は、祭祀に対する反対から、「祭祀」に代わって「斎戒」を行うようになったのだと考えている。そして、このような考え方に基づいて、呂鵬志は、中古の道教の斎戒制度の建立は先秦秦漢の祭祀斎戒とは何の関係もなく、大部分は古霊宝経が外来仏教の斎戒制度を手本としのだと結論づけている。

では結局、早期道教の斎戒制度と儒家の祭祀礼制との関係をどのように考えるべきなのだろうか。これまでの検討において、先秦秦漢の祭祀斎戒の具体的規定が、早期道教に対して極めて広く深い影響を及ぼしたことが明らかになった。そして、天師道も含めた漢晋の道教にはいずれも極めて厳格な斎戒制度があったことがわかった。中国の古代国家の祭祀制度は、生贄による祭祀だけではなく、斎戒制度や神霊との交感に関する儀式など、実に多用な内容を包含する。しかし、早期の道教が反対し排除しようとしたのは、生贄による祭祀だけに過ぎない。儒家の祭祀における斎戒制度や神霊と交感するための礼儀などは、早期の道教の斎戒制度と「斎儀」にとって重要な基盤である。したがって、漢晋の道教の斎戒制度に貫徹する神学理論と基本的な内容の大部分は、本土の文化の宗教伝統を基礎として形成されたものであると言える。

さらに指摘しておきたいのは、先秦秦漢の祭祀礼制において、「長斎」の概念が存在していたことである。その斎戒の期間は「三月」・「百日」にも及ぶ。漢晋の道教内部や、道教が形成される以前の戦国秦漢時代の方仙道の伝統において、「長斎」の考え方は比較的に一般的であった。その斎戒期間は「一年」・「三年」にも達し、数十年に及ぶことさえある。このような「長斎」の手法が適している生活様式は、多くの修道者が選択した「山居」修行である。南北朝時代にいたって、「道館」と「道観」が大量に登場したことは、中古の道教における組織形態の大変革である[一八七]。ここ十年来、研究者たちは中古の道教の「道館」や「道観」などに対して多くの専門的な研究行ってきた。多くの研究者が重点をおいてきたのは、仏教寺院の出家制度および「寺院主義」の影響から「道館」と「道観」の興起の歴史的背景を検討することであた。しかし、漢晋時代の道教の「静室」や「道治」、およびそれに関連する斎戒制度もまた、「道館」と「道観」の制度や思想の起源として、極めて重要なものであるといえる。ストリックマンは、「道教の出家主義は、一般的な仏教寺院の戒律中に規定されている出家主義とは本質的に差異がある」、「道教における食肉の禁止と出家は、仏教と非常に類似した方法である。しかし、本土の思想に完全に依拠するものである[一八八]」と述べている。Stephen Eskildsenもまた、「道教の禁欲主義における多くの基本形式は早くは道教が生まれる以前にすでに存在していた。現在すでに明らかになっている状況から見て、長生を追求する先行者たちは早くは紀元前四世紀にすでに多かれ少なかれ禁欲を実行していた[一八九]。」という。漢魏六朝の道教における「禁欲主義」の考え方は、中国の古代の祭祀斎戒制度に由来する部分が大きい。

六　先秦秦漢の祭祀斎戒制度における官員の集団的儀式と、中古の道教の集団的な「斎儀」の由来

（一）先秦秦漢祭祀斎戒における「受戒誓」と道教の集団的な「斎儀」および戒律との結合

東晋の上清派などの道派が、道士の個人的な修行と斎戒を重視していた。これに対して、早期の天師道、特に東晋末年の古霊宝経の「霊宝斎法」は、道士の集団的な「斎儀」の制定をより重視していた。古霊宝経の「霊宝斎法」は、主に八節斎・三元斎・明真斎・金籙斎・黄籙斎・自然斎など六種の斎法を指す。南朝の陸修静の『洞玄霊宝五感文』もまた、これらの斎法の名称を記載している[一九〇]。古霊宝経の集団的な斎法は、主に明真斎・金籙斎・黄籙斎を指す。これらの斎法では、

斎法を行う道士が「静室」や「斎室」中に入り「致斎」を挙行する前に、道教の法師たちが「斎堂」や「法堂」の中に集まって、公に「斎宮」を選任し、戒律の条文を述べなければならないと規定している。[二九一]宋代の道教学者も、このような特定の「儀節」を「説戒署職」と簡称している。[二九二]これらの内容は、中古の道教の斎法が規範化に向かったという証拠の一つであり、早期の道教の儀式の発展史において重要である。

早期のインド仏教の「布薩」(Upāvasatha) 制度にも、僧衆が集合して一斉に戒などを説くことに関する内容がある。布薩は、インドの吠陀 (Veda) 以来の祭法に由来する。釈迦牟尼は仏教を創立する際に、この制度を沿用した。この制度は、出家して集団生活を送る比丘が半月ごとに一か所に集合し、律法に詳しい比丘が波羅提木叉の戒本を説くのを聞き、それまでの半月の行為の是非を顧みて戒本に照らし合わせることを規定している。もし戒に違反すれば、僧衆の前で懺悔する。その目的は、比丘をみな浄戒に置き、善法を長く養い、功徳を増すことにある。[二九三]古霊宝経の集団的な「説戒署職」には、形式の上で早期の仏教の「布薩」の制度と似通った点がある。このことから呂鵬志は、古霊宝経以前の漢晋の天師道とそのほかの道派には「斎儀」も「戒律条文」も無く、中古の道教において「斎儀」と「戒律条文」とが結び付くのは、古霊宝経が仏教の「布薩」制度と仏教の戒律を模倣したことに始まるのだと述べる。また呂鵬志は、「霊宝斎と戒が不可分のものであることは、それ以前の際と区別される最も重要な特徴であ」り、「道教史上　最初に仏教の「戒本」を模倣したのは古霊宝経であり、また古霊宝経は最初に戒を斎儀の中に取り入れた」と主張している。[二九四]また道教の集団的な儀式である「説戒署職」を行う「斎堂」について、それが手本としているのは仏教が集団的な斎儀を行う「布薩堂」(uposathāgāra、すなわち説戒堂) であると述べている。そこで本論において、古霊宝経の集団的な「斎儀」に見られる「説戒署職」などの根源が、漢晋の道教における斎戒制度にあることを明らかにすることは、重要な意味をもつ。

古霊宝経に見られるような、中古の道教の集団的な「斎儀」は、古代の祭祀制度における官吏の集団的な斎戒儀式に由来していると言える。伝統的な祭祀礼制において、祭祀に参加する官吏が「斎室」や「斎所」に入って「致斎」を行う前の「散斎」は、官吏の集団的な「受戒誓」と「斎宮」の選任から始まる。「受誓戒」というのは、祭祀に参加する官吏が、斎戒期間の法令を遵守することを専門的集団的に宣誓するように求められることをいう。そして、集まって「受誓戒」をする場所は、一般的には太廟 (のちに尚書省の政事堂となる) などである。本論では、最も代表的な資料を挙げて議論したい。

一　『礼記』郊特牲には、祭天の礼の際には、先に祖廟に祭告しなければならないと記載しており、以下のようにある。

　郊を卜するに、命を祖廟に受け、龜を禰宮に作ふるは、祖を尊び考を親しむの義なり。卜の日、王 澤に立ち、親ら誓命を聴くは、教諫を受くるの義なり。命を庫門の内に獻じ、百官を戒むるなり。大廟の命は、百姓を戒むるなり。[二九五]

ここでは、占卜を通じて郊天の礼を行う時期を定めて牲を捧げた後、先に祖廟に告祭し祖先からの受命があったことを示して、ふたたび禰宮において亀甲を用いて占卜を行ない、祖先への尊敬と先父への親近感の気持ちを表さなければならない。そして占卜の日には、天子は澤宮に留まって、自ら「誓命」を聞き、天子が教誨と勧諫を受けたことを表さなければならない。「誓」は、戒を告げて約束することである。「誓命」は「誓戒」と同じく、事を行う前に頒布される法令のことである。澤宮から帰った後、関係する官吏は庫内で「誓命」を天子に奏上し、天子はこれをもって官吏たちに告戒し、また太廟内で親族に告戒し、斎戒期間に関連する法令をともに遵守するのだという。

二 『周礼』天官 大宰には、「大宰」の職について、次のように記している。

五帝を祀るに、則ち百官の誓戒を掌り、其と具に脩む。前期十日、執事を帥ゐて日を卜ひ、遂に戒む。[二九六]

鄭玄の注には、「五帝を祀るとは四郊及び明堂を謂ふ。誓戒とは、要之を要むるに刑を以てし、失礼を重んずるなり。明堂位は所謂『各おの其の職を揚げて百官職を廢し大刑に服す。』は是れ其の辭の略なり。」とある。鄭玄や賈公彦などの解釈に基づけば、大宰の任は、祭祀の十日前に官吏の「誓戒」の儀式を司り、官吏に祭祀の器物を納めさせることである。「誓戒」の後、官吏がもし法令に違反する行為をすれば、重刑をもって処罰される。これを鄭玄は「百官職を廢し大刑に服す」と記している。「前期十日、執事を帥ゐて日を卜ひ」とある「前期」とは祭日の前夜が期であり、祭の十一日前をいう。大宰について「執事を帥ゐて日を卜し」とある、「執事」とは、宗伯・大卜などの官吏を指す。占卜によって祭祀の日程を決め、占卜の結果がよければ、「遂に百官を戒め斎を始め」る、すなわち官吏に対して斎戒の正式な開始を宣言するのである。

三、『周礼』秋官 大司寇には、

五帝を禋祀するが若きは、則ち戒むるの日に涖みて百官に誓ひ、百族を戒む。[二九七]

とある。「百族」というのは、鄭玄は「府史以下」の官吏を指すと言っており、賈公彦は「府史胥徒なり」としている。これによれば、もし五帝を禋祀すれば、大司寇はまもなく斎戒が始まる日に大宰が司る官吏の「誓戒」の儀式をみずから監督する。このほか、大司寇は「府史胥徒」などの比較的地位の低い官吏を統率して「誓戒」を行う。『礼記外伝』にも「祭前の旬外の日、則ち有司 内外に戒告し、内外百官 斎す。之を夙戒と謂ふ。[二九八]」とある。

先秦の儒家の礼制の規定は、のちの国家祭祀に大きな影響を与えた。『通典』では郊天の祭儀について「祭の前期十日、王 親ら百官及び族人を戒む。太宰も又た總て羣官を戒めて曰く、『某日、昊天上帝に事とする有り、各おの其の職を揚げ。百官 職を廢し、大刑に服す』[二九九]と。」と記載している。昊天上帝に祭祀する際には、君主が先に自ら百官と皇室の家族の成員に「誓戒」し、その後に再び太宰が「總て羣官を戒め」することが分かる。後漢以来、国家の重大な祭祀の斎戒は七日を期間とする。『大唐開元礼』では「皇帝冬至祀圜丘」について、以下のようにある。

前祀七日の平明、太尉 尚書省に於て百官に誓ひて曰く、「某月某日 昊天上帝を圜丘に祀り、各おの其の職を揚ぐ。其の事に供せざれば、国 常刑有り」[三〇〇]と。

尚書省は、魏晋から唐宋時代の最高の政令機構である。先秦の儒家の文献においては、朝廷の官吏の「受誓戒」の場所が太廟であった。一方、魏晋から唐宋時代の朝廷の官吏の「受誓戒」の場所は、一般的には尚書省の役所である。『唐律疏義』には、「大祀、天地・宗廟・神州等を謂ひて大祀と為す。或ひは車駕 自ら行き、或ひは三公 事を行ふ。斎官は皆な散斎の日、平明に省に集ひ、誓誡を受く。[三〇一]」と記されている。また先に引いたように、宋代の道教学者である張若海は『玄壇刊誤論』において、以下のように述べている。

假如し国家 郊廟に事とする有れば、其の斎官太常卿は、上は太尉に至るまで、並びに散斎すること四日、致斎すること三日、戒誓を受くる後は、弔喪問疾せず、樂を作さず、刑殺の文書に判せず、刑罰を行はず、穢事に親しまず、妻妾の房に入らず。[二〇二]

祭祀制度における「斎戒」儀式にとって、斎戒に関連する法令の宣言が不可欠であることは明らかである。

古代の国家祭祀の制度に関する規定は、中古の道教に見られるような、信徒の集団的な「斎儀」の発生に大きな影響を与えた。杜光庭は、道教の集団的な「斎儀」における「説戒」と伝統的な祭祀斎戒制度との関係について明確に説明している。そこには以下のようにある。

科に曰く、道は斎を以て先と為す。蓋し古者 祭祀するに必ず斎有り、斎するに必ず戒有り、先に戒しめて後に斎し、所謂七日戒しめて三日斎するなり。散斎すること七日 之を戒と謂ふ。戒は、恭しむに準縄に依り、非僻を犯さず、動もすれば戒律を遵び、愆違すること有る無き所以なり。致斎すること三日 之を斎と謂ふ。斎は、心神を斎潔し、思慮を清滌し、専ら其の精を致して、神明と交はらんと求むる所以なり。周官の太宰の職、五帝を祀るに則ち百官の誓戒を掌る。前期十日、執事を帥ゐて日を卜ひ遂に戒む。又た大司寇を以て百官に蒞誓し、百族を戒しむ。夫れ太宰 掌治の官を以て之を戒しむるは、其の事を重んずる所以なり。大司寇 掌刑の官を以て之に蒞むは、其の嚴を致す所以なり。『礼記』郊特牲に亦た言く、「郊を卜するの日、王 澤に立ち、親ら誓命を聴くは、教諫を受くるの義なり。命を庫門の内に獻じ、百官を戒むるなり。大廟の命は、百姓を戒むるなり」と。古人は神明に交はらんと求むれば、其の戒を嚴め、其の斎を重んじ、此くの故の如きなり。圜丘を祀りて天神 降り、方澤を祀りて地祇 出で、祖廟を格して鬼神 享く。（中略）後世の道家 醮を設けて之を斎と謂ふは、蓋し五経の載する所の祭祀の斎を以て、名を異にすれども同に歸し、其れ致一なり。（中略）今 斎に因りて戒を説けば、壇に合ふの人、先に戒約を受けて、一たび耳根を歴、永く道種を為す。即ち当に身心を檢束し、外念を屏絶し、至真を存想し、啓奏をして行くを得、祈禱をして必ず應ぜしむるべし。[二〇三]

杜光庭は、道教の「斎儀」と「戒律」との関係は、国家の祭祀斎戒制度に基づいて設立されたものであると考えている。中国の伝統的な祭祀礼制における「斎戒」の概念において、「斎」と「戒」との二つが分離できないことが示されている。関連する法令や規定を厳格に順守してはじめて、真の意味での「斎」であるといえる。杜光庭が「斎は、心神を斎潔し、思慮を清滌し、専ら其の精を致して、神明と交はらんと求むる所以なり。」と言っていることから、祭祀斎戒の最も根本的な目的が、人と神霊とをつなぎ交流を作ることにあることがわかる。

早期のインド仏教の「布薩」制度は、僧たちが定期的に集まって戒本を繰り返し述べ、批評と自己批判をしなければならないというものである。したがって、僧団内部における成員間の監督関係がある。中国の古代の祭祀礼制や早期道教の集団的な「斎儀」における「誓戒」は、斎戒者が神霊に対して誓戒する。真の監督者は天上の神霊であり、ここに斎戒者と神霊との間の関係が表れている。

要するに、中古の道教の集団的な斎儀における「戒律条文」の宣言は、古代の祭祀礼制における官吏の集団的な「誓戒」に由来するものである。早期のインド仏教の「布薩」制度における集団説戒とは無関係である。「斎堂」や「法堂」は、道教において集団的な「誓戒」を行い、戒律の条文を公に宣言する場所である。これは、古代の祭祀礼制における太廟や尚書省の政事堂などのような「礼儀空間」を模倣したものであり、インド仏教の「布薩堂」とはなんの関係もない。

（二）先秦晋漢の祭祀制度における「斎宮」の選任と、道教の集団的な斎儀の「斎宮」の由来

古代の国家祭祀の斎戒制度において、官吏の集団的な「受誓戒」と同時に行っていたのは、「斎宮」の選任である。『南斉書』などの正史や祭祀礼制に関連する文献には、「斎宮」について多くの記載がある。[三〇四]『隋書』礼儀志には、「凡そ大祀するに、斎官 皆な祀の前七日の平明に、尚書省に集ひて誓戒を受けしむ。[三〇五]」とある。「斎宮」とは、祭祀斎戒に参加し何らかの具体的な事務を担当する官吏をいう。「斎宮」は、一般的に朝廷の大臣と祭祀を専門に担当する官吏から構成される。臨時的な職務であり、関連する祭祀や儀式が終われば、「斎宮」の身分も終わる。先に引いた礼書などが繰り返し「各おの其の職を揚ぐ」と述べているのは、「斎宮」が各自の職責を担当しなければならないことをいう。『周礼』などの典章における「執事」なども「斎宮」である。たとえば、『周礼』には「大史」の職掌のひとつとして「戒及び宿の日、羣執事と礼書を讀みて協事す。」と記載されており、唐の賈公彦の疏には「『羣執事と礼書を讀みて協事す』とは、此の二日の時に当たりて、羣執事・預祭の官と、礼書を讀みて協事するは、事に失錯有り、物に不供有るを恐るるが故なり。[三〇六]」とある。『周礼』は大宗伯の職掌について、「凡を大神を祀り、大鬼に享し、大示を祭るに、執事を帥ゐて日をトふ。」とあり、鄭玄は「執事は諸もろの祭に事ふる有る者なり」と注をつけている。[三〇七]「群執事」とは、祭祀礼儀を担当する官吏であることがわかる。清代の孫詒譲は「経になどに執事と記載されているのは、いずれも官吏の専門の職位ではなく、祭祀儀礼に関わる者が職位を超えて協力しあい、事を執り行うのである。[三〇八]」と述べている。孫詒譲もまた「斎宮」は国家の祭祀儀式における臨時の官職であると強調している。

伝統的な祭祀における「斎宮」と同じく、中古の道教の集団的な斎法における「斎宮」もまた、臨時に選任されるものであり、斎法に関連する活動の間だけ存在していた。東晋末年の古霊宝経や天師道の集団的な斎法には、「斎宮」を選任する特定の「儀節」がある。[三〇九]たとえば、敦煌文書S．六八四一の『霊宝自然斎儀』に引く『金籙簡文』は、『正統道蔵』には収録されていない古霊宝経の『太上洞玄霊宝金籙簡文三元威儀自然真一経』である。この経には霊宝斎法における「歩虚」の儀のあとに、

法師 便ち舊に依りて職僚を選擧し、明日 道を行ひ、各おの所署を典る。

と記している。斎儀を司る「法師」のほか、「斎宮」は「都講」・「監斎」・「侍経」・「侍香」・「侍燈」・「侍座」などを含む。この経では、各々の「斎宮」の具体的な職責についてすべて明確に規定している。[三一〇]これらの「斎宮」は、中国の伝統的な祭祀制度に由来することが多い。そこで、その中の最も代表的な「監斎」の職を例にとってみたい。敦煌文書S．六八四一『霊宝自然斎儀』に引く『金籙簡文』には

一人 監斎、其の職なれば、怠を篤勵し、僭失を彈糾し、偏ならず儻ならず、隠るる無く濫す無く、憲章を昞（秉）執し、允愜せしむるに務む。

とある。道教の「監斎」という職は、主に集団的な「斎儀」の実施過程の中で、監察と過失の懲罰に対して責任を負っていることが分かる。そしてその役割と職責は、『周礼』における「祭僕」と漢朝の「侍御史」などに直接的に由来する。[三一一]柳宗元の『監祭使壁記』には、以下のようにある。

『礼』檀弓に曰く、祭礼は、其の敬足らずして礼餘有るよりは、礼足らずして敬餘有るには若かざるなり。是れ必ず礼と敬と皆な

> 足り、而る後に祭の義 行ふ。『周礼』祭僕に祭祀は有司百官の戒具はりて、其の敬を遠ざくる者を誅するを視る。漢は待禦史を以て祠を監す。『唐開元礼』にいはく、凡そ大祠若干、中祠若干、咸な御史を以て監視。祠官は儀に如かざる者有れば以聞すと。（中略）奉奠の士、賛礼の童、樂工舞師洎び執役して衛する者は、咸な引きて其の實を數へ、筆朴を堂下に設けて以て官刑を修むれば、羣吏 敢て物を備へざる莫く、羅もて几上に奏牘し、以て天憲を嚴むれば、衆官 敢て誠を盡さざる莫し[三二]。

中古以来の道教の集団的な「斎儀」において、「斎宮」の職責および遵守しなければならない禁戒とそれに応じた処罰の条文は、「斎堂」中に告示する方式で公布した。宋代の道教学者である張若海は「説戒署職し畢はれば、即ち監斎 職状を宣べ、後に斎堂中に是を牓す[三三]。」と述べている。この方式もまた、古代の祭祀制度に基づいている。

「斎宮」の選任がすべて終わると、「便ち為に科を宣べて禁を説き、威儀を告示す」というのは、「斎宮」と斎法に参加する信徒たちに対して、斎法の過程で遵守しなければならない禁忌や戒律の条文などを宣布することである。北周の『無上秘要』巻三十五 授度斎辭宿啓儀品と巻四十八 霊宝斎宿啓儀品は、多くの古霊宝経の引用に基づいて形成した「斎儀」である。その中にはいずれも「謹みて以て啓聞す」とあり、舊典の威儀をもって職僚を選び、科禁を宣告し、衆官を法教にみな従わせるなどの記載がある。「職僚を詮擧す」とは「衆官を署置」すること、すなわち「斎宮」を選任することである。そして「科禁を宣告」するとは「説戒」すなわち戒律の条文の宣布と、「科罰愆失三十六條」の一部の宣布をいう。「科罰愆失三十六條」とは、「斎宮」の諸々の失敗に対して処罰を行う具体的な方法のことである[三四]。これは、伝統的な祭祀の礼制において「誓戒」の後に「百官 職を廢し、大刑に服す」という規定から、脈々と継承されてきたものである。

古代の国家祭祀の斎戒制度において、官吏たちは太廟となどの「公共の礼儀空間」中で、「受誓戒」などの集団的な「斎儀」を行った。これは、官吏の個人的な「斎室」での「致斎」とは、空間的に異なるものである。しかし、中古の道教に見られる集団的な「斎儀」の最も基本的な方式は、伝統的な祭祀斎戒制度と一致する。その理由は第一に、古代の国家祭祀の礼制における「斎所」とは、祭祀に参加する「斎宮」たちが「致斎」を行う場所に対する総称である。古霊宝経もまた「斎所」という概念を用いている。敦煌文書P.三二八二号『霊宝自然斎儀』に引く『金籙簡文』には霊宝斎儀について以下のように記載している。

> 建斎の始末は、斎先一日に至りて、皆 当に香湯もて沐浴し、宿して斎所に到る。主人□作本末、辭を法師に投じ、礼拝啓願し、法師 便ち道戸にて事に依りて申奏す。明旦、相ひ率ゐて法に依りて道を行ふ。斎宮は尊卑次序もて道戸に入る（中略）斎宮は一時に三たび香を搮へ、各おの法位を稱す。

「斎先一日に至りて、皆 当に香湯もて沐浴し」というのは、伝統的な祭祀礼制と同一である。「宿して斎所に到る」とは、特定の「斎所」に宿泊して「致斎」を行うことをいう。したがって、国家の祭祀礼制と同一である。南朝劉宋初期の『太真科』にもまた、以下のようにある。

> 斎官 宿して到り、悉く香湯もて沐浴し、畢はれば、倶に法堂に入り、科戒威儀の庠序を宣示す。違ふこと有れば、一刑もて律論す。科に曰く、法師に従はず、各おの私かに用意すれば、二刑もて論ず。宿啓に及ばざれば、斎に入るを得ず（中略）斎官 具に宣告を受け、外人と言を交はすを得ず、二刑もて論ず。科に曰く、

斎日 清静たりて、神を存し道を念じ、門に標して客を斷ち、内外禁絶す。(三一五)

上の記述には、特に注意すべきことが二点ある。第一には、「法堂」と呼ばれている、「科戒威儀の庠序を宣示す」る場所についてである。その性質は、伝統的な祭祀礼制において、「斎宮」が集団的な「受誓戒」を行う太廟や尚書省の役所と等しい。第二は、「斎日 清静たりて、神を存し道を念じ、門に標して客を斷ち、内外禁絶す。」と記されている点である。「斎宮」が「法堂」において「科戒」を受け「散斎」を行った後に、「斎室」や「静室」に入って「致斎」を行うことをいう。そしてこの時、俗界と完全に隔離されて、心を清静に保ことによって存神念道に到達し、斎戒者と神霊との相互の通交関係を確立する。『太真科』では、「斎宮」の性質について言及して以下のようにも述べている。

篤病の救命は、名づけて義斎と為し、三日夜なり。高徳一人もて斎主と為し、五人もて従官と為す。精誠なりて樂を好む籙生も亦た斎に従ふ可し。樂を好み徳を進むるに非ざれば斎に従ふを得ず。父母・師君・同道の大災病厄を救解するに、斎官 露壇して大謝し、闌格に髮を散じ額に泥し、三十二天に礼し、斎中 子午の章を奏し、苦に到せば必ず感ず。旨教塗炭斎法に依るなり。(三一六)

上記の「斎主」と五人からなる「従官」は、みな「斎宮」である。道教の「斎宮」もまた、病者に代わって神霊への上章と祈福を担うという性格を持つ。つまり、道教に見られる「斎宮」の選任や、遵守すべき禁忌や戒律などには、古代の国家祭祀の礼儀制度を模倣して形成された部分が大きい。

宋代の張若海の『玄壇刊誤』は、道教の集団的な斎儀における「説戒署職」と儒家の祭祀の礼儀制度との関係について、さらに明確に説明している。そこには以下のようにある。

雲光先生曰く、說戒署職し斎前に修むるは、靖に入ること三日するに、即ち初日に戒誓するが若きなり。靖に入ること一日、即ち其の日の清旦に戒誓す。道眾を法堂に集め、玄中法師 前みて霊宝自然に啓して朝し、高功法師 即ち戒誓を宣揚し、各おの心を浄め斎事に専らにし、教戒の旨を秉持せしむるなり。然る後に署六職は、各おの其の職に供し、闕有るを得ず。說戒署職し畢はれば、即ち監斎 職狀を宣べ、後に斎堂中に是を牓す。

「高功法師 即ち戒誓を宣揚し」とあることから、高功法師が戒律の条文と斎戒の禁忌を読み上げる役目を担当していることがわかる。ここでの「法堂」について、張若海は道教の「宮觀の正殿」であると述べている。(三一七) 張若海が『玄壇刊誤』という書を撰述した理由は、唐宋以来の道教の「斎儀」方式に、すでに多くの混乱と誤解の状況が出現していたためであった。彼はまた、

夫れ朝真の科は、国家の禋祀の礼と同じく、而るに香蔬殽醴に異有り。享前七日、太尉 都省にて斎官を集めて戒誓し、云く、「某月某日 事とする有り、某廟にて各おの其の職を揚げ、使事に供せざれば、国 常刑有り、苟しくも闕遺を致せば、祭後 舉げて罰す。未だ祭を徹なるの後を聞かざれば、斎官を補ふに方る。今 道士 登壇して重ねて謝する後、是れ一朝の法事を行ひ畢はれば、特地重ねて戒を説き、其の戒詞を聴くは、又た斎意に非ず。(三一八)

と述べている。張若海によれば、道教の「朝真の科」は、道教の尊神に朝見して請願する儀礼である。これは宗教的意味において、国家が天神を祭祀する禋祀と同じく、わずかに祭祀の祭具に違いがあるのみである。「都省」とは尚書省のことである。「禋祀」を行う七日前に、太尉は「斎宮」を尚書省に召集して神霊に対して宣誓し、散斎の開始

を宣告する。斎宮は斎戒期間の各々の規約を遵守しなければならない。四日の「散斎」のあとに、三日の「致斎」がある。七日の斎戒のあと、それぞれの斎宮は、禋祀の斎儀における自分の役割を担当する。国家の刑法では、これについて明確に規定されており、もし欠陥や遺漏があれば刑律に照らして処分するのだという。張若海の記載によれば、当時の道教内部には、斎儀の方式に関する次第に混乱があったらしい。

古霊宝経に見られる各種の「斎儀」は大部分において、漢晋の天師道の「斎儀」を基盤として発展してきたものである。これについては、別に専門的に議論しなければならない。というのも、漢晋の天師道の集団的な「斎儀」の史料は著しく少ない。ただし、早期の天師道の「三会日斎」には、集団的な「斎儀」の内容がある程度示されている。先に述べたように、「三会非」とは、毎年の正月初七日・七月七日・十月五日をいう。この三日は早期の天師道の信徒が集団的に斎戒をする日でもあった。『太真科』には、以下のようにある。

三会の大慶は、奏表し、科戒を言ひ、疾風猛雨、日月の昏晦たる、天地の禁閉するを避けず。其の日に当たりて天帝 大会す。科に曰く、三会吉日、並びに赴きて名籍を言ひ、日辰の禁忌を避けず、並びに会すること故の如し。此の日 一切の大聖 倶に下り、同に治堂に会し、形を分かち影を布き、萬里の外、響應すること斉同なり。此の日 衆章を奏上し、籙契を授度す。男女の衆官、徳を行ひ功を修め、災を消し禍を散じ、悉く禁制せず。[三一九]

天師道にはもともと二十四治ある。陸修静の『道門科略』には、「二十四治を立て、男女官の祭酒を置き、三天の正法を統領し、民を化して戸を受け、五斗米を以て信と為す。[三二〇]」とある。「治」は、一般的には天師道の祭酒の家に設置する。[三二一]六朝の天師道の『正一法文太上外籙儀』には、「凡そ男女の師、皆な治所を立て、貴賤拝敬し、進止するに科に依る。[三二二]」とある。また『玄都律』には、「民の家は靖と曰ひ、師の家は治と曰ふ。[三二三]」とある。「治堂」というのは、正に祭酒が信徒に対して「科戒」を言い伝えて集団的な儀式を行う場所である。史籍における「治静」とは、[三二四]多くの場合は天師道の「治」や「治」に関連する「静室」を指す。三国両晋時代には、天師道の伝播と発展に伴って、天師道の「治」に関する記載は、南北各地に普遍的に見られるようになった。陸修静の『道門科略』には、「会竟はれば、民 家に還り、当に科禁威儀教敕の大小を聞くを以て、務めて共に奉行すべし。[三二五]」とある。「三会日」の後に、道民は自らの受けた「科禁威儀」などを家人にも伝え、これによってともに戒律を遵守しなければならないのだという。『太真科』に「言科戒」とあるのは、陸修静のいう「科禁威儀」と同じく、ともに早期の天師道が信徒に対して戒律と斎戒の禁制などについて宣伝し説明することである。古霊宝経の集団的な「斎儀」を行う「法堂」・「道堂」・「斎堂」などは、天師道の「治堂」と密接な関係がある。[三二六]

要するに、「斎室」や「静室」と比較して、中古の道教の「法堂」・「道堂」・「斎堂」・「治堂」などは、大型の宗教建築設備であり、集団的な「斎儀」を行う「公共空間」である。これは、先秦秦漢の祭祀礼制において官吏が集団的に「受誓戒」をするのに用いた太廟、および後来の尚書省の役所などを起源とする。仏教の「布薩堂」とは無関係である。検索の結果、『大正新修大蔵経』において、全部で二十二部の仏教経典が「布薩堂」について述べていることがわかる。その中で最も早い例は、東晋末期に佛陀跋陀羅と法顕がともに翻訳した『摩訶僧祇律』である。漢伝仏教経典において「布薩堂」が表れるのは、相当遅いことが分かる。中古の道教の「署職」とは、集団的な斎儀における「説戒」と同時に行う「斎宮」の選任などを指す。早期のインド仏教の「布薩」制度自体には、このような内容はない。

七 結論

本論では、早期の道教における「静室」を中心に、中国古代の祭祀斎戒制度と漢晋の道教の斎戒制度との関係について、多方面から議論してきた。以上の関連する議論に基づいて、さらに説明を加えたい。

一 漢晋の道教の「静室」の請室とその由来について

吉川忠夫は、道教の「静室」の最も早い淵源は、前漢時代における請罪の性質をもった「請室」であるとしている。その最も主要な理由は、「漢代の請室と道教徒の静室」の両者が、どちらも罪行を懺悔する場所であるためである。したがって、「はじめに修道者が取り入れ、のちに天師道が取り入れた」のだという。しかし、本論の研究によれば、前漢時代の監獄としての性質を持った「請室」と、早期の天師道の「静室」との間には、その起源に何の関係もない。秦漢魏晋の宮廷の官職である「静室令」と早期の天師道の「静室」との間にも、直接的な関係はない。漢晋の道教における「静室」の本当の起源は、先秦秦漢の祭祀の礼制において「致斎」に用いられていた「斎宮」・「斎室」・「静室」である。古代における祭祀活動の普遍性を背景として、斎戒活動を行う特定の場所としての建築設備である「斎室」・「静室」などは、先秦秦漢から六朝社会において広く存在していた。そして、「斎宮」や「斎室」が「静室」とも呼ばれた背景には、戦国秦漢以来の陰陽五行思想・天人感応思想・「気」の思想の流行がある。このような思想の潮流によって、人の斎戒活動は、神霊をまつり敬うという機能のほかに、宇宙における陰陽の気の変化と連動し、「守静」や「養静」を行うという重要な意味を付与されたのである。

古代の祭祀制度における「斎宮」・「斎室」・「静室」と早期の道教の「斎室」や「静室」などは、本質的にも宗教機能的にも通じるものである。そのことは、主に三つの側面に示されている。第一に、古代の祭祀斎戒と早期の道教の斎戒における「斎宮」・「斎室」・「静室」は、もともと専門的に「致斎」を行う特別な場所であり、しかも祭祀斎戒において不可欠で有るという点である。第二に、古代の祭祀の礼制と早期の道教は、いずれも「凡を超えて聖に入る」ことを求め、「斎宮」・「斎室」・「静室」は、斎戒の過程において神霊と通交する神聖な空間であった点である。斎戒者本人が専精凝神によって、心神と祖先や神霊とを互いに交感させることができ、「仲介」の性格を持つ「祝官」によって神霊と交感できるという特質は、すでに古代の祭祀礼制の中で、斎戒者が「斎宮」や「斎室」の中で神霊と交感する過程に示されていた。先に引いた『礼記』祭義の記載に対する孔穎達の疏には「祝官」は「斎宮」において「鬼神に啓告」し、鬼神に意志を示すのだとある。また、『黄帝内経』に見られる、黄帝と雷公が「斎室」において行った様々な斎戒の方法は、斎戒者が「斎宮」や「斎室」の中で神霊と交感することを述べており、すでに関連する「斎儀」を備えていた。そして、漢晋の道教における神霊との交感もまた、共通する点をもつ。第一に、修道者は個人的な「静室」中で「存思」などの儀式によって、神霊と互いに交感できるようになるという点である。早期の道教の「存思」は、伝統的な祭祀斎戒の「致斎」から発展してきたものである。第二に、早期の道教における「静室」もまた、「斎儀」を行う場所であるという点である。『太平経』に記載されている「祠官」や『典略』に記載されている天師道の「鬼吏」などは、「斎室」や「静室」において人の病を治すために、神霊に向かって祈祷上章する。このような宗教的職能者は、古代の祭祀礼制における「祝官」と同じく、神霊と交感するための「仲介」を務める。したがって、古代の祭祀礼制においても早期の道教においても、「斎室」や「静室」は世俗とは異なる、すでに神聖的な意味によって建築された空間である。第三に、戦国秦漢以来、祭祀制度における「斎宮」・「斎室」・「静室」は、「守静」・「養静」・「養気」・「養性」などの重要な効能を付与されている点である。そして漢晋の道教の「静室」における「守静」・「守一」・「行気」など多くの修練方法は、ここから発展してきた。

二　漢晋の道教の斎戒制度と先秦秦漢の祭祀斎戒制度との関係と道教の「斎儀」の由来について

呂鵬志は、道教の斎戒制度が東晋末年から劉宋初年までの「古霊宝経」から始まり、「古霊宝経」が南朝の天師道や他の道派の斎戒制度の確立を直接的に促したのだと考えている。また、「古霊宝経」の斎戒制度は、早期のインド仏教の「布薩」制度の影響下に成立したのだという。呂鵬志がこのように主張した原因は、第一に、早期の天師道の「斎戒」に関する資料が甚だしく少ないことによる。このため、漢晋時代の正史などに現存する教外の文献では、天師道の「斎戒」について直接言及していない。さらには、比較的早くに出来たいくつかの天師道経典であると多くの研究者たちが見なしている文献、たとえば敦煌本『老子想爾注』・『大道家令戒』・『女青鬼律』等にも、「斎戒」のような概念は明確に述べられてはいない。南北朝初期の『三天内解経』や寇謙之の『老君音誦誡経』などに至ってはじめて、「斎戒」の論述が数多く現れる。そして、これらの経典の出現が古霊宝経の後であることは間違いない。したがって呂鵬志は、漢晋の天師道にはもともと斎戒制度が無く、古霊宝経の斎戒制度や中古の道教における斎戒制度は、外来の仏教の斎戒制度の影響下で発展したのだと考えている。第二の原因は、早期の道教の「静室」は斎戒制度と密接に関連しているのかどうか明らかではなく、早期の道教における「静室」の由来が明確でないためである。たとえば、彼ははっきりと「静室は漢の天師道が初めて作り、後に東晋南朝（たとえば上清経派や霊宝経派などの）道派を新しく出現させるために取り入れられた。」[三七]と述べている。しかし本論の考察によって、「静室」は漢代の天師道が「初めて作った宗教設備ではないことが明らかとなった。また、『三国志』張魯伝に引用する魚豢の『典略』には、天師道について「加ふるに静室を施け」と記されており、早期の天師道が斎戒制度を実行していたことを証明している。漢晋の道教の多くの史料、『太平経』・『老子中経』・『抱朴子』内篇・『真誥』・『登真隠訣』、および四世紀六十年代の上清派経典などは、「静室」と斎戒制度との間に必然的な連関があったことや、漢晋の道教の各派にはみな斎戒制度があったことを示している。したがって、呂鵬志が専ら外来の仏教の影響から中古の道教に見られる斎戒制度の淵源について分析しているのは、いくつかの点で、早期の道教の歴史について一種の誤解があるのに基づく。

先秦秦漢の祭祀礼儀制度には斎戒の目的・斎戒の功能・斎戒の儀式次第と基本的内容などについて、多くの具体的な規定と説明があり、また早期の道教の斎戒制度の形成と発展に極めて広く深い影響を及ぼした。『魏書』釈老志には、道教について以下のように記されている。

其の教たるや、咸な邪累を蠲去し、心神を澡雪し、行を積み功を樹て、徳を累ねて善を増し、乃ち白日昇天し、世上に長生するに至るなり。秦皇・漢武、甘心して息まざる所以なり。霊帝は華蓋を濯龍に置き、壇場を設けて礼を為す。張陵の道を鵠鳴に受くるに及びては、因りて天官の章本千有二百を伝へ、弟子相ひ授け、

其の事 大ひに行はる。斎祠跪拜、各おの法道を成す。(二二八)

上の記述は、早期の道教の斎戒制度やその中で「斎儀」が形成されたことにとって、古代の祭祀制度が決定的に影響を及ぼしていることを述べている。宋人の呂太古もまた、「古者は天子 天地を祀り、神明を格すに、皆 犠牲の礼を具へ、粢盛を潔くし、衣服を備へ、先に散斎して後に致斎し、以て其の祭を成す。(中略) 天師 経に因りて教を立て、祭祀を易へて斎醮の科と成す。天に法り地を象り、物を備へて誠を表し、道を行ひ経を誦へ、飛章達款し、亦た将に洪儀を挙ぐる有るを以て、清祀を修めんとす。(二二九)」と述べている。早期の道教の各派は教義思想や崇拝する神霊などの面にそれぞれに異なる点があったが、古代の祭祀斎戒制度の継承という点においては、道派による違いはない。

呂鵬志はこの一連の記述の中で、中国古代の祭祀の斎戒と、東晋末年の古霊宝経以前の道経の言う「斎戒」の二字が、いずれも「儀を行なう前に身心を清浄にする斎法」、すなわち沐浴と身心を清静に保つことなどの内容であることをたびたび主張している。そして、「道教の斎儀はまさに古霊宝経に端を発し、道書における各種の名称の斎儀はみな霊宝斎の制度を模倣して成立したものである。(二三〇)」としている。また、古霊宝経の「斎儀」は外来の仏教の「斎儀」の影響を受けて形成されたものであると述べている(二三一)。では、道教の「斎儀」、特に古霊宝経の「斎儀」とは、結局なにを指すのだろうか。呂鵬志はこれについて明確な定義をしていない。彼は、特に古霊宝経等の「素食」などに関する規定は、仏教の「斎儀」の影響下に成立したとする。それと同時に、各種の「霊法斎法」の「斎儀」を「発爐」・「復爐」・「出官」・「復官」・「称法位」・「礼拝」・「思神」・「宿啓」・「上香」・「啓言」など多くの儀礼手順に分解した(二三二)。そしてこれらの内容を「儀節」・「斎次」・「儀式行為」・「儀式節次」などと呼んでいる。

先に検討したように、古霊宝経以前の漢秦の道教の各派は斎戒期間に「葷辛を断つ」・「素食」をするなどの規定があり、その本当の来源は中国の祭祀斎戒制度である。結局なにが中古の道教の「斎儀」なのだろうか。道教の「斎儀」とは、大部分は道教で斎戒の過程中に神霊と通じる儀式の手順であると考えられる。呂鵬志の列挙している「発爐」・「復爐」・「出官」・「復官」・「思神」・「礼拝」・「啓事」などの儀式の手順は、漢晋の道教の各種の斎儀の最も核心的な内容を構成する。同時に、これらの「斎儀」は、ほとんど例外なくすべて道教の斎戒の手法において、「静室」や「斎室」において行われるとされる。先に述べたように、すでに先秦秦漢の祭祀斎戒において、「斎宮」や「斎室」中の「致斎」は、神霊と通じる「斎儀」の性質を持っていた。また漢代の『太平経』や『老子中経』にはいずれも、「斎室」や「静室」中で神霊と通じる儀式についての記載がある(二三三)。特に、漢晋の天師道と早期の上清派では、「静室」中の「斎儀」について、すでに「発爐」・「復爐」・「出官」・「復官」・「思神」・「礼拝」・「啓事」など一連の儀式の内容がそろっていた(二三四)。古霊宝経の各種の「霊宝斎儀」については、其の中に「因縁」・「三界」・「輪廻」・「天堂」・「地獄」などいくつか外来の仏教的な概念が混入し、大乗仏教から吸収した観念が含まれている。また、「静室」中で礼拝の対象となる神霊は、早期の天師道の「四方」の神霊から「十方」の神霊へと転換した。しかし、「発爐」・「復爐」・「出官」・「復官」・「思神」・「礼拝」・「啓事」などの儀礼手順は、古霊宝経の各種の「斎儀」の最も核心的な部分を占める。そして、このような霊宝の「斎儀」もまた、「静室」において行われるのである。

要するに、道教の斎戒制度は、早期の道教の儀式の最も核心的な部分である。そして、中国の伝統的な祭祀斎戒制度に起源をもつその特質は、中国宗教である道教としての、本質的な特徴を示している。早期の道教の斎戒制度や関連する「斎儀」が、外来の仏教からの影響下に成立していたとすれば、中国本土の宗教としての道教という考え方にも疑念が生ずる。ツルヒャーは一九八〇年の名著「経典より見る仏教の早期道教に対する影響」の中で、形式の借用・概念の借用・観念や実践の借用など多方面から、仏教の早期の道教に対する影響を検討している[三五]。呂鵬志は、この論文が基本的に「儀式方面」での影響について論じていないことを批判している[三六]。しかし、呂鵬志のいう「儀式方面」とは、彼が一貫して強調してきた仏教の「斎儀」を主に指すのだろう。しかし、ツルヒャーがなぜ仏教の「斎儀」の道教に対する影響についてだけは論じなかったのか、今一度深く考えなければならない。

三　漢晋時代の儒道仏三教の斎戒制度の関係について

ここまで、早期の道教の「静室」や「斎室」と斎戒制度とには不可分の関係があることを明らかにしてきた。しかし、漢魏両晋南北朝時代の仏教経典中には「斎戒」・「静室」・「斎室」のという記載が数多くある。たとえば、『正統道蔵』[三七]を検索すると「静室」は全部で三六一条、「斎室」は全部で五〇条である。一方、『大正新修大蔵経』を検索すると、「静室」は全部で八〇五条、「斎室」は二八条である。「静室」や「斎室」の条数だけから見れば、仏教は道教よりもはるかに多い。さらに、関連する記載がある仏経と道経の成立年代を見ると、仏経は必ずしも道経よりも遅くはない。また、呂鵬志が列挙している『増阿含経』・『仏説四天王経』など、晋から宋にかけて翻訳された仏経においては、「布薩」制度に関する記載がある。「布薩」制度は定期的な斎戒であり、仏教徒が仏教の神霊と通じるための重要な方法である。六朝の道経と全く同じく、仏教の天界の神霊はこれらの定期的な斎戒の日に降臨し、斎戒者の功過を監察し記録し、その天寿や禍福を決定するのである。それでは結局、漢訳仏経におけるこれらの内容をどのように見るべきなのだろうか。漢晋時代の儒釈道三教のそれぞれの斎戒制度はどのような関係だったのだろうか。

はじめに、早期のインド仏教における「斎」の意味と、漢訳仏経における意味の変化を明らかにしなければならない。「斎」はサンスクリット語のuposadha、パーリ語のuposathaで、音訳して烏逋沙他・布薩陀婆といい、略称は布薩である。もともと古のインドの祭法は、十五日ごとに一回集会を行い、各自で罪過を懺悔し、身心を清浄にする。この日、祭主はみな断食し清浄を保持して戒める法を行う。釈迦牟尼が仏教を創立すると、その僧団もまたこの法を取り入れた。したがって、早期のインド仏教の「斎」は、もともとは清浄を意味する。のちに中食（正午以降に食事をしてはいけない）の法に転じただけである。この法を守ることができる者を、持斎と呼ぶ。フランスの漢学者である謝和耐（Jacques Gernet）は、「仏教の『斎』はサンスクリット語のuposadhaの訳であり、インドの言葉としては、最も早くには『浄化性の禁食』を意味するだけであった[三八]。」と述べる。

漢魏以来、中国仏教の斎戒制度が発展し完全なものとなったのは、仏教が中国に伝入したのちに、中国本土の祭祀斎戒制度と道教の斎戒制度を吸収し取り入れたためであると考えられる。本論で検討してきた「静室」や「斎室」を例にとってみよう。よく知られているように、仏教が創立された当初は、釈迦牟尼とその弟子たちはいつも「日中に一食し、樹下に一宿す」ることを実践しており、住居の定まらない生活であったので、早期のインド仏教の「布薩」制度では、「致斎」のために専門的に用いる「斎室」や「静室」のような建築設備を持つ必要はあまりなかっただろう。したがって、漢魏六朝の漢訳仏経における数多くの「斎室」や「静室」は、仏経翻訳者が中国の宗教文化の伝統を適用し模倣するために意図的に記載したものであるに違いない。たとえば、孫呉時期の天竺の三蔵である康僧会の翻訳した『旧雑譬喩経』には、「当に斎すること七日」や「持斎すること七日して斎室に入る」[三三九]とある。特に「持斎すること七日して斎室に入る」とあるのは、中国の古代の祭祀礼制と一致している。古代の祭祀礼制では、大斎の十日間の斎戒は、先に七日間の「散斎」を行った後に、はじめて「斎室」に入って三日間の「致斎」を行うと規定されている。したがって、漢訳仏経中に「静室にて斎す」・「静室にて禅定す」と記されているのは、「斎戒」と「斎室」や「静室」との関係も含めて、中国本土の斎戒制度を模倣した結果であるのだろう。

次に漢晋時代の道教に見られる定期的な斎戒を例にとろう。この時期の天師道や早期の上清派や霊宝経などが定めていた定期的な斎戒制度は、様々な時節に対応する煩雑なものであった。東晋末年の古霊宝経の定期的な斎戒の主な内容は、「八節日斎」・「三元斎」・「五臘日斎」・「甲子日斎」・「本命日斎」・「庚申日斎」・「月十日斎」（一日・八日・十四日・十五日・十八日・二十三日・二十四日・二十八日・二十九日・三十日）・「長斎月」（正月・三月・五月・七月・九月・十一月をいう）等である。呂鵬志は、古霊宝経の「月十日斎」は仏教の「布薩」の日程と数日一致していることから、古霊宝経の定期的な斎戒や中古の道教の定期的な斎戒制度の体系化は、みな外来の仏教の「布薩」制度の影響によるものであると見ている。彼は、「道教の時節斎は『元始五老赤書玉篇真文天書経』に始まり、他の古霊宝経と道天が各種の時節斎を記載しているのは、みな『元始五老赤書玉篇真文天書経』を直接的に採用したり模倣したりして制定された時節斎である。[三四〇]」、「天師道の経典である『旨教経』における仏教的な儀式（たとえば時節斎）と観念は、すべて古霊宝経から直接的に取り入れられたものである。言い換えれば、古霊宝経は仏教が天師道に影響を与えるための仲介者である。[三四一]」と述べている。このほか、彼はまた西暦四〇〇年前後にあらわれた『元始五老赤書玉篇真文天書経』は、罽賓の僧人である僧伽提婆が三九七年一月に建康（今の江蘇省南京）で訳出した『増一阿含経』の直接的な影響を受けているのだと明言している。[三四二]したがって、古霊宝経の「定期的な斎戒の思想は、早期仏教の訳経に由来する」としている。「八節日」（立春・春分・立夏・夏至・立秋・秋分・立冬・冬至の八つの節句）は中古の道教の非常に縦横な定期的な斎戒である。しかし呂鵬志も、『元始五老赤書玉篇真文天書経』は「これまで知られている八節日の修斎について述べたもっとも早い経典である」[三四三]としている。

本論の研究によれば、道教の定期的な斎戒は古霊宝経よりもはるかに早いと見られる。漢代の『老子中経』[三四四]には「八節日」等一連の時節に応じた定期的な斎戒が記されている。陶弘景の編纂した『真誥』も、東晋中期の上清派が「八節日斎」・「甲寅日」・「五卯日」・「本命日」・月晦（大月の三十日、小月の二十九日）・月朔（一日）などに一連の定期的な斎戒を行っていたことが示されている。[三四五]最も早い上清派の経典、例えば『太上玉佩金璫太極金書上経』などの経典にも、「八節日」など様々な定期的な斎戒の制度がある。また現在知られている「八節日斎」の最も早い史料は、おおよそ戦国時代に成書された儒家の経典である『礼記』月令であろう。『礼記』月令によれば、中国の古代の国家祭祀の制度において、「八節日」は関連する神霊を特別に祭祀し、同時に特別に斎戒を行う日であった。『礼記』玉藻と『礼記』檀弓下では、「甲子日」や「乙卯日」に行う斎戒が区別して記載されている。漢代の鄭玄の解釈によれば、これは商の紂王が「甲子日」に死に、夏の桀王が「乙卯日」に滅びたことに基づいている。したがって、「王者は之を疾（忌）日と謂ひ、擧樂を以て吉事と為さず、自ら戒懼する所以なり。」[三四六]と述べる。先秦以来、「甲子日」や「乙卯日」に行う斎戒には、二重の意味があり、夏の桀王と商の紂王のことを教訓とし、亡き父母を紀念するためのものと考えられてきた。「庚申日」の斎戒については、漢代以来の人体中の「三尸」についての思想や「守庚申」の習俗と関係がある。[三四七]中国古代の祭祀制度や早期の道教の定期的な斎戒に一貫する「気」の思想と陰陽五行思想などが、早期のインド仏教の「布薩」制度には無いことは明らかである。漢晋の道教の定期的な斎戒や中国の古代の祭祀斎戒と外来の仏教との関係は、別の論文の中で討論したい。

次に、早期の儒道仏のそれぞれの斎戒制度が持っている宗教的な功能から見て、仏教は中国の古代の祭祀斎戒制度と早期の道教の斎戒制度を模倣したに違いない。先に述べたように、古代の祭祀斎戒も早期の道教に見られる斎戒も、斎戒の最も根本的な目的は、神霊と通じることにある。それは、「斎宮」・「斎室」・「静室」のような特定の宗教設備中で行う斎戒によるものである。早期のインドの仏教には、「布薩」や「斎戒」によって神霊と通じるという考え方はない。早期の仏教では「縁起説」があらゆる学説の根幹にあるので、人の救度は神霊によって決定されるのではなく、自己の努力によるのである。インド学者である徐梵澄は以下のように指摘している。

　仏教の始まりとは、神を信じないことである。原始仏教は「無神論」（Adevism）であると言え、バラモン教の神を批判した。後世には仏経の内容によって三時や五時の教判を立てたとはいえ、仏の初めの説法は、八正道や四諦や十二因縁などを説いたことから考えて、苦しみを脱して涅槃を得ることが最も重んじられたのであり、形而上学的な哲学の問題は語られないことが多い。後に大乗が発展するまで、宇宙における「能力」（Shakti）はいまだに判断されず、「神」について語ることなどなおさらなかった。[三四八]

これによれば、漢伝仏教は「斎戒」による仏教の神霊との相互の感応関係を確立した。『増一阿含経』など晋宋のころの漢訳仏経においては、仏教の信仰者が「布薩」の日に斎戒を行わなければならず、各種の仏教の神霊が降臨して監察し、その人の禍福や正麺の張湛を決定するのだとある。これに関する六朝の漢訳仏経中の内容について、湯用彤は「道教の長生久視と同様であり、仏道が混雑している最も重要な点である。」とし、「また罪を悔やみ自責し、罪を除き寿を増すのは、もともと早くは道教の『太平経』の主題である。漢末の黄巾の乱においても、人に過失を自首させていた。人の功過は常に天神が下降して按巡し記録しているというのは、中国の道教における中心的な理論である。これもまた『太平経』にすでに記されている。」[三四九]と述べている。

早くも後漢における仏教の伝入の初めには、仏教は中国の伝統的な祭祀と斎戒制度とを模倣し取り入れ始めた。後漢の永平八年（六五）、漢の明帝は詔に「黄老の微言を誦へ、浮屠の仁祠を尚び、絜斎すること三月、神と誓を為す。」[三五〇]と述べている、「仁祠」を建立して斎戒を行い、「神と誓を為す」というのは、明らかに仏陀を神霊と見なして行われた祭祀である。『後漢書』西域伝には、「漢は楚英より始めて斎戒の祀を盛んにし、桓帝は又た華蓋の飾を修む。」とある。延熹九年（西暦一六六年）に襄楷は、漢の桓帝に「又た宮中に黄老・浮屠の祠を立つるを聞く。」[三五一]と上奏しており、漢の桓帝もまた浮図と黄老とを並びに祀ったと記されている。湯用彤は「仏教は漢代には完全に一種の祭祀であ」り、「漢代にはすでに仏は不死の神人と見なされており、このためについに斎戒祭祀がこの教の主体となったのである。」[三五二]と述べている。他にも、湯用彤はこれについ特に論じることが多く、以下のようにある。

浮屠の教はすでに斎戒祭祀を行い、鬼神や方術に従属していたために明帝は詔書の中で「仁祠」といい、「神と誓を為す」とあるのは、仏経が当時単に祠祀の一種であったことを示す。……楚王英は方士と交際して、図讖を造り、そこでは仏経の祠祀もまた方術の一つであった。当時の国中の人士は、釈教に対してそれほど深い理解もなく、神仙道術の言葉と混淆していた。教の主旨は精霊の不滅にあり、斎や図讖は祠祀にのっとって行われた。[三五三]

楚王英は浮屠のために斎戒祭祀を行った。明帝は「浮屠の仁祠を尚び、潔斎すること三月、神と誓を為」したという。その「斎」というのは分からない。しかし必ず祭祀のときにはそれに応じた斎戒をする。漢代の斎の制度では天地の場合には七日、宗廟山州では五日、小祠では三日である（『続漢書』礼儀志）。楚王英が三か月間斎を行い、斉に違うことを咎められていないようであるのは、仏教の歳三斎を行ったためであろう。（『弘明集』奉法要には、「歳三斎、謂正月・五月・九月也。歳ごとに三斎するとは、正月・五月・九月を謂ふなり。」[三五四]とある。）『東観漢紀』には「桓帝は祭器を設け、三牲を用て老子を祠祀し、以て福祥を求む。」とあり、桓帝は二氏を並びに祀り、すなわち浮屠を祭り、あわせて中国の祭器を並べ、三牲を用い、その目的は「福祥を求める」ことにあったのである。『高僧伝』曇柯迦羅伝には、魏のときに「設けて復た斎懺し、専ら祠祀に法る」とある。その詳細はわからないが、漢代に流行した教理は、すでに中国の道術と通じあっており、その斎儀のことが祠祀にのっとっていたのも、必然の道理であったのだろう。その当時は戒律が未だ備わっていなかったことによるだけではなく、ついに華人の制度を採用した。したがって、漢代の仏教が道術の祠祀の一つであったことは、疑うべくもない。[三五五]

このために、漢晋時代の仏教は中国に伝入した後、インドの原始仏教とは異なる様相を呈した。東晋の時期の法顕や唐代の玄奘と義浄などは、いずれも自らインドを巡り歩いた経歴を持ち、インド仏教の「布薩」などの制度などに関する記載をのこした。たとえば、唐の義浄の撰述した『南海寄帰内法伝』には、彼がインドで自ら目にした布薩法について、以下のように記している。

説罪と言ふ者は、意は罪を陳べんと欲し、己の先の愆ちを説き、往くを改め来るを修め、至誠に懇求するなり。半月半月、褒灑陀（布薩のこと）を爲し、朝朝暮暮、罪を犯す所を憶ふ。（灑陀は是れ長養の義、陀は是れ浄の義なり。意は長養して破戒の過を浄除するを明らかにす。昔 布薩と云ふは、訛略なり。）初篇 若し犯せば、事 治むる可からず。第二に違ふ有れば、人 須く二十すべし。若し軽過を作せば、同じからざる者に対して之を除悔す。（中略）己の非を説き、清浄ならしめんと冀へば、自ら須く各おの局分に依るべく、則ち罪滅すること期す可し。[三五六]

この内容は、インド本土の仏教の「布薩」制度と中国仏教の実行していた定期的な斎戒制度には、大きな相違点がある。第一に、時間が異なっているという点である。「半月半月」というのは、毎白月（十五日）の月末と毎黒月（十五日）月末を指す。早期の仏教は半月ごとに一回の「布薩」を規定しており、これはすなわち陰暦の十五日か十四日と、三十日か二十九日である。この二日間の他には、「布薩」の日は全くない。六朝から隋唐の時期における「布薩」制度に関連する数十部の漢訳仏経を見てみると、「布薩」の時期と規定には、経ごとに大きな違いがあることが分かる。毎月の「布薩」の回数も、おおよそ徐々に増加する傾向がみられる。このような現象はまさに中国に伝入した後の重大な変化である。第二に、インドの仏教の「布薩」の制度は、仏教僧団内部の批判と自己批判とを反映しているという点である。これは、天界の神霊が降臨して監察し人の禍福を決定することとは無関係であるが、中国の古代の祭祀斎戒と漢晋の道教の定期的な斎戒には、終始一貫して、人と神霊との関係があった。この点において、六朝隋唐の漢訳仏経における「布薩」に関連する記載を、早期のインドの仏教の「布薩」制度に依拠して論じられたものとは見なせないのである。では結局、インドや中央アジアから翻訳されてきた痕跡を明確に残すこのような仏経文献を、どのように見るべきであろうか。歴史上、外来の仏経は、きわめて複雑な過程を経て漢訳された。仏教学者である中村元はこれについて極めて簡潔に、以下のように述べている。

　これまで知られてきたように、仏教は中国に流入して以来、時とともに変化し、次第に中華民族の思想に同化した。しかし、さらに検討を進めると、仏典の漢訳は、儒家思想の規定を顕著に受けていることがわかる。仏教は中国に初めて入ってきた時から、すでに儒教のきわめて大きな影響を受けたのである。[三五七]

呂澂『中国仏学源流略講』の序論にも、「中国の仏学をインドの仏学の単純な「移植」と見なすことはできず、「接ぎ木」とでも呼ぶのが妥当である。両者には一定の差異がある。「中国仏学」の基盤は中国にありインドにはない」[三五八]とある。二十世紀初頭、ドイツの社会学者であるマックス・ウェーバーは、世界の大宗教について一連の研究を行った。中でも『プロテスタントの倫理と資本主義の精神』が最も代表的である。また、中国の宗教とインドの宗教と古ユダヤ教についても、『宗教社会学論文集』(Gesammel te Aufsatzeeur Religionssoziologie)に論究がある。多くの中国人が自らを仏教徒と認め、中国は今もなお世界最大の仏教国家である。それにも関わらず、ウェーバーは中国の部分に「儒教と道教」という表題をつけ、「インド教と仏教」をインド部分の表題とした。こうしたキーワードから見て、ウェーバーの観点においては、中国の仏教は原始仏教を超越しており、そもそも「仏教」とは呼べないものであったのだといえる。[三五九]したがって、インドの仏教は中国に伝入したのちに、中国の伝統的な祭祀制度と早期の道教をどのように取り入れて、中国仏教自体の斎戒制度を確立したのかについては、更なる研究を要する重要な課題であろう。

≪注≫

（一）吉川忠夫「静室考」（『東方学報』五九、一九八七年、一二五～一六二頁。中文は吉川忠夫撰、許洋主訳「静室考」（載劉俊主篇『日本学者研究中国史論著選訳』第七巻「思想宗教」（中華書局、一九九三年　四四六～四七七頁）。

（二）Lü Pengzhi（呂鵬志）&Patrick Sigwalt, "Les textes du LIngbao ancient dans L'histoire du taoïsme", *T'oung-pao* 91.1-3(2005), PP. 183-209、呂鵬志「天師道授籙科儀—敦煌写本S．二〇三考論」（『中央研究院歴史語言研究所集刊』七七—一、二〇〇六年、七九～一六六頁）、『唐前道教儀式史綱』（中華書局、二〇〇八年）、『天師道旨教齋考』上篇（『中央研究院歴史語言研究所集刊』八〇—三、二〇〇九年）、三五五～四〇一頁。『天師道旨教齋考』下篇（『中央研究院歴史語言研究所集刊』、八〇—四、二〇〇九年）、五〇七～五五二年、「靈寶六齋考」（『文史』二〇一一—三）、八五～一二五頁、「法位与中古道教儀式的分類」（『宗教學研究』二〇一二—二、「靈寶三元齋和道教中元節」（『文史』二〇一三—一）、一五一～一七四頁。

（三）『三国志』巻八　張魯伝　所引『典略』（中華書局、一九五九年）、二六四頁。

（四）（唐）朱法満『要修科儀戒律鈔』巻一〇 所引『太上太真科経』（『道蔵』第六冊、九六七頁）。『太上太真科経』の年代について、大淵忍爾は、その出世は西暦四二〇年から四二五年の間であるとしている。（大淵忍爾『道教とその経典』（創文社、一九九七年）、四五七頁を参照せよ。）

（五）陸修静『陸先生道門科略』（『道蔵』第二四冊）、七八〇頁。

（六）前掲中文「静室考」、四七〇頁及び四七二頁。

（七）『史記』巻五十七 絳侯周勃世家（中華書局、一九五九年）、二〇七二頁。

（八）『史記』巻一百一 袁盎伝列伝、二七三八頁。

（九）『漢書』巻四十九 袁盎伝（中華書局、一九六二年、）二二六八頁。

（一〇）『漢書』巻六十二 司馬遷伝、二七三三頁。

（一一）（漢）鄭玄注、（唐）賈公彦疏『周礼注疏』巻三十六（［清］阮元校刻『十三経注疏』（中華書局、一九八〇年））、八八三頁。

（一二）『周礼注疏』巻三十五、八八三頁。

（一三）（漢）鄭玄注、（唐）孔穎達正義『礼記正義』巻二十（前掲『十三経注疏』）、一四〇九頁。

（一四）『漢書』巻四 文帝紀、一二一頁。

（一五）（宋）章如愚『群書考索後集』巻二十二 官制門 漢官（『景印文淵閣四庫全書』第九三七冊）、三〇〇頁。

（一六）（宋）洪邁撰、孔凡礼点校『容斎随筆』の『容斎続筆』巻一 漢獄名（中華書局、二〇〇五年）、二三一頁。

（一七）『漢書』巻四十九 袁盎伝、二二六八頁。

（一八）『漢書』巻四十八 賈誼伝、二二五七頁。

（一九）『漢書』巻四十八 賈誼伝、二二五九頁。

（二〇）（宋）王楙撰『野客叢書』巻十二「漢獄吏不恤」条（『景印文淵閣四庫全書』第八五二冊）、六四四頁。

（二一）『漢書』巻四十八 賈誼伝、二二六〇頁。

（二二）『史記』巻一百二十二 酷吏伝、三一三五頁。

（二三）（清）趙翼著、欒保群・呂宗力校点『陔餘叢考』巻十六「大臣有罪多自殺」（河北人民出版社、一九九〇年）、二八八頁。

（二四）（清）朱彝尊『曝書亭集』巻六十四（『景印文淵閣四庫全書』第一三一八冊）、三六八頁。

（二五）（清）孫星衍等輯、周点遊点校『漢官六種』（中華書局、一九九〇年）一四五～一四六頁。『晋書』巻二十五 輿服志にも、「静室令、駕一、中道。式道侯二人、駕一、分左右也。」とある（中華書局、一九七二年）、七五七頁。

（二六）『太平御覧』巻六十八所引『漢舊儀』（中華書局、一九六〇年）三三千三十六頁

（二七）『後漢書』巻四十四 張禹伝（中華書局、一九六五年）、一四九九頁。

（二八）『後漢書』巻五十四 楊秉伝 、一七六九～一七七〇頁。

（二九）『三国志』巻十三 魏志王朗伝、四〇九頁。

（三〇）河清谷校注『三圃黄図』巻六（三秦出版社、一九九八年）、三六六頁。

（三一）『漢書』巻四十八 賈誼伝、二二五九頁。

（三二）『後漢書』志二十五 百官志二（中華書局、一九六五年）、三五七八頁。

（三三）（宋）王應麟『玉海』巻一二六 官制 漢官拾遺（江蘇古籍出版社、一九八七年）、二三二四頁。

（三四）（明）方以智『通雅』巻二十四（『景印文淵閣四庫全書』第八五七冊）、四九九頁。

（三五）『礼記正義』巻四十九、一六〇二、一六〇四頁。

（三六）『漢書』巻二十五上 郊祀志第五上、一一八九頁。

（三七）『礼記正義』巻四十九、一六〇三頁。

（三八）『礼記正義』巻四十九、一六三八頁。

（三九）『太平御覧』巻五十三 礼儀部九「斎戒」所引『礼記外伝』、二四〇三頁。

（四〇）『史記』巻八十七 李斯列伝、二五六二頁。

（四一）『太平御覧』巻七四二 疾病部五 所引『釋名』、三二九四頁。

（四二）（清）孫詒讓撰、孫啓治点校『墨子間詁』巻七 天志中（中華書局、二

〇〇一年)、一九六頁。

(四三)楊伯俊撰『論語訳注』第七 述而篇(中華書局、一九八〇年)、七六頁。

(四四)『後漢書』礼儀志下、三一四一頁。

(四五)『太平御覧』巻五三〇礼儀部九 斎戒 所引『礼記外伝』、二四〇三頁、『荘子』達生篇に、「十日戒、三日斎。」とあり、「三日斎」というのは十日間の斎戒中に三日間の「致斎」を行うことを指すのだろう。

(四六)『後漢書』礼儀志上、三一〇四頁。

(四七)(唐)蕭嵩等奉敕撰『大唐開元礼』巻三 斎戒(北京、民族出版社、二〇〇〇年)、三一頁。

(四八)『礼記正義』巻四七、一五九二頁。

(四九)『周礼注疏』巻二六 大史、八一七頁。

(五〇)『太平御覧』巻五三〇 所引『礼記外伝』、二四〇三頁。

(五一)鄭玄注、孔穎達疏『礼記注疏』巻四九、一六〇三頁。

(五二)林素娟「飲食礼儀的身心過渡意涵及文化象徴意義——以三『礼』斎戒・祭祖為核心進行探討」(『中国文哲研究集刊』、第三二期、二〇〇八年)一七七〜一七八頁。

(五三)(漢)韓嬰撰、許維遹校釋『韓詩外伝集釋』巻八(中華書局、一九八〇年)、二七七〜二七九頁。

(五四)『国語』周語上(『四部叢刊初編』(商務印書館、一九二六年)所収)。

(五五)『史記』巻六 秦始皇本紀、二七五頁。

(五六)(宋)徐天麟編『西漢会要』巻二九(中華書局、一九五五年)、二六四頁。

(五七)『後漢書』巻六一『黄瓊伝』、二〇三四頁。

(五八)『後漢書』巻七九下 儒林 周澤伝、二五七九頁。(漢)應劭『漢官儀』巻上にもほとんど同じ記述がある(『漢官六種』、一二七頁を参照)。

(五九)『梁書』巻三 梁武帝紀下(中華書局、一九七三年)、九一頁。

(六〇)(宋)史崧校釋『黄帝素問霊樞集注』巻一五、『道蔵』第二一冊(文物出版社等、一九八七年)、四三一頁。また『黄帝内経素問』巻三 蘭台秘典には、黄帝が岐伯に対して人體内の十二蔵の相を教えてくれるように請うとき、黄帝は「余聞精光之道、大聖之業、而宣明大道、非斎戒擇日不敢受也。」と述べ、「黄帝乃擇吉日良兆、而蔵霊蘭之室、而伝保焉。」とある(『景印文淵閣四庫全書』七三三冊、三七頁)。この記述の中で、黄帝が斎戒して経を伝えるのに用いている「霊蘭の室」とは、斎戒に用いるための「斎宮」や「斎室」に他ならない。

(六一)(晋)郭璞注、(宋)邢疏『爾雅注疏』巻五 釋宮に「宮謂之室、室謂之宮。」とある(『十三経注疏』、二五九七頁)。宋の李誡奉による敕撰『營造法式』巻一 總釋上 宮 に引く漢代應劭の『風俗通義』には「自古宮室一也。漢来尊者以爲號、下乃避之也。」とある。(『景印文淵閣四庫全書』第六七三冊、四〇三頁)。

(六二)(唐)道宣撰『廣弘明集』巻四所収(隋)釋彦琮『通極論並敘』(上海古籍出版社、一九九一年)、一二一頁。

(六三)(唐)李林甫等撰、陳仲夫点校『唐六典』巻八(中華書局、一九九二年)、二四二頁。

(六四)(唐)杜佑撰、王文錦等点校『通典』巻一一六、(中華書局、一九八八年)、二九六二頁。

(六五)『魏書』巻二七 穆崇伝(中華書局、一九七四年)、六六五頁。

(六六)(唐)張説『大唐封禪壇頌』、『文苑英華』巻七七三、(中華書局、一九六一年)、四〇七〇頁。

(六七)『史記』巻六 秦始皇本紀、二七三〜二七四頁。

(六八)『漢書』巻二三 刑法志第三、一一〇二〜一一〇三頁。

(六九)『宋書』巻一四 礼儀志一(中華書局、一九七四年)、三四九頁。

(七〇)『後漢書』礼儀志、三一〇九頁。

(七一)『大唐開元礼』巻三 斎戒、三一頁。

(七二)(唐)杜佑撰、王文錦等点校『通典』巻一〇九 皇帝冬至祀圜丘 斎戒、二八二一〜二八二二頁。

(七三)『史記』巻一二六 滑稽列伝、三二一一頁。

(七四)（宋）洪邁撰『隷釋』巻二、北京、中華書局、一九八六年、二七頁。また『隷釋』巻二一「修華嶽碑復民賦碑」、二一六頁を参照。
(七五)『隋書』巻八 礼儀三（中華書局、一九七三年）、一六二頁。
(七六) 謝桂華「西北漢簡所見祠社稷考補」（『簡帛研究』二〇〇四（廣西師範大学出版社、二〇〇六年）、二六三～二六六頁を参照。
(七七)『通典』巻一二一、三〇七一頁。
(七八)『通典』巻一二一、三〇八一頁。
(七九)『漢書』巻一六 高惠高后文功臣表、五四三頁。
(八〇)『漢書』巻一九下 百官公卿表第七下、七七六頁。
(八一) 劉俊文撰『唐律疏議箋解』巻九 職制、（中華書局、一九九六年）、七二七頁。
(八二)（漢）崔寔撰、石聲漢編『四民月令校注』、（中華書局、一九六六年）、一頁。
(八三)『四民月令校注』、七九～八八頁。
(八四)『周礼』では大宗伯の職掌に、「凡祀大神、享大鬼、祭大示、帥執事而卜日」も含まれるという。鄭玄注には「執事、諸有事於祭者。」とある。(『周礼注疏』巻一八、七六三頁)。
(八五)『通典』巻四八 礼八 吉礼七、一三四〇頁。
(八六)『太平御覧』巻一八一『居処部九屋』所引の崔凱『喪服節』、八八一頁。
(八七)『漢書』巻九〇 酷吏 田延年伝、三六六六頁。
(八八)『後漢書』巻一二 彭寵伝、五〇四～五〇五頁。
(八九)『晋書』巻九二 王沈伝、二三八三頁。
(九〇)（晋）干宝撰、李劍国輯校『新輯捜神記』巻二三（中華書局、二〇〇七年）、三八六頁。
(九一)（唐）歐陽詢『藝文類聚』巻三五所引『妬記』（上海古籍出版社、一九八二年）、六一五頁。
(九二)『南史』巻五三 梁武帝諸子 蕭綜伝（中華書局、一九七五年）、一三一五頁。
(九三)『資治通鑑』巻一五〇 梁武帝 普通六年（西暦五二五年）（中華書局、一九五六年）、四七〇一頁。
(九四)『北史』巻九一 列女伝、（中華書局、一九七四年）、三〇〇八頁。
(九五)「唐故秘書少監劉府君墓誌銘並序」、（西安市長安博物館編『長安新出墓誌』、（文物出版社、二〇一一年））、二一二～二一五頁。
(九六)（闕名）「扶風竇公（懷）墓誌並序」（載呉鋼主編『全唐文補遺』千唐志斎新蔵専輯、（三秦出版社、二〇〇六年））、一七三頁。
(九七)（元）胡炳文撰『純正蒙求』巻中（『景印文淵閣四庫全書』、第九五二冊）、三五頁。
(九八)『宋史』巻二八二 王旦伝、（中華書局、一九七七年）、九五四五頁。
(九九)『礼記正義』巻一六 月令、一三七〇頁。
(一〇〇)（漢）高誘注、陳奇猷校釋『呂氏春秋校釋』巻一一 仲冬紀 第十一、（学林出版社、一九八四年）、劉文典撰、馮逸・喬華点校『淮南鴻烈集解』巻五 時則訓（中華書局、一九八九年）。

(一〇一)『礼記正義』巻三七、一頁。

(一〇二)（宋）朱熹『孟子精義』巻一三 盡心章句上（『景印文淵閣四庫全書』、第一九八冊）、五一五頁。

(一〇三)（清）蘇輿撰、鍾哲点校『春秋繁露義證』巻一六 循天之道篇、（中華書局、一九九二年）、四五二頁。

(一〇四)（魏）王弼注、樓宇烈校釋『老子道德経注』、（中華書局、二〇一二年）、三九頁。

(一〇五)（晋）郭象注、（唐）成玄英疏、曹礎基、黄蘭發整理『荘子注疏』（中華書局、二〇一一年）、七九～八一頁。

(一〇六)『荘子注疏』、二〇七～二〇八頁。

(一〇七)姜守誠『放馬灘秦簡〈志怪故事〉中的宗教信仰』、（『世界宗教研究』二〇一三年第五期）、一六七～一六八頁。

(一〇八)『荘子注疏』、二〇七～二〇九頁。

(一〇九)楊伯峻撰『列子集釋』巻二、（中華書局、一九七九年）、三九～四〇頁。

(一一〇)（唐）房玄齢注『管子』巻一三 心術上（上海古籍出版社、一九八九年）、一一六頁。
(一一一)『管子』巻一六 内業、一五一頁。
(一一二)『管子』巻一六 内業、一五二頁、一五四頁。
(一一三)任繼愈主編『中国佛教史』第一巻、（中国社会科学出版社、一九八五年）、一三五頁。
(一一四)（唐）王冰註、（宋）林億等校正『黄帝内経素問』巻一一、（『景印文淵閣四庫全書』、七三三冊）、一三九頁。
(一一五)『黄帝内経素問』巻一、（『景印文淵閣四庫全書』、第七三三冊）、九頁。
(一一六)『黄帝内経素問』巻三、（『景印文淵閣四庫全書』、第七三三冊）、三六頁。
(一一七)『淮南鴻烈集解』巻一 原道訓、四二頁。
(一一八)『淮南鴻烈集解』巻七 精神訓、二二二頁。
(一一九)王明編『太平経合校』巻一五四～一七〇 分別形容邪自消清身行法（中華書局、一九六〇年）、七二三～七二四頁。
(一二〇)『太平経合校』巻一二〇～一三六 鈔辛部、六八七頁。
(一二一)『太平経合校』巻一〇八 瑞議訓訣、五一二～五一三頁。
(一二二)『太平経合校』巻一五四～一七〇 盛身卻災法、七二二頁。
(一二三)『太平経合校』巻七三～八五 闕題、三〇六頁。
(一二四)饒宗頤『老子想爾注校箋』、（上海古籍出版社、一九九一年）、一九～二〇頁。
(一二五)『老子想爾注校箋』、三三頁。
(一二六)『老子想爾注校箋』、四七頁。
(一二七)『老子想爾注校箋』、一九頁。
(一二八)『老子想爾注校箋』、一〇七頁。
(一二九)Kristofer Schipper and Franciscus Verellen ed, The Taoist Canon : A Historical Companion to the Daozang, The University of Chicago Press ,2004, P. 685。任繼愈主編『道藏提要』には「葛洪『神仙伝・老子伝』提及『西昇』、則是經当出晉代」とある（中国社会科學出版社、一九九一年、四七六頁）。
(一三〇)『老子西昇経』巻上 慎行章 第四（『道藏』一一冊）、四九二頁。
(一三一)（唐）王懸河編『三洞珠嚢』巻一 救導品所引『太平経』第三十三巻、（『道藏』第二五冊）、三〇三頁。
(一三二)『老子西昇経』巻中 深妙章 第十四、（『道藏』一一冊）、五〇一頁。
(一三三)『太平御覧』巻六六七 道部所引『登真隠訣』、二九七六頁。
(一三四)『三洞珠嚢』巻五引『太真科』、三二四頁。
(一三五)『礼記正義』巻四九、一六〇三頁。
(一三六)『礼記正義』巻四七 祭義、一五九二頁。
(一三七)『礼記正義』巻四七 祭義、一五九二頁。
(一三八)『礼記正義』巻四七、一五九四頁。
(一三九)『太平経合校』巻一一四 不可不祠訣、六〇五頁。
(一四〇)『礼記正義』巻二六 郊特牲、一四五七頁。
(一四一)『礼記正義』巻二六 郊特牲、一四五七頁。
(一四二)『礼記正義』巻二六 郊特牲、一四五九頁。
(一四三)（漢）揚雄撰、（宋）司馬光集注『揚子法言』巻一〇 孝至篇、（『景印文淵閣四庫全書』、第六九六冊）、三四八頁。
(一四四)（漢）劉向『異苑』巻一九 修文、（『景印文淵閣四庫全書』、六九六冊）、一七三頁。
(一四五)（宋）朱熹『論語精義』巻二上、（『景印文淵閣四庫全書』、一九八冊）、六八頁。
(一四六)（宋）黎靖德編『朱子語類』巻二五、（『景印文淵閣四庫全書』、七〇〇冊）、五二六頁。
(一四七)錢穆著『霊魂与心』（廣西師範大学出版社、二〇〇四年）、五一頁。
(一四八)林素娟前掲論文、一七七～一七八頁。
(一四九)『漢書』巻二五下 郊祀志第五下 、一二六〇～一二六一頁。
(一五〇)安居香山、中村璋八輯『緯書集成』、（河北人民出版社、一九九四年）、一一五三頁。

（一五一）『隷釋』巻三、三六頁、陳垣編纂、陳智超・曾慶瑛校補『道家金石略』、（文物出版社、一九八七年）、三頁。

（一五二）（漢）蔡邕『蔡中郎集』巻六。原文には「或談思以歴丹田」とある（『景印文淵閣四庫全書』、一〇六三冊、二二四頁）。『隷釋』巻二〇「王子喬碑」は「或譚思以歴丹田」（二〇三頁）と作る。本文は『水経注』所引「王子喬碑」に従って改める（酈道元著、陳橋驛校證『水経注校證』巻二三（中華書局、二〇〇七年）、五五九頁を参照）。

（一五三）王卡点校『老子道徳経河上公章句』（中華書局、一九九三年）、一二一頁。

（一五四）（後漢）荀悦『申鑒』巻三 俗嫌、（『景印文淵閣四庫全書』、六九六冊）、四五一頁。

（一五五）漢代『老子中経』巻上 第二十六 神仙には「子欲爲道、当先歴蔵、皆見其神、乃有信。有信之積、神自告之也。」とある。『太上老君大存思注訣』には「凡存思之時、皆閉目内視、人體多神、必以五蔵為主、主各料其事、事各得其成。」とある。（『道蔵』第一八冊、七一五頁）。

（一五六）『太上老君中経』巻上、（『道蔵』第二七冊）、一四九頁。

（一五七）Isabelle Robinet, “La Revelation du Shangqing dans L'histoire du Taoisme”, *Publications de L. Ecole Francaise d. Extreme-Orient*, Vol. CXXXVII, 1984・Isabelle Robinet, *Taoist Meditation: The Mao-shan Tradition of Great Purity*, translated by Julian F. Pas and Norman J. Cirardot, State University of New York Press, 1993, pp. 19-66. Kristofer Schipper, The Taoist Body, translated by Karen C. Duval, University of California Press, 1993. pp. 103-108、前田繁樹著『初期道教經典の形成』、（汲古書院、二〇〇四年）、二六八～二七四頁。

（一五八）王明「論〈太平経〉的成書時代和作者」（『世界宗教研究』一九八二年第一期、王明『道家和道教思想研究』（中国社会科学出版社、一九八四年）所収）、二〇〇頁。

（一五九）林富士「〈太平経〉的神仙観念」（『中央研究院歴史語言研究所集刊』第八十本第二分、二〇〇九年）、二四二～二四四頁、姜守誠『〈太平経〉研究—以生命為中心的綜合考察』（社会科学文獻出版社、二〇〇七年）、三六〇～三六六頁。

（一六〇）『太平経合校』巻七二 斎戒思神救死訣、二九一頁。

（一六一）『太平経合校』巻一五四～一七〇 分別形容邪自消清身行法、七二三～七二四頁。

（一六二）『太平経合校』巻一八～三四 太平経鈔乙部 以樂卻災法、一四頁。

（一六三）（梁）陶弘景『登真隠訣』巻下には入静法と漢中入治朝静法について詳しい記載がある。入静法には、「入静戸不得喚外人、及他所言念、又入戸出戸、皆云漱口。尋此之旨、凡静中吏司、皆泰清官寮、糾察嚴明、殊多科制、若不如法、非但無感、亦即致咎禍害者矣」とある（『道蔵』第六冊、六一九頁）。

（一六四）『登真隠訣』巻下、六一九頁。

（一六五）湯用彤「讀〈太平経〉書所見」（『湯用彤学術論文集』（中華書局、一九八三年）所収）、五二～七九頁）。また、湯用彤『漢魏兩晋南北朝佛教史』、（北京大学出版社、一九九七年）、七五～七六頁も参照。

（一六六）『中国佛教史』第一巻、一三四～一三七頁。また、李養正「道教『守一』法非濫觴佛経議」六七～七三頁、「東漢道家気法与佛教『安般守意』小議」、（いずれも李養正『佛道交渉史論要』（香港道教学院出版社、一九九九年）所収）、七四～八八頁も参照。

（一六七）蕭登福『道家道教与中土佛教初期経義發展』、（上海古籍出版社、二〇〇三年）、一五四～一五五頁。

（一六八）（後漢）安世高譯『大比丘三千威儀』巻上（『大正新修大蔵経』巻二四）、九一七頁。

（一六九）『太平経合校』巻九六 守一入室知神戒、四一二～四一三頁。

（一七〇）『太平経聖君秘旨』（『道蔵』第二四冊）、六〇〇頁。

（一七一）『太平経聖君秘旨』、六〇〇頁。

（一七二）王明著『抱朴子内篇校釋』巻一八 地真、（中華書局、一九八五年）、三二四頁。

（一七三）『抱朴子内篇校釋』巻一八 地真、三二六頁。

（一七四）『三天内解経』巻下（『道蔵』第二八冊）、四一六頁、四一七頁。

（一七五）『中華道蔵』第二冊、（華夏出版社、二〇〇四年）、三五二頁。

（一七六）『中華道蔵』第二冊、三五七頁。

（一七七）『上清太上帝君九真中経』、（『道蔵』第三四冊）、三三頁。

（一七八）Michel Strickmann, “India in the Chinese Looking-Glass”, in D. E. Klimburg-Salter, ed., *The Silk-Route and Diamond Path.* Los Angeles:University of California Art Council, 1982, p. 59.『提謂波利經』等の疑偽經については、前掲『中国佛教史』第三巻（中国社会科學出版社、一九八八年、五四六～五六五頁。

（一七九）陸修静『洞玄霊宝五感文』（『道蔵』第三二冊）、六一九頁。

（一八〇）陸修静『洞玄霊宝斎説光燭戒罰燈祝願儀』（『道蔵』第九冊）、八二二頁。

（一八一）（唐）杜光庭『道門科範大全集』巻九七（『道蔵』第三一冊）、九四〇頁。

（一八二）徐梵澄「韋陀教神壇与大乗菩薩道概觀」（『徐梵澄文集』巻一（上海三聯書店、華東師範大学出版社、二〇〇六年）所収）、一八九頁。

（一八三）『三天内解経』巻下、四一六頁。

（一八四）陸修静『太上洞玄霊宝法燭経』、（『道蔵』第六冊）、一七八頁。

（一八五）（漢）趙岐注、（宋）孫奏疏『孟子注疏』巻八 離婁章句下、（『十三経注疏』）、二七三〇頁。

（一八六）（清）蘇輿撰、鍾折点校『春秋繁露義證』巻一五、四〇七頁、四一七頁。

（一八七）『太上老君中経』巻上、一四五頁。

（一八八）『洞真太上素霊洞元大有妙経』、（『道蔵』第三三冊）、四〇一頁。

（一八九）『上清太上帝君九真中経』巻下、四一頁。

（一九〇）『太上洞玄霊宝度人上品妙経』（『道蔵』第一冊）、三頁。

（一九一）丁煌「道教的“沐浴”探究」（林富士主編『礼俗与宗教』（中国大百科全書出版社、二〇〇五年）所収）、一一八頁。

（一九二）呂鵬志『天師道旨教斎考』下篇、五一一頁。

（一九三）『天師道旨教斎考』下篇、五二七頁。

（一九四）『老君音誦誡経』（『道蔵』第一八冊）、二一二頁。

（一九五）『唐前道教儀式史綱』、二三七頁。

（一九六）『大唐開元礼』巻三 斎戒、三一頁。

（一九七）（法）蘇遠鳴撰、辛岩譯「道教的十日斎」（『法過漢学』第二輯（清華大学出版社、一九九七年）、二九頁。

（一九八）陳寅恪「崔浩与寇謙之」（『金明館叢稿初編』（上海古籍出版社、一九八〇年、一二一～一二二頁）。

（一九九）（姚秦）弗若多羅、鳩摩羅什合譯（西暦四〇五年以降に訳出）『十誦律』巻三七、（『大蔵経』巻二三）、二六四～二六五頁。また、『十誦律』巻二六（『大蔵経』巻二三）、一九〇頁も参照せよ。

（二〇〇）康樂「素食与中国佛教」（周質平・Willard J.Peterson 編『国史浮海開新録――余英時教授榮退論文集』（聯經出版事業公司、二〇〇二年）初出。前掲『礼俗与宗教』所収）、一四九頁、一七一頁。

（二〇一）（清）兪正燮『癸己存稿』巻一三 佛教斷肉述義（遼寧教育出版社、二〇〇三年）、三九四～三九七頁、釋印順『初期大乗佛教之起源与開展』（正聞書局、一九八一年）、三六～三七頁、康樂「潔浄・身分与素食」（『大陸雑誌』一〇二巻一期（二〇〇一年）一五～四六頁）、康樂『素食与中国佛教』、一二八～一七二頁。

（二〇二）釋印順『戒律学論集』（中華書局、二〇一〇年）、三九八頁。

（二〇三）（宋）朱熹『論語集注』巻五（『景印文淵閣四庫全書』、第一九七冊）、五〇頁。

（二〇四）『礼記正義』巻二九 玉藻、一四七四頁。

（二〇五）『太平御覧』巻五三〇 礼儀部九 斎戒 所引『礼記外伝』、二四〇三頁。

（二〇六）『荘子注疏』（中華書局、二〇一一年）、八〇頁。

（二〇七）程樹徳『九朝律考』（中華書局、一九六三年）、二五頁、八一頁、一三四頁を参照。

(二〇八)林素娟前掲論文。

(二〇九)『太上老君中経』巻上、一四九頁。

(二一〇)『太上老君中経』巻下、一五二頁。

(二一一)『抱朴子内篇校釋』巻四 金丹、八四～八五頁。

(二一二)『抱朴子内篇校釋』巻一五 雑應、二七五頁。

(二一三)(宋) 張君房編、李永晟点校『雲笈七籤』巻一一 三洞経教部 所引『黄庭内景経』、(中華書局、二〇〇三年)、一九五～一九六頁。

(二一四)『太平御覧』巻六七一 道部十三 服餌下 所引『真誥』、二九九二頁。現存の『正統道蔵』本『真誥』にはこの文章は残っていない。

(二一五)『太上洞玄霊宝五符序』巻中(『道蔵』第六冊)、三三一頁。

(二一六)馬王堆漢墓帛書整理小組『馬王堆漢墓帛書』肆(文物出版社、一九八五年)、八五頁、唐蘭「馬王堆帛書〈卻穀食気篇〉考」、(『文物』一九七五年第六期)。

(二一七)(漢) 戴徳撰『大戴礼記』巻一三『易本命』(『景印文淵閣四庫全書』、一二八冊)、五三九頁。『淮南鴻烈解』巻四 墜形訓にも内容の同じ文章が見られる。

(二一八)『太平経合校』巻一二〇～一三六、七〇〇頁。

(二一九)『太平経合校』巻四二、九〇頁。

(二二〇)『抱朴子内篇校釋』巻八 釋滯、一五〇頁。

(二二一)『抱朴子内篇校釋』巻二 論仙、一七～一八頁。

(二二二)釋印順『戒律学論集』、三九八頁。

(二二三)『太極真人説二十四門戒経』(『道蔵』第三冊)、四一四頁。

(二二四)(唐) 王懸河『三洞珠嚢』巻四 絶粒品 所引『无量変生経』、三一九頁。

(二二五)(唐) 朱法滿『要修科儀戒律鈔』巻一〇所引『太真科』、九六七頁。

(二二六)『太上洞玄霊宝智慧本願大戒上品経』(『道蔵』第六冊)、一五九頁。

(二二七)『太極真人敷霊宝斎戒威儀諸経要訣』(『道蔵』第九冊)、八七三頁、八七四頁。

(二二八)『太平御覧』巻六六七 道部七 斎戒 所引『太真科』、二九七六頁。

(二二九)『天師道旨教斎考』下篇、五二五頁。

(二三〇)たとえば、六朝時代の『三皇斎儀』には、「修道之人、日中一食、夜半生気時食、此日夜兩食、皆取生気時、避死気時也。他時纖毫不得安嘗、必犯死気也。若疾患採薬、或服餌休糧、各隨所宜、不拘制限。夫食以養身、身安神樂、不饑之者修学易成、餓困虚羸功業不就也。」とある(王懸河『三洞珠嚢』巻三所引、三〇九頁)。また、『太上三皇宝斎神仙上録経』には、「又此斎法、侍燈勤苦、当日中一食、至夜生気時、燒香陳願畢、又一食、此則毎時食息也。但不得冒履殗濁、令不精專之人干犯斎禁。」とある(『道蔵』第一八冊、五六〇頁)。『无上秘要』巻六五 山居品に引く『升玄経』には、山に住み修道する際の十の要目が記載されており、その第七番目の要目には「中後不得食穀炁物。有穀炁者不得以近山。水玉・芝石・松朮、黄精・雲英・霊飛散・苟杞等薬、食無時、不在禁例。」とある。(『道蔵』第二五冊、第二一六頁)。道教と仏教とでは、午後に食事をしてはいけない理由だけではなく、午後に食べてはならないものも全く違うことがわかる。

(二三一)『陸先生道門科略』、七八〇頁。

(二三二)『陸先生道門科略』、七八一頁。

(二三三)『三天内解経』巻上、四一四頁。

(二三四)『三天内解経』巻下、四一六頁。

(二三五)『雲笈七籤』巻四五、一〇一二頁。

(二三六)『太上老君経律』(『道蔵』一八冊)、二一九～二二一頁。

(二三七)『正一旨教斎儀』(『道蔵』第一八冊)、二九二頁。

(二三八)Kristofer Schipper, “ Purity and Stangers—shifting boundaries in medieval Taoism;” *T’oung Pao* Vol, 80, 1994, P.˙66 ·.Kristofer Schipper and Franciscus Verellen ed, *The Taoist Canon : A Historical Companion to the Daozang,* The University of Chicago Press , 2004, p.

131.

(二三九)『天師道旨教斎考』下篇、五〇九頁。

(二四〇)『唐前道教儀式史綱』、二二五頁。

(二四一)陳世驤"想爾"老子道経燉煌残巻論證」((台湾)『清華学報』新一巻第二期（一九五七年）、五〇～五一頁、饒宗頤「想爾九戒与三合義」(饒宗頤『老子想爾注校箋』、一〇四～一〇五頁)、施舟人（Kristofer Schipper）「饒宗頤先生的〈老子想爾注〉研究和世界道教学的發展」(『饒宗頤学術研討会論文集』(翰墨軒出版有限公司出版、一九九七年)、三頁)。

(二四二)『太上老君経律』、二一八頁。

(二四三)『礼記正義』巻二八、一四六九頁。

(二四四)『礼記正義』巻四九、一六〇三頁。

(二四五)『後漢書』巻七九下 儒林 周澤伝、二五七九頁。

(二四六)『晋書』巻四五 劉毅伝、一二七七頁。

(二四七)詹鄞鑫『神霊与祭祀 中国伝統宗教綜論』(江蘇古籍出版社、一九九二年)、二八七頁を参照。

(二四八)『後漢書』礼儀志上、三一〇四頁。

(二四九)(漢)許慎撰、(清)段玉裁注『説文解字注』、(上海古籍出版社、一九八八年)、六二五頁。

(二五〇)『老君音誦誡経』、二一六頁。

(二五一)(梁)陶弘景『真誥』巻一〇 協昌期 第二（『道蔵』第二〇冊）、五五三頁。

(二五二)『真誥』巻一〇 協昌期 第二、五五一頁。

(二五三)『真誥』巻一〇 協昌期 第二、五五二頁。

(二五四)『真誥』巻一〇 協昌期 第二、五四五頁。

(二五五)『真誥』巻一〇 協昌期 第二、五七一頁。

(二五六)『上清太上帝君九真中経』巻下、四五頁。

(二五七)『洞真太上素霊洞元大有妙経』、四一八頁。

(二五八)『登真隠訣』巻中、六一六頁。

(二五九)Kristofer Schipper, "Purity and Stangers—shifting boundaries in medieval Taoism," *T'oung Pao* Vol,80,1994, P. 66・Kristofer Schipper and Franciscus Verellen ed, The Taoist Canon : A Historical Companion to the Daozang, p. 127-129.

(二六〇)『女青鬼律』巻三（『道蔵』第一八冊）、二四五頁。

(二六一)『礼記正義』巻四七、一五九二頁。

(二六二)『礼記正義』巻三、一二四八頁。

(二六三)『隋書』巻六『礼儀志』一一七頁。

(二六四)『大唐開元礼』巻三、三一～三二頁。

(二六五)『通典』巻五二、一四四〇頁。

(二六六)劉俊文撰『唐律疏議箋解』巻九 職制、七三三頁。

(二六七)『真誥』巻一〇 協昌期 第二、五五一頁。

(二六八)『上清太上黄素四十四方経』(『道蔵』第三四冊)、七五頁。

(二六九)『太上洞玄宝元上経』(『道蔵』第六冊)、二五二頁。この経の成立年代については、前掲『道蔵提要』、二七七頁を参照。

(二七〇)Kristofer Schipper and Franciscus Verellen ed, The Taoist Canon : A Historical Companion to the Daozang, p. 378.

(二七一)『黄帝九鼎神丹経訣』巻一（『道蔵』第一八冊）、七九五頁。

(二七二)王明著『抱朴子内篇校釋』巻四 金丹、七四頁。

(二七三)『太上洞玄霊宝五符序』巻中、三二四頁。

(二七四)『太極真人敷霊宝斎戒威儀諸経要訣』、八七一頁。

(二七五)『正一法文経章官品』(『道蔵』第二八冊)、五三四～五五七頁。

(二七六)(晋)常璩撰、劉琳校注『華陽国志校注』巻八（巴蜀書社、一九八四年)、六〇九頁。ならびに唐長孺「范長生与巴氐據蜀的關係」(『魏晋南北朝史論叢続編』(中華書局、二〇一一年)、一七六～一八四頁。

(二七七)『赤松子章暦』巻二 殗穢条、『道蔵』第一一冊、一八九頁。

(二七八)『老君音誦誡経』、二一二頁。

(二七九)『老君音誦誡経』、二一四頁。

(二八〇)『老君音誦誡経』、二二五頁。
(二八一)『斎戒籙』(『道蔵』第六冊)、一〇〇五頁。また、『雲笈七籤』巻三七斎戒の引用文も参照(八一六頁)。
(二八二)(宋)張若海『玄壇刊誤論』論入靖品 第一、重論入靖品 第二(『道蔵』第三二冊、六二三頁。
(二八三)施舟人「道教的清約」(『法国漢学』第七輯 宗教史専號(中華書局、二〇〇二年)、一五八、一六一頁。
(二八四)王承文『敦煌古霊宝経与晋唐道教』、二九六~三一九頁。
(二八五)呂鵬志『天師道旨教斎考』下篇、五二八頁、『唐前道教儀式史綱』、二三〇~二三一頁。
(二八六)呂鵬志『天師道旨教斎考』下篇、五二七頁。
(二八七)Michel Strickmann, “A Taoist Confirmation of Liang Wu Ti’s Suppression of Taoism”, *Journal of the American Oriental Society*, Vol.98, No.4, 1978, pp.467-475.、尾崎正治「道士―在家から出家へ」(『歴史における民衆と文化 酒井忠夫先生古稀祝賀紀念論集』国書刊行会、一九八二年)、二〇五~二二〇頁。Kristofer Schipper, “Le monachisme taoiste”, *Incontro di Religioni in Asia tra il III et il X Secolo d.C.*, Florence: Urbaldini, 1984, pp.199-215. 都築晶子「六朝後半期における道館の成立―山中修道」(『小田義久博士還暦紀念東洋史論集』(龍谷大學東洋史學研究会、一九九五年)。中国語訳は付晨晨譯「六朝後期道館的形成―山中修道」(『魏晉南北朝隋唐史資料』第二五輯(武漢大學出版社、二〇〇九年)二二六~二四六頁)。Stephen Eskildsen, *Asceticism in Early Taoist Religion*, New York: State University of New York Press, 1998. Livia Kohn, “Daoist Monastic Discipline: Hygiene, Meals, and Etiquette”, *T’oung Pao*, Vol.87, 2001, pp.153-193. Livia Kohn, *Monastic Life in Medieval Daoism: A Cross-Cultural Perspective*, Honolulu :University of Hawaii Press, 2003. Stephen R. Bokenkamp, “The Early Lingbao Scriptures and the Origins of Chinese Monasticism”, *Cahiers d. Extreme-Asie*(20), 2011, pp.95-124. 孫齊『唐前道觀研究』(山東大學博士論文、二〇一四年)。
(二八八)Michel Strickmann, “A Taoist Confirmation of Liang Wu Ti’s Suppression of Taoism”, pp.467-475.
(二八九)Stephen Eskilden, *Asceticism in Early Taoist Religion*, p.1.
(二九〇)陸修静『洞玄霊宝五感文』(『道蔵』第三二冊)、六一八~六二〇頁。
(二九一)陸修静『洞玄霊宝説光燭戒罰燈祝願儀』、八二一~八二六頁。
(二九二)『玄壇刊誤論』論説戒署職品 第三、六二四頁。
(二九三)釋印順「原始佛教聖典之集成」(『印順法師佛学著作全集』(中華書局、二〇〇九年、八九~一二七頁)、釋印順『戒律学論集』(中華書局、二〇一〇年)、三四三~三五〇頁を参照。
(二九四)呂鵬志『天師道旨教斎考』下篇、五〇九頁。
(二九五)『礼記正義』巻二六、一四五三頁。
(二九六)『周礼注疏』巻一、六四九~六五〇頁。
(二九七)『周礼注疏』巻三四、八七一頁。
(二九八)『太平御覽』巻五三〇 礼儀部九 斎戒処引、二四〇三頁。
(二九九)『通典』巻四二 礼二 郊天上、一一六四頁。
(三〇〇)『大唐開元礼』巻四、三五頁。

(三〇一)『唐律疏議箋解』巻九、七二六頁。

(三〇二)『玄壇刊誤論』論入靖品 第一、重論入靖品 第二、六二三頁。

(三〇三)(唐)杜光庭『道門科範大全集』巻七九 陞壇法事如式 説戒(『道蔵』第三一冊)、九四五頁。

(三〇四)『南斉書』巻九 礼志上、(中華書局、一九七二年)、一三七頁。

(三〇五)『隋書』巻六 礼儀志、一一七頁。

(三〇六)『周礼注疏』巻二六 大史、八一七頁。

(三〇七)『周礼注疏』巻一八、七六三頁。

(三〇八)(清)孫詒讓『周礼正義』巻四、(中華書局、一九八七年)。

(三〇九)「斎官」の選任に関する経典には、敦煌文書S.六八四一號『霊宝自

然斎儀』所引『金籙簡文経』（即ち『太上洞玄霊宝金籙簡文三元威儀自然真一経』）、『太極真人敷霊宝斎戒威儀諸経要訣』、陸修静『洞玄霊宝斎説光燭戒罰燈祝願儀』、『玄都律文』、『正一旨教斎儀』などがある。王承文『敦煌古霊宝経与晋唐道教』（中華書局、二〇〇二年）、四五七～四九三頁を参照。

（三一〇）王承文『敦煌古霊宝経与晋唐道教』、四五八～四九三頁。

（三一一）『周礼』には、「祭僕、掌受命于王以眡祭祀、而警戒祭祀有司、糾百官之戒具。既祭、帥羣有司而反命、以王命勞之、誅其不敬者」とある（『周礼注疏』巻三一、八五二頁）。また、『後漢書』百官志には、漢朝の侍御史の職掌について、「凡郊廟之祠及大朝会、大封拜、則二人監威儀、有違失則劾奏」とある（三五九九頁）。

（三一二）（唐）柳宗元「監祭使壁記」（柳宗元『柳河東集』巻二六（上海古籍出版社、二〇〇八年、四三二～四三三頁）。

（三一三）張若海『玄壇刊誤』には「凡修斎轉経、本在法堂」、「法堂即宮観正殿。後有説法堂、中列経宝、左列玄中法師、右列天師」とある（六二五頁）。

（三一四）『无上秘要』巻三五 授度斎辭宿啓儀品、（『道蔵』第二五冊）、一二〇頁、『无上秘要』巻四八 霊宝斎宿啓儀品、一七一頁。

（三一五）『要修科儀戒律鈔』巻八、九五六～九五七頁。

（三一六）『三洞珠嚢』巻一、三〇四頁。

（三一七）注三一二参照。

（三一八）『玄壇刊誤論』 重論説戒事品 第四、六二四頁。

（三一九）『要修科儀戒律鈔』巻一一、九七六頁。

（三二〇）陸修静『陸先生道門科略』、四一四頁。

（三二一）陳国符『道蔵源流考』（中華書局、一九六三年）、三三〇～三三九頁。

（三二二）『正一法文太上外籙儀』（『道蔵』第三二冊）、二〇六頁。

（三二三）（唐）朱法満『要修科儀戒律鈔』巻一〇引「玄都律」、九六七頁。

（三二四）南朝馬樞『道学伝』には、東晋後期における銭塘の天師道の首領であった杜子恭について、「識信精勤、宗事正一。少參天師治籙、以之化導」、「遂立治静、廣宣救護、莫不立驗也」とある（『三洞珠嚢』巻一引『道学伝』、一九六頁）。

（三二五）陸修静『陸先生道門科略』、七八〇頁。

（三二六）漢魏六朝の道教では、天師道も含めて、信徒が集団的な斎戒活動を行う場所を「治堂」・「法堂」・「斎堂」・「道堂」などと呼んでいた。唐の朱法満『要修科儀戒律鈔』巻八 都講鈔に引く『太真科』には、「斎堂之前、経臺之上、皆懸金鐘玉磬。鐘磬依時鳴、行道上講、悉先叩撃。非唯警戒人衆、亦乃感動群霊。神人相關、同時集会、弘道濟物、盛德交歸。」とある（九五八頁）。『无上秘要』巻四八 霊宝斎宿啓儀品に引く古霊宝経『金籙経』には、「斎官尊卑次序入治戸」とある。また、敦煌文書P．三二八二號『霊宝自然斎儀』に引く『金籙簡文』には、「斎官尊卑次序入道戸」とあり、『无上秘要』巻四八『霊宝斎宿啓儀品』に引く古霊宝経『明真経』には「初入斎堂、法師在前、衆官以次隨之。」とある。『太上洞玄霊宝智慧本願大戒上品経』の「太極智慧十善勸助功德戒」の第三には「勸助建斎静治、令人世世門戸高貴、身登天堂、飲食自然、常居無為。」とある（一五八頁）。『洞玄霊宝長夜之府九幽玉匱明真科』には「明真科」の規定として、「供師法服、建立治堂、明燈照夜、九幽之中、見世光明、死昇天堂。」とある（『道蔵』第三四冊、三八一頁）。

（三二七）呂鵬志『唐前道教儀式史綱』、一八頁。

（三二八）『魏書』巻一一四『釋老志』（中華書局、一九七四年）、三〇四八頁。

（三二九）（宋）呂太古『道門通教必用集』序（『道蔵』第三二冊）、一頁。

（三三〇）呂鵬志『唐前道教儀式史綱』、一三頁。

（三三一）呂鵬志『天師道旨教斎考』下篇、五一一頁。

（三三二）呂鵬志『霊宝六斎考』、一〇一～一〇四頁。

（三三三）『太平経合校』巻九二 洞極上平気無蟲重復字訣、三八〇頁、『老子中経』巻上 第十三 神仙（一四五頁）。これについては、また別の論文で議論したい。

（三三四）（梁）陶弘景『登真隠訣』巻下には、入静法と漢中入治朝静法について詳しく記述されている（六一八～六二〇頁）。後漢の『太平経』や『老子中経』や漢魏の天師道から、葛洪の『抱朴子』および東晋中期の上清経等にいたるまで、斎戒制度について多くの記載が見られる。このことから、斎戒制度は漢晋の道教の各派中に広く存在し、東晋末年の「古霊宝経」に対して決定性的な影響力を持っていたと考えられる。したがってこれから、漢晋の道教の斎戒に関する資料を系統的に整理した上で、道教の「静室」の構造や「静室」に関する「斎儀」などについて、東晋末の「古霊宝経」がいかに漢晋の道教を基盤として自己の斎戒制度と「斎儀」体系を形成したのかついて考察する。

(三三五)Eric Zurcher,“ Buddhist Influences on Early Taoism:A Survey of Scriptural Evidence”, *T’oung Pao*,Vol. 66, 1980, pp. 84-147.

(三三六)呂鵬志『天師道旨教斎考』下篇、五四一頁。

(三三七)漢晋の道教「静室」や「斎室」の名称には、さらに多くの呼称がある。これについては、また別の論文で議論したい。

(三三八)（法）謝和耐著、耿升譯『中国五～一〇世紀的寺院経濟』（上海古籍出版社、二〇〇四年）、二五六頁。

(三三九)（三国）康僧会譯『舊雜譬喩経』巻上（『大正新修大蔵経』巻四）、五一四頁、五一五頁。

(三四〇)呂鵬志『天師道旨教斎考』上篇、三七九頁。

(三四一)呂鵬志『天師道旨教斎考』下篇、五三八頁。

(三四二)呂鵬志「天師道授籙科儀―敦煌写本S．二〇三考論」九七頁、“ Les textes du Lingbao ancient dans L’histoire du taoisme”, pp;192-194.

(三四三)呂鵬志『霊宝六斎考』、九九頁。

(三四四)『太上老君中経』巻上、一四五頁。

(三四五)（梁）陶弘景『真誥』巻一〇 協昌期 第二、五五一～五五二頁。

(三四六)『礼記正義』巻九、一〇三五頁。

(三四七)『抱朴子内篇校釋』巻六 微旨、一二五頁。

(三四八)徐梵澄「韋陀教神壇与大乘菩薩道概觀」（『徐梵澄文集』巻一（上海三聯書店、華東師範大学出版社、二〇〇六年）所収）、一八九頁。

(三四九)湯用彤『漢魏兩晋南北朝佛教史』、五八二頁。

(三五〇)『後漢書』巻四二 楚王英伝、一四二八頁。

(三五一)『後漢書』巻三〇下 襄楷伝、一〇八二頁。

(三五二)湯用彤『漢魏兩晋南北朝佛教史』、三七頁、六九頁。

(三五三)湯用彤『漢魏兩晋南北朝佛教史』、三八頁。

(三五四)湯用彤『漢魏兩晋南北朝佛教史』、七〇頁。後漢の楚王劉英の「潔斎三月、与神為誓」の「潔斎三月」とは、東晋の郗超『奉法要』において見られる、佛教が規定している毎年正月、五月、九月の斎戒とは異なると考えられる。第一に、早期のインド佛教自体にはこれと関連する斎戒観念はまだ無いためである。このような三ヶ月間の斎戒は佛教が中国に伝入した後、東晋に至ってはじめて現れた斎戒の規定である。第二に、中国には古代より「潔斎三月」の伝統があったためである。「潔斎三月」とは、三ヶ月間に渉って行う斎戒のことをいう。先に引いた『荘子』在宥篇には、帝は「築特室、席白茅、閒居三月」とあり、三ヶ月間連続して斎戒を行うことを述べている。また、『韓非子』巻十一には、「宋人有請為燕王以棘刺之端為母猴者、必三月斎、然後能觀之。」とあり、漢代の趙曄撰『呉越春秋』巻四には、「東顧謂禹曰、欲得我山神書者、斎於黃帝巖嶽之下三月、庚子登山發石、金簡之書存矣。禹退又斎三月、庚子登宛委山、發金簡之書。」とある。漢代の緯書については、『尚書』帝驗期に「王母之国在西荒、凡得道授書者、皆朝王母於崑崙之闕。王褒、字子登、斎戒三月、王母授以『瓊花宝曜七晨素経』。」とある（『太平御覽』巻六六一 道部三 真人下所引、二九五一頁）。『太上洞玄霊宝五符序』巻下には、黄帝が『天皇真一之経』を解釈した際のことについて、「乃到峨嵋山、清斎三月、得与（天真）皇人相見」とある。また、『眞誥』巻十一 稽神樞第一には、「漢建安之中、左元放聞伝者云、江東有此神山、故度江尋之。遂斎戒三月、乃登山、乃得其門。」とある。後漢衛宏の『漢官舊儀』には「桓帝祭天、居玄雲宮、斎百日、上甘泉通天臺、高三十丈、以候天神之下。」と記載されている（『漢官六種』、五七頁）。『抱朴子』内篇 巻四 金丹には、金丹の錬成について、「必入名山之中、斎戒百日、不食五辛生魚、不与俗人相見、爾乃可作大薬。作薬須成乃解斎、不但初作時斎也。」とある。以上の史料より、楚王劉英の「潔斎三月、与神為誓」は、典型的な中国の伝統的祭祀斎戒の考え方を示しており、外来の佛教とは関係無いと考えられる。

（三五五）湯用彤『漢魏兩晋南北朝佛教史』、六九頁。

（三五六）（唐）義浄著、王邦維校注『南海寄歸内法伝校注』巻二 随意成規（中華書局、一九九五年）、一一五頁。

（三五七）（日）中村元「儒教思想対佛典漢譯帯来的影響」、（『世界宗教研究』一九八二年第二期）。

（三五八）呂澂『中国佛学源流略講』、北京。中華書局、一九七九年。

（三五九）康樂「轉輪王觀念与中国中古的佛教政治」（『中央研究院歴史語言研究所集刊』、第六十七本第一分、一九九六年）、一三八頁を参照。韋伯の関連研究を概括している。

分科会（I）五

「霊宝略紀」と北宋初年における霊宝経の伝統

劉　屹
冨田　絵美(訳)

一　はじめに

長い間、中国の道教は中国の歴史文化の重要な一端であると見なされてきただけではなく、往々にして中国文化の根底をなすところであると考えられてきた。しかし全体的に見れば、道教研究と中国の歴史の研究は未だに異なる学術領域に区分されており、二つの領域の研究は十分に結びついてはいないようである。長年、歴史研究者はすでに政治・経済・社会など歴史学の一般的な角度から中国史の発展的段階性と特徴的な側面を考察し、多くの重要な成果を挙げ、一連の啓発的な論点を提出してきた。一方、宗教研究者は道教を包括し仏教を内包する中国の古代宗教について詳細に研究を進めているが、有意義な成果は宗教経典と思想についての議論に比較的集中している。仏教・道教の歴史の発展を、中国史の発展段階説の考察にうまく結びつける研究はまだ非常に少ない。

歴史学の考察と宗教学の考察は相反する関係ではなく、各々の研究の方法と結論には上下関係もないが、両者を適切に結びつけることができれば、たとえそれぞれの研究が飛躍的な進展を見せることはできなくても、少なくとも互いの観点から互いに検証することが出来れば、試みる価値はあるだろう。道教は中国の歴史の文化的産物であり、その形成・発展・変遷の過程は、明らかに中国史の発展の趨勢と密接に関係し合っている。もし中国史の発展にある段階の特徴があれば、道教の発展もまたこの段階の特徴を示しているのではないだろうか。もし道教の発展がなんらかの側面から中国の歴史発展の段階的特徴を裏付けるなら、これはどの程度にその証明を助けるのであろうか。もし道教の発展においてこのような発展段階の特徴が見られず、根本的に中国史の段階的特徴による影響を受けていないとすれば、そのことは道教自体のなんらかの歴史の特徴を説明するのだろうか。これは議論すべき問題であろう。

「霊宝」は中国道教史にほぼ一貫して重要な概念である。(一)中国史上の多くの概念と符合する場合があり、「霊宝」の一語は道教史の各段階において共通する内包と外延を有しているだけではなく、一つの独特な道教の伝統を形成してきた。「霊宝」の概念の誕生と変遷の過程を全体的に描き、それを中国史の発展段階説と照らし合わせるようなことは、この論文の説き及ぶところではない。本論文では、『雲笈七籤』巻三の「霊宝略紀」をめぐって議論を展開し、六朝隋唐から北宋初期までの道教における「霊宝」の伝統に対する認識がどのような過程を経て構築されたのかを解明する。そして後に「霊宝」というものによって道教史と中国史の発展とを結合させる考察の合理的な道筋を探索するために、一つの先立つ基礎的研究を提供しよう。

二 「霊宝略紀」の性質と時代

「霊宝略紀」は現在『雲笈七籤』巻三のみに見られ、このほかに伝世する版本はない。学会ではこの文献についてこれまで十分な専門的研究はなされておらず、ごく少数の学者が六朝の葛氏道と霊宝経について述べる際にその記述をいささか引用しているに過ぎない。したがって、「霊宝略紀」を用いる前に、その性質と作成の時代についてさきに説明を加える必要がある。

『雲笈七籤』は北宋仁宗の天聖五（一〇二七）年に張君房により正式に献上された道教類書で、[二] その巻三「道教本始部」は七つの内容、すなわち「道教序」・「道教所起」・「道教三洞宗元」・「左乙混洞東蒙録」・「霊宝略紀」・「三宝雑経出化序」・「天尊老君名号歴劫経略」より構成されている。『道蔵提要』はこの巻の内容について、「諸経を抄録し、道教の品位と由来、天尊・老君の名号および歴紀の年号・『霊宝経』の伝授・三洞四輔三十六部の仙源などを詳細に解説している。」と概述する。[三]『雲笈七籤』の編纂以前、張君房は先に『大宋天宮宝蔵』を作っている。『天宮宝蔵』を編纂しなければならなかったのは、その前に北宋朝廷が編纂した「宝文統録」が、大筋が曖昧で、各部分に齟齬があるためである。したがって『天宮宝蔵』から『雲笈七籤』までは、配列上の明確な形式規則や分類があることが、その大きな特徴である。

『雲笈七籤』はもともと宋以前の古道書のうち優れたものを抄録して保存しており、宋以前の道書の収録・抄録・転載には、みな張君房の明確な目的と必要性がある。中嶋隆蔵氏は、この七つの内容のうち「道教序」は張君房が五代末あるいは宋初の周固朴による『大道論』から摘録し、「道教所起」と「道教三洞宗元」の二つは「道門経法相承次序」巻上の冒頭部分から抜き書きしていることをすでに指摘している。[四] このことはまさに、張君房が自らの道教に対する認識体系に基づいて、関係する既存文献を意識的に抄録・改変し、それらについて適宜取捨選択を行い、自ら体系的な配列を作ったことを示している。張氏が引用文を扱う際には、引用文の典拠を明らかにしている場合があり、『雲笈七籤』中の多くの古道書は、彼が原著や篇名を明示していることによって残されている。また典拠を示していない場合もあり、それはたとえば前述の中嶋氏が指摘した三例である。しかしこれも、単に既存の道書に依拠するだけでは、彼の道教に対する理解を正確に表現することができなかった場合に、既存の道書を刪削して混入し、自らの言わんとする部分を創作しているものに違いない。「霊宝略紀」の冒頭が「述曰」[五] であることも、この文章もやはり、既成の文献の文章を直接に引用しているのではなく、張氏が既存の文献による採録と編成によって創作したものであることを示す。

このような背景を明らかにすることは、「霊宝略紀」における文字の性質と時代を考える一助となる。「霊宝略紀」以前にあっては、多くの霊宝経や関連する道書は、みな宇宙開闢以前より始まり、そこから霊宝経の出世と人間への流伝を述べていることは確かである（後文で詳しく述べる）。ただしこのように語られる時間の始まりから終わりまでの間に、「霊宝略紀」は様々な道書にもともと存在していた多くの資料を補填して、完全な時間軸を創出したらしく、六朝隋唐の「霊宝」に関連する各種の神話は、すべて一つの軸上で前後で列べられている。こうした手法は、中国古代の伝説に似ている。これらは本来は各々に発展し互いに独立した多様な構成を持つが、ある特定の時期になると、意図的に前後に順序づけられ、雑然としながら先後関係が明確な一元的単線構造が形成される。ここから、「霊宝略紀」は少なくとも六朝隋唐においてすでに独立して成書されたり、単独に流伝した文章ではなかったと考えられる。張君房が『雲笈七籤』を編纂する際に、六朝隋唐の既存の霊宝経と、それに関連する道書にもとづいて、霊宝の源流を物語る文にまとめあげたのだろう。しかし道教の起源という基本的な問題について張君房が述べるにあたって、特別に章を立てて「霊宝略紀」を記していることは、北宋前期の道教における「霊宝」の伝統が、なお大きな影響力を持っていたことを示す。要するに、「霊宝略紀」は北宋初年の道教が有していた「霊宝」に対する伝統的な認識を反映している。これを六朝隋唐の「霊宝」の伝統と比較してみると、注目すべき差違が見つかるかもしれない。

三　「霊宝略紀」が述べる霊宝の伝統の来源と変化

論述の便宜上、「霊宝略紀」（以下「略紀」と簡称）の述べる「霊宝」の伝統の源流について、六節に分けて簡単に述べ、あわせて逐一それぞれの節の典拠となっている六朝時期の経典と対照し、唐代の発展変化に言及する。六朝時期の経典の典拠に関しては、いわゆる「古霊宝経」、すなわち「元始旧経」と「仙公新経」とに分かれる二種、さらに陸修静の『霊宝経目序』などの材料に主に基づく。唐代の状況は、孟安排の『道教義枢』（総じてその原本は唐以前の『玄門大義』である）、「道門経法相承次序」などの材料に主に依拠する。古霊宝経に関する研究は、昨今の学会でもなお議論が多く、本稿ではこれらの議論に過分に言及するつもりはない。ただし霊宝経について歴史的な考察をしようとすれば、霊宝経の成書時代と前後に関する問題は避けようがない。本稿の議論と密接に関連するのは、所謂「仙公新経」は「元始旧経」よりも早く作られたという筆者の示した観点であり、このことはすでに筆者自身の多くの論文において様々な角度から論証されている。[六] したがって本稿が古霊宝経の材料を用いる際には、「新経」は「旧経」よりも早いということを、すでに十分に論証された前提として考え、その中の細かい討論などもまた本稿においてなお一層の証拠となり得るだろう。

1　霊宝経の起源について

「略紀」は「量世」の概念について、「謂ふ所は　虚空と量を斉しくし、信に計るべからず。」と説明している。この概念は六朝隋唐の道書にはまだほとんど現れておらず、宋初の新しい考え方であろう。「略紀」は過去の無数の劫運における龍漢の運期に、梵気天尊が出現し、「霊宝」によって教化し度人したと述べる。そして龍漢の劫運において天地が崩壊し、四海が冥合し、乾坤が破壊され、光明が絶えたのちに、赤明の劫運に移行するのである。[七]

霊宝経の絶対的な本源性を強調するために、霊宝経は必ずその誕生の由来について宇宙や天地の開始以前から語り、霊宝の経法はまさに「道」の体現であると言う。漢代は気化宇宙論が流行した時代であり、儒家と道家とはどちらも、宇宙の開闢と人類の歴史の始まりに先んじて混沌の気の状態があり、この状態の中にはいくつかの変化の段階があると考えていた。[八] 六朝道教では宇宙と人類の歴史について、最初に単なる太初の気の状態から始まり、その後に天地の形成から人類の上古の黄金時代へと移行し、さらに三皇五帝の時代に至るという考え方が重視されていた。これは宇宙の自然から人類歴史への単線的・一方向的発展の時間モデルであり、宇宙や天地と人類の歴史には始まりはあるが終わりはない。葛巣甫が東晋末に造出した本来的な意味での

「仙公新経」においても(九)、やはりこのような単線的・一方向的な時間モデルを見ることができる。たとえば「新経」は葛仙公の前世の経歴を叙述する際に、彼が三皇五帝以来何度も輪廻して世に降来したことを列挙するだけである。しかし「元始旧経」では、仏教の劫期の観念から影響を受けて生み出された循環的進化という時間概念があらわれている。三皇五帝以前において、宇宙の開闢と天地の形成は一度だけではなく、龍漢・赤明・延康・開皇などと呼ばれる劫運があって、それぞれの劫運には無数の劫期がある。そして劫運の終わる時には、宇宙・天地・人類が壊滅を経た後に再び生じ、また次の劫運が開始されるのだという。天地の開闢から三皇五帝の時代まで、我々が置かれているこの新しい劫運が開始した後の、無限の年月における最近の一時期に過ぎない。この時間概念は間違いなく仏教からきたもので、道教の霊宝経の中に最も豊富に記されている。「旧経」において、宇宙と人類の歴史の時間は無限に加速度的に拡大している。そして霊宝経が貴重なのは、それらが龍漢の劫運の始まりにおいてすでに存在し、全ての劫運の興亡を越えて存続し、宇宙と人類の全歴史を貫ぬいていることによる(一〇)。ここで、「新経」と「旧経」との間で、霊宝経の時間概念が、単線的・一方向的な時間軸モデルから段階的・循環的に再生する時間環モデルへと変化したことが分かる。陸修静が四三七年に作った『霊宝経目序』は、龍漢・赤明・開皇の劫運説を採用し、霊宝経の時空を超越する特性を強調している(一一)。南北朝末から唐初にいたるまで、道教以外の学者も、劫運説を道教の最も特徴的な学説なひとつと見なしていたのだろう。よく知られている「魏書釈老志」と「隋書経籍志道経序」の考え方もこれに基づく(一二)。唐代以降の『道教義枢』もまた「隋志」の説明に依拠してその説をまとめている（以降に詳しく引く）。

龍漢の劫運において初めに「梵気天尊」が出現し、霊宝の経法の伝授が始まったという考え方は、古霊宝経の立場とは全く異なる。古霊宝経では、歴世の劫運中で現れたのは「無形常存之君」・「無名之君」・「無形天尊」・「梵形天尊」などである。しかし「梵気天尊」は見られず、宋初に初めてあらわれた名号なのだろう。古霊宝経が特に強調している、霊宝経とは劫運よりも以前から存在していた道炁の凝固によって天文大字を成したものであるという考え方は、ここでは最早見られない(一三)。これは、北宋初の道教と六朝道教との霊宝教の伝統に対する態度における重要な差異の一つであろう。

2　元始天尊の出現について

「略紀」は、赤明の劫運において元始天尊があらわれ、霊宝によって教化を行った。赤明の劫運が終わると、天地はまた崩壊する(一四)、と述べる。

古霊宝経の「旧経」があらわれてから、元始天尊は霊宝経の最も重要な主神の一人であり、「道」の化身の一つであり、それゆえに「開劫度人」と「累劫不滅」の絶対性と本源性とを具有している(一五)。元始天尊の神格性とその絶対性・本源性は、一体で不可分のものである。葛巣甫が「新経」を造作した際、彼は「万劫」・「歴劫」などの概念を多用した。これらの語は仏教中においては単に時間の無限に続くことを示す概念であるが、「新経」中では、宇宙の気と天地開闢から三皇五帝以来の人類の歴史までの長い時間を指す。これに対して「旧経」では、一つの無限に続く時間があるのではなく、天地の開闢から天地の崩壊までの輪廻が過去に無数に存在していたと考える。元始天尊は今の宇宙・世界の形成よりも前から存在していたばかりでなく、無数の宇宙と世界の中で、歴代の劫運において化現し、霊宝の経法を伝授したのである。劫運が交替するという観念が出現しない限り、元始天尊が劫にしたがって化現する神格であるという考え方が生じ得ないことは明らかである。また、劫にしたがって化現するのは元始天尊と霊宝の経法だけであり、太上大道君・三皇五帝や葛仙公などはみな霊宝の伝承と関連する天上と地上の神話的人物であるけれども、これ以前の劫運中において出現することは決してない。

『道教義枢』の序は、前述の『隋書』の記述を引用して以下のようにいう。

> 儒書「経籍志」に云く、元始天尊 太無の先に生まれ、自然の炁を稟け、冲虚凝遠たりて、其の極を知る莫し。天地 淪壊し、劫数終に盡き、而れども天尊の体、常に存して滅せず。天地の初めて開く毎に、或ひは玉京の上に在り、或ひは五方浄土に在り、授くるに秘道を以てし、之を開劫度人と謂ふ。然れども其の開劫、一度に非ず。故に延康・赤明・龍漢・開皇有るは、是れ其の年号なるのみ。其の度する所の人 皆な諸天の仙聖、無量の上品なり。太上老君・天真皇人・五方の天帝及び諸仙官有り、転た共に承受す。説く所の經、亦た元一の炁を稟け、自然にして有り、造為するところに非ず、亦た天尊と常に存して滅せず。天地 壊れざれば、則ち蘊みて伝ふる莫し。劫運 若し開けば、其の文 自ら見る。（一六）〈一〉

孟安排が『隋書』を引用する根拠は、『隋書』は唐初に官修された史書で、一定の権威性を有しており、また広範な影響力を持っていたことによる。加えて、古霊宝経のうち「旧経」だけをとってみても、元始天尊の名号がいつ出現したのか、元始天尊は龍漢・赤明・開皇いずれの劫運において霊宝経を初めて伝えたのか、劫運の先後関係はどうなっているのかついて、様々な説明があるため、典拠とし難かったからであろう。（一七）ただし「魏志」と「隋志」の作者は結局のところ道教内部の人ではなく、彼らは道教の劫運について、赤明が先で龍漢が後であると考えており、霊宝経中もこのように考えている部分はわずかに確認できる。しかし龍漢を先とし赤明を後とするのが、霊宝経中のより普遍的な考え方である。この点について「略紀」では、やはり道教の普遍的な考え方に基づいている。要するに、劫運の交替と元始天尊の出現に関して言及することは、後出の「旧経」が霊宝の伝統を新たに構築するために必要不可欠であった。しかし、これはもともと世の道士たちの想像に基づくものなので、多くの人々によって作られた「旧経」には多様な考え方があらわれた。そこで後世の道教では各説を統一することに力を尽くし、ひとつの比較的多くの人が受容できる考え方を作り出したのである。

3　太上大道君の出現について

「略紀」には次のようにある。開皇の劫運に至って、太上大道君は胎を洪氏の胞に託し、降誕して成長し、精思して感通すると元始天尊が下来し、道君に「霊宝大乗の法 十部妙経」を伝授したと記されている。元始天尊は太上大道君とともに諸天を遊行して教化したのち、経法を太上大道君に委ね、正式に道君に「太上」の号を授けた。（一八）

古霊宝経では、元始天尊は歴劫に化現して、天人を強化するために天文玉字によって霊宝経を造ったとあり、これが霊宝経の直接の来源であると述べられている。しかし世の道士が手に入れられる霊宝経は、元始天尊が直接に降授したものではない。両者の間には太上大道君という重要な神格が介在している。「新経」は「旧経」よりも早くに出現し、天文玉字から作られたのではないとされている。その中では太上大道君だけが最高の神格である。太上大道君が太極真人らを遣わして葛仙公に降授した経も「新経」である。「旧経」を作成する時に、もともと存在していた太上大道君を変化させて、後から出てきた元始天尊の弟子にしたのである。天尊が道君と異なっているのは、劫にしたがって生死する、始まりも終わりもない絶対的な存在であるという点である。一方道君は、開皇劫運の時に至って、胎内に宿って世にあらわれ、天尊の助けのもとで道を成したのちに永遠の存在となったのであり、終わりはないが始まりがある存在である。「霊宝大乗の法十部妙経」というのは、「旧経」の十部三十六巻を指し、「新経」は含まれない。この「十部妙経」だけが最も早い劫運の開始以来、天文大字から造られ、元始天尊によって伝えられたものであり、歴劫に永存するのである。「新経」には葛仙公に伝授したことを示す明確な記述があり、某年月日に至って某地に生じたと明言されている場合さえある。こうした内容は、明らかに今の劫運中の特定の時期と符合するに過ぎず、はるか昔の龍漢や赤明の劫運において、葛仙公が「新経」を伝授されたのだと考えることはできない。このため、「旧経」が持っているような、始めも終わりも無く劫に随って転化できる絶対的な神聖性は、「新経」にはない。

　太上大道君は胎を洪氏の胞に託して降誕したというモチーフは、「旧経」の一つである『太上洞玄霊宝真文度人本行妙経』に初めて見られる[一九]。古霊宝経の「旧経」は多くの場合、元始天尊と太上大道君が併せて登場して諸天を教化する。太上大道君が修業を経て元始天尊の弟子になったというモチーフは、古霊宝経ではそのことに触れられるだけである。しかし南北朝後期に新たに作られた『昇玄内教経』では、太上大道君が元始天尊の弟子になったいきさつについて詳細に書き加えている[二〇]。元始天尊が太上大道君に経法を委ねた後のモチーフは、どの古霊宝経においてもはっきり述べられていない。南北朝後期から唐初に至っては、霊宝経の伝統に基づいて新たに道経を作り、あるいは仏教経典である『大般涅槃経』にある「付嘱品」の影響を受けて、元始天尊が経法を太上大道君に委託し、その後に自ら昇天して去った顛末が記されはじめた。『太玄真一本際妙経』巻二「付嘱品」などである[二一]。「略紀」に概説されている霊宝の伝統が、もはや六朝前期の古霊宝経に存在していた内容だけではなく、霊宝の伝統に基づいた南北朝末から唐初の新たな展開をも包括していることがわかる。これは六朝の古霊宝経が経教道教として霊宝の伝統の基礎を確立した後も、なお道教には「霊宝」という主題の絶え間ない発展と拡大があったことを証明している。「略紀」の作成に至るまでに、道教が継承してきたのは、六朝前期の古霊宝経を中心とする霊宝の伝統だけにとどまらない。しかしその体系化に際しては、依然として古霊宝経の規定する範囲内で展開しており、ほとんどその枠組みを出ない。

4　夏禹の授かった霊宝真文の顛末について

　「略紀」には次のように述べられている。太上大道君は元始天尊に委ねられて、霊宝の経法を十方の諸天に広めたが、宛利城境（中国のこと）にだけはまだ普及していなかった。帝嚳の時、太上大道君は三天真皇を遣わして帝嚳に『霊宝五篇真文』を授けた。帝嚳は仙去するときに、それを鍾山に隠した。後に夏禹がこの『霊宝真文』を手に入れ、自ら修習し、神力の助けを得て水土を治めた。夏禹は仙去する前、それを包山洞庭の室に隠した。呉王闔閭の時、包山の龍威丈人は、闔閭のために『霊宝真文』を取り出した。闔閭の君臣は素書篆字を知らず、特別に使者を遣わして孔子に教えを請い、孔子はこれが『霊宝五符真文』であると言った。闔閭はその教えに従って修習することができず、真文は自ら天に飛び去った。夫差が即位すると、労山で再びこの霊宝真文を手に入れ、これ以来、世に代々録伝された[二二]。

前述した「量世」の開始から太上大道君までの経緯は、完全に晋宋以来の霊宝経の作者たちの想像に基づく。しかし夏禹から闔閭までの霊宝五符にまつわる伝承に関しては、葛巣甫が霊宝経を造作する以前にすでに存在していた霊宝の伝統である。「霊宝の伝統」は、古霊宝経が「霊宝五符」や「霊宝五篇真文」の神聖的地位を確立したことによって始まったのではない。ザイデルは、「霊宝」を含めた中国上古の帝王の天命宝物の伝統に着目し、劉宋建立期の祥瑞の一つである「霊宝の出世」も、夏禹が霊宝五符を得た話に基づいて霊宝経が造作されて再び世に出たのを、劉宋が天命を受けた象徴として位置付けたことを意味するのだと指摘した(一三)。

当然、それを持っている道士がみな帝王交替の天命の証左に熱心だったわけではないので、『抱朴子内篇』中に見られる霊宝経は、修道者の個人的な求仙と避禍の符呪の効能を大いに持っている。夏禹と霊宝五符に関する伝説は、陸修静が「新経」の一番目に挙げている『太上霊宝五符序』などに述べられている。その作成時期は『抱朴子内篇』の後、葛巣甫が「新経」を造作する前である可能性が高い。「略紀」が述べている帝嚳・夏禹から闔閭・夫差に至るまでの話は、全て『五符序』中に見出すことができる。ただし『五符序』には、その前に元始天尊と太上大道君が十方を教化して「霊宝五符」を作って伝授した背景は述べられていない。「三天真皇」が帝嚳のところに降授したことは、『五符序』にも見えるが、原文は太上大道君が三天真皇を遣わして帝嚳に降授させたものではない。この後の記述と『五符序』の原文とを比較してみると、細かい差異も見られる。

『道教義枢』巻二「三洞義」は霊宝経の由来を述べる際に、「旧経」が大きな関心を払っている、劫運の循環によって元始天尊と太上大道君とがどのように霊宝の経法を伝授したのかについての神話を、重視していないようである。そのため『三洞義』では三洞中の洞玄霊宝経について、霊宝君の出だす所、高上大聖の撰する所、万劫に一たび出づ云々と記しており、元始天尊と太上大道君とが霊宝経を伝授したというストーリーが全くない。孟安排もまた、霊宝経の人間における伝布は、天真皇人が黄帝に伝授して以来始まるものであると考えている。

> 元始天王 西王母に告げていはく、太上紫微宮中の金格玉書霊宝真文篇目、十部妙経合して三十六巻なり。按ずるに『太玄都四極明科』に曰く、洞玄経、万劫に一たび出で、今 一通を太山に、一通を労盛山に封ず。昔 黄帝 峨眉山に登り、天真皇人を詣で、請ひて此の法を受け、龍を駕して昇天す。帝嚳の時、九天真王九龍の輿を駕して牧徳の台に降り、帝に此の法を授く。帝 之を北鍾山に封ず。夏禹の感ずるところの経、出没するに異有り(一四)〈二〉。

天真皇人が黄帝に霊宝五符を授けたという故事は、『太上霊宝五符序』巻下にも見える。ただしこれは『五符序』巻上にある、帝嚳より霊宝五符の伝授が始まったという由来とは別の伝説であり、『五符序』の作成時に一つに接合されたのだろう。それらはみな古霊宝経の形成以前の、すでに徐々に天命の色彩を脱し、個人的な修道体験を重視するものとなっていた「霊宝の伝統」である。「略紀」と同巻の「道教所起」の部分に、張君房がまた「道門経法相承次序」巻上の説を引用している。

> 今伝の霊宝経は、則ち是れ天真皇人 峨嵋山に於て軒轅黄帝に授くるなり。又た天真皇人 牧徳の台に於て帝嚳に授け、夏禹 鍾山にて降るを感じ、闔閭 句曲に於て竊聞す(一五)〈三〉。

「道門経法相承次序」は唐代の上清派の道士の作であろう。したがってその霊宝経の伝承についての略述は、完全には霊宝経派の立場にもとづいた叙述ではないと考えられる。この中では意識的にか無意識的にか、劫運説と天尊・道君主神説とが削除されており、霊宝経の歴史を単に黄帝から述べ始めている。隋唐時代の道教内部でも霊宝派以外の立場においては、霊宝の経法の来源と伝承についての認識に、やはり大きな差異がある。霊宝経の一連の伝承の系譜について、各々に由来を持つ中古道教の経法の分派が、みな同じように受容していたのではない。

5　葛仙公の影響について

「略紀」には以下のようにある。孫権の時に、葛玄（仙公）は天台山に入って道を学び、精思して太上と感通した。太上はまず太極真人徐来勒を遣わして葛玄に三洞法師の号を授け、さらに太上玄一三真人を降らせて、『霊宝経』を葛玄に伝授した。葛玄が授かった経は全部で二十三巻で、この他に『語禀』・『請問』十巻もあり、あわせて三十三巻である。葛玄の後、霊宝経は葛氏道において代々伝えられ、抱朴子葛洪にまで至った。(二六)

葛仙公は古霊宝経の伝承において重要な人物であり、「新経」の一部には、太上が遣わした天真が降来して葛仙公に伝授した霊宝経がその端緒や背景にある。もともと「新経」において葛仙公は、太上大道君に派遣された太極真人と太上玄一の三柱の真人の降授を受け、あるいは高上老子を含む仙真に道法を請問しただけである。葛巣甫はこうした内容に依拠して「新経」の十巻前後を造出したのであり、それが「『語禀』『請問』十巻」といわれているものである。「略紀」中に、葛仙公は十巻の「新経」を授かった他に、「凡そ受くるところの経二十三巻」と記されている、この二十三巻の指すものはすなわち「旧経」である。実際、「新経」において葛仙公が授かったと言われている霊宝経は、みな「旧経」の内容を含まず、「新経」中には元始天尊と劫運説はあらわれない。一方「旧経」中には葛仙公と太極真人があらわれない。しかし古霊宝経の後には、多くの道書が「略紀」と類似した見方を記している。すなわち、葛仙公は「新経」を授かっただけではなく、また「旧経」も受けたという説である。先に引いた「道門経法相承次序」巻上では夏禹と闔閭について述べた後に、以下のように言う。

> 其の後 葛孝先の類・鄭思遠の徒有り、師資相承し、蝉聯して絶へず。(二七)(四)

「道門経法相承次序」の作者は、霊宝経はもともと元始天尊が龍漢に初めて伝えられたのではなく、ただ黄帝からはじまり、代々帝王の手を経て、葛仙公をはじめとする葛氏道の手に伝えられたと考えている。また、たとえば『道教義枢』巻二には以下のようにある。

> 按ずるに『真一自然経』に云く、太極真人夏禹、聖に通じ真に達し、太上 命じて『霊宝自然経』を鈔出し、『大小劫品經』・『中山神祝』、『八威召龍神経』を分別せしむと。又た云く、徐来勒等三真、己卯年正月一日の日中時を以て、会稽上虞山にて仙公葛玄、字は孝先に伝ふ。(二八)(五)

ここで「太極真人夏禹」云々と述べているのは、『玄門大義』から引用している可能性が高い部分である『雲笈七籤』中の文章を参照すれば、より明確になる。

> 夏禹 陽明洞天にて太上の繡衣の使者に命じて『霊宝五符』を降授せしむるに感じて以て水を理め、万神を檄召す。後に道を得て太極紫庭真人と為り、『大小劫経』・『中山神咒』・『八威召龍』等の経を演出し、今 世に行はる。(二九)(六)

上清経では少なくとも四柱の神真が「太極真人」の号を持つが、霊宝経では太極真人とはすなわち徐来勒のことであり、夏禹を太極紫庭真人としている。これは比較的遅くに出現した考え方であろう。『大・小劫品経』・『八威召龍経』は、どちらも「十部旧経」において「未出」の「旧経」に列せられている。「新経」である『真一自然経』中に示されている「旧経」の篇目に依拠して、「旧経」の作成が「新経」よりも早いと証明できるかどうか、問題はそれほど簡単ではない。第一に、『真一自然経』とはすなわち「新経」である『太上霊宝威儀洞玄真一自然経訣』であり、現存しているものは、この経と比定される敦煌残本断片を寄せ集めた文章であり、残存している内容は少ない。その末尾には実際に徐来勒らが会稽上虞山において葛仙公に伝授したという話があるが、しかしそれだけで、夏禹が『大小劫品経』と『八威召龍経』を鈔出したという話はない。さらに言えば、『道教義枢』のこの部分は『真一自然経』の言として記しているとはいえ、この記述が正しいかどうかについても、疑問がある。第二に、四七一年まで、『大小劫品経』と『八威召龍経』は陸修静によって「旧経」中の「未出」の部分に位置付けられている。もし『真一自然経』が「已出」の諸「旧経」の後に作成されたものであれば、この二経は「未出」と明示されている以上、既に太極真人の鈔出を経て世に広まったと述べられることは有り得ないだろう。このような話が記されるようになった『玄門大義』が隋代の作品であることを考慮すれば、南北朝末年にこの二つの経が造出された後に、「未出」の不備を補填した可能性が高く、その来歴については、夏禹の伝に帰せられてる。したがって、これは『真一自然経』がもともと持つ内容ではない可能性が高い。後出の二つの「旧経」は夏禹の名の下に由来するとされている。しかし『玄門大義』と『道教義枢』においては、人間の道士が夏禹より直接に経本を手に入れることはできず、葛仙公の手を経て初めて順序づけられた伝承の系譜が構築できると考えられている。

「略紀」が「新経」十巻有りと言うのは信じ得るものであり、「旧経」初めに二十三巻有りというのもまた基本的に信じられる。[三〇]ただし事実上は「新経」十巻が先に出て、「旧経」二十三巻が後に出たのである。葛玄が生きていた孫呉の時代においては言うまでもなく、葛仙公の名を掲げて「新経」が造作された東晋末年においても、「旧経」は未だ世に出ていなかった。注意すべきことは、陸修静が『霊宝経目序』内において、なお新・旧霊宝経を葛仙公の伝授に完全には帰属させず、葛仙公と帝嚳高辛・夏禹・張天師とを同じく、かつて霊宝経を授かった者として述べている点である。しかし四人が授かった霊宝経は、帝嚳より以下が伝授した霊宝五符やその派生の経典でしかなく、歴劫不滅である「旧経」でも、元始天尊と太上大道君が伝えた「旧経」でもない。それらは劉宋の建立に至って初めて時運に呼応して出世したのだろう。[三一]陸修静のころの方法は、「旧経」を宣揚するために「新経」と比較してさらなる神聖性と権威性と認めるものである。その結果、意識的にせよ無意識的にせよ「旧経」と「新経」とは歴然と区別される。南北朝後期から唐代までの道教は、『玄門大義』や『道教義枢』に見られるように、「新経」と「旧経」との間の厳格な区分をそれほど重視しておらず、「新経」と「旧経」という呼称が削除されている場合すらある。

つまり、葛仙公が「新経」の一連の霊宝経の中では突出して重要な地位を占めていることは、「新経」の作者がその従孫の葛巣甫であることと無関係ではない。葛仙公は六朝前期においては評価の分かれていた人物であり、たとえば陶弘景が『真誥』を整理する際に、上清系統は霊宝の伝統における葛玄について顧みるに値しないということを度々述べている。もし葛仙公と特別に関係の深い者が霊宝経を造作したのでなければ、葛仙公はこれほど重要な地位を持つことはなかっただろう。葛仙公の役割についても六朝前期には評価が分かれており、彼の霊宝経の伝承における地位は、六朝後期から長期にわたって確立してきた。その要因を突き詰めれば、葛仙公が重視されなければ、道教において霊宝経が天上から人間へ流伝するための経路が構築できなかったためである。

6　葛巣甫の影響について

「略紀」の末尾には以下のようにある。葛仙公の従孫である葛巣甫が、隆安の末に、霊宝経を道士任延慶・徐霊期らに伝えた。それは代々録伝されて、次第に拡散してきた。[三二]

天より神が降って伝授された霊宝経は、その人間世界における作者は本来人がたどれるような痕跡を残さないはずであると言える。したがって、最も早くに霊宝経を整理した陸修静は、天が神啓を降した造作者について何も書き残していない。最も早くに葛巣甫の造経に言及した陶弘景は、葛巣甫が「霊宝を造構し、風教 大いに行は」れたのだと述べるだけである。陶弘景は、葛巣甫と同時期の人である王霊期はおおよそ東晋末の人物であり、したがって葛巣甫が霊宝経を造作した時期は東晋末ごろであるとも述べている。さらに具体的なことは、『道教義枢』(『玄門大義』に既に存在していた可能性がある)においてより詳細に述べられている。『道教義枢』巻二には、

　従孫葛巣甫に至りて、晋の隆安の末を以て、道士任延慶・除霊期の徒に伝へ、相ひ世に伝はりて、今に於て絶へず。[三三][七]

とある。『道教義枢』の文章によれば、葛巣甫は隆安末に葛仙公が天真より授かった霊宝経を任延慶や徐霊期らに再び伝え、これ以来霊宝経は人間に正式に伝播し始めたのだという。「隆安の末」は、葛巣甫が霊宝経を他の道士に伝えた時期であるが、葛巣甫が霊宝経を造構した時期もここからさほど隔たらないだろう。葛巣甫が「霊宝を造構」したというのは、あくまで何らかの霊宝経を造作したのである。学会ではもともと、彼一人がすべての霊宝経を造作したと考えられていたが、昨今ではこの問題に対して新たな解釈がなされている。すなわち、葛巣甫が東晋末に造作したのは「新経」のみであり、「旧経」の可能性はないと考えられるのである。陸修静はもともと葛巣甫が造作して広めた霊宝経の影響に言及することを望まなかったが、『道教義枢』(または『玄門大義』)から始まり、「略紀」に至るまで、道教中の人々はみな故意に葛巣甫と「旧経」の伝布とを結び付けてきた。これらの史料は葛巣甫が本当に「旧経」の造作に関わっていたことを示すものではなく、実際には葛巣甫が「旧経」の伝承系譜中に組み込まれたのである。これは偏に、葛玄から葛巣甫までの系脈だけが、霊宝経が人間に伝承するための経路となり得たためである。たとえ事実上彼らが伝承したのは「新経」のみであっても、六朝後期以降の道教において彼らが伝承しなければならなかったのは「旧経」だったのである。そうでなければ、自ら神聖性をうたう「旧経」には、天宮から人間への重要な仲介者がいなくなってしまう。ここから、葛巣甫は霊宝経の伝承において歴史的に二重の意味合いを持っている。彼はまず、「新経」の造構者である。そしてまた彼は、「旧経」と「新経」両者の伝承者でもある。六朝後期以降の道教において、葛巣甫が「霊宝を造構した」ということはさほど重要ではなく、大切なのは葛巣甫が霊宝経が大いに世に行われる直前の著名な人物であるということだったのである。また彼は葛仙公の従孫であり、葛仙公の授かった霊宝経が孫呉から晋を経て宋に至るまで連綿と伝承されてきたことが明示できる。

四 「略紀」が述べている霊宝の伝統の啓示

本論文ではこれまでに、「略紀」に代表される北宋初年の道教において考えられていた霊宝の伝統について分析した。その結果、現在の霊宝経研究に対して以下の三つの側面から示唆を得られるだろう。

第一に、霊宝経の歴史に関して我々が現在見ている道教方面の史料は、少なくとも三つの異なる枠組みを内包しているため、研究に当たっては注意深く区別しなくてはならないという点である。一つめは、霊宝経自体がそれぞれの立場から明に暗に示している霊宝経の造作と伝授の歴史である。たとえば霊宝天文玉字がどのように変じて霊宝真文となったのか、元始天尊はどのようにそれを霊宝経としたのか、天尊はどのように太上大道君に伝授したのか、道君はどのように太極真人などを介して葛仙公らに伝授したのかなどである。これらはみな、霊宝経が自ら宣揚している経徳尊貴の道教神話に由来する、神話としての霊宝経の歴史である。二つめは、霊宝経の造作前後における霊宝の伝統をめぐる事実上の歴史的状況である。たとえば葛巣甫が霊宝を造構する際に、霊宝の伝統は上古における帝王の天命観念から個人的な求仙避害の符呪へとどのように転換したのか、葛巣甫はいかに「霊宝を造構」したのか、陸修静は霊宝経の造作においてどのような役目を果たしたのか、陸修静の四三七年と四七一年との二つの霊宝経の目録の異同と解釈の問題などである。これはまさしく霊宝経の誕生と発展の歴史であり、現存の文献資料を通して深く掘り下げていくことができる。三つめは、葛巣甫・陸修静・孟安排より張君房に至るまで、歴代の道士たちが統合し整理した結果として作られた霊宝経の伝授の系譜である。これには『霊宝経目序』・『玄門大義』・『道教義枢』・「霊宝略紀」などが記す、おおよそ同じでありながら、実際は細かい点で大きな違いをもつ各種の記述が含まれる。この枠組みは他の二つとは全く異なり、中古道教が霊宝の伝統を認識し再構築してきたという思想史の枠組みである。

霊宝経の歴史における三つの枠組みを区別すれば、従来の研究に見られるような、本来異なる枠組みに属する史料を区別せずに混用するという事態を避けることができる。たとえば『道教義枢』・「略紀」など後の時代に記された道教思想史に属する記述を使って、六朝前期における霊宝経の造作に関する実際の状況を明らかにしようとすることなどである。また、今後の霊宝経研究のために新たな論点を提示することができる。古霊宝経以降の霊宝の伝統はいかにして徐々に建構されたのか。どのような六朝時代の要素が継承されたのか。どのような要素が新たに加わったのか。中古道教において確立した霊宝の伝統と古霊宝経において主張された霊宝の伝統とには、いかなる異同があるのか。その原因は何か、などである。これによって霊宝経の研究はより一層深まるだろう。

第二に、古霊宝経には事実上三つの異なる由来があり、これらもまた区別しなくてはならないという点である。一つめは古い霊宝五符の伝統で、現在の『五符序』において、黄帝・帝嚳・夏禹から連綿と伝えられてきたと述べられている。この背景にあるのは上古の天命宝物の伝統的観念で、漢晋の仙道技術の伝統も包含している。二つめは葛仙公を宣揚することで形成された、葛氏道が霊宝五篇真文を継承しているという伝統であり、これは漢晋の仙道技術と仏教修業の影響が併存した時期にあたり、主に「新経」の十巻において示されている。三つめは「旧経」が宣揚する、霊宝天文が混沌以前に既に存在し、元始天尊と太上大道君の転化と伝授を経て初めて人間に施行されたという考え方である。ここでは古霊宝経の「仏教化」の色彩が強まり、元始天尊をはじめとする全ての神格には、仏教による影響の痕跡が認められる。この三つの由来が歴史的にどのような順番で出現したのかを明らかにすることは、霊宝の経教の体系的な構築について全体的に把握するために必要な前提である。この三つの異なる始原が晋宋時代において一つに集められたことが、中古の経教道教における霊宝の伝統が構築される端緒となった。しかし霊宝の伝統の発展はこれだけにとどまらず、本論文で示したように、南北朝後期から宋初までの霊宝の伝統の発展変化もまた注目に値する。このようにしてはじめて、中古道教における霊宝の伝統についての全体像を把握することができる。

第三に、現在の研究では霊宝経の「新経」と「旧経」との区分の問題について、研究者たちは各々の尺度に照らして様々な結論を出している。しかし実際には「新経」と「旧経」との区分の問題は、霊宝の経教の形成における特定の一時期にしか意味を持たないに等しい。葛巣甫が造経した際、彼はその後に「旧経」が出現することをまだ知らなかったので、自ら「新経」と称することは不可能であった。元始天尊が伝えたとされる十部三十六巻の霊宝経が出現した時に、それらはいくつかの劫運よりも前からすでに存在していたため、「旧経」と考えられ、その結果として葛仙公が伝えられたとされる十部経は、「新経」と見なされた。陸修静は『霊宝経目序』において、葛仙公が天台山にて授かった霊宝経と、帝嚳・大禹・張陵の受けた経とをともに挙げ、これらの霊宝経はみな所謂「旧経」ではないとはっきり述べている。陸氏の理解によれば、当時の「旧経」はすでにこの劫運の初期に大羅天上に帰り、再び人間世界にもどる適切な時期を待っているのだという[三四]。ここから、陸氏は「旧経」と仙公の授かった「新経」とを注意深く区分し、二つの枠組みの霊宝経であるとみなし、混同して論じるべきではないと考えていたといえる。彼のこのような論述の目的は、元始天尊が歴劫に化現して、太上大道君を通して霊宝経の教義を授けたという神話を確立し、これによって「旧経」の崇高な地位を宣揚しようとしたためである。

しかしこのように「旧経」の神聖性を昂揚しても、道教内部の他の道派がこれを受け入れるとは限らないうえ、仏教の立場の人から出された、「天人の下降するを聞かず、道士の上昇するを見ず。この経の何に従りてか此に至るかを知らず」[三五]という回答しようのない問題に直面することになる。南北朝後期の開始より、道教は一方ではこのような道教外の人々からの質疑に対応しなければならず、また一方では道教内部の他の道派が受け入れられる共通認識を模索しなければならなかった。その結果、より消極的に元始天尊と太上大道君の伝授の系譜が採用され、霊宝五符が黄帝時代から伝承されてきた系譜が特に強調されて、帝王の天命としての霊宝五符の伝統と葛氏道の「新経」の伝統とが結びつき、霊宝経の人間世界における伝承には上古の帝王とより近い時代の葛氏道という伝承の経路ができたのである。したがって、陸氏が区分した「新経」と「旧経」という枠組みはさほど大きな意味を持たない。たとえ元始天尊の伝えた霊宝経であろうがなかろうが、葛氏道が介在してはじめて、これらの経典が伝承されてきたものであることを人々に認めさせ、来歴がはっきりしないという疑念を解消できるのである。

こうした背景のもとで「略紀」の価値を見ると、六朝における古霊宝経の形成段階の歴史について新たな史料を提供するというよりもむしろ、『玄門大義』・『道教義枢』より始まり、隋唐から北宋初に至るまでの道士たちの霊宝の伝統に対する絶え間ない統合の進展の最終的な結果を示しているといえる。「略紀」はやはり劫運以前から述べ始めている点では、古霊宝経の伝統に依拠している。しかしその核心は、葛仙公が伝授されたのは元始天尊と太上大道君の教法であり、葛巣甫が継承し発揚したことで、はじめて人間の道士たちの中に流伝しはじめたのだと顕示する点にある。ただしこれは南北朝末年と隋唐時代における道士たちの認識を示すのみである。しかし北宋末年にいたってはじめて道教が「略紀」に構築された霊宝の伝統を逸脱したことを考慮すれば、本論文は「略紀」に述べられている霊宝の源流を、中古道教の霊宝の伝統の最後に編成された結果であると考える。

五　結語

「略紀」を分析し、北宋初年の霊宝の伝統と六朝隋唐時代とを比較してみると、伝承の系譜という点を除いては、基本的に六朝の古霊宝経が定めている基本的な概念と系譜になお準拠していることが分かる。要するに、北宋初年には依然として六朝隋唐で確立した霊宝の伝統を継承しつづけていたのである。この点を明確にすることは、本論文の検討しているテーマに関して重要である。唐末五代の杜光庭はすでに道教科儀の整理事業を開始していたとはいえ、『雲笈七籤』の編纂までは、中古道教は経教を重視する伝統をなお保持し続けていたことを示す。『雲笈七籤』それ自体の部類体系には、特殊な科儀の内容はない。しかしそこに引用されている大量の古道書もまた、ほとんどは経教を重視する伝統下にあった中古時期にあらわれている。

こうした状況は宋の徽宗の時に至ってはじめて明確な変化を見せ始めた。変化の指標は主に二つの側面に表れている。第一は中古時期の霊宝の伝統が打破されて、『道蔵』全体の体系が混乱し始めたことである。これが『霊宝度人経』の地位の変化である。もともと『度人経』は一巻のみで、「旧経」の一つであり、十部三十六巻の第七篇目第十七部に列せられていた。しかし宋の徽宗が寵愛していた神霄派の道士である林霊素は、この経を利用して徽宗を神格化した。このため、『度人経』の地位はいちやく『道蔵』全体の第一経へと高められ、一巻本から六十一巻本へと拡大した[三六]。管見するところ、これは指標として大いに有意味な事件である。これは中古時期に定められた霊宝経の伝統が、北宋末年の神霄派道士に掌握されて、もはや特に尊重されることはなくなったことを示す。彼らは現実的な受容に基づいて中古の経教の伝統を任意に改造することができたのである。その結果、『度人経』は洞玄部から本来の洞真部の位置に置き換えられて『道蔵』の第一経に列せられ、中古時期に次第に発展し確立してきた三洞四輔の道書体系は瓦解し始めた。

第二の変化は唐宋交替期から始まったもので、道教の趣旨に明らかな転換が生じ、経教の重視から科儀の重視へと移行したらしいことである。このため明清や近現代の道教において大いに流行した科儀の活動は、みな唐末両宋の時に確立したものである。こうした変化に伴って、葛仙公の特徴もまた経教の伝授者から科儀方法の創立者へと変化した。たとえば道教の度亡儀式である煉度儀は南宋より流行しはじめて現在に至っているが、南宋から明代までの道教文献においては一般的に、葛仙公が創立したと考えられている[三七]。葛仙公の天上と人間との仲介者としての性格は、後世の道教においても重視され続けたが、宋以降の道士が彼の名に仮託して伝えたのは霊宝経の経教ではなく、霊宝の科儀であったことを示している。霊宝の伝統は天命から符呪・真文・神啓を経て転化したのちにさらに一つの重大な変化をしたと考えられる。

つまり、道教の霊宝の伝統が中古時代である六朝隋唐から両宋交替期に到るまでに生じたこのような変化は、基本的に歴史学における所謂「唐宋変革論」と呼応している。ただし、これは今後なお多くの研究を要する別の問題である。

《著者注》

(一) 近年、道教学会において六朝時代の古霊宝経に関する研究は比較的多く、古霊宝経が中古時期の道教の経教が確立するに際して果たした意義も大きいと考えられている。実際に「霊宝」の伝統は決して単なる中古時期における一時の興盛ではなく、両宋交替期から近現代に至るまでの道教は、多くの道教の科儀の来源を霊宝の伝統に由来すると考えている。したがって、「霊宝」は中国道教史を貫ぬく一つの重要な概念であると言える。

(二)『雲笈七籤』の成書・版本や構成などの問題に関しては、中嶋隆蔵『雲笈七籤の基礎的研究』(東京、研文出版、二〇〇四年) 九〜五九頁を参照。版本の問題については王宗昱「評張萱清真館本『雲笈七籤』」(黎志添主編『道教研究与中国宗教文化』(香港、中華書局、二〇〇三年、一〇三〜一二〇頁) も参照。

(三) 任継愈主編『道蔵提要』(北京、中華書局、中国社会科学出版社、一九九一年) 七七一頁。

(四)『雲笈七籤の基礎的研究』四二〜四三頁。張君房は自らの必要性に基づいて、「道門経法相承次序」巻上においては前後につながっていた二段落に、順序の入れ替えをした。

(五) 本論文が依拠しているのは李永晟点校『雲笈七籤』(北京、中華書局、二〇〇三年) である。三八頁。

(六) 関連する議論については主に劉屹論文を参照。「「元始系」和「仙公系」霊宝経的先後問題——以「古霊宝経」中的「天尊」和「元始天尊」為中心」(『敦煌学』二七輯、台北、楽学書局、二〇〇八年) 二七五〜二九一頁、「「元始旧経」与「仙公新経」的先後問題——以「篇章所見」古霊宝経為中心」(『首都師範大学学報』二〇〇九年三期、一〇〜一六頁)、「古霊宝経出世論——以葛巣甫和陸修静為中心的考察」(『敦煌吐魯番研究』第十二巻、上海古籍出版社、二〇一一年、一五七〜一七八頁)、「論古霊宝経「出者三分」説」(『国際的伝承与創新——馮其庸先生従事教学与科研六十周年慶賀学術文集』(上海古籍出版社、二〇一三年、一二四九〜一二六一頁) 等。

(七)『雲笈七籤』巻三、三八頁に見える。

(八) 詳しくは小野沢精一・福永光司・山井湧編著『気の思想——中国における自然観と人間観の展開』(日本語版一九七八年)《8》、ここでは李慶の中国語訳本 (上海人民出版社、一九九〇年) を参照せよ。

(九) 本来的な意味で「仙公新経」と呼ばれていたものは、著者の見る限りでは、陸修静が四七一年に定めた「新経」と「旧経」との分類によるのではなく、霊宝経の実際の内容が、葛仙公を重要人物としたり彼をいくつかの霊宝経の主要な承受対象としていることによる。同じく、「旧経」もまた陸修静の区分を完全には反映していないはずである。

(一〇)「新経」と「旧経」との時間観念の差異については、劉屹「論古霊宝経的神話時間模式——以新経和旧経中「劫」字的使用為中心」(「慶祝中国敦煌吐魯番学会成立三十週年」国際学術検討会 (二〇一三年八月、北京) 初出、『敦煌吐魯番研究』第一四巻 (二〇一四年未刊) 所収) を参照せよ。

(一一)『霊宝経目録序』は『雲笈七籤』巻四「道教経法伝授部」に現存している。李永晟点校本、五一頁。

(一二)『魏書』巻一一四「釈老志」に散見する。中華書局点校本、三〇四八頁。『隋書』巻三十五「経籍」四、中華書局点校本、一〇九一頁。

(一三) 霊宝天文玉字とその古霊宝経成立における重要な意味については、王承文『敦煌古霊宝経与晋唐道教』(北京、中華書局、二〇〇二年) 六九一〜七八九頁参照。呂鵬志「早期霊宝経的天書卦」(郭武主編『道教教義与現代社会国際学術検討会論文集』(上海古籍出版社、二〇〇三年、五七一〜五九七頁)、謝世維「聖典与伝訳——早期道教天書伝統与翻訳」(二〇〇七年初出、ここでは謝世維『天界之文——魏晋南北朝霊宝経経典研究』(台北、台湾商務印書館、二〇一〇年、六三〜一二四頁) による。

（一四）『雲笈七籤』巻三、三八頁。

（一五）神塚淑子「開劫度人説の形成」（一九八八年初出、ここでは神塚淑子『六朝道教思想の研究』（東京、創文社、一九九九年、三七〇～三七八頁）による。

（一六）『道蔵』（文物出版社、上海書店、天津古籍出版社、一九八八年影印本）第二四冊、八〇三頁a～b。

（一七）「旧経」における劫運の名称と順序の差異については、すでに前掲「論古霊宝経的神話時間模式」にて初歩的な考察をしており、ここでは贅言しない。

（一八）『雲笈七籤』巻三、三八～三九頁。

（一九）この経の完本は現存せず、現在はこの経の残巻であると推定される敦煌写本と伝世文献中の部分的な引用がいくらか残っているのみである。

（二〇）詳しくは劉屹「『昇玄経』的文本差異的問題」（二〇〇三年初出、劉屹『経典与歴史――敦煌道経研究論集』（北京、人民出版社、二〇一一年、一二七～一四八頁）、特に一四四頁を参照。

（二一）『本際経』巻二「附嘱品」の問題については、劉屹「『本際経』的続成問題及其対南北道教伝統的融合」（二〇〇八年初出、劉屹『神格与地域――漢唐間道教信仰世界研究』（上海人民出版社、二〇一一年、三四七～三五九頁所収）を参照。

（二二）『雲笈七籤』巻三、三九～四〇頁。

（二三）Anna Seidel, "Imperial Treasures and Taoist Sacraments", in Michel Strickmann ed., *Tantric and Taoist Studies*, Vol. 2, Bruxelles, 1983, p. 366. ここでは劉屹中国語訳『国之重宝和道教秘宝』（『法国漢学』第四輯（北京、中華書局、一九九九年）による。七二、八三～八四頁。劉宋の「霊宝出世」を霊宝経の造作および伝播と結びつける観点は、小林正美『六朝道教史研究』（一九九〇年初版《9》、ここでは李慶の中国語訳本（成都、四川人民出版社、二〇〇一年による）一五四～一五五頁を参照。この問題についての筆者の解釈は、前掲「古霊宝経出世論」一七二頁を参照。

（二四）『道教義枢』巻二、『道蔵』二四冊、八一三頁b～c。『雲笈七籤』巻六『三洞経教部』八九～九〇頁に、これと非常に内容の近い部分があり、張君房は『道教義枢』の藍本である『玄門大義』から収録したとも考えられる。張君房が『玄門大義』を選んで収録し『道教義枢』を排除したことに関しては、王宗昱『『道教義枢』研究』（上海文化出版社、二〇〇一年）二一～二二頁。この文章にあるおおよその内容は、隋代に成書された『玄門大義』においてすでに存在していたと考えられる。

（二五）『雲笈七籤』巻三、三三頁。

（二六）『雲笈七籤』巻三、四〇～四一頁。

（二七）『雲笈七籤』巻三、三三頁。

（二八）『道蔵』二四冊、八一三頁c。

（二九）『雲笈七籤』巻六、九〇頁、並びに九四頁を参照。

（三〇）この「二十三巻」とは実際には二十一巻であり、二巻は流伝するなかで篇幅が長すぎるために上・下巻を分けたために、二巻増えたのである。

（三一）『雲笈七籤』巻四、五一～五二頁を参照。これについての筆者の解釈は、前掲「古霊宝経出世論」、一六八～一七一頁を参照。

（三二）『雲笈七籤』巻三、四一頁。

（三三）『道蔵』二四冊、八一三頁。長い間、研究者によってはこの文章を『真一自然経』の原文であると考えていたが、実際には孟安排の説である。『玄門大義』中の相当する原文は、『雲笈七籤』巻六、九〇、九五頁に見られるだろう。

（三四）『雲笈七籤』巻四、五一～五三頁。

（三五）甄鸞『笑道論』（『広弘明集』巻九、『大正蔵』五二巻、ここではＣＢＥＴＡ電子仏典による）一五一頁b。

（三六）詳しくはMichel Strickmann, "The Longest Taoist Scripture"、（一九七八年英文初刊、ここでは劉屹中国語訳「最長的道経」（『法国漢学』第七輯、北京、中華書局、二〇〇二年、一八八～二二一頁所収）を参照。

（三七）陳耀庭『道教礼儀』（北京、宗教文化出版社、二〇〇三年）一〇六頁に見える。

《　訳者注　》

〈一〉儒書「経籍志」云、元始天尊生於太無之先、禀自然之炁、冲虚凝遠、莫知其極。天地淪壊、劫数終尽、而天尊之体、常存不滅。毎至天地初開、或在玉京之上、或在五方浄土、授以秘道、謂之開劫度人。然其開劫、非一度矣。故有延康・赤明・龍漢・開皇、是其年号耳。其所度人皆諸天仙聖、無量上品。有太上老君・天真皇人・五方天帝及諸仙官、転共承受。所説之經、亦禀元一之炁、自然而有、非所造為、亦与天尊常存不滅。天地不壊、則蘊而莫伝。劫運若開、其文自見。（「道教義樞序」第1丁b～第2丁a）。

〈二〉元始天王告西王母、太上紫微宮中金格玉書霊宝真文篇目、十部妙経合三十六巻。按『太玄都四極明科』曰、洞玄経、万劫一出、今封一通於太山、一通於労盛山。昔黄帝登峨眉山、詣天真皇人、請受此法、駕龍昇天。帝嚳之時、九天真王駕九龍之輿降牧徳之台、授帝此法。帝封之於北鍾山。夏禹所感之経、出没有異。（『道教義樞』巻二 第4丁b～第5丁a）。

〈三〉今伝霊宝経者、則是天真皇人於峨嵋山授於軒轅黄帝。又天真皇人授帝嚳於牧徳之台、夏禹感降於鍾山、闔閭竊闚於句曲。（『雲笈七籤』巻三 第2丁a～第3丁a）。

〈四〉其後有葛孝先之類、鄭思遠之徒、師資相承、蝉聯不絶。（『雲笈七籤』巻三 第3丁a）。

〈五〉按『真一自然経』云、太極真人夏禹、通聖達真、太上命鈔出『霊宝自然経』、分別『大小劫品經』・『中山神祝』、『八威召龍神経』。又云、徐来勒等三真、以己卯年正月一日日中時、於会稽上虞山伝仙公葛玄、字孝先。（『道教義樞』巻二 第6丁a～b）。

〈六〉夏禹於陽明洞天感太上命繍衣使者降授『霊宝五符』以理水、檄召万神。後得道為太極紫庭真人、演出『大小劫経』・『中山神咒』・『八威召龍』等経、今行於世矣。（『雲笈七籤』巻六 第4丁b）。

〈七〉至従孫葛巣甫、以晋隆安之末、伝道士任延慶・徐霊期之徒、相伝於世、於今不絶。（『道教義樞』巻二 第4丁b～第5丁a）。

〈八〉小野沢精一・福永光司・山井湧編著『気の思想――中国における自然観と人間観の展開』（東京大学出版会、一九七八年）。

〈九〉小林正美『六朝道教史研究』（創文社、一九九〇年）。

［附記］

本論文は国家社科基金項目（12BZS025）と教育部人文社会科学規画基金項目（12YJA770030）の成果の一つである。また北京市教委人才強教古文献学創新団隊の成果でもある。

分科会（I）六

陰陽五行観念と魏晋南北朝時代の「祓災、減災」

劉　洪　波
西念咲和希（訳）

魏晋南北朝時代は戦乱が絶えず、政権交替が頻繁に起きた。自然災害も同様に多く発生し、三六九年間に、合わせて一四〇〇余回もの自然災害が発生している。この間イデオロギーの領域では、玄学の勃興、道教と仏教の漸進的な普及があった。しかし、儒家的思想は依然として大きな地位を占めていた。この一時期の儒教は、陰陽五行説の影響を深く受け、同時に多くの東漢以来の讖緯思想を浸透させている。儒家の陰陽五行理論体系は学識が広く深く、これこそが中国古代の重要な思想観念であり、その影響は、社会の各々の層にまで及ぶ。本論は災異の影響が人事にまで及び、このことが各々の政権の「祓災、減災」の活動の中で極めて重要な作用を生んでいくことを述べるものである。

一、陰陽五行観念の変遷及び災異理論

西漢以降、陰陽五行説は漸次的に儒家思想の重要な内容の一項目になった。しかしながら、陰陽五行観念は、全く孔子の創造したところのもともとの儒学の論ではなく、先秦時代の天道観・陰陽論・五行説から構成されるもので、中国上古思想を大成した理論体系であると言える。

「天道観」は古代の思想観念である。上古（商～漢）の時代、「天」は人々の念頭では重要な地位を占めており、例えば『尚書』「甘誓」に、

大いに甘に戦はんとし、乃ち六卿を召す。王曰く、「嗟。六事の人よ、予 汝に誓告せん。有扈氏 五行を威侮し、三正を怠棄す。天用《もつ》て其の命を勦絶す。今予惟《すなは》ち天の罰を恭行す。」と。[一]

とある。ここでは、有扈氏が「天」を「勦絶其命」ことの対象とし、商の湯王は乃ち「天」の代表であり、対して有扈氏は罰を執行するのである。商の湯王は夏の桀王との戦いに勝利して以来、天下に向けて、「天道福善禍淫、降災于夏、以彰厥罪。〔天道善に福し淫に禍し、夏に災を降ろし、以て厥《そ》の罪を彰らかにす。〕」と、誥書を出した。また、『尚書』中では、「天道」は既に万物を主催する意思を持つ。それは「福善禍淫」のことであり、凶暴なものを咎め、愚鈍な君子を罰し、善良なものと仁義のあるものを助けるというものである。

先秦時代、人々は「天道」を永遠に正確なものであるとし、「天道親無し、唯徳のみ授くるを顕かにす・天道は無私なり、是を以て恒正し、天は常に正なり、是を以て清明なり。[二]」と考えられた。なぜなら、「天道」は一貫して正確であり、したがって人々は天道に対して、ただ畏敬の念のみを抱いたのである。また、孔子は「君子に三畏有り、天命を畏れ、大人を畏れ、聖人の言を畏る。[三]」と述べ、ここでの「天命」は、これもまた事実上の「天道」を示すのである。

先秦時代、人々は既に天道によって自然災害と社会の変遷の関係を解釈していた。例えば、『左伝』昭公二十三年の記述には、

八月丁酉。南宮極震す。萇弘の劉文公に謂ひて曰く「君其れ之を勉めよ。先君の力濟すべきなり。周の亡ぶや、其の三川 震ふ。今 西王の大臣も亦た震ふ。天 之を棄つるなり。」と。

という記載が有り、ここでの「天道」と人間の災禍との関係をより明確にできるのは『呂氏春秋』である。この例は、天道と人間の災禍のつながりについて比較的明確に『呂氏春秋』にあてはまっている。また『呂氏春秋』は一年十二ヵ月を題とし、特に十二紀として並べており、施政者が毎月どのようなことをするべきであるのか、を述べるものである。また、その内容は『礼記』中の「月令」と同様であり、主に人君主の政治は自然の理に順応すべきであり、そうでなければ上天の譴責に遭ってしまうかもしれないと、主に述べられている。例えば、孟春の月であれば、「以て兵を称《あ》ぐるべからず、兵を称ぐれば必ず天の殃有り。」とし、人君が「天の道を変ずること無かれ、地の理を絶つこと無かれ、人の紀を乱すこと無かれ。（一）」と欲し、また「夏の令を行へば、則ち風雨時ならず、草木 早く槁れ、国 乃ち恐有り。秋の令を行へば、則ち民 大ひに疫し、疾風暴雨 数々 至り、藜莠蓬蒿 并び興る。（四）」ということを望むものである。

また、荘子の認識では、人類の多くの行為は「天道」に依拠して行われるとされ、中でも『荘子』では、特に章を設けて天道の意義を述べようとしている。そこで抜き出すべきは、天と調和し、地と調和し、人と調和することによって、静粛な無為の境地にいたって、天下が治まるという目的を提示していることである。荘子には既に天を尊び、地を卑しむ思想が有り、彼は君主を尊び臣下を卑しみ、男を尊び女を卑しみ、兄を先にして弟を従え、長を先にして少を従え、すべて先に天が存在するのであった。これは、『荘子』の以下の部分に現れている。

夫れ天地は至神なるも、尊卑先后の序有り。而るに況んや人道をや。宗廟は親を尚び、朝廷尊を尚び、郷党は歯を尚び、行事は賢を尚ぶ、大道の序なり。道を語りて其の序に非ざる者は、其の道に非ざるなり。道を語りて其の道に非ざる者、安んぞ道を取らん。（五）

「天道」観は中国古代思想上の重要な項目であり、また豊富に内包し、中でも「福善罰悪」は、その中の重要な一項目であり、後の世の陰陽五行理論の陰陽五行理論に対して最も大きな影響を生み出した。

「陰陽」は中国古代の先代の賢者が長期にわたり自然を観察した経緯を通して、生み出された一つの観念であり、「陰陽」の変化を体系的に論述したのが、『周易』である。『周易』は、「経」という一部分であるにも関わらず、「陰陽」の一字句が見られない。しかし、「陰陽」を解釈する内容は少なくは無い。例えば、「陰 陽に疑はるれば、必ず戦ふ。其の陽無きを嫌ふが為なり。故に龍と称す。猶ほ未だ其の類を離れず、故に血と称す。夫れ玄黄は、天地の雑なり。天は玄にして地は黄なり。（六）」とあるようにである。また、「内は陽にして外は陰、内は健にして外は順、内は君子にして外は小人、君子の道は長じ、小人の道は消するなり。（七）」とも見える。『易伝』［繫辞上伝］は、天地から生まれる万物はみな二つずつ相対するというものを提示しており、事実上これも「陰」と「陽」の基本的な思想である。例えば、乾坤、男女、剛柔、上下、進退、損益、内外がそれである。いわゆる、「一陰一陽、之を道と謂う。之を継ぐ者は善なり。之を成す者は性なり。（八）」というものである。したがって「道」は即ち、事物運行の規則である。その後の『国語』などの文献中にも、なんと陰陽の観念を見ることが出来る。例えば『国語』「越語」では、「陰陽の恒に因り、天地の常

に順ひ、柔にして屈せず、強にして剛ならず。[二]」とある。ここでは明確に「天地」、「陰陽」、「剛柔」が『周易』中の陰陽と一致している。例えば、「陽 伏して出づる能はず、陰 迫りて烝る能はず。是に于て地の震ふ有り。(九)」というのもその一例である。また、『管子』「四時」では、「日は陽を掌り、月は陰を掌り、星は和を掌る。陽は徳を為し、陰は刑を為し、和は事を為す……是故に聖王 日食すれば則ち徳を修め、月食すれば則ち刑を修め、彗星 見はるれば則ち和を修め、風 日と明を争へば生を修む。[三]」とある。ここでは、既に自然災害と「陰陽」の変化が互いに関係し、星々と人事が互いに関係している。また、『関尹子』では、陰陽と礼義精神を互いに結びつけ、「人 礼なる者に勤むれば、神 外馳せず、以て神を集むべし。人 智なる者に勤むれば、精 外移せず、以て精を摂《おさ》むべし。仁は則ち陽にして明なり、以て魂を軽くすべし。義 則ち陽にして冥なり、以て魄を御《おさ》むべし。[四]」と、認識されていた。さらに、韓非子は「事を挙ぐるに陰陽の和に慎ひ、樹を種ふるに四時の適を節とし、早晩の失、寒温の災ひ無ければ、則ち入ること多し。[一〇]」と、考えられ、また『呂氏春秋』では、天地陰陽は皆その自然規則を有していて、権力者は、ただその月々にこれらの自然の規律によって政治を行うことだけを考えれば、国家国民を安んじることが出来るが、そうでなければ災禍を伴ってしまうと認識されている。

陰陽五行理論の別の源は「五行」論である。「五行」の説が最も早く見られるのは『尚書』の「甘誓」篇と「洪範」篇の両篇であり、「甘誓」篇では「有扈氏 五行を威侮し、三正を怠棄す。天用《もつ》て其命を剿絶す。[五]」とある。ここでは「五行」に話しが及ぶが、しかし我々が常に述べてきているような「水火木土金」であるかどうかは、確定しがたい。この五種の元素は最初に『尚書』「洪範」篇に見ることができ、「五行、一に曰く水、二に曰く火、三に曰く木、四に曰く金、五に曰く土。水は曰《ここ》に潤下し、火は曰に炎上し、木は曰に曲直し、金は曰に従革し、土は爰《ここ》に稼穡す。[六]」と、あるのがそれである。学界には、この『尚書』「洪範」の成立時期に関してまだ論争があるが、顧頡剛氏と流節諸氏は、この篇が成立する時期を最も遅くに定め戦国時期であるとしている。同様に、戦国時期の『国語』の「鄭語」では、「土を以て金、木、水、火と雑《あは》せて、以て万物を成す。[七]」とあり、『管子』に至っては特に『五行』の一説を設け、「五声既に調ひ、然る後に、五行以て天時を明正にし、五官以て人位を正すを作立す。人と天と調ひ、然る後に天地の美、生ず。[八]」と述べている。ここでの『管子』は作者が、施政者はどのようにして木、火、土、金、水の五行によってふさわしい政治を行えば、理想的な結果を得られるのかを詳細に解説しているものである。

天道を、陰陽と五行の結合し一緒になったのは戦国時代の著名な陰陽家の鄒衍である。『史記』の「封禅書」では「騶衍 陰陽の運を主るを以て諸侯に顕かなり。[九]」とあり、ここでの「騶」は、すなわち「鄒」である。また、『主運』は鄒衍の著す書名であり、この書は『漢書』の中に著録があるが、現在は已に散逸している。鄒衍の「五行」説は五行相生相克を柱とし、そして「五行」を用いて王朝更替の「五徳」を解説する。鄒衍の「五徳相勝」説に関しては、鄒衍の著作である『始終』、『大誕』、『主運』などは残念ながら皆散逸してしまったために、現在、その学説は、ただ他者の著作の中からその一端を垣間見るのみである。その一例として、例えば『呂氏春秋』では、「凡そ帝王なる者の興らんとするや、天は必ず先づ祥を下民に見《あらは》す。黄帝の時、天は先ず大螾大螻を見す。黄帝曰く『土気勝つ。』と。土気勝つが故に、其の色は黄を尚《たつと》ぶ。其の事は土に則れり。禹の時に及び、天は先ず草木の、秋冬に殺《か》れざるを見す。禹曰く『木気勝つ。』と。木気勝つが故に、其の色は青を尚ぶ。其の事は木に則れり。湯の時に及び、天は先ず金の刃の水より生ずるを見る。湯曰く『金気勝つ。』と。金気勝つが故に、其の色は白を尚ぶ。其の事は金に則れり。文王の時に及び、天は先ず火赤鳥の丹書を銜みて周社に集まるを見る。文王曰く『火気勝つ。』と。火気勝つが故に、其の色は赤を尚ぶ。其の事は火に則れり。火に代る者は、必ず将に水ならんとす。天は且に先ず水気の勝つを見さんとす。水気勝つが故に、其の色黒を尚ぶ。其の事は水に則れり。水気至りて数の備はるを知ざれば、将に土に徒らんとす。天の為すものは時にして、農を下に助けず。類は固より相ひ召き、気同ずれば則ち合し、声比すれば則ち応ず。宮を鼓して宮動き、角を鼓して角動く。（一一）」という例がある。ここでは、この一例を挙げるが、しかしこの段落の五行相生相勝に対しての解釈が鄒衍によるものであるか否かは、すでに知ることはできない。

鄒衍は陰陽の名家であるが、漢の儒者は鄒氏の理論を全く推挙し重んじなかった。それは、「聖人に非ざれば、怪誤を作り、六国の君を熒惑して、以て其の説を納む。此れ春秋の所謂、匹夫 諸侯を熒惑する者なり。（一二）」という部分に見られる。

漢代初期、陰陽五行を用いて人事を解説する学者は多く、董仲舒に至っては、はじめて儒家理論と陰陽五行などの雑家の術を結合し一つにして、体系化し天人の応とする、天人合一の理論を提示した。

漢の元光元年（前一三四年）、武帝は賢良を挙げる対策を詔として発布し、詔の中に「災異之変、何縁而起。（災異の変、何に縁りて起こるか）」という句が有る。それに対して、董仲舒が奉った書の中に有名なくだりがあり、それは「臣謹みて『春秋』の中を案ずるに、前世已行の事を視て、以て天人の相与の際を観るに、甚だ畏るべきなり。国家将に失道の敗有らんとすれば而ち、天 乃ち先づ災害を出だして以て之を譴告し、自ら省りみるを知らざれば、又 怪異を出だして以て之に警懼し、尚ほ変を知らざれば、而ち傷敗乃ち至る。此を以て天心の人君を仁愛して其の乱るるを止めんと欲するを見る。大いに道を亡ふの世に非ざる自りは、天 尽く扶持して之を全安せんと欲す。（一三）」というものである。この段落は董氏の「天人の応」の理論を最も正確に述べ表しているものである。

董氏の著作の『春秋繁露』には災異と関係する部分が記載され、それらは主にすべて、基本的にある記述に対する具体的な論証である。この理論の核心は「天人の応」であり、具体的には二つの面に分けて述べることができる。まず一つの面は「則天」であり、すなわち世間万事万物のみなは「天道」に基づいて行われなくてはならず、官制礼楽の設置を包括しているとするものである。上下尊卑の関係、社会道徳の規則、各種社会の秩序は皆天道に符合する必要があり、すなわち「天の経、地の義」である。もう一面は「天譴」である。人君の施政が「天道」に不合であれば、「天」は反応を出すことができ、これがまさに「災異」なのである。

「天道」が実際に示すところは、人事を除き各種の事物及びその運動規則であり、例えば陰陽、五行、日月や星々、四季、二十四の節気、春夏秋冬、冷暖などである。これらのすべては、上天がみな賦与した特定の概念であり、人君はこれらの特定の概念を通して上天の意志までをも観察することができる。したがって自己の施政行為を改善進歩させることができ、「天道」は天を源とする。人間にどんな事が発生したかを問わず、天の意志が変わらないでいさえすれば、「天道」は変わらず、すなわち「道の大原 天より出づ。天 変はらざれば、道も亦た変はらざるなり。（一四）」なのである。

人間の統治者の中では、天道がめぐり、事を行うことは、すなわち「王道」なのである。単に帝王の行為が「天に象り」、「天に則す」必要があるだけでなく、かつ百官の制もまた「天に象る」ことで設けられるのである。この思想上では、世界の万事万物は皆このようであり、人間の上下、尊卑、長幼は皆天道に依拠する。天地は相対し、天は尊く、地は卑しい。陰陽は相対し、陽は尊く、陰は卑しい。君臣は相対し、君は尊く、臣は卑しい。父子は相対し、父は尊く、子は卑しい。夫妻は相対し、夫は尊く、妻は卑しい。これらの全ては「人道」であり「天道」に従っているのである。尊卑は「不替」であり、社会はそうしてようやく「和合」することができる、これらはまさに「人道」なのである。もし、陰陽、君臣、父子、夫妻、などの関係の尊卑が入れ替わる現象が発生すれば、上天はすぐ「天譴」を発するであろう、とするものなのである。

董氏の理論の別の一面は、「天譴」である。「天譴」は即ち、「天人に応ず」であり、上「天」は施政者の「天道」への不合に対して「災」や「異」を通して「天道」の「譴告」を発することができるとするものである。人間の主催者である「王」者が行う施政と「天道」とが、求めている行為規則に符合している必要があり、そうしてようやく、「王道」に達することができ、聖王になることができるのである。さもなくば、上天はすぐ「災」又は「異」によって「譴告」を発する。この種の思想は実際には皇帝権力に対する一種の形無き制限なのである。

董仲舒の陰陽五行理論の最も核心的である部分は、「天人の応」であり、「天を尊び」、「天に則す」ことから始まり、天道をもって一切の事物の最初の根源であるとし、「王道」をもって仲介させ、最終的には「人道」に到達し、孔学での五帝三皇の「聖世」の実現に達するのである。

董仲舒より、天人感応を用いて儒家経典は解説され、陰陽五行理論に大きな発展を与え、昭帝、宣帝以降、日に日に盛んになった。このことは以下の『漢書』に見られ、「昭（帝）・宣（帝）のとき則ち眭孟・夏侯勝あり。元（帝）・成（帝）のとき則ち京房・翼奉・劉向・谷永あり。哀（帝）、平（帝）のとき則ち李尋・田終術あり。[一五]」とある。これらの人物のうち劉向が最も著名である。

劉向の主な活動時期は、西漢の宣帝、元帝、成帝の時期であり、博学多才にして文化面に大きく貢献した。『穀梁春秋』を治め、経学の名を知らしめた。経学の方面では、董仲舒の「天人の応」の理論を継承し、また新しく多くの理論の創造もした。劉向の「陰陽を推す」「災異を言う」と述べる著述のうち、主要であるのは、『五行伝論』「洪範」（一説には『五行伝記』と呼ぶ。）、十一篇である。この本は既に、散逸しており東漢の史学家である班固が『漢書』「五行志」を記している際に、劉向の言論百五十条余りが引用された。したがって、私達は、その大体を今なお見ることができるのである。

劉向と董仲舒の異なる点は、劉向は論理的に根拠を深く検証せず、儒家経典及び「天人の応」の学説に基づいて、歴史上の災異現象の解説を進行させてゆく点である。『漢書』「五行志」の災異を解説する際、「経」「伝」「説」「行事」の四つの部分に分け、「経」は即ち『尚書』「洪範」であるが　漢初の大儒である伏生（一説には夏侯始昌とする）[一六]の『洪範五行伝』を元にし、「説」は董仲舒及び以降の経の先生方の正統な通説となり、「行事」は則ち『春秋経』をもって要点とし、また西漢の災異事件と合わせて、西漢時代の各陰陽五行の師はこれらの災異の解釈に合わせた。班固のこの種の描写は大概、劉向の『五行伝論』「洪範」によるものである。

劉向の後、その子供の劉歆が陰陽五行学を唱えるもう一人の大家となる。異なる歴史時期を経ることによって、父子二人は災異を解釈する際に食い違っている点がとても多い。

劉歆にはまた『洪範五行志』があるが、すでに散逸してしまっている。『漢書』「五行志」の中に劉歆の述べたことが七十余条ある。

東漢では、光武帝が讖録を好み自身が皇帝を称することの合理性を証明した。このときの陰陽五行説はまた、讖緯と合わさってきたもので、新しい経学の体系を形成した。東漢の儒教の経学の分野を教える師は、ややもすれば意見を差し出し災異を述べ、人事のことを述べ推薦し、さかんにある種の流行を作り出したのである。政治の闘争中、陰陽五行説もまた、朝廷の官吏・外戚・臣官などが政治で互いに攻撃するための理論の根拠となった。

魏晋南北朝時代、讖緯の風紀は次第に衰え、曹操、晋の武帝、宋の考武帝、梁の武帝、北魏の考文帝にわたって、かつてみな緯書を厳しく禁じた。民間にはなお人々の習慣としての讖緯の学があったものの、政治上の影響は既に大きく、以前とは比べられないほどであった。その上、陰陽五行の学説は魏晋南北朝の経学の重要な内容であり、儒家経典の詳細に解釈する体系の中では、依然として重要な地位を占めた。特に災異の道理を解き明かすことについては、陰陽五行理論が更なる流行をみせた。

以上の考察を考えてみるに、陰陽五行の災異理論に対して、私たちはおおよそ次のような理論体系に帰納することができる。

第一に、世界の万物はみなその根源を「天道」として、万事万物は「天道」に依拠して設けられ、全ての事物は皆「天道」に依拠して運行される。天は不変であり、道もまた不変なのである、とする。

第二に、人君は人の世の最高の主宰者であり、しかし統治国家のためには必ず「天道」に従って行われ、「天道」の自然の規則から法律を制定するという基本原則に合わせ、権力を行使し、民衆に対して仁政を施し、天子の行う政治は「天道」に符号しなくてはならなく、即ち「王道」なのである。

第三に、各種社会関係はみな「天道」によって設立され、必ず「天道」に従って実行し、すなわち、いわゆる「人倫は必ず天道に符合し」なくてはならなく、天理に合致するために、「人道」と呼ばれるようになった、というものである。

第四に、ひとたび人君が「王道」に合わない政治を行えば、あるいは子民が「人道」に合わないことをすれば、陰陽が逆転し、五行が位置をずらしてしまい、天帝が各天罰[天災]の兆候を出現させたり「譴告」を行うなどし、この「兆候」こそが、災異である、とする。

第五に、一旦、災異が発生すると、人君と大臣は責任を一身に身に受け自らを責める詔勅を下し、あるいは引責し職を解くことを求め、同時に悪政の改革をする必要があり、広く賢才を求め、官吏を派遣して平民の生活上の苦しみをたずね、さらに各種救済策を講じて、民衆を救済しなくてはならない。ただ、このようにすることでやっと天帝の許しを得ることが出来、災厄を免れる、とするもの、の計五つの論理体系である。

二、魏晋南北朝時代の自然災害及び陰陽五行理論の解説

魏晋南北朝時代は社会の紛争が頻繁であっただけでなく自然災害もまた暴虐をほしいままに横行させた。我々の統計の結果、魏の文帝、黄初元年（二二〇年）から隋の文帝開皇九年（五八九年）に至るまでの三百六十九年間大小合わせて一四〇〇回余りの災害が発生した。この

記録では砂嵐、雷、感電といった危害はとても大きな天災とは言えなく、もしも全てを統計しようものなら、この数を大きく超えてしまう。当然、これは依然として不完全なものであるが、災害と実際に発生した災害の回数にはまだ一定の開きがある。

我々の統計データ中では、魏晋南北朝の災害を雹、地震、風、旱魃、火災、霜、水害（津波）、雪、疫病、害虫の十一の大きな災害に分けている。そのうち水害が三二〇回余り、旱魃が二五〇回余り、地震が二六〇回余り、風による害が一五〇回余り、その他の各災害はそれぞれ一〇〇回に足らず、水害、旱魃、地震が最も少ない。（古代史の中では、地震では振動があれば必ず記録したために、実際には必ずしも破壊が起きたとは限らない。）最も厳重であったのはやはり水害と旱魃の二種の災害である。一ヵ月の統計から見ても、災害の発生が最も多いのは四～七月の四ヵ月で、しかもこの四ヵ月はちょうど水害と旱魃の災害の多く発生する時期である。これもまた、もう一つの側面からは水害と旱魃の災害の頻繁なものを証明したものである。水害と旱魃の後に、往々にして起こるのは飢饉や大きな争いがある。したがって、水害と旱魃の後の災害に伴って、疫病はこの一時期に非常に流行し、全部で七〇回余りの疫病が発生して史書の記述を欠けさせることが無かった。疫病のもう一つの特徴は、害を受ける人数がとても多いことと、疫病の発生する期間が長くなることである。この一時期の内、最大級の数回の災害のうち、疫病が最も多い。

魏晋南北朝の三六九年間のうち、災害のあった年数は三三〇年間で、全部の年数から換算すると八九％強で、無災害の総年数は三十九年で全体の一一％弱を占める。このような高頻度は、十年のうち九年に災害が起きたとも言え、誇張したものでは無い。

また、全ての災害の発生した年のうち、最も多かったのはあろうことか一年で二十二回もの災害を受けた、五〇三年である。災害の主要な発生地域は北魏が支配した地域であり、南梁の一部の地区もまた多くの災害を受けた。この一年、災害の無い月は無かったと言うことが出来よう。それに対して史書には、

（景明）四年正月辛酉、凉州の地 震ふ、壬申・并州の地 震ふ（十）。

六月丁亥、秦州の地 震ふ。

十二月辛巳、秦州の地震ふ。

十一月丁巳、恆山崩る。

三月己未、司州の河北・河東・正平・平陽に大風ありて樹を抜く。

五月癸酉、汾州に大雨雹あり。

六月乙巳、汾州 大雨雹ありて、草木・禾稼・雉兎 皆 死す。

七月甲戌、暴風・大雨雹あり、汾州より起き、并・相・司・兗を経て、徐州に至りて止む。広十里、過ぐる所の草木 遺る無し。

三月壬戌、雍州に霜隕り、桑麦殺《か》らす。辛巳、青州 霜隕り、桑麦殺《か》らす。

八月辛巳、凉州雨土 地を覆ふあり。亦た霧の如し。

三月壬午、河州に大螟あり、二麦遺る無し。

七月、東莱郡 蚜蚄稼を害すあり。

五月、光州 蚜蚄 稼《みのり》 を害すあり。

六月、河州に大蝗あり（一七）。


と記載が有り、以上の記録から地震、風、水害、旱魃、霜害、蝗の各種自然災害に、それぞれ様々な規模の表現があることが見て取れる。

魏晋南北朝時代の間、小さな災害は絶えず発生し、大きな災害も時折発生し、死者十万人以上の自然災害は嘗て数回発生した。そのうちの幾らかが天災によって引き起こされ、また幾らかは人為的な過ちによって引き起こされた。

第一回目は、晋の武帝期咸寧元年十一月に為され、西晋の首都である洛陽で発生した大疫である。

晋の武帝 咸寧元年十一月、大疫あり。京都 死者十万人なり。(一八)

（『宋書』五行五）

十二月 大疫あり。洛陽 死者大半なり。(一九)

（『晋書』武帝記）

十二月、……大疫あり。洛陽 死する者万以て数う。(二〇)

（『資治通鑑』巻八〇『晋紀』世祖武皇上之下）

これらの三つの材料のうち、『宋書』と『晋書』はその記述が比較的互いに近いが、『資治通鑑』の記録は「死者数万」とされており、比較的に少ない。また、次の二つの資料はこの度の疫病が非常に大きかったことを証明する。まず、一方は翌年の「春正月、疾疫を以て朝を廃す。(二一)」、もう一方は翌年二月、「是より先、帝 不豫たり。瘳ゆるに及び、群臣 寿を 上《たてまつ》る。詔して曰く『毎に 頃《このごろ》 疫気に遇ひて死亡するを念《おも》ふ、之が為に愴然たり。豈に一身の休息を以て、百姓の難を忘れんや。諸々《もろもろ》の礼を上る者は皆之を絶て。(二二)』」とある。晋の武帝期のこの度に発生した病と疾疫に関係が有るかないか、我々は知る由が無いが、少なくとも謁見が停止したことと臣下の「上寿」を制止した二件から、晋の武帝がこの疫病を重視していたことがみてとれる。

第二回目が発生したのは、三五〇年の前後のことである。この度の災難もまた飢饉によって引き起こされ、死者の人数は不明瞭でありながらも、史料の記載によると、その人数は二七五年の先の災害より遥かに多いはずである。実際に史料の記載によれば「青・雍・幽・荊州の徙戸及び諸の氐・羌・胡・蛮数百余万、各々本土に還る。道路 交錯し、互ひに相ひ殺掠す。且つ飢疫もて死亡す。其の能く達する者十に二三有るのみ。(二三)」と、みえる。この記述より、四州の徙戸と氐、羌などの部族郡衆が皆飢饉と疫病によって死んだとは限らないが、飢饉がその期間に起きて大きな作用を齎したことは述べるまでも無く明らかである。

第三回目は晋の亥帝の永嘉元年のことである。現在の寧州（治滇池、今日の雲南晋寧東、現在の雲南省及び周辺の地区）で発生した。史料の記載によると「寧州 頻歳飢疫あり、死者は十万を以て計《かぞ》う。(二一)」と、ある。また『晋書』「李雄載記」には、「是に先んじて、南土 頻歳飢疫あり、死する者十万もて計う。(二二)」とあり、これらの内容は互いに近い。おそらく前者は後者の記載によるものであろう。これは、けして一度の災害ではなく、連年にわたって発生する飢饉によって、合計の死者が十万人に達したのである。このようであるからには、たとえ度重なった災害であっても一度の規模が最大である災害と言えよう。当時の寧州地区は未開発であるから、土地は広く人は少なく、その上で飢饉の期間の死者が十万人というのは、飢饉の発生した範囲がとても広大であったに違いない。

第四回目、この回は天災でありながら、人為的要素もある。この度の災害は南梁の武帝期の天監十五年に発生した。天監十四年、梁の武帝が北魏から下った王足の建議に従って、淮河の下流に堤防を修建したが、灌漑によって北魏が占領した寿陽（現在の安徽寿県）は「絢に節に假し、淮上諸軍事都督とし、并せて堰作を護らしめ、役人及び戦士、衆二十万有り。(二三)」「夏日 疾疫あり、死する者 相 枕し、……是の冬又た寒甚し、淮・泗尽く凍り、士卒の死する者 十に七八あり。(二四)」といった状況であった。『梁書』の記載では、労働作業中だけでも、淮堰を築造していた士卒夫役の死者は已に二十万のうちの十分の七から八を占め、概算だけでも十万人以上となっている。また、翌年には、「秋 九月、堰 自ら潰決す。其の縁の淮城戍の村落に居民する十余万口を漂はせ、海に流入せしむ。(二五)」とある。大水が安徽寿県の道々から海にどっと流れ込み、沿河いの両岸千里の民家の多くが海中に押し流されるという被害を受けたのだ。このことから、この度の水害の大きさを知ることが出来る。夫役の死亡はこの度の堤防決壊後に溺死した者を加えると、少なくとも二十万の衆人となり、空前の一大災難と言うことが出来よう。

第五回目は、北魏の皇興二年十月である。「豫州 疫あり、民 死すこと十に四五万なり。(二六)」とある。

以上に挙げた明白な大災難は、全て死者が一万人以上の自然災害或いは人為的災害でこれらに至っては史書に多く記載されるものである。例えば、

(曹魏)黄初四年三月、宛・許大疫あり。死する者万もて数ふ。(二七)

(晋太寧元年三月)丙戌、霜隕あり、草 殺《か》らす。饒安・東光・安陵の三県 災ありて、七千余家を焼き、死する者 万五千人なり。(二八)

(元興三年)十月壬戌夜、大火 起こる。時に民人 寇を避け、城内に盈満す。隠 之賊に応ずる有るを懼れ、但だ務めて兵を厳め、火より救ふを先とせず、府舎 焚焼蕩尽し、死する者万余人、因りて遂に散潰し、悉く賊の擒ふるところと為る。(二九)

(北魏景明二年三月壬戌)青・齊・徐・兗の四州 大飢あり、民の死する者 万余口なり。(三〇)

(南梁永元三年七月)初め、郢城の閉ざすや、将佐・文武・男女口十余万人、疫疾・流腫ありて死する者 十に七八あり。城 開くに及び、高祖(梁武)並びに隠恤を其の死する者に加へ、棺槨を給ふことを命ず。(三一)

とある。

この一時期、思想意識という面では、玄学の勃興があり、仏教が中原に進出し、道教が大いにふるったものの、しかしながら、陰陽五行観念は濃厚である儒家によって述べられ、依然として主導的な地位を占めていた。このような社会環境下での、当時の人の災害への認識は、今日の我々の理解とは大いに異なるものである。現代人の定めるところの災害は、当時の儒学経学者が示す、ただ陰陽五行の述べる所の「遣告」の一部分である。災害を除いて、さらに重要なのは異像である。災と異とを一緒にした総称を「災異」とし、「上天の遣告」である「天罰の兆候」に属するものである。二者には重度の別があり、董仲舒所が言うところの「天地の物、不常の変者有り。之を異と謂ひ、小なる者は之を災と謂ふ。災 常に先に至りて、異 乃ち之に随ふ。災なる者は、天の譴なり。異なる者は、天の威なり。之を譴するに知らざれば、乃ち之を畏るるに威を以てす……凡そ災異の本、尽く国家の失に生まれ、国家の失は乃ち萌芽に始まりて、天 災害を出だして以て之を譴告す。之を譴告するに、変を知らざれば、乃ち怪異 見《あら》はれ以て之を惊駭す。之を惊駭し、尚ほ畏恐を知らざれば、其の殃咎 乃ち至る。(三二)」である。陰陽五行の災異理論体系の内に含む内容は非常に複雑で扱いにくく、上は天文から下は地理まで及び、中間に人事が位置し、ほとんど全ての内容を包括しているのである。

社会の動揺や不安を通して、王朝の時代は頻繁に主人を交代し、自然災害は頻繁に出現した。儒者たちはいつも陰陽五行を用いて災害発生の原因を紐解き、上天の譴告の観念からはじまり、或いは当時の政治方針に建言を提出し、或いは当時の政治に批判を加え、彼らは君主の政治が天理に符合することを望み、政策が天道に符合するように制定し、これによって災難を祓い、自然災害を減らす対策を講じた。たかが災異といえども、まことに当時の政治に干渉していたのである。

政治の闘争中、大臣達が自己の主張を提出した時期に、陰陽五行は

常用の理論として拠り所にされていた。例えば魏の明帝期の太和四年（二三〇年）、魏は曹真を伐蜀に出兵させた。このとき大雨が三十余日続いたので、少府の楊阜は災異を引用して、「昔 武王 白魚 舟に入り、君臣 色を変ぜり。動きて吉瑞を得ず、猶《な》尚ほ憂懼せり、況んや災異有りて、而も戦ひ竦せざる者あらんや。今 呉・蜀未だ平らげずして、天屡変を降せり。諸軍始めて進み、便ち天雨の変有り。山険に稽閡せられ、已に日を積む。転運の労、担負の苦、費す所已だ多し。若し継がざる有れば、必ず本図に違はん。(三三)」と上奏したのであった。

政治の腐敗、特に君主の用いた人事が不当であった際に、大臣もまた常に経典に論拠を求め、災異を証拠とし、君主に諫言し、人君が、小人から遠く君子に近しいことを望んだ。そして、上は天道に応じ、下は人心に従い、それによって政治状況を改善した。孫呉晩期の国主の孫皓は、政治に暗く、権臣の呂壹を深く寵愛し、朝廷の間専横し無法なことをした。良臣を罠に嵌めて罪に陥れ、孫氏の旧臣はこれに比してきわめて不満を持ったが、敢えて憤慨し多くを言葉にすることはしなかった。赤烏二年の正月、地震が発生した。老臣の歩隲が機会に乗じ、「天子は、父を天とし母を地とす。故に宮室百官、動もすれば列宿に法る。若し政令を施し、欽んで時節に順ひ、官に其の人を得れば、則ち陰陽 和平し、七曜 循度す。今日に至りて、官寮多く闕《か》け、大臣有りと雖も、復た信任せず、此の如くんば天地 変無きことを得んや。故に頻年 枯旱するは、亢陽の応なり。(三四)」と上奏した。

これらの上奏は「天道」に依拠し、帝王への批評は時に辛辣なものである。しかし通常の状況下では、君主もまた容認していたのであった。後の趙石虎は有名な暴君であったが、政治もまた残虐で、民の女性を強奪し、意のままに大臣を誅殺し、臣民には広く不平が広まり怨嗟の声が路に満ち、多くの諫言した臣下に非命の死を遂げさせた。大臣の蒲洪は「陛下 既に襄に国有りて、鄴に宮す。又 長安を修め、洛陽 宮殿あり、将た以て何に用ひんとす。猟車千乗を作り、数千里を環して以て禽獣を養ひ、人の妻女十万余口を奪ひて以て妻とし后宮を実《み》たす。聖帝・明王の所為、是の若くの固き。今 又道路の修めざるを以て、尚書を殺さんと欲す。陛下 徳政し修まらず、天より淫雨を降し、七旬にして乃ち霽《は》る。霽て方に二日、鬼兵百万有りと雖も、亦た未だ道路の涂潦《にはたずみ》去ること能はず、況んや人をや。政刑此の如く、其四海の如きは何ぞや。其れ後代の如し。願はくは役を作《お》すを止め、苑囿を罷め、宮女を出し、朱軌を赦し、以て衆望に副まんことを。(三五)」と諫言した。石虎は不愉快であったが、蒲洪を罪には処せず、その上、人民に迷惑をかける行動を止めたのであった。

西京の後主李士業は刑を厳しく用いて、又、土木工事を大いに興したので、西凉のこの小国では、民衆の負担がとても大きく不満が満ち満ちていた。その際従事中郎の張顕から天災を用いた次のような上奏、諫言があった。

　歳に入りて已来、陰陽 序を失ひ、屡々《しばしば》賊風暴雨有り。和気を犯し傷つくる。今 区域 三分し、勢として久しく并せず、并兼の本、実に農戦在り、懐遠の略《みち》、事寛簡に帰す。而るに更に繁刑峻法にして、宮室是し務人力 凋残し、百姓 愁悴す。災の咎に致るるは、実に此の由なり。(三六)

張顕の建議は聞き入れられなかったが、しかしこの事による処罰は無く、その後もずっと彼は朝臣であり続けた。

決して全ての君主が「天道」に対して恐怖を抱いていた訳ではない。もしこのような君主に出会い、諫言する大臣が相変わらず天道を用いて弁明していれば、遭遇した壊滅的な災難から免れ難い。例えば氐王の苻生が鬼神を恐れなかったようにである。史書は次のように記す。

長安 大風ありて、屋 発《あば》き木 抜く。秦宮中 惊擾し、或《あるひと》 賊 至ると称し、宮門 昼に閉ざすこと、五日にして乃ち止む。秦主の生 賊なる者に推告し、其の心を刳出す。左光禄大夫の強平 諫めて曰く、「天 災異を降す。陛下 当に民を愛し神に事へ、刑を緩め徳を崇《たっと》びて以て之に応ずれば、乃ち弭《や》むべきなり。」と。生 怒りて、其の頂を鑿ちて之を殺す。[三七]

残虐な苻生は当初より「上天」は眼中に無かったのである。哀れな強平は決して思いもよらなかったであろう。強平は十分な忠誠心を抱きながら、思わぬ災難に見舞われた。当然、この種の事例は史書には多くない。

災害が発生したとき、皇帝は常に陰陽五行理論を用いて罪を己に下した。これらの「罪を己に下す詔」の中で、陰陽五行理論が当時の国家と政治に及ぼした影響もまた窺い知ることが出来る。

晋の泰始四年、晋の武帝が刺史二千石の長吏に、「四方の水旱の災眚 思えば、之が為に怛然たり。勤躬約己し、事事当に宜しくせ令めんと欲す。常に衆恐の吏情を用い、誠心 未だ著はれず、万機兼猥し、慮り周《あまね》からざる有り、政刑 失謬するを恐れて、備覧するを獲ず。百姓に過ち有るは、予 一人に在り。歳の不易惟ふに、未だ卜征巡省の事に遑《いとま》あらず。人の未だ乂《おさま》らざる、其れ何を以てか之を恤《あは》れまん。今 持節侍中副給事黄門侍郎をして、命を銜《ふく》みて四出し、天下に周行せしめ、刺史二千石の長吏に親見し、朕心懇誠至意なることを申喩し、得失損益の諸宜を訪求し、政治を観省し、人間の患苦を問はしむ。[二八]」（『宋書』）と詔勅を発した。この一例は「罪已詔［罪を己に下す詔］」の典型である。四方の過失災害から語り始め、その後過失と災害の原因が政刑の誤りによるものであると述べ、その過ちは己にあって、庶民には無いとし、最後に官吏を派遣して政治の得失を省み、民間の苦しみを訪ねさせた。

魏晋南北朝の群雄割拠の時代、この一時期、漢族の建てた王朝が存在しただけでなく、少数族群から成る国家もまた存在した。これらの少数族が中原に群来した後、しだいに漢族の儒家思想を受け入れ、偶然にも天災にあったとき、彼らもまた上天の遺告が罪となって己に帰ってきたと考える。例えば前秦の主氐族の苻堅、彼は非常に貢献した少数民族の君主であるが、晋の太元七年（三八二年）十二月、長官が劉蘭は幽州で駆除が効をなしていないとし、苻堅を投獄罪にしてほしいと上奏した。苻堅は「災 天より降り、殆ど 人力の能く除く所に非ざるなり。此 朕の政の違より致る所、蘭 何ぞ罪あらんか。[三九]」と言った。また、北魏の孝文帝の拓跋宏（元宏）は、太和十五年「正月より雨《あめふ》らず、癸酉に至り、有司奏して百神に祈る。詔して曰く、『万方罪有るは、予一人に在り。今 普天喪恃し、幽顕 哀を同じくし、神の霊有るが若きは、猶ほ応に未だ安饗を忍まざるべき、何ぞ宜しく四気未だ周《あまね》からず、便に祀事を欲す。唯 当に躬を考じ己を責めて、以て天譴を待つべし。』[四〇]と。」と言った。これらの例より見て取れるのは、これらの少数民族の明君は、国家統治の方面と政治に精励し得るだけではなく、思想意識上でも深く漢族の陰陽五行観念の影響を受けていた。

以上全ての論は当時の君臣の災害に対する解釈及び対策であり、これら以外にも、歴史家が史書を編纂した時もまた、別途に篇を設け災異現象の進行について特に解説を行った。これらの解説は史書の五行志、霊徴志に集中して見られ、また散文志、礼志、天象志などに散見して見える。魏晋南北朝の歴史を記載した十部の正史の中に、当時の人の編纂した三部が有り、それは即ち『宋書』で、斉の時期の沈約の編纂である。沈氏は宋、斉、梁の三朝を過ごしており、ほとんどが当時の人が当時の歴史書を編纂した。例えば、『南斉書』は、南梁の粛子顕によって編纂され、子顕は斉の太祖の粛道成の孫である。自身の家の歴史について書物を編むことが通常である。『魏書』は北斉魏収所著したもので、魏収はもともと魏臣で、斉に入った後は以前の通り大臣となり、これもまた当時の人に属するであろう。この三つの史書のうち、『宋書』、『南斉書』これらの二史には五行志が有り、『魏書』には霊徴志が有る。三書の外、『晋書』は唐人の房玄齢の撰であり。その中の五行志は、晋代の著名な史学家、陰陽家の干宝の記した『晋記』、『捜神記』より多く採用されている。二史の作者及び干宝は全て生活を魏晋南北朝時期におくり、彼らの陰陽五行思想は、自然災害の認識を大方の魏晋南北朝時代の人々に反映した。

魏晋南北朝の諸史五行志、つまり霊徴志が述す内容は、『漢書』「五行志」の方法に従いながらも時代に合わせて変化させている。一般的に言えば、この数部の史書である「五行志」は、先に「経」を並べ、次に「伝」(伏生『尚書大伝』)を並べており、ある異常な一つの現象に対する解釈である。以下、京房、劉向、劉歆等のこの類の現象に対する解説を引き、そして魏晋時代以降の各種の事に用いられてきたことを実証する。

陰陽五行理論の体系解釈中、自然界と人類社会に出現した各種の異常な現象は、すべて、人間より出現し、「天道」と政治行為或いは社会行為への不合によって引き起こされた。『尚書』「洪范」に「水は日《ここ》に潤下し、火は日に炎上し、木は日に曲直し、金は日に従革し、土は爰《ここ》に稼穡す。(一四)」の説が有り、また災害が発生したときに異常な現象が出現し、通常もまた五行相応五類に列を為し、各種の異常な現象もまたすべて相応の人類の行為によって引き起こされるのだ。

例えば、〔「木不曲直」、伝ふるに〕「田獵 宿《いまし》めず、飲食 享《ささ》げず、出入節《かな》はず、農事を奪ひ、奸謀有るに及びては、則ち木 曲直せず。」、〔「水不潤下」、伝ふるに〕「宗廟を 簡《おろそか》 にし、祷祠せず、祭祀を廃し、天時に逆へば、則ち水潤下せず。」、〔「火不炎上」、「五行伝」に曰く、〕「法律を棄て、功臣を逐ひ、太子を殺し、妾を以て妻と為さば、則ち火 炎上せず。」、〔「金不従革」、「五行伝」に曰く、〕「戦攻を好み、百姓を軽んじ、城郭を飾り、辺境を侵せば、則ち金 従革せず。」〔謂へらく金 其の性を失ひて災を為すなり。〕、〔「稼穡不成」、「五行伝」に曰く、〕「宮室を治め、台榭を飾り、淫乱に内《したし》み、親戚を犯し、父兄を侮れば、則ち稼穡成らず。(四二)」と挙げられる。

陰陽五行理論は、各種の異常な現象が、相応の「咎征〔天罰〕」として出現した可能性があるとしている。

「木 曲直せず」は、木冰・貌不恭・恒雨・服妖・亀孽・鶏禍・青眚青祥が有り、金が木に勝つ。「金 従革せず」は、詩妖・毛虫の孽・犬禍・白眚白祥が有り、木が金を勝つ。「火 炎上せず」は、火災を除いて、そのほかに恒燠・草妖・羽虫の孽・羊禍・赤眚赤祥が有り、水が火に勝つ。「水 潤下せず」は、水災・大霖雨 以外に、恒寒・雨雹・雷震・魚孽・蝗虫・豕禍・黒眚黒祥が有り、火が水に勝つ。「稼穡 成らず」は、一般的に水が無く旱魃の災を指して百穀が実らず、また恒風・夜妖・蠃虫の孽・牛禍・黄眚黄祥・地震・山崩れ・地の陷裂・雨らず・龍蛇の孽・馬禍・人痾・日蝕が有る。

これらの「咎征〔天罰〕」のうち、自然災害に属するものと、天象に属するものがある。またほかの部分では、すなわち陰陽五行理論の中の特有のものである「異象」がある。各史五行志或いは霊徴志はまさに、これらの「咎征」を通して各種人類の活動に対応し、「災異」と人事の間の因果関係を証明したのである。この種の歴史を記録する方法は、『漢書』、『続漢書』の文体に継がれているが、しかしその中に包括する強烈な主観意識は、後の人に参考とするべき経験を提供しており、後の権力者に徳を修めなければ、上天の「譴告」を受けることは免れ難いと忠告を用いているのである。

三、陰陽五行観念の魏晋南北朝時期の「救災」活動に対する影響

中国古代では、自然災害に対処することは各朝廷政府の極めて重要な政治活動の一つであった。上述してきたように、魏晋南北朝の各政の権災害に対する認識は、基本的には陰陽五行理論の範疇を出ない。災害に臨み災害を減らす時に、採用された各種の措施は、おおかたこの理論の元で進められた。陰陽五行理論は、「五行 変 至れば、当に之を救ふに徳を以てすべし。之天下に施さば、則ち咎 除かる。(四二)」「人の主者為る者、禳災するに徳を以てし、除咎するに義を以てす。(四三)」と考えられる。この「修徳禳災」という思想下で採用された措置は、その多くが「修徳」と関係が有り、即ちいわゆる「人君大臣災異を見ゆるや、退きて自省し、責躬し修徳し、共禦し補過すれば、則ち禍を消して福至る。(四四)」に述べられる。「責躬修徳」の主要な部分は「祈天」と「修徳」の二つである。

「祈天」とは、政府と民衆が上天に向かって祈禱し災害の消滅と災害を減らす祭祀活動のことを示す。中国古代社会では、祭祀が極めて重要な地位を占め、上は朝廷から、下は民衆まで、様々な祭祀活動を行った。どのような政府であっても、平民の民衆であっても、祭祀を極めて重視した。春秋戦国時代のとき、古の人は常に「国の大事は、祀と戎とに在り。(四五)」とし、本来は災難を避け、福を祈る意味であるが、したがって、古の人は山川などの神々を祭祀する時に、祭祀は「祓災、減災」においてもまたその重要な地位を占めているのである。

古代では「祓災、減災」と関係のある主要部分は次の二種類で、それは「雩」祭と「禜」祭である。例えば、『礼記』「祭法」に「雩、禜。水旱を祭る。(一五)」、同じく『説文解字』の「雨部」に「雩、夏祭なり、赤帝に楽《かな》で、以て甘雨を祈るなり。(一六)」「禜、綿蕝を設けて營と為し、以て風雨・雪霜・水旱・厲疫を日月・星辰・山川に禳うなり。(一七)」と見ることができる。

この二種の祭祀はとても長い歴史がある。甲骨文の中にも見ることができ、早くは殷の商王の時期に見ることができる。我々の先人もまた雨乞いの活動をしたであろう。甲骨卜占の文の中には「庚寅卜して、翌の辛卯を貞《と》ふ魚爻《そな》[俎]へるも雨ふらず、八月。(一八)」「辛卯卜して、貞ふ今日其れ雨ふらんか。八月。(四六)」とあり、周人がこれを重視していたことがわかる。また史書中にも多く記載が見られ、『周礼』「司巫」では「若し国 大旱あらば、則ち巫を率して雩を舞ふ。(一九)」とあり、春秋戦国時代には、雩祭と禜祭がなお重要な祭祀とされていた。漢代に至っては、水害と旱魃が起こった際にのみ、このような祭祀が行われていたのである。

魏晋南北朝の時代、基本的には漢代の手順を踏襲し、水害と旱魃があるごとに、しきたりによって社稷山の川で祭祀を行っていた。曹魏の太和には「五年春正月……去冬の十月より此月に至るまで雨らず、辛巳、大雩す。(四七)」とあり、晋の武帝期には雨乞いの活動が多く行われた。咸寧二年、「春、久しく旱《ひでり》あり。四月丁巳、詔して曰く『諸々の旱する處 広く祈請を加へよ。』と。五月庚午、始めて社稷山川に雨を祈る。六月戊子、澍雨を獲。(四八)此 雩禜の旧典なり。太康三年四月、十年二月、又之の如し。」この後、各朝廷では基本的に事例に従って

幾分の増減があった。例えば、東晋には、「永和元年」「五月戊寅、大雩あり。」[四九]とあり、劉宋の元嘉八年には、「夏六月乙丑、大赦す、旱するが故なり。又 大雩あり。」[五〇]とある。また南斉では、「建武二年旱す、有司雩祭を議すらく、明堂に依る。」[五一]、「梁の武帝 天監元年、雩壇に事有す。壇は南郊の左に於いてし、高及び広は輪四丈、周は十二丈、四陛なり。」[五二]また、「陳の武帝の永定三年」夏閏四月甲午、……是れ時久しく雨ふらず。丙午、鐘山に幸《みゆき》して蒋帝廟を祭る。是の日雨降り、月晦に迄る。」[五三]とある。

南方の漢族政権は自然災害の生じたときに祭祀の儀式を行っただけでなく、北魏、北周などのような中原の統治者であった少数民族の政権もまた漢族の祈禱方式を継承した。たとえば北魏であれば、次のようである。

太和二年、旱あり。帝 親ら皇天 日月五星苑中に祈り、祭の夕大ひに雨る、遂に京師に赦す。[五四]

一般的に言えば、凡そ大きな旱魃が有ると、朝廷は大型の祭祀と儀式を開催し、主には南郊での雨乞いや、社稷山川、東郊、北苑の祭祀などがある。特に程度の酷い旱魃災異の時には、あらゆる山川、祠廟で祭祀を執り行い神を拝んだのであった。例えば、太和四年の二月癸巳、詔して言うには、

「……其れ天下に敕して、山川群神及び能く雲雨を興す者を祀り、祠堂を修飾し、薦むるに牲璧を以てせよ。」[五五]と。

祭祀の活動中では、皇帝は通常、上天に政治を改善する対策を告げることができていた。例えば、南梁では、

大同五年……四月の後 旱あれば、則ち雨を祈り七事を行ふ。一、冤獄及び失職なる者を理む。二、鰥寡孤独に賑う。三、傜を省き賦を軽くす。四、賢良を挙進す。五、貪邪を黜退す。六、命じて男女を會せ、怨曠に卹へる。七、膳羞を徹め、楽懸を弛ませて作らず。[五六]

魏晋南北朝時代の大規模な雨乞いは、祈雨の祭祀活動は古代の祭祀の方法を踏襲してはいるものの、陰陽五行理論中の天遣観念はその中に発生した重要な作用であり、疑う必要はない。

「祈天敬神」などの祭祀を執り行っている、主政者は上天に向かって敬虔な気持ちを示すが、しかしそれだけでは、全く本当には「上応天遣」を成し遂げることは出来ない。したがって陰陽五行理論から言えば、上天が「遣告」を発することは、主政者の不当の施政行為によって引き起こされる。したがって、もし災害や災いを消したいと考えるのであれば、実際に行動の中で生まれ変わったように心を入れ替え、徳を修め善行をして、民衆感情に立って考える必要があり、すなわち、これが「修徳禳災」である。これらの「修徳禳災」の措施の主要なものは「罪己詔」、「減膳撤懸」、「避正殿」、「録囚及大赦」、「求直言極諫」、「大臣請免」があり、これらをもって一連の厄払い、災難及び自然災害の減少の具体的な措施とするのである。

自然災害及び日食、彗星、悪運に見舞われた時、帝王は常に「詔已罪」を下す。これは上天への謝罪を示している。「罪己詔」は漢の文帝の時に始められたが、しかし『尚書』中にすでに類似した内容が存在する。例えば『尚書』「湯誥」に「其れ爾万方 罪有らば、予一人に在り。予一人罪有らば、爾万方を以てすること無けん。」とある。帝王が「罪己詔」をする時、「禹湯罪己」の典故を多く引用する。この出典は『春秋左氏伝』「荘公十一年」の「禹・湯 己を罪して、其の興るや悖る。桀・紂人を罪して、其の亡ぶるや忽焉たり。」である。また後、趙の時には、「冀州八郡 大蝗あり、司隷 守宰を坐しめんことを請ふに、季龍 曰く『此れ政の失和、朕の不徳なり、而れども咎

を守宰に委ねんと欲するは、豈に禹・湯己を罪するの義ならんや。』と。(五七)」というものがある。

この面での「罪已詔」の形式はおおよそ類似しており、主に自身の施政の面での過失を検討するものである。典型的なものとしては「其罪在朕」そして「無关衆生」と述べ、上天民衆に罪を加えないように嘆願するなどである。

劉宋の時には、大風による災害があり、宋の文帝は詔を下し、「加へて頃《このごろ》陰陽は序を違へ、時に旱疫の患あり、仰ぎて災戒を惟へば、責の深きは予に在り。(五八)」と詔を下している。

また、南梁の天監六年、梁武帝が詔を下し、「夫れ天下を有《たも》つ者は、義として己が為にするに非ず。凶荒・疾癘・兵革・水火は、一に此に有りて、責は元首に帰す。今 祝史 禱を請ひ、諸の不善を継がしむるに、朕が身を以て之に當てよ。永しえに災害をして萬姓に及ばざらしめ、猊慈の下民をして稍く寧息を蒙らしめよ。朕の為に福を祈り、以て其の過ちを増すを得ず。(五九)」としている。

中国古代の政治理論では、「朝乾夕惕」「敬天憫人」に符合する執政者こそが品格を兼ね備えたものとした。古代の帝王は自然災害に見舞われた際、「罪己詔」を下すかどうかによって施政得失を検討した。これはまさにこの種の品格の具体的な表れである。これはちょうど中国の古人の自然の力に対する畏敬の念の反映であり、また陰陽五行理論内に隠された飾り気のない人道主義の心を体現していたのである。「罪己詔」というものが、帝王が上天に向かって自己の施政中の不当な行為を検討するものと言うのであれば、改正する措施を提示するだけでなく、「減膳撤懸」「避正殿」というのは帝王が自身の生まれ変わりと人民の苦痛に対しての同情を示した態度なのである。

「減膳」または「不挙」「退食」「撤膳」「滅膳」と、称するものは、国家で発生した災異、異変を示し、刑によって死罪にしたり、君主が食膳の料理を減らしたり食べないことを示すようになった。

『周礼』の「天官・膳夫」では、

膳夫 祭を授く、品嘗食ひて、王乃ち食ふ。……王 斎には、日に三たび挙く。大喪には、則ち挙けず。大荒には、則ち挙げず。大札には、則ち挙げず。天地に災有れば、則ち挙げず。邦大故有れば、則ち挙げず。〈三〇〉

とあり、それに鄭玄は注して「牲を殺し饌を盛るを曰ふ。」としている。先秦の文献中には、自然災害が発生したと時、君主が食膳の料理を減らすことを述べる論法がある。例えば、『春秋左氏伝』「成公五年」には、

国は山川を主《つかさど》る、故に山崩れ川は竭くれば、君之が為に挙せず、服を降し、縵に乗り、楽を徹し、出でて次《やど》り、祝は幣し、史は辞し以て焉に禮す、其れ此の如きのみ、伯宗と雖も之を若何せん。〈三一〉

とある。

魏晋南北朝の史料中では、災異が発生した際に、君主が食膳の料理を減らした事実を多く記載している。例えば、晋の武帝期である泰始七年には、「閏月、大雩あり、太官 減膳す。(六〇)」とあり、北魏の孝文帝期には「太和十七年夏四月丁丑、旱を以て撤膳す。(六一)」とある。

「減膳」と「撤懸」を常に同時に実行した。「撤懸」の「撤」の文字は亦「徹」ともあらわす。また「撤楽」、「不挙楽」とも称する。案ずるに、懸は、古くは楽器を掲げる骨組みを示し、原義から派生義を生じて音楽となった。撤懸は音楽を取り去る古代からの礼式なのである。先に引用した『春秋左氏伝』では、ちょうど「徹楽」の説がある。魏晋南北朝時代、「撤懸」は多く称され、時には「撤楽」、「廃

楽」と称されてきた。例えば、前秦時代には、「大旱あり。堅 膳を減らし懸を撤し、金玉綺繍は皆之を戎士に散じ、后宮 悉く羅紈を去り、衣は地を曳かず。(六二)」とあり、北魏の永平元年には「辛卯、帝旱の故以て、減膳撤懸せり。(六三)」という記録がある。

「避正殿」もまた「避正堂」、「避正寝」という総称がある。西漢時代には、巨大な災害が発生し、君主は喪服に着替え、正殿を避けて咎に思いをめぐらせた。魏晋南北朝時代には多く漢の方法に沿っていた。例えば北魏の太和二年四には「甲辰、天災を北苑に祈り、親自《みずから》礼す。滅膳し、正殿を避く。(六四)」とある。また後周保定三年には、「五月甲子 朔《ついたち》、正寝を避け朝を受けず、旱あるの故なり。(六五)」とある。

君主の「減膳」、「撤懸」、「避正殿」に関しては、晋代の蔡謨がその解説をしており、「災祥の発するは、人君を譴告する所以、王者の重誡する所なり。故に素服し楽を廃して、正寝を退避し、百官 降物し、幣を用ひて鼓を伐し、躬《みづか》ら親《たす》けて之を救ふ。(六六)」とある。ここから伺えるのは、これらはみな帝王が徳を修め災異を減少させ、自身を反省するものである、ということである。

災害発生時に、朝廷は、囚人の罪状を調べること、減刑すること、囚人の罪を許すことを常とし、それをもって災害を減少させようとした。「録囚」は、また慮囚と称し、古代の冤罪の裁判事件を審理し、無罪にする重要な制度であった。古代では、囚人は多かったので、免罪の裁判事件は多く、これは執政者の「天道」への不合をしめす重要な指標であった。したがって、災害が多く発生したときには、録囚は冤罪である裁判事件の誤りを正し、また、受刑者への減免措置をとる。こうした制度は、朝廷のとらなくてはならない重要な措置でもあった。

魏晋南北朝時期には、各政権は事実上、前人の作法を踏襲していた。例えば、曹魏の青龍二年には、

十一月、京都 地震あり、東南より来たりて、隠隠として声有り、屋瓦を揺動す。十二月、詔して有司をして大辟を刪定し、死罪を減ぜしむ。(六七)

また、

太康三年四月、旱あり。乙酉、司空斉王攸と尚書、廷尉河南尹とをして繋因を録訊せしめ、事 蠲宥に従ふ。(六八)

とある。北魏の景明四年夏四月には、詔として、

酷吏の禍を為すや、綿古として患を同じうす。孝婦 淫りに刑せられ、東海 焦壌す。今十旬 雨《あめふら》ず、意は其れ冤獄に有らんや。尚書 京師の囚せらるるを鞫すに、務めて聴察の理を盡せ。(六九)

とある。北周の保定元年秋七月には、武帝が詔を下し、

「亢旱すること歴時なれば、嘉苗 殄悴す。豈に獄犴の失理、刑罰の乖衷ならんや。其の所在の囚せらるるもの、死以下一歳刑以上は、各々《おのおの》 本罪一等を降し、百鞭以下は、悉く之を原免せよ。」(七〇)と。

とある。災害が発生した後、録囚（冤罪の裁判事件）、大赦などの刑罰を減免する方法は、ただシンボリズムを兼ね備えるだけでなく、社会矛盾を緩和する役割があった。

ただ諌言といえども、それは、悪政を取り除くだけでなく、各王朝が講じてきた災害減少の措置でもある。たとえば、晋の太康七年正月、晋の武帝は詔を下して、

比年 災異屢々《しばしば》発《おこ》り、日蝕すること三朝、地 震へ山 崩る。邦の臧《おさ》まらざるは、実に朕が躬に在り。公卿大臣 各々封事を 上《たてまつ》り、其の故を極言し、諱む所有る勿れ。(七一)

と述べている。また北周の建徳二年秋七月には、

春末より雨ず、是の月に至る。壬申、百寮を大德殿に集め、帝

躬を責め己を罪し、問ふに治政の得失を以てす。(七二)

という詔を下している。

天災に見舞われた際に、陰陽の副責任者として三公等大臣に責任を負わせ、通常は咎として退位させる。最初、董仲舒は陰陽五行の観念を儒家理論に融合させ、「天遣説」を提示し、その目的は上天を利用して皇帝権力を制限するところにあった。しかし西漢後期から東漢期に至ると、天遣の責任は常に大臣の身の上に引き起こされるようになった。毎回災害があると、三公の大臣が責任を取らなくてはならない。東漢の時代、大臣災害により退位した史実は史書中に少なくない。また魏晋南北朝に至ると、この種の事例は常には見られず、大臣の辞職を願い出る表現は見られるものの、しかし一般的には皇帝はその要望に応じないのであった。例えば、晋の武帝期の太康年間には、大臣の魏舒が「災異以て遜位す、帝　聴かず。(七三)」とある。また、晋元帝時「大旱し、導　遜位を上疏す。(七四)」とある。しかし最終的には彼は晋の元帝の承認を受けていない。また劉宋の[元嘉]年間では、「五年春、大旱ありて、弘　引咎し遜位す。(七五)」とある。これは王弘のはっきりとした要求があって、ようやく宋の文帝が承認されたのである。さらに退職に成功したのは北魏の時の爾朱彦伯で、北魏正光二年「秋　七月……丙戌、司徒公の尒朱彦伯　旱を以て遜位す。(七六)」とある。このときは既に北魏末年で、政治の形勢が複雑であり、後に爾朱彦伯は政治闘争によって非業の死をとげる。

人君が詔を下し上天に向かって謝罪し、正殿を避け、食膳を減らし撤懸をすることは自ら責任を取ることであり、民衆と苦痛を共にし、また忌憚のない意見を求めることや、録囚などは刑罰の減免、無罪放免の裁判などを行うことが出来、これらは「修徳禳災」に属してはいるものの、しかし結局のところは、被災した民衆には直接的な関係はさほど無い。本当に災害を減らすために策を講じることは、本当に災害を減らし、被災者を救うのは、やはり直接的に関係のある具体的な対策なのであり、これらの対策でようやく「修徳政」の実質性の内容を伴うのである。

魏晋南北朝時代の各王朝の具体的な災害を減少させる対策はだいたい以下の数項目に概括することが出来る。

まず、第一に、官吏を派遣し救済する方法である。災害の発生した際に、朝廷は通常官吏を被災地区に巡視派遣することができる。官吏の活動で災害の状況を把握し、救済慰問を行う。元嘉十七年八月には、「徐・兗・青・冀の四州大水あり。己未、使を遣はし検行し賑卹す。(七七)」とあり、建元四年五月、斉の武帝が下した詔には、「頃ろ水雨頻りに降り、潮流荐満し、二岸の居民、淹潰する所多し。中書舎人を遣はし、両県の官長と優量賑卹せよ。(七八)」とあって、この例を見ることが出来る。

第二に、穀物類を支援することである。災害発生時には、被災者にとって最重要となるのがその生命維持であり、このため、朝廷はまず初めに災者の生計を解決する必要がある。この時、穀物類を支援することは最もよく見られる措置である。「冀・兗・徐・豫の四州の民水に遇ひ、侍御史を循行せしめ没溺死亡及び財産を失ひしは、倉を開きて振ひ、之を救ふ所在り。(七九)」とある。また劉宋の元嘉二十年には「諸々の州郡、水旱稼傷し、民　大飢す。使を遣ひて倉を開き、賑卹し、粮種を給賜す。(八〇)」とあるのがその一例である。

第三に、移民を移して糧食の豊かな土地へ向かわせることである。被災で荒れ果てた土地の民衆たちは災害の無くまた糧食の存在する地域に移す。これもまた多くの王朝が被災した民衆を救う重要な方法の一つなのである。たとえば、北魏の神瑞年間、「京師　比歳　霜旱し、

五穀 登《みの》らず。詔して人をして山東に就食せしめ、粟帛を以て乏に賑ふ[八一]。」とある。また、太和十一年には、「大旱あり、京都の民 飢へ、加へて以て牛疫あり、公私 闕乏す。時に馬驢及び橐駝を以て駕輓耕載に供する有り。詔して民に豊に就くを聴《ゆる》す。行く者 十に五六、道路に粮稟を給し、所在に至れば、三長 之を贍養す[八二]。」とある。

第四に、徭役の減免措置である。度重なる徭役は中国の古代民衆に深刻な負担を与えていた。天災に見舞われた際、徭役を軽減することもまた歴代王朝の比較的良く使われた修徳の方法の一つである。南斉の建元四年五月、詔を下して言うには「水潦患を為し、……呉興、義興水に遭ふ県、租調を蠲除せよ[八三]。」という記録が残っている。また、北魏の正光元年五月辛巳にはまた詔を下して「……炎旱 災を為すは、予の愧に在るに、寝食を忘るる無し。……其の賦役の民に便ならざる者は、具《つぶさ》に以て状聞し、便ち当に蠲罷すべし[八四]。」とある。

第五に男やもめや寡婦、貧しい単身の老人を救済することである。社会の動揺の中で、災害が発生した際、男やもめ、寡婦、単身の老人は真っ先に災難の矢面に立つ。彼らは往往にして生活が最も困難なのである。天災、特に疫病が重大であったときに、多くの人は災害が原因でこの世を去る。特に、このような社会的弱者は正常な年度の数倍に及ぶ。これらの人々の生計をどのように解決するかということも朝廷が人民を愛しているか否かをはかる重要な目印であり、だから歴代の朝廷はこれらの人々を特に優先していたのである。たとえば、晋朝では「太元三年より以前の逋租宿債 皆之を蠲除し、その鰥寡・窮独・孤老の自ら存する能はざる者、人ごとに米五斛を賜ふ[八五]。」とある。また、北魏の正光四年八月に詔を下して「……比《このご》ろ雨旱 時を愆《あやま》り……諸々の鰥寡・窮疾・冤滞の申べざる者有れば、并せて矜卹を加へよ[八六]。」と述べている。

第六に医薬品を発送する事である。災害に見舞われた際に、特に疫病が発生した際は、王朝政府が医薬品を提供することによって民衆を困難から救う措置を講じることが出来る。劉宋の元嘉四年には、「五月、……京師疾疫す。甲午、使を遣はし、存問して医薬を給ひ、死する者 若し家属無ければ、賜ふるに棺器を以てす[八七]。」また、大明四年四月、宋の孝武帝は詔を下して「都邑の節気 未だ調はず、癘疫の猶ほ衆し。言は民瘼を念ひ、情は矜傷有り。使を遣はし存問し、并はせて医薬を給ひ、其の死亡する者は、随宜 卹贍すべし[八八]。」と述べた、という記録が残る。

最後に骸骨になってしまった死体を埋葬することである。魏晋南北朝時代は、我が国の災害が最も多かった時期であり、これに加えて各種の政治勢力は割拠した。民衆は困難に耐えがたく、古の人々はこのことに対して「千里 鶏鳴 無し、生民は 百に一を遺すのみ[二二]。」と、形容した。この時に善政のとる措施としては、朝廷が死する者の家庭に棺木を売るというものが有り、たとえば晋の泰始七年六月の例では、「大ひに雨霖し、伊・洛・河溢れ、居人四千余家を流し、三百余人を殺す。詔有して振貸給棺す[八九]。」としている。野に雨ざらしになった遺体には、朝廷は特別に官兵を派遣して野に埋葬させた。例えば北魏の景明三年春二月戊寅には、「比陽の旱積せし時より、農民 殖を廃し、痦言 愧を増す。予に在ること良多なり。州郡に申下し、骸骨の暴露する者有らば、悉く埋瘞すべし[九〇]。」という詔が出ている。

以上の救済措置と、災害減少の対策措置などのほかに、各王朝は流民を落ち着かせたり、水利工事を興したり、広く倉庫に穀物を蓄えたり、農業と養蚕業の発展などの政策を行った。貧しく弱い者を救い、生産を回復させ、社会の安定をはかったのである。

四、おわりに

陰陽五行理論には深遠な歴史的なルーツが有り、中国の古の人々が持つ、自然界と人類社会に対しての両者の関係の基本的な認識を反映してきた。これらの認識は思想家による変遷を経て、十分に複雑な理論体系の上に形成された。この悠久の時の中で、この思想体系は、政治家、思想家、一般民衆に及ぶ指導的な思想であり、ただ古の人々の社会的実践活動の中だけではなく、膨大な影響を生み出してきた。現代の我々から見ると、当時の理論には虚妄の説と思えるものが沢山ある。しかしながら、歴史的な観点より分析を行えば、その中に多くの追求されてきたものを我々は発見できるであろう。それは、いわゆる「修徳成仁」の箇所である。その災異の部分について言えば、この天災の認識に対しての理論は、現代の科学精神とは符合せずとも、古代の厄払い、災難及び自然災害の減少の過程の中に起きた重要な作用であり、軽視されるべきものではないのである。

《著者注》

(一) 大戦于甘、乃召六卿。王曰、嗟。六事之人、予誓告汝。有扈氏威侮五行、怠棄三正。天用勦絶其命。今予惟恭行天之罰。(『尚書』湯誥)

(二) 天道無親、唯徳顕授・天道無私、是以恒正、天常正、是以清明。(『申子』)

(三) 君子有三畏、畏天命、畏大人、畏聖人之言。(『論語』季氏)

(四) 行夏令、則風雨不時、草木早槁、国乃有恐。行秋令、則民大疫、疾風暴雨数至、藜莠蓬蒿并興。(『呂氏春秋』孟春記)

(五) 夫天地至神、而有尊卑先後之序。而況人道乎。宗廟尚親、朝廷尚尊、郷党尚歯、行事尚賢、大道之序也。語道而非其序者、非其道也。語道而非其道者、安取道。(『荘子』外篇 天道)

(六) 陰疑於陽、必戦。為其嫌於無陽也。故称龍焉。猶未離其類也、故称血焉。夫玄黄者、天地之雑也。天玄而地黄。(『易経』第二卦)

(七) 内陽而外陰、内健而外順、内君子而外小人、君子道長、小人道消也。(『易経』第十一卦)

(八) 一陰一陽也。之謂道。継之者善也。成之者性也。(『易経』繫辞上伝 第五章)

(九) 陽伏而不能出、陰迫而不能烝。于是有地震。(『国語』周語)

(一〇) 挙事慎陰陽之和、種樹節四時之適、無早晩之失、寒温之災、則入多。(『韓非子』難二)

(一一) 凡帝王者之興也、天必先見祥乎下民。黄帝之時、天先見大螾大螻。黄帝曰土気勝。土気勝故、其色尚黄。其事則土。及禹之時、天先見草木秋冬不殺。禹曰木気勝。木気勝故、其色尚青。其事則木。及湯之時、天先見金刃生于水。湯曰金気勝。金気勝故、其色尚白。其事則金。及文王之時、天先見火赤鳥銜丹書集于周社。文王曰火気勝。火気勝故、其色尚赤。其事則火。代火者、必将水。天且先見水気勝。水気勝故、其色尚黒。其事則水。水気至而不知数備、将徙于土。天為者時而、不助農于下。類固相召、気同則合、声比則応。鼓宮而宮動、鼓角而角動。(『呂氏春秋』有始覧)

(一二) 非聖人、作怪誤、熒惑六国之君、以納其説。此春秋所謂匹夫熒惑諸侯者也。(『塩鉄論』巻九)

(一三) 臣謹案春秋之中、視前世已行之事以観天人相与之際、甚可畏也。国家将有失道之敗、而天乃先出災害以譴告之、不知自省、又出怪異以警懼之、尚不知変、而傷敗乃至。以此見天心之仁愛人君而欲止其乱也。自非大亡道之世者、天尽欲扶持而全安之。(『漢書』董仲舒伝)

(一四) 道之大原出于天。天不変、道亦不変。(『漢書』董仲舒伝)

(一五) 昭・宣則眭孟・夏侯勝。元・成則京房・翼奉・劉向・谷永。哀・平則李尋・田終術。(『漢書』眭両夏侯京翼李伝)

(一六) 清の趙翼『二十二史箚記』巻二に「惟夏侯始昌以尚書教授、明于陰陽、先言柏梁台災日、至期果験。自董仲舒、韓嬰死後、武帝甚重始昌。然則胜所引洪范五行伝，盖即始昌所作也。其後劉向又推演之、成十一篇耳。」とある。

（一七）（景明）四年正月辛酉、涼州地震、壬申・并州地震。六月丁亥、秦州地震。十二月辛巳、秦州地震。十一月丁巳、恆山崩。三月己未、司州之河北・河東・正平・平陽大風抜樹。五月癸酉、汾州大雨雹。六月乙巳、汾州大雨雹、草木・禾稼・雉兔皆死。七月甲戌、暴風・大雨雹、起自汾州、経并・相・司・兗、至徐州而止。広十里、所過草木無遺。三月壬戌、雍州實霜、殺桑麦。辛巳、青州實霜、殺桑麦。八月辛巳、涼州雨土覆地、亦如雾。三月壬午、河州大螟、二麦無遺。七月、東莱郡蚜蚄害稼。五月、光州蚜蚄害稼。六月、河州大蝗。

右の、一群の引用は『魏書』霊徴志上による。

（一八）晋武帝咸寧元年十一月、大疫。京都死者十万人。（『宋書』五行五）

（一九）十二月大疫。洛陽死者大半。（『晋書』武帝記）

（二〇）十二月、……大疫。洛陽死者以万数。（『資治通鑑』巻八〇『晋記』世祖武皇帝上之下）

（二一）先是、帝不豫。及瘳、群臣上寿。詔曰「毎念頃遇疫気死亡、為之愴然。豈以一身之休息、忘百姓之難邪。諸上禮者皆絶之。」（『晋書』武帝紀）

（二二）青・雍・幽・荆州徙戸及諸氐・羌・胡・蛮数百余万、各還本土。道路交错、互相殺掠。且飢疫死亡。其能达者十有二三。（『晋書』石季龍載記下）

（二三）寧州頻歳飢疫、死者以十万計。（『資治通鑑』巻八六『晋記八』）

（二四）夏日疾疫、死者相枕、……是冬又寒甚、淮・泗尽凍、士卒死者十七八。（『梁書』康絢伝）

（二五）秋九月、堰自潰決。漂其縁淮城戍居民村落十余万口、流入于海。（『魏書』島夷粛衍）

（二六）豫州疫、民死十四五万。（『魏書』霊徴上）

（二七）黄初四年三月、宛・許大疫。死者万数。（『宋書』五行五）

（二八）丙戌、隕霜、殺草。饒安・東光・安陵三県災、焼七千余家、死者万五千人。（『晋書』明帝記）

（二九）十月壬戌夜、大火起。時民人避寇、盈満城内。隠之懼有応賊、但務厳兵、不先救火、由是府舎焚焼蕩尽、死者万余人、因遂散潰、悉為賊擒。（『宋書』五行三）

（三〇）青・齊・徐・兗四州大飢、民死者万余口。（『魏書』宣武帝記）

（三一）初、郢城之閉、将佐・文武・男女口十余万人、疾疫・流腫死者十七八。及城開、高祖并加隠恤、其死者命給棺槥。（『梁書』武帝記上）

（三二）天地之物、有不常之変者。謂之異、小者謂之災。災常先至而、異乃随之。災者、天之譴也。異者、天之威也。譴之而不知、乃畏之以威……凡災異之本、尽生于国家之失、国家之失乃始萌芽而、天出災害以譴告之。譴告之而、不知変、乃見怪異以惊駭之。惊駭之、尚不知畏恐、其殃咎乃至。（董仲舒『春秋繁露』必仁且智）

（三三）昔武王白魚入舟、君臣変色。動得吉瑞、猶尚憂懼、況有災異、而不戦竦者哉。今呉・蜀未平而、天屢降変。諸軍始進、便有天雨之変。稽閡山険、已積日矣。転運之労、担負之苦、所費已多。若有不継、必違本縦。（『資治通鑑』魏記三）

（三四）天子、父天母地。故宮室百官、動法列宿。若施政令、欽順時節、官得其人、則陰陽和平、七曜循度。至于今日、官寮多闕、雖有大臣、復不信任、如此天地焉得無変。故頻年枯旱、亢陽之応也。（『三国志』呉書 張顧諸葛歩伝）

（三五）陛下既有襄国、鄴宮。又修長安、洛陽宮殿、将以何用。作猟車千乗、環数千里以養禽獣、奪人妻女十万余口以実后宮。聖帝・明王之所為、固若是乎。今又以道路不修、欲殺尚書。陛下徳政不修、天降淫雨、七旬乃霽。霽方二日、雖有鬼兵百万、亦未能去道路之涂潦而、況人乎。政刑如此、其如四海何。其如後代。願止作役、罷苑囿、出宮女、赦硃軌、以副衆望。（『資治通鑑』晋記十八）

（三六）入歳已来、陰陽失序、屢有賊風暴雨。犯傷和気。今区域三分、勢不久并、并兼之本、実在農戦、懐遠之略、事帰寛簡。而更繁刑峻法、宮室是務人力凋残、百姓愁悴。致災之咎、実此之由。（『晋書』凉後主李士業伝）

（三七）長安大風、発屋抜木。秦宮中惊擾、或称賊至、宮門昼閉、五日乃止。秦主生推告賊者、刳出其心。左光禄大夫強平諫曰、天降災異。陛下当愛民事神、緩刑崇徳以応之、乃可弭也。生怒、鑿其頂而殺之。（『資治通鑑』晋記二十二）

(三八) 思四方水旱災眚、為之怛然。勤躬約己、欲令事事当宜。常恐衆吏用情、誠心未著、万機兼猥、慮有不周、政刑失謬而、弗獲備覧。百姓有過、在予一人。惟歳之不易、未遑卜征巡省之事。人之未乂、其何以恤之。今使使持節侍中、副給事黄門侍郎、銜命四出、周行天下、親見刺史二千石長吏、申喩朕心懇誠至意、訪求得失損益諸宜、観省政治、問人間患苦。(『宋書』禮志二)

(三九) 災降自天、殆非人力所能除也。此自朕之政違所致、蘭何罪焉。(『晋書』苻堅載記下)

(四〇) 自正月不雨、至于癸酉、有司奏祈百神。詔曰、万方有罪、在予一人。今普天喪恃、幽顕同哀、神若有霊、猶応未忍安饗、何宜四気未周、便欲祀事。唯当考躬責己、以待天譴。(『魏書』太武帝記下)

(四一) 田猟不宿、飲食不享、出入不節、奪農時、及有奸謀、則木不曲直。(『宋書』五行五) 簡宗廟、不祷祠、廃祭祀、逆天時、則水不潤下。(『宋書』五行四) 棄法律、逐功臣、殺太子、以妾為妻、則火不炎上。(『宋書』五行三) 好戦攻、軽百姓、飾城郭、侵辺境、則金不従革。謂金失其性而為災也。(『宋書』五行二) 治宮室、飾台榭、内淫乱、犯親戚、侮父兄、則稼穡不成。(『宋書』五行五)

(四二) 五行変至、当救之以徳。施之天下、則咎除。(『春秋繁露』巻十四 五行変救)

(四三) 為人主者、禳災以徳、除咎以義。(『三国志』呉書 潘濬陸凱伝)

(四四) 人君大臣見災異、退而自省、責躬修徳、共禦補過、則消禍而福至。(『晋書』五行志上)

(四五) 国之大事、在祀与戎。(『春秋左氏伝』成公十三年)

(四六) 辛卯卜、貞今日其雨。八月。(郭沫若、胡厚宣等『骨文合集』0006)

(四七) 五年春正月……自去冬十月至此月不雨、辛巳、大雩。(『三国志』魏書 明帝記)

(四八) 春、久旱。四月丁巳、詔曰「諸旱處広加祈請。」五月庚午、始祈雨于社稷山川。六月戊子、獲澍雨。此雩禁旧典也。太康三年四月、十年二月、又如之。(『宋書』志第七 禮四)

(四九) 五月戊寅、大雩。(『晋書』穆帝記)

(五〇) 夏六月 乙丑、大赦、旱故。又大雩。(『南史』宋本記)

(五一) 建武二年旱、有司議雩祭、依明堂。(『南斉書』禮志上)

(五二) 梁武帝天監元年、有事雩壇。壇于南郊之左、高及広輪四丈、周十二丈、四陛。(『通典』禮三)

(五三) 夏閏四月甲午、……是時久不雨。丙午、幸鐘山祭蒋帝廟。是日降雨、迄于月晦。(『南史』陳本記)

(五四) 太和二年、旱。帝親祈皇天日月五星于苑中、祭之夕大雨、遂赦京師 。(『魏書』禮志一)

(五五) ……其敕天下、祀山川群神及能興雲雨者、修飾祠堂、薦以牲璧。(『魏書』孝文帝記上)

(五六) 大同五年……四月後旱、則祈雨行七事。一、理冤獄及失職者。二、賑鰥寡孤独。三、省傜軽賦。四、挙進賢良。五、黜退貪邪。六、命會男女、卹怨曠。七、徹膳羞、弛楽懸而不作。(『通典』禮三)

(五七) 冀州八郡大蝗、司隷請坐守宰、季龍曰、此政之失和、朕之不徳、而欲委咎守宰、豈禹・湯罪己之義邪。(『晋書』載記第六 石季龍上)

(五八) 加頃陰陽違序、時旱疫之患、仰惟災戒、責深在予。(唐 許嵩『建康実録』宋太祖文皇帝記)

(五九) 夫有天下者、義非為己。凶荒・疾癘・兵革・水火、有一於此、責范元首。今眭史請禱、搬諸不善、以朕身當之。永使災害不及萬姓、俾兹下民稍蒙寧息。不得為朕祈福、以増其過。(『梁書』武帝記)

(六〇) 閏月、大雩、太官減膳。(『晋書』武帝記)

(六一) 太和十七年夏四月丁丑、以旱撤膳。(『魏書』孝文帝記下)

(六二) 大旱。堅減膳撤懸、金玉綺繍皆散之戎士、后宮悉去羅紈、衣不曳地。(『晋書』苻堅載記)

(六三) 辛卯、帝以旱故、減膳撤懸。(『魏書』宣武帝記)

(六四) 甲辰、祈天災于北苑、親自礼焉。減膳、避正殿。(『魏書』孝文帝記上)

(六五) 五月甲子朔、避正寝不受朝、旱故也。(『周書』武帝記上)

（六六）災祥之発、所以譴告人君、王者之所重誡。故素服廃楽、退避正寝、百官降物、用幣伐鼓、躬親而救之。（『晋書』禮志上）

（六七）十一月、京都地震、従東南来、隠隠有声、揺動屋瓦。十二月、詔有司刪定大辟、減死罪。（『三国志』魏書 明帝記）

（六八）太康三年四月、旱。乙酉、詔司空斉王攸与尚書、廷尉河南尹録訊録囚、事従蠲宥。（『宋書』五行二）

（六九）酷吏為禍、綿古同患。孝婦淫刑、東海焦壤。今不雨十旬、意者其有冤獄乎。尚書鞫京師見囚、務尽聴察之理。（『魏書』宣武帝記）

（七〇）亢旱歴時、嘉苗殄悴。豈獄犴失理、刑罰乖衷欤。其所在見囚、死以下一歳刑以上、各降本罪一等、百鞭以下、悉原免之。（『周書』武帝記上）

（七一）比年災異屢発、日蝕三朝、地震山崩。邦之不臧、実在朕躬。公卿大臣各上封事、極言其故、勿有所諱。（『晋書』武帝記）

（七二）自春末不雨、至于是月。壬申、集百寮于大徳殿、帝責躬罪己、問以治政得失。（『周書』武帝記上）

（七三）以災異遜位、帝不聴。（『晋書』魏舒伝）

（七四）大旱、導上疏遜位。（『晋書』王導伝）

（七五）五年春、大旱、弘引咎遜位。（『晋書』王弘伝）

（七六）秋七月……丙戌、司徒公爾朱彦伯以旱遜位。（『魏書』前廃帝等記）

（七七）徐・兗・青・冀四州大水。己未、遣使検行賑卹。（『宋書』文帝記）

（七八）頃水雨頻降、潮流荐満、二岸居民、多所淹漬。中書舎人与、両県官長優量賑卹。（『南斉書』武帝記）

（七九）冀・兗・徐・豫四州民遇水、遣侍御史循行没溺死亡及失財産者、在所開倉振救之。（『三国志』魏書 明帝記）

（八〇）諸州郡、水旱傷稼、民大飢。遣使開倉、賑卹、給賜粮種。（『宋書』文帝記）

（八一）京師比歳霜旱、五穀不登。詔人就食山東、以粟帛賑乏。（『魏書』天象志三）

（八二）大旱、京都民飢、加以牛疫、公私闕乏。時有以馬驢及橐駝供駕・輓耕載。詔聴民就豊。行者十五六、道路給粮稟、至所在、三長贍養之。（『魏書』食貨志）

（八三）水潦為患、……呉興、義興遭水県、蠲除租調。（『南斉書』武帝記）

（八四）……炎旱為災、在予之愧、無忘寝食。……其賦役不便于民者、具以状聞、便当蠲罷。（『魏書』孝明帝記）

（八五）自太元三年以前逋租宿債皆蠲除之、其鰥寡窮独孤老不能自存者、人賜米五斛。（『晋書』孝武帝記）

（八六）比雨旱愆時……諸有鰥寡・窮疾・冤滞不申者、并加厘卹。（『魏書』孝明帝記）

（八七）五月、……京師疾疫。甲午、遣使、存問給医薬、死者若無家属、賜以棺器。（『宋書』文帝記）

（八八）都邑節気未調、癘疫猶衆。言念民瘼、情有矜傷。可遣使存問、并給医薬、其死亡者、随宜卹贍。（『宋書』孝武帝記）

（八九）大雨霖、伊・洛・河溢、流居人四千余家、殺三百余人。有詔振貸給棺。（『晋書』武帝記）

（九〇）自比陽旱積時、農民廃殖、寤言増愧。在予良多。申下州郡、有骸骨暴露者、悉可埋瘞。（『魏書』世宗記）

《訳者注》

（一）無変天之道、無絶地之理、無乱人之紀。（『呂氏春秋』巻二 貴公）

（二）因陰陽之恒、順天地之常、柔而不屈、強而不剛。（『国語』越語）

（三）日掌陽、月掌陰、星掌和。陽為徳、陰為刑、和為事、（是故日食、則失徳之国悪之。月食、則失刑之国悪之。彗星見、則失和之国悪之。風與日争明、則失生之国悪之。）是故聖王日食則修徳、月食則修刑、彗星見則修和、風與日争明則修生。（ ）内は筆者省略部分。（中華書局本『新編諸子集成 管子校注』中八五五頁）

（四）人勤于礼者、神不外馳、可以集神。人勤于智者、精不外移、可以摂精。仁則

陽而明、可以軽魂。（『関尹子文始真経』四符篇）

〈五〉有扈氏威侮五行、怠棄三正、天用剿絶其命。（『尚書』甘誓）

〈六〉五行、一曰水、二曰火、三曰木、四曰金、五曰土。水曰潤下、火曰炎上、木曰曲直、金曰従革、土爰稼穡。（『尚書』洪范）

〈七〉以土与金、木、水、火雑、以成万物。（『国語』鄭語）

〈八〉五声既調、然後、作立以五行明正天時、五官以正人位、人与天調、然後天地之美生。（『管子』第四十一 五行）

〈九〉騶衍以陰陽主運顕于諸侯。（『史記』封禅書）

〈一〇〉この箇所は、『魏書』本文では「四年正月辛酉涼州地震壬申并」に作る。

〈一一〉春正月、以疾疫廃朝。（『晋書』武帝記）

〈一二〉先是、南土頻歳飢疫、死者十万計。（『晋書』李雄載記）

〈一三〉假絢節、都督淮上諸軍事、並護堰作、役人及戦士、有衆二十万。（『梁書』康絢伝）

〈一四〉水曰潤下、火曰炎上、木曰曲直、金曰従革、土爰稼穡。（『尚書』洪范）

〈一五〉原文では、『礼記』「祭法」に「雩、禜。祭水旱。」とあるとするが、北京大学出版社『十三経注疏 整理本』「禮記正義」一五一一頁によると、「雩宋、祭水旱也。」とある。しかし、該当の疏の部分で「宋、當為禜。禜、壇城也。」とある。また、新釈漢文大系『礼記』中 六九三頁によると「雩、禜。祭水旱也。」とある。

〈一六〉「雩、夏祭、楽于赤帝、以祈甘雨也。」本文の出典について、原文では『設文解字』「示部」とあるが「雨部」によるものである。これは、東海大学古典叢書訓読『設文解字注』金冊に従う。

〈一七〉禜、設綿蕝為營、以禳風雨・雪霜・水旱・厲疫、于日月・星辰・山川也。（東海大学出版局『説文解字』第一篇上 示部 三九頁）

〈一八〉庚寅卜、貞翌辛卯魚攵不雨、八月。（郭沫若、胡厚宣等『骨文合集』00006）

〈一九〉若国大旱、則率巫而舞雩。（『周礼』司巫）

〈二〇〉膳夫授祭、品嘗食、王乃食。……王齋、日三挙。大喪、則不挙。大荒、則不挙。大札、則不挙。天地有災、則不挙。邦有大故、則不挙。（『周礼』天官・膳夫）

〈二一〉国主山川、故山崩川竭、君為之不挙、降服、乗縵、徹楽、出次、祝幣、史辞以禮焉、其如此而已、雖伯宗若之何。（『春秋左氏伝』成公五年）書き下しは、明治書院 新釈漢文大系『春秋左氏伝』に従う。この本では「雖伯宗其若之何。」に作るが、注に「阮本」には「雖伯宗若之何。」と作る、とある。

〈二二〉……千里無鶏鳴 生民百遺一……（曹操 蒿里行）

［訳者注記］

翻訳に当たって、（ ）は著者の付した補記であり、［ ］は訳者の付した補記を示している。また、本文において著者の引用に明らかな誤字が有る場合には、訳者が訂正をした。

分科会（Ⅰ）七

西魏政権成立当初の宇文泰集団

黄　寿　成
三津間弘彦（訳）

宇文泰が関隴に割拠していた西魏政権成立当初の宇文泰集団の西魏政権内における権力及び地位の問題について、台湾の学者である呂春盛は「西魏文帝の即位当初、長安の中央官僚の中でも、北鎮勢力に属する者は宇文泰が大丞相に任じられ、念賢が大尉に任じられ、寇洛が領軍将軍に任じられたのみで、他の中央官僚の多くは魏帝勢力に追随していた。例えば太師の長孫稚、太傅の廣陵王の元欣、太保の斛斯椿、司徒の広平王の元賛、尚書令の斛斯椿（一）、左僕射の扶風王の元孚、右僕射の順陽王の元昺、中書監の濮陽王の元順、中書令の馮翊王の元季海等などが該当する。しかし、宇文泰は、魏帝と親密な関係にある人物の凋落を利用して以後、西魏に二心ある官僚の離反や誅殺に乗じ、徐々に北鎮系の人物を派遣して中央の朝廷に浸透させた。大統元（五三五）年十月、太師の長孫稚が亡くなり、大統二（五三六）年五月に、司空の越勒肱が亡くなり、司空、司徒、太宰を歴任した万俟洛が率いる部が東魏に投降。大統三（五三七）年四月、太傅の斛斯椿が亡くなり、同年十二月、司徒の李叔仁が東魏と使者を交わしたかどで斬られた。さらに大統四（五三八）年八月、西魏が河橋の戦いで一時的に不利な状況に陥り、関中の東魏の降虜による変乱が起こると、太傅の梁景睿が降虜との内通のかどで誅に伏した。大統六（五四〇）年正月、太尉、尚書令の扶風王の元孚が亡くなる。考えてみると魏帝に親しかった長孫稚、越勒肱、斛斯椿、扶風王の元孚の死、その他いかなる政治闘争の内情があったのか知るよしもない。しかし、いずれにせよ、その遺された職位は、徐々に宇文泰の派遣した北鎮系の人物が朝廷に浸透して、これに取って代わった」としている（二）。ここから推定すると、少なくとも大統六（五四〇）年以前、宇文泰を首領とする所謂北鎮勢力は、けっして西魏政権を統制する段階に達していなかったことになる。しかし、もし本当にそうであるならば、宇文泰はどうしてそれより以前に、いとも容易く魏の孝武帝を毒殺し、すぐに元魏宗室出身者である元宝炬を傀儡皇帝とすることができたのであろうか。ここから筆者は、北鎮勢力とされる宇文泰集団が、いつ西魏政権を統制したのかという問題について明らかにしていきたい。

一

呂の論が指す中央官僚は、おおよそ大丞相、太師、太傅、太保、司徒、太尉、司空、大司馬および尚書、中書両省の長官である。しかし、寇洛が任じられた領軍将軍は武官職であり、もしその列に入れようとするならば、他の武官職をどのように処理すればよいのか、という問題が起こる。そこで、武官職は、ひとまずこれら中央官僚として考える範囲から外すものとする。逆に祝総斌教授が考証している門下省の長官と中書省の長官の権力地位は、これらに大いに合致するものであろう（三）。そこで門下省の長官である侍中もこの列に入れるべきである。上記によるならば魏の孝武帝が関中に出奔してから大統六（五四〇）年に至るまでの期間を範囲とするべきであろう。しかし、魏の孝武帝が関中に奔る以前からも腹心たちはおり、その中にはその後の魏の孝武帝の関中出奔に従う者たちがいる。このため、これら中央官僚は、いずれも本文に関係がある。当時の中央官僚は上記の呂春盛が考える太師の長孫稚、太傅の廣陵王の元欣、司徒の広平王の元賛、尚書令の斛斯椿、左僕射の扶風王の元孚、右僕射の順陽王の元昺、中書監の濮陽王の元順、中書令の馮翊王の元季海、司空の越勒肱、司徒太宰の万俟洛、司徒の李叔仁、太傅の梁景睿等による。また、『魏書』巻十一出帝紀に記載がある太尉の南陽王の元宝炬、尚書令の元羅、司徒の清河王の元亶、尚書左僕射の賈顯度、太尉の趙郡王の元諶、司空の咸陽王の元坦。『北史』巻五 西魏文帝紀に記載がある大師の賀抜勝、司徒の王盟、司空の李弼。この他に関係する紀伝の宰相達の記載として、『北史』巻十九 元斌之伝の「大統二年、長安に還り、尚書令に位す」（一）、『周書』巻十六 趙貴伝の「太祖の弘農を復し、沙苑に戰ふに從ひ、侍中・驃騎大將軍・開府儀同三司を拜す」（二）、『周書』巻十六 独孤信伝の「時に荊州 東魏を陷すと雖も、民心 猶ほ本朝を繼ふ。乃ち信を以て衞大將軍・都督三荊州諸軍事と爲し、尚書右僕射・東南道行臺・大都督・荊州刺史を兼ねしめて以て之を招き懷けしむ」（三）といったものにもよることとする。『周書』巻十七 梁禦伝には、大統元年から間もないこととして「尋ぎて尚書右僕射を授く」（四）とあり、『周書』巻十七 若干惠伝には、若干惠について「竇泰を擒へ、弘農を復し、沙苑に破るに從ひ、惠 每に先登して陣を陷す。侍中・開府を加へ、爵を長樂郡公に進む」（五）とある。『周書』巻十七 劉亮伝には、劉亮が大統元年から間もなく「尋いで侍中を加ふ」（六）とあり、『周書』巻十七 王徳伝には、王徳について「又 齊の神武を沙苑に破るに從ひ、開府・侍中を加へ、爵を河間郡公に進む」（七）とある。『周書』巻十八 王羆伝には、王羆が「魏の孝武 西遷するや、驃騎大將軍を拜し、侍中・開府加を加ふ」（八）とある。『周書』巻十九 達奚武伝には、達奚武について大統四（五三八）年、「侍中・驃騎大將軍・開府儀同三司に遷る」（九）とあり、『周書』巻二十一 尉遲迥伝に、尉遲迥について「太祖の弘農を復し、沙苑に破るに從ひ、皆な功有り。累ねて尚書左僕射に遷り、領軍將軍を兼ぬ」（一〇）とあり、『周書』巻二十二 周恵達伝に、周恵達について大統四年、「尚書右僕射を兼す」（一一）とあり、『周書』巻二十七 梁椿伝に、梁椿について「河橋に戰ふに從ひ、爵を東平郡公に進め、邑一千戶を增す。俄に侍中・驃騎大將軍・開府儀同三司に遷る」（一二）とある。『周書』巻二十七 宇文測伝には、宇文測について「大統四年、侍中・長史を拜す」（一三）とある。『周書』巻二十九 李和伝に、李和について「大統初に至り、車騎將軍・左光祿大夫・都督を加へられ、累ねて使持節・車騎大將軍・儀同三司・散騎常侍・侍中・驃騎大將軍・開府儀同三司・夏州刺史に遷る」（一四）とある。『周書』巻三十四 趙善伝に、趙善について「大統三年、左僕射に轉ず」（一五）とあり、『周書』巻三十七 趙肅伝に、趙肅について「尋ぎて侍中・度支尚書に遷る」（一六）とあり、『周書』巻三十八 元偉伝に、「柱國大將軍、特進、尚書令、少師、義陽王の元子孝」（一七）とあり、『周書』巻四十四 泉企伝に、「大統の初め、開府儀同三司を加へられ、尚書右僕射を兼ぬ」（一八）とある。しかしながら、所謂北鎮勢力は、呂春盛によれば「北鎮の変乱の後に南下した北鎮出身者を指し、その後の爾朱天光軍団に追隨して関中に入った者は、広義の北鎮に包括されるべきである。北鎮の変乱後に爾朱氏に頼った北方諸族の人物で爾朱天光軍団に從って関中に入った者は、西魏が成立した後に関中に入って身を投じた北鎮系の人物である」（四）と言う。では次に、ここから彼らが北鎮勢力に属しているかいないかの是非を定めていこう。

宇文泰は、『周書』巻一 本紀に、宇文泰について「代 武川の人なり（代武川人也）」、「万俟醜奴 關右に亂を作し、孝莊帝 爾朱天光 及び岳等を遣はし之を討たしめ、太祖 遂に岳に從ひて入關し、先鋒 偽行臺の尉遲菩薩等を破る（一九）」とあり、彼は当然ながら北鎮勢力とされる宇文泰集団に属している。

念賢は、『北史』巻四十九 念賢伝に、念賢について「字は蓋盧、金城枹罕の人なり。父の求就は、大家の子なるを以て武川鎮を戍り、仍りて焉に家す（二〇）」とあり、『周書』巻十四 念賢伝に、念賢について「後に衞可孤を破るの功を以て、別將に除せらる。尋ぎて雲州高車・鮮卑等を招慰し、皆な之に降下す。假節・平東將軍に除せられ、屯留縣伯、邑五百戶に封ぜらる（二一）」、「永熙中、第一領民酋長を拜し、散騎常侍、行南兗州事を加へらる。尋ぎて號を驃騎大將軍に進められ、入りて殿中尚書と為り、儀同三司を加へらる。魏の孝武 齊の神武を討たんと欲し、賢を以て中軍北面大都督と為し、爵を安定郡公に進め、邑一千戶を增し、侍中・開府儀同三司を加ふ。大統の初め、太尉を拜し、出でて秦州刺史と為り、太傅を加へられ、後部鼓吹を給せらる（二二）」とあり、このことから彼が北部辺鎮出身でありながらも、嘗て魏の孝武帝の中軍北面大都督であったことを見れば、魏帝集団の人物ということになる。

長孫稚は、『北史』巻二十二 長孫稚伝に、長孫稚について「孝武の初め、太傅に轉じ、定策の功を以て、更めて開國子に封ぜらる（二三）」、「武帝 入關す（二四）」、「亦た長安に隨ひ赴く（二五）」とあり、彼が魏帝集団に属していることがわかる。

元欣は、『魏書』巻二十一上 元欣伝に、「出帝の時、太師・開府を加へらる。復た廣陵王に封ぜらる。太傅・司州牧に除せられ、尋ぎて大司馬に除せらる。出帝に隨ひて關中に沒す（二六）」とあり、彼が魏帝集団の人物であることがわかる。

元贊は、『魏書』巻八十五 裴伯茂伝に、「永熙中、出帝の兄子たる廣平王の贊盛 賓僚を選し、伯茂を以て文學と為す（二七）」とあり、元贊がまさしく孝武帝とともに関中に逃亡していることがわかり、魏帝集団の人物であるということになる。

斛斯椿は、『魏書』巻八十 斛斯椿伝に、斛斯椿について「廣牧富昌の人なり。父の敦、肅宗の時 左牧令と為る。時に河西の賊起り、牧民 安んぜず、椿 乃ち家を將ゐて爾朱榮に投じ、榮 椿を以て其の都督府の鎧曹參軍を兼ねしむ（二八）」、「椿の弟たる豫州刺史の元壽 都督の賈顯智と滑臺に守し、獻武王 相州刺史の竇泰に令して之を擊ち破らしむ。椿 己の免がれざるを懼れ、復た出帝に啟し、假に遊聲を說きて以て劫脅す。帝 之を信じ、遂に關に入り、椿も亦た西のかた長安に走る（二九）」とある。したがって魏帝集団に従属していることになる。

元孚は、『魏書』巻十八 臨淮王譚伝に、その父の臨淮王元提について「貪縱なるを以て削除、加罰せられ、北鎮に徙配さる（三〇）」とあり、さらに元孚本人について「累ねて遷り尚書右丞を兼ぬ。靈太后 臨朝し、宦者 政を干し、孚 乃ち古今の名妃賢后を總括すること、凡そ四卷を爲り、之を奏す（三一）」、「後に出帝に從ひて入關す（三二）」とあり、魏帝集団に従属していることがわかる。

元昺は、『北史』巻十七 景穆十二王伝に、「昺の弟の仲景、性は嚴峭。莊帝の時、御史中尉を兼ね、京師 肅然たり（三三）」、「孝武帝將に入關せんとし、仲景に中軍大都督を授け、京師に留まらしむ。齊の神武 洛陽に至らんと欲し、仲景 遂に妻子を棄て、駕を追ひて長安に至り、仍りて尚書右僕射に除せられ、順陽王に封ぜらる[三四]」とあり、元仲景の官職は元昺と同じであり、ここから推測すると彼らは同一人物とすべきであり、仲景と昺はまさに一つの名、一つの字であろう。したがって彼は魏帝集団に従属していることになる。

　元順は、『資治通鑑』巻一五六 梁武帝の中大通六年閏月の条の注に、「此の元順、は則ち常山王たる素の孫。二人 皆な已に姓を元氏に改む[三五]」とあり、魏帝集団に属することがわかる。

　元季海は、『北史』巻十五 元季海伝に、元季海について「孝武の入關に從ひ、馮翊王に封ぜられ、中書令・雍州刺史に位し、司空に遷る[三六]」とあり、魏帝集団に従属していることがわかる。

　越勒肱は、姚薇元『北朝胡姓考』（科学出版、一九五八年、二二四頁）の考察によれば、越勒肱が即ち越肱特であり、「その人物は、おそらく東魏から光武帝に従って長安に南下した」と言う、この説から、彼はまさに魏帝集団に属していると言えよう。

　万俟洛は、『資治通鑑』巻一五七 梁武帝の大同二年三月の条の注に、「洛、字は受洛干、亦た壽樂干と曰ふ[三七]」とあり、万俟洛が万俟寿楽干であることがわかる。そして『北史』巻五 文帝紀に、「建忠王の万俟普撥 及び其の子の太宰たる壽樂干 所部を率ゐて東魏に奔る[三八]」とあり、彼ら父子が魏の孝武帝から圧迫された後、東魏政権に奔ったことが見てとれ、彼ら父子は魏帝集団の人物なのである。

　李叔仁は、『北史』巻三十五に、李叔仁について「隴西の人なり。驍健にして武力有り、前後 數々征討に從ひ、功を以て爵を賜はること獲城郷男たり。梁の豫州刺史の王超宗 內侵し、叔仁時に為に統軍を兼ね、揚州刺史の薛真度に隷ふ。真度 叔仁を遣はして超宗を討たしめ、大いに之を破る。功を以て累ねて洛州刺史、假撫軍將軍に遷る。後に軍功を以て陳郡公に封ぜられ、又光祿大夫・朔州刺史に除せらる[三九]」、「永安三年、事に坐して除名せられ、尋ぎて官爵に復す。節閔帝の初め、散騎常侍・開府を加せらる。後に涼州刺史に除せらるるも、使を遣はして密通すること東魏に款り、事 覺はれて殺さる[四〇]」とあり、このことから彼は、北鎮勢力とされる宇文泰集団に属さないものの、魏帝集団にも属しておらず、関隴の土着勢力であると言えよう。

　梁景睿は、『北史』巻四十九 梁覽伝に、梁覽（梁景睿）について、「金城の人なり。其の先 安定に出自し、難を避けて西羌に走れ、世々部落の酋帥と爲る[四一]」、「家 世々豪富にして、貲は千金を累ぬ。孝昌の初め、秦州の莫折念生、胡琛等の反くや、財を散じて招募すること、三千人有り、河州に鎮す。大軍もて賊を平ぐるに從り、涼・河二州刺史を歷し、安德縣侯に封ぜらる。覽 既に本州の刺史と爲り、盛んに甲仗を修め、人馬 精鋭たり。吐谷渾憚りて敢へて出でず、皆な曰く、梁公 在りて、未だ行く可からざるなりと。永安中、大鴻臚の琅邪の王晧に詔して策に就きて授けしめ、世々河州刺史爲り。永熙中、改めて郡公に封ぜらる。大統二年、太尉を加ふ。其の年、覽の從弟の仚定 反き、覽を圖らんと欲し、覽 與に數々戰ふも未だ平ぐること能はず、王師 至り、始めて之を破る。四年、太傅に遷る[四二]」、「河橋の役に及び、王師敗れ、時に病もて長安に留まり、趙青雀 北城に反き、覽 之が謀主と爲る。事 平ぎ、乃ち殺さる[四三]」とあり、北鎮勢力とされる宇文泰集団の人物ではなく、さらに魏帝集団に属するでもなく、彼も関隴の土着勢力であることがわかる。

　元宝炬は、即ち西魏の文帝であり、『北史』巻五 魏本紀に、

「孝文皇帝の孫、京兆王たる愉の子なり。母は楊氏と曰ふ。帝正始の初め父の愉の罪に坐し、兄弟 皆な宗正寺に幽せらる」[四四]とあり、魏帝集団に属することがわかる。

元羅は、『北史』巻十六の元羅伝に、元羅について「累ねて青州刺史に遷る。又は朝に當りて政を専にし、羅は望を四海に傾け、時に才名の士たる王元景・邢子才・李奬等 咸其の賓客と為り、遊青土に従ふ。州を罷め、入りて宗正卿と為る」[四五]とあり、彼が魏帝集団に属していることがわかる。

元亶は、『魏書』巻十一 出帝紀に記載される太昌元（五三二）年五月丙申の条に、「侍中・驃騎大将軍・開府儀同三司・清河王の亶 儀同三師」[四六]とあるものの、『北齊書』巻二 神武紀の記載によれば、魏の孝武帝が関中に出奔した後、「神武 萬機を以て曠廢す可からず、乃ち百僚と議して清河王の亶を以て大司馬と為し、尚書下の舍に居して承制決事せしめよ」[四七]とあり、ここから元亶は東魏政権の統治区域にとどまっていたと言えるうえ、あわせて関中に入っていないことから、本論と無関係であるということになる。

賈顯度は、『魏書』巻八十 賈顯度伝に、賈顯度について「中山無極の人。父の道監、沃野鎮の長史たり。顯度の形貌 偉壯にして、志氣有り。初め別將と為り、薄骨律鎮を防守す」[四八]、「復た爾朱度律等に隨ひ北のかた義旗を拒むも、韓陵に敗れ、斛斯椿及び弟の顯智等と衆を率ゐて先んじて河橋に據り、爾朱氏を誅す。出帝の初め、尚書左僕射に除せられ、尋ぎて驃騎大將軍・開府儀同三司・定州大中正を加へらる。未だ幾くならずして、本官を以て徐州刺史・東道大行臺を行す」[四九]とあり、したがって魏帝集団ということになる。

元諶が、『魏書』巻十一 出帝紀の太昌元（五三二）年五月丙申の条に、「司徒公・趙郡王の諶 太保と爲る」[五〇]とあり、太昌元年は魏の孝武帝の年号である。したがって彼はまさしく魏の孝武帝と連れ立って関中に出奔しており、魏帝集団に属していることになる。

元坦は、『北齊書』巻二十八 元坦伝に、元坦について「咸陽王たる禧の第七子」[五一]とあり、あわせて魏の孝武帝の関中出奔に随伴していない、そして、ずっと東魏北西政権の官職を歴任していることから、本論とは無関係であるということになる。

賀抜勝は、『周書』巻十四 賀抜勝伝に、賀抜勝について「神武尖山の人なり。其の先 魏氏と同じく陰山に出づ」[五二]、「祖の爾頭、驍勇にして絶倫、良家子たるを以て武川に鎮し、因りて焉に家す」[五三]、「勝を以て領軍將軍と爲し、尋ぎて侍中に除す。孝武帝將に齊の神武を圖らんとし、勝の弟の岳を以て衆を關西に擁し、其の勢援を廣めんと欲し、乃ち勝を拜して都督三荊・二郢・南襄・南雍七州諸軍事と爲し、位を驃騎大將軍・開府儀同三司・荊州刺史に進め、加へて南道大行臺尚書左僕射を授く」[五四]とある。賀抜勝の出生は武川鎮であるものの、魏の孝武帝が信頼する重臣であり、ここから北鎮勢力とされる宇文泰集団の人物と考えることはできず、魏帝集団に従属するとせねばなるまい。

王盟は、『周書』巻二十 王盟伝に、彼が宇文泰の舅父であり、「其の先 樂浪の人。六世の祖たる波は、前の燕の太宰たり。祖の珍は、魏の黄門侍郎、并州刺史・樂浪公を贈せらる。父の羆は、伏波將軍、良家子たるを以て武川に鎮し、因りて焉に家す」[五五]、「大統の初め、復た車騎大將軍・儀同三司を加へらる。三年、徴され司空を拜し、尋ぎて司徒に轉ず。魏の文帝の悼后を茹茹に迎ふ。侍中を加へられれ、太尉に遷る（五六）」とあり、彼が北鎮勢力とされる宇文泰集団に属していることがわかる。

李弼は、『周書』巻十五 李弼伝に、李弼について「遼東襄平の人なり。六世の祖たる根は、慕容垂の黄門侍郎。祖の貴醜は、平州刺史。父の永は、太中大夫、涼州刺史を贈せらる（五七）」、「魏の永安元年、爾朱天光　辟して別將と爲し、天光に從ひて西のかた討ち、赤水蜀を破る。功を以て征虜將軍を拜し、石門縣伯、邑五百戸に封ぜらる。又　賀拔岳と万俟醜奴・万俟道洛・王慶雲を討ち、皆な之を破る（五八）」とあり、平州も北部辺境に属しており、彼はさらに爾朱天光に随って西進して関中に入っていることから、北鎮勢力とされる宇文泰集団の人物であるということになる。

元斌之は、『魏書』巻二十 安樂王長樂伝に、その父の元詮が「世宗の初め、涼州刺史と爲る。州に在あること貪穢にして、政は賄を以て成《さば》く。後に定州刺史に除せらる（五九）」とあり、元斌之については「性は險にして行無く、鑒と反くに及び、敗れ、遂に葛榮に奔る。榮　滅び、還るを得たり。出帝の時、潁川郡王に封ぜられ、委ぬるに腹心の任を以てす。帝　入關し、斌之　蕭衍に奔るも、後に長安に還る（六〇）」とあり、彼が魏帝集団の人物であることがわかる。

趙貴は、『周書』巻十六 趙貴伝に、趙貴について「天水は南安の人なり（六一）」、「祖仁、良家子なるを以て武川に鎮し、因りて焉に家す（六二）」、「太祖の弘農を復し、沙苑に戰ふに從ひ、侍中・驃騎大將軍・開府儀同三司を拜し、爵を中山郡公に進め、雍州刺史に除せらる（六三）」とあり、したがって彼は北鎮勢力とされる宇文泰集団に従属しているということになる。

独孤信は、『周書』巻十六 独孤信伝に、独孤信について「雲中の人なり。本名は如願。魏氏の初め、三十六部有り、其の先の伏留屯なる者、部落の大人と爲り、魏とと倶に起つ。祖の俟尼、和平中、良家子なるを以て雲中自り武川に鎮し、因りて焉に家す（六四）」、「乃ち信を以て衛大將軍・都督三荊州諸軍事、兼尚書右僕射・東南道行臺・大都督・荊州刺史と爲して以て之を招懷す（六五）」とあり、北鎮勢力とされる宇文泰集団に従属していることがわかる。

梁禦は、『周書』巻十七 梁禦伝に、「其の先　安定の人なり。後に因りて北邊に官し、遂に武川に家し、姓を改めて紇豆陵氏と爲す（六六）」、「大統元年、右衛將軍に轉じ、爵を信都縣公に進め、邑一千戸。尋ぎて尚書右僕射を授けらる（六七）」とあり、したがって彼が北鎮勢力とされる宇文泰集団の人物であることがわかる。

若干惠は、『周書』巻十七 若干惠伝に、若干惠について「代郡武川の人なり。其の先魏氏と倶に起ち、國を以て姓と爲す（六八）」、「惠年弱冠にして、爾朱榮の征伐に從ひ、河北を定め、元顥を破り、功を以て中堅將軍を拜す。復た別將なるを以て賀拔岳の西征に從ひ、岐州の圍を解き、万俟醜奴を擒へ、水洛を平げ、隴右を定め、毎に力戰して功有り（六九）」、「及岳　侯莫陳悦の害する所と爲り、惠　寇洛・趙貴等と謀を同じくして太祖を翊戴す（七〇）」とあり、したがって北鎮勢力とされる宇文泰集団に従属していたことになる。

劉亮は、『周書』巻十七 劉亮伝に、劉亮について「中山の人なり。本名は道德。祖の祐連は、魏の蔚州刺史。父の持真は、鎮遠將軍、領民の酋長（七一）」、「大統元年、潼關を復するの功を以て、位を車騎大將軍・儀同三司に進め、改めて饒陽縣伯に封ぜられ、邑五百戸。尋ぎて侍中を加せらる（七二）」とあり、彼が北鎮勢力とされる宇文泰集団に従属していたことがわかる。

王徳は、『周書』巻十七 王徳伝に、王徳について「代郡武川の人なり[七三]」、「又 齊の神武を於沙苑に破るに從ひ、開府・侍中を加せられ、爵を河間郡公に進め、邑を通前に増すこと二千七百戸[七四]」とあり、したがって北鎮勢力とされる宇文泰集団に従属しているということになる。

王羆は、『周書』巻十八 王羆伝に、王羆について「京兆霸城の人[七五]」、「魏の孝武 西遷するや、驃騎大將軍を拜し、侍中・開府を加せらる[七六]」とあり、關隴の土着勢力であることがわかる。

達奚武は、『周書』巻十九 達奚武伝に、達奚武について「代の人なり。祖の眷は、魏の懷荒鎮將[七七]」、「四年、太祖 洛陽を援くるや、武 騎一千を率ゐて前鋒と爲る。穀城に至り、李弼と莫多婁貸文を破る。進みて河橋に至り、武 又 力戰し、其の司徒の高敖曹を斬る。侍中・驃騎大將軍・開府儀同三司に遷る[七八]」とあり、したがって北鎮勢力とされる宇文泰集団に従属していたということになる。

尉遲迥は、『周書』巻二十一 尉遲迥伝に、尉遲迥について「代の人なり。其の先、魏の別種、尉遲部と號し、因りて姓たり。父の俟兜、性 弘裕にして、鑒識有り、太祖の姊の昌樂大長公主を尚《めと》り、迥及び綱を生む[七九]」、「迥 少くして聰敏、容儀に美し。長ずるに及び、大志有り、好みて愛士に施す。稍く大丞相の帳內都督に遷る[八〇]」とあり、北鎮勢力とされる宇文泰集団の人物であることがわかる。

周惠達は、『周書』巻二十二 周惠達伝に、周惠達について「章武文安の人なり[八一]」、「賀拔岳 寶夤を獲て洛に送り、惠達を留めて府の祭酒と爲し、其の衣馬を給ひ、即ち參議に與らしむ。岳 關中大行臺と爲り、惠達を以て從事中郎と爲す[八二]」、「太祖 大將軍、大行臺と爲り、惠達を以て行臺尚書・大將軍府司馬と爲し、文安縣子に封じ、邑三百戸。太祖 華州に出鎮し、惠達を留めて後事を知らしむ。時に于て既に喪亂を承け、庶事 闕多し。惠達 戎仗を營造し、食糧を儲積し、士馬を簡閱し、以て軍國の務を濟へ、時に甚だ焉に賴る[八三]」とあり、このことから彼が当初どの利益集団にも属していなかったことがわかる。しかし、宇文泰が關隴に割拠した当初、宇文泰の腹心となっており、このことからまさしく北鎮勢力とされる宇文泰集団に従属していたとすべきであろう。

梁椿は、『周書』巻二十七 梁椿伝に、梁椿について「代の人なり。祖の屈朱は、魏の昌平鎮將[八四]」、「椿 初め統軍なるを以て爾朱榮の入洛に從ひ、復た榮の葛榮を滏口に破るに從ひ、軍功を以て授都將に進む。後に賀拔岳の万俟醜奴・蕭寶夤等を討平するに從ひ、中堅將軍・屯騎校尉・子都督に遷る[八五]」、「大統の初め、爵を樂城縣伯に進め、邑五百戸を增す[八六]」とあり、彼が北鎮勢力とされる宇文泰集団の人物であることがわかる。

宇文測は、『周書』巻二十七 宇文測伝に、宇文測について「太祖の族子なり[八七]」、「大統四年、侍中・長史を拜す[八八]」とあり、したがって北鎮勢力とされる宇文泰集団に従属しているということになる。

李和は、『周書』巻二十九 李和伝に、「其の先 隴西狄道の人なり。後に朔方に徙居す。父の僧養、累世を以て雄豪にして、統御に善く、夏州の酋長と爲る[八九]」、「大統の初めに至り、車騎將軍・左光祿大夫・都督を加せられ、累ねて使持節、車騎大將軍、儀同三司、散騎常侍、侍中、驃騎大將軍、開府儀同三司、夏州刺史に遷る[九〇]」とあり、北鎮勢力とされる宇文泰集団の人ではなく、さらに魏帝集団にも属していない。彼も關隴の土着勢力であることがわかる。

趙善は、『周書』巻三十四 趙善伝に、趙善について「太傅・楚國公たる貴の従祖兄なり。祖の國は、魏の龍驤將軍・洛州刺史。父の更は、安樂太守[九一]」、「魏の孝武 西遷するや、都官尚書に除せられ、改めて襄城縣伯に封ぜられ、邑五百戸を增す。頃之して、北道行臺と爲り、儀同の李虎等と曹泥を討ち、之に克つ。車騎大將軍・儀同三司・尚書右僕射に遷り、爵を進めて公と爲り、邑を增すこと前と并せて一千五百戸。大統三年、左僕射に轉じ、侍中、監著作、領太子詹事を兼ぬ[九二]」とあり、したがって、魏帝集団に属していたということになる。

趙肅は、『周書』巻三十七 趙肅伝に、趙肅について「河南洛陽の人なり。世々河西に居す。沮渠氏の滅ぶに及び、曾祖の武 始めて魏に歸し、爵を賜はること金城侯。祖の興は、中書博士。父の申侯は、秀才に擧ぐられ、後軍府の主簿[九三]」、「魏の孝武の入關に從ひ、給事黃門侍郎・尚書右丞と爲る[九四]」とあり、彼が魏帝集団に従属していたことがわかる。

元子孝は、『周書』巻三十八 元偉伝に、「柱國大將軍・特進・尚書令・少師・義陽王の元子孝[九五]」とあり、彼が魏帝集団の人物であることがわかる。

泉企は、『周書』巻四十四 泉企伝に、泉企について「上洛豐陽の人なり。世々商洛に雄たり[九六]」、「大統の初め、開府儀同三司を加せられ、尚書右僕射を兼ね、爵を上洛郡公に進め、邑を通前に增すこと千戸[九七]」とあり、彼も関隴の土着勢力であることがわかる。

以上四十一人のうち、元坦、元亶は、魏の孝武帝による関中への出奔に随伴せず、さらに東魏北斉政権下での任官を受けていることから本論と無関係なので除く。その他の三十九人は、おおよそ三つの勢力集団に分けることができる。すなわち、北鎮勢力とされる宇文泰集団、魏帝集団、関隴の土着勢力集団の三つである。そして、北鎮勢力に属する者は、十四人、全体の三十九人のうち三六％を占める。魏帝集団に属する者は二十人、全体の三十九人のうち五一％を占める。関隴の土着勢力集団に属する者は五人、その勢力集団に帰属する者の動向は複雑で、この三十九人のうち十三％を占める。このように、魏帝集団が西魏政権の中において優勢であることが見て取れよう。

二

宇文泰をはじめとする所謂北鎮勢力の構成員の中でも、そのほとんどが西魏政権成立当初に侍中を担当している。たしかにこれは、比較的あまり重要な官職ではなかった。ただ宇文泰、賀拔勝、王盟、李弼、独孤信、梁禦、尉遲迥、周恵還の八人は丞相、太師、司徒、司空、尚書僕射といった重要な官職を担当している。全体の三十九人の中から侍中を担当した十人を除いたとしても、まだ二十九人いる。この二十九人の中でも北鎮勢力とされる宇文泰集団に属する者は八人、この二十九人のうち二八％を占める。そして、魏帝集団に従属する人物は十七人、この二十九人の中でも約五九％を占める。このように見てみると、人数のうえではまだ魏帝集団が明らかに北鎮勢力とされる宇文泰集団を上回っている。ここから、呂春盛の見方が正確であることがわかる。ただ、ほとんどの時期において、政権内の人数の多寡の問題を説明することはできない。しかし、北鎮勢力とされる宇文泰集団の領袖である宇文泰の地位の変化から、比較的誰が西魏政権の真の主人であるか見出すことはできる。『周書』巻一 文帝紀上によれば、

（永熙三年）七月丁未、帝 遂に洛陽從り輕騎を率ゐて入關し、

……乃ち帝を奉じて長安に都す。草萊を披《ひら》き、朝廷を立て、軍國の政、咸 太祖の決を取る。仍ち加して大將軍・雍州刺史を授け、尚書令を兼し、封を略陽郡公に進め、別い二尚書を置き、機に隨ひて處分し、尚書僕射を解き、餘は故の如くす。……。太祖 乃ち軍を進めて瑾を討ち、其の卒七千を虜とし、長安に還り、位を丞相に進めらる。(九八)

とあり、『周書』巻二 文帝紀に、

魏の大統元年春正月己酉、太祖を督中外諸軍事・錄尚書事・大行臺に進め、改めて安定郡王に封ず。

(三年六月)、六月、儀同の于謹を遣はし楊氏の壁を取らしむ。太祖 行臺を罷めんことを請ひ、帝 復た前命を申べ、太祖 錄尚書事を受くるも、餘は固讓し、乃ち止む。

(三年冬十月壬辰) 太祖を柱國大將軍に進め、邑を増すこと前と并せて五千戸。(九九)

とある。

魏の孝武帝が關中に入って成立した西魏政権の初期、宇文泰が尚書令に任命されていることがわかる。そのうえ、文帝紀には明確に「軍国」の政治が公平であるのは、宇文泰の政策決定によるものであると記載されており、この後さらに位を丞相にまで進められている。宇文泰が魏の孝武帝を毒殺して以後においても彼の地位が下がることはなく、かえって西魏の文帝によって都督中外諸軍事、錄尚書事、大行台に任命され、ほどなく、さらに柱國大将軍に位を進めている。これは、北魏以来、長孫嵩、爾朱栄等といった人臣を極めた重臣がようやく獲得できた崇高な官職である。したがって、宇文泰が当時、西魏政権の中において輝かしい地位とはほど遠い存在であった、と見ることは困難であろう。他にも『周書』巻一 文帝紀上にはさらに、

閏十二月、魏の孝武帝 崩ず。太祖 群公と策を定め、魏の南陽王の寶炬を尊立して嗣と爲し、是れ文皇帝と爲す。(一〇〇)

とある。『周書』巻二 文帝紀下にはまた、

三月、太祖 戎役の屢々興り、民吏 勞弊するを以て、乃ち司る所の今古を斟酌し、變通を參考し、以て益國利民にして便時に適治す可き者に命し、二十四條の新制を爲さしめ、魏帝に奏して之を行ふ。(一〇一)

とある。魏の孝武帝が毒殺された後に西魏の文帝が擁立される過程を経て、二十四条を制定し、西魏の新体制を文帝が認めた史実から、右記の文を総合して考えると、宇文泰は、西魏政権内における地位が絶えず上昇していることが見て取れる。宇文泰が西魏政権成立の初期には、すでにこの政権を統制していたのである。

そのうえで、北鎮勢力とされる宇文泰集団の中央での任官が少なく、さらに宇文泰を首領とする所謂北鎮勢力が、いまだに西魏政権を掌握できていなかったことの説明ができない。例えば、魏の孝武帝が関中に出奔する以前、高歡が元魏政権を統制できなかったことが説明できないことも同様である。この問題を整理するのであれば、魏の孝武帝が関中に出奔する以前の当該政権に任じられた大丞相、太師、太傅、太保、司徒、太尉、司空、大司馬から尚書、中書両省の長官である尚書令、左右僕射、中書令、中書監、さらに門下省の長官である侍中の人物が所属する利権集団を規定し、そのうえで高歡集団と魏の孝武帝集団の力量、相対的情況を比較分析せねばなるまい。『魏書』巻十一出帝平陽王紀の記載によれば、これらの職官を担当する高歡、後趙、元欣、元諶、元亶、元宝炬、長孫稚、元羅、高乾、賈顯度、樊子鵠、高隆之、封隆之、元悦、元坦、元粛、賀抜允の十七人、この他に『北齊書』巻一 神武帝紀にはさらに、斛斯椿、賀拔勝の記載がある。こ

れら高官が所属する利権集団を下記に逐一分析していこう。

高歡は、魏の孝武帝と対抗した高歡集団の首領であり、考察するまでもない。

高澄は、『北齊書』巻三 文襄帝紀に、高澄について「神武の長子なり。母は婁太后と曰ふ」（一〇二）とあり、当然ながら高歡集団の幹部である。

元欣は、『魏書』巻二十一 の元欣伝に、元欣について「出帝の時、太師・開府をい加へらる。復た廣陵王に封ぜらる。太傅・司州牧に除せられ、尋ぎて大司馬に除せらる。出帝に隨ひて關中に沒す」（一〇三）とあり、魏の孝武帝集団の人物であることがわかる。

元諶は、前記の考証にもとづけば、魏の孝武帝集団の人であろう。

元亶は、『北史』巻五 魏孝武帝紀に、「衆 帝の將に出でんとするを知り、其の夜 亡るる者 半ばを過ぐ。清河・廣陽の二王も亦た逃歸す」（一〇四）とあり、『北齊書』巻二 神武紀にさらに、「神武 萬機を以て曠廢す可からず、乃ち百僚と議して清河王の亶を以て大司馬と爲し、尚書下の舍に居して承制決事せしむ」（一〇五）とあり、当然ながら魏の孝武帝集団の人物ではないことがわかる。

元宝炬は、『北史』巻五 魏文帝紀に、「孝武 高歡と構難し、帝を以て中軍四面大都督と爲す。入關に從ふに及び、太宰・錄尚書事を拜す。孝武 崩じ、丞相・略陽公の宇文泰 群公卿士を率ゐ奉表して勸進し、三讓して乃ち許す」（一〇六）とあり、まさしく魏の孝武帝集団の人間であったことがわかる。

長孫稚は、『魏書』巻二十五 長孫稚伝に、長孫稚について「稚は聰敏にして才藝有り、虛心に士を愛す。前將軍と爲り、高祖の南討に從ふ」（一〇七）、「出帝の初め、太傅、錄尚書事に轉ず」（一〇八）、「出帝 入關するや、稚は時に虎牢に鎮し、亦た隨ひて長安に赴く」（一〇九）とあり、魏の孝武帝集団に属していたことがわかる。

元羅は、前記の考証にもとづけば、魏の孝武帝集団に属していることになる。

高乾は、『北齊書』巻二十一 高乾伝に、高乾について「渤海蓨の人なり」（一一〇）、「高祖の山東に出づるに屬ひ、聲を揚げて來討す」（一一一）、「乾 乃ち十數騎を將ゐ關口に迎謁す。乾 既に時機に曉達し、世事に閑習し、言辭は慷慨、雅合深旨。高祖 大いに賞重を加へ、仍りて同帳寢宿す」（一一二）とあり、高歡集団の幹部であることがわかる。

賈顯度は、前記の考証にもとづけば、魏の孝武帝集団の人物である。

樊子鵠は、『魏書』巻八十 樊子鵠伝によれば、樊子鵠について「代郡平城の人。其の先 荊州の蠻酋なるも、代に遷せらる。父の興は、平城鎮の長史、歸義侯」（一一三）、「魏の孝武帝の時」（一一四）に「吏部尚書に遷り、尚書右僕射に轉ず。尋ぎて驃騎大將軍・開府・典選を加へらる」（一一五）、「出帝の入關に及び、子鵠 城に據りて逆を爲す」（一一六）とあり、彼が魏の孝武帝集団の人物であることがわかる。

高隆之は、『北齊書』巻十八 高隆之伝に、高隆之について「本姓は徐氏、高平金鄉に出自すと云ふ」（一一七）、「高祖の山東に起義するに從ひ、以て大行臺右丞と爲る。魏の中興の初め、御史中尉に除せられ、尚食典御を領す。高祖の鄴を平ぐるに從ひ、相州事を行す。四胡を韓陵に破るに從ひ、太昌の初め、驃騎大將軍・儀同三司に除せらる」（一一八）とあり、彼が高歡集団の幹部であることがわかる。

封隆之は、『北齊書』巻二十一 封隆之伝に、封隆之について「渤海蓨の人」（一一九）、「高祖 將に爾朱兆等を韓陵に撃たんとするに、

留隆之　鄴城に鎮す。爾朱兆等　走れ、隆之を以て冀州事を行せしめ、仍りて降俘三萬餘人を領せしめ、分ちて諸州に置く」（二〇）とあり、彼が高歡集団に従属していることがわかる。

元悦は、『魏書』巻二十二　元悦伝に、元悦について「齊の獻武王　既に榮を誅するに及び、悦の高祖の子なるを以て、大業を宜承し、乃ち人を令て意を示めせしむ。悦　既に至るも、清狂故の如く、動もすれば罪失を爲し、扶持す可からず、乃ち止む。出帝の初め、大司馬に除せらる」（二一）とあり、魏の孝武帝集団に従属していることがわかる。

元坦は、前記の考証にもとづけば、魏の孝武帝集団の人物である。

元肅は、『魏書』巻十九下　元肅伝に、元肅について「其の弟の曄　僭立し、肅を侍中・太師・錄尚書事に拜す」（二二）とあり、彼が最後までどの政治集団に従属していたのか不明である。

賀抜允は、『周書』巻十四　賀抜允伝に、賀抜允について「魏の孝武の時、位は太尉に至り、燕郡王に封ぜられ、神武の害する所と爲る」（二三）とあり、ここから魏の孝武帝集団の人物であるということになる。

斛斯椿は、前記の考証にもとづけば、魏の孝武帝集団に従属しているということになる。

賀抜勝は、前記の考証にもとづけば、武川鎮に生まれたとはいえ、しかしながら彼が魏の孝武帝の信頼する重臣であり、ここから魏の孝武帝集団に従属するとするべきであろう。

以上これらの中から元亶、元肅の政治的立場が不詳で有ることを除けば、そのほかの十七人のうち、高歡集団に従属する五人は、二九％以上を占める。魏の孝武帝集団に従属する十二人は、約七一％を占めている。魏の孝武帝政権の中でも高歡集団が占める割合は、所謂北鎮勢力が西魏政権の中で占めた割合に比して低く、もし安易にこれらの統計結果を照らし合わせれば、必然的に高歡が東魏政権の統制ができなかったという結論を見いだすことになる。しかし、ではなぜ高歡が率いる大軍が南下したとき、魏の孝武帝集団は瓦解し、孝武帝は関中に入らなければならなかったか。これはただ高歡集団が魏の孝武帝の中央政権に占める比率が低いながらも、実際は彼らの依拠する麾下の強大な武力がすでに魏の孝武帝政権を統制していたからである。魏の孝武帝は、ただ高歡らに統制された傀儡にすぎなかったのである。ここからわかることは、西魏政権における宇文泰の権力と地位は、高歡の当時の状況と似ており、魏の孝武帝が、あるいは西魏の文帝がほとんど宇文泰の傀儡に過ぎず、魏の孝武帝が毒殺されたときには、すでに宇文泰が西魏政権を完全に統制していたのである。

三

前記では高歡が擁する武力をあげた。そのうえで我々は、西魏政権下において宇文泰が擁した武力について、ここでもやはり西魏の大統六（五四〇）年を下限として、その重大な戦役に参加した将帥の所属する政治集団を分析してみたい。『周書』巻二　文帝紀下に、

（大統三年）八月丁丑、太祖　李弼・獨孤信・梁禦・趙貴・于謹・若干惠・怡峰・劉亮・王德・侯莫陳崇・李遠・達奚武等十二將を率ゐて東のかた伐つ。潼關に至り、太祖　乃ち師に誓して曰く、爾と衆を有ち、天威を奉じ、暴亂を誅す。惟れ爾の士、爾の甲兵を整へ、爾の戎事を戒め、財を貪りて以て敵を輕んずること無く、民を暴りて以て威を作すこと無し。命を用てすれば則ち賞有り、

命を用てせざれば則ち戮有り。爾の衆士 其れ之に勉めよと。于謹を遣て軍前に居らしめ、地を徇りて槃豆に至らしむ。東魏の將たる高叔禮 守柵して下らざるも、謹 之を急攻し、乃ち降る。其の戍卒一千を獲、叔禮を長安に送る。戊子、弘農に至る。東魏の將たる高干・陜州刺史の李徽伯 拒守す。時に連ねて雨ふるも、太祖 乃ち諸軍に命して雨を冒して之を攻めしむ。庚寅、城潰え、徽伯を斬り、其の戰士八千を虜とす。高干 走れて河を度り、賀拔勝に令して之を追擒せしめ、並びに長安に送る。是に於て宜陽・邵郡 皆な來りて歸附す。先に是れ河南の豪傑 多く兵を聚めて東魏に應ずるも、是に至りて各々部する所を率ゐて來降す。……李弼等 十二將も亦た爵を進め邑を増す。并せて其の下の將士、賞は各々差有り。

左僕射・馮翊王の元季海を遣はして行臺と爲し、開府の獨孤信と歩騎二萬を率ゐて洛陽に向はしむ。洛州刺史の李顯 荊州に趨り、賀拔勝・李弼 河を渡り蒲阪を圍む。牙門將の高子信 門を開きて勝軍を納れ、東魏の將たる薛崇禮 城を棄てて走り、勝等 之を追獲す。太祖 軍を蒲阪に進め、汾・絳を略定す。是に於て許和 張瓊を殺して以て夏州降る。初め、太祖 弘農自り關に入りし後、東魏の將たる高敖曹 弘農を圍み、其の軍 敗れたるを聞き、洛陽に退守せんとす。獨孤信 新安に至り、敖曹 復た走りて河を度り、信 遂に洛陽に入る。東魏の潁川長史たる賀若統 密縣の人の張儉と刺史の田迅擧を執へ城降る。滎陽の鄭榮業・鄭偉等 梁州を攻め、其の刺史の鹿永吉を擒ふ。清河の人の崔彦穆、檀琛 滎陽を攻め、其の郡守たる蘇定を擒ふ。皆な來附す。梁・陳自り已西、將吏の降りし者 相ひ屬く。

是に於て東魏の將の堯雄・趙育・是云寶 潁川に出で、復た地を降さんと欲す。太祖 儀同の宇文貴・梁遷等を遣はし逆へ擊たしめ、大いに之を破る。趙育 來降す。東魏 復た將の任祥を遣はし河南の兵と雄合を率ゐせしめ、儀同の怡峰 貴・遷等と復た之を擊ち破らしむ。又 都督の韋孝寛を遣はし豫州を取らしむ。是云寶 其の東揚州刺史の那椿を殺し、州を以て來附せしむ。

（大統四年）七月、東魏 其の將の侯景・厙狄干・高敖曹・韓軌・可朱渾元・莫多婁貸文等を遣はし獨孤信を洛陽に圍ませしむ。齊の神武 其の後に繼ぐ。先に是れ、魏帝 將に洛陽に幸し園陵に拜せんとするに、會 信 圍まれ、太祖に詔して軍を率ゐて信を救はしめ、魏帝も亦た東す。

八月庚寅、太祖 穀城に至り、莫多婁貸文・可朱渾元 來り逆へ、陣に臨みて貸文を斬り、元は單騎もて遁れ免れ、悉く其の衆を虜にして弘農に送る。遂に軍を瀍東に進む。是の夕、魏帝 太祖の營に幸し、是に於て景等 夜に圍を解きて去る。旦に及び、太祖 輕騎を率ゐて之を追ひ、河上に至る。景等 北のかた河橋に據り、南のかた邙山に屬きて陣を爲し、諸軍と合戰す。太祖の馬 流矢に中たり、驚逸し、遂に之く所を失ひ、此に因りて軍中 擾亂す。都督の李穆 馬を下りて太祖を授《う》け、軍 以て復び振ふ。是に於て大捷し、高敖曹 及び其の儀同の李猛・西兗州刺史の宋顯等を斬り、其の甲士一萬五千を虜とし、河に赴きて死する者は萬を以て數ふ。

是の日 陣を置くこと既に大にして、首尾は懸遠、旦從り未に至り、數十合を戰ふも、氛霧四塞にして、相ひ知る能はず。獨孤信・李遠 右に居し、趙貴・怡峰 左に居し、戰 並びに利あらず、又 未だ魏帝 及び太祖の所在を知らず、皆な其の卒を棄てて先んじて歸す。開府の李虎・念賢等 後軍と爲り、信等の退くに遇ひ、即ち與に倶に還る。是れ由り乃ち班師し、洛陽も亦た守を失ふ。十二月、是云寶 洛陽を襲ひ、東魏の將の王元軌 城を棄てて走る。都督の趙剛 廣州を襲ひ、之を拔く。襄・廣自り以西の城鎮復び内屬す。

（大統）六年春、東魏の將の侯景 三鳥に出で、將に荊州を侵さんとし、太祖 開府の李弼・獨孤信を遣はし各々騎五千を率ゐて武關に出だしむるに、景 乃ち退き還る。〈二二四〉

とある。

これらの記載には、西魏の将官である李弼、独孤信、梁禦、趙貴、于謹、若干恵、怡峰、劉亮、王徳、侯莫陳崇、李遠、達奚武、元季海、李顕。賀抜勝、帝栄業、鄭偉、崔彦穆、檀琛、宇文貴、梁遷、是雲宝、李穆、李虎、念賢、趙剛の二十六人の名がある。下記に再度注意しながら、これら西魏の将官たちが依拠した利益集団について考証していこう。

李弼は、前記の考証にもとづけば、北鎮勢力の人物であろう。

獨孤信は、前記の考証にもとづけば、北鎮勢力とされる宇文泰集団に従属するものである。

梁禦は、前記の考証にもとづけば、北鎮勢力とされる宇文泰集団の人物である。

趙貴は、前記の考証にもとづけば、北鎮勢力とされる宇文泰集団の人物である。

于謹は、『周書』巻十五 于謹伝に、于謹について、「河南洛陽の人なり。小名は巨彌。曾祖の婆は、魏の懷荒鎮將。〈二二五〉祖の安定は、平涼郡守・高平郡將。父の提は、隴西郡守、荏平縣伯」、「爾朱天光の万俟醜奴を破るに從ふ〈二二六〉」、「天光 齊の神武と韓陵山に戰ふに從ふも、天光 既に敗れ、謹 遂に關に入る〈二二七〉」、「太祖 夏州に臨み、謹を以て防城大都督と爲し、夏州長史を兼ねしむ〈二二八〉」とあり、呂春盛が定義する北鎮勢力とされる宇文泰集団の基準に照らせば、于謹はこの集団に属することになる。

若干恵は、前記の考証にもとづけば、北鎮勢力とされる宇文泰集団の人物である。

怡峰は、『周書』巻十七 怡峰伝に、怡峰について「遼西の人なり。本姓は默台、因りて難を避け焉に改む〈二二九〉」、「賀拔岳の万俟醜奴を討つに從ひ、功を以って給事中・明威將軍を授かり、征虜將軍・都督に轉じ、爵を賜はること蒲陰縣男。岳の害せらるに及び、峰 趙貴等と謀を同じくして太祖を翊戴す〈二三〇〉」とあり、呂春盛の定義する北鎮勢力とされる宇文泰集団の基準に照らせば、怡峰もこの集団に属することになる。

劉亮は、前記の考証にもとづけば、北鎮勢力とされる宇文泰集団の人物である。

王徳は、前記の考証にもとづけば、北鎮勢力とされる宇文泰集団の人物である。

侯莫陳崇は、『周書』巻十六 侯莫陳崇伝に、侯莫陳崇について「代郡武川の人なり〈二三一〉」、「賀拔岳の爾朱榮と葛榮を征するに隨ふ。又 元天穆の邢杲を討つに從ひ、之を平ぐ。功を以て建威將軍に除せらる。別に岳の元顥を洛陽に破るに從ふ〈二三二〉」、「後に岳の入關し、赤水蜀を破るに從ふ〈二三三〉」、「崇 單騎もて賊中に入り、馬上に於て（万俟）醜奴を生け擒る〈二三四〉」とあり、北鎮勢力とされる宇文泰集団の人物であることがわかる。

李遠は、『周書』巻二十五 の李遠伝に、彼が李賢の弟であり、「後に應侯の莫陳崇の功を以て、高平郡守に遷る。太祖 遠くに見るに、輿に語りて之を悦び、麾下に居せしむること、甚だ親遇せらる」[一三五]とあり、さらに李賢伝に、彼らが「其の先 隴西成紀の人なり。曾祖の富は、魏の太武の時に子の都督の兩山屠各を討たんとして陣に歿するを以て、寧西將軍・隴西郡守を贈はる。祖の斌、父の兵を襲領し、高平に鎮し、因りて家す」[一三六]とあり、したがって北鎮勢力とされる宇文泰集団に従属しているということになる。

達奚武は、前記の考証にもとづけば、北鎮勢力とされる宇文泰集団の人物である。

元季海は、前記の考証にもとづけば、魏帝集団に従属することになる。

賀抜勝は、前記の考証にもとづけば、魏帝集団の人物である。

鄭栄業は、正史に傳が存在せず、したがって如何なる政治集団に属しているのかわからない。

鄭偉は、『周書』巻三十六 鄭偉伝に、鄭偉について「滎陽開封の人なり」[一三七]、「父の先護も、亦た武勇を以て聞こゆ。起家は員外散騎侍郎。魏の孝莊帝 藩に在り、先護 早に自ら結託す。即位するに及び、通直散騎常侍・平南將軍・廣州刺史を歴し、爵を賜はること平昌縣侯」[一三八]、「偉 少くして倜儻にして大志有り、毎に功名を以て自許し、騎射に善く、膽力 人を過ぐ。爾朱氏 滅びし後、梁自り魏に歸す。起家は通直散騎侍郎。孝武の西遷するに及び、偉も亦た郷里に歸し、仕進を求めず。大統三年、河内公の獨孤信既に洛陽を復し、偉 乃と其の親族に謂ひて曰く、今 嗣主 中興鼎業、崤・函を據有す。河内公 親ら衆軍を董し、瀍・洛・率土の内を克復するに、孰れか首を延ばして風を望まざらん。況や吾等 世々朝恩を荷ひ、家は忠義を傳へ、誠に宜しく此の時を以て臣子の節を效し、富貴の資を成せ。豈に碌碌として儒夫の事を爲す可からんや。是に於て宗人の榮業と、州里を糾合し、陳留に建義す。信宿の間、衆 萬餘人有り。遂に梁州を攻抜し、東魏の刺史たる鹿永吉 及び鎮城令の狐德を擒へ、并せて陳留郡守の趙季和を獲たり。乃ち衆を率ゐて來附す」[一三九]とあり、したがって彼は当然ながら魏帝集団に属していることになる。

崔彦穆は、『周書』巻三十六 崔彦穆伝に、崔彦穆について「清河東武城の人なり。魏の司空・安陽侯たる林之の九世孫。曾祖の顗は、魏の平東府諮議。祖の蔚は、従兄の司徒たる浩之の難に遭ひ、南のかた江左に奔る。宋に仕へて給事黄門侍郎、汝南・義陽二郡守と爲る。延興の初め、復た魏に歸し、潁川郡守を拜し、因りて焉に家す」[一四〇]、「永安の末、司徒府參軍事に除せられ、記室に轉じ、大司馬従事中郎に遷る。……、彦穆の時 從ふを得ず」[一四一]とあり、魏帝集団の人物であることがわかる。

檀琛は、『周書』巻二 文帝紀下に、彼と崔彦穆がともに兵を起こして東魏政権の滎陽を攻め、後に入関して西魏政権に亡命しており、まさしく魏帝集団の人物である。

宇文貴は、『周書』巻十九 宇文貴伝に、宇文貴について「其の先 昌黎大棘の人なり。夏州に徙居す」[一四二]、「郢州刺史に除せられ、入りて武衛將軍・閤内大都督と爲る。魏の孝武の西遷に從ひ、爵を化政郡公に進む」[一四三]とあり、魏帝集団に従属していることがわかる。

是云寶は、『周書』巻二 文帝紀によれば、東魏の降将であるものの、ここからどの政治集団に従属するかは不詳である。

李穆は、『隋書』巻三十七 李穆伝に、李穆について「自ら隴西成紀の人、漢騎都尉陵の後なりと云ふ。陵は匈奴に沒し、子孫代々北狄に居し、其の後 魏の南遷に隨ひ、復た汧・隴に歸す。祖の斌は、都督なるを以て高平に鎮し、因りて焉に家す（一四四）」、「周の太祖 首め義旗を建つるや、穆 委質に便ひ、統軍に釋褐す。永熙の末、魏の武帝を奉迎し、都督を授かり、永平縣子、邑三百戸に封ぜらる（一四五）」とあり、したがって北鎮勢力とされる宇文泰集団に従属していることがわかる。

李虎は、『舊唐書』巻一 高祖紀に、彼が李淵の祖父であること、その祖先は「豪傑を領して武川に鎮し、因りて焉に家す（一四六）」とあり、したがって北鎮勢力とされる宇文泰集団の人物であることがわかる。

念賢は、前記の考証にもとづけば、魏帝集団の人物である。

趙剛は、『周書』巻三十三 趙剛伝に、趙剛について「河南洛陽の人なり。曾祖の蔚は、魏の并州刺史。祖の寧は、高平太守（一四七）」、「魏の孝武 齊の神武と構隙するに及び、剛 密かに奉旨もて東荊州刺史の馮景昭を召し兵を率ゐて闕に赴むかしむ（一四八）」とあり、魏帝集団の人物であることがわかる。

李顕、梁遷、是云宝、鄭栄業の四名が所属する政治集団については検討できないものの、この四名を除いた他の二十二名が所属する政治集団については考察することができる。その中の十四名は北鎮勢力とされる宇文泰集団に従属しており、およそ六四%を占めている。八人は魏帝集団魏帝集団に従属しており、三六%以上を占めている。しかし主な将官には李弼、独孤信、梁禦、趙貴、于謹、侯莫陳崇、李遠、達奚武、賀拔勝、李虎、念賢の十一名がおり、その中の九名が北鎮勢力とされる宇文泰集団に従属しており、約八二%を占めている。ただ賀拔勝、念賢は魏帝集団に従属しており、一八%以上を占めている。これら大統六年以前に出征している将官の中でも、北鎮勢力とされる宇文泰集団の占有率は絶対的に優勢であり、宇文泰を首領とする所謂北鎮勢力が当時、確実に西魏政権を掌握してその中で生存するに足る武力を有し、さらにここから西魏の中央政権を統制していたことになる。

ここまでまとめると、西魏政権の成立当初、北鎮勢力とされる宇文泰集団が中枢権力の核心部分に占める人員の割合は低かったことになる。しかし、これではこの集団が、大統六年を前にして西魏政権を統制することができた理由を説明できなかった。この政権の統制の成否は、中枢権力における人員の多寡だけではない。それは多くの要素によって決定されるものであり、たとえば東魏・西魏は、分裂する以前に高歡集団の中枢権力における比率は、魏帝集団に対して低かかったうえ、西魏の大統六年以前における北鎮勢力とされる宇文泰集団の魏帝勢力集団に対する西魏の中枢権力内の比率よりもさらに低かった。しかし、それでも高歡が大軍が南下した時、魏の孝武帝にそれを食い止める力はほとんどなく、慌てて関中に逃れた。これは、その絶え間ない戦乱期において中枢権力の人数が、必ずしも局面を左右するものではなく、より重要な点は、むしろ誰が強大な武力を擁しているかにあり、まさに「銃身から政権が生まれる（枪杆子里面出政权）」と言えるものであった（一四九）。早くも西魏政権の成立した当初、宇文泰は北鎮勢力の首領として西魏政権の軍隊を統制していた。したがって、その時期の宇文泰を首領とする北鎮勢力は、すでに西魏政権を統制しており、魏の孝武帝、文帝を戴く中央政権は、当時彼らの掌中にある傀儡にすぎなかったのである。

《 著者注 》

(一) この箇所に見える尚書令の斛斯椿と太保の斛斯椿は同一人物であり、呂の叙述は誤りである。

(二) 呂春盛『関隴集団的権力結構演変』(稲郷出版社、二〇〇二年版、一〇七―一〇八頁) を参照。

(三) 祝総斌『両漢魏晋南北朝宰相制度研究』(中国社会科学出版社、一九九〇年版、三〇〇―三〇五頁、三五一―三五八頁) を参照。

(四) 呂春盛『関隴集団的権力結構演変』(稲郷出版社、二〇〇二年版、二九頁) を参照。

《 訳者注 》

〈一〉 大統二年、還長安、位尚書令。

〈二〉 從太祖復弘農、戰沙苑、拜侍中・驃騎大將軍・開府儀同三司。

〈三〉 時荊州雖陷東魏、民心猶戀本朝。乃以信爲衞大將軍・都督三荊州諸軍事、兼尚書右僕射・東南道行臺・大都督・荊州刺史以招懷之。

〈四〉 尋授尚書右僕射。

〈五〉 從擒竇泰、復弘農、破沙苑、惠毎先登陷陣。加侍中・開府、進爵長樂郡公。

〈六〉 尋加侍中。

〈七〉 又從破齊神武於沙苑、加開府・侍中、進爵河間郡公。

〈八〉 魏孝武西遷、拜驃騎大將軍、加侍中・開府。

〈九〉 遷侍中・驃騎大將軍・開府儀同三司。

〈一〇〉 從太祖復弘農、破沙苑、皆有功。累遷尚書左僕射、兼領軍將軍。

〈一一〉 兼尚書右僕射。

〈一二〉 從戰河橋、進爵東平郡公、増邑一千戸。俄遷侍中・驃騎大將軍・開府儀同三司。

〈一三〉 大統四年、拜侍中・長史。

〈一四〉 至大統初、加車騎將軍・左光祿大夫・都督、累遷使持節・車騎大將軍・儀同三司・散騎常侍・侍中・驃騎大將軍・開府儀同三司・夏州刺史。

〈一五〉 大統三年、轉左僕射。

〈一六〉 尋遷侍中・度支尚書。

〈一七〉 柱國大將軍、特進、尚書令、少師、義陽王元子孝。

〈一八〉 大統初、加開府儀同三司、兼尚書右僕射。

〈一九〉 万俟醜奴作亂關右、孝莊帝遣爾朱天光及岳等討之、太祖遂從岳入關、先鋒破偽行臺尉遲菩薩等。

〈二〇〉 宇蓋盧、金城枹罕人也。父求就、以大家子戍武川鎮、仍家焉。

〈二一〉 後以破衞可孤功、除別將。尋招慰雲州高車・鮮卑等、皆降下之。除假節・平東將軍、封屯留縣伯、邑五百戸。

〈二二〉 永熙中、拜第一領民酋長、加散騎常侍、行南兗州事。尋進號驃騎大將軍、入為殿中尚書、加儀同三司。魏孝武欲討齊神武、以賢為中軍北面大都督、進爵安定郡公、増邑一千戸、加侍中・開府儀同三司。大統初、拜太尉、出為秦州刺史、加太傅、給後部鼓吹。

〈二三〉 孝武初、轉太傅、以定策功、更封開國子。

〈二四〉 武帝入關。

〈二五〉 亦隨赴長安。

〈二六〉 出帝時、加太師・開府。復封廣陵王。除太傅・司州牧、尋除大司馬。隨出帝沒於關中。

〈二七〉 永熙中、出帝兄子廣平王贊盛選賓僚、以伯茂為文學。

〈二八〉 廣牧富昌人也。父敦、肅宗時為左牧令。時河西賊起、牧民不安、椿乃將家投爾朱榮、榮以椿兼其都督府鎧曹參軍。

〈二九〉 椿弟豫州刺史元壽與都督賈顯智守滑臺、獻武王令相州刺史竇泰擊破之。椿懼己不免、復啟出帝、假説遊聲以劫脅。帝信之、遂入關、椿亦西走長安。

〈三〇〉 以貪縱削除、加罰、徙配北鎮。

〈三一〉 累遷兼尚書右丞。靈太后臨朝、宦者干政、孚乃總括古今名妃賢后、凡爲四卷、奏之。

〈三二〉 後從出帝入關。

〈三三〉 昂弟仲景、性嚴峭。莊帝時、兼御史中尉、京師肅然。

〈三四〉孝武帝將入關、授仲景中軍大都督、留京師。齊神武欲至洛陽、仲景遂棄妻子、追駕至長安、仍除尚書右僕射、封順陽王。

〈三五〉此元順、則常山王素之孫。二人皆已改姓元氏。

〈三六〉從孝武入關、封馮翊王、位中書令・雍州刺史、遷司空。

〈三七〉洛、字受洛干、亦曰壽樂干。

〈三八〉建忠王万俟普撥及其子太宰壽樂干率所部奔東魏。

〈三九〉隴西人也。驍健有武力、前後數從征討、以功賜爵獲城郷男。梁豫州刺史王超宗內侵、叔仁時為兼統軍、隸揚州刺史薛真度。真度遣叔仁討超宗、大破之。以功累遷洛州刺史、假撫軍將軍。後以軍功封陳郡公、又除光祿大夫・朔州刺史。

〈四〇〉永安三年、坐事除名、尋復官爵。節閔帝初、加散騎常侍・開府。後除涼州刺史、遣使密通款於東魏、事覺見殺。

〈四一〉金城人也。其先出自安定、避難走西羌、世爲部落酋帥。

〈四二〉家世豪富、貲累千金。孝昌初、秦州莫折念生、胡琛等反、散財招募、有三千人、鎮河州。從大軍平賊、歷涼・河二州刺史、封安德縣侯。覽既爲本州刺史、盛修甲仗，人馬精銳。吐谷渾憚不敢出、皆曰、梁公在、未可行也。永安中、詔大鴻臚琅邪王皓就策授、世爲河州刺史。永熙中、改封郡公。大統二年、加太尉。其年、覽從弟仚定反、欲圖覽、覽與數戰未能平、王師至、始破之。四年、遷太傅。

〈四三〉及河橋之役、王師敗、時病留長安、趙青雀反北城、覽爲之謀主。事平、乃見殺。

〈四四〉孝文皇帝之孫、京兆王愉之子也。母曰楊氏。帝正始初坐父愉罪、兄弟皆幽宗正寺。

〈四五〉累遷青州刺史。又當朝專政、羅望傾四海、於時才名之士王元景・邢子才・李奬等咸為其賓客、從遊青土。罷州、入為宗正卿。

〈四六〉侍中・驃騎大將軍・開府儀同三司・清河王亶儀同三師。

〈四七〉神武以萬機不可曠廢、乃與百僚議以清河王亶為大司馬、居尚書下舍而承制決事焉。

〈四八〉中山無極人。父道監、沃野鎮長史。顯度形貌偉壯、有志氣。初為別將、防守薄骨律鎮。

〈四九〉復隨爾朱度律等北拒義旗、敗於韓陵、與斛斯椿及弟顯智等率衆先據河橋、誅爾朱氏。出帝初、除尚書左僕射、尋加驃騎大將軍・開府儀同三司・定州大中正。未幾、以本官行徐州刺史・東道大行臺。

〈五〇〉司徒公・趙郡王諶爲太保。

〈五一〉咸陽王禧第七子。

〈五二〉神武尖山人也。其先與魏氏同出陰山。

〈五三〉祖爾頭、驍勇絶倫、以良家子鎮武川、因家焉。

〈五四〉以勝爲領軍將軍、尋除侍中。孝武帝將圖齊神武、以勝弟岳擁衆關西、欲廣其勢援、乃拜勝爲都督三荊・二郢・南襄・南雍七州諸軍事、進位驃騎大將軍・開府儀同三司・荊州刺史、加授南道大行臺尚書左僕射。

〈五五〉其先樂浪人。六世祖波、前燕太宰。祖珍、魏黃門侍郎、贈并州刺史・樂浪公。父羆、伏波將軍、以良家子鎮武川、因家焉。

〈五六〉大統初、復加車騎大將軍・儀同三司。三年、徵拜司空、尋轉司徒。迎魏文帝悼后於茹茹。加侍中、遷太尉。

〈五七〉遼東襄平人也。六世祖根、慕容垂黃門侍郎。祖貴醜、平州刺史。父永、太中大夫、贈涼州刺史。

〈五八〉魏永安元年、爾朱天光辟爲別將、從天光西討、破赤水蜀。以功拜征虜將軍、封石門縣伯、邑五百戶。又與賀拔岳討万俟醜奴・万俟道洛・王慶雲、皆破之。

〈五九〉世宗初、爲涼州刺史。在州貪穢、政以賄成。後除定州刺史。

〈六〇〉性險無行、及與鑒反、敗、遂奔葛榮。榮滅、得還。出帝時、封潁川郡王、委以腹心之任。帝入關、斌之奔蕭衍、後還長安。

〈六一〉天水南安人也。

〈六二〉祖仁、以良家子鎮武川、因家焉。

〈六三〉從太祖復弘農、戰沙苑、拜侍中・驃騎大將軍・開府儀同三司、進爵中山郡公、除雍州刺史。

〈六四〉雲中人也。本名如願。魏氏之初、有三十六部、其先伏留屯者、爲部落大人、與魏俱起。祖侯尼、和平中、以良家子自雲中鎮武川、因家焉。

〈六五〉乃以信爲衛大將軍・都督三荊州諸軍事、兼尚書右僕射・東南道行臺・大都督・荊州刺史以招懷之。

〈六六〉其先安定人也。後因官北邊、遂家於武川、改姓爲紇豆陵氏。

〈六七〉大統元年、轉右衛將軍、進爵信都縣公、邑一千戸。尋授尚書右僕射。

〈六八〉代郡武川人也。其先與魏氏俱起、以國爲姓。

〈六九〉惠年弱冠、從爾朱榮征伐、定河北、破元顥、以功拜中堅將軍。復以別將從賀拔岳西征、解岐州圍、擒万俟醜奴、平水洛、定隴右、毎力戰有功。

〈七〇〉及岳爲侯莫陳悅所害、惠與寇洛・趙貴等同謀翊戴太祖。

〈七一〉中山人也。本名道德。祖祐連、魏蔚州刺史。父持真、鎮遠將軍、領民酋長。

〈七二〉大統元年、以復潼關功、進位車騎大將軍・儀同三司、改封饒陽縣伯、邑五百戸。尋加侍中。

〈七三〉代郡武川人也。

〈七四〉又從破齊神武於沙苑、加開府・侍中、進爵河間郡公、增邑通前二千七百戸。

〈七五〉京兆霸城人。

〈七六〉魏孝武西遷、拜驃騎大將軍、加侍中・開府。

〈七七〉代人也。祖眷、魏懷荒鎮將。

〈七八〉千爲前鋒。至穀城、與李弼破莫多婁貸文。進至河橋、武又力戰、斬其司徒高敖曹。遷侍中・驃騎大將軍・開府儀同三司。

〈七九〉代人也。其先、魏之別種、號尉遲部、因而姓焉。父俟兜、性弘裕、有鑒識、尚太祖姊昌樂大長公主、生迥及綱。

〈八〇〉迥少聰敏、美容儀。及長、有大志、好施愛士。稍遷大丞相帳内都督。

〈八一〉章武文安人也。

〈八二〉洛、留惠達爲府祭酒、給其衣馬、即與參議。岳爲關中大行臺、以惠達爲從事中郎。

〈八三〉太祖爲大將軍、大行臺、以惠達爲行臺尚書・大將軍府司馬、封文安縣子、邑三百戸。太祖出鎮華州、留惠達知後事。于時既承喪亂、庶事多闕。惠達營造戎仗、儲積食糧、簡閲士馬、以濟軍國之務、時甚賴焉。

〈八四〉代人也。祖屈朱、魏昌平鎮將。

〈八五〉椿初以統軍從爾朱榮入洛、復從榮破葛榮於滏口、以軍功進授都將。後從賀拔岳討平万俟醜奴・蕭寶夤等、遷中堅將軍・屯騎校尉・子都督。

〈八六〉大統初、進爵欒城縣伯、增邑五百戸。

〈八七〉太祖之族子也。

〈八八〉大統四年、拜侍中・長史。

〈八九〉其先隴西狄道人也。後徙居朔方。父僧養、以累世雄豪、善於統御、爲夏州酋長。

〈九〇〉至大統初、加車騎將軍・左光祿大夫・都督、累遷使持節、車騎大將軍、儀同三司、散騎常侍、侍中、驃騎大將軍、開府儀同三司、夏州刺史。

〈九一〉太傅・楚國公貴之從祖兄也。祖國、魏龍驤將軍・洛州刺史。父更、安樂太守。

〈九二〉魏孝武西遷、除都官尚書、改封襄城縣伯、增邑五百戸。頃之、爲北道行臺、與儀同李虎等討曹泥、克之。遷車騎大將軍・儀同三司・尚書右僕射、進爵爲公、增邑并前一千五百戸。大統三年、轉左僕射、兼侍中、監著作、領太子詹事。

〈九三〉河南洛陽人也。世居河西。及沮渠氏滅、曾祖武始歸於魏、賜爵金城侯。祖興、中書博士。父申侯、舉秀才、後軍府主簿。

〈九四〉從魏孝武入關、爲給事黃門侍郎・尚書右丞。

〈九五〉柱國大將軍・特進・尚書令・少師・義陽王元子孝。

〈九六〉上洛豐陽人也。世雄商洛。

〈九七〉大統初、加開府儀同三司、兼尚書右僕射、進爵上洛郡公、增邑通前千戸。

〈九八〉(永熙三年) 七月丁未、帝遂從洛陽率輕騎入關、……乃奉帝都長安。披草萊、立朝廷、軍國之政、咸取太祖決焉。仍加授大將軍・雍州刺史、兼尚書令、進封略陽郡公、別置二尚書、隨機處分、解尚書僕射、餘如故。……。太祖乃進軍討瑾、虜其卒七千、還長安、進位丞相。

〈九九〉(魏大統元年春正月己酉、進太祖督中外諸軍事・錄尚書事・大行臺、改封安定郡王。

(三年六月)、六月、遣儀同于謹取楊氏壁。太祖請罷行臺、帝復申前命、太祖受錄尚書事、餘固讓、乃止。

(三年冬十月壬辰) 進太祖柱國大將軍、增邑并前五千戸。)

〈一〇〇〉閏十二月、魏孝武帝崩。太祖與群公定策、尊立魏南陽王寶炬爲嗣、是爲文皇帝。

〈一〇一〉三月、太祖以戎役屢興、民吏勞弊、乃命所司斟酌今古、參考變通、可以益國利民便時適治者、爲二十四條新制、奏魏帝行之。

〈一〇二〉神武長子也。母曰婁太后。

〈一〇三〉出帝時、加太師・開府。復封廣陵王。除太傅・司州牧、尋除大司馬。隨出帝沒於關中。

〈一〇四〉衆知帝將出、其夜亡者過半。清河・廣陽二王亦逃歸。

〈一〇五〉神武以萬機不可曠廢、乃與百僚議以清河王亶爲大司馬、居尚書下舍而承制決事焉。

〈一〇六〉孝武與高歡構難、以帝爲中軍四面大都督。及從入關、拜太宰・錄尚書事。孝武崩、丞相・略陽公宇文泰率群公卿士奉表勸進、三讓乃許焉。

〈一〇七〉稚聰敏有才藝、虛心愛士。爲前將軍、從高祖南討。

〈一〇八〉出帝初、轉太傅、錄尚書事。

〈一〇九〉出帝入關、稚時鎭虎牢、亦隨赴長安。

〈一一〇〉渤海蓨人也。

〈一一一〉屬高祖出山東、揚聲來討。

〈一一二〉乾乃將十數騎於關口迎謁。乾既曉達時機、閑習世事、言辭慷慨、雅合深旨。高祖大加賞重、仍同帳寢宿。

〈一一三〉代郡平城人。其先荊州蠻酋、被遷於代。父興、平城鎭長史、歸義侯。

〈一一四〉魏孝武帝時……。

〈一一五〉遷吏部尚書、轉尚書右僕射。尋加驃騎大將軍・開府・典選。

〈一一六〉及出帝入關、子鵠據城爲逆。

〈一一七〉本姓徐氏、云出自高平金鄉。

〈一一八〉從高祖起義山東、以爲大行臺右丞。魏中興初、除御史中尉、領尚食典御。從高祖平鄴、行相州事。從破四胡於韓陵、太昌初、除驃騎大將軍・儀同三司。

〈一一九〉渤海蓨人。

〈一二〇〉高祖將擊爾朱兆等於韓陵、留隆之鎭鄴城。爾朱兆等走、以隆之行冀州事、仍領降俘三萬餘人、分置諸州。

〈一二一〉及齊獻武王既誅榮、以悅高祖子、宜承大業、乃令人示意。悅既至、清狂如故、動爲罪失、不可扶持、乃止。出帝初、除大司馬。

〈一二二〉其弟曄僭立、拜肅侍中・太師・錄尚書事。

〈一二三〉魏孝武時、位至太尉、封燕郡王、爲神武所害。

〈一二四〉（大統三年）八月丁丑、太祖率李弼・獨孤信・梁禦・趙貴・于謹・若干惠・怡峰・劉亮・王德・侯莫陳崇・李遠・達奚武等十二將東伐。至潼關、太祖乃誓於師曰、與爾有衆、奉天威、誅暴亂。惟爾士、整爾甲兵、戒爾戎事、無貪財以輕敵、無暴民以作威。用命則有賞、不用命則有戮。爾衆士其勉之。遣于謹居軍前、狥地至盤豆。東魏將高叔禮守柵不下、謹急攻之、乃降。獲其戍卒一千、送叔禮於長安。戊子、至弘農。東魏將高干・陝州刺史李徽伯拒守。於時連雨、太祖乃命諸軍冒雨攻之。庚寅、城潰、斬徽伯、虜其戰士八千。高干走度河、令賀拔勝追擒之、並送長安。於是宜陽・邵郡皆來歸附。先是河南豪傑多聚兵應東魏、至是各率所部來降。……李弼等十二將亦進爵增邑。并其下將士、賞各有差。

遣左僕射・馮翊王元季海爲行臺、與開府獨孤信率步騎二萬向洛陽。洛州刺史李顯趨荊州、賀拔勝・李弼渡河圍蒲阪。牙門將高子信開門納勝軍、東魏將薛崇禮棄城走、勝等追獲之。太祖進軍蒲阪、略定汾・絳。於是許和殺張瓊以夏州降。初、太祖自弘農入關後、東魏將高敖曹圍弘農、聞其軍敗、退守洛陽。獨孤信至新安、敖曹復走度河、信遂入洛陽。東魏潁川長史賀若統與密縣人張儉執刺史田迅舉城。

〈一二五〉河南洛陽人也。小名巨彌。曾祖婆、魏懷荒鎭將。祖安定、平涼郡守・高平郡將。父提、隴西郡守、茌平縣伯。

〈一二六〉從爾朱天光破万俟醜奴從爾朱天光破万俟醜奴。

〈一二七〉從天光與齊神武戰於韓陵山、天光既敗、謹遂入關。

〈一二八〉太祖臨夏州、以謹爲防城大都督、兼夏州長史。

〈一二九〉遼西人也。本姓默台、因避難改焉。

〈一三〇〉從賀拔岳討万俟醜奴、以功授給事中・明威將軍、轉征虜將軍・都督、賜爵蒲陰縣男。及岳被害、峰與趙貴等同謀翊戴太祖。

〈三一〉代郡武川人。

〈三二〉隨賀拔岳與爾朱榮征葛榮。又從元天穆討邢杲、平之。以功除建威將軍。別從岳破元顥於洛陽。

〈三三〉後從岳入關、破赤水蜀。

〈三四〉崇單騎入賊中、於馬上生擒醜奴。

〈三五〉後以應侯莫陳崇功、遷高平郡守。太祖見遠、與語悅之、令居麾下、甚見親遇。

〈三六〉其先隴西成紀人也。曾祖富、魏太武時以子都督討兩山屠各歿於陣、贈寧西將軍・隴西郡守。祖斌、襲領父兵、鎮於高平、因家。

〈三七〉滎陽開封人也。

〈三八〉父先護、亦以武勇聞。起家員外散騎侍郎。魏孝莊帝在藩、先護早自結託。及即位、歷通直散騎常侍・平南將軍・廣州刺史、賜爵平昌縣侯。

〈三九〉偉少倜儻有大志、每以功名自許、善騎射、膽力過人。爾朱氏滅後、自梁歸魏。起家通直散騎侍郎。及孝武西遷、偉亦歸鄉里、不求仕進。大統三年、河内公獨孤信既復洛陽、偉乃謂其親族曰、今嗣主中興鼎業、據有崤・函。河内公親董衆軍、克復瀍・洛・率土之內、孰不延首望風。況吾等世荷朝恩、家傳忠義、誠宜以此時效臣子之節、成富貴之資。豈可碌碌爲懦夫之事也。於是與宗人榮業、糾合州里、建義於陳留。信宿間、衆有萬餘人。遂攻拔梁州、擒東魏刺史鹿永吉及鎮城令狐德、并獲陳留郡守趙季和。乃率衆來附。

〈四〇〉清河東武城人也。魏司空・安陽侯林之九世孫。曾祖顗、魏平東府諮議。祖蔚、遭從兄司徒浩之難、南奔江左。仕宋爲給事黄門侍郎、汝南・義陽二郡守。延興初、復歸於魏、拜潁川郡守、因家焉。

〈四一〉永安末、除司徒府參軍事、轉記室、遷大司馬從事中郎。……、彥穆時不得從。

〈四二〉其先昌黎大棘人也。徙居夏州。

〈四三〉除郢州刺史、入爲武衛將軍・閤內大都督。從魏孝武西遷、進爵化政郡公。

〈四四〉自云隴西成紀人、漢騎都尉陵之後也。陵沒匈奴、子孫代居北狄、其後隨魏南遷、復歸汧・隴。祖斌、以都督鎮高平、因家焉。

〈四五〉周太祖首建義旗、穆便委質、釋褐統軍。永熙末、奉迎魏武帝、授都督、封永平縣子、邑三百戶。

〈四六〉領豪傑鎮武川、因家焉。

〈四七〉河南洛陽人也。曾祖蔚、魏并州刺史。祖寧、高平太守。

〈四八〉及魏孝武與齊神武搆隙、剛密奉旨召東荊州刺史馮景昭率兵赴闕。

〈四九〉「枪杆子里面出政权」は、毛沢東の格言。『毛沢東選集』（一巻本）人民出版社、一九六四年、五一二頁）、中国人民解放軍総政治部編『毛沢東語録』新華書店、一九六七年、第五節「戦争与平和」、五六頁）などを参照。また、この邦訳として『毛沢東選集』（外文出版社、一九六八年、第二巻、二九九頁）がある。

分科会（I）八

中国文学史における近代——古典再評価の意味と限界

牧角　悦子

はじめに

歴史なるものに一つの概念規定が与えられたのは恐らく近代であろう。それは概念である以上、解釈である。時代を区分するという方法も、その近代的解釈の中から生まれたものであるとすれば、それは絶対的なものではなく相対的な、そしてその時代を反映するものであるはずだ。

文学史という視点も、二重の意味で近代の方法論である。それは、「文学」という概念でその展開を「歴史」的に捉えようとする方法だからである。

中国史における時代区分の意味を問う今回の論壇において、私に求められた課題は「文学」である。歴史学とも思想史とも異なる文学的視点として可能なのは、「文」すなわち表現の持つ意味を中心に据えた分析であろう。それを歴史的変遷の中で捉えるとすれば、近代こそそれを根本的に見なおした時期として、「文」のもつ様々な様相が浮かび上がる。

本論考は、近代という価値の転換期に見える「文」の価値評価の持つ意味を、古典解釈の中から探るものである。具体的には、古典の中でも最も古く、そして文学的要素の多い『詩経』を対象に、近代的解釈の特性と限界とを、聞一多の『詩経新義』の中から提示したい。

一、「文」の価値の多義性

中国古典における「文」は、我々が一般的に言う「文学」とは異なる一つの大きな価値として存在する。単純化していえばそれは政治性（社会性）と文学性との双方をもつ概念である。文化的事業への貢献を重視した曹丕が「文帝」と追号され、官僚として能力を発揮した韓愈が「文公」と諡されたことからも分かるように、それはまず政治的・社会的、言い換えれば儒教的価値の発顕が第一義にあった。同時にそれはより効果的な伝達を目指して、人の感情や嗜好に訴える文飾や抒情性、謂わば文学性を持つことを要求された。

「文」のもつ政治的効用の最大のものは権力の名分にある。王朝とその系統の正統性を、武力の行使でも論理的正当性からでもなく、文献の解釈から保証することこそ「文」に求められた価値であった。同時にそれは国家統治における具体的政策の立案や実行において実用的な価値を発揮するものともなる。さらにそれを背後から支える道徳律を有形無形に提供するのも「文」である。古典中国における「文」はこのようにまず政治的社会的価値として存在したと言えよう。「文」の持つもう一面である文学性もまた、この第一義から派生する。上奏にせよ議論文にせよ碑銘にせよ、その内容をより確実に伝達するためには、文飾や抒情性、時には誇張も含む様々なレトリックが必要である。より効果的な伝達を目的として生まれる文学性が、「文」に求められた第二義的価値であったのだ。六朝期に発達する文論は、このような文の持つ価値を多様に解釈するものであった。曹丕・摯虞・陸機・劉勰と続く六朝の文論は、それぞれの時代と個性の中で「文」に対する認識が変化していく様を示している。一貫して儒教的「文」概念を建前としつつも、論者の無意識下に、創造そのものへの自立した意識が成熟していく過程が、そこには見て取れる。しかしここで言う「文」もまた、近代的意味での文学とは異なる。現実への対応を第一義的にもつという意味において、「文」はあくまで儒教的価値の中にあったのだ。

二、近代と文学

・文学史の導入

このような「文」概念は、近代になってその枠組みを変形させる。それは、「文学」という新しい価値基準が導入されたからである。それは文化文明に対する自発的な再検討というよりは、近代国家建設のための新しい教育制度の中から必要とされた新基準であった。新設大学の学科として、「国文」なるものが設定され、自国の文芸一般を相対的に捉えるために、文学史・哲学史という科目が置かれることになる。客観性・普遍性・合理性を求める近代的価値観のもとに成立した近代教育体系の中で、文学・哲学という概念の発掘とともに、それを体系づけようとする文学史・哲学史なる視点が持ち込まれたことは、日本も中国も同様であった。

・近代中国の文学史

中国で最初の文学史とされる林伝甲『中国文学史』（一九一〇年）には、それが大学堂章程に規程された過程であることが明示される。[一] さらにそれが日本において先行した中国文学史、具体的に言えば笹川種郎『中国文学史』に倣って執筆された経緯も既に多く論じられている。[二] 少し下って民国初期の重要な文学史として、胡適の『白話文学史』・魯迅の『中国小説史略』そして聞一多の詩史構想がある。胡適は白話重視の立場から、魯迅は小説というジャンルへの注目から、そして聞一多は詩と古代という視点からそれぞれの文学史を構想するのであるが、押しなべてそれらはみな新設大学における授業科目の講義ノートをその原点としている。[三] 中国文学史という視点は、近代における教育体系の中で、「国文」「国学」の再構築の過程で導入された、新しい一つの視点であったのである。

・明治の支那文学史

また、これらの中国文学史がそれぞれ日本における支那文学史を参考モデルとしてできあがっていたことも、既に多く論じられている。林伝甲の『中国文学史』が笹川種郎を参照したのを始めとし、胡適の『白話文学史』、魯迅の『漢文学史綱要』『中国小説史略』はそれぞれ笹川種郎や児島献吉郎、また古城貞吉や藤田豊八など日本の明治期の支那文学史から多くの影響を受けている。[四] そして、これらの明治期の支那文学史もまた、新しい学制の中で新設された修学課程の需要の中で生まれたことは、日中における文学史登場の意味を明確に物語る。即ちそれは、伝統的学問の中から新たな展開として出現したものでも、文学それ自体が主体的にその存在を顕現したのでもなく、近代国家という新しい体制の求めた国民意識の明確化の指標の一つとして、「持ち込まれた」ものであったのだ。[五]

・日本漢学の伝統

一方で、明治期の支那文学史を生み出した人々は、多く東京大学の古典講習科の師弟たちであったことは、日本の支那学が日本的漢学の伝統を深く吸収したものであったことを物語る。東大における漢学・漢文学教育において、古典を講読することを中心に据えた旧来の方法から、古典テキストを使用せず「講義」の形で学史的授業を始めたのは島田重礼に始まる。(六) 島田の学問はそののち娘婿である安井小太郎・服部宇之吉、そして同期の狩野直喜に受け継がれ、漢学の新しい展開に結び付くことになるのであるが、島田の学問の背景にはその師である海保漁村、さらにその師の大田錦城という江戸末期の漢学者の学統がある。大田や海保の得意とした校勘学・目録学には、テキストの分類を通して各時代の文化の背景に迫る学術変遷史という視点が養われており、それが島田の学史的教授法に繋がっていったと考えることもできよう。(七)

学史的視点と同時に、文に対する批判眼についても同様の事が言える。明治期の古典文芸批評は、江戸後期に発達した文芸批評、具体的には江村北海・海保漁村や大田錦城らの詩話や詩史の影響を強く受けている。古典講習科の講師陣が、中村正直・三島中洲・島田重礼など幕末明治の文人であり、その基礎教養が漢学であったことを考えると、明治の支那文学史は、学史という視点こそ西欧のものであったにせよ、中国の文化文芸の流れを概観する能力は、江戸期に育まれた漢学の素養であったことは重視されてよい。

・伝統的「文」概念と近代的「文学」概念

このように、中国文学史という視点は、近代の新しい学制の中から生まれたものであり、またそれは日本の明治期の支那文学史を直接のモデルとしたものであった。そして明治の支那文学史は、学史という新しい視点とともに、その素養において江戸の漢学を直接に受け継ぐものでもあった。

しかしここに大きな問題が生じる。前近代的「文」の概念は、必ずしも「文学」という言葉の持つ意味とは一致しない要素を多く持つからである。上に引いた支那文学史が、「文学」という呼称で範疇するものは、いわゆる思想や学術を含み、今現在我々の使う「文学」とは齟齬がある。それは、例えば現在の大学の文学部に史学科や哲学科があるように、近代的教育体系の中での「文学」が、人文学一般をさす広義の語であり、創作や言語芸術を中心とする狭義の文学だけを指すものではないこととも共通する。また、夏目漱石が『文学論』の「序」に、自分にとっての文学とは「左国史漢」つまり『春秋左氏伝』『国語』『史記』『漢書』であったのに、イギリスのそれは全く異なる意味である、と述べているのも同様の認識である。(八) 漱石の逸話は日本の明治期における「文学」観を端的に表している。それは今でいう思想を含めての「人文の学」であると同時に、漢文表現を指すものであり、近代的意味での文学とは異なるものであったのだ。

広義の文学と狭義の文学、それは「国文」の語をめぐって変化する近代以降の文学観と関わるものであり、且つまた「文学」とは何かという根本的な問題に繋がる。ここでは文学論自体に深いりすることは止めておくが、中国文学史が登場した近代の初期、厳密に言えば明治二十年代に、それを生み出した学者たちにとって、文学という語彙が決して近代的概念として十分に認識されていたわけではないことには注意を払う必要がある。初期の文学史の成果は、中国的「文」概念と、近代的概念である「文学」との齟齬を含みながら展開されたものであったのだ。

この二つの概念の齟齬はしかし、今現在に至るまで、明確に認識されているとは言い難い。現在の中国学の中で、中国文学なる分野の研究においては、文学というものが前提されている論述が多い。漢代の文学、六朝の文学という時、その文学とはいったい何なのか、近代的概念としての文学が、その時代にあったのか、という問い無しに論述を進めると、今現在の意味での「文学」という視点では把握し切れない文の多様性が、非客観的・非合理的な認識として、言い換えれば前近代的なものとして否定されることになってしまう。伝統的「文」概念の把握無しに、安易に個性の発露を以て「文学」をとらえると、皮相な文学論に堕してしまう危険性を持つのだ。中国学における文学研究は、「文」と「文学」に対する確かな認識をその前提として持たなければなるまい。

三、近代的古典解釈から見えるもの

・新文化運動

中国文学における近代が五四新文化運動から始まることは周知の通りである。胡適・陳独秀が新しい表現を提唱し、呉虞・魯迅が変革の思想的根拠を示す。更に郭沫若・聞一多らがそれを多様に実践し、時代の金字塔を築きあげる。また、新文化は創作の分野に止まらず学術においても大きく展開する。

・中国近代学術

中国における近代学術を考える上で特に重要なのは、胡適・魯迅・聞一多である。彼らはともに詩や小説の創作と同時に、古典学においても新境地を切り開いたからである。彼らの新しい学術が主に新設大学の講義科目としての需要から生まれたことは先に述べたとおりである。しかしながら彼らの学術の新しさは、西洋や日本から吸収した近代的方法論の先鋭さにあった。その詳細については別稿に論じたが、〔九〕その特性をまとめると、古典を絶対視する前近代的学問観に対して、古典の解釈に客観性・論理性・普遍性を求めたことにあったと言える。

しかしここで重要なのは、古典の再評価そのものが民族意識へとつながることと同時に、彼らの教養の基礎がやはり前近代の学問体系の中で培われたことである。幅広い古典の知識と清朝考証学の正確な訓詁、そして古典作品を文芸としてとらえる視点、これらは詩人としての直感や学者としての理性、さらに創造活動の実践へとつながる三者三様の非常に独自な展開であった。古典や前近代的なものの全面否定ではなく、伝統の継承の上に新たな価値観を導入したことこそ彼らの学術の最大の特徴であった。

・前近代の批判

実際上は伝統的な学問の素養を濃厚に受け継ぎながらも、しかし彼らは一応に前近代的なものに強い反発を示す。胡適は八不主義の中で王朝文藝の修辞彫琢を批判し、魯迅は青年に対して古典を読むべきではないと勧める。それらの言辞は文字通り受け止めるべきではないがしかし、新しい学術の構築には前近代的なものへの強い批判が必要であることも事実である。「文」と「文学」とが明確な意識の中で分別され、儒教的な「文」概念から古典作品を解放することを求めたのが彼らの古典再評価であった。中でも聞一多は、自身が詩人であったこととも相俟って、古典の中に「文学」を発見しようとする。聞一多は古典学において、近代的文学研究という視点を、明確に自覚的に持ち得た学者であった。〔一〇〕

四、聞一多『詩経新義』にみる鄭玄批判

聞一多は、古典の再解釈の中で、『詩経』を対象に優れた業績を残した。特に『詩経新義』一書は、詩経研究において看過すべからざる重要な業績である。この中で聞一多は清朝考証学の成果を多様に取り込みつつも、鄭玄の解釈に対して強い反発を示す。今ここに『詩経新義』の中から聞一多の鄭玄批判の例を挙げることで、そこに見られる聞一多の詩経研究の、近代学術としての特徴を提示したい。

『詩経新義』は一九三七年に『清華学報』に載せられ、後に『聞一多全集』に収められた聞一多初期の詩経研究である。この論考は、『詩経』各篇の語句を対象に、「新義」すなわち新しい解釈を示すものである。この中で聞一多は、広く古代文献を渉猟し、同時に清朝考証学の成果と民俗学的視点を駆使して、斬新な新説を多く提示する。

ここで「新義」と銘打つ「新」の対極にあるものは、毛伝と鄭箋、すなわち古注の経学的解釈である。一句の新解を提示する項目の最終には、古注の解釈が強く否定される場合が多い。以下にその例を挙げてみよう。

①『詩経新義』一、好

関雎篇「君子好逑」及び兎罝篇「公侯好仇」の「好」の義についての解釈において、「好逑」「好仇」は一語であり、それはパートナーをいうものであるとする。鄭箋が「仇」を恨みの対称だとする解釈に対して「尤も紕繆為り」、ひどいあやまりだ、と批判。

両者の違いを訳で示すと次のようになる。（聞一多の新義は↓以下の部分。以下同様）

窈窕淑女　たおやけき善き娘は
君子好逑　君子の良き連れ合い　――↓君子の連れ合い

②『詩経新義』二、覃　誕

葛覃篇「葛之覃兮」及び旄邱篇「何誕之節兮」の「覃」「誕」について、それが「つる」であるとし、旄邱篇「何誕之節兮」の「節」が「高い」様であるとする。この句は「つるが長く高く伸びている」という意味なのに、毛伝と鄭箋が「節」をそのまま「ふし」の意味で読んでいるために「誕」を「闊」つまり間隔が広いと解釈せざるを得なくなったのだと説明する。ここで、「伝箋既に節を読みて字の如し」という表現があるが、「讀〇如字」というのは、文字面通りに読んでいて、真相を誤っているという批判である。

葛之覃兮　つるが伸びて　――↓　つるは
施于中谷　谷に伸びる

③『詩経新義』三、汙

葛覃篇「薄汙我私」の「汙」について、汚れを洗い落とすという意味であり、「箋煩を釈して煩撋と為す。良に是なり」、つまり鄭箋が「煩」の字を「揉み洗い」の義に解しているのはとても正しいとする。聞一多の鄭箋理解は、それを全て否定するものではなく、正しい場合は評価していることが分かる。

④『詩経新義』五、肅肅

兎罝篇の「肅肅」について、それが「縮」つまりピーンと張ったさまであることをいい、毛伝がそれを「敬」、鄭箋が「恭敬」と解釈することを、「伝箋並びに肅肅を訓じて敬と為す、此れ其の失固り辯ずるに足らず」つまり、毛伝と鄭箋はともに「肅肅」を「敬」と訓じているが、その間違いは固より取り上げるまでもない、と痛烈に批判する。

肅肅兔罝　鄙賤なる（農夫が）敬しんで兔罝を
　　　　　——→兔罝をピーンと
椓之丁丁　トントンと杭を打つ

⑤『詩経新義』六、干　翰

兔罝篇「公侯干城」・桑扈篇「之屏之翰」・文王有声篇「王后維翰」・板篇「大宗維翰」・崧高篇「維周之翰」・同「戎有良翰」・江漢篇「召公維翰」における「干」と「翰」がともに「ガード（垣や壁で守ること、守るもの）」の意であるとし、鄭箋の解釈を「箋皆な釈して楨榦と為す、胥な之を失せり」つまり、鄭箋がみな「翰」の義を「楨榦（重要な基礎）」と解釈しているのは、すべて本義を失している、とする。「かなめ」なのか「守り」なのかという微妙な違いは詩の大意には影響しないが、聞一多は詩経全体を通した一字の正確な解釈にあくまでもこだわる。

赳赳武夫　　武きおのこは
公侯干城　　公侯の重要な守り　——→　公侯の守り

⑥『詩経新義』七、游

漢広篇「漢有游女」の「游」が水の上に浮遊すると言う意味であり、「游女」が漢水の女神であることを主に三家詩の説から証明し、鄭箋を「神を以て人と為し、游を読みて遊と為す、三家詩の長ずるに如かず」つまり、女神を人とみなし、「游」を「遊ぶ」と読み為しており、三家詩（が游女を漢水の女神だと解釈する）の方が優れている、とする。（一二）

漢有游女　　漢水のほとりの遊女は賢女なので——→漢水の女神は
不可求思　　手に入らない

⑦『詩経新義』十九、抱

小星篇「抱衾與裯」を、毛序は夫人に嫉妬が無く、積極的に賤妾を君に進めた詩として読み、鄭箋は妾が夜寝具を抱えて君に侍る次第を言うとする。聞一多は「其の言甚だ鄙にして且つ文義に於いても亦た多く通ず可からず」とした上で、「抱」は「抛」、つまり投げ捨てる意だとする。この一句を早朝に寝具を投げ捨てるように早起きをして君に仕える、と解するのである。ここでも鄭箋を「旧説に沿いて抱を讀みて字の如し、是に非ず」すなわち旧説通りに「抱」を文字通りに読んでおり正しくない、とする。

肅肅宵征　　妾は夜に　——→　早朝には
抱衾與裯　　夜具を抱いて（侍りにいく）
　　　　　　——→　寝具を投げ捨てて（登庁する）

⑧『詩経新義』二十一、氾　沚

江有氾篇「江有氾」・谷風篇「湜湜其沚」の「氾」と「沚」について、それが江水の支流であることを言い、鄭玄がそれらを「水渚」ととり、水と水際の関係を男女の関係の比喩だと捉えたことを「殆ど従う可からず」と強く批判する。

江有氾　　江水に水際があるように——→江水には氾（支流）がある
之子帰　　女子には嫁ぎ先がある——→乙女が嫁ぐ

⑨『詩経新義』二十三、唐棣　帷裳　常棣　維常

何彼襛矣篇「唐棣之華」・氓篇「漸車帷裳」・常棣篇「常棣之華鄂不韡韡」に見える「唐棣」「帷裳」「常棣」「維常」の語はすべて車の垂れの華やかさをいうものだとし、鄭箋は「常」を木の名前だとし、「維」を語助詞だとするため当然意味が通らなくなっていると批判す

る。

何彼襛矣　　ああ何と豊かな
唐棣之華　　ザイフリの花　――→　車垂れの華やかさ

『詩経新義』は上述の⑨項の鄭玄批判で終結するが、同時期に書かれた『詩経通義』にも同様の鄭玄批判が多々見られる。それらは一様に「失せり」「誤れり」「望文生義」「是に非ず」という徹底した批判の語によって示される。

　鄭箋に対するこのような強い反発については、既に別に論じたが、(一二)そこには「詩の義」に対する強い意識がある。「詩の義」とは、『詩経』本来の意味を言う。それを本義、あるいは原義と呼んでよいのかどうかについては簡単には言えないが、それは一つの古典にはその本来の意味があるという考えをあらわしている。近代的古典解釈は、それまで儒教の聖典だった古典を、儒教的道義観から離れて古代資料として読み解こうとする態度をその最大の特徴とする。儒教教学が席巻した中世という時代を超えて、古代を再発見しようとしたという意味において、それは紛れもなく近代的視点であった。顧頡剛が『古史辨』に鄭樵『通史』綜序を引いて「三百篇の詩は尽く声歌に在り。詩博士を置きて自り以来、学者　一篇の詩を聞かず。六十四卦の易は該く象数に於いてす。易博士を置きて自り以来、学者　一卦の易を見ず。」と煽るように、(一三)それは経学の否定、儒教的古典解釈への強い批判から始まった。胡適・顧頡剛・聞一多はそれぞれ古典に対するスタンスを微妙に異ならせながらも、しかし一応に経学的解釈を否定し、より客観的で合理的な解釈を追求した近代的学者たちであった。

　この近代的古典解釈と前近代的古典解釈との間には、まさしく「文」と「文学」との対立がある。社会的価値の規範としての「文」に対して、個人の内面や抒情性の発露としての「文学」という視点の相違が、古典解釈に於いて大きな対立を生むのである。

　聞一多の場合、『詩経』というものは、中国詩歌の源流として存在した。そこには古代という時代に生まれながら、今現在にまで流れ続ける詩と詩情とがあり、文学性に満ちたものであるという認識である。聞一多のこの文学観は、文学というものが政治や思想とは異なる独自の自立した価値を持つものだという意識につながり、文学自体が誕生し展開する推移を、一つの動態としてとらえる文学史という視点に発展していく。一方、鄭玄の『詩経』理解はそのスタンスが全く反対である。五経の体系的理解を完成させることを目指した鄭玄にとって、『詩経』は詩歌としてではなく経典として存在する。目の前にある『詩経』こそ絶対であり、その本来の意味など無用なのである。

　確かに現代を生きる我々の感覚からすれば、『詩経』の一篇一篇は、鄭玄の経学的解釈よりも聞一多の歌謡的解釈の方が自然である。妾が枕と布団を抱えて走る様は、詩として破綻していると感じざるを得ない。しかしそれが詩の本義かというと、そうは言えまい。なぜなら、古代歌謡として生まれた『詩』は、漢代に文字化された時点で一つの解釈を経ており、更に我々の目にする毛詩は、前漢末という時代の要請を吸って登場したテキストであるからだ。更に言えば、『詩経』がテキスト化された漢代において、さらにそれが受容された六朝期においてすら、『詩経』は三家詩と毛詩というテキストの相違と同時に、経学的解釈と歌謡的解釈という異なるスタンスで受容されてきた歴史があるからだ。(一四)

　文字化・テキスト化という課程と、そこに反映された時代的要請、とくに経典としての規範的解釈の歴史を無視して、直接に「本義」を語ることはできない。鄭玄による経学的解釈を否定する構図を持つ聞一多の歌謡的解釈、いわば文学的解釈は、『詩経』を文学として読み取るという一つの近代的スタンスから生まれた解釈ではあっても、詩の本義を示す唯一絶対の解釈とは言えないであろう。

　聞一多の詩経研究は近代的学術観と近代的文学観に基づくものである。そこには歌謡としての『詩経』の解釈体系が提示されたという新しさがあったと同時に、その痛烈な鄭玄批判には、古典に向かうスタンスの相違に基づく異質な解釈に対する否定という偏狭も抱え込んでいたと言わざるを得ない。

五、伝統の継承と飛躍・近代と文学史的視点

　伝統的「文」概念から近代的「文学」概念への移行は、近代という未曾有の価値転換期に、社会体制、特に教育制度との関連の中である意味強引に行われた。体制的に持ち込まれたものであったがゆえに、それは現在に至るまで多くの認識の齟齬をもつ不確かな「文学」認識を生んだ。また、近代における文学研究が、前近代的「文」の意識を激しく否定しなければならない状況があったことも、聞一多の鄭玄批判の例に見ることができた。

　しかし一方で、「文」に対する意識の変化はまた、それ自体が時代的推移をたどるものである。「文」なるものがその概念を変化させ、儒教的価値からある程度の距離を持つ自律的な価値を見出していく過程は、中国における「文」意識の変遷そのものの中に確実に存在する。いま仮に、政治的・現実的価値を第一義に置く伝統的「文」と、表現そのものの中に自立した価値があると考える近代的「文学」というものを設定してみると、この「文」と「文学」との間には、断絶とともに繋がりもまた発見することができるのだ。

　その際に大きなヒントになるものが、詩話と詩史である。古典中国の終了後、宋代になって登場する詩話には、文芸に対する感性や直感が尊重され、文学的個性の重視という視点さえうかがわれる。また杜甫を語る際に必ず言及される詩史という視点もまた、現実対応という儒教的な価値と同時に、書き残すという使命感を詩の中心に据える新しい詩の展開を見出し得よう。日本においても、江戸期の詩話の中に伝統的な「文」意識に基づきつつも成熟した文学意識が垣間見られるものがある。江村北海の『日本詩史』は、日本漢詩の概観と理想的文意識を提示し、海保漁村『漁村文話』には文学史的視点が見られる。特に漁村が島田重礼を通して明治期の学史の構築に直接影響を与えたであろうことを考える時、近代もまた伝統との断絶のみから生まれるものではないことが分かる。「文」と「文学」とは、伝統性を継承しながら時に強烈な個性を借りて一気に飛躍と変容を遂げる。伝統的「文」の中に「文学」的概念が胚胎され、両者が矛盾なく存在する例を、特に詩話の中に多く見ることができるのだ。

おわりに

　近代になり文学という概念が持ち込まれることにより生まれた文学史という視点は、前近代的「文」の持つ意味を照射することにも繋がる。そしてそれは古典解釈という中国的学の様相の特殊性と同時に、文芸批評の有り方にも示唆を与える。近代もまた絶対的なものではなく、合理性と客観性（あるいは民主）を求める近代的価値のみが絶対の基準ではないことを考える時、文学研究という方法論の核に置くべきものへの志向が、個人の資質として問われることになるだろう。

　文学研究というものは、その時代の価値観を背景としながらも、より質の高い解釈を提供するものでなくてはならない。それは「文学」

という概念に対する意識と同時に、時代の流れを超えて残った作品のもつ普遍的意味に、的確な評価を与える解釈として意味を持つ。一つの価値観に縛られることのない解釈、主観と客観、感性と理性のバランスに支えられた良質の解釈こそ、文学研究に求められる批評眼でないかと私は考える。

《注》

（一）石川三佐男・趙凝「中国文学史研究における新しい動向」（秋田大学教育研究紀要『人文科学』社会科学部門五二　一九九七年）参照。また、中国文学史とその時代区分については、章培恒・駱玉明主編　井上泰山・林雅清共訳『中国文学史新著』上（関西大学出版部　二〇一一年）「序」及び「道論」に詳しい。

（二）日本で刊行された中国文学史に関しては、川合康三編『中国の文学史観』参照。

（三）魯迅『中国小説史略』の執筆課程と明治期の支那文学史との関連につては、植松公彦「魯迅『中国小説史略』素描」（慶応大学『芸文研究』九三　二〇〇七年）に詳しい。また、聞一多が一九三〇～四〇年代に新設大学の中文系の講義の準備の過程で、多くの論考を生み出していることは聞黎明・侯菊坤編『聞一多年譜長編』（湖北人民出版社　一九九四年）に見える。

（四）児島を中心とする支那文学史構築の背景、とくに東京大学古典講習科との関連については、町泉寿郎「三島中洲と東京大学古典講習科の人々」（戸川芳郎編『三島中洲の学芸とその生涯』雄山閣出版社　一九九九年）に詳しい。また児島献吉郎・古城貞吉・藤田豊八の支那文学史に関しては、杜軼文「児島献吉郎の支那文学史研究について」（二松学舎大学『人文論叢』七一　二〇〇三年）、「古城貞吉と『支那文学史』について」（『二松』二〇〇三年）、「藤田豊八の中国文学史研究」（二松学舎大学『人文論叢』七三　二〇〇四年）参照。

（五）現在の教科名称としての「国語」の語も、明治一四年の政変に当たって立憲君主制を指向した井上毅が国民普通教育に必須の要素として漢学・漢文を推奨する中で使われた語であると考えられる。注（四）引用町論文参照。

（六）島田重礼の教学の詳細については、『近世近代漢学資料集』（二松学舎大学二一世紀COEプログラム近世近代日本漢学班　二〇〇九年）に、講述筆記「日本学案」「経書解題」の翻刻とともに、東大における講座制や「講義」科目設置の背景が解説される。

（七）注（四）引用町論文参照。また、東京大学における学史・概論の導入については『東京大学年報』、それを担当する教員の困惑については町泉寿郎編『三島中洲と近代　其一』（二松学舎大学付属図書館発行　二〇一三年）に引く南摩羽峯書簡（三島中洲宛　一八八五年）に詳細が見える。

（八）夏目漱石『文学論』は岩波書店『漱石全集』第九巻所収。なお野間文史『春秋左氏伝』（研文出版　二〇一〇年）序説は、『左伝』を漱石の『文学論』「序」から導入する。

（九）牧角悦子「中国近代の文人と学術――魯迅・郭沫若・聞一多」（日本聞一多学会報『神話と詩』第四号　二〇〇五年）。

（一〇）聞一多の古典学における文学研究という方法論の特徴については、牧角悦子「聞一多の古典研究――詩と学術――」（日本聞一多学会報『神話と詩』第一〇号　二〇一一年）参照。

（一一）「游」字をめぐる聞一多の鄭玄批判については、牧角悦子「聞一多『詩経新義』「游」字考――鄭玄批判の意味するもの――」（日本聞一多学会報『神話と詩』第一二号　二〇一四年）参照。

（一二）注（一一）に同じ。

（一三）鄭樵のこの序文は『古史辨』第三巻の冒頭に引用されている。

（一四）詳細については注（一一）引用牧角論文参照。

分科会（Ⅱ）一

内藤湖南の時代区分論とその現代的意義

氣賀澤保規

一、はじめに

近年の中国歴史学界において、従来「古代史」の用語で一括表現されてきた前近代史に、「中国中古」という新たな時代の区分が導入され、様々な場で用いられていることが目につく。それが意識的に用いられることになる最初は、文化大革命が終わった後、一九八〇年代に入る頃からのことと思われる。そのことを端的に表すのが、一九八二年一〇月に北京大学に中国中古史研究中心という研究拠点ができたことである。この成立に名を連ねたのが周一良、宿泊、王永興、田余慶といった中国史学界を代表する北京大学の教授陣であり、そこから「中国中古史」が魏晋南北朝から隋唐時代を主たる対象とすることを内外に強く印象づけた[一]。この研究中心が組織された背後には、それより一歩先んじて、一九八一年に魏晋南北朝隋唐史研究室を母体に発足した武漢大学の「中国三至九世紀研究所」への対抗意識も見え隠れするが、ともかくこうした従来なかった研究の中心がその時期に設置されたことは、文化大革命終息後、自国史への理解、時代区分（分期）の考え方が、大きくかつ柔軟に変わろうとすることを暗示するものである。

中国歴史学界では戦後久しく、マルクス主義の唯物史観、またアジア的生産様式論（マジャール派の論点）にもとづいて、前近代を「古代史」で一括りするのが一般的であり、その考え方は今日もなお色濃く残されている。一方、戦前から新中国成立後にかけての一時期、唯物史観に基づく中国史の新たな枠組みの構築を目指した過程があり、郭沫若の「春秋・戦国封建制説[二]」や范文瀾の「西周封建制説[三]」などによる中国古代史分期問題論争、また資本主義の萌芽をどこに求めるかの中国近代史分期問題論争などが関心を集めた。だが文化大革命の勃発とともに分期問題の試みは下火となり、結局定着をみずに終わり、「前近代史＝古代史」論を根底から改めることにはならなかった。前述した「中国中古史」という枠組みを導入しようとする文革後の動きは、そうした硬直した捉え方を反省し、それを克服していこうとする新たな問題提起であったと考えられる[四]。

他方、大陸のこうした動きにやや先行して、一九八〇年代に入るころから、台湾や香港の歴史学界でも明確に魏晋南北朝から隋唐時代を「中古」の立場で括る動きが現れている。今詳しく論じる余裕はないが、そう提唱した中心には張栄芳（東海大学・唐代史）や高明士（台湾大学・唐代史）といった当時新々気鋭の研究者がいた[五]。台湾・香港学界でのその括りは、歴史分野だけでなく文学や思想分野も包摂するものであるが、その立場から遡れば「中古」の用法はすでに旧中国期には登場し、戦後台湾・香港の学界にその考え方が底流に受け継がれていたといえなくはない。大陸で「中国中古論」が浮上する背後には、台湾・香港からの影響も忘れることはできないのである。

その後大陸歴史学界では、「中国中古」認識を共有する上で決定的な役割を担った国際討論会が開催された。二〇〇〇年八月に天津で、内外研究者一二〇名余を集めて開かれた「中国中古社会変遷国際学術討論会」である。主催者には、南開大学歴史系・中国唐史学会・中国社会科学院歴史研究所・北京大学中古史研究中心・武漢大学中国三至九世紀研究所・厦門大学歴史系・陝西師範大学唐史研究所というこの分野での主要研究機関がすべて名を連ねるところに、この討論会の重要性が示されていた。この会で目指したものは、端的にいって魏晋から隋唐におよぶ約七〇〇年の時代を「中古」と位置づけ、先行する秦漢、後来の宋以降の近古とは異なる独自の時代性を明らかにすることにあった。取り上げられた内容は多岐に及んだが、代表的なところでは秦漢の貨幣経済（交換経済）にたいする自然経済の優越、そして中唐以後からの貨幣経済（交換経済）への転換となる社会経済関係、また魏晋以降の部曲、客、門生、故吏などの「半自由依附民」とその上に立つ豪族、門閥貴族、佛道寺院、あるいは士（門閥貴族）と庶（平民依附民）という社会身分関係、などから始まり、この時代に関わる政治や経済、軍事や民族、文化や思想などが「中国中古」の視座から論じられたのであった（六）。

この国際討論会で論議された中身は、客観的に考えてみるとじつは決して目新しいものではない。中国では過去に陳寅恪や唐長孺といった先学が触れていた論点である以上に、大半は日本の学界で発掘し、すでに様々に論議されてきていた事柄であったからである。後述するように、ここで意識された問題は内藤湖南や宮崎市定以来のいわゆる京都学派系の立場あるいは考え方と重なるが、討論会では、そうした日本の先行する研究の蓄積や論点はほとんど話題にならなかったように見える。日本からも複数の研究者が招かれ研究発表をしているが、いずれも時代区分論には関わらない個別報告であり、また皮肉にも大半は魏晋—隋唐を「中国中古」とみなす考え方に必ずしも賛同しない立場であった（七）。

「中国中古」論を取り上げる主催者側からすれば当然、日本学界における時代区分論争の経緯と論点を了解していたはずである。しかし日本のそれを意識し前面に出せば、自らの独自性が失われ、また討論会の焦点はぼやけてしまう。ややうがった見方になるかもしれないが、「中国中古」論を中国史学界の自前の論理に仕上げ、国際的にも認知させるという深謀遠慮の上に、この国際討論会が周到に設定されたのではなかっただろうか。

二、張広達氏の内藤湖南「唐宋変革説」の評価をめぐって

さて、近年の中国史学界の動向を見ていくと、「中国中古」の言葉が論文名や書名に盛んに用いられ、それが学界で市民権を得ていることを印象づけるが、その契機となったのが前述の二〇〇〇年八月の国際討論会にあると見てよいだろう。かくして、従来中国前近代史を古代史と一括してきたところに、新たに「中古」という歴史区分が持ち込まれ、秦漢までの古代、宋以降の「近古」（この言葉はまだ十分馴染んでいない）とする三区分法への道が開かれたこと、また魏晋—隋唐期が一まとまりの時代として認識が共有されつつあること、をこの場で確認しておきたい（八）。

こうして隋唐時代までを「中古」とすると、その先に来る唐から宋への転換をどう理解するかは大きな課題となり、日本では「唐宋変

革」論として戦後熱く論じられてきた。だが中国史学界はこの日本の論議を当然知りながら、久しく曖昧にして、正面から取り上げることが少なかった。二〇〇〇年の討論会でも正面からは論じられた形跡はない。見るところ、「中国中古」を定置させることが先行し、唐から宋への転換を自前の論理で説明する準備ができていなかったこと、それを進めるためには日本の学界が積み上げてきた複雑な議論にコミットし、日本での時代区分論に向き合わなければならないことなどが、その考察を遅らせた理由になるかもしれない。そして唐宋変革論をめぐる日本の議論に踏みこむとき、何よりも最初に、出発点となる内藤湖南の〝文化史〟観への評価問題に関わらなければならなくなる。

ところが、そうした中国史学界の長年の課題に応えるべく、唐宋変革論と内藤湖南の評価問題に正面から踏みこんだ考察が現れた。(九)『唐研究』一一巻（二〇〇五年一二月）が組んだ特集号「唐宋時期的社会流動与社会秩序研究専号」において発表された張広達「内藤湖南的唐宋変革説及其影響」である。張広達は、内藤の時代区分論における唐宋変革と宋代近世の考え方が戦後の欧米学界に新鮮さをもって受け止められ、欧米の中国史研究分野で最も知られた日本学者となったことを紹介した上で、その学説、とくに宋代近世論がアジア的生産様式論やその他中国史停滞論に大きな一石を投げかけるものであったことを高く評価した。またそれはその当時誰もが思いつかなかった創意（発明）である、とも張広達は評価する。

こうした上に立って、張広達は内藤が説いた唐宋変革論の概要、それによる時代区分の特徴を把握、紹介する。次いで彼の学説が「文化史」観とよばれるその基盤と思想背景がどこから来ているかを、生い立ちやその後の経歴、また彼の学問と現実の中国動向との関わりなど諸方面からふれ、内藤における中国文化と中国史に対する深い造詣と崇拝、中国文化が東アジアの中心を占め、波紋が広がるように周辺に及んだとする文化観などから導き出そうとする。彼の唐宋変革論・時代区分論（中世―近世論）は戦後、史的唯物論に立つ東京系の学者から厳しく批判され、それをきっかけに京都系との間で論争が展開されるが、張広達はその日本における論争と論点の全容、また主に宋代史をめぐる欧米研究の観点などを丹念に追跡した。

そして張広達は、内藤から受けた二つの啓示を開陳する。すなわち表面の事象に流されずそれらの下に貫流する〝潜運黙移〟の方向を見極め、内在する論理・道筋から中国史の本質を明らかにする姿勢がその一つである。唐宋変革の論はまさにそこから導き出された彼の独創、貢献であった。また内藤は自説を構築するにあたり、自己の考え方を理論を振りかざすのではなく、他の優れた学説も柔軟に取り込みながら、最後は自身の判断で中国発展の流れを明らかにした。その彼の姿勢が第二の学ぶべきところとした。彼にとって「文化」とは広義のもの、それこそが歴史の唯一の実在であり、歴史は文化の発展過程であるとする考え方は高く評価されるべきである、と張広達は集約する。

張は一九八九年六月の第二次天安門事件で中国を去り、長く外国から自国史を研究し、外国の研究動向にも精通した研究者であり、内藤湖南と唐宋変革論を公平に扱える最適任者といえよう。『唐研究』が特集号を組んで張論文を巻頭に配したのも、内藤湖南の学説への評価と関心を表している（同書の鄧小南・栄新江両氏の「序」参照）。

このように中国では、内藤湖南の時代区分論、唐宋変革論そしてその背後にある文化史観に関心が向けられている。また唐宋変革論に関わる魏晋南北朝・隋唐時代を「中古史」と括る考え方がほぼ定着しようとしている。これはまさに内藤湖南から始まる中国史認識の再評価であり、中国側がここから新たに唐宋変革論を展開させる表明ともなっている。だが一転、日本の中国史研究、とくに唐宋変革を生み出すところの唐代以前の分野に目を向けると、時代区分にたいする反応は大変にぶい。張広達によって一世紀も生命力を保つ独創的学説として評価されたその創始者内藤湖南にたいし、近年の日本の学界はあまり関心を払わないようにみえる。果たしてそれでよいだろうか。またそれは何故なのだろうか。何か見えざるドグマに囚われ、身動きができないでいるといるのではないか。

近年、新出資料の相次ぐ登場、またインターネットや文字データソフトの普及による資料検索の容易化などによって、資料紹介や細部の考察は進み、研究が一見活気をもっているかの印象を与えている。だが時代の本質やその全体像に迫ろうとする問題意識は十分か、反省させられるところが多い。それは中国史の世界をめぐる時代認識の低調さ、混迷ぶりとも関係するのであり、それゆえ改めて内藤湖南以下先人が提起してきた問題に立ち返り、みずからの研究の位置を押さえ直すことも意義があると考える。

三、内藤湖南の略歴

内藤湖南（本名虎次郎。湖南は号）は、幕末に東北秋田の一隅（当時は南部藩士の桜庭家の領地、現在の秋田県鹿角市毛馬内）に生をうけ、日本が大きく変わろうとする明治・大正を駆け抜け、昭和の初めに世を去った。その六八年近い生涯の詳細はこれまで多くの著作で紹介されており、また本稿でも簡単な年譜を作成したので、ここで詳しくふれることはしない。ただ一生に節目をつけるとすると、次のように大きく三つに分けられるだろう（「内藤湖南略年譜」参照）。

⑴　一八六六年～一八八七（明治二〇）年：秋田の田舎で育ち、早くより父から漢文の素読を受け、文章を書く力を養い、また秋田師範学校では近代の学問にふれる。その後地元で小学校主席訓導を務めてから東京に出奔する。この時期は生まれ故郷で過ごし、将来への希望と野心を蓄えた時代として集約できる。

⑵　一八八七年～一九〇六（明治三九）年：東京に出てジャーナリズムに身を投じ、その文章力と篤学ぶりが評価され、無から出発して広く新聞界から政界に人脈を築くまでに飛躍した。その間台湾や中国・満州の現地にも足を運んで見聞を深め、日清戦争前後の清国のあり方をめぐる中国論（支那論）や対露政策をめぐる論陣を、大阪朝日新聞に拠って展開して注目される。その傍ら「諸葛武侯」などの著作もものにし、中国学者としての下地を用意した。

⑶　一九〇七（明治四〇）年～一九二六（大正一五）年（～一九三四（昭和九）年）：この時期、ジャーナリズムから一転、アカデミズムの世界に身を移し、京都帝国大学の教壇を舞台に幅広く活躍し、日本における東洋史研究の基盤と「京都学派」の出発点を築いた。中国文化にたいする該博な知識と洞察力をもってその歴史を縦横に論じ、初めて中国史を独自の時代区分論によって筋道をつけた。

以上のように内藤湖南は、出身地が中央から遠くはずれた東北秋田の鹿角の地で、戊辰戦争では賊軍側についた家系、学歴も師範学校卒にとどまり（第一期）、特段の基盤もない身でありながら、中央で新聞人として身を立て（第二期）、最後は京都大学の教授として活躍した（第三期）。そして言論人、大学人の立場からの発言（文章）は、アジアと向き合う近代日本の針路に深く関わり、またその先の中国（支那）の文化の本質に迫り、一〇〇年後の今日にも大きな影響を与えるものとなっている。それゆえ彼の発言を生み出す背景や時代性、彼の歴史文化にたいする洞察力がどこから来ているのかなどは大変興味深い問題であり、すでにこれまで多くの考察がなされてきている（一〇）。本報告ではそのうちの一つ、支那史（中国史）研究の上に提示した時代区分の問題をとりあげ、その現代的意義と課題について考えることにする。

四、内藤湖南の時代区分論

内藤湖南（一八六六～一九三四）の支那史（中国史）研究を表すのに、よく「内藤史学」という言葉が使われるが、その中心に時代区分論があることは周知のところである。彼は一九〇七年に京都帝国大学に奉職後、講義を通じてその考え方を示し、回数を重ねる中で内容の整理と充実をはかり、後年それを一書にまとめ世に問うた。その時代区分の要点は、支那史を古代（上古）、中世（中古）、近世に三区分した上で、とりわけ唐から宋への移行を中世から近世への大きな転換として注目したことにあるが、そのうちの最初に講義をしたのが「支那近世史」（一一）で一九一〇年（明治四三）、「支那上古史」としては一九一五年（大正四）となる。一方〝支那中世史〟の名でのまとまった講義は在職中にはなく、一九二二年（大正一一）に出した「概括的唐宋時代観」の半分と、定年退官の翌年一九二七年（昭和二）に講師（嘱託）の立場で講じた「支那中古の文化」がそれにあたる。ともあれ今日問題にする「内藤史学」は、一世紀以上も前に示されたものに基づいており、その生命力の長さに驚かざるをえない。

内藤が考えた時代区分論は、一九四四年（昭和一九）に刊行された『支那上古史』（弘文堂）の「緒言」にまとめて出されている。おそらく内藤が京大在職中の比較的後半期で、全体の見通しがたった段階で集約されたものと推測する。彼はそのなかで「余の所謂東洋史は支那文化の発展史」と繰り返し述べた上で、「支那文化発展の波動による大勢を観て、内外両面から考えなければならぬ」、その立場から「波動」を押さえていくと、まず「内部より外部に向って発展する径路」、ついで文化の外部発展の結果、周辺民族の自覚をうながし、「内部に向って反動的に勢力を及ぼして来る時代」といった形で大づかみできる、その立場から見ていくと、次のように異なる「文化の様式」が現れ、時代区分に繋がるとした。

第一期　開闢より後漢の中期まで……上古
　前期：支那文化の形成せらるる時代
　後期：支那文化が外部に発展して、所謂東洋史に変形する時代
第一過渡期　後漢の後半より西晋まで
　この間は支那文化の外部発展がしばらく停止した時代
第二期　五胡十六国より唐の中世まで……中世
　この時代はどちらかといえば、外部種族の自覚により、其の勢力が反動的に支那の内部に及んだ時代である。
第二期過度期　唐末より五代まで
第三期　宋元時代……近世前期
第四期　明清時代……近世後期
　（第三期・第四期）外部より来た勢力が支那に於いて頂点に達する時代。

こうして時代区分された支那文化発展史を、湖南は「宛も一本の木が根より幹を生じ葉に及ぶが如く、真に一文化の自然発達の系統を形成し、一の世界史の如きものを構成する。日本人も欧州人も、各々自国の歴史を標準とする故、支那史の発展を変則と見るが、それは却って誤って居り、支那文化の発展は、文化が真に順当に最も自然に発展したものであって、他の文化によって刺激され、他の文化に動かされ

て発展して来たものとは異なっている。」と集約し、支那史（中国史）じたいが歴史の中心に立つことを明快に説いた。

　ともあれ、こうして初めて中国史（支那史）が王朝の興亡を越えて時代区分され、西洋史を意識した「古代―中世―近世」の歴史発展の枠組みが提示されることになった[二]。従来王朝の興亡を基軸とした〝支那通史〟にたいし、「文化の発展」を軸に中国史の展開を大きく区分したこの試みは、まさに内藤の「発明」といってよく、彼の中国史に対する造詣の深さ、透徹した洞察力に驚かされる。では彼のいう「文化」とは何か、本報告ではそれを「中世（中古）」に関わるところで、内藤が理解した中身を少し考えてみたい。

　まず唐から宋への時代の大きな変化を取り上げた「概括的唐宋時代観」から、唐と宋の本質（特質）がどう比較されているか見てみよう。

中世	○貴族政治 貴族は家柄が地方の名望家として永続。 系譜重視（→系譜学）。 名族は政治上の位置から殆ど超越。 貴族でなければ高い官職に就けない。 同階級間で結婚、社会の中心を形成。 天子の家柄より遥かに重んぜられる。	君主（皇帝）の位置： 貴族階級中の一機関、貴族の共用物。 一人で絶対の権力を有することができない。 一族一家の専有物として廃立や弑逆がある。 弑逆廃立の事情は多数の庶民とは無関係。 庶民は国家に何ら重きをなさず、政治と没交渉。	唐代の三省（尚書・中書・門下）宰相： 門下省は官吏の輿論＝貴族の輿論を代表。三省大官は貴族出身。天子の命に絶対服従しない。
近世	○君主独裁政治 君主と人民間とが近接。 高い官職につくのに家柄の特権なし。 天子の権力によって任命される。 国家の凡ての権力の根本は天子一人に。 官吏に職務の全権を委任せず。 職務の責任は君主一人が負担する。	貴族没落後の君主（皇帝）の位置： 君主は直接人民全体に対し、公の所有物に。 臣民全体の代表者にならず絶対権力の主体に。 位置は安全となり廃立弑逆は殆どなくなる。 （元代のみは異例）	宰相の位置： 天子の秘書官同様となる（特に明以後）。 明以後は宰相の官を置かず、君権のみが無限に発達。宰相も天子の背景

臣下の上奏への批答も友誼的。宰相の権力は天子と雖も自由に動かせない。	を失うと忽ち一匹夫に陥落。
地方官：地方で君主同様の独立した権限を有す。	地方官：君主の一片の命令で容易に更迭される。
宦官：天子の眷族の有力部分、定策国老門生天子の立場。	宦官：その跋扈も天子の恩寵あるときのみ。
人民の地位：貴族時代（魏晋南北朝？）に貴族全体の奴隷の如く見られる→隋唐の代に貴族の手から国家の直轄に（国家の小作人）。しかし実際は君主を擁した貴族団体の小作人。土地の分配制度、租庸調制の意義。	人民の地位：両税制度による人民の居住の自由化、地租の銭納化が、土地に拘束された奴隷小作人から解放する端緒となり、宋の王安石の新法策を通じて人民の土地所有の意味が確実となる。
選挙（科挙）の方法：六朝時代は九品中世の方法、上品無寒門、下品無勢族。隋唐の科挙は依然貴族的（人格試験・文章草案力試験）。	科挙：人材の試験登用（科挙）を本格採用。王安石の改革で試験に経義（↑帖括）・策論（↑詩賦）を導入、実務主義に。科挙を通じ、官吏の地位は一般庶民に分配、機会均等が許される。
政治・党派：唐代は単に権力争いを専らとする貴族中心。婚姻や親戚関係が党派に関係。	朋党：政治上の主義が朋党の上に現れる。明では師弟の関係、出身地方の関係が支配。清では党派を抑え君主権力を絶対ならしめた。
経済と貨幣：唐では貨幣の流通が割に少なく、多くの物は絹布を用いた。飛銭を	経済と貨幣：銅銭の利用が一般化、交子・会子(紙幣)が普及。

用いた。 貨幣の名称として両—銖(重量名称)。 実物経済の終期……………(唐宋交替期)	宋代から銀が貨幣として重要視、流通増大。 貨幣は銭単位（枚数単位)。 ……貨幣経済の始期
学術文芸： 経学：家法・師法を重視。新説を立てるは許されず、義疏が主体(疏不破注)。 文学：四六文、形式的な文。 詩：五言詩が盛ん	学術・文学： 唐の半ば以降、古注疏への疑問、春秋への新設を皮切りに、自己の新解釈を立てるのが流行。 韓柳諸家から古文復興、散文体、自由な表現。 唐の李白・杜甫以降、従来の形式を破る。 唐末から詞が発達、自由な形式に変化。そこから音楽的に進み、曲となり劇となって発達。 詞は俗語で自由に表現、庶民的となる。
芸術： 六朝・唐まで壁画(彩色)が流行、広壮な建造物の装飾として。題材は伝統的風格重視。盛唐時から白描水墨が出現。	芸術： 五代・宋時から、壁画が屏障画に変じ墨絵が発達。題材は自己の意志を表現する自由は方法で。巻軸が流行。
音楽・演劇： 舞楽が主で、音律も形式的で、動作に物真似などの意味は少なく、貴族的儀式に相応。	音楽・演劇： 雑劇が流行し、物真似のような卑近な芸術が盛んに。動作も比較的複雑化し、品位は劣るが単純に低級な平民の趣味に合うよう変化。

以上のように内藤は、唐から宋への変化を、「貴族政治」から「君主独裁政治」を基軸に、支配体制から政治、経済、社会、文化などほぼすべての面から説明し、そこに中世と近世とに区分される断絶があることを明らかにした。古来「唐宋」と一括されて説かれてきたその時代は、「貴族」と「君主独裁」という政治的概念を介して、中国史上最も大きな転換点の一つとなることが浮き彫りにされ、唐宋変革論の舞台に押し上げられたのである。

内藤の考える中世(中古)の世界は、貴族が政治の中心を担い、ために君主権は抑制され、社会の仕組みも文化の本質も貴族的色彩で包まれた特色をもった時代と解釈される。彼は〝文化史〟という言葉をしばしば使ってきたが、それは単に知的分野としての芸術や音楽や詩文や学術だけでなく、政治や社会、経済などを含めた歴史すべてを包摂した重層的複合的なものと理解できることを、まずここで確認しておきたい。

なおこのことに関連して、さらに、彼の中世（中古）史で何が問題になるか、あるいは関心の所在がどこかを知るために、『中国中古の文化』で立てられた関係項目（目次）を示しておこう。

本書ではまず冒頭に、「中古とは、大体後漢の末頃から唐の末頃まで と看てよい。その中、支那の文化が、古代から相続して来たのが一旦立派に出来上ると、それから自己の文化の中毒により、一種の分解作用を起して段々崩れて来る。その崩れてしまうのは大体東晋の頃までである。其後は又新たに自分の国にも芽生え、外国からも入って来た文化によって、一種の新らしい文化が出来上る。そうしてそれが又段々出来上るとともに分解して崩壊して行く、それが南北朝時代から唐の末までの間である。」と「時代区分」が提示される。これを整理すると「古代文化の行き詰まり（自己中毒）↓分解作用、崩壊へ（東晋ころまでに）↓代わって自国に新たな文化の芽生え＋外国から来入の文化↓一種の新しい文化が実現↓新文化の完成から分解へ（南北朝から唐末まで）」とする構成にまとめられる。そして具体的に論じられたところは以下のようになる。

第一講　漢の武帝の財政策の影響

時代区／武帝の国政改革／武帝の財政策／武帝歿後の緊縮政策と富の余裕の発生／奢侈の増進／宣帝時代の工芸の進歩／昭帝時代の奢侈／宣帝時代の奢侈・両漢の奢侈の状況／貧富の懸隔・知識階級の悩み

第二講　漢の武帝の教育政策の影響

武帝の教育政策／後漢の教育制度／学問の普及、天子皇后の学問／臣下の学問／学問の効果と弊害／学問の範囲の拡大、讖緯の学、方術／仏教の伝来／学問の隆盛の功罪／帝王の行状の変化

第三講　礼制の整備と礼学の進歩

皇后の出自の変化／納后の礼儀／礼制の整備と実行／礼制の進歩についての杜佑の考／礼学の進歩

第四講　学問の効果と中毒

学問隆盛の効果に関する程顧両氏の論／名節の尊重／名士に服事する風／独行と逸民／学問の効果の両極端の衝突／学問の中毒／学問中毒の反動

第五講　後漢社会の沈滞

功臣の保全／外戚の取締、家の永続／氏族の尊重／豪族の発達と奴婢の増加／門閥登用の漸／学問の変化、校勘学の発達／今古文学の融合、石経の建立

第六講　文学の変遷

辞賦の隆盛／模倣文学時代／文学的実用文の創始／文章批評時代／曹操の文学趣味／社会の風習と文人学者の好尚／文学の家伝

第七講　風気の変化

偽善者の出現／煮え切らぬ人物の出現／曹操の矯正策／諸葛亮の矯正策／意外の結果、権謀家の排出／流蕩を尚ぶ風／清談の風

第八講　老荘の影響

王弼・何晏の老荘学／竹林七賢の行状／後漢名節の打壊／鮑生の無政府論／文学の老荘仏教導入／仏教の老荘化

第九講　礼儀尊重より門閥尊重へ

一般家庭に於ける礼儀尊重の風習／六朝に於ける礼論の発達／九品中正法の趣意／清議の勢力／九品中正法に対する反対意見／門閥選

挙への移行／門閥登用反対論の無効／門閥の自尊心
第十講　貴族中心時代
貴族の理想生活／氏族の尊重／譜学の発達／貴族政治の弊害、国家統一力の微弱／寒人の機要掌握による弊害／財婚等々／礼儀に束縛されたる生活／支那文化の根本

ここに挙げられているのは、内藤が「中古」とみなす「五胡十六国より唐の中世」の領域がほとんど含まれず、厳密には「第十講」あたりから本体に入り、それに先立つ「第四講」あたりからは上古(古代)から中古への過渡期となりそうである。したがって本書は『中国中古の文化』と名乗っても、じつは中古そのものには本格的に分け入っていない。もしその先まで論じきったとすると、彼はいったいどのように項目を立て、どう論じようとしたか、興味は尽きない。

がそれはともかく、本書では教育、礼制、礼学(儒教)、学問、文学、名節、宗教（仏教、道教)、風気、門閥、貴族、九品中正法、清議などの言葉が並び、中心が文化的事象と社会様態となることがわかる。そして彼は最後の「支那文化の根本」の項でこう述べる。

要するに、六朝時代は、貴族が中心となり、これが支那中世のすべてのことの根本となっている。これが変化し崩れるまでが支那の中世で、これは唐末頃で、五代の間には全く崩れ去ってしまった。以上大体支那中世の成立までを述べたのであるが、この貴族時代に起った色々の文化的のこと、経学・文学・芸術など、皆この時代の特色を備えているが、これが支那文化の根本となり、今日の支那文化も、その上に築かれているのである。

すなわちこの時代（中古）を説くにあたっては、貴族の存在がすべてであり、貴族をめぐる文化活動がその時代の特色であり、その後の時代を越えた中国文化（支那文化）の本質となると結論づける。この集約はやや極端に過ぎた印象を与えるが、しかし反面中国史を理解する上で貴重な示唆ともなっているように思われる。

五、前田直典の内藤湖南・京都学派批判とその新理論

戦前において、内藤湖南が示した時代区分の考え方は、支那史理解の枠組みとして広く受け入れられた。だが戦後になると、その考え方や時代区分の仕方が批判の対象になる。その突破口を開いたのが東京大学に出身する若い前田直典の論文「東アジヤ（後に東アジアと変更）に於ける古代の終末」(『歴史』一―四、一九四八年四月）であった。これを皮切りにあるいは指針として、その後東京大学・歴史学研究会系の研究者を中心に、内藤湖南・京都大学系のこれまでの歴史区分論への批判と、それに対する反批判が繰り広げられることになる。その起点となった前田の論とは何か、その意義と課題とは何か、まずその概要を整理してみたい。

前田がこの論文で最終的に結論づけるのは、中国史における古代の終わりが唐末の九世紀前後になることである。それは同時期を中世の終わりと見る京都大学系（前田は「京都学派」とよぶ）と決定的に異なる。この結論を導き出すにあたって、前田は以下の諸点を意識するのである。

1、まず立脚点としてマルクス主義の唯物史観に求め、中国史も古代―奴隷制、中世―封建制（農奴・隷農制）で説明される必要があること。つまり世界史的古代、世界史的中世として中国史・東アジア史も論じられなければならない。

2、近代以前の東アジア史は、シナ（中国）の歴史と周辺地域の歴史が「平行」的関係で展開した。この点からいえばシナと日本の歴史

の展開形態に大きな差があるように映るが、ここに朝鮮を介在させると、シナ（中国）―朝鮮―日本の歴史区分が「平行」的関係によって説明できる。

3、まず東アジアの古代（古代国家）の成立時を見ると、中国では秦の統一―前三世紀、西満（鮮卑国家）では後二世紀、東満（高句麗）で後四世紀半ば、南朝鮮（百済・新羅）で後四世紀、日本―後四世紀となり、最も早い中国（前三世紀）から最も遅い日本（後四世紀）まで七～八世紀の範囲内で、「平行性」（平行的発展）のなかに収まる。

4、これに対して、内藤湖南は後漢後半期～西晋までの「過渡期」を経て、五胡十六国から唐半ばまでを中世、その後五代までの過渡期を経て宋以後を近世とするが、これに従うと三世紀に中国の中世が始まり、日本の中世が始まる一三世紀との間には一千年もの間隔を生じ、右の三項でいう「唐末までを古代」として理解できた東アジアの「平行」的発展が成り立たなくなる。

5、内藤湖南の文化史観にもとづく区分では、五胡十六国時代から始まる「中世」とそれ以前の「古代」との間の時代の違い、社会的変化が説かれていない。それを補うために出された京都大学系の諸研究者（宇都宮清吉。宮崎市定、北山康夫、小竹文夫ら）の所論は、ヨーロッパ中世を前提に組み立てられ、それとは異なる中国中世を想定する湖南の時代区分を必ずしも補うものではない。

6、なかでも中心に立つ宇都宮の所論（「東洋中世史の領域」『東光』二、一九四七年一一月）は、その中世を「自給自足的荘園経済」の時代として西欧中世を意識し、また古代との違いを「自立性」に求め、秦漢とは異なる中世的「時代格」を措定するが、その論理は秦漢と魏晋以降との本質的な違いを証明することになっていない。また宮崎が中国中世の指標として出した国民皆兵主義、指導層の官僚的豪族、豪族による隷農の耕作使役（「東洋に於ける素朴主義の民族と文明主義の社會」『支那歴史地理叢書』第四、一九四〇年四月）であるが、いずれも秦漢との違いを決定づけるものになっていない。すなわち宇都宮や宮崎による漢代以前が奴隷耕作、後漢以降が大土地所有―豪族―隷農（小作人）労働とする理解は成り立たない。

7、京都学派の中国中世観を批判するために、前田は、六朝期にも農耕奴隷があったとする仁井田陞説、魏晋南北朝期の大土地所有下で奴隷耕作が主体であったとする志田不動麿説、戦国秦漢から南北朝時代まで大官豪族下では奴僕耕作が主体で、小作人使用は均田制崩壊後のこととした加藤繁説、魏晋南北朝期の豪族の私兵（部曲）に奴隷的、半奴隷的性格をみる浜口重国説、また唐代乾地農業地帯における二毛作の普及と生産力向上に時代の変化をみる西嶋定生説などを動員した。これをふまえ、魏晋南北朝・隋唐時代も古代奴隷制の時代と位置づける。

8、朝鮮半島で中世のはじまりについて、従来高麗からとする説と統一新羅からとする説の二つがあったが、いずれも認められない。奴隷は高麗になっても多く、その公田制下の良民は日本の部民（奴隷）に近く、それが一二世紀半ばの高麗中期（武臣政治時代）になって動揺し（周藤吉之説）、在地武士団が勃興する。朝鮮史ではそこに古代から中世への転換が求められる。

9、ここに中国史では九世紀前後に古代が終末となり、朝鮮・日本で一二、三世紀相次いで古代から中世に移行する。とすると古代の始まりの時点で七～八世紀の差のあった東アジアの関係が、古代の終末時には三～四世紀の差に縮まり、東アジア諸国間の「平行性」という関係も説明がつく。そしてこの面からも中国における古代の終末が唐末九世紀とすることの正当性が裏づけられる。

年譜によると[一三]、前田は一九一五年（大正四）に京都市上京区に生まれ、旧制武蔵高校から一九三六年（昭和一一）に東京大学文学部東洋史学科に入学、一九三九年（昭和一四）三月に同学科を卒業し、そのまま大学院に進学した。学部から大学院の指導教官は中国経済史の創始者と目される加藤繁（一八八〇〜一九四六）であった。しかし不幸にも大学院進学後、大病に罹り下半身不随となり、一九四一年（昭和一六）三月に大学院を退学した。しかし長い闘病生活を経て二年半後の一九四三年一〇月に同大学院に再入学し（指導教官は和田清）、不自由な体を押して戦中戦後の厳しい環境のもとで研究をつづけ、戦後は東大研究室のリーダー的存在[一四]として将来を嘱望されながら、一九四九年（昭和二四）九月に結核を発病して亡くなった。三四歳であった。「東アジアに於ける古代の終末」（一九四八年）はその短い人生のなかで、最後の最も高揚した時期に構想され、形になった成果とみなすことができる。

前田は早くからモンゴル・元史に関心をもち、卒業論文から発展させて最初になったのが「元の紙幣の様式に就て」（『考古学雑誌』三三—四、一九四三年）であった。そのテーマの経済史的設定からみて、そこに指導教授の加藤繁の影響を知ることができるが、じっさい彼は加藤からもっとも多くのものを学んだと自らいう（注（一三）書の「あとがき」）。また前田の「東アジアにおける古代の終末」の発表に直接的刺激を与えたのが、西嶋定生の「碾磑の彼方」（『歴史学研究』一二五、一九四七年）であったといわれる[一五]が、その西嶋も加藤の直系の弟子であった[一六]。京都の文化史観を批判し、経済—社会構造（構成）からの時代区分の組み立てを主張する前田の発想の起点には、このように加藤の存在を忘れてはならない。

加えてもう一つ、前田の説を特徴づけるものに朝鮮半島の歴史を組み込み、中国から東アジアへの展開における柱の一つに据えたことが注目される。これは内藤湖南にはなかった論点である。前田は北アジアから東北アジア（高句麗）、南朝鮮（百済・新羅）の歴史的動向に目を向けたが、そうした発想を強める背景には、白鳥庫吉（一八六五〜一九四二）の存在、あるいはその流れをくむ東大東洋史の学問的伝統、思想的背景があったと考えられないか。白鳥の研究対象は、朝鮮の檀君神話批判から始まって朝鮮古代史さらに朝鮮語におよび、ついで満洲、モンゴル、中央アジア、西南アジアの各歴史へと順次範囲を広げるが[一七]、前田が関心を向けた朝鮮史から東北アジア史はすべてそこに包摂されている。それに加えて前田は最初の大学院入学後すぐに、白鳥が所長を務める財団法人善隣協会蒙古研究所の嘱託となり、晩年の白鳥と接触があったと考えられる。さらに大学院復学後では亜細亜文化研究所の嘱託に加えられるが、これは白鳥の尽力でできた機関であった。

このように前田は、内藤に始まる京都系の中国史認識、就中その「中国中世論」に批判を加えるとともに、東大系の様々な学者の所説を総動員して九世紀中国古代終末説の正当化をはかった。考えてみるとその主張は本来、戦前の中国史をめぐる停滞史観の克服あるいはアジア侵略に加担した自国の東洋史研究の姿勢への批判になるべきであるはずが、結果としてはそこに向かわず、停滞史観とは別の立場にあった京都学派に批判の矛先を向け、東京対京都という時代区分の違いを浮き立たせることで終わった。

六、おわりに

前田はこれを発表してまもなく逝去するが、その所説は後輩で歴史学研究会に足場を置いた西嶋定生（一九一九～一九九八）ら東京大学系の若手研究者に受け継がれ、京都系の研究者との厳しい論争をへて「歴研派」「東京(学)派」の論として場を築くことになった。今は、そこから先の論争の展開について触れる余裕はないが、ただ最後に、その出発点となった前田直典の所論の意義と課題について簡単に言及しまとめとしたい。

前田は内藤湖南の文化史観の問題点を、マルクスの唯物史観によって、また一元的な世界史認識（のちにこれが「世界史の基本法則」となる）にもとづいて批判した。実際内藤のいう古代から中古（中世）への転換における差異の説明で、はっきりしないところが多い。そこで内藤門下による社会・経済・時代性などの面からの補完が、西洋史の時代区分論を意識してなされてきた。しかしそれらに対する前田の問題点の指摘は鋭いが、反面はたしてどこまで説得的であったろうか。むしろ魏晋南北朝・隋唐期を古代奴隷制の時代と強引に推し進めた結果、その後に大きな負債を残してしまったのではないか。後に当時の農業生産の担い手が自営小農民であること、もちろん奴隷（奴婢）は存在するが生産奴隷でないこと、均田農民は決して奴隷的存在ではなかったことなどが明らかになると、唐代までを奴隷的生産に立脚した「古代」と定義するのが無理になる。

また東アジア国家間の「平行性」から古代の終末を確定する論法も、現在では成り立たない。そもそも日本史の中世の始まりは、一一世紀後半の院政期に求めるのが定説化し、最近ではそれより前の平安後期にまでもってくる説も出されている。朝鮮史においても七世紀後半の統一新羅の成立時に求める説も有力である。中国史学界の「中国中古」論も京都学派の解釈に近接している。であれば「平行」的関係は成り立たないばかりか、中国史の古代の終末を九世紀に設定することじたいがおかしくなりはしまいか。前田が東アジアの「平行」的論を出したことが逆に、その時代区分論の首を絞める結果となっている。そのことに関連させると、隋唐の高い文化を誇った時代が、同時期の日本と同じレベルの古代奴隷制の時代といえるのか。そのことを無視して同一の「古代」で括るならば、新たな停滞論をそこに用意することになる。これは私がかねてから感じている疑問である。

最後に前田の所論から離れるが、隋唐までを唯物史観にもとづく古代奴隷制時代とする論理が立脚点を失い、しかしなおかつ隋唐までを「古代」と規定する必要があるとすると、それを正当化づける論拠・論理が求められるが、実際はどうだろうか。唐末までを古代とみなす解釈は今日、世界的支持が得られているだろうか。他方、内藤湖南が今日も多方面から評価され、彼のいう時代区分論と唐宋変革論がなお生命力を失わないのは何故だろうか。中国史の本質を見極めるためにも、内藤湖南の文化史観による時代把握がさらに評価されてよいと考える。

《注》

（一）中国中古史研究中心は一九九九年一二月に、前近代史を網羅する意味を込めて「中国古代史研究中心」に名を改めたが、なお軸足は「中古史研究中心」の流れを汲む南北朝隋唐時代に置いている。

（二）郭沫若は『中国古代社会史研究』（一九三〇年）において、殷代以前を原始共同体、西周を奴隷制社会、春秋以後を封建制社会とする最初の唯物史観に基づく時代区分を提示した。その後呂振羽の『殷周時代的中国社会』（一九三六年）に始まる殷代奴隷制社会、周代封建制社会の説による批判を受けるなかで、『十批判書』（一九四五年）や『奴隷制時代』（一九四七年）によって自説を改め、殷周奴隷制説からさらに殷周・春秋奴隷制説を展開した。西嶋定生「中国古代社会の構造的特質に関する問題点―中国史の時代区分論争に寄せて―」（鈴木俊・西嶋定生編『中国史の時代区分』東京大学出版会、一九五七年）参照。

（三）范文瀾は当時主流を占めた呂振羽説（殷代奴隷制・周代封建制説。注（二）参照）をふまえ、『中国通史簡編』（一九四九年再版）の時代区分を行った。注（二）所掲の西嶋論文参照。

（四）ここに至る過程で、例えば文革終了後の一九七八年、いち早く長春でフランス・アナール派の社会史を意識した中国社会史分期討論会が開かれ、新たな時代区分が論議されている。出席した何茲全は、秦漢と魏晋のところに古代奴隷制社会から封建社会への転換があることを明言した（「漢魏之際封建説」『歴史研究』一九七九年一期）。また同著『中国古代社会及其向中世社会的過渡』商務印書館、二〇一三年）参照。

（五）例えば、張栄芳「近五年来台湾地区中国中古史研究論著選介(上)(下)」（『漢学研究通訊』三―二・三、一九八四年）、高明士「香港大学中国中古史国際研討会」（同四―三、一九八五年）などの表記を参照。

（六）王利華「中国中古社会変遷国際学術討論会綜述」（『歴史研究』二〇〇一年二期）参照。

（七）このシンポジウムについては、福原啓郎「中国中古社会変遷国際学術研討会に参加して」（『唐代史研究』四、二〇〇一年）の紹介がある。ただしこの報告からは会の全体状況や雰囲気が理解できても、この会が目指した意図や位置づけが十分伝わってこない。

（八）ちなみに欧米（英語圏）の中国史学会では、通常、三国・魏晋南北朝・隋唐五代（二二〇～九六〇）をMedieval Periodとみなし、近年では南北朝―隋唐―宋元を一括して（その中心を宋代に置く）Middle Periodとする考えが出されているという（王国堯「近年欧美英語学界中国中古史研究簡介」『駿台史学』一一四号、二〇一二年三月）。また韓国での認識では、例えば朴漢済著『中国中世胡漢体制研究』（一潮閣、一九八八年）が五胡時代以降を、また서울大学校東洋史学研究室編『分裂과統合―中国中世의諸相―』（一九九八年）が魏晋南北朝隋唐時代を、それぞれ「中国中世」と扱うように、魏晋南北朝―隋唐時代は中国中世の枠に位置づけられている。

（九）唐宋変革論と内藤湖南に関わる紹介・考察は、台湾学界においては日本に留学した次の二氏によって早い段階で行われている。高明士「唐宋間歴史変革之時代性質的論戦」（『大陸雑誌』五二―二、一九七六年）、邱添生「論唐宋変革期的歴史意義――以政治・社会・経済之演変為中心」（『台湾師範大学歴史学報』七、一九七九年）参照。ちなみに右の両氏はその後、高明士が著書『戦後日本的中国史研究』（台湾・明文書局、一九九六年修訂四版）や同『増訂本・隋唐五代史』（台湾・里仁書局、二〇〇六年）で、邱添生が『唐宋変革期的政経与社会』（台湾・文津出版社、一九九九年）でも唐宋変革を論じている。また高明士著『中国中古礼律綜論　法文化的定型』、台湾・元照、二〇一四年）の第一五章「「天聖令学」与唐宋変革」参照。

（一〇）内藤湖南を取り上げた考察は大変多くあり、ここで一々紹介できないが、最近のまとまった総合的成果として内藤湖南研究会編『内藤湖南の世界　アジア再生の思想』（河合文化教育研究所、二〇〇一年）を挙げておきたい。なお文献目録としては、本論で取り上げた張広達「内藤湖南的唐宋変革説及其影響」（『唐研究』一一巻）の巻末の「参考文献」が有用である。

（一一）なお「支那上古史」の名でなされた講義は一九一五年であるが、湖南は京都大学に赴任して最初に担当した「東洋史概論」（一九〇八年＝明治四一年）から、主に支那上古史を扱っている（『内藤湖南全集』第十巻（筑摩書房、一九六九年）の「あとがき」）。

（一二）時代の区分法という点でいえば、湖南に先立って那珂通世（一八五一～一九〇八）の『支那通史』（初版：中央堂・一八八八～一八八九年）が上世史（唐虞～戦国）、中世史上（秦～三国）、中世史中（西晋～唐）、中世史下（五代～宋）という王朝の興亡を越えた区分を提示しているが、そこにはどこまで時代区分の意識がはたらいていたかはっきりしない。ただし那珂と湖南には個人的にも学問的にも影響関係があり、歴史を大きく区切るという態度に何らかの影響を与えたことは認めなければならないだろう。なお関連して、戦前の東京大学系を代表する成果である市村瓚次郎（一八六四～一九四七）著『東洋史統』（一・二・三巻が一九三九年～一九四三年刊行、四巻が一九五〇年）の時代区分によると、上世（三皇五帝～戦国時代）、中世（上：秦の統一～三国、中：西晋～南北朝、下：隋唐～宋金）、近世（上：蒙古・元～明代、下：清代～中華民国）となっている。

（一三）前田直典著『元代史の研究』（東京大学出版会、一九七三年）の「あとがき」（山田信夫著）、参照。

（一四）護正夫「海軍兵学校・研究室・みづほ館」（神田信夫・山根幸夫編『戦中戦後の青春を生きて――東大東洋史同期生の記録』山川出版社、一九八四年）、前掲注（一三）書「あとがき」など参照。

（一五）五井直弘著『中国古代国家の形成と史学史』（名著刊行会、二〇〇三年）の第八章「中国古代史研究と考古学」、二七〇頁）参照。

（一六）西嶋定生「私の恩師―加藤繁先生の場合―」（『就実女子大学文学部広報』二、一九八六年。のち『西嶋定生東アジア史論集　歴史学と東洋史学』五、岩波書店、二〇〇二年、所載）参照。

（一七）津田左右吉「白鳥博士小伝」（『東洋学報』二九―三・四、一九四四年）、石田幹之助「白鳥庫吉先生小伝―その略歴と学業―」（『白鳥庫吉全集』一〇、雑纂他、岩波書店、一九六九年）、白鳥芳郎『白鳥庫吉』（『日本民俗文化大系』九、講談社、一九七八年）、および五井直弘前掲注（一五）・同著『近代日本と東洋史学』（青木書店、一九七六年）第一章「白鳥庫吉における日本と中国」、参照。

［参考資料］

『内藤湖南全集』全一四巻・筑摩書房、一九七六年
『支那上古史』一九四四年・弘文堂。講義は一九一五年・一六年・一七年、二一年・二二年・二四年。（『全集』一〇）
「概括的唐宋時代観」一九二二年・『歴史と地理』九―五。（『全集』八）
『中国（支那）中古の文化』一九四七年・弘文堂。講義は一九二七年。（『全集』一〇）
『中国（支那）近世史』一九四七年・弘文堂。講義は一九一〇・一一・一三・一八・一九・二〇・二五年。（『全集』一〇）
『中国（支那）史学史』一九四九年・弘文堂。講義は一九一四年・一九年・二〇年・二一年・二三年
『支那絵画史』一九三八年・弘文堂。講義は一九二二・二三年
『東洋文化史研究』一九三六年・弘文堂
『清朝史通論』一九四四年・弘文堂
『内藤湖南全集』巻一四所載「年譜」
礪波護編『内藤湖南　東洋文化史』（中央公論新社、二〇〇四年）「東洋文化史家の内藤湖南」
礪波護「内藤湖南　一八六六～一九三四」（『20世紀の歴史家たち(2)日本篇下』、刀水書房、一九九九年）
礪波護著『京洛の学風』（中央公論新社、二〇〇一年）
谷川道雄著『中国中世の探究　歴史と人間』（日本エディタースクール出版部、一九八七年）
内藤湖南研究会編『内藤湖南の世界――アジア再生の思想』（河合文化教育研究所、二〇〇一年）
粕谷一希著『内藤湖南への旅』（藤原書店、二〇一一年）
五井直弘著『中国古代国家の形成と史学史』（名著刊行会、二〇〇三年）第八章「中国古代史研究と考古学」
張広達「内藤湖南的唐宋変革説及其影響」（『唐研究』一一、二〇〇五年）
前田直典「東アジヤ（後に東アジアと変更）に於ける古代の終末」（『歴史』一、一九四八年）
鈴木俊・西嶋定生編『中国史の時代区分』（東京大学出版会、一九五七年）

［内藤湖南略年譜］

一八六六年（慶応二）	生誕	秋田県鹿角市毛馬内　内藤調一（号十湾）の二男。母は南部藩士の桜庭家（南部藩譜代の臣）に仕える家。下級家臣（一七石どり）儒家。
明治維新時		南部藩は賊軍に。戊辰戦争に加わる。桜庭家は秋田・佐竹藩（勤王派）の分藩出城を襲い落城させる。新政府下で朝敵となる。鹿角の士族は士籍を失う。秋田県に編入される。若い時から父母に漢文の素読を受ける。
一八八三年（明治一六）〜一八八五（一八）	一九歳	秋田県立師範学校高等師範科卒。 北秋田郡綴子小学校主席訓導。
一八八七年（明治二〇）	二一歳	辞職し上京、「明教新誌」記者。
一八九〇年（明治二三）	二四歳	三宅雪嶺の雑誌「日本人」の編集に関与。
一八九四年（明治二七）	二八歳	大阪朝日新聞記者、高橋健三の私設秘書、日清戦争。
一八九七年（明治三〇）	三一歳	「台湾日報」主筆。「近世文学史論」「諸葛武侯」「涙珠唾珠」を刊行。
一八九八年（明治三一）	三二歳	「萬朝報（よろず・ちょうほう）」論説（黒岩涙香創刊）。
一八九九年（明治三二）	三三歳	第一回清国旅行（北清・長江）、当代一流学者と交際。
一九〇〇年（明治三三）	三四歳	大阪朝日新聞社に再入社、論説担当（北清事変へ筆を）。「己亥鴻爪記略」「燕山楚水」（前年の旅行記）刊行
一九〇二年（明治三五）	三六歳	満州・中国旅行（第二回）、満州の形勢視察。北京で房山雲居寺見学。「禹域鴻爪後記」。
一九〇四年（明治三七）〜〇五年（三八）	三八〜三九歳	日露戦争、朝日新聞が主戦論、デスク的役割。〇五年七月、外務省から占領地行政調査の嘱託、満州へ（第三回）。奉天にて「漢文旧档」発見、「清朝実録」、黄寺「蒙満文蔵経」発見。一一月北京へ（小村寿太郎の招電により）
一九〇六年（明治三九）	四〇歳	朝日退社　外務省嘱託として韓国、満州に（史料探訪）。「三十九年秋冬遊記」。
一九〇七年（明治四〇）	四一歳	狩野亨吉に招かれ京都帝国大学文学部講師に。東洋史学講座。
一九〇八年（明治四一）	四二歳	間島調査のために北朝鮮―間島―吉林旅行。
一九〇九年（明治四二）	四三歳	同大学教授（東洋史第一講座）桑原隲蔵教授・羽田亨講師。羅振玉の知らせでペリオの敦煌文書発見を知り学界に紹介。
一九一〇年（明治四三）	四四歳	同僚の小川・狩野・浜田教授らと北京に。敦煌文書調査。大谷探検隊の将来品（中央アジア発掘品）の調査、「西本願寺の発掘物」を朝日紙上に。
一九一一年（明治四四）	四五歳	一〇月辛亥革命。一一月羅振玉・王国維、京都に亡命（一六年王国維帰国、一九年羅振玉帰国）。
一九一二年（明治四五）	四六歳	奉天出張。「満文老档」「五体清文鑑」を写真撮影。「清国衰亡論」。
一九一三年（大正二）	四七歳	朝鮮旅行　高句麗古墳を見る。
一九一四年（大正三）	四八歳	「支那論」。
一九一七年（大正六）	五一歳	中国各地を旅行。北京で京師書画展覧会を見学（天津水害義捐）
一九二二年（大正一一）	五六歳	「概括的唐宋時代観」。
一九二四年（大正一三）	五八歳	七月〜二五年二月、欧州学術視察。「日本文化史研究」。
一九二六年（大正一五）	六〇歳	京大教授を停年退官。
一九二七年（昭和二）	六一歳	京大講師（嘱託）。
一九三四年（昭和九）	六八歳	六月死去。

分科会（Ⅱ）二

身分制度より見る中国中世社会の変遷

李　天　石
袴田　郁一（訳）

一、序言

一九二〇、三〇年代以降、特に一九四九年より以後、中国学者は中国史の時代区分問題に対して、長きにわたり激しい論争を行い、多くの視座を提供してきた[一]。日本においては、内藤湖南に代表される京都学派が二十世紀初頭に形成され、戦後にまた歴史学研究会派が形成された。中国史時代区分の視座において、両派は全く異なる視座を示し、激しい議論を展開させた[二]。中国は改革開放時代、特に二十一世紀に入って経済発展が社会的主題となるにつれ、中国史時代区分論争は下火となり[三]、そして日本でもまた同様に一九六〇、七〇年代の日本経済の高騰以後、若手研究者には大きな変化が生じていた[四]。

何茲全氏は十年以上前、歴史区分問題における奴隷社会と封建社会の時代区分の研究には一致した見解を得る術がなく、中国史の発展における自然段階による区分には及ばないとの見解を示している。氏は時代区分が一致する見解を得られないことの原因には以下の二点があるとし、「一に、中国は大国であり、歴史も複雑であるため、この複雑な歴史研究について成熟が十分でない。二に、その論争がほぼ社会の性質や発展形式など理論的な問題に停滞しており、中国史の実態については研究も深い見識もなく、理論上の論争では中国史に対する認識を出だすことができていない」と述べる。氏はまず歴史発展の自然段階を研究することを主張し、「中国史の発展過程において、如何なる自然段階があるだろうか。それぞれの段階には如何なる特性があろうか。如何なる特性が前後の段階には見られないそれ特有のものであるか、そして前後の段階と区別し一個の段階を形成せしめているのか。歴史の自然段階と時代区分とでは、社会性質の関係では前者は客観的事実であり、基礎であり、本体である。対して後者は主観的意識であり、上層であり、末端である。自然段階を研究することは、事実を重んじ、材料を重んじることに意義があると言えよう。中国の歴史を研究するに、まず事実を重んずる研究をして枠組みを定める。事実ははっきりと整理されたものを探るものではなく、速やかに社会の性質を定める必要はない。……歴史区分論争は、歴史発展の自然段階を研究することには及ばないのである」と氏は述べている[五]。

何氏の見解には首肯すべき部分があるが、しかし充分な史料に拠るところが有れば、事実を客観する自然段階による区分に対しても、なお十分に歴史区分問題の研究により堅実な土台を作り、正確な見解を提示することもできよう。

その実、長年に渡り国内外の歴史研究者は、中国の歴史発展過程の区分について幾多の客観的事実に基づき、一致する見解を見出してきた。例えば、春秋戦国時代や唐宋時代において社会に発生した巨大な変革については、いずれの視座を持つ研究者にあってもみな認めるところである。(六)もし一歩進みその異同を包括することができれば、多方面より中国の異なる歴史段階の異なる特質について深く研究することは、十分に歴史区分研究をより深いものへと推し進めることができよう。特に近年では、中国各地より陸続と出土する秦漢簡牘及び走馬楼呉簡などの大量の新文献は、更に研究を深めるものとして多くの可能性を提供した。

中国中世の身分制度の研究については、清代以来重要な研究成果が少なくなく、例えば沈家本氏、薛允升氏、何志驥氏、黄現璠氏らである。日本の研究者ではこの課題を最も重視した研究がなされ、その研鑽は累々たるものがある。仁井田陞氏、浜口重国氏、堀敏一氏、尾形勇氏などの研究者は皆大著を発表している。(七)中国古代史の区分論争及び中世史研究において、中国の研究者は歴史上の奴隷、奴婢、部曲などの身分制度に基づき詳細な研究を行ってきたが、(八)日本においても中世の良賎身分制度によってこの問題に検討が重ねられてきた。(九)これにより、ここでは中国古代の身分制度について全面的な検討はせず、ただ中国時代区分の一視座より出発して、中国中世の身分制度の特質、言葉を借りれば中国の歴史発展の異なる段階において身分制度の方面に体現される特質について検討を行うものとしたい。

二、古代中国の身分制の等級とその特性

身分制とは何か。歴史学者、社会学者、法学者らでみな各々の解釈がある。古代社会において、「身分」は最も普遍的な現象の一つである。中国の伝統的な文脈において、「身分」を最も率直に解釈すれば「名分」である。「名」とは、個人の家や国家の秩序中における「位置」を表現することに用いられ、「分」とは則ち行動の規定を指す。そうであれば、中国古代の身分社会の特性は、すなわち「名分」の二字にあると言えよう。中国伝統社会の考え方を見るに、身分とは個人の家庭、社会、国家の法律や地位において公認された名分を与えられることである。(一〇)春秋戦国時代の経典において、「名分」は既にある社会の政治的、法律的な概念となっている。儒家は特に「正名」を強調しており、いわゆる「名不正、則言不順、言不順則事不成」である。一方で法家は「定分」を主張する。名分は法家の文献中において、主体と相関する権利、義務、行為の規則を示すものとして用いられており、人々の行動に普遍的な規範を与えるものとされている。

社会における「人」が生物学上が指す「ヒト」と異なるように、時代の差異、地域背景の差異により、人々の身分もまた多くの意義に区別することができる。たとえば家庭内の身分、政治的な身分、法律上の身分などである、そして身分を確立し、調整、維持させる法律規定の総称が、すなわち身分法である。ここで検討すべきは、国家支配の秩序化の法律が規定する人々の身分についてである。

先秦時代は、中国身分制度の発展段階の第一である。この時代、中国は未だ原始に近かった。中央から地方まで、東アジア社会の特性がなお明らかに見られ、農村公社の宗法や血縁による体系はなお残存していた。また国家による身分制度が作られたというが、文献の記録は十分に明確ではない。限られた史料から見れば、公、侯、伯、子、男の五等爵制度という有名な貴族身分体系があり、代々世襲される地位が人々の身分を確定させていた。この時代の身分は、貴族から言えば、おおよそ周王朝の宗法による嫡親の序列が地位の上下を規定していた。そして民間においては、種族や部族の区別を除いても、また多くの見解がある。「天有十日、人有十等」のように、その全体的な特徴は身

分の高低が血縁の世襲によって決まる。[一一]ただ史料中に見られる数多の序列身分の表現は、多くが後世の儒家が作り上げたものであり、当時においてもこの様であったかは疑わしい。しかし具体的な身分体制がどうであれ、人々の身分が主として家法、血縁によって成り立っていたという点については大きな異論はなかろう。これによればこの時代の社会は「世襲社会」の時代と称することができよう。[一二]

身分の如何は政治上の体現であり、また同様に経済関係と階級関係の体現でもあった。半世紀前の中国時代区分論争において、中国の学者の多くが経済と階級の関係からこの時代の身分問題の研究に着手した。郭沫若氏、范文瀾氏、李亜農氏、金景芳氏らは先秦の社会の経済、階層、等級などに対して膨大な研究を残し、「衆人」、「庶人」、「野人」など大衆の身分について多くの優れた研究を行った。いずれも現在なお価値ある研究である。[一三]

中国古代身分制の発展段階の第二は、戦国から秦漢帝国まで前後約六、七百年ほどの時代である。この段階の初期にあたる戦国時代及び後期の後漢時代は、いずれも過渡期としての性質を帯びている。

春秋戦国時代は、「礼崩楽壊」という社会の大変革期であり、その最も顕著な特徴は世襲秩序の崩壊である。戦国中期に至り、法家を尊ぶ秦が商鞅による変法を掲げ、法家路線を推し進めて、統一の後にはまたこの思想の下に中央から地方に至るまでを覆う官僚制度の支配大系の中に全国民を組み込んだのである。徹底された「編戸斉民」体制は、元来の村社宗族共同体や宗族構造を解体させた。これに代わって起こったイエ形態の「戸」は、一種の最小の自然形態の家庭に近い。即ち、李悝の述べる「今一夫挟五口」[一四]、孟子にある「五口之家」[一五]、晁錯の述べる「今農夫五口之家」[一六]である。秦漢帝国という中央集権的君主官僚体制が確立したことに従い、皇帝一人を頂点として万民を支配する国家形態が形成され、「自由人」という社会個体が一定の普遍的法律人格を獲得する。「編戸民」の身分である。この秦漢時代の中国伝統構造の形成過程については、西嶋定生氏、杜正勝氏らが専門的な検討を行っている。[一七]

秦漢帝国が如何にして皇帝が全ての編戸斉民と対する身分制を実現したか、それは全民の身分等級秩序である二十等級による軍功爵制度、すなわち二十等爵制度による。中国史の時代区分の方面において、研究者ごとに時代区分の視座がいかに異なろうと、ただ春秋戦国時代の社会発展の重大な変化に世襲的体制の瓦解があることはいずれも認めるところである。同じように、秦漢が法家的理論の下で実施した二十等級の軍功爵制度の存在についても身分制度の変化という視座から、両時代が為す段階的区分が明確な指標を確立させている。

二十等爵制度に関して、中国と日本の研究者はみな詳細な研究を行ってきた（詳細は後述）。筆者が考えるにこの制度の最も重要な特質のひとつは、その流動性にある。個人は社会身分体系中のある一地位にのみ留まることはなく、個人の軍功ないしその他の功績によって地位を上下させることができる。社会的身分が全体的に流動的であると言えよう。先秦の世襲体制と根本的に異なっている点は、この他にもほとんどの臣民が（奴婢、七科讁、罪徒の少数を除いて）みな爵位を得る機会を有していたということがある。張家山漢簡が示す法家思想主導の身分制に関する条文は、この時代の身分制度の特質を最も鮮明に説明している。

またこの第二段階の下限は、後漢の二十等爵制度の衰退と中世貴族制の台頭の時期であろう。

中国身分制度の発展段階の第三は、六朝から隋唐を経て、五代十国にまで至る時代である。

この段階は、国家と門閥士族とが共同して創り上げた宗法と血縁を備えることを特徴とする貴族制の時代である。この時代の政治上の最大の特性は、門閥士族の興隆及びその政治権力の壟断であり、法律制度上において「引礼入律」が出現した過程でもあり、人々がみな社会の中である階層の中に固定された一員として決定づけられたことで、系統的閉鎖的な身分制度が形成されたことである。具体的に言えば、社会の為政者層において士庶貴賤の別が形成され、一方で民衆の階層では良民賤民の区別が出現した。これらと相対応して、この時代の経済上の特徴に商品経済の衰退と自然経済の重視とが、宗法や血縁関係の再強化、社会階層の複雑化を導いたことであり、これは当該時代の政治体制と身分制度が社会経済の基礎を変化させたものである。

この時代の『唐律』は、中世法体系の「引礼入律」の集大成である。これは世襲の大族がその尊崇する礼学の理念を法体系の中に組み込んだものであろう。漢代の「春秋決獄」より始まるもので、おおよそ六朝隋唐に至って完成し、『唐律』礼法結合の典型的代表となった。[一八] 先秦時代に宗法や自然経済の基礎上に形成された儒家的な家父長制度の特徴は、秦漢時代で一時衰退の様子があって後、六朝以降に再び強化されるになった。中世の法律は、その中に身分制を包括しており、すなわち一個の門閥貴族が専制国家と相互にせめぎ合い、妥協し、譲歩した過程なのである。これが中世において法律が形成された歴史的背景である。唐律中において私たちは門閥士族たちの意志と国家政権体制の相互矛盾、妥協の痕跡を見ることができるのである。そのうちの最も代表的ないし突出した一点が、すなわち国家の法律が宗法、家父長制度を基礎として良賤の身分体系を建立させたことにある。

中国古代の身分制度の第四段階は、京都学派が近世と呼ぶ時代であり、すなわち北宋以降の時代である。この時代の身分制度の特徴は、皇帝権力が絶えず強化され、同時に皇帝が科挙により民衆のより優秀なる者を選抜したことで、官位を基礎として民間の宗法と結合する共同体が形成され、支配者層へと進出してきたことであろう。

三、儒家・法家における身分等級観念の差異と秦漢身分制の特徴

春秋戦国時代、社会の変革により、西周以来の政治、経済、思想文化の構造は等級的身分制度を包括して、この時代においてみな重大な変化を発生させた。研究者のこの時代の変革に対する歴史区分の視座はそれぞれ異なっており、それぞれの論法があるとは言え、しかしおおよそ認められるいくつかの事実は、以下の通りである。第一は「溥天之下、莫非王土」、「田里不鬻」という土地制度が商品貨幣関係の発展と土地の売買によって日々瓦解し、土地の所有権がもはや身分によって貴族が世襲するものではなくなったということ。第二は、西周の「世卿世禄制」の宗法貴族体系および等級秩序と構造が破壊されたこと。第三は、「礼崩楽壊」の過程において、「礼」の持つ貴族の特権を擁護する作用が日増しに低下し、そして成文法の公布が「刑無等級」をして現実のものとなさしめたこと、である。社会の変革は、伝統的な等級身分制の観念に根本的な動揺を生じさせた。

文献史料の記述からでは目を向け難いが、春秋戦国の時代、社会の動乱は諸子百家を紛々と出現させ、各々の教説を掲げさせたが、しかし本当に当該社会を支配し重大な変革を生じさせた理論は、儒家のアンチテーゼたる法家思想であろう。「礼法之争」が当該社会の新旧秩序変革の過程において、政治及び思想意識で最も重要な闘争であったことは間違いない。蒙文通氏が述べる「儒家は本を周に伝え、法家の

術は戦国に隆盛して秦において極まった。則ち、儒法の争いとは新旧両時代の思想の争いであり、故に二家は一世の新旧思想の主流であり、他の諸子百家はその余波に過ぎない」の通りであろう。[一九] 儒家の「礼治」の思想は、社会が宗法血縁の身分区分等級によって作られる「別貴賤」、「序尊卑」を主張する。これらの上下貴賤の等級を超えることはできない。一方で法家の「法治」思想は則ち軍功や他の功績によって身分地位の高低を決定させることを主張する。「礼治」が貴族の享有する「刑不上大夫」という特権を主張することに対し、法家は「刑無等級」[二〇]、「不別親疏、不殊貴賤、一断于法」[二一]を主張する。「法家の法と儒家の礼との間には、非常に多くの差異がある。その最も主たるものが、法の普遍的原則（いかなる個人、集団も法律以外の特別な身分を帯びることを認めない）と礼の等差的原則（人の身分、地位及び特殊な環境を根拠として各々に応じた区別を設ける）の対立である」[二二]。両者の対立は、礼の差等を明らかにすることと法の斉一を尊重することの対立と言えよう。法家の「無功者雖富、無所芬華」[二三]は貴族階級の特権の否定なのである。[二四]

実際のところ、春秋戦国時代の古い階級秩序と構造の瓦解は、儒家と法家の理論上の闘争の結果のみではない。変革の究極の原因は、その社会経済の中より見出すべきであろう。春秋以来の階級構造の瓦解、その根本的原因はやはり生産力の発展が商品経済の活性化を促し、そして商品経済の活性化が、また財産私有化の進行を加速させた結果にあろう。[二五] まさにエンゲルスが商品経済の歴史的作用について論述する中で説いた「これによって日々発展する貨幣経済は、酸に腐食されるかのように、農村公社の自然経済が作る伝統的生活様式に浸透し、そして氏族制度はこの貨幣経済とまったく相容れなかった」[二六]、「商品形式と貨幣とは社会組織の内部経済生活と直接結合して、それらはこの社会組織の様々な紐帯を逐一に破壊し、それらを分解して一群の私有生産者の集団とした」[二七]であろう。

この中より、私たちはひとつの事実を見ることができる。即ち西周の宗法の等級身分構造は、商品経済が発展していない自然経済の基礎上に成り立っていたということである。そして自然経済と等級制度とには自然的な関係がある。商品経済の発展は、すなわち自然経済の腐食剤であり、等級身分制度と対立するものである。商品交換の法則は、交換する者同士の間が平等であることが求められ、また価値基準のもと契約関係が両者間で結ばれることが要求される。よって貴族等級身分制度の特権的観念とは、悉く相容れないものであった。おおよそ商品経済が十分に発展したとき、必ず等級身分制度は大きな衝撃を受けるのである。

秦代の身分制度について、侯外廬氏は以下のように指摘する。「秦漢時代の所謂社会等級の制度は、古代の「刑不上大夫、礼不下庶人」の制と相反しており、この等級制度は戦功と功績ある者を顕彰することを原則とする」と。[二八] 日本の研究者である堀敏一氏もまた、戦国以降は西周の支配者層を占める如何なる身分制も既に瓦解し、秦代に至ると君主集権下の新たなる国家身分体系が建立されたとする。[二九]

周知の通り、秦は法家思想に基づいて勢力を発展させ、遂には六国を併呑して統一を実現させた。法家の理論は、決して等級身分制度の合理性を根本から否定している訳ではないが、しかし人々の等級の如何が宗法血縁関係によって決定されるのではなく、功績の大小によって決まるという大きな違いがある。戦国七雄の争いの中における「斉之技撃不可以遇魏氏之武卒、魏氏之武卒不可以遇秦之鋭士」[三〇]という所以は、まさに秦国において軍功を以て身分爵位の高低を決定させるという、最も徹底された「軍功爵」制度が実行されたことにある。

　商鞅の時代に建てられた爵制は、秦漢の二十等爵制の前身である。秦人は官職を重視する以上に非常に爵位を重んじた。爵の高低は、身分地位の高低を決定させた。そして爵位の高低はまた主として軍功の大小に決定された。「有軍功者、各以率受上爵、……宗室非有軍功論論、不得為属籍。明尊卑爵秩等級、各以差次名田宅、臣妾衣服以家次。有功者顕栄、無功者雖富、無所芬華」(三一)である。また『韓非子』定法に、「商君之法曰、斬一首者爵一級、欲為官者為五十石之官。斬二首者爵二級、欲為官者為百石之官。官爵之遷与斬首之功相称也」とある。商鞅は尊卑、貴賎、等級の高低を完全に爵位の上に置いたのであり、「明王之所貴惟爵」、「夫民、力尽而爵随之、功立而賞随之」、「明君之使民也、使必尽力、自規其功、功立而富貴随之」とある所以である。(三二)韓非子はまたはっきりと「設爵位所以為賎貴基也」(三三)とも述べている。これらにおいて宗親、血統、出身は全て意味をなさず、「封建制度の君子小人の区別は消え、万民が共に一本のスタートラインに立ち、個人の戦場における表現を頼みに自己の身分地位を成就させる」(三四)のである。

　身分地位が出自によって左右されるということが解消されただけではなく、同時に秦国の刑罰の基準もまた「刑無高下」、「賞随功、罪随罰」となった。「聖人為国也、壹賞、壹刑、壹教。壹賞、則兵無敵」、「壹刑者、刑無等級。自卿相将軍自至大夫庶人、有不従王命、犯国禁、乱上制者、罪死不赦。有功于前、有敗于後、不為損刑。有善于前、有過于後、不為虧法」(三五)とある通りである。

　勿論、統一以前の秦国は、法家の理論と実践による発展の一方で、宗室の封建は制限され、王族や貴戚はみな尺土の領土も持たなかった。(三六)君主を立てるにもやはり嫡庶ではなく、「択勇猛者立之」(三七)に拠っていた。宗法血縁関係の薄弱さは、秦人をして東方諸侯がその等級制度の基礎上に形成していた「礼教」の束縛と障害とから脱却せしめ、諸侯を討ち破り平定する基礎となった。

　秦国及び始皇帝以降の秦帝国は、軍爵によって身分制を立てており、明らかに西周以来の宗法血縁関係に基づき建立された等級身分制度とは完全に異なっている。閻歩克氏はかつて以下のように指摘している。「新たな爵制は、旧来の村社における伝統的身分とは異なる新たな身分を意味し、国家によって授与されるものであり……爵制は最低限だが原則として平民に向けて開放され、貴族の世襲的特権を打破し、「編戸斉民」の流動的社会を創造した」(三八)と。

　秦がこのように貴族の世襲する特権を打破し、平民に開放された軍爵等級制度を定めたことは、爵をして社会上の一個人ごとにみな関係を発生させ（個人全員が爵を持つのではなく、各人がみな爵位を得られうる）、いかなる者も挙げた功績によって身分を改め変えることが可能となった。(三九)かくして戦国時代、軍功や諸功績は爵位という身分の上下及び田宅の多寡を決定させる主たる要因となった。秦の商鞅は制度の上からかかることを明確にし、この分野において突出した存在となった。そして秦の統一はこれらの制度を中央集権化のもとに全国へと普及させた。これが秦帝国の軍功爵身分制度の源流である。

　軍功によって身分の上下を決定させるという秦国の二十等軍功爵制は、後世にはやがて軍爵より民爵へと変化した。ただその基本原則、すなわち「流動性」及び「非凝固性」は依然として継承された。これは、西周の世卿世禄制度のもとで宗法血縁関係によって身分を決定させる制度とも、中世の門閥族制度、及び良賎制度のもとで門弟や祖先によって身分を決定させる制度とも、鮮明な対比を成す。両制度とは極めて大きな差異、原則の違いがある。(四〇)

　ここで注目すべきは、つとに先秦社会において最下級の存在である奴婢などについて、秦の法律下ではなお身分を変える可能性を有していたことである。同じく晋定公の時に趙鞅が宣布した「人臣圉」も、戦勝によって身分を変えられるという規定であるという点で一致するものである。たとえば秦の軍爵律では、「欲帰爵二級以免親父母為隷臣妾者一人、及隷臣斬首為公士、謁帰公士而免故妻隷妾一人者、許之、免以為庶人。工隷臣斬首及人為斬首以免者、皆令為公。其不完者、以為隠官工」(四一)とあり、これによればただ「帰爵二級」或いは「斬（敵）首」さえ満たせば、みな親族或いは自身の奴隷身分を変えることができるのである。またたとえば秦の司空律は、「百姓有母及同牲（生）為隷妾、非嫡罪也、而欲為冗辺五歳、毋嘗（償）興日、以免一人為庶人、許之」と規定している(四二)。もし「冗辺五歳」であれば、即ち家族中の奴隷身分の者一人を庶人とすることができるのだという。秦では最終的に多くの者が成辺、帰爵、斬敵首などの方法を通して自身の身分を改めたが、ただこの種の規定が指し示す意義は重大である。この条文は、秦代の社会ではただ「自帰其功」、「功立而賞随之」、「力尽而爵随之」さえあればよいとする。この角度から見れば、上は王族宗室、下は庶人奴婢に至るまで、みな身分を変動させる可能性があったのである。このような「不別親疏」、「不殊貴賤」という一切の身分地位が功績によって決定される状況下において、伝統的な礼教が存在する余地はなく、社会はかかる状況下で「平斉」(四三)を実現させたのである。

　漢代初期の国家により定められた身分制度の特徴は、秦代のそれを継承するものと言え、このうち重要なことは張家山二四七号漢墓「二年律令」の資料に対する分析である。このような文献の相関研究においては既に非常に多くの成果があるが、ただ伝世文献との比較において、法家思想を国家の基本方針とする秦及び漢初の法家時代が明確な時代性と思想の指向性を備え、かつ非常に典型的な法律規範を以てかの時代に存在した国家秩序、国家社会の組織構造の密接な相関性、普遍的な身分制度へと反映させたことは、重大な意義を持とう。

　漢初の身分体系は、おおよそ秦代の制度を踏襲していた。法家思想に基づく漢代の法律は、身分制度上の特性が顕著であり、「名田宅制」と相対する軍功爵制度と「編戸斉民」体制などは、先秦の宗法血縁関係によって形成された世襲的身分制度に取って代わった。

　張家山二四七号漢墓より出土した「二年律令」の「戸律」は以下のように規定する。

　関内侯九十五頃、大庶長九十頃、駟車庶長八十八頃、大上造八十六頃、少上造八十四頃、右更八十二頃、中更八十（簡三一〇）頃、左更七十八頃、右庶長七十六頃、左庶長七十四頃、五大夫廿五頃、公乘廿頃、公大夫九頃、官大夫七頃、大夫五頃、不（簡三一一）更四頃、簪裊三頃、上造二頃、公士一頃半頃、公卒、士伍、庶人各一頃、司寇、隠官各五十畝。不幸死者、令其后先（簡三一二）択田、乃行其餘。它子男欲為戸、以為其口田予之。其已前為戸而毋田宅、田宅不盈、得以盈。宅不比、不得。（簡三一三）

　宅之大方卅歩。徹侯受百五宅、関内侯九十五宅、大庶長九十宅、駟車庶長八十八宅、大上造八十六宅、少上造八十四宅、右（簡三一四）更八十二宅、中更八十宅、左更七十八宅、右庶長七十六宅、左庶長七十四宅、五大夫廿五宅、公乘廿宅、公大夫九宅、官大夫七宅、大夫（簡三一五）五宅、不更四宅、簪裊三宅、上造二宅、公士一宅半宅、公卒、士伍、庶人一宅、司寇、隠官半宅。欲為戸者、許之。（簡三一六）

　この段の史料に対しては、楊振紅氏ら多数の研究者が非常に細密な分析を既に行っており(四四)、幾多もの重要な視座を提示している。第一に、身分制度の観点より見るならば、筆者はこの制度の最も重要な特徴は、等級に応じた授爵が普遍的に行われ、社会の大多数の構成員がみなこの身分体系のうちに包括されているということが反映されている点である。また第二に、二十等爵制が爵位に応じた「名田宅」、即ち経済利益と緊密な構造であるという点である。朱紹侯氏は、「もし西周五等爵制の経済的基盤が井田制にあったとするならば、かの軍功爵制の経済基盤はこの名田制にあったと言えよう。名田制と軍功爵制は井田制と五等爵制が崩壊したことと時を同じくしてその上に発生し発展してきたのである」（四五）と指摘する。これは一個の方面より二十等爵制と庶民及びその生活との関係を説明したものであろう。かつて二十等爵制の研究を深めた西嶋定生氏は、秦漢の統一的な中央集権国家における皇帝の統治秩序は、皇帝権力を以て支配体制の中心としている、集権国家は皇帝対「民」という直接支配を基盤としており、かかる皇帝権力と民との関係は秦漢帝国の国家秩序を形成する鍵であった、としている。（四六）「二年律令」の戸律の出現は、秦漢を宗法血縁関係から脱却させ、普遍的意義を持つ身分等級秩序を帯びさせてということを、具体的かつ明瞭に現代の私たちの目前に提示したのである。（四七）

何茲全氏も受爵と受田による民の自由化問題に特別に注目している。氏が述べるには、「二十等爵は、普通自由平民がその地位から貴族の階梯を希求するものである。二十等爵の歴史的意義とは、軍功による貴族が氏族貴族に取って代わったことにある」という。この指摘は秦漢の身分制度と先秦社会の身分体系との性質の差異を見事に概括していよう。

漢代二十等爵制が身分制度に与えた影響のうちもうひとつの重要な点は、先秦の宗法血縁関係を基礎とする家父長制権力に大きな制限を与えたことである。

エンゲルスは『家庭私有制与国家的起源』において、ルイス・H・モーガンの調査を根拠として、血縁宗法の上に形成された人類早期の家父長家庭制度を以下のように評述している。「いくらかの自由人と非自由人とは、家長の父権の下に一個の家庭を組成する」。「この種の家庭の主たる標識は、第一に非自由人を家庭内に包括すること、第二に父権である。この家庭形式の最も典型的な例はローマの家庭である。familia（家庭）という言葉は……ローマ人においては、当初は夫妻及びその子女を指す語ですらなく、ただ奴隷を指す語であった。……ローマの父権は妻子や子女や一定数の奴隷を支配し、かつ彼らに対し生殺与奪の権を握っていた」と。エンゲルスの述べるところはローマ早期社会の情況を顕然と示している。早期の家父長が原始形態の家庭において絶対的な権力を備えていたことが分かろう。

中国早期の血縁氏族宗法関係は、古代社会の中に厳重に残り、中国古代史上の家父長権力を世界の他民族と比較してもより巨大なものに、より長久的なものとした。戦国時代、社会の変革に従って宗法構造も全面解体される。法家思想に基づく大一統の王朝を立てた秦及び漢初の政権は、みな皇帝の民に対する個別支配権力を強化したため、家父長権力は極めて制限された。睡虎地秦簡と張家山247墓漢簡より見ることができるのは、秦漢時代の国家の法律中には家父長制の影響が存在してはいるが、ただ先秦時代と比べれば、あるいは後世の魏晋南北朝隋唐時代と比べれば、家父長の僅かな権力は極めて大きな制限を受けていることである。たとえば、立戸の形式上では、編戸斉民の制度が旧来の血縁宗法関係に依って結成される家族制を打破している。早に戦国時代に商鞅は、「令民為什伍、而相牧司連坐」、「民有二男以上不分異者、倍其賦」という政策を掲げている。行政命令を用いる方式は、旧的な血縁大家族関係を崩壊させ、個体小家庭を以て大家族に代わらせた。それに従って家父長権力はその存在基盤を喪失し、次いで家庭内の関係においては、皇帝権力の臣民に対する支配力が家長の絶対的権力を争奪ないし弱化させた[四八]。

以上の秦漢身分制度の分析より見えることは、秦漢の皇帝権力の支配下において二十軍功爵制の編制によって編戸斉民の制が興され、先秦の宗法血縁関係に依って形成される世襲身分体制に取って代わり、中国身分制発展史上に明確なる段階を創り上げたということである。

四、皇権と士族の矛盾と妥協―中世身分法形成の背景

秦漢以降の中国中世社会の性質について、中日の研究者の認識には大きな差があり、中国の少なくない研究者は何茲全氏らのように、これを中国封建社会が始まる時代としている。また日本の京都学派は中国史上の貴族共同体が主たる地位を独占した中世時代と見なし、一方で東京学派は古代の奴隷制の時代に属するとしている。いかにこの時代の社会的特質を見なすか。身分制度の視座よりいささか検討を試みたい。

日本の京都学派は三世紀から九世紀の中国中世社会について深遠な研究を行ってきた。その代表が、谷川道雄氏が提唱した体系的な貴族共同体の理論である。氏は、「かつての六朝研究では貴族(家族)の地方社会における勢力が重視されてきたが、しかしそれは貴族の国家との対立という、即ち統一と分裂との力関係の角度より理解しようとするものであった。私はこの方面の問題に取り組んだが、より重視したことは貴族層の勢力をして如何なる内部構造を形成せしめたかということにある。即ち既存の貴族と民衆との隔絶した階級関係に、又た共存体制的な共同体社会が成立したということである」[四九]としている。

中国においては、多数の研究者が魏晋南北朝の士族制度を研究する時、多くが経済基盤、政治的要因、文化的背景など多方面から検討をしている。経済における大地主の財産が、六朝貴族制度が存在する経済的基盤になっているという。谷川氏が掲げる共同体は、秦漢以前のどの類の所謂村落共同体とも異なる。氏は、「多くは土地及び生産手段の共有や共同利用を基礎として、併せてこれにより形成されたが規律を作る。しかし六朝時代ではこの類の村落の存在では強い力的認証を得るすべがない」とし、また「当時は農村中の各家族の結合が一体的な力を為しており、自らある種の特定の有力家族の指導力に対し、民衆の各家がこの主導力に信頼の心を与えている。ここにおいてその経済関係は精神関係に及ばず、人と人の間の相互結合という更なる紐帯の力を形成していた」という。谷川氏が、士族と民衆とが形成する共同体の精神的側面を特に重要していることは明らかである。

筆者は、もし魏晋南北朝隋唐時代の皇帝統制下の編戸斉民体制を、秦漢時代のものと比較して全く同一的な体制とするならば、それはいささかの問題点があろうと考える。この様に六朝士族の存在が社会上にも大きな影響を及ぼしたということは一個の事実であろう。しかし、この時代の貴族と民衆の共同体の影響を、唯一の影響関係と言うこともできまい。

この時代は多くの政権において主導的役割の力が起こるが、皇帝権力の個別的支配下の編戸斉民制や士族共同体、そのいずれの方面が政権主導の役割を握るかというのは、言うまでもなく皇帝権力と士族勢力の間で絶えず議論、妥協、調整がされ、共同して統治を実現させていた。であれば、これらの闘争と妥協の関係は、政治、経済、軍事、思想、文化等々の多方面に反映していよう。たとえば、三国時代の孫呉政権は、士族が代々擁する部曲を考慮して、世襲の領兵制度を施行していた。また曹魏政権は、士族の政治的特権を顧みて、漢代の郷挙

里選の制度に代えて九品中正制を行った。南朝政権の皇帝は士族と共に共同的国家支配に当たるという「王与馬共天下」という情勢にあり、北来貴族の権益に配慮して「僑州郡県」の制度を敷いた。北朝政権では地方支配のシステムに、当初は宗主督護制を行っていたが後には三長制へと移行した。経済方面では、六朝隋唐政権は屯田制、占田制、均田制及び蔭戸占客制など経済、賦役関係の政策において世族層に対し配慮と制限をし、皇帝権力と世家大族との矛盾を生じさせては、また統一し、制限をしてはまた譲歩をし、団結、闘争を繰り返していたという特徴がある。同様のことはこの時代の法律制度方面にも反映され、国家が定める身分法の中に体現させ、かつなおこの種の矛盾と統合との関係を反映させている。

周知のように、魏晋南北朝隋唐時代は国家の法律制定に参与する人士の多くが世家大族の出身であった。これにより、儒学を家学とする士族による「引礼入律」は歴史の必然であった。これに対し、陳寅恪氏はかつて『隋唐制度淵源略論稿』などの著作の中で、隋唐の礼律制度と漢人士族とが不可分な関係にあったと詳細に論述している[五〇]。翟同祖氏、劉俊文氏らにもまた深い研究がある[五一]。総じて見れば、魏晋に始まった「引礼入律」の展開は、実際のところ世家大族と皇帝権力との闘争の過程にあり、まさに儒家礼治の主張が法律系統に浸透してゆく過程である。

六朝隋唐時代の良賤身分制度の形成の歴史については、学界でも多くの論争がある。中国の学術界では一般に、奴婢階層については古代奴隷制度の残余と解釈され、部曲階層については主として漢代の軍隊編成中の部曲制が発展したものであるとされ、雑戸、官戸、番戸等などは中世以前の歴史とさほど関係を持たないとされている。ある研究者は、「六朝の等級区分は第一に秦漢以来のものを踏襲した「良賤」の分がある」という[五二]。中世の等級身分の多層化及び複雑化については則ち、封建制の発展が反映されたものである[五三]。侯外廬氏などの研究者は「唐代等級制度の再編制」を極めて強調、重視しており[五四]、良賤身分制を唐代の身分等級の「再編制」の結果によるものであると見なしている。

日本の研究者は中国身分制の研究において当該時代を重視して、その論は中世良賤身分制の淵源に及び、おおよそ三つの視座を示している。第一に、その淵源を秦漢とする説である。西嶋定生氏は、良賤の身分制を皇帝支配体制と切り離して理解することはできないとして、良賤身分制の淵源を秦漢帝国時代に求めている[五五]。第二に、三国時代とする説である。堀敏一氏は、良と賤の観念は漢代に現れ、良人と奴婢という明確な対立概念は後漢末・三国頃に現れる、とする[五六]。第三は、北魏とする説である。尾形勇氏は、漢代においてはまだ身分としての良人という概念は成立せず、良人の語は三国期に出現し、北魏の均田制成立期に正式に登場する、とする[五七]。

唯物史観は、「人々が自ら創造する自己の歴史は、しかし彼らがそうしたいと思うものではなく、彼らが自ら選んだ上での創造でもない。直接に遭遇し規定されたものにおいて、過去より継承されていた条件の下で創造するのである」[五八]という。

中世の良賤身分制度は、主に中世社会の特定の経済基盤、歴史条件の下の産物であり、同時に奴婢のような一部の身分は、則ち既定された現実の社会基礎を有しつつ、また前時代の一面も踏襲している。整えられた中世良賤等級身分制の体系の形成は、中世の経済、階級、階層関係が多重層化して政治上に反映したもので[五九]、更に統治者と世家大族が「引礼入法」を行う過程の最中にあって、儒家礼学を継承した等級身分という伝統観念が、政治や法律体系という一種の現実的な場に上昇したものでもあった。(六〇)西晋の杜預は「上晋律表」の中で、晋律の基本精神が「遠遵古礼、近因時制」、「格之以名分」にあると述べている。(六一)中世の良賤身分制の形成はまさしく斯くの如きものである。

前述の通り、先秦の儒家の思想は、一過性の理論や空想ではなく、中国社会において原始氏族制が早期の部落国家へと転変する時期にあって、社会の等級が細分化してゆく過程で次第に形成されたものであり、宗法血縁関係という厳重なる存在及び自然経済の絶対的な地位の占拠を自らの基礎とするものであった。儒家の思想はある種において原始性や宗法性を備えていた。後漢魏晋以降、商品経済が衰退したこと、及び自然経済が社会経済中において新たに一切を圧倒する地位を独占すると、儒家の思想と経済とは戦国や秦漢時代と比べてもなお、却ってその親和性を増した。この時代の北来世家大族による宗法血縁関係の強化及び礼教に対する殊更な重視は、儒家の礼が法律体系に大いに取りこまれたことと、礼律合一が加速的に進んだことの重要な原因と言えよう。

もし中世良賤身分制の淵源を論ずるならば、それは早くも曹魏時代に行われた士家制度の中に既に中世良賤制度の一種の雛型があった。(六二)そして北魏に至ると、皇室と世家大族との激しい抗争の中で、あるいは孝文帝などの開明的な皇帝による漢化政策の中で、北魏の統治者はついに漢人士人の体系化された価値観を受容し、自身の内的な漢化の中で門閥貴族、良賤身分体系を包括させたのである。中世貴賤身分制度は全面的な系統化、法典化を開始した。

以上のように、中世良賤身分体系の出現は、当時の北方社会の多様な経済的要素の併存、及び社会の実生活中の身分等級の細分化と不可分なのである。(六三)更にこの時代の世家大族が政治上の重要な地位を独占していたこと、儒家の礼法観念を法律系統に努めて浸透させていたこと、及び北魏の統治者の漢人士人との対立と妥協という政治政策の背景もまた深く関わっている。

まさしく中世良賤身分制度は魏晋南北朝時代の自然経済の隆盛、商品経済の衰退、労働者身分の多層化を背景として生じたものなのである。理念上においてはまた世家大族の儒家的な等級、尊卑貴賤の観念が「引礼入律」を引き起こす過程にあって、これによりこの身分体制は先秦時代が如き世襲制と閉鎖性を帯びた。良賤身分制度の賤民身分に体現された特質は、以下の五点にまとめられよう。第一に、身分の差等。第二に、身分の世襲。第三に、同等級間での婚姻。第四に、同罪であっても身分ごとに刑罰が異なる。第五に、身分の放免である。(六四)

中世における賤民身分のこれらの特質については、魏晋南北朝の法を踏襲して形成された『唐律』で明確に規定されており、研修者間の見解にも大きな疑義はないため、ここでも重ねては議論しない。

『唐律』中の良賤身分制度に対する法律規定については、かつてはその条文の多くは形式上の文に過ぎず、中世の現実生活において一定の実効性を持つものでは無いとする見解もあった。しかし敦煌文書や吐魯蕃文書が出土して以降、この問題が再び持ち出されることは無くなった。西魏の「大統十三年籍帳」、「唐西州籍帳」など大量の文書には、この良賤身分体系が非常に明晰に反映されていた。これにより、私たちは『唐律』の良賤身分制度に関する大量の規定が中世社会の現実の反映であったことを明確にすることができるのである。(六五)

五、唐律より見る良賤身分制における儒家的家父長観念の影響

中国中世の成熟期に生まれた『唐律』については、中日の学界に既

に累々たる研究成果がある。そのうちの良賤身分制度に対して、ことに日本の研究者が極めて細緻な研究を行っており、筆者もまた長期的角度より制度の形成と衰退を具体的に分析した。[六六] ここでは、特に唐代の賤民身分についていささか論じたい。

筆者の基本的な見解として、唐代の賤民身分体系は既に中世社会の経済と階級関係から多様化を見せており、また皇帝権力と士族との相互の闘争と妥協が最終的に儒家の礼法による尊卑等級の観念をして法律の中に浸透せしめ、法律中の家父長的性質を再び強固なものへとせしめた。

周知のように唐代社会において、その国民身分体系の本体は、科挙により選抜された官僚が体系づけた編戸斉民の制度であり、また国家は均田制度などを通じて臣民に対する階級統治を実現させた。たとえば、均田令が官職の高低によって受田の数量を規定していることなどである。漢代の名田宅制度が普遍的に賜爵、授田していたことと比べれば、唐代は主として官位の高低によって身分等級ごとに差等を設けた授田を実現していた。また部曲、奴婢のなどの賤民は受田の列に加えられなかった。

もし唐代の官僚組織の選抜が科挙制度を通して社会の大衆に向けられていたという一点を言うならば、漢代の二十等爵制が軍功事功を通して爵位の高下を決定させていたことに比べて、その社会に対する開放の度合いはどうであろうか。魏晋南北朝時代より以来の身分は依然として優越的であった世家大族は、武則天以前においてもまたその身分の優勢的地位が政権中に見られることは明白である。

しかし唐代の良賤身分系統においては、情況がまったく異なる。唐代の良賤身分体制は複雑にして完成されていた。『唐律』五〇二条の中、百余条の律文がこの事と関係している。当時の社会では皇帝を除いて、みな一個の良賤身分大系の中に包括されていたのである。

ここでは唐律とローマの法を比較することを通して、[六七] 唐代の賤民中の主たる存在——私奴婢の身分について重点的に分析しよう。

法の規定より考えれば、唐代の奴婢とローマの奴隷はその来源、法律的な地位、「個人権利」、身分の解放など幾多の分野において類似する所も相違する所もある。しかし総じて見るに、唐代の奴婢の法が定める身分地位は、ローマの奴隷身分の高さとは、とても比べられるものではないのである。

たとえば、ローマの奴隷と唐朝の奴婢の法的地位の比較より見れば、唐代の奴婢とローマの奴隷とは共に権利の客体であり、財産としての性質を明確に備えている。研究者が唐朝の奴婢について論じるとき、往往にして奴隷が殺害されるか否か、財産を所有できるか否か、婚姻できるか否かなどいくらかの方面から、唐朝の奴婢が既に奴隷社会における奴隷とは異なる存在であることを示す。確かに法律規定の上より見れば、この様な視座は議論に値する。

まず、奴隷の殺害に関する問題である。

一般に、ローマは奴隷を殺す権利について厳格な制限を受けていると言われる。では人々が通常説明する所のローマは、如何なる状況下で随意に奴隷を殺害することができ、いかなる状況下でそれが発生するのだろうか。馬克堯氏はかつて『羅馬和漢代奴隷制比較研究』の一節で、「まずローマの奴隷主がその奴隷を殺害する権限について、その家父長権と関係があろうと考えられる。古代ローマは社会の発展の中で家父長制の家庭を形成しており、この大家庭の中には姻親関係の家族の他にもその奴隷もが包括されていた。〝Famil〟の言葉が家族を指すと同時に、また奴隷を指す語でもある所以である。この種の大家庭には一人の家長（家父）があり、その妻、子女及び奴隷はその権力下にあった。ローマ法を根拠とする家父の権力は非常に大きく、子供を売りに出す権限、生殺の権限も備えていた。子供には権利能力も財産権もなく、その財産も家父が一時的に保管、運用することを認めているだけで、奴隷の財産と同様に特有財産と呼ばれるものであった。子供の地位と奴隷のそれとが同じであることの所以である。そして奴隷も当然、家長に売りに出され、処置され或いは殺害されうるのである」[六八]と分析して述べている。

奴隷を殺害する権限はローマよりも早期の家父長制に関連していると考えられるが、この見解はまさにその要点を付くものと言えよう。この他、大量の捕虜を屠ることは通常軍事の必要とされ、或いは報復的行為において処されるもので、正常の殺奴権とは同一視し難い。ローマ法によれば、早くも共和国時代に主人が奴隷を随意に処刑することはできないという習慣があったという。もし奴隷が重大な過失を犯しこれを処刑しなくてはならない時は、家族の一致した同意が必要となる。もし主人が奴隷に笞打つ時は、家族或いは親族には酷刑を阻止する権利がある。ローマ法はなおも奴隷が虐待を受けた時に神殿に逃げ込んで庇護を求めることができること、政府の役人もまた奴隷主から過剰に虐待された奴隷を預かる権利を持っている。帝政時代に至ると、奴隷の数が非常に増えたことにより、その地位は日益しに重要視され、ひとつの無視できない階級勢力へとなっていた。国家は奴隷を虐殺することについて更に禁令を発布した。法律の上から見れば、「要するにローマの奴隷が主人から意のままに殺されるというのはなお全く不適当なことである」[六九]となろう。

法の上より見れば、唐代の奴婢の境遇はローマの奴隷と比べて劣悪であった。それを以下の方面から検討しよう。

第一に、唐代の奴婢の主人には一種の奴婢を処刑する権利があった。唐律では「奴婢賤隷、雖各有主、至于殺戮、宜有稟承」と規定されていたと雖も、しかし実際のところ法ではまた「諸主殴部曲至死者、徒一年、故殺者、加一等、其有愆犯決罰致死、及過失殺者、各勿論」[七〇]とも規定されていた。この条文は部曲の規定に正面から向き合うものではあったが、しかし部曲を罰して死に致らしめた場合はひとまず罪は問われず、身分が更に一級低い奴婢を罰して死なせた場合は、どんな罪過もないとされた。別のことでは、唐律ははっきりと「其有過失殺緦麻以上部曲、奴婢者、各無罪」[七一]と規定している。実際のところ主人が罰して奴婢を死なせた場合、多くの状況下ではみな奴婢の「愆犯」のためとするのは難しいことではない。彼らは意のままに「決罰致死」、或いは「過失」によって奴婢を殺し、自身は罪から逃れることができた。この他では、唐律の「盗及傷人者」の条ではまた「殺一家三人為不道。注云、殺部曲奴婢者非」[七二]と規定され、明確に部曲や奴婢が「人」の外に排除されていた。「八議」の特権を有する高官貴人や功臣などは、司法上の特権を享受することにより、恣意的にかつ法律上の懲罰を心配することなく奴婢を虐殺することができたのである。

第二に、この時代は奴婢を故意に殺した場合の罰も極めて軽く、それは牛馬を殺した場合よりもなお軽かった。唐律は、「諸奴婢有罪、其主不請官司而殺者、杖一百。無罪而殺者、徒一年」[七三]と規定して、また「若盗官私馬牛而殺者、徒二年半」[七四]ともしていた。罪ある奴婢を殺した場合と牛馬を盗み殺した場合では、刑罰に四級もの差があった。また罪なき奴婢を殺した場合とでは、三級の差である。人と家畜との刑罰の差の大きさに、人は驚かされよう。罪のない奴婢を殺した場合は僅かに徒一年で、牛馬を盗み殺した者よりも四級も軽い。これに反して、「諸部曲殴傷良人者、加凡人一等。（原注、加者加入于死）奴婢又加一等」[七五]、「諸部曲奴婢過失殺主者、絞。傷及罵者、流」[七六]とあり、また放免された奴婢がもし昔の主人を罵った場合は、唐律の規定を按ずるになお徒二年に処され、傷害した者は絞首となる。唐代の奴婢の地位が極めて低く抑えられていることが見えよう。

第三に、唐代の奴婢は、謂われなくどんな虐待を受けても、主人の謀叛に関わるものでなければ、主人を告発することが許されていない。唐律は、「諸部曲、奴婢告主、非謀反、逆、叛者、皆絞」[七七]と規定する。唐前期では奴婢が主を告発したことによって処刑された例が少なくない。『貞観政要』巻八 刑法には、唐太宗の時、一度は与えた奴婢が叛逆を告発する権利を取り消して、奴婢が主を告発した場合は、その事の真偽や如何を問わず一律に処刑したとある。ローマの奴隷が神像や護民官に向かって主人の虐待を告発できる法律規定があったことに比べると、唐の最盛期たる貞観年間に、唐律上の奴婢の地位の低さが分かろう。

次いで、奴隷、奴婢の婚姻権の問題についてである。

ある学者は、唐代の奴婢は自己の家庭を持っており、半ば封建化された農民のようだった。彼らはローマの奴隷が家庭的な配偶者を持てなかったのと異なる、としている。しかし実際は、法律の規定より見ればローマの奴隷と唐朝の奴婢の婚姻とは根本から異なっているのである。

法律の規定によれば、ローマの奴隷は婚姻する権利がない。「奴隷は完全に市民法上の結合を享受できない」[七八]、この条文はローマ法が奴隷を物と見ていたことと関係している。ローマ法は、人は三方面の人格(caput)を備えているとし、即ち自由権、公民権、家族権である。奴隷は自由人ではなく、当然わずかな権利も有していない。家族権は一個人がある家庭に属することを指し、家庭の成員が享受する権利と義務を作り、そして合法的な婚姻が家庭を組成する前提条件であるとしている。ここにおいて家族権がない奴隷は当然婚姻権を享受することはできず、ローマ法は男女双方が奴隷である場合の結合、或いは自由人と奴隷との間の結合をcontubernium（同居）と称している。ローマ法が奴隷の婚姻をまったく承認しない所以は、それが自由人と奴隷との境界を混然とさせることによる。またローマ法は遺産占有の問題を論ずるとき、「親等の近しさに依ってその取得される遺産の占有を許可することに関する大法官の告示は、奴隷の血縁関係には適用されず、古代法よりこの類の血縁は承認されてこなかった」[七九]と明確に指し示している。古代ローマの農夫が書中に描いた荘園内で兵営式の生活をする奴隷の様子は、彼らが婚姻と家庭を持たなかったことを的確に示している。[八〇]だが事実より見ると、ローマの奴隷が婚姻をする現象は大変多い。ウァロはかつて以下のように建議している。牧奴に女奴を与えて同居させることは、家畜に対してより良い配慮をするだけでなく、また奴隷の子供を産ませて主人の奴隷組織を拡大することができる、と。[八一]コルメラ（L. J. M. Columella）は更に、奴隷は予め婚姻をしてこれに子女を育てさせ、女奴が子を産めば労働を減らすことができ、また子女三人を産めば生めば自由を獲得できると主張している。[八二]法律中にて常に奴隷の妻、父、子、娘などの家庭関係の名称が提示されていることは、事実上は奴隷の婚姻と家族の存在が承認されていることに等しい。

唐朝の情況より見ると、法律の規定上、部曲や奴婢は「同色為婚」が可能であり、奴婢が同一の身分階層内での婚姻権が承認されているようであるが、しかし実際は奴婢の結合は決して本当の意味での婚姻ではない。結婚するかどうか、いつ誰と結婚するか、結婚の後に産む子供、奴婢にはいずれもその些かの権利もなく、全ては奴婢の主人によって決定されていた。奴婢の主人たちから見れば、奴婢たちの結合は家畜の配合のようなもので、彼らの生育は全く主人が労働力を増加させたい需要のためである。即ち唐律の「生産蕃息者、謂婢産子、馬生駒之類」[八三]という所である。唐律の「廐庫律」の「験畜産不実」という律文の下には、疏議が「若験奴婢不実者、亦同験畜産之法」と規定している。「名例律」の「諸以贓入罪」の条の下には、良人が所有する婢との間に儲けた子女について、「不合従良、止是生産蕃息、依律随母還主」[八四]と規定されている。奴婢の結婚が正常の人のものでは全くなく、主人の為に新たな奴婢を「生産蕃息」することに過ぎないことが分かろう。法律は、奴婢が反逆の罪を犯した場合、その所謂親族を連座の対象としないと規定して、その親族関係が法の認可する所でないことを表明している。この他では、主人は何の法律の制限も受けずに、奴婢の妻や娘を任意に妾とすることができ、また好きなように姦淫の玩具とすることができた。奴婢の夫妻をそれぞれ売りに出し、転送することも随意にできた。このような所謂婚姻の下で、良人のそれのような法が定義する「家庭」は存在せず、家族権は言うに及ばない。別のものでは、奴婢には姓氏がなく、中国古代における姓氏権の獲得及び姓氏が子孫後世にあって存続すること、血統を継ぎ、祭祀を継承するという基本的な血縁継承関係について、唐代の奴婢にはその姓氏を獲得する最小限の権力もなく、家族権の類は言うまでもない。

以上より婚姻権の情況を見てきたが、唐朝の奴婢はローマの奴隷と比ぶべくもなく、唐律があのように直接的に奴婢の産育を騾馬と同類に述べていることを象徴として、奴婢は畜産の類と同様に見なされ、人に家畜が混同しているかのようで、ローマ法におけるものと見るに及ばない。

第三に、奴隷、奴婢の財産権の問題である。

ローマの奴隷は法律上の権利主体ではなく、原則として財産権を持たなかった。しかし奴隷が家庭を持てば、必然として家庭を維持する為の最低限の財産はあるべきであり、もし家庭がありながら最低限の財産を持たないとしたら、どんな家庭でも存在することは困難である。早期のローマ法の規定では奴隷は全く財産権を有しておらず、紀元前二世紀の共和国時代のローマ法も、「奴隷を通して取得した物を所有することは、等しく主人による取得である」[八五]と規定している。これはまさに当時の奴隷の兵営式生活様式と管理方式に関係していると言えよう。「兵営式生活の奴隷は財産を持たないだけでなく、家庭の生活も持たない」、「人類はただ家庭の中にあって初めて後代へと伝えることができるのであり、生活を追われ兵営中にある奴隷は即ち自身を再生産することはなく、また奴隷営には絶えず新たな人手の補充が必要であるので、必ず新たな奴隷を絶えず購入しなくてはならないのである」[八六]、そして「奴隷市場は本来戦争や海上の略奪などでやっと断続的に労働力を一個の商品にし得た」[八七]という。これはローマ早期が戦争の捕虜によって外国勢力と奴隷を交易していた来源の状況を明らかにするものである。帝国時代では、ユスティニアヌス一世は、ローマ法では奴婢が自己の財産を所有することはできず、その獲得した如何なる財物もみな主人の所有に帰するとし、「あなた方の奴隷が物の転譲で接受した物、或いは口約ないし如何なるその他の理由を根拠としてその取得したもの（財産）は、みなあなた方の利益となり取得物となる。たとえあなた方が事情を知らなくても、そうしたいと願わなくても。奴隷は元々他人の権力下におるものであるので、自己の財産を有することができない。もし奴隷が相続人に指名されたとしても、奴隷はあなた方の命令を奉ることなく遺産を受け取ることはできない。そして、また許しを得て遺産を受け取った場合でも、それもまたあなた方の利益になり取得物となり、あなた方自身が相続人に指名されたのと同じ事になる。奴隷はまたあなた方の利益の為に遺贈物を取得する。あなた方の権力下の者を通じて、あなた方はただ所有権を得るだけでなく、かつ占有することになる。奴隷たちが占有する如何なる物も、みなあなた方の占有物と見なされるのだ」[八八]とする。ローマ法の遺嘱権に関する律文の中では更に明確に、「市民法を根拠として、家長権力下の者が持つ一切の私有財産はみな家長の財産の内に計算され、奴隷の私有財産もまた同様に主人の財産に加えられる」[八九]と規定する。ただ実際のところ共和国末期以降のローマ法では、一方で奴隷が「特定財産」を有することができるという規定があった。[九〇]ローマの奴隷の「特有財産」は、奴隷が持つ財産のことで、しかしこの種の財産は形式上で奴隷の所有となっているだけで、ひとたび主人が必要とすれば、その特有財産を随時回収することができ、或いは他者に贈ることができた。まさに上記引用の「彼ら（奴隷）が占有する如何なる物も、みなあなた方の占有物と見なす」、「奴隷は元々他人の権力下におるものであるので、自己の財産を有することができない」と述べるものであろう。ユスティニアヌス一世の《Institutiones》は明確に「もし奴隷の特有財産を遺贈するならば、特有財産は遺嘱人が存命の時には一切増減せず、疑いなく受遺贈人が取得ないし負担する。もし遺嘱人の死後や相続人が遺産を受け取る前に奴隷が取得した物がある時は、ユリアヌスによって以下に区分する。もし特有財産を奴隷本人に遺贈するならば、同時に受遺贈人に自由を与え、相続人が遺産を受ける前に取得した一切は、なお受遺贈人の所有に属す」と定めている。この律文によれば、主人は奴隷の特有財産に対して、奴隷或いはその他の者へ遺贈する決定権を持っており、奴隷には明らかに「特有財産」の最終決定権がないのである。

『法学総論』第二巻第二十篇は更に規定する。「特有財産でまだ（主人が）奴隷に遺贈されることが確定していないものは、ただ奴隷の自由に遺嘱されることにより奴隷に属す。遺嘱人の生前に釈放された奴隷の場合、もし彼が特有財産を奴隷の手中から取り去ることを明示しないならば、特有財産は奴隷の所有に属す」と。前者の説明は、主人が遺嘱してその死後に奴隷を解放して自由人とすることを表明していても、「特有財産」は主人が奴隷に遺贈していなければ、如何なる「特有財産」も解放された奴隷に属さないというものである。後者の説明は、主人がその「特有財産」を本人の生前に解放された奴隷から取り去れるという、完全に主人の意志によって決定されるというものであり、奴隷は解放された者も含めて根本的に発言権を有さないのである。以上の律文はいずれも、奴隷の「特定財産」が主人の財産であることを十分に説明している。奴隷本人が主人の財産であるために、「主人の財産」の財産は、当然主人の財産なのである。

中国の唐代においては、『唐律』によれば奴婢は原則として財産を所有しない。たとえば『賊盗律』の掠奴婢の条では、もし奴婢が帯びていた財産が盗まれた場合、奴婢より盗んだ者は「掠奴婢」により罪から除かれ、なおその窃盗罪を裁くならば、奴婢が「不合有財」であることによってその帯びている財が奴婢の主人の財であると見なすのである。奴婢が身に帯びる財を盗んだ者は、実質的には奴婢と奴婢の主人の双方より窃盗を犯した罪なのである。同じ条件下において良人や部曲の財を盗んだ者は、即ちただ良人・部曲から盗んだ罪とされ、良人・部曲の主人より盗んだ罪とは見なされない。良人・部曲が「合有資財」であるためである。その財産は良人・部曲に属するのであって彼らの主人に属するのでは無いのである。[九一]この律文は奴婢の財産がその主人に属し、自身が財産を有しないことを明確に物語っている。

しかし別の一方面では、唐代の奴婢には実質的にローマの奴隷の

「特定財産」に類するかのような事例もあった。『唐律』に奴婢が個人財産を所持することを証明する律文がある。たとえば『唐律』は、「部曲奴婢應征贓贖者、皆征部曲奴婢」と規定しており、[九二]その主人が取得しない場合には奴婢が賄賂を受けるとされており、これは唐代の奴婢が個人財産を有していたことを物語っていよう。この個人財産は、一定の情況下で奴婢と主人の財産が分離したものである。[九三]ローマの奴隷の「特有財産」と類似するものであろう。ただはっきりとしていることは、奴婢はなお「既同資財、既合由主処分」であったことからその所謂私有財産の性質を知ることができるということである。所謂奴婢の財産は、形式上で奴婢の所有となってその簡単な生活や生産需要を維持しているものに過ぎず、主人は必要に応じて自由にそれを没収することができた。『唐律』中において奴婢が私人財産を持つことができたということは、唐代の法定より推断するに、奴婢が独立的な個人経済を持っていたのは半封建的農民に属することが成立し難かったためであろう。早期には北魏の均田制度下で、奴婢は受田の対象となることができたが、ただし奴婢の所謂受田とは、奴婢個人の所有となるのでは決してなく、その土地は奴婢の主人に属するのであった。同様にローマの奴隷が「特有財産」を持ちつつ自身の地位を変えることができなかったことと同じく、唐代の奴婢も個人財産を有してはいても本質的にそれが主人に属する財産であることに変わりは無いのである。

この他、唐代の奴婢とローマの奴隷とで個人の権利やその身分からの解放について比較した時、唐代の奴婢の地位がローマの奴隷より低いことが見えるが、紙面の都合からここでは割愛する。

ではかかる唐代の奴婢が法の上での地位がローマの奴隷の地位に及ばないのは何故であろう。それは恐らく、法における宗法家父長制からの影響が背景となっていると思われる。

この点を踏まえ、唐代の賤民制度が中国の伝統社会、自然経済の条件下において宗法血縁関係による家父長制が長久的に存在していた事と密接な関係があったことを、試みに唐律の以下の規定より見よう。

第一に、「諸告祖父母、父母者、絞。注曰、謂非縁坐之罪及謀叛以上而故告者。疏議曰、父為子天、有隠無犯、……若有忘情棄礼而故告者、絞」[九四]である。子・孫で父輩などを告訴した場合、子・孫は絞刑とされ、一方で父輩らへの処分は告訴ではなく自首した場合のそれと同じとなる。同様に、部曲や奴婢が主人を告発した場合、それが謀反・叛・逆の罪でなければ奴婢らは「皆絞」、主人は自首扱いとなる。[九五]部曲・奴婢が主人を告発することが、子・孫と父輩とのそれと同じく厳重に禁じられていたことがわかろう。

第二に、「諸謀殺期親尊長、外祖父母、夫、夫之祖父母、父母者、皆斬」とあり、またこの律に続いて「諸部曲、奴婢謀殺主者、皆斬」[九六]と規定されている。賤民が主人の殺害を謀ることが子の父祖に対するそれと類比されていることがわかろう。

第三に、「若子孫違犯教令、而祖父母、父母殴殺者徒一年半、以刃殺者、徒二年。故殺者、各加一等、……過失殺者、各勿論」と、また「諸奴婢有罪、其主不請官司而殺者、杖一百。無罪而殺者、徒一年」、「諸主殴部曲至死者、徒一年。故殺者、加一等。其有愆犯、決罰致死及過失殺者、各勿論」[九七]とあることである。両者を比較すれば、賤民を殴るないし殺害することと、子・孫を殴る・殺害することの処罰とは凡そ近しく、過失にて殺した場合はどちらも罪に問わないとされている。

第四は、「若子孫于祖父母、父母、部曲、奴婢于主冢墓薫狐狸者、徒二年、焼棺椁者、流三千里、焼尸者、絞」[九八]である。この律文は、賤民と子・孫が同様の罪を犯した時は受ける刑罰もまた同じであるとしている。

第五は、「諸罵祖父母、父母者、絞。毆者、斬。過失殺者、流三千里。傷者、徒三年」とあり、また「諸部曲、奴婢過失殺主者、絞。傷及罵者、流[九九]」とある。ここでは子・孫が父祖を罵るまたは毆れば死刑とされており賎民の同じ罪に比べると処罰が厳重になっている。これは父祖を罵る・毆ることが乃ち宗法家長制度において厳重なる罪行とされていたためであり、故に処罰が極めて重いのであろう。そして子が過失により父祖を殺めた場合は流刑三千里であり、死刑ではない。恐らく意図的なものでなければ三綱に違うものではないとされているからか。一方で賎民が主人に対して同様の罪を犯すと死刑になるというのは、恐らく賎民の「事主須存謹敬、又亦防其二心」によって過失であっても主を殺せばまた極刑に処されるのであろう。これらの律文の比較より見えることは、賎民の主人に対する罪と子・孫の父祖に対するそれとが、処罰では区別されているとは言え類似する点は多いことである。なお過失による父祖の殺害（流刑三千里）と主人の殺害（絞首刑）とは、わずかに一級の差に過ぎない。

瞿同祖氏は『中国法律与中国社会』の中で父権について論じる時、歴史上で殺子の権が宗法関係の強弱と直接的に強い関係を持っていたことに注目している。西周から春秋時代に宗法関係が強い効力を持っていた時、父は子を殺す権限を有していたが、戦国から秦漢に宗法関係が弱体化して二人以上の男子が同居しえなくなると殺子の権も制限を受け、また漢以降の中世で宗法関係が強化されると則ち父権も再び強化された。かつまたその影響は宋から清まで及んだ、という[一〇〇]。

唐律の各分野の規定より理解できることは、賎戸と主人の法的関係は子・孫と父祖のそれと非常に近しく、またそれは決して偶然ではなく[一〇一]、中国古代社会の奴隷制の大部分が家父長的な宗法体系内のとある一点と不可分であったためであり、かつ儒家の名分的等級とも常に不可分であり、また中国の自然経済が始終優位にあったこととも不可分なのである。

前述のように、春秋戦国時代の社会変革は従来の宗法等級制度に巨大な衝撃を与え、各国の変法は宗法制を基盤とする世卿世禄の制度を破壊し、新たな等級身分体系を戦国から秦漢にかけて建立させた。法家思想に基づく二十等爵制による新たな身分体系である。しかし漢武帝より諸子百家が退けられ儒家一尊となって以降、士族勢力が発展し、後漢に至って宗法血縁関係の伝統は再び拡大し、加えてこの時期の商品経済の衰退が自然経済の色彩をより濃いものとしている。世家大族の台頭と君主権力の弱体は、宗法血縁関係をして人々が拠り所とする最も重要な社会関係のひとつにせしめた。

具体的に言えば、中世の私賎はみな宗法血縁関係の内部に隷属しており、このような家父長制家族においては男系家長が一切を取り仕切り、妻妾や子・孫は賎民を含めてみな家父長の絶対的支配の下に置かれた。このような状況下で、ある意味においては子・孫の生殺の権限は家父長に掌握されており、また賎民は言わずもがなである[一〇二]。中世、北方の異民族が中原にその原始氏族制を持ち込むと、中原の宗法血縁関係は更に一歩進んで強まった。侯外廬氏は、「もし中国の古代氏族制度と公社組織の重みが陸続と後代の封建的社会に影響を及ぼしたと言うならば、そのような奴隷もまた家族に随い封建的社会に残存したであろう」と重要な指摘をしており、また奴婢のみならず、部曲、僮客、賓客もまた「有家族奴隷的遺跡」だとしている[一〇三]。

唐初に隋を継承して制定された唐律は、唐初の社会経済や政治関係を反映するものであり、かつ中世の法律制度の集大成であった。中世社会における士族や豪族の巨大な影響は、唐律の幾多の律文中に現れており、まさしく世家大族階級の意思が所謂西晋以来の「引礼入法」のように法の中に浸透していったのである。これは儒家の礼が元々西周の宗法血縁等級制度の産物であったことに関係している。世家大族が特に礼法を重視した所以は、儒家の礼法が宗族内部の等級身分構造と秩序とを維持するための最良の理論と根拠を提供するものであったためである。唐律中の部曲、奴婢など卑賎の地位に関する膨大な規定は、主人の賎民に対する生殺与奪に近しい権力を与えている。世家大族が家父長的宗法血縁関係を利用し、また名教を利用して賤民の卑賤なる身分地位を確定させ、それを借りて労働人口の専有と強制力の強化を行ってきた表れである。

家父長制下の奴役の残酷さに関して、研究者たちは早期から注目しており、童書業氏はかつて「ギリシャ（アテネ）、ローマの債務奴隷制が廃止される以前では、その残酷さはどんな東方国家も及ばない」[一〇四]と指摘しており、童氏が指摘する所は、ギリシャ・ローマの家父長奴隷の時代にある。馬克堯氏は主人が奴隷を殺害する権限の問題を研究する際、ローマの家父長制関係と問題を一にしていた。なぜ家父長制下の奴隷はここまでに悲惨な命運にあるのか。唐律に規定された賎民が、その身分地位があらゆる方面でローマ法下の奴隷よりもなお低く賤しいのは何故か。この理由が家父長の家族と家庭関係における絶対的支配地位にあることは明らかであろう[一〇五]。

またなぜ中国古代社会において、宗法血縁関係下の家父長制は長い時代存在することができたのか。その主たる原因は中国の自然経済が長久的に存続したことにある。自然経済の閉鎖性は商品経済の十分な発展を困難にした。商品経済が相応の発展をしなかったのは、閉鎖状態にある宗法血縁の等級身分制によって、商品経済において重要である双方が対等な契約、交易が容易でなかったからである。中世に自然経済が再び強まると、春秋戦国以降相当の発展をしていた商品経済は抑制され、そして宗法血縁関係も秦漢期の弱化より却って一層強まることとなった。これが中国宗法家父長制下の奴隷制をしてある種の増強をせしめた背景である。

以上を総合すれば、魏晋南北朝隋唐時代を身分制度の発展段階より見るに、門閥士族が社会に巨大な影響力を発揮し、宗法血縁の家父長権力が再び強化されたことにより特異な士庶良賤の身分体系が成立したことで、士庶は大きく隔てられ、賤民の法的地位は低下しかつ世襲された。ここにこの時代の身分制度の明確な特質があると言えよう。

六、唐宋変革後の中国身分制度及びその特性について

唐帝国の衰落は、中世という時代の終焉を示す。中世と近世とを区分する具体的な境界について、史学界は或いはこれを中唐と見なし、或いは唐末に、或いは五代宋初にと一定しないが、しかしながら内藤湖南氏が早に提唱した唐宋の社会変革については概ね正念されるところである。

内藤氏が指摘する唐宋期の数多の変革のうち重要なものの一つが、即ち貴族制度の衰退である。実際、より広義より見れば唐宋は事実上の中世身分体系の終焉にあたり、宋元以降の新たなる身分体系の始まりの時代であった。

中世の世家大族の唐代における衰退については、既に議論の余地がないかのように、世家大族の衰落が具体的には南朝末なのか、隋末なのか、あるいは唐末なのか、中国の研究者たちは非常に膨大な論争をしてきた。しかし遅くとも宋代以降にはならないということは、宋代

に「自五季以来、取士不門家世、婚姻不問閥閲」[一〇六]と述べられていることから明白であろう。中世の良賤身分体制もまた、同様にこの時期に消滅している。宋代の『宋刑統』は、律文の基礎を『唐律』から採用しており、宋代の現実と全く異なる。中世の均田農民は、宋代において既に多くが主人との契約関係にある租佃農民へと変化していた。[一〇七]六朝隋唐時代を象徴する身分固定、婚姻同色、同罪異罰など、良と賤とで天地ほどに隔てられていた賤民階層は、宋代では総覧して存在せず、宋代の奴婢階級は雇用労働者へと変わり、官賤民や部曲、雑戸、番戸の類の賤民は全く見られなくなり、唐代には賤民を指す語であった「官戸」は、宋代の概念においてはまるで異なるものになっていた。[一〇八]これらに対し、それぞれ宮崎市定氏の「部曲から佃戸へ」、王曾瑜氏の「宋代的人力、女使与奴婢」などの重要な論文が既に詳細な検討を行っている。[一〇九]宮崎氏は宋代の社会変化を、「宋代の政治はその前代に比べて、幾つかの優れた特徴をもっていた。従来の身分制を打破して独裁君主の下に、万民は互いに平等であるべきだという原則を樹立したのは、その一に数えてよい」、「前代の奴婢とか部曲とかいう、良民から区別されている賤民は、最早や存在しないのだ、ということになる。これこそ東洋史上において、これまで見られなかった比類なき貴重な人権宣言ではないか」と高く評価している。

宋代以降の中国社会の身分系統の変化としては、たとえば宋元以後次第に地方の「敬宗保族」の趨勢が現れたことがある。僅かな地方の家父長権、族長権が強化されたという現象であるが、[一一〇]その上元代の四等級制度もまた一種の民族差別を背景とした身分制度であり、東南沿岸においてもまた職業的賤民である「蜑戸」があり、その他には明清の地方の「火佃」など、短期的あるいは局所的な、または国家に承認されない歴史現象であり、中世のような法によって確立された普遍的かつ固定的な特殊な身分等級は、原則として存在しない。宋以降の歴代統治者が、儒教を全面にして法家を退かせ、仏・道で互いに補わせ、君主集権のもとの科挙制度が選抜する官僚組織によって、あるいは地方豪族を通して編戸斉民の統治を実現させていたということは、諸研究の一致する所であろう。しかし紙面に限りがあるため、ここでの論述は割愛させていただく。

七、結語

以上で述べてきたところをまとめれば、中国古代において身分制度は一通りの比較により明確な展開を経てきたものと考えられる。それを各々の特性に拠って区分すれば、凡そ以下のような自然段階に分類することができよう。

第一段階は、先秦時代、宗法血縁の主導の下の世襲身分制の時代である。また自然経済及び宗法血縁を基盤として儒家の礼制思想が形成された時期でもある。

第二段階は、秦漢時代、法家思想の下で皇帝支配による編戸斉民制の上に実行された、二十等爵制による身分制度の時代である。

第三段階は、六朝隋唐時代、儒家の礼制思想の指導下において国家と門閥世族共同体によって、非常に強い宗法血縁関係を備えることを特色とする士庶良賤の身分制が確立した時代である。

第四段階は、宋元明清時代、儒家法家の関係に加えて仏教と道教の理論が互いに補い合う中で、集権的君主権力が制御する選挙制度により官僚が選抜され、それにより編戸斉民の統治が実現した時代である（元代の一時期においてはその限りでは無い）。

これら以上の四時期によって区分をする所以は、その中間的一段階の身分制度がそれぞれ鮮明に突出した特性を備えていることによる。もしより大なる段落により区分するならば、即ち春秋戦国の以前と以後という二段落になろう。前者は宗法血縁が主たる地位を占める世襲社会の時代であり、その以後戦国から清朝滅亡に至るまでがまた一つの大段落となる。この中間が更に小段落として区分でき、全体より見れば即ち専制君主が科挙を通して選抜する官僚体制が統治する編戸斉民の時代である。仁井田陞氏はかつて、中国社会は数千年来、王朝が交代し政治が変幻してきたとは言え、社会の基層である宗法血縁関係が紐帯を為す郷党村落組織は大きな変化をしていない、と指摘している。(一二)首肯すべき見解であろう。勿論、戦国より以前の村社会、共同体組織と比較すればこれを同列とすることはできない。しかし秦政権が確立して以来は、皇帝権力の支配下にある編戸斉民制度が普遍的に実施され、ただその支配の程度が時代や地域、各々の情況によって異なるに過ぎない。身分社会は人類史上、自由、平等、公民権の普遍化の上に建てられた公民社会が確立する以前の主要な社会形態である。人類社会の進歩に共通する傾向とは、伝統社会の身分制度の特徴たる宗法血縁身分制度からの徹底的な離脱にある。ヘンリー・メインは『古代法』(Ancient Law)において以下の有名な一節を述べている。「進歩する社会の運動には、ある一点で一致するものがある。運動発展の中で、家族に従属するものが次第に消滅すること、及びそれに変わって個人の義務が増長することである。……家族の各種権利義務上のあらゆる相互関係に代わって用いられるのが……すなわち契約である。かつて人の一切の関係はみな家族関係の中に包括されてきたが、この種の社会状態を作り出す歴史上の一起点は、この地点より開始される。私たちは絶えず新たな社会秩序の形成へと移行して、この新秩序においてはこれらの関係はみな個人の自由合意により生み出される。……進歩社会の運動は、ここに到って止む。これが「身分から契約」という運動である。(一三)

メインの主張は社会進化の基本原理に拠るものであり、歴史事実に対する客観的な描述は、なお価値あるものであろう。中国の歴史は先秦の氏族世襲制社会より、秦漢の二十等爵制を特徴とする編戸斉民制の時代に至り、また再び六朝隋唐時代の血縁宗法の特色が強まった士庶良賤社会を経て、契約関係が発達した宋代社会に進んだ。時代は総じて一進一退の進歩をしており、最終的には人類すべてが伝統社会の身分的障害から脱却して、人々が平等に、各々の義務を尽くす、自由と公正の新時代へと進もう。これが我々が研究する一問題の意義の所在なのである。

《注》

(一) その議論の様子は、『中国古代史分期問題討論集』(三聯書店、一九五七)、林甘泉・田人隆・李祖德『中国古代史分期討論五十年』(上海人民出版社、一九八二)、張広志『中国古史分期討論』(陝西師範大学出版社、二〇〇三)などを参照。

(二) 谷川道雄『戦後日本的中国史論争』(『日本学者研究中国史論著選訳』第二巻『伝論』(中華書局、一九九三)、西嶋定生『中国古代帝国的形成与結構』序章(中華書局、二〇〇四)を参照。〔訳者注：谷川道雄『戦後日本の中国史論争』(河合文化教育研究所、一九九三)、西嶋定生『中国古代帝国の形成と構造―二十等爵制の研究』(東京大学出版会、一九六一)を参照〕。

(三) 近年では、馮天瑜『封建考論』の出版により、中国史学界では封建の問題を正面から取り上げて、いくらかの議論が展開された。たとえば『湖北社会科学』二〇〇七―一は特集記事を掲載し、「封建」などの概念問題について専門的な議論を行った。ただしいずれも長久的な関心を招くには至らなかった(馮

天瑜等「封建」概念再認識筆談」（『湖北社会科学』二〇〇七－一）を参照）。
(四) 谷川道雄『戦後日本的中国史論争』総論を参照。
(五) 何茲全「争論歴史分期不如退而研究歴史発展的自然段階」（『光明日報』一九九九年一月二十九日）。
(六) 例えば内藤湖南『概括的唐宋時代觀』において列挙される唐宋変革期に関する諸々の歴史現象、例えば貴族政治の衰退と君主独裁政治の興隆、人民の地位の変化などについては、無論如何なる時代区分観を持つ研究者も皆な首肯する所である。
(七) 中国古代の身分制に対しては、清末民国初の著名な法学家である沈家本氏が、『歴代刑法考』、『刑統賦解』、『刑統賦疏』など氏の大量の法学著作において言及している。また同時代のやはり法学家である薛允升は、律学に精通して「官刑部垂四十年」であった。その『唐明律合編』では、唐律と明律における身分等級の規定がひとつひとつ比較されてる。一九四五年に刊行された黄現璠『唐代社会概略』においても身分制度が問題とされた。日本では一九二〇年代に玉井是博「唐の賤民制度とその由來」（『支那社会経済史研究』〈岩波書店、一九四二年〉所収）が、日本における中国身分制度研究の口火を切り、以降日本の研究者は絶えずその成果を発表し続けた。仁井田陞『支那身分法史』（東方文化学院、一九四二）、戦後の浜口重国『唐王朝の賤人制度』（東洋史研究会、一九六六）、七十年代以降の堀敏一『均田制の研究』（岩波書店、一九七五）並びに『中国古代の身分制――良と賤』（汲古書院、一九八七）、尾形勇『中国古代の「家」と国家――皇帝支配下の秩序構造』（岩波書店、一九七九）などがあり、いずれも中国古代の身分問題について極めて詳細な研究を行っている。
(八) 例えば唐長孺氏は三世紀より九世紀の社会身分問題に対し非常に優れた研究を行った。詳しくは『唐長孺文集』（中華書局、二〇一一）を参照。
(九) 拙著『中国中世良賤身分制度研究』（南京師範大学出版社、二〇〇四）を参照。
(一〇) 滋賀秀三『中国家族法原理』（張建国、李力訳。法律出版社、二〇〇三）。
(一一) 堀敏一『中国古代の身分制』に、この時代の身分等級の史料について詳細な論述がある。
(一二) 何懐宏『世襲社会及其解体』（生活、読書、新知三聯書店、一九九六）。
(一三) 経済基盤が上層構造を決定させると言われてきたことに対し、一個の閉鎖された社会において経済の変化の可能性は緩慢であり、社会的、政治的、文化階層の変化は急速的である。張光直氏は、夏商周の三代の経済格差の小ささを指摘しており（『青銅時代』）、二十世紀半ばの黄土高原の一農民が使う工具、生活方式、その介入する経済組織までもがいずれも二千年以上前の農夫と大きな変化がない可能性があるが、ただ社会、政治、文化の方面より見れば小ならざる変化が生じているという。
(一四) 『漢書』巻二四 食貨志上。
(一五) 『孟子』梁恵王上。
(一六) 『漢書』巻二四 食貨志上。
(一七) 杜正勝『編戸斉民 伝統政治社会結構之形成』（台湾聯経、一九九〇）。
(一八) 瞿同祖『中国法律与社会』（中華書局、一九八一）。
(一九) 蒙文通『法家流変考』古学甄徴（巴蜀書社、一九八七）。
(二〇) 『商君書』巻四、「賞刑」。『二十二子』（上海古籍出版社、一九九一）を参照。
(二一) 『史記』巻一百三十 太史公自序。
(二二) ［美］D.ボド『中華帝国的法律』（江蘇人民出版社、一九九五）。
(二三) 『史記』巻六十八 商君伝。
(二四) 無論、儒家の礼もまた絶えず変化するものである。人々は孔子が礼楽中より明らかにした「仁」の観念を以て、孔子の「礼」学の観念が既に西周の宗法中の「親親」の範疇を越えて、字義を拡大解釈して人間関係一切のものと普遍化し、「汎愛衆而親仁」と説明してきた。そして「賢賢」は更に貴族世襲政治の特権を打破した。ただ孔子は西周の宗法、等級身分制を維持する方面には余力を遺さなかったのである。
(二五) 仁井田陞氏はこの時期の生産関係の拡大と交換経済の発展に対し、家族の瓦解過程から詳しい分析をしている。詳細は氏の『支那身分法史』を参照。
(二六) 『馬克思恩格斯選集』第四巻、一〇七頁。

(二七)『馬克思恩格斯選集』第三巻、三五〇頁。

(二八) 侯外廬『中国封建史論』(人民出版社、一九七九)。

(二九) 堀敏一『均田制の研究』、『中国古代の身分制――良と賤』。

(三〇)『荀子』巻十 議兵。『二十二子』(上海古籍出版社、一九九一)参照。

(三一)『史記』巻六十八 商君伝。

(三二)『商君書』巻三 錯法。『二十二子』(上海古籍出版社、一九九一)参照。

(三三)『韓非子』巻十七 詭使。『二十二子』(上海古籍出版社、一九九一)参照。

(三四) 杜正勝『編戸斉民――伝統政治社会結構之形成』、三三五頁。西嶋定生もまた、里の秩序は凡そ血縁秩序によって維持されるものであり、然る後に賜爵によって礼的秩序を規制し、里の氏族結合を解体させたとしている。また天子より庶人に至るまでが皆な爵制の中に包括されたことにより、爵制はただ民間秩序の原理を形成するだけでなく、皇帝を頂点とした国家構造においても爵制による秩序形成が利用されたという。西嶋定生「中国古代統一国家の特質――皇帝支配の出現」(『仁井田陞博士追悼論文集』〈勁草書房、一九六七〉)を参照。

(三五)『商君書』巻四 賞刑。『二十二子』(上海古籍出版社、一九九一)参照。

(三六) 林剣鳴『秦史稿』。

(三七)『史記』巻六十八 商君伝。

(三八) 閻歩克『士大夫政治演生史稿』(北京大学出版社、一九九六)。

(三九) 実際上、春秋戦国時代では秦国のみならず、東方の少なくない国家もまたこの様な戦功や功績によって身分の高下及び経済地位を定める制度を行っていた。晋定公の時、趙鞅は一次誓師詩において「克敵者、上大夫受県、下大夫受郡、士田十万、庶人工商遂。人臣隷圉免」(『国語』巻十四 晋語八)と宣布している。呉起は魏のために河西を守備した時、秦の辺亭を攻撃させて、「有能先登者、仕之国大夫、賜上田上宅」(『韓非子』巻九 内儲説上)と宣布した。爵位と田宅を併せて賞与する例である。申不害は韓の政治改革を主導して、「循功労、視次弟」の制度を立てた(『戦国策』巻二七 韓策)。所謂「視次弟」とは、軍功の大小を勘案することを指しており、それに応じて爵位と田宅を賞与することは、その目的はまさに韓非子が言うところの「夫陳善田利宅、所以利戦士也」(『韓非子』巻十七 詭使)、あるいは「夫上所以陳自田大宅、設爵禄、所以易民死命也」(『韓非子』巻十九 顕学)であろう。

(四〇) 閻歩克氏ら研究者は、秦の政治はある種の「純粋」な「法治」の代表であり、「君臣は塊然と法律のうちに従って」おり、前代の「周政」と異なるだけではなく、以降の儒家を標榜とする「繁文縟礼の政」とも大きく異なっている、という。閻歩克『士大夫政治演生史稿』(北京大学出版社、一九九六)を参照。

(四一)『睡虎地秦墓竹簡』(文物出版社、一九七八)。

(四二)『睡虎地秦墓竹簡』(文物出版社、一九七八)。

(四三) 侯外廬氏は、早くから秦漢買爵と奴婢の関係に注意をしており、「法律上で説明される身分は依然として奴隷であっても、買爵はその地位からの解放を可能としていた」、「漢代は高祖より以来、常に多く爵一級を与えており、景帝・武帝の時代は更に顕著であった。先行研究ではこの江木を明らかにしないものが多かったが、仔細に検討すれば、最下級の賜爵は奴隷を名義上で解放するかのようなものであり、よって賜賞と贖買は共に罪を犯して奴隷となった者を平民に復帰させることができた」と指摘している。侯外廬『中国封建史論』(人民出版社、一九七九)。

(四四) 朱紹侯「試論名田制与軍功爵制的関係」(『許昌師伝学報』一九八五-一)、同氏「呂后二年律令賜田宅制試探」(『史学月刊』二〇〇二-一二)、同氏「従二年律令看漢初二十級軍功爵的價值」(『河南大学学報』二〇〇三-二)、楊振紅「秦漢「名田宅制」説」(『中国史研究』二〇〇三-三)、王彦輝「論張家山漢簡中的軍功名田宅制度」(『東北師大学報』二〇〇四-四)などがある。卜憲群氏は、漢代の賜爵制は「皇帝権力を中核とする身分等級秩序」であるとし、早期の官僚制度に大きな影響を与えているという。同氏『秦漢官僚制度』(社科文献出版社、二〇〇二)を参照。高敏氏、朱紹侯氏、李均明氏などにも諸々の議論がある(『張家山漢簡二年律令研究文集』〈広西師範大学出版社、二〇〇七〉、朱紹侯『軍功爵制試探』〈上海人民出版社、一九八〇〉を参照)。日本の研究者では西嶋定生『中国古代帝国の形成と構造―二十等爵制の研究』があり、漢代における皇帝と民衆の爵制的関係については増淵龍夫「所謂東洋的専制主義と共同体」(『一橋論叢』四七-三、一九六二)、籾山明「爵制論の再検討」(『新しい歴史学のために』一七八、一九八五)などの研究がある。楊眉「秦漢爵制問題研究綜述」(『中国史研究動態』二〇〇一-一)を参照。

(四五) 朱紹侯『軍功爵制試探』一四一頁。

(四六) 西嶋定生『中国古代帝国の形成と構造 -二十等爵制の研究』。

(四七)『戸律』中のこの箇所で提示される二十等爵身分は、皇権による直接支配秩序と相関係する主な内容であるが、ただしその全てではない。秦漢時代には、なお封建体制に属する諸侯王と列侯(徹侯)がある。また家長或いは主人の家長権の支配下にある奴婢、罪人などの身分についてもその他の法律文献中に規定があり、同様に皇帝権力の支配下にあった。尾形勇氏は、私賤民は個人の家に隷属するとは言え、しかし依然として国家秩序のうちに内包されるものであったという。同氏『中国古代の「家」と国家――皇帝支配下の秩序構造』を参照。

(四八)『二年律令』が家父権の弱化を反映していることについては、王彦輝「従張家山漢簡看西漢時期私奴婢的社会地位」(『東北師大学報』二〇〇三-二)、拙著「従張家山漢簡看漢唐奴婢制度的異同」(『敦煌学輯刊』二〇〇五-二)、呂利『律簡身分法考論』第二章第二節を参照。

(四九) 張皓・鐘玉発「谷川道雄教授訪談録」(『史学史研究』二〇〇四-三)。また谷川道雄『中国中世社会と共同体』(国書刊行会、一九七六)、同氏『増補 隋唐帝国形成史論』(筑摩書房、一九九八)も参照。

(五〇) たとえば陳寅恪は西晋の法律について議論した際に、「司馬氏は後漢末年の儒家的豪族として晋朝を創建し、中国を統治したため、その制定する所の刑律も非常に儒家化しており、南朝の歴代国家もそれを踏襲し、北魏も律を改めてそれを採用した」と指摘している。北魏が律を定めたことについては「その議論に関与したのは山東の士族である」とし、道 武帝期の崔宏、太武帝期の崔浩父子が、「律令を改定」し、「総じて之を裁」いて、「両者は北魏の漢人士族の代表にして中原の学術の中心であった」とする。また太武帝期には「詔により諸人を召し、たとえば范陽の盧玄、勃海の高允、広平の游雅など、皆な唐代の漢人士族の領袖であった」、「刑律を議論し定めたのは多くが中原の士族であった」とする。孝文帝の太和年間に刑律が改定された時、それに与った者は「皆な中原の儒者」であったという。陳寅恪『隋唐制度淵源略論稿』(中華書局、一九六三)、第一〇〇-一一五頁を参照。

(五一) 瞿同祖『中国法律与中国社会』(中華書局、一九八一)。

(五二) 熊徳基「魏晋南北朝時期階級結構研究中的幾個問題」(『魏晋隋唐史論集』第一輯本〈中国社会科学出版社〉、一九八一)。仁井田陞氏は、部典の身分は軍隊、私兵、賤民の三段階を経るという。同氏『支那身分法史』第八六六頁を参照。

(五三) たとえば簡修偉・孫鴻雁「魏晋南北朝時期労働者階層結構的特点」(『歴史研究』一九八六-五)において、封建社会は「発展するにつれ、階級関係は愈々複雑化し、各階層内部の等級も益々多くなる」という。魏晋南北朝時代も同様であろう。

(五四) 侯外廬『中国封建史論』(人民出版社、一九七九)、一八三頁。

(五五) 西嶋定生「中国古代奴婢制の再考察 -その階級的性格と身分的性格」(『古代史講座』七〈学生社〉、一九六三)。

(五六) 堀敏一『均田制の研究』。

(五七) 尾形勇「良賤制の展開とその性格」(『岩波講座世界歴史』五〈岩波書店〉、一九七〇)。

(五八)『馬克思恩格斯選集』第一巻、第六〇二頁。

(五九) 堀敏一は、魏晋南北朝社会における階層の分化は私賤人の多層化によるものであるという。同氏『中国古代の身分制――良と賤』第二八三頁。

(六〇) 儒家の礼治における等級観については董仲舒『春秋繁露』にその理想とする身分等級の構想があり、「其尊至德巍巍乎不可以加矣、其卑至賤冥冥其无下矣。春秋列序位、尊卑之陳累累乎可得而観也。雖闇且愚莫不昭然。……天子受命于天、諸侯受命于天子、子受命于父、臣妾受命于君、妻受命于夫。諸所受命者、其尊皆天也、雖謂受命于天亦可」としている。『二十二子』(上海古籍出版社、一九九一)参照。

(六一)『晋書』巻三十四 杜預伝。

(六二) 拙著「試論曹魏士家制対中国良賤身分制度的影響」(『学海』二〇〇四-二)。

(六三) 拙著「試論北魏時期中国中世良賤制度的法典化」(『江海学刊』二〇〇五-三)。

(六四) 唐代の賤人身分制に対するより詳細な研究は、浜口重国『唐王朝の賤人制度』を参照。

(六五) 中国中世期の門閥制度と中世良賤身分制度の間には密接な関係があると考えられ、それらは中世の尊卑貴賤の身分等級体系において一個の集団であったと言えよう。中世の法律には身分法に関する大量の規定があり、まさしく当時の世家大族が儒家の尊卑貴賤の礼制理念を法律体系に浸透させたことのひとつの表れであろう。拙著「門閥制度的衰落与中世良賤身分制度的消亡」(『江漢論壇』二〇〇六-二)を参照。

(六六) 拙著『中国中世良賤身分制度研究』(南京師範大学出版社、二〇〇四)を参照。

(六七) 仁井田陞『支那身分法史』では、唐代奴婢とローマ奴隷に関する唐律及びローマ法の規定二百余字の比較が行われているが、しかし当時披見が可能だったローマ文献には限りがあり、論を全面的に展開する術がなかったが、しかし筆者の研究においては啓発されるところが非常に大きかった。近年、中国とローマの共同翻訳によりローマ法の文献が大量に出版され、比較研究を更に一歩進めさせた。筆者の研究を進める上での基礎である。仁井田陞『支那身分法史』第九〇一頁も参照。

(六八) 馬克尭「羅馬和漢代奴隷制比較研究」(『歴史研究』一九八一-二)。

(六九) 西暦一九年、ボローニャ法を通して、たとえば城市長官の許可なしに、奴隷主が奴隷をコロッセオに送ることを禁止することが定められた。皇帝クラウディウス(四一-五四年)期には、もし奴隷主が病んだ奴隷をアスクレーピオス島に送った場合、後にその奴隷が快癒したら彼は自由を獲得すると定められた(過去奴隷主が病んだ奴隷に治療をせず、この島に放置してその死に任せていた例があった)。ハドリアヌス(一一七-一三八年)の時には奴隷の虐殺を禁ずる法律が非常に多く定められ、その一条では先に長官の判決が得られない場合を除き、主人が奴隷を殺害することが禁止された。アントニヌス・ピウス(一三八-一六一)の治世に到ると、規定が改められ、主人が奴隷を殺害した場合は第三者を殺害した場合と同様の殺人罪となり、法律上では完全に主人が奴隷を殺すことが禁止された。

(七〇) 『唐律疏議』巻二十二 闘訟。

(七一) 『唐律疏議』巻二十二 闘訟。

(七二) 『唐律疏議』巻四 名例。

(七三) 『唐律疏議』巻二十二闘訟。

(七四) 『唐律疏議』巻十九 賊盗。

(七五) 『唐律疏議』巻二十二 闘訟。

(七六) 『唐律疏議』巻二十二 闘訟。

(七七) 『唐律疏議』巻二十四 闘訟。

(七八) [羅馬]ユスティニアヌス一世『学説彙纂』第二十八編第一章第二十条第七款。[意]ピエトロ・ボンファンテ『羅馬法教科書』(中国政法大学出版社、一九九六)より引用。

(七九) [羅馬]ユスティニアヌス一世『法学総論』第三巻(商務印書館、一九八九)。

(八〇) [徳]マックス・ウェーバー「古典西方文明衰落的社会原因」(『韋伯文選』第一巻『民族国家与経済政策』〈三聯書店、牛津大学出版社『社会与思考叢書』、一九九七〉所収)。

(八一) [古羅馬]M. T. ウァロ『農業論』第十七章(商務印書館、一九九七)。

(八二) [英]フランキー『古羅馬経済概論』第五巻(バルチモア、一九四〇)。

(八三) 『唐律疏議』巻四 名例。

(八四) 『唐律疏議』巻四 名例。

(八五) [古羅馬]ガイウス『法学階梯』第一編(中国政法大学出版社、一九九六)、十八頁。

(八六) [徳]マックス・ウェーバー「古典西方文明衰落的社会原因」。

(八七) 『馬克思恩格斯全集』二十四巻。

(八八) [羅馬]ユスティニアヌス一世『法学総論』第二巻(商務印書館、一九八九)。

(八九) [羅馬]ユスティニアヌス一世『法学総論』第二巻(商務印書館、一九八九)。

(九〇) ローマ法中の奴隷の「特有財産」に関する律文は非常に多く、たとえばユスティニアヌス一世『法学総論』第二十条の規定には「もし奴隷の特有財産を遺贈するならば、特有財産は遺嘱人が存命の時には一切増減せず、疑いなく受遺贈人が取得ないし負担する。もし遺嘱人の死後や相続人が遺産を受け取る前に奴隷が取得した物がある時は、ユリアヌスによって以下に区分する。もし特有財産を奴隷本人に遺贈するならば、同時に受遺贈人に自由を与え、相続人が遺産を受ける前に取得した一切は、なお受遺贈人の所有に属す。よってこの種の遺贈に関して、遺贈人の権利を受けることは、相続人が遺産を受け取るときに決定される。もし特有財産を第三者に遺贈するならば、上述の奴隷の所得は遺贈物の中に含まれない。もし奴隷の特有財産を遺贈するならば、特有財産は遺嘱人が存命の時には一切増減せず、疑いなく受遺贈人が取得ないし負担する。もし遺嘱人の死後や相続人が遺産を受け取る前に奴隷が取得した物がある時は、ユリアヌスによって以下に区分する。もし特有財産を奴隷本人に遺贈するならば、同時に受遺贈人に自由を与え、相続人が遺産を受ける前に取得した一切は、なお受遺贈人の所有に属す」とある。この律文は、主人は奴隷の特有財産を受遺贈人に遺贈させることができること、主人が死亡する前に特有財産を奴隷本人に遺贈させることができること、主人が奴隷の特有財産を第三者に遺贈させることができること、主人が特有財産を奴隷の手中から取り去ることを明示できることを表している。これらの事実は、奴隷の特有財産の所有権が奴隷の主人にあったことを説明している。

(九一)『唐律疏議』巻二十　盗賊。
(九二)『唐律疏議』巻六　名例。
(九三)『唐律疏議』巻十二　戸婚。
(九四)『唐律疏議』巻二十三　闘訟。
(九五)『唐律疏議』巻二十三　闘訟。
(九六)『唐律疏議』巻十七　盗賊。
(九七)『唐律疏議』巻二十一　闘訟。
(九八)『唐律疏議』巻十八　盗賊。
(九九)『唐律疏議』巻二十二　闘訟。
(一〇〇) 瞿同祖『中国法律与中国社会』第一章「家族」（中華書局、一九八一）。

(一〇一) 仁井田陞氏はかつてこの一点に注目していた。『支那身分法史』第八九頁。

(一〇二) 尾形勇氏は中世における父母の殺子権の問題に注目しており、「この種の家族内秩序も、国家法律により規定されかつ保証されていた」とする。同氏『中国古代の「家」と国家――皇帝支配下の秩序構造』を参照。

(一〇三) 侯外廬『中国封建史論』（人民出版社、一九七九）、第八二頁。

(一〇四)『童書業歴史理論論集』（青嶋出版社、一九九八）、第二〇〇頁。

(一〇五) 秦漢と中世の奴婢の差異を比較して発見できることは、秦漢において法家の法が実行されていた時代には、法律上では奴婢に対しなお一定の保護があり、たとえば奴婢を殺した場合も減罪は許されなかった。もし「奴婢与牛馬同様」であれば厳厲な譴責を受けることになり、また奴婢の身分は「冗邊」において買爵など幾多の情況下でその身分を変えることができた。しかし中世の儒家法の時代では、奴婢は物的観念だけでなく法律上においても明確に規定され、市場で奴婢が牛馬と同様にされることは普遍的な現象となり、一定の情況下では奴婢を殺しても無罪或いは減罪であると明文された。賤民の身分は世襲され、普通は改めることができなかった。中世の良賤身分体系が宗法血縁による父家長制の影響を受けたことの原始性の表れである。拙著「従張家山漢簡看漢唐奴婢制度的異同」（『敦煌学輯刊』二〇〇五-二）、「従睡虎地秦簡看秦代与唐代奴婢的異同」（『中国経済史研究』二〇〇五-三）。

(一〇六)『通志』巻二十五　氏族略一。

(一〇七) 仁井田陞『支那身分法史』では、宋代における租佃民（作人）の発展と奴隷労働の減少との関係が注目されている。同著作九六頁を参照。

(一〇八) 仁井田陞『支那身分法史』及び拙著『中国中世良賤身分制度研究』第九章「中世良賤制度的衰亡」を参照。

(一〇九) 宮崎市定「部曲から佃戸へ」（『宮崎市定全集』十一巻〈岩波書店〉、一九九二）参照。

(一一〇) 徐楊傑『宋明家族制度史論』（中華書局、一九九五）。
(一一一) 仁井田陞『支那身分法史』。

（三二）［英］ヘンリー・メイン『古代法』（商務印書館、一九八四）。

分科会（Ⅱ）三

北宋東京街巷の時代特性と公共性質

梁 建国
関 俊史(訳)

唐宋の際、中国社会には著しい変化が生じた。北宋都市のレイアウトが完成し、封閉式里坊制から開放式街巷制へと転換し、街巷は都市構造の中でより重要な地位を占め、街巷は都市空間で最も活気があった。街巷の社会生活はより豊かとなり、東京の都市景観の特色を最も反映していた。「清明上河図」で張擇端は鋭く街巷を捉え、よく目立つ位置に置き、北宋東京都市の精髄を捉えていると言える。都市空間の中で欠かせない構成要素は、街巷の重要性であることは言を俟たない。

近年来、都市公共空間は史学研究においても発展途上にあり、絶えず注目されている問題であり、学界は北宋東京街巷の構造形態について細かい問題整理をしている[一]。しかしながら、これまでの研究は北宋東京の街巷に見られる空間の特性について、未だ深い論述に乏しい。本論文は社会史的視野からさまざまな階層の動きを考察し、北宋東京の街巷空間に見られる時代的特性と公共性を検討することを目的としている。

一、北宋街巷の時代特性

（一）地標性

北宋成立初期、朝廷は坊名を継続して開封の都市の地標としようとしていた。宋太宗至道元年（九九五）に、

　参知政事張洎に詔し、京城内外の坊名八十余を改撰す。是に由り分定めて布列し、始めて雍洛の制有りと云ふ[二]。

とある。しかし、東京開封は地方都市から拡張・改築して構成されているため、唐の長安のような整斉とした規則的な配置ではなかった。しかも、坊壁の崩壊により、唐の長安の封閉式のような明確な坊里の構造は、すでに縦横に交わる街巷の中に埋没してしまっており、当時の人の里坊に対する概念も漠然と変化し、より多く街巷の名で土地の位置を示すようになっていた。

統計によると、『東京夢華録』中で「街」字は百三十九字見え、「巷」字は六十九字、「坊」字は五十五字に上る。この五十五字の「坊」字と熟した語彙は「教坊」、「茶坊」、「内酒坊」、「駝坊」や「街坊」、「坊巷」、「坊市」、などであり、意外にも至道元年の条に記される八十余りの「坊名」が一つもない。これらを比べれば、『東京夢華録』中の名称の明らかな街と巷はそれぞれ三十余条に達する。これらの街巷は都市の地標を定めるという重要な機能を担っており、街巷の両側にはさまざまな建物や構造物が広がっていた。

それは『東京夢華録』の叙述方法からも見ることができ、多くが街巷をきっかけとして景観を移しつつ、通りに沿って市井の風景を描くのは、読者に唐代の坊里を単位とする碁盤の目状の都市景観とは異な

る印象を自然に与える。こうした状況が生み出されたことと北宋東京の街巷が京師建設の基板となったことは深く関係している。宋・仁宗天聖四年（一二〇六）六月十六日、京師は豪雨に見舞われ、

　民の居る舎宇[三]　墻垣率ね多く摧壊し、街巷に於いて権に舎宇を蓋として居住す。

とある。朝廷は明確に街巷に沿って民舎を建てるように下詔した。それは旧来の坊里構造を捨て去ることを意味しており、街巷を枠組みとした都市計画と建設を進めた。

　考察するに、宋人が東京を居住空間とした時に見出できるのは、地名の表示方法に坊里で示す場合と街巷で示す場合とが併存していたということである。さらに具体的に分析すれば、坊名は住戸の位置を示しており、ほとんどが一部の高官の邸宅であり、これらは明らかに唐代の坊望の風習を踏襲している。この風習はおよそ貞元・元和の頃に始まる。はじめは主に以前、宰相に任ぜられた者を称して用いていたが、以降次第に拡大し呉服屋の主人や普通の士大夫に至るまで、全て坊望の称が冠されている。[四] 北宋では春明坊の宋敏求の家、昭徳坊の晁補之の家などがこれにあたる。しかし、街坊の地位が日増しに高まるにつれて、坊里で地名を表すのではなく、街巷で地名を表すようになる。例えば、魯家道は「其の居 宋門の外に在り、俗に之れを浴堂巷と謂ふ。」[五] また、張友正の「故廬 甜水巷に在り」[六] さらに、王黼の「城の西竹竿巷に賜第さる」[七] などである。これらは「坊望」に似た新現象で、街巷の名で士大夫を呼称しており、これを「街望」や「巷望」という。比較的有名な牛行街に住んでいた王鞏を人は「牛行相君」と称した。蘇軾の詩では「君は牛行相君の宅を知るならん、門を扣いて但覓む王居士を。」[八] とあり、また、王景彝は「太子巷に居り、巷名を以て之を目へる」[九]。これらの呼称は明らかに宋人が唐代の「坊望」と無理に比較していることに拠る。

　臨時の賃貸の客邸・旅館は、ほとんどが巷名を名称の由来としている。例えば、李邦彦・劉一止は「甜水巷の客邸に同僦し」[一〇] また、許将は「甜水巷に税居し」[一一] 蘇軾・范祖禹は家屋を借り「閶闔門外の白家巷の中」[一二] などの記述がある。

　これらをまとめると、坊制の崩壊に従って、北宋東京の坊里構造は日に日に衰微し、明確だった坊里の境界が次第に曖昧となり、坊里が担っていた都市の地標としての機能も弱まり、街巷が地標としての機能を次第に明らかにしていったのである。

（二）商業化

　仮に、唐代の街巷が主に政治社会の機能を担っていたならば、[一三] どれほど宋代に至って東京街巷の経済機能が上昇し、より発展するに至ったのだろうか。北宋東京の城坊の構造には未だかつてない商業性が現れており、強い経済力を兼ね備えていた。交通機能の他に街巷は、更に庶民の買い物と日常の休閑娯楽の重要な場所となっていた。『文淵閣四庫全書』を検索して見出できる「街市」の語は唐代以降の典籍の中に現れ始める。しかし、唐の長安の市場交易は主にまだ東市と西市に集中している。北宋東京でも相国寺のような大型市場があったが、商品交易は既に大街小巷に浸透しており、街巷の両側には店が林立し、あちこちで交易が活発であった。

　北宋東京の邸店や旅館の多くは街巷に沿って分布していた。[一四] 京城に集まって来る地方から流動人口は、主に士子、地方官及び商人等であって、それは邸店業の格好の集客源であった。あらゆる人々が商業の時勢下にいて、[一五] 一部の高官は通りに面した邸宅を邸店に改造し、家賃を徴収する者もいた。例えば参知政事の趙槩は仕えた後、睢陽の旧邸

に帰り、麗景門の内側にあった邸宅を「更に以って客邸と為し、而して材植雄壮、他 比ぶるべきに非ざりて、時に之を無比店と謂ふ。(一六)」通りに面した邸宅のみならず、たとえ小巷の中の多くの民舎でも、賃貸していった。前述した録事巷・鹿家巷・甜水巷・白家巷・飲馬巷・麻秸巷及び汴河の南の小巷などは、全て賃貸家屋という状況であった。民舎の賃貸の多くは、自然と市場の邸店に対する需要に応じた。

利益優先の下で、軒を繋げた私設の房舎が街を侵食する現象がしばしば見られ、珍しくなかったようであり、これが街衢を狭くすることに繋がった。(一七)咸平五年（一〇〇二）年、宋の真宗はこれに対して整理を進めることを決めた。(一八)しかし、交易による利益優先の下では、街の侵食を食い止めることは難題であった。天聖二年、景祐元年（一〇三四）及び、元符二年（一〇九九）に何度も街の侵食を禁止する詔令を公布しているのが見える。(一九)

また、通りに面した民舎は酒店・茶房に改築されるのも少なくなかった。東京の酒店茶房の分布について学者は、『東京夢華録』及び『宋会要輯稿』「食貨」の記述を元にマッピングし、制作した地図によって分布の意図を示し、同時に民衆に人気のある街坊・橋市の位置、または重要な城門口の街市の道端を示した。(二〇)

門外の店では街に沿って露店が並んでいた。『東京夢華録』では「市中の街角や、橋の袂の界隈」(二一)で、みな季節の果物や食料品を買い、「すべて青い布を張った日傘で覆い、街路に屋台と床几を並べ」(二二)青い布の傘を使って日光を遮り、ベット状の台と背もたれのない椅子で売り場を作り、露店を仮設し始めた。このような露店の造営開始と、軒を繋げる侵街という目的はほぼ共通しており、すべて商業空間を広げるために行われた。これに対して、官府は侵街を禁止したが、これらの露店は解体と設置が簡単なため広く使用された。激しい競争の中ではさらに有名なブランドが台頭し、例えば「氷は特に旧宋門外の二軒の店は最も豪勢で、容器はすべて銀のものを使っていた。(二三)」この他にも街巷上では、さらに声を張り上げて商品を売り歩く移動販売もおり、「生魚を売る時は底の浅い抱え桶を用い、柳の葉に通したのを、清水の中に浸してあり、それを町なみに売り歩くこともあった(二四)」ようである。

街巷はまた、人々の享楽のための重要な場所でもあった。娯楽と飲食業を伴ったものも生まれ、これも商店が集客する手段であった。

　市中の町々、特に馬行街の諸香料薬品店や、茶店や酒店ではそれぞれ趣向を凝らした灯燭をともすが、なかでも蓮華王家の香料店の灯火は飛び切りで、そのうえ僧侶を呼んで法要をやらせ、華やいだ拍子の鐃鈸を鳴らし、槌鼓を叩いているので、遊覧者で足を留めぬ者はない。宮城の諸門にはみな官設の音楽の舞台がある。なべての道々町々は、どこもかしこも賑やかな雑踏である。どこの街角にせよ、音楽の舞台の設けのないところには、たいてい小さな影紙芝居の舞台が作られ、その町内の遊覧車や子供が迷子になるのを防ぐとともに、それらを招き集めている。(二五)

街のはじめと巷の終わりで、人が賑わっている所では民間の大道芸が多くあった。宋祁の詩「都街見縁橦伎感而成詠二闋」には

　迥かに望む場中の百尺の竿、趫材飛捷して跳丸を過ぎる。
　垂堂亦た有り千金子、敢へて中衢にて徙倚として看ざる。
　孑孑たる危橦 突倒として投じ、負材 驕壓す漢場の優。
　如何ぞ日到らん危身の地、只丐ふ旁人一笑して休めんことを。(二六)

この詩の冒頭は東京城の盛況な市井の情景を生彩に描写しており、詩中の大道芸人の技術が非常に高く、それぞれ難易度の高い技を繰り出し、見物人の歓声を博していた。

街巷にはまた、妓館を開設するのも多く、『東京夢華録』に記すところに拠ると、こうした街巷は多くあったようである。

（曲院）の通りの北は薛家という分茶屋で、羊飯と羊肉の煮込みを売る店である。西へ行くと、そこは妓館ばかりで、都の人々は院街と呼んでいる。[二七]

土市子から北行すれば、そこは馬行街で、織るような雑踏ぶりである。まず鵓兒市という十字路へ来るが、そこから東へ行けば東鷄兒巷、西へ行けば西鷄兒巷でどちらも妓楼のあるところ。[二八]

朱雀門を出ると東側はやはり民家。東へ進む大通りは麦稭巷と狀元楼とであってそのほかはすべて遊郭であり、保康門通りまで続いている。御街の東からは、朱雀門外を経て西へ新門の盛り場まで通ずる。その南は殺猪巷といってやはり遊郭である。[二九]

これらの妓館は全て小さな巷の奥深くにあり、また往々に豪奢で色欲をほしいままにする場所にあり、「町中や妓楼では、よく乞巧を門先に並べたりして、競って豪奢な風を好んだもの」[三〇]というものであった。

東京城中には商業で知られる街巷も少なくない。『東京夢華録』中に描かれる重要な街巷は朱雀門外街巷・州橋外大街・東角樓街巷・潘樓東街巷・馬行街・大内西右掖門外街巷・大内前州橋東街巷・相國寺東門街巷などであり、商業活動が流行っていた。[三一]連御街のような政治色が濃い都市の主要道では、両側の御廊にもかつて長期用の商業店鋪が作られており「（御街は）宣徳楼からまっすぐ南へ、幅およそ二〇〇歩余りで、その両側は御廊になっている。以前は商人がそこで商いをすることが許されていた。[三二]」文彦博の奏議によると、王安石の変法の際、市易司も特権を利用し、先を競って最良の市の出入り口を占拠し、御街の東廊では杈子を用いて数十間の店鋪スペースを囲い、「差官　果実を売るを監し、分けて牙利を取る。[三三]」

巷名の中には明らかに商工業の色を帯びているものがあり、例えば大小貨行巷・袜續巷・綉巷・炭場巷、草場巷、油醋巷、卸塩巷、浴堂巷などである。巷の名前からおおよそ経営する業種や部類を判断することができる。また、専門商品の卸売市場と称するに足るいくつかの街巷があり、これは例えば南通一巷があり、これを「界身」という。

「軒並みに金銀や綵帛の問屋があって、家の作りはどっしりと、店の構えは広々としていて、なかなか壮観である。一回の取引ごとに、何千何万という金高になることが珍しくなく、話に聞くさえびっくりする。[三四]」

一部の街巷では直接「市」を名とし、

潘楼から東へ行ったところの十字路は、土市子と呼ばれ、また竹竿市ともいう。さらに東の十字路大街は従行裏角という。茶坊は五更（午前四時ごろ）になると灯をともし、衣類・書画・花環・領抹といった品物の取引売買が行われ、夜明けになると引き払う。これを「鬼市子《ゆうれいいち》」という。

（中略）

土市子から北行すれば、そこは馬行街で、織るような雑踏ぶりである。まず鵓兒市という十字路に至る。

（中略）

北寄りの通りは楊楼街といい、東にあるのが荘楼、今は和楽楼という名に変わっている。その楼の下は馬の市。[三五]

これらの街巷はほとんどが商品交易の市場でもあり、通りに面した店鋪で飲食物を販売するほか、その他のさまざまな商売を営んでおり、庶民の日常生活と密接な関係にあった。

要するに、北宋東京の都市空間は以前のような分離された配置の坊市を打破し、商品交易の動きが街巷の奥まで浸透していた。さらに、街巷に近い住居は邸店・客桟・店鋪・茶坊・酒屋に改装し、果てには妓館に改造し、それらの商業活動の内容もこれに従って豊かになっていった。以上より、街巷経済の隆盛は繁華な東京城をよく表している現象だと言えよう。

二、東京街巷の公共性質

（一）朝廷儀礼

地方州県に対して、東京の街巷はより突出した公共的性質を併せ持っていると言える。この公共性とは、主に街巷上のさまざまな大衆の動きやその活動内容を指している。京城は朝廷で最も階級が秩序立っており、街巷は彼らが共有できる数少ない都市空間であった。

北宋朝廷は街衢上で催すいくつかの節句や儀礼行事を通して、民衆とともに享楽の雰囲気を作る手段とした。太宗の時の規定では、三元節などの重大な節句の日には夜禁をせず、民衆が街を一晩中見て楽しむことを許した。『曲洧旧聞』には、

本朝の太宗 三元に禁夜せず、上元は御端門、中元・下元は御東華門なり。其の後中元・下元に二節を罷め、而して上元の観游の盛んなること、前代に冠す。[三六]

と記されている。

正月の十五日を上元節とし、七月十五日を中元節とし、十月十五日を下元節とした。この三つの節句中、上元節を当時の人は最も重視し、最も盛り上がる節句であった。梅堯臣の皇祐四年の宋敏修との唱和詩には、

鼓声闐闐として衆戯乇り　百仞の太華　端門に臨む
端門の両廊 結彩多く　公卿士女 争いて来奔す。（中略）
車駕は適きて馳道従り入れば　撤星の如く天は皆に向ふ
赭衣 已に御す鳳楼の上 台露宜しく簇鈿の轅を看るべし。
山前絳綃のごとく 垂霧薄れ 火龍 矯矯として紅波翻へる。
金吾は六街の禁を飭めず　少年は追逐して大宛に乗ず。[三七]
金輿 閶闔に在り　簫吹人寰に満つ
九陌 行くこと昼の如く 千門 夜も関さず。
星は通ず 河漢の上 珠は乱るる 里閭の間
誰か与に軽騎を聯ねんか 宵 長くして 月 正に閑なり。[三八]
一歳にして一歳老ひて　新年に旧年を思ふ。
東楼嘗て共に望めり　九陌聴先を争へり。
白髪中笑に更り　舞姝 応に妍に転ずべし。
追随するも都て已に倦み　強ひて対す 月明の前。[三九]

とある。

端門は皇帝が上元の灯りを鑑賞する場所であった。「九陽」は都の大通りと繁華な街を広く指し、この景観は上元の夜を題材とした詩中に常に現れる。上元の夜の都市は至るところで提灯を飾り、リボンで装飾し、歌い踊り天下太平を謳歌し、士庶はともに街頭を走り回り、節句の喜びを共有していた。朝廷と民衆が共に楽しい気分にあり、街衢は公共空間としての意義を十分に発揮していた。

御街は都市の最重要交通施設というだけではなく、朝廷により特殊な政治儀礼空間が形成されていた。北宋後期では冬至の始めから、元宵節の終わりまで、新年の期間を通して御街を全ての民に対して開放していた。『東京夢華録』に拠ると、年越しの際、宣徳門の前の御街に山棚を掲げて、その上方には大観・宣和の「民とともに樂を同じくす」と金で書かれた大きな看板を嵌め込んでいた。山棚の下では棘を

めぐらした仕切りを用いて屋外の演芸場を作り、遊覧客が入るのを防ぎ、「棘盆」といわれた。夜になると「棘盆」は照らされてまるで白昼のようであり、公演も絶えなかった。同時に左右の御廊では「奇術珍技や、歌舞百芸が、目白押しにならび、楽の音は十余里にもかまびすしく(四〇)」宋の徽宗も輿に乗じて宣徳門に現れ「民とともに楽を同じく」した。二首の詞は当時の風景を鮮明に表現している。

舜の楽を奏し 尭の杯を進む、車馬を伝宣して天街に上る。
君王は民と楽を同じくするを喜び 八面三呼して地を震せて来る。
宮漏は永く 御街は長く 華燈偏へに月と共に光を争う。
楽声都て人声の裏に在り 五夜の車塵 馬足香る。(四一)

上元の夜の観灯は京城の重要な儀礼で、官吏も民衆も入り乱れて遊覧し騒ぎ、京城特有の節句の雰囲気を感じられた。

北宋朝廷は未だに前朝の故事を踏襲しており、不定期に酒宴を開き慶祝する「賜酺」を行っていた。賜酺の際、皇帝と近臣は宮城の宣徳門(四二)の楼上に坐し、父老と蕃官は楼下に坐し、士庶は楼の南に面する御街上におり、一方では演劇を見て、一方では日用雑貨を買っていた。開封府の各県と都の諸軍の演奏家が、朱雀門から宣徳門までの御街上全域で列をなして奏楽した。また「山車・旱船を作り、御道を往来し(四三)」この時、「観者 道に溢れ、士庶 遊観するを縦にし(四四)」御道の両側の廊下は、「百貨駢布し、競ひて綵幄鏤版を以って飾りと為す。(四五)」これは一つの政治色の強い活動ではあるが、それでも民俗・商業貿易などと融合していた。盛り上がった気分の中、皇帝・百官と民衆が共に節句の賑いの中に加わり、こうした動きは朝廷の統治者と士庶民衆との間の階級の差を縮めるためと言え、しかも、あえて御街上で行うことで天下の人々が慶び祝い、君主と人民が共に祝うという社会的効果を際立たせている。

この他に朝廷儀礼には、皇帝の寿辰宴・新たに及第した進士のための琼林宴・朝廷内の重臣のための祖道餞行など、その開催地がたとえ街衢上でなくとも、道中にいくつかの街衢（メインは御街）を通り、道端の人々はその盛大な様子を見ることができた。

毎年十月十二日の徽宗の誕生日には、親王宗室と宰相百官が大内に参内し生誕祝賀を終えると、儀式に参加した娘の集団は五歩歩いて右掖門から出て、外で待ち受けていた少年たちは先を競って果物や飲食物を贈り、さらに心から慕う娘を連れて、彼女の頭に花の冠を被せたり、男子の装束を着させたり、駿馬に乗せ「御街から馳せゆき、競って華麗を凝らす。見物人は黒山をつくる。(四六)」整然とした御街では至るところで皇帝の生誕を祝う熱烈な喜びが広がっており、あらゆる人が皇室の盛大な慶事を感じることができた。

金明池は開封の西の郊外にある順天門（新鄭門）外路の北に位置しており、朝廷は「歳ごとに二府従官を賜ひ燕し、進士聞喜に及び燕し、皆其の間に在り。(四七)」これらは全て華々しく新たに進士となった者の中から一人の気に入った婿を選ぶためで、未婚の娘を持つ高官の人々は早朝から馬車を急がせて路上で待ち構えている。蘇軾の詩に「嚢 空しくして春を尋ぬる馬を辨ぜず、眼 乱れて行くゆく看ん壻を択ぶ車を。(四八)」とあり、新たに進士となった者らは身に緑の服を纏い時が経つのを待ち、各々の家では競って人選をする。当日婿選びに合格した者がほとんどである。京城は北宋科挙試験の場所であり、科挙文化の色が強い。しかし、省試・殿試及びその他の式典儀式はほぼ官署及び宮廷の御苑などの場所で挙行され、庶民が見られるのは稀で、新たな進士が琼林宴に向かう時に路上でその秀才の風姿を垣間見られるだけである。王安石の詩には「却りて憶ふ金明池上の路、紅裙 争いて看る緑衣の郎を。(四九)」とあり、このような美しい光景は当事者が生涯忘れないだけでなく、さらには周囲で見ている者に対しても大きな刺激と励みになった。

　ある寵愛している家臣が老いを告げて故郷へ帰る際、朝廷はその旅立ちに餞別を送る。咸平三年、翰林学士の朱昂が京を去るその日、宋の真宗は「両制丞郎に命じ、三館臣寮は南薫門に祖道し、中使は玉津園にて宴を賜はる。[五〇]」南薫門は東京の外城の真南の門で、御街の南端に位置し、内城の朱雀門と宮城の宣徳門は共に東京城の南北を貫く軸線上にあり、行き交う人の流れが絶えないことは言うまでもない。玉津園はちょうど南薫門の外に位置し、大きな道の両側にまたがっていた。餞別の催しを賑わった公共空間で行うことは、この催しも公共性を帯びる。多くの官吏が同時に御街に現れると、「冠盈路に盈ち、供帳は甚だ隆く[五一]」、士大夫も庶民も直感的に朝廷の威厳と格式を感じ、それによって「栄は中外を動かし、光は都国を震はす。[五二]」という作用を際立てている。

　要するに、朝廷主導の多くの公共儀礼や節句の催しは、常に御街上で行われるようにすることで、東京の御街が持つ明らかな政治社会機能が京城を作り、地方州県とは異なる重要な特性を持っていた。

（二）民衆生活

　これまでに述べてきた様々な朝廷主導の活動の他に、さらに士大夫や民衆の活動も街巷で発生していた。民衆に対して街巷は開放的であるがゆえに朝廷と民衆とが共存する都市空間であった。しかし、街巷の公共性は完全に制限を受けなかったわけでは無く、官府の管理と支配を受けなければならなかった。

　士庶の日常生活と街巷は密接な関係にあり、親族や友人を訪ねるのであれ、登朝したり出遊するのであれ、目的地に到達するには全て街巷を歩く必要があった。詩人は多くの詩篇で道中通り過ぎる街巷の風景を描写している。例えば、

　紅塵 夜息まず、横衢 煙霧のごとし。
　朝に見る 車馬来たるを、暮に見る 車馬去るを
　車中の目炯炯たり 馬上の情遽遽たり。
　相交わるも是れ誰か知らんか 飛ぶ先覓むる処無からん。[五三]

　馬を駆りて馳道に傍ひ、許の西偏自り帰る。
　高車 旧貴に非ず、立に避く槐樹の辺。[五四]

高官の贅沢なさま、民衆の社会、これらは梅尭臣の京城に対する重要な印象である。彼はまたいくつかの酬唱詩でも御街を創作の背景にしており、「次韵和永叔退朝馬上見寄兼呈子華原甫」[五五]・「次韵王景彝正月十六夜省宿過景霊街」[五六]・「上馬和公儀」[五七]などがある。

　御街の外に、京城の陋巷の景観も頻繁に当時の詩人の詩歌にあらわれる。梅堯臣は東水門の外の汴陽坊の陋巷内に住んでおり、高官となった彼の友人がやってきた。例えば、嘉祐三年（一〇五八）のある晩のこと、司馬光と銭公輔は馬車に乗ってきて、堯臣の詩には、

　天京の二賢佐、晩に向ひ忽ち來覿す。…
　榻を移して簷楹に近づき、詩を談ずれば俄に夕に到る。
　車を闇巷の隘きに廻らせば、跛馬歴る所を愁ふ。[五八]

とある。また嘉祐四年、歐陽脩・劉敞・范鎮・何郯らは堯臣を訪ね「車馬 市中に立ち……市人 驚かざる無く[五九]」街坊の隣の家は大きな馬に乗っている官人が堯臣宅の門前に集まっているのを見て思わず驚いた。嘉祐五年、京師は疫病が流行り、堯臣は不幸にも罹患してしまう。ある日、朝廷の士大夫は次から次へと急いで駆けつけ、堯臣の家の者に病状を尋ね「騶呼属路すること絶えず[六〇]」、さらには開封城の東では「市は廃し、行く者往来するを得ず[六一]」、街の人は皆ただ顔を見合わす

ばかりである。「茲の坊に居る所の大人は誰なるか。何ぞ致れる客の多きや。[六二]」堯臣が病卒した後、「賢士大夫 又た走き弔し、哭するもの前日より益々多きが如し[六三]」。梅堯臣が罹患してから逝去の時まで、見舞いと弔問に来た士大夫が絶えることがなく、さらには道路をふさぎ、街に沿って商売する術がなくなった。当時、街道上を行き交う人だかりには商人、庶民百姓の他に高官もおり、このような場面もまた京城にのみ現れ、京城の街衢で活動する人々の階級が多様であることを具体的に表現している。

胡瑗、鄭穆などの名のある高官は年老いて故郷に帰るとき、弟子もその送別をし、その壮観な場面も京城街衢の独特な景観である。この二回の送別行事は京城を離れられない太学生の発案で、しかも行事は街衢のような公共空間で行なわれ、その影響は京城の普通の庶民にまで及び、朝野の社会的作用を引き立てて形成する。[六四]

街巷上での偶然の出会いも、人と人との間の相互関係という状況を生み出す。慶暦元年（一〇四一）初夏、梅堯臣「吊石曼卿」の詩には数年前京城の街頭で石曼卿の騎馬と偶然出会った情景を回顧している。詩では、

　前時 京師に来たりし時、馬に対ひて嘗て相揖せり。

　埃塵 正に衢に満つ、笑語するも曾て未だ及ばず。[六五]

と述べている。

才子佳人の街頭での邂逅は東京街巷でのロマンチックな雰囲気をより自然ともたらした。宋祁の著名な詩の「鷓鴣天」には大通りでの情縁が描かれている。詩には、

　画轂雕鞍 狭路に逢ひ、一声腸は断ず繍簾の中。身に彩鳳双飛の翼無きも、心に霊犀の一点通有り。

　金屋を作り、玉篭と作る。車は流水の如く馬は游龍のごとし。劉郎已に蓬山の遠きを恨むも、更に蓬山を隔つこと幾万重なるか。[六六]

この詩の題注によると、宋祁は南の郊外にある繁塔寺に散策に向かい、偶然宮車が繁台街を通り過ぎるの見て、宋祁はすぐさま道端に避けさせた。この時宮車の中にいた一人の宮女が輿のすだれを上げて、宋祁を正視して「小宋」と呼んだ。宋祁は声に応じて行こうとするも、その宮女はすでに宮車とともに消えて車は雑踏の中であった。宋祁は身に余る扱いを受けて恐れ多く、ふさぎこんで気抜けし、ついに詞を作り心中の綿々たる思いを解いた。この耽美な詞は京城の周辺にとても広く伝わり、宋の仁宗までもが知っていた。仁宗は宋祁の徳を完成させようとして、宮女を宋祁に賜与する「発端」としたのだ。路上での意外な情事は、文学史上の絶妙な佳詩を生み出すだけでなく、文壇の佳話も作り上げるのだ。

京城の庶民は天子のお膝元といっても、皇室とは分厚い城壁で隔たれているため、宮廷内に入る機会は非常に少なかった。彼らは皇室の威厳を主に街巷上で観る皇室儀礼より感じ、例えば皇帝の行幸、皇太子の妃とのご成婚、内親王の降嫁、皇太后・皇后の行啓などである。これらは京城特有の景観を作り出し、衆目を集めた。街衢上のこうした儀衛を通して、庶民は威厳と格式という帝都の雰囲気を感じ取った。

街衢は幾つもの階級が共存できる数少ない都市空間であり、社会下層に位置する者もこの点を意識し、あわせて街衢を利用して高官に接近し、いくつかの「集団的事件」を生み出した。たとえば、嘉祐二年に歐陽脩は知貢挙となり、当時の士子は「険怪奇渋の文」を好み「太学体」と呼んだ。歐陽脩はこれを非常に嫌い排斥することに決め、この文体の考生はすべて落第させられ、結果として強烈な反対に遭った。軽薄な挙子の中には不満を漏らす者もあり、「脩の出づるを伺ひ、馬首を聚譟し、街邏 制する能はず。[六七]」歐陽脩の私邸や衙署などの勤務

する役所は全て自由に出入り出来ないため、これらの挙子は欧陽脩に面会するため、街道という公共空間を選択したことで会うことができた。街巷が公共空間の属性を併せ持っていると言っても、その中の活動が決して規則や制限を受けなかったわけではない。北宋の官府は東京の街道に対してさらに厳格な管理と支配を敷いた。[六八]宋初、東京城は禁軍が日常の治安を守っており、淳化五年（九九四）に、宋太宗は自ら人材を選び、左・右金吾街司に各々兵士千人を置き「優するに廩給を以ってし、伝呼して盗に備へる。[六九]」金吾街司は東京城に特別に設けられた治安管理の機関であり、その下を左・右の金吾街司に分け、宋は初めて左・右街使を置いた。

太宗朝の後、判左・右金吾街司事官を置き、または勾当官・知左右街司事などを置いた。役人には孔目官・表奏官・兵士がいた。金吾街司は街鼓（五点にまとめると）、警場、清道、京師の街道の警邏、略奪強盗をした者を召喚する、糾察の制度に違反した行為を取り締まること、鼓契を納めるなど街道の管理が主な職務であった。[七〇]『春明退朝録』には「二紀以來、街鼓の聲を聞かず、此の後 金吾の職 廢せれる。」[七一]と記す。つまり、言い換えれば、仁宗の慶暦年間には、街鼓による昏暁の制がなくなったのである。[七二]

街鼓の廃止は金吾街司が街鼓を叩き二度と時間の進みを知らせなくなったことを物語っているだけで、その他の警場、清道、京師の街道のパトロールなどの治安維持は依然として金吾街司の職責であった。嘉祐二年に挙子による欧陽脩事件の鎮圧で、なお「街の警邏」に干渉していることが見え、この街の警邏はまさしく金吾街司に対する法律を執行する人という通俗的な言い方であった。

つまり、里坊制の崩壊につれて、唐代のような閉鎖的な里坊構造は打破され、宋代の東京城の基本的な治安活動は街巷を単位として発達し始めており、唐代の里坊を以って単位とする治安体制とは明らかに異なる。北宋後期に、街道の管理が禁軍による管理に改められても、禁軍は依然として街巷の警邏を行っていた。

京城は天子のお膝元であり、街巷上で皇帝の臨御を避けるのは難しい。研究ですでに指摘されているように、北宋の皇帝の行幸は太祖・太宗・真宗の三皇帝が多く、行幸は庶民との交流のためであり、一定の政治的目的を帯びていた。[七三]皇帝の行幸のとき、儀衛の制止をすり抜けて士庶が御駕に近寄ってくるのを阻止した。宋朝の前期は、儀衛の制止は比較的ゆるやかであった。まさに宋庠の述べるように、

車駕の行幸するに、郊廟の大礼に非ざりて鹵簿を具陳するの外、其れ常日導従するは、惟だ前に駕頭有りて、後に繖扇を擁すのみ。殊に礼典載する所の無き公卿奉引の盛んなること。其の侍従及び百司官の属、下は断役に至り、皆道中に雑行す。歩輦の後、但だ親事官百余人を以って執檛すること殿を以ってし、之を禁衛と謂ふ。諸班の勁騎、頗ふる輿に乗るとともに相ひ遠し。士庶観る者、率ね扈従の人を随へ、道を夾み、喧呼すること禁ぜず。過ぐる所の旗亭市楼、垂簾外に蔽ひ、士民 凴りて高きより下瞰するも、厳しく憚からんと爲すは莫し。邏司・街使、恬すこと呵止せず。威令 闕を弛め、玩習 常と為す。[七四]

つまり、皇帝が行幸する時に禁衛がいるとしても、街使などの安全保障のための人員は、執行しはじめたばかりで決して厳格ではなく、全ての京城の士庶は依然としてチャンスがあれば皇帝の儀仗に接近した。北宋中後期以降、儀礼制度はしだいに整理と強化へと向かった。仁宗の康定元年（一〇四〇）、朝廷は宋庠の建議のもと、太常礼院と両制詳定に詔し、前代の旧儀を参照し、新しい儀礼制度を制定した。

凡そ車駕の経歴して去る処、若し楼閣有らば、並びに垂簾障蔽す

るを得ず、及び士庶に止絶して高きより瞰下を臨むを許さず、両傍にて立ち観る、即ち路を夾みて喧呼馳走するを得ず。前牙門以前、後牙門以後は、此の限りに在らず。凡そ車駕の未だ皇城門より出でず。宣徳・左右掖・東華・拱宸門に及びては已に幸く所に至る処、即自ら門禁有り、牙門旗の約束を用いず。凡そ車駕の已に道に在りて前牙門旗行くと雖も、後牙門旗未だ行かず、閑雑行人を止絶するを除くの外、其の随駕臣・僚官・司人等、並びに常例に依る、次第に赴合随従し馬行きて去處に及ぶ。凡そ前牙門旗は清道馬後約十歩に在りて已に來たり、後牙門旗は駕後の殿前指揮使の後に在り。凡そ街巷寛闊なる処、儀衛並びに新図の排列に依る。如し窄狭なる街巷に遇はば、禁衞止めて親従官二重・御龍直二重・雉扇を用い輦に随ふ。其の殿前指揮使・天武官、並びに権に駕前後に分かれて随行す。後に寛闊なる処に至れば、輿に乗りて徐行し、儀仗 旧の排列に依る。或ひは駕 園苑・宮観・寺院並びに臣僚の宅に幸かば、即ち清道馬・儀仗・殿前指揮使・天武官吏に入らず、惟だ外に排立するのみ。其の駕に随ふの臣僚及び諸司人、常自り例に依りて随従し、駕行を候ち、次いで排列に依る。[七五]

これらの措置は街巷の公共空間が皇帝が一つの私人空間を構築し、その範囲は前牙門以後と後牙門以前である。これ以来、士庶と行幸との距離を隔てるのに有効となり「駕の出づる値る毎に、甲馬 馳道を擁塞し、都人僅かに能く御蓋の下に於て一点の赭袍を望むのみ。[七六]」

宋徽宗の時、儀礼制度を更に厳格にした。紹聖年間(一〇九四~一〇九八)に顕著になり、「約欄尤も更に厳粛にして、幾んど士庶の観覘するを容さず。[七七]」街巷という空間の公共性は、皇帝権力のより厳しい圧力を受けた。このような煩瑣な禁衛制度は、一方では確かに皇帝の人身の安全を保証することになり、もう一方では士庶に向けて皇帝権力が非常に高いことを示し、その上、社会の貴賎の意識を強化する狙いがあった。

(三) 階級傾向

街巷は公共性を有しているが、京城の開封を作り、その街巷の設備と景観、活動する人々や内容全てにより厳しい身分制度を敷いた。当時の人々は、施設上の景観の違いで階級を明確に感じられ、これも官府の階級意識を都市建設に意識的に反映している。

街と巷、もとは同じ城市の交通網の構成部分で、その基本機能は一致しており、その区別は主に形態と大小があり、いわゆる「直は街と為し、曲は巷と為す。大なるは街と為し、小なるは巷と為す。」街が城市交通の動脈ならば、巷はすなわち毛細血管であり、縦横に交錯して、城全体にあまねく広がり、その数は膨大で、数えることは難しい。まさに『東京夢華録』に言う「なべての道々町々は、どこもかしこも賑やかな雑踏である。[七八]」・「馬行街を北に行って、旧封丘門に出ると、祆廟斜街と、都の北の盛り場である。新封丘門大街は、両側には一般の民家や商店のほかに、禁衛軍の諸部隊の兵営があって、城門まで十里余りも並んでいる。そのほかの町筋や露地は、縦横に数知れず、とても述べ尽くせない。[七九]」ここに描かれている地理的位置がすでに旧城外であって、城内の状況は推して知るべきである。

城市経済の発展にしたがって、北宋東京の主要街道は、御街を除いた広さは百丈程度(幅は二百歩余り)で、残りの大街は二十丈であるか、あるいは十丈以下で、当然とても狭いさびれた小道もあった。[八〇] そのうち、宣徳楼よりまっすぐ南に行った通りの南北に向かう御街は、高規格で景観も最も良かった。

大中祥符五年（一〇一二）二月の詔では、

乾元門より朱雀門及び皇城四面に至るは、毎歳植木し、景徳四年より今に至るまで、尚ほ未だ茂ること盛んなるを得ず、勾当の皇城司の劉承珪に委ね専ら管勾を切るべし。[八一]

乾元門すなわち宣徳門より南に向かい朱雀門に到るまでの南北の御街は、官府の緑化重点管理区域の一つとなった。宣和年間（一一一九～一一二五）は、更に御溝を蓮の花で埋め尽くし、両側の御柳は桃と杏の木に植え替え、春夏の際にはさまざまな花が互い違いになり、さながら美しい絹織物のようであった。

御街は特別で、宣徳門から南の御街に向かっては、皇帝の専用車道であり、皇帝以下の大臣・百姓、皇帝の親王や外戚でさえ身分を超えて使用できなかった。晁補之の詩「御街行」では、

双闕紫清を齊へ、馳道 直なること線の如し。煌煌たり塵内の容、相逢するも相見えず。上に有り高き槐枝、下に有り清き漣漪。朱欄 両辺を夾し、貴者中道を馳す。借問す煌煌子、中道誰ぞ此に行く。且く復た下論に就き、聡馬 雑事を知る。官 卑しきも常度有り、那ぞ行くに路を同じくするを得ん。相ひ効ふこと良に独り難し、且く復た東西に去る。[八二]

詩人の目撃した景観は、明らかに尊卑の観念を示していると感じられる。御街の中道は常に一定以上の官職に達した者に対してのみの所謂貴者開放であり、新科進士は名を唱え宴を賜ったあと「御街馳驟」の待遇を初めて受けられた。これにより御街の「中道を馳す」という宋代の士大夫となり、人よりも抜きん出ていることを味わい、富貴栄雅の快感を肌で感じることができる。李若水の詩「雪意融〻 旋りて泥を作し、故山 是に応しく是れ攀躋を費やさん。而今笏を把り樵子に謝し、馬 御街を踏めば暁鶏を聞く」[八三]に明らかである。

冬の日の朝に通り過ぎる御街の役人は、馬が融雪を踏み、手には朝笏を持ち、耳には暁を知らせる鶏の声が聞こえ、故山の樵夫を想起させ、官途の成功と栄誉感がこみ上げてくる。御街を主とする城市空間の階層秩序はすでに人心に深く入っており、時の人々の階級観念の一部分を構成していた。この他、御街上での朝廷祝典や皇室儀礼活動が挙行されるのも、また京城が他の州県とは異なる独特な部分である。

牙道も官道と称し、御街の都市街道を除けば、その緑化と維持も官府の重視を受けた。新城は、

城壁の内側に沿った通りには、どこでも楡や柳が植えられて茂みを作り、二百歩ごとに一つの防城庫が置かれて、防備の武器がしまってある。広固部隊の兵士が二十指揮《ぶたい》いて、城壁や町筋の日々の営繕工事にあたり、京城所という専門の役所があって、それらのことを総轄している。[八四]

御街の形成と強く対比するのが「陋巷」で、または「穷巷」「委巷」とも言い、これらの語彙は史籍中に散見され、みな辺鄙で粗末な小巷を指している。宋初、京城の住居条件は悪く「宰相政を執ると雖も、亦た舎を僦りて居り」[八五]東京城の小巷に住む官吏の数は少なくなかった。例えば、枢密副使の楊砺は「舎を委巷中に僦り」[八六]、咸平二年八月に病卒し、宋の真宗はその葬儀に臨み「乗りたる輿 入る能はずして、帝 ために雨に冒さるるも歩み進む。」[八七]宋の仁宗の時に新たな「行幸儀礼」が修訂され、さらに専門規定として「或る臣僚宅は巷内に在り、前に去りて 其の儀仗・殿前指揮使等、各〻巷口に排立し、行人を止絶し、余り并びに故の如し。[八八]」巷道が比較的狭かったため、高車や馬が侵入出来ず、儀仗や随伴する人々は巷の入り口に停留するしかなかった。

これらの豪華な邸宅は陋巷の深くに隠れているものもある。例えば

石曼卿が独りで京師に向かい、一人の豪士がその家に招かれ、「同じく委巷に入り、大第に抵り、藻飾宏麗、錦繍珠翠なるは、殆んど人間の擬する所に非ず。[八九]」あるいは宋の徽宗が王黼に下賜した邸宅は、「城の西竹竿巷、窮極華侈にして、奇石を累ね山と為す。[九〇]」も豪邸であった。

陋巷の中にはさらに科挙に及第しない者、もしくは、官途に失意してしまった者が多くおり、彼らは功名を捨て、学問を治めることに心を専らにし、「門を閉ざす陋巷の中、悶黙して書史を閲せん。[九一]」これらの陋巷の下層士人は民家教育と学術文化の伝承を担い、寿春人の馮貫道のように、

進士に挙ぐるも不遇なりて、棄去し、京師に游び、相国寺の東録事巷に居り、童子に訓ずるを以て業となし、二十余年 一日の如し。[九二]

その中で才と学に秀でた者を朝廷も注目するようになり、例えば、王回の「身 陋巷に窮すも、名 已に朝廷に重んぜらる[九三]」といったコンテクストでは、陋巷の概念が朝廷と相互に呼応した。当時の人々の筆法では、「陋巷」はよく経済の貧困・精神的不遇の歎きを伝え、朝廷の外で足掻いている隠居状態を表している。皇祐二年、欧陽脩の詩に「子を念ず京師にて苦だ憔悴するならん、陋巷に年を経て朝鶏を聴く。児 啼き妻嗔み午なるも未だ飯はず、米を得るも寧ろ秕と稗とを択ばん。[九四]」とあり、陋巷中の清貧な生活と御街上の皇室儀礼の赫々たる名声と威信とが、金明池の路上の科挙に受かった得意気な様が強く対比をなしている。

三、結論

坊墻の崩壊に伴い、北宋東京の坊里の構造は既に変化し曖昧になり、当時の人々は流行し始めていた街巷を用いて城市の地標としていた。前代までの坊市が分離する都市構造は打ち破られ、商品交易の活動が大街から小巷まで浸透した。もし、唐代以前の街巷が主に政治社会の機能を支えていたというならば、北宋の街巷の経済活動は既にかつてない程に高度になっていただろう。

街巷は東京城中で最も重要な公共空間である。街巷上で発生する全ての活動や社会事件は軽度なものから厳粛なものといった比較的強い公共性を有し、それに呼応して社会的影響が発生する。朝廷は民に親しい印象を作り出すために、いくつかの節句と儀礼活動などを通して「民とともに樂を同じくす」るという平和な雰囲気を作り出した。街巷は朝野のさまざまな階級が共存する都市空間であるが、決して制限を受けなかったわけではなく、官府の管理と支配を受けなければならなかった。朝廷は尊卑のある序列を築くことを通して、睦まじい社会秩序を確立しようとした。帝制時代の都市空間は皇帝権力の影響を受けることから免れられず、北宋東京の街巷空間も皇帝権力の色調にすっかり彩られ、これもまた、地方州県とは異なる重要な特性である。街巷の様相の違いは社会における身分差として都市生活に現れていた。御街の広々とした精神は皇室の威厳を明らかにし、陋巷が狭いのは庶民の生活を示している。

この他に、街巷に含まれる似通った概念には、里巷があり、これはまた閭巷・坊巷・衡巷などと言い、すべて平民の居住する小さな通りを指すが、使用する具体的なコンテクストには違いがある。街巷と坊巷は物質空間の実体に重きを置き、前者は外出する空間ということに重きを置き、坊巷は居住する空間ということに重きを置いている。里巷と閭巷には外出する空間と居住する空間も含んでいるが、多くの時

は平民を指すか、もしくは広い範囲の郷里の民間を指し、抽象的な大衆の意味を持ち、さらに史籍中に出現する頻度がより高い。史籍中では、「里巷」あるいは「閭巷」が散見でき、常に「朝廷」と相対して挙げられる。朝廷と相対する言葉として、里巷はその末端性と民間性を有し、この空間で活動する人々の民間社会の動態を体現しているのだ。

《注》

(一) 李合群『北宋東京布局研究』鄭州大学博士論文、二〇〇〇年、第四十三–六十頁李瑞『唐宋都城空間形態研究』陝西師範大学博士学位論文、二〇〇五年、第百三十四~百三十九頁田銀生『走向開放的城市――宋代東京街市研究』北京 三聯書店二〇一一年版。

(二)『続資治通鑑長編』(以下『長編』と省略する。)巻三十八「太宗至道二年」詔参知政事張洎、改撰京城内外坊名八十余。由是分定布列、始有雍洛之制云。

(三)『宋会要輯稿』第五十二冊「瑞異三 三之一」民居舍宇墻垣率多摧壊、於街巷権蓋舍宇居住。

(四) 梁太済『中晩唐的称坊望風習』北京大学中国古代史研究中心主编『鄧広銘教授百年誕辰紀念論文集』北京 中華書局二〇〇八年版。

(五) 欧陽修『帰田録』巻一、其居在宋門外、俗謂之浴堂巷。

(六)『避暑録話』巻下(『全宋筆記』第二編(十))故廬在甜水巷。

(七)『三朝北盟会議』巻三二、賜第城西竹竿巷。

(八)『蘇軾詩集』巻十五「送顔復兼寄王鞏」君知牛行相君宅、扣門但覓王居士。

(九) 王明清『揮麈録』巻二、居太子巷、以巷名目之。

(一〇) 洪邁『夷堅志』巻九、甜水巷蛤蜊。同僦甜水巷客邸。

(一一) 魏泰『東軒筆録』巻九、税居于甜水巷。

(一二)『師友談記』第二編「閶闔門外白家巷中。」他に晁説之『晁氏客語』(『全宋筆記』(十))「僦居城西白家巷。」とあり、范祖禹が諫議大夫に至り、城西白家巷に居を借りていた事が記されている。

(一三) 宁欣『街。城市社会的舞台――以唐長安城為中心』(『文史哲』二〇〇六年第四期、第七十九~八十六頁)唐の長安城を例として、街道の政治社会効果を論述し、あわせて未だ論じられていない街道の経済効果についても言及している。

(一四) 宋代の邸店業の経営管理については、林加丰の『宋代邸店研究』中国文化大学史学研究所碩士論文 二〇〇五年を参照。

(一五) 呉曉亮「試論宋代"全民経商"及経商群体構成変化的歴史価値」『思想戦線』二〇〇三年二期。

(一六) 彭乘『墨客揮犀』巻七「更以為客邸、而材植雄壮、非他可比、時謂之無比店。」

(一七) 侵街については、周宝珠『宋代城市行政管理制度初探』『宋遼金史論叢』第一輯、中華書局、一九八五年、第百六十四頁を参照。

(一八)『長編』巻五一 真宗咸平五年二月条 第一~一四頁。『宋史』巻三百九「謝徳権伝」もほぼ同内容。中華書局一九八五年版。

(一九)『長編』巻百二 天聖二年六月条。『長編』巻百十五 景祐元年十一月甲辰条。『長編』巻五百十八 元符二年十一月庚寅条。

(二〇) 宋鳴笛『宋東京公共休閑空間研究』鄭州大学碩士学位論文、二〇〇三年、第二十八~三十頁。

(二一) 孟元老『東京夢華録』巻八「是月巷陌雜賣」巷陌路口、橋門市井。

(二二) 孟元老『東京夢華録』巻八「是月巷陌雜賣」皆用青布繖當街列牀凳堆垛。

(二三) 孟元老『東京夢華録』巻八「是月巷陌雜賣」冰雪惟舊宋門外兩家最盛、悉用銀器。

(二四) 孟元老『東京夢華録』巻五「魚行」賣生魚則用淺抱桶、以柳葉間串清水中浸、或循街出賣。

(二五) 孟元老『東京夢華録』巻六「十六日」諸坊巷・馬行諸香藥鋪席・茶坊・酒肆燈燭、各出新奇。就中蓮華王家香鋪燈火出群、而又命僧道場打花鈸・弄椎鼓、遊人無不駐足。諸門皆有官中樂棚。萬街千巷、盡皆繁盛浩鬧。毎一坊巷口、無樂棚去處、多設小影戯棚子、以防本坊遊人小兒相失、以引聚之。

(二六) 宋祁『景文集』「都街見縁橦伎感而成咏二闋」『文淵閣四庫全書本』迴望場中百尺竿、趫材飛捷過跳丸。垂堂亦有千金子、不敢中衢徙倚看。孑孑危橦突倒投、負材驕壓漢場優。如何日到危身地、只丐旁人一笑休。

(二七) 孟元老『東京夢華録』巻二「宣德樓前省府宮宇」街北薛家分茶、羊飯、熟羊肉鋪。向西去皆妓女館舍、都人謂之「院街」。

(二八) 孟元老『東京夢華録』巻二「潘樓東街巷」土市北去、乃馬行街也、人煙浩鬧。先至十字街、曰鵓兒市、向東曰東雞兒巷、西向曰西雞兒巷、皆妓館所居。

(二九) 孟元老『東京夢華録』巻二「朱雀門外街巷」出朱雀門東壁、亦人家。東去大街麥稭巷・狀元樓、餘皆妓館、至保康門街。其御街東朱雀門外、西通新門瓦子以南殺猪巷、亦妓館。

(三〇) 孟元老『東京夢華録』巻八「七夕」里巷與妓館、往往列之門首、爭以侈靡相向。

(三一) 研究者は東京の九大商業街市を挙げ、東・西南・北の四条御街と宣德門前大街・東華紋前大街・景霊宮東門街・相国寺東門大街・沿岸河大街などに分けている。田銀生『走向開放的城市――宋代東京街市研究』北京 三聯書店二〇一一年版

(三二) 孟元老『東京夢華録』巻二「御街」自宣德樓一直南去、約闊二百餘步、兩邊乃御廊、舊許市人買賣於其間。

(三三) 趙汝愚編『宋朝諸臣奏議』巻百十六「上神宗論市易（系第二状）」上海古籍出版社、一九九九年。差官監賣果実、分取牙利。

(三四) 孟元老『東京夢華録』巻二「東角樓街巷」並是金銀綵帛交易之所、屋宇雄壯、門面廣闊、望之森然。毎一交易、動即千萬、駭人聞見。

(三五) 孟元老『東京夢華録』巻二「潘樓東街巷」潘樓東去十字街、謂之土市子、又謂之竹竿市。又東十字大街、曰從行裹角、茶坊毎五更點燈、博易買賣衣服・圖畫・花環・領抹之類、至曉即散、謂之「鬼市子」。（中略）土市北去、乃馬行街也、人煙浩鬧。先至十字街、曰鵓兒市、（中略）近北街曰楊樓街、東曰莊樓、今改作和樂樓、樓下乃賣馬市也。

(三六) 朱弁『曲洧旧聞』巻七「上元張灯」本朝太宗三元不禁夜、上元御端門、中元・下元御東華門。其後罷中元・下元二節、而上元觀游之盛、冠于前代矣。

(三七) 梅尭臣『梅尭臣集編年校注』巻二二「和宋中道元夕十一韵」「鼓声闐闐衆戯屯、百伆太華臨端門。端門两廊多結彩、公卿士女争来奔。（中略）車駕適従馳道入、燈如撒星天向昏。赭衣已御鳳楼上、露台宣看簇鈿轅。山前絳綃垂霧薄、火龍矯矯紅波翻。金吾不飭六街禁、少年追逐乘大宛。

(三八) 梅尭臣『梅尭臣集編年校注』巻一五「元夕同次道中道平叔如晦賦詩得閑字」「金輿在閶闔、簫吹満人寰。九陽行如昼、千門夜不關。星通河漢上、珠亂里閭間。誰與聯輕騎、宵長月正閑。

(三九) 梅尭臣『梅尭臣集編年校注』巻二八「上元夕有懐韓子華閣老」第九九四頁。一歳老一歳、新年思舊年。東楼嘗共望、九陌聽争先。白髪更中笑、舞姝應轉妍。追随都已倦、強對月明前。

(四〇) 孟元老『東京夢華録』巻六「元宵」「奇術異能、歌舞百戯、鱗鱗相切、樂聲嘈雜十餘里」

(四一) 劉昌詩『蘆浦筆記』巻十「舜楽、進尭盃、伝宣車馬上天街。君王喜與民同楽、八面三呼震地來。宮漏永、御街長、華燈偏共月争光。楽声都在人聲裏、五夜車塵馬足香。

(四二) 周宝珠『宋代東京研究』（河南大学出版社、一九九二年、第五十六頁）によれば宣德門の名称はしばしば変わった。後梁の初めは建国門といい、後に改めて咸安門とし、後晋の初めには顕德門といい、また改めて明德門とした。宋の太平興國三年に改名して丹鳳門とし、九年に改めて乾元門とし、大中祥符八年六月に改名して正陽門とし、景祐八年の正月に改めて宣德門徒し、政和八年十月六日に改めて太極之楼とし、重和元年正月に復名して宣德門とした。

(四三)『宋史』巻百十三「賜酺」第二六九九～二七〇〇頁。作山車、旱船、往來御道。

(四四)『宋史』巻百十三「賜酺」觀者溢道、縱士庶遊觀。

(四五)『宋史』巻百十三「賜酺」百貨駢布、競以綵幄鏤版爲飾。

(四六) 孟元老『東京夢華録』巻九「宰執親王宗室百官入内上壽」自御街馳驟、競逞

華麗、観者如堵。

(四七) 葉夢得『石林燕語』巻一歳賜二府従官燕、及進士聞喜燕、皆在其間。

(四八) 蘇軾『蘇軾詩集』巻五「和董伝留別」嚢空不辯尋春馬、眼亂行看擇壻車。

(四九) 王安石『臨川先生文集』巻三三「臨津」却憶金明池上路　紅裙争看緑衣郎。

(五〇) 王安石『臨川先生文集』命両制丞郎、三館臣寮祖道于南薫門、中使賜宴于玉津園。

(五一) 夏竦『文荘集』巻二八「朱公行状」冠蓋盈路、供帳甚隆

(五二) 夏竦『文荘集』巻二八「朱公行状」栄動中外、光震都国

(五三) 梅尭臣『梅尭臣集編年校注』巻二二「夜与隣幾持国帰」「紅塵夜不息、横衢若煙霧。朝見車馬来、暮見車馬去。車中目炯炯、馬上情遽遽。交相知是誰、飛先無覓処。

(五四) 梅尭臣『梅尭臣集編年校注』巻一七「答顕忠上人」駆馬傍馳道、帰自許西偏。高車非旧尊、立避槐樹辺。……

(五五) 梅尭臣『梅尭臣集編年校注』巻二八「次韵和永叔退朝馬上見寄兼呈子華原甫」公帰初退内朝班、馳道南頭躍錦鞍。欲雨浮雲猶復暗、背陰残雪愈生寒。穿槐已覚春禽語、載酒重思結客驩。吟寄侍臣知有意、翠鬟争唱口応乾。

(五六) 梅尭臣『梅尭臣集編年校注』巻二九「次韵王景彜正月十六夜省宿過景霊街」宮街不閉東城月、円陰纔虧夜色春。自躍金羈来宿省、従他錦帳欲誇人。燈光遠近疑争昼、歌韻高低競起塵。我老都無游楽意、似君清枕睡侵晨。

(五七) 梅尭臣『梅尭臣集編年校注』巻二七「上馬和公儀」「火千門暁欲開、五花驕馬肯徘徊。井閭已是経時隔、親旧全如遠別来。帝闕重看多気象、天街新霽少塵埃。振冠浣服無容久、便見池門放牓催。

(五八) 梅尭臣『梅尭臣集編年校注』巻二八「次韵和司馬君実同銭君倚二学士見過」天京二賢佐、向晩忽来覿。（中略）移榻近簷楹、談詩俄至夕。迴車閭巷隘、跛馬愁所歴。

(五九) 梅尭臣『梅尭臣集編年校注』巻二九「十一月二十三日欧陽永叔劉原甫范景仁何聖徒見訪之什」車馬立市中（中略）市人無不驚

(六〇)『欧陽脩全集』巻三三「梅聖俞墓誌銘」騶呼属路不絶。

(六一)『欧陽脩全集』巻三三「梅聖俞墓誌銘」市者廃、行者不得往来。

(六二)『欧陽脩全集』巻三三「梅聖俞墓誌銘」茲坊所居大人誰邪。何致客之多也。

(六三)『欧陽脩全集』巻三三「梅聖俞墓誌銘」賢士大夫又走弔、哭如前日益多。

(六四) 梁建国「北宋東京的士人送別」『中国史研究』二〇一四年第一期。

(六五) 梅尭臣『梅尭臣集編年校注』巻十一「弔石曼卿」前時京師来、対馬嘗相揖。埃塵正満衢、笑語曾未及。

(六六) 黄昇『花庵詞選』巻三「鷓鴣天」画轂雕鞍狭路逢。一声腸断繍簾中。身無彩鳳双飛翼、心有霊犀一点通。金作屋、玉為籠。車如流水馬游龍。劉郎已恨蓬山遠、更隔蓬山幾万重。

(六七)『宋史』巻三一九「欧陽脩伝」伺脩出、聚譟于馬首、街邏不能制。

(六八) 楊瑞軍『北宋東京治安研究』首都師范大学博士論文、二〇一二年。

(六九)『宋会要輯稿』「職官　二二之一三」優以廩給、使伝呼備盜。

(七〇) 龔延明『宋代官制辞典』中華書局一九九七年版、第三〇七頁。

(七一) 宋敏求『春明退朝録』巻上　二紀以来、不聞街鼓之声、此後金吾之職廃矣。久保田和男氏が指摘するように、街鼓の廃止は決して夜禁の廃止を表しているのではなく、北宋の末期になっても、東京は依然として夜禁の制度が施行されていた。久保田氏の「宋都開封の旧城と旧城空間について――隋唐都城の皇城との比較史的研究」(『都市文化研究』十六号 二〇一四年 大阪市立大学大学院文学研究科都市文化研究センター）を参照。

(七二) 加藤繁「宋代に於ける都市の發達に就いて」『支那経済史考証』東洋文庫、一九五二年。

(七三) 久保田和男「北宋の皇帝行幸について」平田茂樹、遠藤俊隆、岡元司編『宋代社会の空間とコミュニケーション』二〇〇六年、汲古書院。

(七四)『宋史』巻一四四「行幸儀衛」車駕行幸、非郊廟大礼具陳鹵簿外、其常日導従、惟前有駕頭、後擁繖扇而已、殊無礼典所載公卿奉引之盛。其侍従及百司官属、下至厮役、皆雑行道中。歩輦之後、但以親事官百余人執檛以殿、謂之禁衛。諸班勁騎、頗與乘輿相遠。士庶観者、率随扈従之人、夾道馳走、喧呼不禁。所過旗亭市楼、垂簾外蔽、士民凴高下瞰、莫爲厳憚。邏司・街使、恬不呵止、威

令弛闕、玩習爲常。

（七五）『宋史』卷一四四「行幸儀衛」凡車駕經歷去處、若有樓閣、並不得垂簾障蔽、及止絶士庶不許臨高瞰下、止於街兩傍立觀、即不得夾路喧呼馳走。前牙門以前、後牙門以後、不在此限。凡車駕未出皇城門、宣德・左右掖・東華・拱宸門及已至所幸處、即自有門禁、不用牙門旗約束。凡車駕已在道、前牙門旗雖行、後牙門旗未行、除止絶閑雜行人外、其隨駕臣・僚官・司人等、並依常例、次第赴合隨從及行馬去處。凡前牙門旗在清道馬後約十步已來、後牙門旗在駕後殿前指揮使之後。凡街巷寬闊處、儀衛並依新圖排列。如遇窄狹街巷、禁衛止用親從官二重、御龍直二重、雉扇隨輦。其殿前指揮使、天武官、並權分於駕前後隨行。後至寬闊處、乘輿徐行、儀仗依舊排列。或駕幸園苑、宮觀、寺院并臣僚宅、即清道馬、儀仗、殿前指揮使、天武官更不入、惟於外排立。其隨駕臣僚及諸司人、自依常例隨從、候駕行、依次排列。

（七六）周煇『清波別志』卷三、影印文淵閣四庫全書本。每值駕出、甲馬擁塞馳道、都人僅能於御蓋下望一点赭袍。

（七七）周煇『清波別志』卷三、約欄尤更厳粛，幾不容士庶観覘。

（七八）孟元老『東京夢華録』卷六「十六日」萬街千巷、盡皆繁盛浩鬧。

（七九）孟元老『東京夢華録』卷三「馬行街鋪席」馬行北去、舊封丘門外祆廟斜街・州北瓦子、新封丘門大街兩邊民戸鋪席外、餘諸班直軍營相對、至門約十里餘。其餘坊巷院落、縱横萬數、莫知紀極。

（八〇）周宝珠「宋代城市行政管理制度初探」『宋遼金史論叢』第一辑。北京、中華書局一九八五年版、第百六十三頁。

（八一）『宋会要輯稿』「職官」三四之二〇　乾元門至朱雀門及皇城四面、每歳植木、自景徳四年（一〇〇七）至今、尚未得茂盛、可委勾当皇城司劉承珪専切管勾」

（八二）晁補之『鷄肋集』卷八「御街行」、四部叢刊本。双闕齊紫清、馳道直如線。煌煌塵内客、相逢不相見。上有高槐枝、下有清漣漪。朱欄夾両辺、貴者中道馳。借問煌煌子、中道誰行此。且復就下論、聽馬知雜事。官卑有常度、那得行同路。相效良独難、且復東西去。

（八三）李若水『忠愍集』卷三「次韵舒伯源雪晴偶書四首」、影印文淵閣四庫全書本。雪意融融旋作泥、故山応是費攀躋。而今把笏謝樵子、馬踏御街聞暁鷄。

（八四）孟元老『東京夢華録』卷一「東都外城」城裡牙道、各植榆柳成陰。每二百步置一防城庫、貯守禦之器、有廣固兵士二十、指揮每日修造泥飾、専有京城所提總其事。

（八五）葉夢得『石林詩話』卷中（『宋詩話全編』、呉文治主編、江蘇古籍出版社一九九八年版）雖宰相執政、亦僦舍而居。

（八六）『宋会要輯稿』「礼　四一之一五」僦舍委巷中

（八七）『宋会要輯稿』「礼　四一之一五」乘輿不能入、帝爲冒雨步進焉。

（八八）『宋史』卷一四四「行幸儀衛」或臣僚宅在巷内、前去不通人行処、其儀仗・殿前指揮使等、各于巷口排立、止絶行人、余并如故。

（八九）劉攽『中山詩話』（『宋詩話全編』、第四五一頁。）同入委巷、抵大第、藻飾宏麗、錦繡珠翠、殆非人間所擬。

（九〇）『三朝北盟会編』卷三二　城西竹竿巷、窮極華侈、累奇石為山。

（九一）梅尭臣『梅尭臣集编年校注』卷一五「史尉還烏程」閉門陋巷中、悶黙閲書史。

（九二）鄒浩『道鄉集』卷四〇「馮貫道伝」影印文淵閣四庫全書本。挙進士不偶、棄去、游京師、居相国寺東録事巷、以訓童子為業、二十余年如一日。

（九三）欧陽脩『欧陽脩全集』卷七二「祭王深甫文（治平二年）」。身窮于陋巷、而名已重於朝廷。

（九四）欧陽脩『欧陽脩全集』卷五「再和聖俞見答」念子京師苦憔悴、経年陋巷聽朝鷄。児啼妻噤午未飯、得米寧。

［附記］
本論文は二〇一一年度教育部人文社会科学重要研究センター重大項目「宋代政治史研究の新視野（11JJD770004）」の段階的成果の一つである。

分科会（Ⅱ）四

「崇士重商」宋代以降の徽州人による四民観
——隆慶刊『瑞溪金氏族譜』を中心として

阿　風
仙石　知子（訳）

はじめに

一九八〇年代になると、徽州商人と王陽明の「新四民論」に関する研究は、それまで以上に重視されるようになった。多くの研究者が、王陽明の「新四民論」は、中国近世の商業倫理を具体的に表すもので、十六世紀以降の徽州商人とは「新四民論」を実践する模範であった、と捉えている。それら一連の研究では、徽州商人の言葉や行動が記された多くの資料が引用され、「新四民論」が徽州に与えた影響について論じられている[一]。また、中には徽州人の商売熱と徽州宗族の発展との関係を明らかにするために、徽商が経済倫理上においては、王陽明を代表とする新儒学を基本とし、その一方で、政治倫理上においては、程朱理学に基づくものであった、との見方を提示した研究もみられ、そこでは、王学による重商思想と程朱理学の家族を根幹とする宗族理論が、徽州人の商売に対する熱意を駆り立てた、と論じられている[二]。

筆者は近年、明代の徽州における族譜を整理し、その中で、商人家族の族譜を数多く発見した。そこには、商人の伝記や行状があり、「四民観」に関する議論もみられる。本稿は、明の隆慶二年（一五六八）刊の『瑞溪金氏族譜』を例として、瑞溪金氏一族の変遷を分析し、族譜の中に記された商人の伝記を検討することによって、宋代以降の徽州人の「四民観」を明らかにするものである。

一、瑞溪金氏と『瑞溪金氏族譜』

現在の安徽省休寧県、陳霞郷内には、率水が南へ流れる東岸のあたりに「小瑞」と呼ばれる村がある。東から西へ流れる二本の小川が、この場所で合流し、率水へと流れ込む。古くから「相 溪流を伝へ、瑞に佩声有り[三]」と言われることから、「瑞溪」や「小瑞」とも呼ばれる。金氏はこの村の名門一族であった。

瑞溪の金氏は、自らを漢の秺侯であった金日磾の末裔と称している。先祖は唐末に黄巣の乱を避け、長安から歙県の黄墩に移り、のち休寧県の白茅に移り住んだ、という。北宋初年には、金夫趙が率水のほとりの石田（現在の休寧県渓口鎮石田村）に移り、三世の金大が、率水に沿って下り、洲陽干（洲陽圩ともいい、現在の休寧県渓口鎮陽干村）に移り住んだとされる。南宋のはじめには、「三四府君 諱は咏なる者有り、貲産 一郷に甲たり」であった、という[四]。金咏は妻徐氏を娶り、息子の金文藻（六十府君）は、宋の王府学諭となり、再び洲

陽干の対岸にある瑠溪に移り住んだ。これが瑠溪金氏の始祖とされる。[五]

金文藻が瑠溪に移ってから金氏一族は、代々著名な人物を輩出し、宋・元・明時代に金氏は、徽州において望族であった。金文藻の長子である金修和（一一八七～一二五五）は、「薦を以て迪功郎を授けられ、厳州司戸参軍たり」という。金修和の従弟であった金革（号は屋山、「宋の承信郎、判車輅院たり、諱は文淵の季子なり」、一二一五～一二九三）は、「早に怙恃を失ふ」の身であったが、金修和が「其の穎敏を愛し、鞠して之を成立せしむ」という。[六]金革は、咸淳四年（一二六八）に科挙進士に及第したことから、[七]瑠溪金氏において官界で活躍をした象徴的な人物とされた。明の弘治年間に編纂された『徽州府志』には、次のように書かれている。

金革、字は貴従、休寧瑠溪の人なり。咸淳の間、武挙の進士に登り、武岡の新寧簿に授けらる。廉謹にして自ら持し、撫緝に厳たり。其の地、蛮獠 雑処し、民 頼りて以て安し。邑に大囚有り、積みて久しく決せず。憲使の文天祥、諉ぬるに詳讞を以てし、一たび験して実を得たり。文 嘉嘆して、薦して之を用ひんと欲するも、革 固辞し、老を家に退く。[八]

金革は、科挙に合格すると、湖南武岡軍の新寧県の主簿の職を授けられた。また、金革は、「廉謹にして自ら持し、撫緝に厳」なる人物で、かつて「積みて久しく決」しない案件を精査する命を受けたことによって、当時、湖南の提刑を任されていた文天祥から称賛され、[九]上層への推薦を受けた。しかし、金革は文天祥の推薦を拒み、故郷にもどり余生を送った。元の元至三十年（一二九三）に病気でこの世を去った。

金革が進士に及第してから瑠溪の金氏は、「富民」・「儒業」・「武功」と郷里で呼ばれた。金革の息子の金応鳳（号桐岡）は、南宋の待補太学生であったが、[一〇]元代になると、金応鳳は「室を築きて書を儲へ、師を延きて子若《と》孫を教」えたという。[一一]応鳳の息子の金南庚（一二八〇～一三四四）は、「嘗て粟を輸して数郡を賑済し、時に江東の富民と号せらる」という。[一二]さらに南庚は、「京師に游び、王公大人の門に出入し、金を揮ること土の如し。都人 金舎人と号し、声名 籍甚たり」という。当時、程巨夫・元明善・鄧文原・劉致中・掲傒斯などが、「皆 節を降して与に交は」ったという。のち江陵路の把都児民戸の副総管となった。[一三]金南庚の息子の金震祖（一二九九～一三六二）とその息子である金符午・金符申（一三三四～一四〇三）は、父子三人がともに「武功」によって官を授けられている。弘治年間の『徽州府志』には、父子三人の略伝が次のように記されている。

金震祖、字は賓暘、瑠溪の人。父は子西、志略有り、江陵路の副総管と為る。震祖 幼くして穎悟たりて学を好む。年十五にして、易を胡云峰に受けるも、奇疾を以て業を廃すること数載。上都に走り、薦められるるを用て丞相・太師・秦王の荅剌罕に従て、深く朔漠に入り、屡ゝ奇功を奏す。忠翊校尉・平江十字路万戸府鎮撫を宣授せらる。時に元の運 将に終らんとし、紀綱 漸く紊たり、歳入は芦柴三万なるも、議して三の一を隠す。震祖曰く、君を欺き身を辱すは、吾 為さざるなりと。疾に委ねて東帰す。後 僚は皆 是を以て 譴す。晩にして柴扉と号し、兵を石門の山中に避け、又 厳陵なる者に寓す。五年［応に至正十五年と為すべし～筆者］、平章の三旦八、徽州を克復するや、復た聘せられて本郡の治中を守す。子は符午、字は彦忠、竹洲漁隠と号す、襲ぎて千戸を受く。符申、字は彦直、瑠溪釣叟と号す、勇略有り、賊を討つの功を以て、寧国等処権茶副提挙を授けらる。……平章 嘗て金氏に忠義の門を旌表せんことを奏請す。符午・符申 詩文を能

くし、『竹洲漁隠』・『瑠溪釣叟』の二集有り。(一四)

金震祖は若くして胡云峰について(一五)『易』を学んだが、病気のため長年、学問をやめていた。(一六)のち都を目指して北へ行き従軍したが、「深く朔漠に入り、屡ゝ奇功を奏」することにより、「忠翊校尉・平江十字路万戸府鎮撫を宣授せらる」という。金震祖の長子、金符干は、千戸を引き継いだ。次子の符申は、「勇略」もあった。元至正十二年(一三五二)に南方の紅巾軍の徐寿輝、彭瑩玉、部将の項奴児(またの名を項明威)は、婺源から江東および浙西を陥れた。これは「蘄黄盗乱」と称された。次の「盗乱」は、「徽州　害を受くること尤も大」で、「休寧は禍を得ること最も深し」だった。(一七)金符申は、「義士を以て丁壮を領して軍に従ひ、因りて郷人を率ゐて(項)奴児を擒執す。……功もて寧国等処権茶副提挙を授けらる」という。(一八)このことから、金震祖の一門は詔により「忠義の門」として旌表された。

また、金南庚の弟である南召と南周は、元江浙行宣政院の宣使および績溪県の儒学教諭を授けられ、金南召の子、金観祖もまた「賊を撃ちて功有り、祁門県尉を授けられ、婺源州判官に昇る。又　功を以て婺源州同知に昇」った。(一九)

元代の瑠溪金氏もまた学問を重視し、世に名の知れた名儒たちとの交流もあった。元代の徽州において著名な理学家である陳櫟は、かつて瑠溪金氏の家に十余年もの間、(二〇)居住し、金革の孫にあたる金南庚とは良き友人であった。金南庚の希望を聞き入れ、父の金応鳳の墓志銘を記したこともあった。(二一)元末明初には、金震祖と徽州の儒士であった趙汸・鄭玉・朱昇とも交流し、かつて朱昇は、金震祖の招聘を受け、瑠溪で童蒙師をしていた。(二二)また、朱昇は金震祖に代わって「祭鄭師山(玉)先生文」を記している。(二三)

明朝建立の後、瑠溪の金氏は、多くの者が先後して推薦によって官に就いた。例えば、洪武十一年、金彦瑾は、「才を以て広西賓州判官に挙授せられ、廉介にして声を着《あらは》し、知襄樊に薦調せられ、上猶県に轉」った。洪武十三年には、金彦清が「賢良孝弟に挙げられ、大同府同知を授けらる」という。洪武二十二年、金彦初は「人材に挙げられ、知河南汲県たり」という。(二四)永楽二年には、金輝(一三八一～一四二〇)が進士に及第した。彼は瑠溪金氏において、金革の次に輩出された進士であった。金輝は江西臨江府の推官に就き、広東道監察御史にまで昇進し、「風節を以て著称」された。(二五)

金輝以後の瑠溪金氏は、出仕した者もいたが、ほとんどが選貢出身の者で、府県訓導・県丞・軍衛などに就いた小官もいたけれども、高い役職に就いた者はいなかった。しかし、明代後期には、瑠溪金氏の中から多くの学者が現れるようになった。金瑶はその代表的人物である。

金瑶(一四九五～一五八八)は、字を徳温といい、号は栗齋といった。父の金通正(一四七一～一五四六)は、字を時正といい、号は実齋といった。金通正は、「少くして墳典を綜べ、習ひて儒と為る」であったが、「弱冠にして父を喪」ったため、儒学を捨て商売を始め、「販槎を以て業と為」したという。しかし、「二子に訓ふるに経伝を以てす。朝夕　館舎を汎掃して、師賓を延礼すること甚だ篤し」とされる。(二六)金瑶は、幼い頃より才があり、「弱冠にして詩を以て邑庠士に補せられ、郡守の鄭公、首抜して紫陽書院に入」れられた。(二七)明の嘉靖十一年(一五三二)に、選貢の生員となった。(二八)九回の試験を受けたが合格せず、のち「謁選銓曹」によって、会稽の県丞、および蘆陵の県丞に任じた。また広西桂林の中衛にも抜擢されたが、年老いた母のために就かず、辞職して三十年を過ごし、九十四歳でこの世を去った。故郷にいる間、金瑶は、「日ゝに惟だ道を談じて著述し、先哲に仿ひ、後進を誘ひ、言動は矩矱に遵ひ、婚喪は儀礼に定め、郷人 之に服従」したという。金瑶は、『周礼述注』・『六爻原意』・『十七史摘奇』などの書物、数百巻を記した。また、『栗齋先生文集』十一巻もあり、現存している。金瑶は、当時の人々から「経学を（鄭）康成に擬せられ、行年に伏生を踰ゑ、足を（陶）元亮と同じきに止め、作を（金）履祥と並びて著す」と称された[二九]。これらの言葉は過分な賛美であろう[三〇]が、金瑶の著作の数の多さと、ある程度の経学の知識が金瑶に備わっていたことを表わしている。

金瑶は、学問や詩文以外に、地方宗族の建設にも力を注いだ。『瑺溪金氏族譜』の編纂は、金瑶が貢献した最も大きな成果である。王作霖は『瑺溪金氏族譜』の後序において、次のように記している。

桂林の衛参軍 瑺溪の金君、檄師を辞め、林岩に帰る。宗譜 舛ゝ遺となり、以て家範に敦する無きを惧れ、芳英を延べんとす。乃ち群宗の人の敏なる者、愽なる者、紀志に体有る者、捜稽纂構して、十三載を閲して譜 成る[三一]。

金瑶は、故郷に戻ってから、十余年という時間を費やし、族譜の編纂に専念した。資料を収集するため、金瑶は「躬づから捜討を加」え、「間に一疑有るや、遂に数月に至り決する能はざる者、一欸の略有りて数時にして補輯する能はざる者、既繹之心もて、又 之を父老に詢ね、之を稽へ籍に載す」という[三二]。

二、『瑺溪金氏族譜』における「四民観」

前節での分析により、瑺溪金氏が、宋元時代から商人であり、また儒者であり、さらに武術と文学に秀でた一族であったことが分かる。瑺溪一世である金文藻の父、金咏（洲陽千支）は、「貨産 郷に甲」なる人物であった。四世の金南庚もまた商売によって家を興し、「江東富民」と称された。九世の金通正、および『瑺溪金氏族譜』を編纂した金瑶の父もまた「儒を棄て商を経」むものであった。事実、宋元以降の徽州におけるその他の一族も同様で、商売と仕官は同じであり、家族が長年に亘り繁栄していく上で、両者はともに重要な事柄だったのである。

『瑺溪金氏族譜』巻十四の「裒翰三」の中には、二篇の商人の伝記が載せられている。一つは、明の沈錬による「実齋処士伝」であり[三三]、もう一つは、金瑶の「東泉金処士伝」である。二篇は作者の身分も異なり、作風も同じではない。先ず、沈錬の書いた伝記を見てみよう。

余 古の伝記を覧るに、独行の君子に至るや、欷歔を為して已まず。世の道 横流し、人の心 噴溢し、賢を貸りて[三四]能を屈し、鸞鳳は妖とせられ、鴟梟は以て祥と為す。又 夫れ所謂る独行なる者を烏睹や、乃ち今世 固より華を屏て実を茹し幽貞を履みて曜かざる者有り。余 焉を綣する無きを得たり。処士 名は通正、字は時中、休寧瑺溪の人。其の先は白茅里に居し、三遷して今の瑺溪に至る。曾大父の虎 吾を生み、吾 笛を生み、笛 処士を生む。少くして墳典を綜べ、習ひて儒と為り、弱冠にして父を喪ひ、遂に棄去して以て鹺を販るを業と為す。二子に訓ふるに経伝を以て[三五]、朝夕に館舎を汎掃して、師賓を延礼すること甚だ篤し。其の居身物に接して朴然たり、其の言 嘩ならずして、其の衣冠は俗に狥せず。脂韋婞阿の若きもの、以て容悦の流を求むるも、其の之を視る[三六]木偶の如きなり。生平 未だ嘗て人と錙銖を較べ、色を面にせず。燕見に出入すること祭祀の賓客が若く、未だ嘗て容体を惰慢せず。人 贈遺する所有れば、尺帛と雖も苟も受くること無し。嘗て其の子に語りて曰く、吾 若が母と生平 未だ嘗て一不義を行なはず、以て若らに累る。不肖有れば、必ず毋に曰く、我が父母の遺殃なりと。其の子若《と》孫を導くこと、語 率ね此の類ひなり。所謂る辞を吐けば必ず香を馨らせ、身を置かば矱に矩るとは、此れ其の人に非ざるや。独行の君子とは是なるや、非やと謂ふ。年七十有六に卒す、汪氏を娶る、徳 実に之に儷はし。子は三、瑶・□［賓］・瓚なり。瑶は黌序に在りて、時に已に魁然として文藻を振るはせ、既にして乃ち選貢を廷に以てせられ、官を授くるに会稽丞為り。操並び偉なるが猶く、車を下りて士民 之に懐く。今に至るも余と善し。

沈錬（一五〇七～一五五七）は、浙江会稽の人で、嘉靖十七年（一五三八）の進士である。はじめ溧陽の知県となり、のち茌平の知県となった。嘉靖二十二年から二十五年（一五四三～一五四六）の間、故郷で父の喪に服した[三七]。のち清豊の知県となり、錦衣衛に推薦された。また、金瑶は嘉靖二十三年から二十五年（一五四四～一五四六）の間、会稽の県丞であったため[三八]、二人がこの間に交流するチャンスは十分にあり得たであろう。金瑶が沈錬に父、金通正の伝の執筆を依頼したのも、当然のことであろう。嘉靖三十年（一五五一）に沈錬は、「十罪疏」として厳嵩父子を弾劾し、「之を捞せられる数十、謫せられて保安に佃す」[三九]る身となった。嘉靖三十六年（一五五七）に、嵩党の路楷と楊順が蔚州の妖人、閻浩の一件を理由に、沈錬を白蓮教徒と誣告し、宣府において沈錬は殺害された[四〇]。隆慶元年（一五六七）に沈錬は、「職に復して蔭を贈られ、厚く諭祭を加」えられるようになった[四一]。『瑠渓金氏族譜』が隆慶二年（一五六八）に刊行されたが、それも沈錬の冤罪が晴れたあとの事であった。

沈錬の書いた伝記からは、金通正が幼くして父を亡くし、儒学を捨て商売を生業としたことが分かる。しかし、この伝記は、商売の経歴についての記述は少ない。金通正が義を優先して、儒を根ざした人物であることの顕彰に重点が置かれ書かれており、金通正は商人であるけれども、決して細かい勘定をしない、軽はずみに金品を受けない人物であったことが記されている。さらに、「経伝」により子を教え、館舎を建て、名師を招き、三子の教育に当った、という。金通正は、沈錬から見れば、商人特有の悪い気質のまったく無い、商人の中の「独行君子」であっただろう。

『瑠渓金氏族譜』の中に掲載されているもう一篇の商人に関する伝記は、金瑶の「東泉金処士伝」である。金瑶は、儒業を重んじる商人の家に生まれた。幼い頃から儒学を学び、また「選貢於廷」をした。科挙には落第したが、銓選によって県丞となり、仕官の道に入った。金瑶は同時に経学の研究に力を注ぎ、地方ではそれなりに名の知れた学者であった。金瑶は、沈錬とは出自が異なる。そのため、金瑶と沈錬の書いた商人の伝記には違いが見られる。金瑶の「東泉金処士伝」には、次のように書かれている。

四民 職を異にするも道を同じうするは、士 道を職とし、職は功業たり、農は耕を職とし、工は芸を職とし、商は利を職とす。其の始めての職を授けらるるや、惟だ各ゝ其の資の近き所に就き、而して其の既なるや、民生に裨する有るを要む。職にして民生に裨する無くんば、士の品と雖も、未だ農・工・商の下に出づを免れず。徽の俗、商を重んじて農・工を賤しむ。志有る者其の間に生まれれば、士と為らず、必ず商と為る。商にして能く商の職を尽さば、安んぞ其の品を以て之を少なきと得んや。予の族侄の孫たる東泉の処士は、商なり。年十五にして、父を失ふも、即ち幹蠱して誉を用ふ。二十にして室の汪氏を受け、頗る装送有り。時に家 正に窘を作し、之を火孽に兼《つ》むこと三作、

処士 汪氏と拮据するも、葺理して給せず、輙ち簪珥を落として以て継ぎ、私藏を為さず、二弟を撫し、昏聘すること時を以て、寡母に事ふること孝を尽くす。家を持すこと甚だ約《つつ》ましきと雖も、昕夕に甘旨し、寒温の奉、充如たり。初め浙に販槎するも、利あらず。既にして松に典するや、利あり。典は即ち古の所謂る質なり。無ければ則ち其の家の有する所の衣飾・器什の類を出だし、此を倍置して以て質と為し、以て子銭を貸す。有らば則ち其の貸償の息の如きは、三分を踰ゑず。此れに利を失はず彼れに厚く損する無し。商の人を利する者は、典より大なるは莫し。而して処士も又 典の道を以て其の間を行ひ、増損を出入するに、定則有るに迄《およ》ばば、奸欺と為さず。五尺の童をして市に適《ゆ》かしむと雖も取与の数は爽《たが》はざるなり。故に松の人は処士を徳とすること甚だ殷んにして、処士の典、今に至るも替はらず益ゝ盛んなり。蓄へる所の資、昔に視へるに十倍なるは、皆処士の力なり。人に言有りて曰く、廉賈は直を買ひ、奸賈は貧を買ふ。奸賈は之を三とし、廉賈は之を五とす。予 処士に之を験す。人と為り慈詳にして審慎、事は巨細無く、重思せずんば行はず。銭帛を出入するに、必ず公明を以てし、毫も忽苟せず。楮穎に尤も勤め、事の大節に関はる者無きと雖も、一たび見聞を経れば、必ず以て記籍し、記すこと且つ詳なり。郷間の往迹を考へんと欲する者有り、処士の籍を閲せば、遷の史の若きなり。家庭の上下、従容たること和を以てし、犯して較《きそ》はず。此の処士 生平の概なり。予 田譿に帰り、家譜を輯むるに、処士予の為に金を鳩《あつ》め、梓計を翻《つく》るを為す。朝夕 聚首すること十余年、処士の詳故を知り、処士の為に其の略を叙べて以て譜に附して、以て予の惓惓たるを見《あらは》す。惜むらく未だ予の譜の成るを見るに及ばずして卒す。処士 名は烈、字は世光、東泉は別号なり。享年 七十有七、汪氏の質 穎慧にして徒ず、処士と相 起家し、刺綉の妙たること一時に絶ゆ。子は伯承、処士の業を承く、文を能くす。

金瑶は先ず「四民 職を異にするも道を同じうす」の観点について説明している。ここで金瑶が挙げているのは、「職」であり「業」ではない。『広雅』釈詁篇には、「職は、業なり」とある。しかし、王念孫の疏証には、「職は、其の事を主るの名なり、故に業と為なり」とある。(四二)「職業」は、併用して使われることが多いが、「職」とは通常、「官事」を指し、「業」は、「四民の業」を指す。(四三)金瑶は通常使用する「四民の業」を「四民の職」と改め、人々の職責と職分をさらに強調しようとしたのである。

金瑶は、続けて「士 道を職とし、職は功業たり、農は耕を職とし、工は芸を職とし、商は利を職とす」と述べ、「士 道を職とし、職は功業」であることを強調する。士は、農・工・商よりも「道を職」とすることが多いと言う。また、「職を授」くことは、各人の資質に依拠し、その上、民生に利益をもたらす必要があるという。たとえ「士」であっても、「民生」をもたらさないのであれば、「農工商の下」であるとする。

さらに、金瑶は、徽州の風俗は「商を重んじて農工を賤」しむことにあるとし、「志の有る者」は、士ではなく、商を志すという。だが金瑶は、ここでもやはり「士」は、徽民が活路として最初に目指すものであり、次に選ぶのは「商」であると強調する。金瑶は塩商の家の出身でありながら、やはり「士」こそ優先すべきものと考えていた。しかし、同時に、もし商人が商の職に全うし、責務をやり尽くしたのであれば、その商人を軽視すべきではない、とも思っていた。

金瑶は、自身の「四民 職を異にして道を同じうす」という見方を述べたあと、同族の子孫である金烈の生平と人柄について詳述している。金烈は早くに父を亡くした。十五歳で父が亡くなると、生計を立てなければならなくなった。二十歳で汪氏を娶った。その際の嫁入り道具は大変豪華であった。当時、家は苦しく、「火孽」が重なること「三作」であったという。しかし、金烈は二人の弟を大切に育て、残された母の面倒をみていたので、生活に困ると妻の宝石類を売り、生計を立てた。「私蔵」をなすことはなかったのである。金烈は、はじめ浙江へ行き塩の商売をしたが、利益を上げることができなかった。その後、松江府へ行き店を開き、そこではじめて利益が出て、のちに貯蓄ができ、それは「昔に視へて十倍」にも及んだ。こうして成功をした商人となったのである。

金瑶が「商の人を利する者は、典より大なるは莫し」と述べ、「此れに利を失はず彼れに厚く損する無し」とし、金烈が「増損を出入」して「奸欺と為さ」ないことをとりわけ強調したのは、これが商売の道で、「廉賈」であるからである。同時に、金瑶も金烈の「人と為り慈詳にして審慎」であることを挙げ、「銭帛を出入するに、必ず公明を以てし、毫も忽苟せず」と述べた。事の大小にかかわらず、詳しい記録を施したのである。また、「家庭の上下、従容たること和を以てし」ていたとする。族譜編纂に関わる宗族の公事に対しても出資し、力を貸し、出し惜しみしなかった。金瑶は最後に金烈の息子である伯承が、父の業を継いで商売をしたことを挙げている。そこでは、「文を能く」する力についても強調している。金瑶にとって「文を能く」することこそが、賈人としての重要な長所であったのである。

三、徽州人の「四民観」的実態

中国の「四民」観念の歴史は古い。明朝初年に朱元璋が道教の正一派の天師である張宇初に発した詔では、「民を率ゐるに六を以てす」の説法として、以下のようにある。

　朕聞ならく、上古の君の天下なる者は、民 従ふ者は四、士・農・工・商と曰ふ。而して已に漢に始まり今に至るまで、民を率ゐるに六を以てす、釈・道を加ふ。[四四]

ここで朱元璋は、功能という視点から「民」の分類について述べている。かつての出家僧であった朱元璋から見れば、まさに「釈」と「道」も職業の一種であった。洪武十九年の正月、彼が戸部に発した敕文には、四民がその職に従事すべきことが強調されている。そこには、

　古の先哲王の時、其の民に四有り、士・農・工・商と曰ふ、皆其の業を専らにす。国に游民無く、人 物阜に安ずる所以にして、治を致すこと雍雍なり。朕 天下を有《たも》つに、務めて農をして力を畎畝に尽さしめ、士をして仁義を篤くせしめ、商賈は以て有無を通じ、工は技を芸業に専らにす。然らしむる所以の者は、蓋し各〻其の生に安ぜんと欲すればなり。然れども農 或いは耕作を怠り、士 或いは修行を隳し、工賈 或いは游惰に流る。豈に朕旧章を申明して然《しか》あるに致すに能はざるや。胡俗に汚染されしを抑へるも尚ほ未だ革めざらんや。然らば則ち民の食は何に由りて足さん、教化は何に由りて興さんや。爾戸部 即ち天下に榜諭し、其れ四民に令して務めて各〻本業を守るに在らしめ、医・卜なる者は、土著して遠游するを得ず。凡そ出入に息を作し、郷隣 必ず互ひに之を知る。其れ生業に事へず游惰なる者、及び他境の游民を舍匿する者有らば、皆 之を遠方に遷せ。[四五]

と書かれている。ここから分かることは、朱元璋が、四民はそれぞれ本業に従事し、「遊惰の民」に没落しないことを強調している点である。さらに、商賈は「以て有無を通ずる」ものであり、当然ここには含まれない。朱元璋にとって「民は常産有らば則ち常心有り、士・農・工・商は各〻一業たりて、自ら非と為さず」ものであった。[四六]ただし、この「国に遊民無し」の考えは、また「商賈 以て有無を通ずる」を生み出し、衝突が起きやすい。そのため、しばしば「抑商」の措置と見なされるのである。実際、この考えは、商賈を取り締まる措置でもあった。

明代中期になると、「四民 業を異にして道を同じくす」に類似したものが文献の中にしばしば見られるようになる。[四七]その中で、王陽明の「節庵方公の墓表」は、四民に関する議論のもっとも代表的なものと言えよう。そこには、次のように記されている。

蘇の昆山に節庵方翁麟という者あり。始め士たりて挙子を業とす。已にして棄て去り、其の妻家朱氏に従って居れり。朱は故《もと》商を業とす。其の友曰く、子 乃ち士を去りて商に従ふか、と。翁 笑ひて曰く、子 烏《なん》ぞ士の商たらずして商の士たらざることを知らんや、と。其の妻家 これに従事を勧む。遂に郡の従事となる。其の友曰く、子また士を去って従事に従ふか、と。翁笑ひて曰く、子また烏《なん》ぞ士の従事たらずして、従事の士たらざることを知らんや、と。居ること久しうして、嘆じて曰く、吾 世の碌碌たる者の利禄に刀錐せるを憤りて、これを為して以て俗を矯め頽を振はんことを 屑《いさぎよ》しとせしも、乃ち今 果たして益を為すこと能はざるなり、と。又復《また》 棄て去りぬ。会〻《たまたま》歳歉なるに、尽く其の有《も》つ所を出して以て飢乏を賑はす。朝廷其の為す所を義とし、これに冠服を栄す。後、復た建寧州の吏目を遙授さる。

翁 これを視ること粛然として与るなきがごとし。其の配の朱と力を農耕に竭《つ》くして其の家を植《た》て、士業を以て二子の鵬と鳳とに授く。皆な進士に挙げられ、方面に歴官す。翁既に老いて日〻其の郷士と詩酒の会を為す。郷人 多く能く道ふ、其の平生皆な磊落として異とすべし、と。顧太史九和云ふ、吾 嘗て翁の其の二子に与えし書を見るに、亹亹として皆な忠孝節義の言なり。流俗を出でて、古の道を知る者に類せり、陽明子曰く、古は四民業を異にするも道を同じうす。其の心を尽すこと一なり。士は以て修治し、農は以て養を具へ、工は以て器を利し、商は以て貨を通ず。各〻其の資の近き所・力の及ぶ所のものに就きてこれを業とし、以てその心を尽さんことを求む。其の帰要 生人の道に益あるに在るは、則ち一のみ。士・農はその心を修治し養を具ふるに尽すものを以てして、器を利し貨を通ずるも、猶ほそれ士と農となり。工・商は其の心を器を利し貨を通ずるに尽すものを以てして、修治し養を具ふるも、猶ほそれ工と商となり。故に曰く、四民業を異にするも道を同じうす、と。蓋し昔、舜 九官を叙するに稷を首めにして契を次にし、垂工・益虞を夔・龍より先にす。商周の代には伊尹 莘の野に耕し、伝説巌に板築し、膠鬲 魚塩に挙げられ、呂望 磻渭に釣す。百里奚市に処り、孔子 乗田・委吏となる。それ諸〻の儀封・晨門・荷蕢・斲輪《たくりん》の徒 皆な古の仁聖英賢高潔不群の士なり。書伝の称する所、考して信ずべきなり。王道熄みて学術乖きしより、人其の心を失ひ、交〻利に騖《は》せて以て相駆軼《くいつ》す。ここにおいて始めて士を 歆《よろこ》びて農を卑しみ、宦遊を栄として工賈を恥づるあり。其の実を夷考せば、時を射て利を罔《あみ》する、これより甚しきものあらんや。特だ其の名を異にするのみ。其の趨く所を極むるに、浮辞詭弁に駕して以て世を誣ひ衆を惑はす。これを具養器貨の益に比するに、罪浮《おお》くして実を反って逮ばず。吾 方翁の士商従事の喩を観るに、隠然として古の四民の義に当ることあり。激することありて云ひし者のごとし。嗚呼、斯の義の亡びるや久し。翁 殆んど聞く所あるか。抑《そもそも》その天質の美にして黙して契ふあるか。吾 ここにおいて重ねて感ずる所あり。吾 嘗て交を翁の二子に獲たり。皆な穎然として古道に敦く、敏にして学を志す。其の官に居り民に臨むや、務むること世を済ひ物に及ぼし、其の心を尽さんことを求むるに在り。吾 これを以て其の源流を得、故にこれが為にこれを論著すと云ふのみ。翁 既に没して於邑の西の馬鞍山の麓に葬る。配の朱孺人 賢行あり。ここに合葬す。郷人の為に其の墓に表わして、「明の贈礼部主事節庵方公の墓」と曰ふ。嗚呼、公のごとき者は、それ亦た表すべし。（四八）

方麟は蘇州昆山の人で、はじめ士を生業としていたが、商人の娘を娶ったことで、妻の実家の商売に従事するようになった。しばらくして、妻の実家から官吏に就くことを勧められ、長きにわたり官吏となった。のち、官吏になったものの自分に才能がないことを悟り、辞職した。この時、ちょうど「歳歉」の時で、彼は「尽くその有《も》つ所を出して以て飢乏を賑は」したことにより、「朝廷其の為す所を義とし、これに冠服を栄す。後、復た建寧州の吏目を遙授さ」れた、という。方麟にとって、商人を経て、官吏となり、そのようにして得た財力を、民の救済のために寄付し、それによって朝廷から表彰されたことこそ真の郷里の栄誉だったのである。このとき、彼と妻は再び商売を辞めたが、その後、官吏に戻ることはなく、「その配の朱と力を農耕に竭《つ》くしてその家を植《た》て」、「士業を以て二子の鵬と鳳とに授く」ことになった。その二人の息子は、ともに進士となり、高官となった。方麟は、はじめ官職に就くことを放棄し、商人となり、その後は官吏となったが、やはりそれを辞め、最後には農業を始めた。そのような経緯を辿りながらも方麟は、「士」こそ最も理想たるものと捉え続けていた。方麟は、伝統的な四民観念から抜け出すことができなかった人物だと言えるであろう。

王陽明が「節庵方公の墓表」において賞賛しているのは、方麟の経歴ではなく、「吾 方翁の士商従事の喩を観るに、隠然として古の四民の義に当ること」についてであった。王陽明にとって「士は以て修治し、農は以て養を具へ、工は以て器を利し、商は以て貨を通ず」るものであった。ただ「その帰要 生人の道に益あるに在るは、則ち一のみ」であり、そこに「尽心」が必要なだけで、それほどの差異はない、と捉えていた。王陽明は、「四民」とはそれぞれ同様の「修治し養を具ふる」ものとし、この点が王陽明の「新四民論」の本質だと言えるであろう。

王陽明によるそれらの言葉は、おそらく嘉靖四年（一五二五）頃に書かれたものと思われる。嘉靖二十八年（一五四九）、および二十九年（一五五〇）頃に、王畿と鄒守益などが講学のため徽州へ行き、徽州府において講学の王学時代が始まった。新安六邑大会などの講学活動の発展によって、王学に関心を抱く徽州の学者が増加した。（四九）嘉靖四十五年（一五六六）新編の『徽州府志』（五〇）には、鄒守益による徽州での講学の際の会約が掲載されており、王学思想はすでに徽州の官民から高く評価されていたことが分かる。この時期の金瑶は、官職を辞め故郷に戻り、経学の研究に力を注ぎ、知名度の高い地方の学者の一人に数えられた。そんな彼が当時、陽明学者と交流があったとしても不思議ではない。金瑶の「東泉金処士伝」に挙げられている「四民 職を異にするも道を同じうす」という考えと、同時代の王陽明による「四

民　業を異にするも道を同じうす」という見方には、密接な関わりがあると言えるであろう。

ただし、徽州商人の家の出身である金瑶は、徽州の風俗では、「商を重んじて農・工を賤しむ」もので、「志有る者その間に生まれれば、士と為らず、必ず商と為る」といい、士と商にはやはり高低の差があると捉えていた。だが、商人が「商の職を尽す」のであれば、当然軽視すべきではない、とも述べ、その場合の「商の職」として、「奸欺を為さず」、廉賈となって、「私蔵」がなく、さらに家庭も円満であることが必要である、とした。金瑶が実際に強調したのは、商人は「士の道」によって商売を行い、家を治める、ということであった。金瑶は「四民　職を異にするも道を同じうす」について強調したが、やはり「士の道」こそ最後にもどる場所と捉えていた。この点から言えば、金瑶の観点と沈錬の言う一般商人によくある悪癖のない「独行君子」という見方は、まさに商人が職責を果たすという点において通ずるものがあるであろう。

金瑶の「四民　職を異にするも道を同じうす」という見方は、「奸欺を為さ」ない廉賈を軽視しないが、かと言って「士商を平等」とは見なさない、というものである。この点において、王陽明の「四民観」と些かの違いが見られるのである。

おわりに

「歙の郡為るや、山嶺・澗谷・崎嶇の中に在り」(五一)とは、顧炎武の『天下郡国利病書』の中に書かれた徽州の「形勝」に関する一文であり、多くの学者により引用されている。この言葉はもともと、北宋の政治家であり、文学家でもあった王安石により書かれた。北宋の皇祐三年（一〇五一）に、広西轉運使であった歙州（一一二一年歙州は徽州となった）黟県の人、孫抗（九九八から一〇五一）が病気のため辞職し、その際、王安石は「広西轉運使孫君の墓碑」を記した。そこには以下のように書かれている。

君　諱は抗、字は和叔、姓は孫氏、姓を衛に得、望を富春に得たり。其の黟県に在るは、君の高祖、広陵を棄てるに孫儒の乱を避くるを以てよりす。而して君の曾大父　諱は師睦に至り、善く生を治めて以て富を致す。飢ゑる歳には、賤く米穀を出して、付糴を閧昇して、郷里の歓心を得たり。大父　諱は旦、始め尽く其の産を棄てて、能く士を招きて以て子を教ふ。父　諱は遂良、終《みまかり》し時に当たり、君　始め十余歳なり。後に君の故を以て尚書職方員外郎を贈らる。……歙の州為るや、山嶺・澗谷・崎嶇の中に在り。五代の乱を去ること百年より、名士大夫、亦た往往にして出づるも、然れども多とする能はざるなり。黟は尤も僻陋にして、中州の能人・賢士の罕に至る所なり。君　孤にして童子、徒歩にて宦学し、終に以て就立し、朝廷の顕用と為る。(五二)

孫抗の高祖は、孫儒の乱を避け、居を黟県に遷した。王安石は、孫抗の曾祖父が「善く生を治めて以て富を致」したという、商売によって富を成したことを挙げ、同時に、曾祖父が災荒の発生した時には、米穀を安く売り、賑恤救済して、「郷里の歓心を得た」とも記している。また、孫抗の祖父は、商業を棄て士を招いて子を教えることに力を注いだ、という。孫抗は「孤《みなしご》の童子」でありながら徒歩で「山嶺・澗谷・崎嶇の中」まで学びに行き、朝廷の用いる所となり、遂に大業を成した。それは、曾祖が「善く生を治め」たことや、高祖が「士を招きて以て子を教」えたことと密接な関係があるであろう。「山嶺・澗谷・崎嶇の中」で生活をする徽州の人にとって、「夫れ安《いずく》んぞ田を得て之に力《つと》めんや。夫れ安んぞ賈と為らざるを得んや」であったからである。(五三) 商売によって財を築き、財力を得た上で教育に力を入れ始め、そうすることで最終的に子孫を官界へと送り出し、それを郷里の栄誉としようとしたのである。これこそが宋代以来、無数の徽州人が営々と求めてきた成功の道であった。

宋代の金咏、元代の金南庚だけでなく、明代の金通正や金烈など、瑠溪金氏の一族はみな「生を治め」ることは、生きていくための道で、「士」こそ最終的な理想である、と理解していた。明代中後期における「徽州の風俗は商賈を以て第一等の生業と為し、科第は反りて次着に在り」という言葉は、小説の中での話に過ぎない。(五四)「士を崇ぶも商を賎しまず」という考えは、徽州に存在し続けた伝統的な観念だったのである。そのため、徽州商人の興起を明清時代における儒家思想の転換による産物と見なすことや、徽州商人を王陽明の「新四民論」を実践した模範と捉えることは、必ずしも適切ではないと言えるであろう。

《注》

(一) 代表的な研究として、余英時『中国近世宗教倫理与資本主義精神』(〔台北〕聯経出版事業公司、一九八七年)がある。余英時は、「中国商人」の精神憑藉と思想背景を論じる際に、「十六世紀から十八世紀までの断絶は、王陽明から乾隆・嘉正の漢学に至までの時期だけである」と述べている。同書九七頁参照。

(二) 葉顕恩「儒家伝統文化与徽州商人」(『安徽師範大学学報』(哲社版)、一九九八年、第四期)参照。

(三)〔明〕金瑶撰・〔明〕汪従龍〔金瑶外孫〕等校梓『金栗齋先生文集』(万暦四十一年、瀛山書院刻本)巻二「瑠溪地図記」、『続修四庫全書』集部第一三四二冊、五二九頁。

(四)〔明〕金瑶「瑠溪金族譜序」、〔明〕金彦瑾「酔郷癯仙自叙」、『瑠溪金氏族譜』巻十三「裒翰二・序」を参照。また、〔明〕蔡紫云「元承徳郎同知婺源州事金公墓志銘」(『瑠溪金氏族譜』巻十四「裒翰三・墓志」)記載の瑠溪金氏「系出漢都成侯欽」に基づく。

(五)〔明〕金瑶纂修『瑠溪金氏族譜』巻九「録仕」。

(六)〔元・明〕蔡紫云〔玄〕「新修九龍潭著存観記」、〔明〕金瑶『瑠溪金氏族譜』巻十三「裒翰二・記」。

(七)〔弘治〕『徽州府志』巻六「選挙・科第(宋)咸淳四年陳文龍榜」に、「金革、休寧人、右科」とある。

(八)〔弘治〕『徽州府志』巻八「人物二・宦業・金革」。他に、曹弘齋〔涇〕撰の「宋進士成忠郎武岡軍新寧県主簿金公墓銘」(『瑠溪金氏族譜』巻十四「裒翰三・墓志」)にも金革に関する詳しい記述がある。

(九)『宋史』に、文天祥は咸淳九年に湖南の提刑に命じられ、十年に知贛州に転じた、とある。『宋史』巻四百一十八「列伝」第一百七十七「文天祥」(〔北京〕中華書局、一九七七年、第三十六冊、一二五三四頁)を参照。

(一〇)〔宋・元〕曹弘齋「宋進士成忠郎武岡軍新寧県主簿金公墓志銘」(『瑠溪金氏族譜』巻十四「裒翰三・墓志」)には、「(金革)男三人……応鳳待補太学生」とあり、また『瑠溪金氏族譜』巻九「録仕・三世」には、「淳一府君(応鳳)、千一府君長子、宋以書経与解試乙榜、取中待補太学生」とある。

(一一)〔元〕胡一桂『一経堂記』、〔明〕金瑶『瑠溪金氏族譜』巻十三「裒翰二・記」。

(一二)〔明〕曹嗣軒〔編撰〕、胡中生・王蘷〔点校〕『休寧名族志』(黄山書社、二〇〇七年)四巻「金・瑠溪」、七〇五頁。

(一三)〔明〕金瑶『瑠溪金氏族譜』巻九「録仕」には、「庚三府君南庚、淳一府君長子、元以薦授承事郎江陵路把都児民戸総管府副総管……晩以子貴、宣封武略将軍」とあり、段落の終わりには、以下のような金瑶の注がついている。「査『元史』無把都児官、一日偶閲『胡云峰文集』、載有此官。「把」作「抜」、是

『元史』多見抜都児」。

(一四) [弘治]『徽州府志』巻九「人物三・武功」。金震祖の子、金符午〔撰〕の「元忠翊校尉十字路万戸府鎮撫金公（震祖）行状」は、程敏政〔輯〕『新安文献志』（明弘治刊本）巻九十七、に収録されている。

(一五) 胡云峰は胡炳文である。元代の理学家で、字は仲虎、婺源考川の人。かつて婺源明経書院山長を務めた。『元史』巻一百八十九「列伝」第七十六「儒学一・胡一桂附胡炳文」に、「(胡炳文) 以易名家、作易本義通釈、而于朱熹所著四書、用力尤深……東南学者因其所自号、称云峰先生」とある。(北京、中華書局、一九七六年) 第十四冊、四三二二頁。胡云峰については、[元] 汪幼鳳「胡云峰伝」(程敏政輯『新安文献志』巻七十一)、[弘治]『徽州府志』巻七「人物一・儒碩・胡云峰」も参照。

(一六) [明] 金瑶「元徽州路総管府添設治中柴扉公事略」(『瑠溪金氏族譜』巻八「征賢」) に記載されている、金震祖はかつて「失声数載不治」という字句に基づく。

(一七) [元] 趙汸「克復休寧県碑」、[万暦]『休寧県志』巻七「芸文志・紀述」。

(一八) [万暦]『休寧県志』巻五「選挙志・材武・金符申」。

(一九) [明] 金瑶纂修『瑠溪金氏族譜』巻九「録仕」。

(二〇) [元] 陳栎『定宇集』巻九「処士南山戴君行状」に、「皇慶壬子 (一三一二)、同邑桐岡金聘予為塾師」とある。『景印文淵閣四庫全書』(台湾商務印書館) 第一二〇五冊、二八一頁。また『瑠溪金氏族譜』巻十三「裒翰二・序」に収録されている陳定宇「送赫翁学正北上序」に、陳定宇の小傳が「(陳定宇) 栎、字寿翁……尝主予家西塾十余年」とある。

(二一) [元] 陳栎『定宇集』巻九「桐岡金先生墓志銘」。

(二二) [万暦]『休寧県志』巻八「通考志・佚事・瑠溪記験」に、「朱学士允昇、微時為瑠溪童蒙師」とある。また『瑠溪金氏族譜』巻十三「裒翰二・序」に朱昇の撰による「贈金生徳基帰新安序」が収録されている。前には朱昇小伝があり「(朱) 昇、字允昇、本号風満林、又号隆隠、回溪人。贅歙石門、幼有美質、家貧、武略公（金震祖）邀至予家一経堂誨之。及長、遂主予家西塾」と書かれている。

(二三) [元、明] 朱昇「祭鄭師山先生文（代金震祖作）」は、[明] 程敏政輯『新安文献志』巻四十六による。

(二四) [万暦]『休寧県志』巻五「選挙志・薦辟」。

(二五) [万暦]『休寧県志』巻六「人物志・宦業」。

(二六) [明] 沈錬「実齋処士伝」、『瑠溪金氏族譜』巻十四「裒翰三・伝・続録」。

(二七) [明] 范淶「金栗齋先生文集序」は『金栗齋先生文集』に収録されている。『続修四庫全書』集部第一三四二冊、四八五～四八八頁。「知府鄭公」とは、明嘉靖朝徽州知府鄭玉を指す。[嘉靖]『徽州府志』巻六「名宦伝・鄭玉」に、鄭玉は字を于成といい、福建莆田の人で、在任期間中には、「興教紫陽書院、命訓導舒柏课之、抜其隽者時進之郡齋、字而不名或与講論、夜分送之治門外乃別。嘗出行春臨文学方玄静之廬、于于忘去。其礼士如此」とある。

(二八) [万暦]『休寧県志』巻五「選挙志・歳貢」。

(二九) [万暦]『休寧県志』巻六「人物志下・文苑」。

(三〇) 『四庫全書総目』巻一百七十八「集部三十一・別集存目五」に、『栗齋齋文集』について、「文頗有軼宕之致、其闡発経義之作、大抵空言多而実際少、蓋其説易、説周礼、即多以臆断云」と評されている。

(三一) [明] 王作霖「瑠溪金氏族譜後序」。

(三二) [明] 金瑶「瑠溪金氏族譜序」。

(三三) [明] 沈錬『青霞集』(『四庫全書』第一二七八冊) 巻三「雑著」は、「金処士伝」と題してこの伝記を収録しているが、文字や内容は少し異なる。金瑶が族譜を編纂する際、この伝記に修正を加えた可能性が高い。本文は、『瑠溪金氏族譜』を主たる資料とし、明らかに誤りと分かる文字については、四庫本『青霞集』に基づき修正した。

(三四) 『瑠溪金氏族譜』は「訾」とするが、『青霞集』により「貲」と改めた。

(三五) 『瑠溪金氏族譜』は「槎」とするが、『青霞集』により「鹺」と改めた。

(三六) 『瑠溪金氏族譜』は「処士」とするが、『青霞集』により「之」と改めた。

(三七) [明] 沈錬『青霞集』巻十二「年譜」。

(三八)［万暦］『会稽県志』第九巻『礼書一・官師表・県丞』に、「金瑶、休寧人、由歳貢任。学邃政淳、雖以憂亟去、人至今思之」とある。『中国方志叢書・華中地方・浙江省』第五五〇号、三五六頁。

(三九)『明世宗実録』巻三百六十九、嘉靖三十年正月庚子。『明史』巻二〇九「列伝」第九七「沈錬」。

(四〇)『明世宗実録』巻四百五十一、嘉靖三十六年九月癸亥。

(四一)『明穆宗実録』巻之二、隆慶元年正月壬戌。

(四二)［清］王念孫『広雅疏証』巻四上「釈诂」。また『周礼』天官・大宮に、「九月閑民、無常職、轉移執事」とある。賈公彦の疏に、「其人為性不営己業、為閑民、而好与人佣賃、非止一家、轉多為人執事、以此為業耳」とある。

(四三)『荀子』富国に、「事業所悪也、功利所好也、職業無分、如是、則人有樹事之患而有争功之禍矣」とある。楊倞注に「職業、謂官職及四人之業也」とある。［清］王先謙撰『荀子集解』巻六「富国篇第十」(中華書局、一九八八年)一七六頁。

(四四)『明太祖御制文集』巻三「制・真人張宇初誥文」(［台北］、学生書局、一九六五年)一一五～一一六頁。

(四五)『明太祖実録』巻之一百七十七、洪武十九年四月壬寅。

(四六)正徳『大明会典』巻之十「吏部九・諸司職掌・授職到任須知」。

(四七)余英時『中国近世宗教倫理与資本主義精神』(［台北］聯経出版事業公司、一九八七年)参照。

(四八)『王陽明全集』(新編本)巻二十五「節庵方公墓表(乙酉)」(浙江古籍出版社、二〇一〇年)第三冊、九八五～九八七頁。

(四九)徽州府の王学講学時代については、陳時龍『十六、十七世紀徽州府的講会活動』、『政治大学歴史学報』第二〇期(［台北］二〇〇三年五月)一三三～一八四頁、および同氏『明代中晩期講学運動』(复旦大学出版社、二〇〇四年)二九二～二九八頁、参照。

(五〇)嘉靖『徽州府志』巻九「学校・紫陽書院」。

(五一)［明、清］顧炎武『天下郡国利病書』(四部叢刊三編史部)原編第九冊「鳳寧徽・形勝」。

(五二)［宋］王安石撰『臨川先生文集』巻八十九「神道碑・広西轉運使孫君墓碑」(中華書局、一九五九年)九一九頁。

(五三)［明］李維楨『大泌山房集』巻一百六「蒋次公墓表」(『四庫全書存目叢書』集部第一五三冊一五五頁)。

(五四)［明］凌濛初著『二刻拍案驚奇』(崇禎五年序尚友堂刊本)巻之三十七『叠居奇程客得助 三救厄海神顕霊』。国立政治大学古典小説研究中心主編『明清善本小説叢刊初編』第一輯『短篇白話小説』第五(［台北］天一出版社、一九八五年)。

分科会（Ⅱ）五

思想史から見た宋代近世論

小島　毅

内藤湖南が「唐＝中古、宋＝近世」とする時代区分を提起してから約百年が経過した。かつてその是非を巡って闘わされた熱い時代区分論争は、日本では一九八〇年代以降下火となり、「近世」の語はこの論争とは違う角度から用いられるようになってきている。今次の論壇は、あらためてその意義を回顧して今後の研究を深めていこうという趣意かと推察する。他の登壇者のかたがたが東洋史学や中国文学の立場から時代区分について論じる予定であるので、私は「中国哲学」の分野から「宋＝近世」説の論拠を提示してみたい。なお、この問題はすでに伊東貴之『思想としての中国近世』（東京大学出版会、二〇〇五年）が詳細に論じており、それを受けて拙稿「宋学の近世的性格について」（渡邉義浩編『激突と調和—儒教の眺望』（明治書院、二〇一三年）がある。あわせてご覧いただきたい。

一、支那哲学の誕生と時代区分

江戸時代、はじめは林家の私塾として、のちに幕府の正規の学校として設けられたのが昌平坂学問所（名称はしばしば変更されたが、いまこの名で代表させる）で、いわば漢学の総本山だった。明治維新ののちは「大学」と改称され、漢学とあわせて和学（国学）を担当することになった。幕府の学術研究組織として別途設置されていた開成所（もとは天文方・蕃書調所）と西洋医学所（もとは種痘所）はそれぞれ開成学校・医学校時代を経て、大学南校・大学東校として洋学の教育研究機関となった。だが、政府は全面洋化方針を採ったため、「大学」は一八七一年に廃校となり、大学南校・大学東校を統合して一八七七年に東京大学が誕生する。文学部には第一科「史学・哲学・政治学」と第二科「和漢文学科」が設けられ、かつての「大学」の教育研究分野はこの第二科に引き継がれた。一八八六年に帝国大学と改称・再編がなされ、文科大学（文学部を改称）において和学と漢学はふたたび分離する。一九〇四年、文科大学には哲・史・文の三学科制が敷かれ、一九一〇年にはそのもとに十九専修課程が置かれたが、そのなかに「支那文学」とは別に「支那哲学」が設けられた。

その名称が示すように、支那哲学とは、江戸時代以来の「漢学」とは異なるディシプリンに基づく分野であった。当時、「哲学」（＝西洋哲学を教育・研究するための学科）で主流になっていたドイツ哲学の流儀を参照し、文科大学哲学科の卒業生で、ドイツ留学経験のある服部宇之吉を教授として採用して、旧来の漢学とは異なる立場からの教育・研究が開始される。一九一九年、さらなる改組により、支那哲学専修あらため、支那哲学科が誕生する。

以上、長々と東大支那哲学科誕生前史を紹介してきたのは、支那哲学科においては、かつての漢学には無かった問題関心として、「哲学の時代的変遷」が初発から意識されていたことを確認したかったからである。哲学科における西洋哲学史理解、すなわち、古代（ギリシャ哲学）・中世（キリスト教哲学）・近世（デカルト以降）の三区分が、支那哲学科においてははじめから知られ、意識されていた（古代・中世の表記は上古・中古であったりする）。時代区分という問題は、内藤湖南が東洋史学の立場から提唱するより前から、支那哲学では知られていた。ちょうどその頃、中国では胡適がやはり「中国哲学」とその史的変遷を構想していたことを付言しておく。

服部と東大在任時期が重なるのが、宇野哲人である。宇野は一九〇〇年に「帝国大学」の文科大学漢学科を卒業し、東京高等師範学校教授を兼ねたまま、根本通明の後任として「東京帝国大学」の助教授に採用された。根本は古風な漢学者であったから、この人事によって東大の学風が刷新されたことになる。当時、服部は名目上すでに東大の教授であったが、北京師範学堂の総教習として中国にいた。

この頃、内田周平や遠藤隆吉により、相次いで『支那哲学史』という名称の本が出版されていた。宇野も一九一四年に『支那哲学史講話』（大同館）を出している。西洋の哲学および哲学史研究に倣って、中国の思想についても「哲学史」が語られる時代が始まった。そして、一九二四年の『儒学史（上）』（宝文館）において、宇野は上古・中古・近古・近世という時代区分用語を採用する。上古は今で言う先秦時代、中古が漢から唐、近古が宋から明、そして近世が清代とする時代区分であった。ただ、実際には、近古・近世を扱うはずであった下巻は、宇野が数え年で百歳の長寿を全うしたにもかかわらず、ついに刊行されずに終わった。それに代わるものが『支那哲学史　近世儒学』（宝文館）で、一九四九年の出版である。ここでは、宋から清までを一括して「近世」と呼んでおり、この呼称は本稿冒頭で述べたように、現在も日本国内の中国哲学研究者が用いている「時代区分」である。（もちろん、一九四九年段階では、京都大学など他大学の研究者も「近世」という語をこの意味で用いているから、宇野ひとりの創案というわけではない。）

宇野の斬新さは、大学卒業の年（一九〇〇年）に発表された処女論文「二程子の哲学」（哲学叢書第一巻所収）において、「すでに西洋哲学の研究方法を取り入れて（中略）純客観的態度を堅持して研究が進められている」（加藤常賢「宇野先生の学績と業績」、『東方学』二四輯、一九六二年。のち、東方学会編『東方学回想』Ⅲ、二〇〇〇年に再録）ことにある。そこでは、本稿で後述するような当時のドイツ観念論哲学受容の趨勢に棹さして、宋学をカント風に整理する営みがなされていた。この時点で宇野はまだ宋を「近世」とは呼んでいないものの、内容的にはすでに西洋の近世哲学に相当するものとして位置づけようとする意図があったわけである。

このように、支那哲学史の記述はその初発から西洋哲学史の時代区分を強く意識したものとなった。そして、彼らは西洋哲学史（および、これと連動する西洋史全体）における上記三区分の原理が、うまく中国思想史の展開にあてはまることを発見したのである。ことあらためて「発見」というまでもなく、彼らが漢学者たちとも共有していた歴史認識が、まさにこの三区分だったと言ってもよい。すなわち、第一の時代が儒教の成立期、第二の時代が儒教の停滞期、第三の時代が儒教の復興期であった。朝代でいえば、先秦（もしくは漢代まで）が第一の時代、それに続いて唐までが第二の時代、宋代以降が第三の時代ということになる。（宇野は当初、清を「近世」として宋学・明学の時代たる「近古」と区別していたが、上述のとおり、後にはこれを一括して「近世」とみなしている。）

それはまさに、西洋哲学がギリシャ＝ローマの古典哲学の時代のあと、キリスト教の圧倒的な影響下にあった時代を経て、文芸復興（ルネッサンス）に連なるかたちでデカルトが登場し、哲学史上最大の巨人（と当時の日本で思念されていた）カントの時代に至る流れと並行関係をなすものであった。西洋史学における「暗黒の中世」像が、六朝隋唐時代の儒教不振と重ねられた。「中世は宗教の時代」という見解が、何の違和感もなく中国に当てはめられ、仏教・道教の盛行と裏腹に、儒教（服部や宇野は「儒教は宗教ではない」という立場だった）が衰微していたと理解された。

支那哲学研究において誕生した上記三区分は、それぞれの時代呼称こそ西洋仕込みの概念の翻訳語である上古・中古・近世によって形容してはいたが、もともと「近世」の儒者たちに共有されていた区分である。宋学の担い手たちは、自分たちの前を儒教衰微時代と捉え、自分たちの経書解釈が孔子の思想を正しく世に広める儒教復興運動であるという意識を持っていた。ただ、彼らは漢代の儒者たちの誤った経書解釈がこの衰微を招いたという歴史認識を持っていたので、漢代がすでに暗黒時代であると捉えていた。諸子百家が活躍した戦国時代も、道が行われなかった時代として低く評価される。この点が近代の支那哲学研究者とは異なるものの、いにしえの良き時代のあと、暗黒時代をはさんで復興（ルネッサンス）が成就するという点で、宋学者たちの歴史認識がすでに近代西洋における歴史認識と類似していたのである。

したがって、日本の思想史研究における時代区分は、唐までと宋以降とに太い線を引き、宋を近世とみなす形で定着した。そして、その後もこの枠組みは「支那哲学」改め「中国哲学」研究において、現在も基本的に踏襲されている。

二、内藤説の独自性―文化史の視点

内藤湖南の「宋＝近世」説は、根拠の一部として宋学誕生という思想史上の事件を数えてはいるけれども、その広がりは多面的であった。中核には政治史的な制度変化が据えられ、科挙官僚体制の確立による皇帝独裁政治（この語は門下生だった宮崎市定が広めたものだが）が指摘されている。

ただ、私が思うに、のちの論者は、宮崎も含めて、内藤説をこの君主独裁体制の成立という視点から捉えることに偏している。たしかに、政治体制の変質は内藤説の眼目の一つであった。しかし、内藤の論点は政治体制それ自体にあるのではなく、そのような体制を可能にした社会基盤、体制を支えた人たちの性格のほうにこそ重点があったと解釈できるのだ。それが彼の「貴族から平民へ」という主張である。

内藤は「中古」の「支那社会」の担い手を、「貴族」という語で呼んだ。この語の選択は、当時、彼の京都における同僚歴史学者たちが日本史研究（当時の呼称では「国史」）において、平安王朝時代の支配層であった「公家」（これが少なくとも、鎌倉時代における彼らの一般的呼称である）をこう呼ぶようになっていたことによるものと推測される。「平安貴族」と「六朝貴族」が果たして同じ「貴族」という概念で一括できるものなのかどうか、私自身は多少疑念をいだいているが、両者はその後も日本史と中国史における学術用語として定着している。（中国史研究においては、内藤〜宮崎説批判の立場からこの語の使用を回避する論者もいる。）

そして、この「貴族」に代わって宋代に台頭し、科挙官僚の輩出母体となって君主独裁体制を支えたのが、内藤によれば、「平民」だった。「平民」という日本語は、明治時代の門地標識として華族・士族の下に位置づくものとして定められており、内藤にとってはいわば同時代用語だった。特に、ちょうど内藤が時代区分論を京都帝大の授業で講義していたのは、一九一八年に原敬が首相へと登り詰めて「平民宰相」ともてはやされていた時期とも重なる。原はもともと盛岡で南部藩の家老の家に生まれており、その点で立派な「士族」出身なのであるが、分家して「平民」を選んでいた。憶測を逞しくすれば、家柄ではなく個人的才覚により政党政治家として立身した原の姿は、内藤の目には宋代の科挙官僚たちと重なって見えたのかもしれない。ちなみに、内藤の同僚で、もともと西洋史研究者であるのに日本中世史研究の草分けともなった原勝郎（一九一七年に著した『東山時代に於ける一搢紳の生活』などで知られる）も南部藩士の子であった。内藤は秋田県の鹿角の出身ではあるが、彼もまた南部藩士の子であった。

同時期、『文学に現はれたる我が国民思想の研究』（洛陽堂、一九一七〜二一年）において津田左右吉は、日本文化の担い手が「貴族」「武士」「平民」と変遷したという議論を展開していた。内藤が津田のこの書を読んでいたかどうかまだ調査していないが、その評判は聞き知っていたであろう。「貴族から平民へ」という枠組みには、これらの外延があったものと推察される。なお、内藤と津田を並べて論じたものとしては、増淵龍夫『歴史家の同時代史的考察について』（岩波書店、一九八三年）があり、今も傾聴に値する議論を含んでいる。

内藤が用いた「平民」は（「貴族」のほうとは異なって）その後学たちに継承されることはなかった。宋は「士大夫」の時代として表象されるようになる。ここで改めて指摘するまでもないが、「士大夫」は六朝時代にすでに史料に登場する語彙であるから、内藤がいうところの「貴族」も、彼らの自己認識としては士大夫だった。日本における学界の慣行に遵い、私も宋学の担い手たちを士大夫と呼んで特徴付けているが、六朝の経学者たちも士大夫だったわけで、学術用語としての厳密さには問題がある。むしろ、内藤がそうしたように「貴族」と「平民」としたほうが、両者の出身階層や立身過程の相違を端的に示しているように思われる。

内藤は中国伝統社会における政治文化（「政治と文化」でもあり、「政治という文化」でもあった）の担い手として、唐の貴族から宋の平民への交代を見たのであった。ところが、現在、ともすると、「内藤は政治より文化を重視したために、辛亥革命に象徴される中国近代の歴史的意義を正当に評価できなかった」とするたぐいの批評が見受けられる。

山田智・黒川みどり（編）『内藤湖南のアジア認識―日本近代思想史からみる』（勉誠出版、二〇一三年）は、少壮研究者による内藤論として興味深いもので、二〇世紀前半の日本の思想状況のなかに内藤を位置づけようとする意欲的試みである。内藤の朝鮮観（あるいはその欠如）に対する批判は（当時の日本人がほとんどそう見ていたのだから致し方ない面があり、内藤を弾劾するのは気の毒な気もするけれども）、的を射ていると思われる。ただ、私は、率直に言って本書の議論に賛同できない。それは、内藤のいう文化を政治・社会・経済などと並立する狭い意味に解釈したうえで、その点を批判しているからである。これは著者たちの「文化史」観なのであって、内藤の「文化主義」（増淵龍夫の表現）とはその含意が異なるからだ。また、「日本近代思想史からみる」と副題にあるにもかかわらず、本稿第一節で指摘した「支那哲学」側の時代区分の存在に言及されることもない。

ただ、そのなかで出色と思われるのは、與那覇潤の論考「史学の黙示録―『新支那論』ノート」である。詳細な紹介はここでは控えるが、氏が『中国化する日本―日中「文明の衝突」一千年史』(文藝春秋社、二〇一一年。二〇一四年に文春文庫にて増補版が刊行されている。以下の頁表示は初版本のもの)で提示した見方によって内藤の言説を読むことにより、「自らと同時代の中国を歴史が終わった土地として、そしてなによりも日本や欧米にとっても先にある未来としてまなざそうとした湖南の歴史感覚には、今日もなお意味がある」(一九七頁)とする。「湖南の中国論における文化への傾倒の原因を、もっぱら日本の帝国主義的進出を擁護する意図に求めるのは、実は因果が逆転しているのである。むしろ、湖南の文化主義はまさしく中華世界では伝統的な人間観を受けついでいた」(一九〇頁)。

内藤の中国観はその意味で内在的であり、外部から階級闘争だの市民社会だのを持ち込んで分析する手法と比べて、今となっては、より正確に事態を観察していたということが言えよう。そして、本稿第一節で言及したように、唐と宋とで区切る思考それ自体もまた、中国において伝統的な歴史認識だったのだ。

井上克人は、「内藤湖南の歴史認識における哲学的背景」と題する論考(河合文化教育研究所『研究論集』、第一一集、二〇一四年)において、内藤と同世代の三宅雪嶺(六歳年上)や徳富蘇峰(三歳年上)らについて、「明治ノ青年」(徳富の語)たちによって「個人の内面的世界における自我の自覚と確立という問題が追求され始める」(七六頁)と指摘する。明治三〇年代以降のドイツ観念論哲学の受容という流れのなかで、内藤には弁証法的発展によって中国の歴史を理解しようとする志向が生まれ、初期の著作である『近世文学史論』において「時運」や「時勢」といった語を多用することにつながった。そして、池田誠の指摘(「内藤史学にかんする私論」、内藤湖南全集第五巻付録月報一一、筑摩書房、一九九七年)に依拠して、内藤が後年は「自然」を頻用したとする。「明治三〇年代以降になると、(中略)ドイツ哲学を媒介にしてわが国の伝統である仏教や宋学を解釈した例も多い」(七八頁)。井上は、内藤が哲学には好意的でなかったことも強調しているが、彼もまた「明治ノ青年」のひとりであったという観点からその歴史認識を理解しようとしている点で、すぐれて思想史的な分析であると思われる。富永仲基が中国人の国民的特性を「文」だとしたうえで加上説を発展させたことが、内藤の歴史認識を特徴付けていると、井上は結んでいる。内藤の中国論が文化を中心に据えるには、以上の背景があったということだろう。

政治制度史や社会経済史の分野で内藤没後になされてきた、精緻な実証研究の成果を貶めるつもりは毛頭ない。しかし、もとに戻って考えてみれば、内藤が提示した枠組みは「今日もなお意味がある」(與那覇の表現)、否、今日でこそ意味があると思われる。

三、宋学の画期性、およびその背景としての印刷出版文化

宋代は思想面での画期である。仏教では禅仏教の社会への浸透があった。また、道教にも内容的な変化が見られる。呂洞賓に代表される新しいタイプの神仙が登場したし、金丹術に代わって内丹法が流行するようになり、雷法が編み出され、さらに、南宋と対峙する金では全真教が生まれた(横手裕『中国道教の展開』、山川出版社、二〇〇八年)。

ここでは、報告者が専門とする儒教に限定してその特色を述べておきたい。

儒教の大きな役割として、王権の正統化がある。漢代における経学の誕生は、所与の経典を、ある方向性をもって解釈することによって、

時の王権を支持もしくは修正させようとする意図に基づいていた。そうした経緯をたどって、唐の五経正義が編纂される。

宋代の儒教は、北宋なかばの仁宗朝の時から、こうした漢唐学の経書解釈に対する全面的な批判として展開する。その第一世代を代表するのが欧陽脩であり、続く第二世代として王安石・程頤・蘇軾らが輩出する（土田健次郎『道学の形成』、創文社、二〇〇二年）。

彼らに共通する王権論が確立した結果、宋を画期として前後の時代を区別する特徴として、次の三点を挙げることができる（溝口雄三・池田知久・小島毅『中国思想史』、東京大学出版会、二〇〇七年。その第二章「唐宋の変革」、小島執筆）。

（１）王朝交代の様式が、宋を最後の事例として、禅譲ではなくなったこと。

（２）王朝の名称が、元以降は地名由来でなく美称になったこと。

（３）依拠する最重要経書が、『孝経』『周礼』から『易』『大学』に移行したこと。

これらは相互に連関しており、さらに国家祭祀についての解釈や天の観念の変質とも連動して、理論上の大きな組み替えが生じた。「理」を根幹に据える教説が体系化され、その潮流のなかから朱熹が現れて朱子学を大成する。思想史上の唐宋変革は、後世から回顧した時の結果論ではあるが、やはり朱子学によって代表される。欧陽脩・司馬光らによる正統論を継承発展させて、のちに日本儒教において大義名分論と称されることになる思惟が中核に据えられた。

北宋後半を代表する王安石学派に対して、朱熹は二程に始まる道学の流れに属し、その立場から、王安石とは異なる政治秩序を構想した。一言でいえば、上（中央政府）からではなく、下（在地社会、郷里空間）からの秩序構築である。その構想では、宗族・郷約などの社会制度が重要な役割を果たすものとして創造され、こうした秩序の頂点に位置する存在として、理想の君主のあり方が思念された。そして、下は在地社会から上は中央政府に至るまでを通貫して、この秩序の担い手として士大夫が主体的・自律的に活躍することが期待されたのである。

前節で述べたように、宋代における士大夫（内藤の言う「平民」）とは、科挙官僚およびその候補者たちの謂であった。彼らが皇帝独裁体制を支えたのである。しばしば皇帝の個人的意向・方針と、士大夫たちの輿論とが対立して政治問題化することもあった。そのため、皇帝（王権）と臣僚（士大夫）との間に本質的な対抗関係を見ようとする歴史理解もある。だが、私は、それらは一過性の事象にすぎず、政治秩序の範型としては、皇帝独裁体制は士大夫たちによって主導されていたと理解している。個々の対立事件の構図自体が、そもそも「士大夫たちが儒教的に形象化した、あるべき君主像」と「実際の皇帝の恣意」とが矛盾した場合に生じており、士大夫たちは君主制を廃絶しようとはしていない。

これら士大夫を産出する社会的基盤は、経済的にそれなりに豊かな階層であった。内藤の「平民」という語彙選択が、内藤の門流からもあまり支持されなかった所以である。農業生産における地主や、商業活動における大商人が、一族から科挙試験合格を志す士大夫を輩出させていた。唐までのように、都に居住して先祖代々官界に地歩を占めていた「貴族」とは異なり、在地社会で科挙のための勉学に勤しみ、その成功者として官界において活躍する人材が、宋の政治・社会を領導するようになる。彼らは科挙受験に必要な儒教的教養を修得しているから、当然、文化的にも在地社会の指導者であった。政治・社会・経済・文化の全面にわたって、彼らは支配階層だった。

これに類似する現象は、宋以前にも見られた。後漢末期における地方文化（荊州など）や、五胡十六国・東晋時代における地域防衛や移民の集団などがそれである。しかし、宋以前には、そうした集団における領導は、その集団内部の輿論によって選ばれており、その点で宋代よりも自主的・自治的であった。これに対して、宋の士大夫たちは、科挙という中央政府主催の資格認定試験における合否を、その権威の源泉としていた。もちろん、科挙に合格できないままに在地社会の領導となった者も少なくない。だが、その場合でも、彼が一旦は科挙を志して、そのために儒教的教養を身につけ、その結果として人格者になった（少なくとも、当該在地社会において人格者だと認められた）ことが、彼に指導者としての地位を与えているのであり、ここに科挙官僚制度の全面的・全国的な展開と、そこにおける指標の平準化とを見ることができよう。社会規範として思念されたのは儒教（朱子学）の「礼」であり、これを礼治システムと呼ぶ（溝口雄三・村田雄二郎・伊東貴之『中国という視座』、平凡社、一九九五年）。

現実には、自分たちの経済的利益を追求するために科挙官僚になろうとする輩が多く、そのために規範を逸脱する収奪が日常的に行われていた。宋の政治秩序は、実際には王道楽土に程遠いものだった。ではあるけれども、理念として、在地社会の人格者が儒教的な教養を基準に官僚に選出されて国家権力の中枢に登用されるべきであるとする考え方が、宋代以降の中国における社会通念となり、清末まで続くのである。

ヨーロッパにおいても、一九世紀以来の通説であった「自由と平等」を近代の指標とする見解に異論を唱えて、一八世紀に実際に重視された「紀律と選抜」を強調する学説がある（ゲルハルト・エストライヒ（Gerhart Oestreich）『近代国家の覚醒―新ストア主義・身分制・ポリツァイ』、創文社、一九九三年。本書は、Justus Lipsius als Theoretiker der neuzeitlichen Machtstaates. Standetum und Staatsbildung in Deutschland. Policey und Prudentia Civilis in der barocken Gesellschaft von Stadt und Staat. の三つの論文の翻訳・編集で、ドイツ語に同名の原書があるわけではない）。宋代以降の士大夫は、まさに「紀律と選抜」の実践主体であった。

彼ら「近世士大夫」が新しい社会階層として勃興した文化的基盤として、印刷出版文化の成立が重要である。彼らは市場に流通している書籍を購入することによって、読書・学習をすることができた。朱熹の教説も、彼自身自覚的に採用した出版戦略によって、その生前から広範な地域に浸透していた。科挙受験者数が唐代とは桁違いに増加するのは、書物の流通量が増えたことと相即する現象として理解できる。印刷技術の普及こそが朱子学を生み出したといっても過言ではない。

唐と宋との間に、一見したところ、それほどの相違があるようには感じられないかもしれない。しかし、この二つの朝代における領導階層の性格やその思惟様式、あるいは、そもそもそうした変化を可能にした文化的背景を考察してみるならば、ここには中国史上の大きな画期があったと言わざるをえないであろう。

内藤湖南は、やはり正しかったのである。

四、宋を近世として見えてくるもの

さて、問題をもとに戻して、では「宋＝近世説」を唱えることに、どのような意義があるのだろうか。時代区分という営為は、その先に何が見えてくるかに意味があるのであって、それ自体が目的ではない。

私は必ずしも與那覇の歴史認識（『中国化する日本』）に賛同する

者ではないので、今の日本の状況がようやく宋代の中国に追いついたから、その意味で現代的な意義があるとは考えない。制度の外見上、社会や経済の仕組みが「中国化」しているとしても、近世中国と現代日本とは異なる「文化」（内藤的な意味で）に属している。

私はむしろ、宋代に始まった東アジアの近世が、今終わりつつあるという点にこそ、この時代区分の意味があると考える。「近世」は「近代」によって取って代わられたわけではない。所謂「近代」は、「近世」の一種としてユーラシア大陸の西端で発生した。もちろん、自生的にではなく、オスマン帝国との接触など他地域からの刺激を受けることにより、自分たちの起源が古代のギリシャ・ローマにあるという歴史認識（客観的に正しいかどうかは別）を持つようになり、古代・中世・近代という三区分法を編み出すに至ったことで自覚的に成長するようになったものである。その波が「堅艦利砲」によって東アジアにも押し寄せ、一九世紀後半にはその地域を呑み込んでいく。だが、前節で述べた「印刷出版文化の時代」は、出版形態が整版から活版に変わった程度で、基本的には続いていた。

「電脳化」は、中国では宋代以来一〇〇〇年、日本でも三〇〇年は続いてきた印刷出版文化の時代を終了させつつある。私たちは二〇年ほど前にPCを使い始めたときから、この流れに身を投じてきた。この原稿自体、なんら質的な形象を持った文字ではなく、電気信号の羅列にすぎないのである。そのことの意味は、社会学や人間工学などの諸分野で指摘されていることであり、歴史学の時代区分を論ずる本論壇の趣旨から逸脱するのでここでは論じない。

文字の発明とともに文明が始まった。この言い方はきわめて一九世紀的であり、考古学や人類学の発展とともに乗り越えられてきた見方かもしれない。しかし、あえてそう言わせていただこう。かつて、文字の運用能力を持つ、ごく限られた人たちが「文化」を担っていた（古代）。そのなかから聖典・古典が選定され、その受容と解釈が、次の時代の担い手に課せられた（中世）。やがて、印刷技術が発明され、その担い手となる人たちの数が量的に増大し、それにともなって担い手の社会的存在形態も質的に変化した（近世）。

現在は、電脳化の進展によって、物理的な空間の隔たりを無化して、瞬時に世界中で情報が共有できるようになった。国家権力や宗教教団による情報流通手段の独占は破綻し、国境を越えて「隠したい事実」が漏れ広がるようになっている。いわば、世界中が一つの場（ネット空間）を共有している状況である。

また、電脳技術は言語障壁も低いものにしている。電子翻訳技術はまだ向上の途上にあり、特に人文学系の学術論文はうまく電子翻訳できる段階に至っていない。しかし、この問題も遠からず解決されるであろう。言語面でも、世界は一体化しつつある。また、多くの学術分野では英語が共通語であり、学術論文はどこの国の人が書く場合でも最初から英語で執筆されるようになってきている。

こうした文化環境の変質は、広義の近世が終焉して新しい時代が始まりつつあることを示している。それに連動して、思想文化の面でも変革が生じることであろう。この大転換期に際して、私たちが過去を反思して時代区分について検討することは、将来を展望するうえで重要な作業なのである。

分科会（Ⅱ）六

唐宋変革と明清実践——朱子学・理学を例にして

陳 支平
黒﨑 恵輔（訳）

「理学」の形成は、宋代のもっとも重要な歴史的特徴であると言える。しかしながら近・現代にいたると、「理学」はあろうことか、最も人々が批難する文化的伝統となってしまった。もちろん「理学」を篤く信じ、それを研究する人々にとっては、宋代「理学」の膨大な体系のなかから、世間の人々が感服し実践するに値する文化精神の要素を数多く探し出せるばかりでなく、さらには治国の根本とまでされた。しかし先進的な思想を持ち、救国済民の考えに富む近・現代のあまたある学者からは、かえって往々にして理学家たちの「理を以て人を殺す」（戴震「与某書」）、「礼を以て人を吃ふ」（魯迅『狂人日記』）部分を痛烈に批判された。この落差の大きさは、まことに人々をいぶかしめている。

学術の方面から考えてみるに、今日にいたるまで、人々は依然として宋代「理学」の研究を両極端に把握しがちである。一方の面は、近・現代の西洋における人文社会科学を導入するにつれ、「理学」の研究が「哲学」研究の専門範囲に組み入れられたために、「理学」の形而上的思惟は、哲学研究の者たちが思考し探求した内容を中核とするようになったことだ。これが、理学家たちの「文本」（テキスト）から研究者たちの哲学的結論にいたるまで、現・当代において「理学」を研究する際には必ず踏まえる方法となったようだ。そしてもう一方の面、歴史学研究では、また往々にして断代史的区分によって無遠慮に切り離されたがために、宋代を研究する歴史学家たちは宋代の「思想史」的特徴に着目し、明・清代を研究する歴史学家たちはこの時代に成長し生活した「思想家」たちを重視していることだ。かれらは各人各様に、それらを賛美し、陶酔している。

今世紀の初め、歴史学家の余英時氏は、『朱子的歴史世界』を著した。「夫子 自ら道《い》ふ」（『論語』憲問）を根拠として彼はこれを著し、理学の哲学化が、その形而上的思惟と理学の全体性とを分離させ、儒学の長大なる伝統からも外れてしまった、と評する。この書が著されたのは、「統合的視点から、理学をその本来の歴史的脈絡のうちに戻し、新たな認識を加えることを企図する」ものであった。（一）『朱子的歴史世界』の出版は、著者自身も予見していたように、学術研究のために「別の参考体系を提供し、理学の研究はだんだんと活動的な均衡を獲得」していった。（二）

しかしながら残念なことは、余英時氏は歴史学者の視点から、宋代朱子理学の全体性や生々とした変容過程を考察したけれども、いまだ断代史の方法による隔壁を突破することは出来なかった。朱子を代表とする宋代の理学家たちは、「政治文化」と自身の「内聖」が修養すべき尊厳ある「道統」とを再建するのに、もとより全力であった。しかし我々が認めるべきは、こうした尊ぶべき「道統」が、明らかに後世にいくつかの負の影響をもたらしたことである。実際にこれらの負の影響は、「理学」を棄てさせた後にも、現・当代のあまたの先進的な思想をもつ学者たちに、鋭い憤りを生じさせていた。とすれば、宋代から近・現代にいたるまでの中間、すなわち明清時期には、いったいどのような変化が起きたのであろうか。このことは我々の好奇心や探究心を促さずにはいられない。ここからの考察が、真っ先に研究者らの断代史的隔壁を打ち破るであろうことは疑いない。また、長きにわたって変化してきた歴史から、「理学」の歴程を解読していくことも、それなりに益有るものとなろう。

一　宋代以来の朱子学・理学、その政治制度化への変遷

宋代の理学家たちは、当時の王朝や社会または個人のために、だれもが深淵なる儒家の伝統的な道徳規範を構想し、またこれを実践しようと試みた。しかしながら「実事求是」の研究や、宋代の理学家たちが設計したこれらの道徳規範は、基本的に、宋代の時点では制度化された実践を作り上げる事は無かった。この制度化された実践は、元・明時期の、不断の変化を通過し終えてのものである。

元朝は、遊牧民族が中華世界に入りこんでその主権を取ったのであるが、漢人の「道統」を借り受けて、安定した天下を治めていくことが緊要であった。フビライ＝ハーンが即位した直後から「大いに名儒を召して、辟して庠序を広」め、孔子廟を修造し、儒家の経籍を翻訳して学んだ。このなかで学校への選挙が興ったが、その影響は巨大であった。許衡、耶律有尚といった人たちの推進のもと、宋代に朱子などが唱導した教育体制は、元代において実行されるにいたる。

　京師自り偏州下邑、海陬徼塞、四方万里の外に至るまで、学有らざるは莫し。[三]

中央から地方にいたるまでのあらゆる学校で教えたのは、朱子の書であった。[四]元朝の朱子理学を知識モデルとする教育体制の推進は、明清時期に朱子学・理学が王朝政治の統治イデオロギーに変成したことに対し、橋渡しをする重要な働きを果たしたのである。

この時期に朱子学を中核とした「政治文化」が実施されたことは、ただ一個人の努力で実行されたのではない。それには必ず制度面からの推進と保証が必要であった。朱元璋が元朝を転覆させて明朝を建てたのち、漢族官僚の威厳を回復させることを己が任としたことで、宋代の道徳規範は自然と、漢民族官僚の威厳を回復させるもっとも直接的かつ実現可能な政治モデル・社会モデルとなった。ここにおいて科挙制度の再建には、自然と元代の理念が踏襲されることとなる。「胡虜を駆逐し、中華を恢復」することは、朱元璋が挙兵して元朝に造反した際の鮮明なスローガンであった。とはいえ安定した政治が、とくに官僚機構の養成が求められていた以上、元朝のあとを継がないわけにはいかない。そこで宋代の理学家、とりわけ朱子の著作を、学士たちが仕官の道に進むために必読必携となる法定教科書として定めたのである。[五]このことを言い換えるならば、朱子ら宋儒の道徳についての主張は、はやくも明代のイデオロギー領域における要所を占めたわけである。

このイデオロギーの強化が果たされたのは、朱元璋が天下の教育政策に対して一連の制度化への措置をとったところにある。近・現代においてもっとも非難された宋代「理学」の「節孝」観を例にとってみよう。朱元璋はその建国のはじめ、すなわち洪武元（一三六八）年に、節考の実践を奨励する法令を発した。

　洪武元年、令す。凡そ孝子・順孫・義夫・節婦、志行の卓異なる者、有司・正官は名を挙げ、監察御史・按察司は体覈し、上司

に転達して、門閭に旌表せよ[六]。

洪武二十一（一三八八）年には、官僚が報告を怠るのを防ぐため、ふたたび天下に掲げ示して、広く推進させた。

　本郷本里に、孝子・順孫・義夫・節婦、及び但だ一善の称ふべきことを有する者有らば、里老人等は其の善なる所の実跡を以て、一は朝廷に聞し、一は有司に申して、朝に転聞せよ。若し里老人等 已に奏して、有司 奏せざれば、罪は有司に及ぶ。此等の善なる者、監察御史及び按察史の分巡到来に遇する毎に、里老人等も亦た要《かなら》ず報知し、憑を以て覈実して入奏せよ[七]。

洪武二十六（一三九三）年には、ふたたび強調して令を頒布する。

　礼部 各処に申し来たりし孝子・順孫・義夫・節婦・理として旌表に当たるの人に拠りて、直隷府州 都察院に咨り、監察御史を差委《つか》はして覈実せしめ、各おの政司の所属に布して、按察司の覈実するに従ひ、府・州・県の同里甲の親隣に著落し、保勘すること相同じければ、然る後に明白に奏聞し、即ち本処に行移し、門閭に旌表して、以て風俗を励ませ[八]。

明初、洪武年間にしばしば発布された、こうした法令に見出せるのは、明朝政府の「節孝」に対する重視と強化である。

　歴史の変遷過程から考察するに、宋代理学家たちが提唱した「節孝」の観念は、実際にはかれらが初めて作ったものではない。少なくとも漢代以来より、歴代の王朝政府はいずれも、社会での「節孝」行為に対して表彰や奨励を行なっていた。宋代にいたると、ある面では、歴代の政府が節孝を旌表してきたように、その重視はいまだに続いていたものの、別の面では、士大夫が重んじる気節の道徳規範として、理学家たちが強調するようになった。こうして、「節孝」観に対しても、さらに明確に表現されていくのである。しかしながら宋・元の時期にいたっても、国家政府は節孝を旌表する行為に対し、そのほとんどが或る一つのモデルを唱導する程度にとどまって、政治制度の方面から、一まとまりに完成した表彰政策をつくることができなかった。台湾の学者、費絲言は、自身の研究で以下のように論じる。

　たとえ漢代以降の、歴代の政府がみな貞節を顕彰する制度を定めていたとしても、しかしその施行の状況を見るに、「個の事例」によって適宜取りはからった事情は、依然として多くあったろう。つまり、対処のうえでは一つの基本的な枠組みにしたがって実行できる制度を設けていたのだが、しかしなお、皇帝の決裁を主な拠り所としていたのである。婦女の貞節に対する奨励については、すでに国家が定めた制度であり、皇帝が独自にあたえる恩寵でもあった。しかし明代の政府においては、（特別に与えられるはずの）皇帝の恩寵を、制度運用の面にまで利用することの矛盾を意識し始める。旌を請求する行程と資格要件とに、はっきりとした規定を加えたのち、政策面においても旌表贈与の定型を維持して、旌表の贈与や個別的な恩寵によって乱発される例外を極力抑えることで、旌表の申請と発布とは、完全に制度の中に組みこまれて運用されることとなった[九]。

　このように費絲言は、明代以前の政府が貞節の行為を旌表することと、明代時期での貞節な行為を旌表することとの間の変遷過程を、「典範（手本とすべき基準）から規範（順守すべき法令）へ」として具体的に描き出す。典範は唱導のためにあるはずのものだが、それが規範となっていくためには、必ず一個完全にして厳格な制度と化すための（政府による）保障と推進をくわえて設計しなければならない。

　明代における旌表制度の運用は、すでに伝統的旌表制度に存していた、「個の事例」によって引き起こされる適宜性を完全に消し去り、さらに一歩常態化が進んで、官僚システムの定期的業務となった。固定化された審査基準のもと、全国各地からの膨大な旌表の案件に対し、一律で大づかみな分類わけという処理がなされた。

かくして明代には、旌表・節孝が制度化や規律化、等級化、ひいては過激化していくという特質を形成したのである。（一〇）

こうした政策・制度と並行したのは、朱子を中核とする理学が、明王朝公認の政治イデオロギーとなったことである。これにより、清代の数多くの士大夫や知識人たちに、理学的視点から政府の旌表・節孝制度を褒め称えるよう解釈させるようになった。このようにみていくと、明代政府が推進した節孝の行為は、ただの制度政策であるばかりではなく、同時に社会道徳の教化をおこなうものといえる。制度と教化という二重作用のもと、明清時期における節孝行為は、ますます人間の本性を超越し背理し、過激化した行為が出現していった。

『儒林外史』に描写される、娘が亡き良人《おっと》を追って自殺する様をまざまざと視て、父親が「見事な最期だ」と絶賛した故事（一一）などは、明・清両代の歴史文献のなかでは、決してめずらしいものではない。朱子が悟道し、その教えを伝え広めた福建では、清代になると、とうとう寡婦に貞節を守って殉死することを強要する気風があらわれる。いくつかの地方官府においては、こうした寡婦に殉死を強要する風俗は、人間性に反するとして禁止を命じていた。

民間 婦女の不幸にして夫をば亡くすの日に当たり、其の地に蹌《よろめ》きて天を呼ぶを見、生きんことを欲せざるの状に迫れば、親族の人等、苟も人心有る者は、自づから惻然として動きし念に応じ、旁《かたは》ら従り勧慰《なぐさ》む。乃ち聞くならく閭省に残忍の徒有り。或は殉節の虚名を慕ひ、或は寡婦の所有を利せんとして、但だ安撫して以て其の生を全からしめざるのみならず、反って慫慂して以て其の死を速やかにす。甚だ或いは大義を假りて以て相責め、又或いは倚る無きに借りて以て迫脅す。婦女は知識短浅、昏迷の際、惶惑として撫措して、喪心病狂の徒なれば、輒ち之が為に台を搭《か》け祭を設け、並びに鼓吹輿従を備へ、本婦をして盛服・登台せしめ、親戚族党は皆 羅拝して活祭し、扶掖して投繯せしむ。此の時 本婦は衆論に迫せられ、死せざらんと欲すと雖も、得べからず。此の似《ごと》く心を忍びて理を害すること、外は殉節の説に假るも、陰には財産の私を図り、寡婦を脅迫して立《たちどころ》に生を殺すに致ること、情は固より威もて逼るに同じく、事は実に財を謀るに等し。〔中略〕乃ち愚民は不知に陥り、自ら踏みて顕戮すること、殊に憐憫に堪ふ。出示暁諭を合行せよ。此の為に属する所の軍・民・人等一体に示仰して悉くを知らしむ。（一二）

「孝道」は本来、中華文化の中では極めて優れた伝統のひとつであるが、しかし明清時期に制度化が推進されたのちには、「孝道」も（「節孝」の制度化と）同様に、別位相において汎政治化という極端な道を歩んでいった。皇帝や統治者の視点からは、「孝道」の体現といえば取りも直さず臣下・部下たちの「死忠」であり、いわゆる「孝を以て天下を治」（『孝経』孝治）めるものだが、実際のところ、その天下は一尊たる皇帝に服従しなければならず、何人も皇帝を犯してはいけないというものである。一般士庶の家々について言えば、「孝行」による褒美を勝ち取ることが、一定の社会的地位や現実的利益を獲得できるものとなっていた。このような事情から、明清期の「孝道」は、人間的・科学的常識に乖離した、いわゆる「股を割きて親を療」（『二十四孝』）する行為を生みだすほどに、ますます激しいものへと変容していった。ある研究者の統計では、明・清両代には、人体にとって重要な器官である眼球・肝臓・腎臓・生殖器などといったものだけでなく、あろうことか自らの身体器官すべてを進んで切り取って親の治療をしていたという。[一三] 広く孝の名声を得ようとして、「割股療親」というむごたらしく視るに堪えない非人道的行為が盛行されていった。どれも明らかに、王朝政府が「節孝」の制度化と教化とを推し進めるうちに流入した、畸形なる産物である。

宋代「理学」が「節孝」を唱導してから、明清期の政府が「節孝」行為を実践するにいたるまでの過程の中で、我々が容易に見いだしうることは、宋代「理学」が唱導していた「節孝」は士大夫たち自身の道徳的気節と振る舞いの規準とを強調するものであったが、明清期に専制王朝の制度化・規律化を受けた後には、「節孝」の観念が過激化への一途をたどっていく、ということだ。ここまで我々は宋代から王朝をまたいだ断代史的考察をしてきたが、あるいは宋代の「理学」に対して、更なる客観的解読をしなくてはいけないであろう。

宋代理学、とりわけ朱子の学は、明清期に統治者のための政治イデオロギー学へと変化したが、この理学・朱子学の本質について言うならば、決してすべてが好ましい出来事ではなかった。統治者が理学・朱子学に求めたのは自らの政権や統治を維持していくことであって、そうである限りは必ず、本来の理学・朱子学に、あらゆる取捨と改造がなされる。とりわけ明清期に皇帝専制体制の強化と官僚階層の奴隷化が激しくなるにしたがって、朱子および理学家たちが提唱していた士人としての気節を退屈せずに堅持するという義理観、これが実践される可能性はほとんど無くなった。朱子学・理学の「義理」や「気節」という主張は、ほとんど政治上の「擺設」（飾り物）となってしまっていた。しかもそうした部分が強調され、制度として形成した「貞節」や「孝道」は、統治者の需要と好むところによって新たな改造と解釈がなされた。改造と解釈を経た「貞節」や「孝道」は、宋代の理学家たちの構想とは絶大なる懸隔が存在していると言わざるをえない。今このようにして、我々は、宋代の朱子や理学家たちが唱導し堅持した「至理」・「人心」といった命題を検討していった。これらは錯雑たる世界相が変遷するなかにあって、歴史という長い洗練の過程を経ながらも、久遠なる道徳的価値を発揮している。やはり今日の我々が重視し、継承してゆくべきものである。

二 宋代の朱子学・理学における社会組織と礼儀制度の設計、及びその経世致用

宋明「理学」研究の「哲学化」は、研究者たちが理学家らの形而上的思惟である「義理」論に、度を超えて傾倒したところにあった。そこではまぎれもなく、宋代「理学」のある重要な別の構成部分、すなわち基層社会の設計と管理という面が軽視され、見過ごされていた。事実、宋代の理学家たちが唱導する「理学」は、道徳と政治との上位イデオロギーという面だけでは、決してない。彼らはまた民間の社会でおこなわれる儀礼や社会組織のため、再建・再構築を推し進めることに努めていたのである。

周知のように、唐・宋時期の社会変革において重要な面は、社会全体の「平民化」あるいは「市場化」の程度が進んでいったことであり、漢・唐やそれ以前の諸侯・門閥士族らの社会はすでにもう存在しておらず、これに応じていた「宗法」や世襲体制も崩壊していき、それらが存在するための社会基盤も失われていった。宋代以来、この新しい社会への再構築の過程には、社会に対して強烈な責任感を有するあまたの宋代知識人、とりわけ理学家の面々がいた。宋という新たな時代

的特徴にもとづき、その社会再構築に対して一連の設計図を描き出した。このなかで最も意義ある代表的なものといえば、民間の宗族制度と郷族組織のほかに無い。馮尓康先生らの研究によると、宋・明時期の宗族・家族制度は上古時代の「宗法制」から変化してきたものであり、漢・晋時代では門閥士族制度へと変化していた。こうした統治特権を有する制度が変化して宋代にいたったとき、その基となる社会的基盤はすでに失われており、ほとんど衰退していた。宋代で科挙制度がさらに完備されるにつれ、科挙はもっとも主要な官僚選抜制度となって、大多数の平民は科挙を通じてその社会的地位をあらためてゆくのである。官僚は社会の中堅的な力となり、官僚と郷紳たちとが主体となって、新しい宗族制度を打ち立ててゆく(一四)。

唐・宋のあいだに社会が変革していくなかで、宋代の多くの士大夫と知識人がいる。たとえば張載、程頤、欧陽脩、蘇洵、范仲淹、司馬光、陸九韶などといった者は、みな積極的にそれに参与し、平民色豊かな民間宗族制度と郷族組織とに再建することを、適時に提唱した。

北宋の著名な学者である張載は、一家宗族を再建することこそ、社会と国家に対して重要な意義をもつと論証した。

宗法立たずんば、既に死して遂に族 散じ、其の家伝はらず。宗法若し立たば、則ち人人 各おの来処を知り、朝廷 大いに益する所有らん。或《あるひと》問ふ、朝廷 何の益する所あらん、と。公卿 各おの其の家を保つ、忠義 豈に立たざること有らんや。忠義 既に立つ、朝廷の本 豈に固まらざること有らんや。今驟《にわ》かに富貴を得る者は、能く三・四十年の計を為すに止まり、造宅せし一区、及び其の所有、既に死さば則ち衆子は分裂し、未だ幾《いくばく》ならずして蕩尽し、則ち家 遂に存せず。此の如くんば則ち家すら且つ保つ能はず、又 安くんぞ能く国家を保たんや(一五)。

こうして、家族組織を再建し、新しい「宗法制」を実行していく。社会秩序を安定させ、良好な社会風俗を再建してゆくのに不可欠な方策とは、つまり、

天下の人心を管摂し、宗族を収め、風俗を厚くし、人をして本を忘れざらしむるに、須《すべか》らく譜系世族を明らかにして、与《とも》に宗子の法を立つべし(一六)。

ということであった。

宋代の社会的現実は、家族制度の再建にあたって古代の守旧的制度と全く同じようにすることを不可能にさせた。しかし、このことがかえって、土地と時代に応じて、古い礼制のあらゆる部分を刷新しながら再建させてゆくのである。朱子は古代の礼制に対する深い思索を基礎として、朱子当時の民俗に融和させ、宋代社会の礼儀規範、とりわけ家族制度再建のために新たなモデルを作り出した。彼はその『家礼』の冒頭にて、祠堂の建立こそが、もっとも生産的な意見であることを説明した。

今 本に報い始に反るの心・祖を尊び宗を敬ふの意は、実に有家名分の首《はじめ》にして、業を開き世に伝ふる所以の本なるを以て、故に特に此を著はし、篇の端《はじ》めに冠して、覧る者をして先づ其の大なる者を立つる所以を知らしむ(一七)。

宗族を敬い治める事を唱えると同時に、朱子は『家礼』に、民間社会の婚礼や葬礼、嫁娶などといった個別な習俗や規範に対し、すべてを可能な限り詳細に書き記した。そうして、社会のいたるところで順行されることを期待したのである。

朱子と宋代理学家たちの努力は、宋代および後世に重大かつ深遠な影響を生じさせた。張載、程頤、朱熹らが努めて唱導した、民間の家族制度を再建して祠堂を建立するという主張は、宋代以降の社会にあ

っては、すでに再建への理論的根拠となっていた。また欧陽脩、蘇洵らは、民間の個人の家々にて族譜や家督を継ぐ際の様式を作ることを始めさせたが、これは後代になっても踏襲される。『家礼』の構想は、今日にいたるまで、いまだなお多くの地域に存在し、我々の日常の生活に影響をあたえている。宋代に提唱された宗族を尊ぶこと、郷里のために尽力すること、および「義倉」（共同倉庫）、「義学」（私学）、「義冢」（共同墓地）などは、後世の人々にずっと褒めたたえられるものだった。筆者はかつて、閩州・台湾一帯で民間の族譜を統計、分析したが、そこには朱子が撰述した族譜の序の言葉が、少なくとも三十の異なる姓氏の族譜に出現していた。[一八] 宋代以降の、おおくの民間の族譜とそれに関わる文献の記載のなかには、朱子ら宋儒が家族制度やその組織にあたえた影響、いわゆる「冠婚葬祭、一に文公家礼の如し」、「四時の祭饗、略ぼ朱文公著はす所の儀式の如し[一九]」といった文言が、折々に見かけられた。

朱子ら宋代の士大夫と理学家が唱える、平民的色彩をおびた民間の宗教制度と郷族組織とは、どれも彼らの「義理」説から起こってきたもので、宋代の始めから幸運に恵まれていた。彼らが構想し、唱導し、また自ら実践していったもとで、ある程度平民化した色彩を有する、新しい形式の家族制度とその組織は、宋代のあらゆる地域で現われていた。元代にいたったとき、平民化した家族制度はさらに新たな進展を遂げる。祠堂の設立を例として挙げよう。当時の人の言葉には、「今なるや、下は庶人に達するまで、通じて四代に享む[二〇]」、「今夫《か》の中人の家、十金の産有る者、亦た祖父の為に享祀 窮まる無きの計を思わざる莫し」などとある。[二一] 一部では、始祖および十余り、二十余り以上先代の烈祖を祀る大宗祠も、絶え間なく出現していた。[二二] もちろん上層部分の思想面から見ると、民間の宗族制度と郷族組織との興隆に対して、元朝政府は一貫して受け身の姿勢であった。明王朝の初め頃にいたって、政府はこうした民間に出現した家廟での祭祀という社会現象に対し、ある程度までは法律上の認可を与える。貴族官僚は家廟を建てて四代先までの祖先を祀ることができるが、士・庶は家廟を建てられず、ただ墓のそばで二代先の祖先のみを祀ることができると規定した。

嘉靖年間の典礼問題以降、明朝政府は紳士が祠堂を建て、族譜を編纂し、祖先を祀ることを許可する。典礼問題ののち、平民たちは紳士らをしきりにまねて家屋の中に祠堂をこしらえるが、ときの朝廷もこれを受けて法の条文を改め、平民が祠堂を建てて祖先を祀ることを許した。この一連の改革はしだいに、ひとつの秩序ある、また基層社会の均衡を維持していくのに十分な宗族様式へと変わっていった。

民間の宗族・祭祀制度が確立し、拡がりを見せていくにつれ、宗族制度と郷族組織も、民間での土着化・民俗化に向かって日ましに変化する。宗族における主な務めは、祖先を祭祀し、一族の子孫を繁栄させることだが、そのほかに一族の財産を管理することも、また重要な務めである。とりわけ、明・清の時期に社会・経済が比較的発達していた中国南方の地域では、宗族が一族全体で財産を管理することで、かれらの祭祀活動を維持していた。同時に、一族の者に対して資本を集中させることによって商業活動も行なっていた。たとえば金融業、所有する田地の売買、また店舗経営などの活動によって、宗族は経済的利益をつくり出していったのである。[二三] 明清期にいたると、宗族制度と郷族組織は、中国の民間においてもっとも重要にして堅固な社会構造の形式となったと言えよう。

現代、とりわけ開放（一九四九年）以降になると、何人かの学者は、階級の変化や社会の進化といった角度から宗族制度と郷族組織を議論した。かれらは宗族制度と郷族組織にある負の要素が、今もなお中国につよく関わっていると指摘し、そのうえ中国の宗族制度と郷族組織は必ず社会の進歩にともなって漸次衰亡してゆくことを予言した。筆者はむしろ、学者たちのこうした予測が、いまだ中国の実際を捉えきれていないものと考える。目下、中国の郷村社会が発展しているなか、そこに表われた二つの傾向が、注目するに値しよう。その一つは、多くの地域の家族組織や郷族組織は、現状回復しているものから目覚ましい発展を遂げたものまで、それぞれに異なる程度であること。また一つは、多くの伝統ある宗族制度と郷族組織は、甚大な被害を受けてしまったとき、すぐに以前と替わりうる社会組織のあり方を探ることができない郷村里もあり、道徳的混乱や社会的無秩序といった現象がたくさん出現したことだ。この二傾向の表徴は、ちょうど二つの異なる角度から、宋明以来の中国宗族制度と郷族組織とが長きに渡って存在し続けたこと、そして民間社会・基層社会には文化的合理性が今もなお存在していることを明示している。

ここであらためて強調しなければならないのは、宋明以来の中国の宗族制度と郷族組織といった文化的合理性は、おおもと宋代の理学家たちが唱導し、民間社会がみずから実行することで、発展してきたものであることだ。ときの王朝政府は、これに対して受動的な対処をするばかりでなく、多くの場合において禁止や妨害を与えてきた。政府は往々にして専制統治を強化しようという思惑から出発し、民間の宗族制度と郷族組織とが発展して強大となっていくのをみて、王朝の社会統治に危機がおよぶ可能性があるからこそ、たびたび規制と制限を加えようと試みたのである。政府がこのようでありながらも、民間社会は強大であった。制度化とは関わらない規制と制限は、結局、明清期中国の宗族制度と郷族組織との発展に影響をあたえず、その隆盛は二十世紀中ごろまでずっと続いてゆくのであった。

宋代「理学」が唱導し設計した宗族制度や郷族組織は、基層社会の管理と民間儀礼の面とにおいて中核となり、専制政府のややゆるい制度化という制限を受けたことによって、宋代「理学」の文化精神の一部はわりあい正常に続き、かつ社会の大多数のひとに支持されるものとなった。現在にいたってもなお、一部の学者は政治学術の視野から中国の宗族制度と郷族組織とをある程度は批判するのだが、かれらは制度化した「節考」の実践が、民間社会の中でひとつの風俗として継承されていたことを全く想像できずにいた。社会の強烈な反感を引き起こしたがゆえに、かえってより大きい範囲で民間社会の生活様式となり、頑強な生命力を蓄えたわけである。

宋代の朱子学・理学は近現代にいたると、往々にして人々からは、どうしようもなく、何の役にも立たない看板道徳であるとの譏りを受ける。そして実用の学を重視する人たちは、明清以来のいわゆる「経世致用」の学に対しては、はなはだしく賞賛するのである。ところが宋代から後の中国思想界に出現した「経世致用」の学は、徹底して形而上的思惟のままであり、そこには現実に実施されゆく内容も可能性も、まったく含まれていなかった。反対に、宋代に朱子や他の理学家たちが唱えた、社会の基層組織を再建するための構想と実践とは、広大なる中国の大地に千年近い時のなか、あらゆる場で実施され推進されるにいたり、その最たるものは海外の華人社会のなかにまで引き継がれているのである。このように学術面・政治面からの偏見を捨て去ったうえで、もし宋代以降の中国の思想家たちのなかに、真に世に行われうる「経世致用」の学を探し求めるのであれば、恐らくそれは、朱子ら宋儒たちのこうした意見だけであろう。

三　四つの認識

以上に見た宋代「理学」から明・清両代にいたるまで変遷する歴史的過程の考察から、我々は以下の数点の認識を得られるだろう。

一、近・現代以来、「哲学」に偏重してきた宋代「理学」に対する分析は、往々にして宋代以来の「理学」を「形而上的思惟」という文化精神の面に引きずりこませていた。そうして、宋代「理学」が唱導し設計した、基層社会の管理や民間儀礼の継承といった面を無視していた。しかしその本義から言えば、宋代「理学」は、道徳の宣揚と社会の構築といった、二つの部分的内容からなる体系を有するであろうこと。

二、宋代「理学」は、その当初、広汎に実践されることは無かった。とくに政府の制度化を受けてからのような実践などは、まったく無かった。元、明、清という時代を経て、皇帝権力を中核とした政府の統治者が、自らの要望にもとづいて宋代「理学」の一部分だけを抽出し、制度化にむけて実施・推進させていったのである。この制度化された実施・推進のなかで、宋代「理学」に備わっていた尊ぶべき社会批判精神はしだいに消失し、皇権政治に従属するという文化的特色はかつて無いほどに強められていったこと。

三、明清期の政府に制度化された宋代「理学」の内容、そのなかでも特に政権側の改造を受けた、いわゆる「気節」・「節孝」の観念。これらは宋代「理学」の本意からかけ離れていくばかりか、同時に人間のあるべき在り方や社会の進歩に対して背理してゆく。こうしたことが、近・現代の人々に、多くの反感を抱かせたのである。これと対照的なのは、宋代「理学」のなかに別に含まれていた、もう一つの重要な構成部分である基層社会の管理と民間儀礼の継承という面については、政府による制度化の影響がやや少なめであったことが、かえって明清以来の民間社会のなかで比較的良好に実践・継承されるにいたっていた。そこでは、真に世に実施された「経世致用」の学となっていたのである。今日の事から考えても、我々は依然として、宋代「理学」が提唱した社会調和の意義を有する家族制度などに対して、見て見ぬふりをしたり、全面的否定をするような評価を与えることはできないということ。

四、上記の三点からさらに導き出していくと、あるいは以下のように説くことができるかもしれない。つまり、中国の長きにわたる歴史の発展過程から考察してゆけば、孔子の儒学にせよ、朱子を代表とする宋代「理学」にせよ、および法家・兵家などの諸子百家らにせよ、これらの思想形成の始まりには、各々一つ一つの思想に、社会・文化に対して、優秀かつ積極的な意義が豊富に含まれていることが見いだせる。とりわけ孔子から朱子にいたるまでの儒家の伝統は、それを唱導した当時には、強烈な社会批判精神と社会を監督する意義とを内包していた。これが、中国の歴史的発展に類い稀なる文化精神の精髄を注ぎ込んでいったのである。しかし、こうした文化精神の精髄は、ひとたび社会の為政者によって制度化への軌道に入れられてしまえば、必然、次第に凋落して、専制政治に従属した特色を形成してしまう。こうして、社会の進歩に対して保守し阻害する性格を、日増しに顕わにしていったのだ。反対に、専制政治の統治者によって政治制度の中心に組み込まれることのなかった儒学の伝統については、長い時間その合理的本質を保ち続け、中国の歴史という大河の中で文化精神の生命力を発揮し続けていたのである。

かくも粗大な結論ではあるが、これは、筆者みずからが宋代以来の断代史的思考の限界を打ち破ろうとして歴史の問題を考察してきたなかでの、一つの収穫と見ていただいて差し支えない。

《注》

（一）余英時『朱熹的歴史世界』（北京、生活・読書・新知三聯書店、二〇〇四年八月）、「総序」、三頁。

（二）注（一）に同じ。

（三）「自京師至于偏州下邑、海陬徼塞、四方万里之外、莫不有学」（黄溍『金華黄先生文集』巻一〇、「邵氏義塾記」）。

（四）以上のことは周良霄、顧菊英『元代史』（上海人民出版社、一九九三年、四六八頁）を参照。

（五）『明史』（中華書局、一九七四年）巻七〇、「選挙志二」を参照。

（六）「洪武元年、令。凡孝子・順孫・義夫・節婦、志行卓異者、有司・正官挙名、監察御史・按察司体覈、転達上司、旌表門閭」（明・申時行等撰『大明会典』巻七九、「旌表」）。

（七）「本郷本里、有孝子・順孫・義夫・節婦、及但有一善可称者、里老人等、以其所善実跡、一聞朝廷、一申有司、転聞于朝。若里老人等已奏、有司不奏者、罪及有司。此等善者、毎遇監察御史及按察司分巡到来、里老人等亦要報知、以憑覈実入奏」（『大明会典』巻七九、「旌表」）。

（八）「礼部拠各処申来孝子・順孫・義夫・節婦・理当旌表之人、直隷府州咨都察院、差委監察御史覈実、各布政司所属、従按察司覈実、著落府・州・県同里甲親隣、保勘相同、然後明白奏聞、即行移本処、旌表門閭、以励風俗」（『大明会典』巻七九、「旌表」）。

（九）費絲言『由典範到規範：従明代貞節烈女的辨識與流傳看貞節觀念的嚴格化』（台湾大学出版委員会、一九九八年）、一一三頁。

（一〇）上引の費絲言《一九九八》、第一章「明代國家貞節表揚制度」を参照。

（一一）呉敬梓『儒林外史』第四十八回、「徽州府烈婦殉夫、泰伯祠遺賢感旧」を参照。

（一二）「民間当婦女不幸夫亡之日、見其蹌地呼天、迫不欲生之状、親族人等、苟有人心者、自応惻然動念、従旁勧慰。乃聞閭省有残忍之徒。或慕殉節虚名、或利寡婦所有、不但不安撫以全其生、反慫慂以速其死。甚或假大義以相責、又或借無倚以迫脅。婦女知識短浅、昏迷之際、惶惑無措、而喪心病狂之徒、輒為之搭台設祭、並備鼓吹輿従、令本婦盛服・登台、親戚族党皆羅拝活祭、扶掖投繯。此時本婦迫於衆論、雖欲不死、不可得矣。似此忍心害理、外假殉節之説、陰図財産之私、迫脅寡婦立致殺生、情固同於威逼、事実等於謀財。（中略）乃愚民陥於不知、自踏顕戮、殊堪憐憫。合行出示暁諭。為此示仰所属軍民人等一体知悉」（『福建省例』三十四、「雑例」・「禁止殉烈」）。

（一三）邱仲麟『不孝之孝：隋唐以來割股療親現象的社會史考察』（博士論文、一九九七年、台湾大学歴史学研究所）を参照。

（一四）馮爾康等著『中国宗族社会』（浙江人民出版社、一九九四年）を参照。

（一五）「宗法不立、既死遂族散、其家不伝。宗法若立、則人人各知来処、朝廷大有所益。或問、朝廷何所益。公卿各保其家、忠義豈有不立。忠義既立、朝廷之本豈有不固。今驟得富貴者、止能為三・四十年之計、造宅一区、及其所有、既死則衆子分裂、未幾蕩尽、則家遂不存。如此則家且不能保、又安能保国家」（『張載集』（中華書局、一九七八年）、「経学理窟」・「宗法」）。

（一六）「管攝天下人心、収宗族、厚風俗、使人不忘本、須是明譜系世族、与立宗子法」（『張載集』「経学理窟」・「宗法」）。

（一七）「今以報本反始之心・尊祖敬宗之意、実有家名分之首、所以開業伝世之本也、故特著此、冠於篇端、使覧者知所以先立乎其大者」（朱熹『家礼』巻一、「通礼」・「祠堂」）。

（一八）陳支平『福建族譜』（福建人民出版社、二〇〇九年修訂版）第五章、「族譜的装飾与炫耀」を参照。

（一九）「冠婚葬祭、一如文公家礼」、「四時祭饗、略如朱文公所著儀式」。馮爾康等著『中国宗族史』、第三章・第二節、一七二〜一七七頁を参照。

（二〇）「今也、下達于庶人、通享四代。」（呉澄『呉文正集』巻四六「豫章甘氏祠堂記」）。

（二一）「今夫中人之家、有十金之産者、亦莫不思為祖父享祀無窮之計」（李祁『雲陽集』巻七「汪氏永思堂記」）。

（二二）馮爾康等著『中国宗族史』、第三章・第二節、一七三～一七七頁を参照。

（二三）科大衛著、卜永堅訳『皇帝和祖宗・華南的国家与宗族』（江蘇人民出版社、二〇〇九年一一月）を参照。

分科会（Ⅱ）七

明代思想の特色に関する試論

汪　學　群
阿部　亘（訳）

中国の歴史的発展が段階性を呈しているように、中国思想史の発展においても異なる段階があらわれる。本稿は明代のみを対象として、中国思想の発展にみられる段階の特徴を検討していきたい。

　中国思想の発展の重要な段階である明代思想は、伝統経学の見地に依拠するとき、思想的特徴が無視されるのみならず、経学が極めて衰退した時代とみなされる（一）。このような見方は公正ではなく一面的なものに過ぎない。また現在の学術界の一般的な見解に依拠するならば、理学、更に具体的には心学によって概括されている。その思想的特色を浮き彫りにしたことについては評価すべきだが、哲学史の角度から論じられるばかりで、伝統社会や学術的特徴が考慮されず、これもまた前者と同じく一面的かつ限定された見方である。周知の通り、あらゆる時代の思想は特定の社会的背景と学術的な文脈のもとでの産物であり、当時の社会や学術から引き離すことはできない。本稿では学術・思想・社会の三者を結びつけた視点から明代思想の特色を把握していく。それは以下のような面に表れている。

（一）政治においては、『五経大全』、『四書大全』の編集をメルクマールとして、儒家思想の体制的な地位が更に強化されたこと。

（二）学術的な面においては、尊崇の対象が朱熹から王守仁へと転換され、陽明学が朱子学にかわって明代の学術の主流となったこと。

（三）思想においては、まず心学が興ってきたと同時に、経学もまた復興を始め、経学は心学と結びつけられ、経学はすなわち心学であり、六経はわが心の道とみなされたこと。後になり心学は空疎なものとなり、経学は考証に赴き、心学と経学の分離がもたらされることとなった。

（四）思想と社会が融合したこと。すなわち、思想が語録、書院、郷約、講会（会講、講学、講習）などの媒介を通じて、もともとエリートのものであったものが普及、大衆化されたこと。

　これらの四つの側面は、たがいに結びつき、順次発展してきたのである。その内在的な論理は、経書に対する読みの自由化、思想の体制から民間への逐次的な移行、エリート思想とプロレタリア大衆思想の日ましの融合、思想の実践性および教化機能の顕在化であって、これらはまた地方の自治を促進するものでもあった。簡潔に言うならば、中国の中世思想から近世思想への転換は明代において全面的に展開されたのである。

一、諸『大全』の編纂をメルクマールとする儒家思想の体制化

　伝統的な学術は経典によって代表される。経典はもともと「詩」、「書」、「易」、「楽」、「礼」、「春秋」を指し、六経とも称される。『礼

記』経解篇には、孔子の言葉を引きながら次のように述べている。「其の國に入らば、其の教知る可きなり。其の人と為りや溫柔敦厚、『詩』の教なり。疏通知遠、『書』の教なり。廣博易良、『樂』の教なり。潔靜精微、『易』の教なり。恭儉莊敬、『禮』の教なり。屬辭比事、『春秋』の教なり(二)」。ここでは儒家における重要な経書が幾つか挙げられているが、これにとどまるものではない。こうした経書に固有の古典性のため、歴代の学者によって解読・解釈され、そのため代表的な経説、経注、義疏などが生まれてくることとなった。そのうち、あるものは経文に付属し、あるものはそれにとらわれずに経義を明らかにし、同じく経典として世に伝わっていく。経典とはもちろん、それらをも含む。

中国伝統社会において、経典の編纂から政治の場における要素を切り離すことはできない。およそ統治者たちは、王朝交代の際、あるいは武力によって前王朝を転覆し、自己の統治を確立しながらも、文教によって人心を教化することを忘れなかった。このことは特に経典の編纂にあらわれている。武帝が董仲舒の「百家を罷黜して、獨り儒術のみを尊ぶ」という建議を納れてからは、ただ儒家のみが尊崇され、諸経博士が確立し、経典と出仕・俸禄が結びつくようになった。経典は体制側のイデオロギーとなり、体制によって儒家経典を編纂する風習が開かれたのである。魏晋以来の儒家経典の多くの編纂事業を経て、唐代に体制によって編集された『五経正義』に至って、漢魏六朝の経典に対する解釈の伝統が融合され、新たに全国区での経典の主導的地位が確立されたのである。宋儒は理学によって経典を解釈しはじめ、その最たるものが朱熹の諸々の経典に対する解釈である。これらは元代に『五経正義』に取って代わり、科挙試験の標準となったのである。このことは儒家の政治的な指導的地位を更に一歩強めるものとなった。

明代は元代の後を継ぐものである。明の太祖は武力によって天下を得たが、「武以て天下を定め、文以て天下を治む」という道理を深く悟っており、文治のことが徐々に政治的日程にのぼるようになった。『明史』の「解縉伝」には次のような記載がある。ある日、明の太祖は大庖西室（厨房の西の部屋）にいた。そして解縉に向かってこう言った。「朕と爾とは義は則ち君臣なれども、恩は猶ほ父子のごとし、當に知りて言はざることなかるべし」。解縉はその日のうちに万言にも及ぶ封事を奉ったが、そのなかには経典の編纂のことに及んでいた。彼は太祖が好んで『說苑』、『韻府』などの雑書や、『老子』、『般若心経』を読んでいるのはよろしくないと直言した。なぜなら『說苑』は劉向の手になるもので、多くは戦国時代の縦横家の説であり、『韻府』は元代の陰時夫によるもので、雑駁な編輯による、見るべきところのない書物だからである。彼は明の太祖に以下のように建議した。「若し其の檢閱に便なるを喜べば、則ち願はくば一二の志士儒英を集め、臣請ふ筆を執りて其の後に隨ふを得んことを。上は唐虞夏商周孔に溯り、下は關閩濂洛に及び、根實精明、事に隨ひて類別し、勒して一經を成し、上は經史を接ぐ。豈に太平製作の一端に非ずや(三)」。太祖もまた次ように意識していた。「道の明らかならざるは、教の行はれざるに由るなり。夫れ五經は、聖人の道を載する者なり。之を菽粟布帛に譬ふれば、家に無かる可からず。人は菽粟布帛に非ざれば、則ち以て衣食と為す無し。五經四書に非ざれば、則ち道理を知るに由無し(四)」。これは儒家の聖賢の道理、経典および理学に重要な地位を与えるものであり、明朝の体制による経典編纂事業の先ぶれとなった。

明の恵帝が即位してからは、太祖の遺志を受け継ぎ、経典を重視し、儒者を礼遇したので、方孝儒などの大儒が幕下に入った。しかし、そのうちに問題が発生した。というのも、明の太祖は前代の郡県制度が皇室に不利であることを戒めとし、漢の高祖にならって郡国並行制を採っていた。そして、子どもたちを藩王に封じ、強力な軍を与え、彼らを帝室の安全の輔けとしようとした。だが、恵帝が即位して後、藩王の権勢はますます拡大し、主客顛倒の恐れが出てきた。そこで近臣たちの廃藩の建議が採用された。このことは諸国の藩王たちの不満を引き起こすこととなった。燕王朱棣（のちの明の成祖――訳者注）は廃藩を不服とし、建文四年（一四〇二）、『皇明祖訓』に「朝に正臣無く、内に奸悪有らば、必ず兵に訓じて之を討ち、以て君側の悪を清めよ」とあるのを口実とし、「靖難の役」を起こし、恵帝を廃するとともに、儒臣たちを誅殺した。だが、まもなく明の成祖は政権奪取の後には文教政策を通じて士人を手なづけ、民心を慰撫する必要性があることを意識し始めることとなった。

明の成祖が文教を興すにあたって行ったことの例として、太子に経書を教えるよう儒臣たちに請うたことが挙げられよう。当時翰林坊局から太子東宮に参じ、経書を講じた人々には、『尚書』を講じた解縉、『周易』を講じた楊士奇、『詩経』を講じた胡広、『春秋』を講じた金幼孜などが挙げられる。永楽四年（一四〇六）、明の成祖は朝廷の群臣たちに孔子を祀る計画を宣布した。また孔子を祀ってから、間もなく国子祭酒の胡儼らに五経を講義させ、また唐の太宗、宋の太宗の故事に倣って典籍の編修を行い、このことによって「古を稽《かんが》へ文を右《たす》く」という美名をかちとり、士人たちの簒奪に対する広範な反感を和らげようとしたのである。例えば孫承沢はこのように言っている。「靖難の舉、不平の氣、海宇に遍く、文皇文墨を借りて以て壘塊を銷ぎ、此れ實に當日の本意に係る」[五]。こうして経典の編纂は議事日程に挙げられた。まず『永楽大典』が編纂された。永楽元年（一四〇三）、解縉は『永楽大典』の主編に任じられた。彼は朝臣や学者、各方面の専門家二千人あまりを集め、数百万冊の書籍を収集し、編纂作業を行った。陸弋は「『永樂大典』を修むるも亦た宋朝『冊府元龜』を修むるの意なり」と述べている[六]。永楽七年（一四〇九）、中国史上最古にして最大の百科全書の初稿が完成した。続いて編纂されたのが『四書大全』、『五経大全』、『性理大全』という三つの書物である。以下、これについて詳しく論じたい。

永楽一二年（一四一四）、明の成祖は胡広、楊栄、金幼孜らに対して、唐代の『五経正義』の例にならって、『四書大全』、『五経大全』、『性理大全』を編纂することを命じた。成祖の詔勅には次のように述べられている。「五經四書は皆聖賢精義の要道なり。其の傳注の外、諸儒の議論、餘蘊を發明する者有り。爾等《なんじら》其の切當の言を采りて、下に増附せよ。其れ周程張朱諸君子性理の言、『太極』、『通書』、『西銘』、『正蒙』の類の如きは、皆六經の羽翼、然るに各自ら書を為し、未だ統會有らず。爾等亦た別に類聚して編を成せ。二書務めて精備を極め、庶幾《ねがは》くば以て後世に垂れんことを」。胡広らは詔勅を奉じて「館を東化門外に開き、光祿寺に命じて朝夕の饌を給せしむ」ことになった[七]。まもなく儒者たちが推挙され共同編修にあたった。『明史』の金幼孜伝には「十二年、（胡）廣と（楊）榮等とに命じて『五經（大全）』、『四書（大全）』、『性理大全』を纂せしむ」とある[八]。また、「（永樂十三年三月）丁巳、第一甲進士陳循に命じて翰林院修撰と為し、李貞、陳景著を編修と為し、仍《かさ》ねて同じく『性理大全』等を纂修せんことを命ず」ともいう[九]。談遷もまたこう記している。「『五經（大全）』、『四書大全』及び『性理大全』書成り（以下、胡廣、金幼孜等纂修者の姓名・官爵を列挙している）、上親しく序す。臨海の陳燧嘗て曰く、始め詳しくせんと欲して、緩に之を為す。後に促成を詔せらる。諸儒の言、間《まま》精擇の暇あらざるあり、牴牾を免れず。虚心に理を觀て、自ら當に之を得べし、泥む可からざるなり、と」。（一〇）これらの大全は翌年には完成した。『明実録』には編纂と献上の様子を次のように述べられている。

「『五經（大全）』、『四書大全』及び『性理大全』の書成る。先ず是れ上翰林院學士兼左春坊大學士胡廣等に命じて是書を編類せしむ。既に成り、廣等稿を以て進め、上覽て之を嘉し、賜はりて『五經（大全）』、『四書（大全）』、『性理大全』と名づけ、親しく序を卷首に制し、是れ繕寫成帙するに至り、計二百二十九卷。廣等上表して進め、上奉天殿に御して之を受け、禮部に命じて刊せしめ天下に賜ふ」。（一一）

諸大全の編纂動機およびその意図について、成祖は「御製序」で次のように述べている。

「朕惟ふに昔、聖王天を繼ぎて極を立て、道を以て天下を治む。伏羲、神農、黃帝、堯、舜、禹、湯、文、武自り、相傳授受し、上是を以て之を命じ、下是を以て之を承け、率《おおむね》能く雍熙悠久の盛を致すは、道を越へずして以て治を為せり。下は秦漢に及びて以來、或は治、或は否、或は久、或は近、率《おおむね》古昔の盛に如く能はざるは、或は之を忽にして行はず、或は之を行ひて純ならず、所以に天下卒に善く治むること無し。人以て至治の澤を蒙むるを得ず。勝げて歎く可けんや。夫れ道の天下に在ること、古今の殊無く、人の天に稟《う》くる者も、亦た古今の異無し。何ぞ後世の治亂得失古昔と相距たること之れ遼絶ならんや。此れ他無し。道の明らかならず、得ざる故なり。道の明らかならず、行はれざるは、夫れ豈に道の病ならんや。其れ世道の責為れば、孰か得て辭せんや。夫れ世道の責己に在るを知れば、則ち必ず能く斯道の重きに任じて敢て忽にせず。此の如くなれば、則ち道明らかならず、行はれず、而れば世豈に治有らんや。朕皇考太祖高皇帝の鴻業を纘承し、位に即きて以來、孳孳として治を圖り、君師治教の重きに任じ、惟だ恐らく逮《およ》ば弗ることを怕《おそ》れ慮《おもんぱか》るのみ。功《ひそ》かに思ふに帝王の治、一に道に本づく。所謂道とは、人倫日用の理、初めより外に待つこと有るに非ざるなり。厥れ初め聖人未だ生ぜず、道は天地に在り、聖人既に生じて、道は聖人に在り、聖人已に往きて、道は六經に在り。六經は、聖人治を為すの跡なり。六經の道明らかなれば、則ち天地聖人の心見つ可くして、至治の功を成す可し。六經の道明らかならざれば、則ち人の心術正からずして、邪說暴行、侵尋蠹害し、善治を求めんと欲すれども、烏ぞ得可けんや。朕此の為に懼る。乃者命じて『五經』、『四書』を編修し、諸家傳注を集めて大全と為し、凡そ經義を發明するところ有る者之を取り、經旨に悖る者之を去る。又た先儒の成書及び其の論議、格言を集めて、『五經』、『四書』を輔翼せしめ、斯道に裨すること有る者、類編して帙を為し、名づけて『性理大全』と曰ふ。書編成り進め來たれり。朕間《まま》之を閱し、廣大にして悉く備はり、江河の源委有り、山川の條理有るが如し。是に於て聖賢の道、粲然として復た明らかなり。所謂諸を三王に考へて繆らず、諸を天地に建てて悖らず、諸を鬼神に質して疑ふこと無し、百世以て聖人を俟ちて惑はざるものなり。大いなるかな、聖人の道や、豈に得て之を私せん。遂に工に命じて梓に鋟《きざ》み、天下に頒佈し、天下の人をして、經書の全を睹ることを獲せしめ、聖賢の蘊を探見せしむ。是に由りて理を窮めて以て道を明らかにし、誠を立てて以て本に達し、之を身に修め、之を家に行ひ、之を國に用ひ、而して之を天下に達す。家をして政を異ならざらしめ、國をして俗を殊ならざらしめ、大いに淳古の風に回り、以て先王の統を紹ぎ、以て熙雍の治を成す、將に必ず斯に頼るところ有らんとす（一一）」。

この序の核心は道統・治統・学統、すなわち三統の一致、儒家思想における内聖外王の貫通を強調し、その目指すところは斉家治国平天下にある。それは主に以下の点にあらわれている。

まず、三統のうちの道統である。ここでは道によって天下を統治すること、それが伏羲、神農、黄帝、堯、舜、禹、湯、文、武といった聖王たちによって受け継がれてきたことが強調される。彼ら古代の聖王たちは、また道統の担い手でもあった。道統と治統、政と教はここにおいて一致しており、これによって天下は大いに治まっていた。これが所謂「道を越えずして以て治を為す」ということなのである。秦漢以来の混乱の主たる原因は、道統と治統、政と教の分裂によるものである。したがって、道統と治統、政と教の結合は急務である。成祖が諸大全編纂の詔勅を下したのは、この歴史的使命を果たすためであった。強調しなくてはならないのは「思ふに帝王の治、一に道に本づく」と述べられるように、道統がより重要なものとみなされていることである。三大全は孔子・顔淵・曽子・子思・孟子を主軸とする道統の系譜を確立するものであった。彼らに接続するのは、宋明理学の諸家、例えば宋代の周敦頤・程顥・程頤・張載・邵雍・游酢・謝良佐・劉絢・李籲・呂大臨・楊時・侯仲良・張繹・尹焞・范祖禹・朱挨・胡安國・陳淵・祁寬・羅從彥・李侗・朱松・劉子翬・朱熹・張栻・呂祖謙・陸九淵・黄榦・蔡元定・蔡沈・陳淳・李方子・董銖・廖徳明・度正・真德秀・魏了翁・項世安・饒魯・熊勿軒・黄瑞節・許衡・呉澄等である。また、理学家たちが論じてきたカテゴリーも収録されている。例えば理気は太極・天地・天度・天文・陰陽・五行・時令・地理などに分けられる。鬼神には祭祀や生死に関する言説も含まれる。性理は性命、氣質、心、性情、道、徳、仁、仁義、仁義禮智、仁義禮智信、誠、忠信、忠恕、恭敬を包括し、朱熹の「性図」、「仁説図」等を採用している。

第二に、三統のなかの学統である。道とは日用人倫などの規範であり、それは人々の日常行為を指導するものである。聖人が出現する以前は、道は自然にあった。聖人が出現してからは、道は聖人にあった。聖人とは道の継承者、あるいは保持者なのだ。聖人の後は、道は六経にある。六経は道を載せた書物なのである。こうして、経書と道は一つのものとなった。経の学術的特質は学統と見なされ、道統と学統は統一されたのである。そのため、経書を編纂することは、治統・道統・学統の鼎立において不可欠なものである。学統は具体的にいえば小学、為学之方、存養、知行、力行、教人、人倫、読書法、史学、字学、科挙、論詩、論文といった項目を含んでおり、いずれも学のカテゴリーに入れられている。諸子には先秦・漢・唐・宋の一六人を収め、そのなかには老子、列子、荘子、墨子なども含まれており、門戸の見のなかったことを見て取ることができよう。その内容と編次は『朱子語類』の影響を受けていた。『性理大全』は性理を中心としたものであったから、釈老の項目は立てられていない。

諸大全の経書への注釈は、理学を中心とするものであった。これはその学統の重要な特色である。胡広らの主編による『五経大全』は宋元以来の幾つかの経説を集めたものであり、経書の解釈においては宋元の儒者のものを主としている。例えば『周易大全』は董真卿『周易會通』を基としており、さらに宋元諸儒の経説を参照している。『書傳大全』は元の陳櫟の『尚書集傳纂疏』を中心に、陳師凱『書蔡傳旁通』をも採用している。『詩傳大全』は劉瑾の『詩傳通釋』を参考にしながら、また宋元の人々の経説を採用している。『禮記大全』は元の陳澔の『禮記集説』を底本とし、『春秋大全』には汪克寛『春秋胡傳纂疏』が取捨され、採用されている。『五経大全』にはおよそ四十家あまりの儒者たちの説が集められている。『四書大全』は朱熹の注を主としたものである。また詔勅を奉じて編纂された『性理大全』七十巻は、およそ百二十家におよぶ宋儒の説を採用している。そのままのかたちで収録されているものは、周敦頤『太極図説』、『通書』、張載『西銘』、『正蒙』、邵雍『皇極經世書』、朱熹『易學啓蒙』、『家禮』、蔡元定『律呂新書』、蔡沈『洪範皇極内篇』など、全二十五巻である。二十六巻以下は、十三の項目に分けられ、理氣、鬼神、性理、道統、聖賢、諸儒、諸子、學、歴代、君道、治道などを含んでいる。ここから体制側が理学を提唱するにあたっての、心の用い方を見ることができよう。

第三に、三統のうち治統である。治統・道統・学統の三者は治統によって統一され、治統に奉仕するものであった。治統は経世致用と結びついており、これこそが経典の編纂によって達せられるべき政治目的であった。経典を編纂する意図は、経書の解読を通じて教化を称揚することにあり、教化によって道を明らかにし、誠を立てて本に達し、修身、斉家、治国、平天下を成し遂げることにあった。これが所謂「道を一にし、風を同じくす」ることであり、「家をして政を異ならざらしめ、國をして俗を殊ならざらしめ、大いに淳古の風に回《かへ》り、以て先王の統を紹ぎ、以て熙雍の治を成す、將に必ず斯に賴るところ有らんとす」ということであった。『性理大全』の治道のカテゴリーにおいて、禮樂、宗廟、宗法、謚法、封建、學校、用人、人才、求賢、論官、諌諍、法令、賞罰、王伯、田賦、理財、節儉、賑恤、禎異、論兵、論刑、夷狄などが列挙されていることは、そのことを見事に体現しているといえよう。

胡広らは「進書表」を奉り、成祖「御製序」の意思に賛同した。それにはこのように書かれている。

「乃者《さきに》宸斷を渙啓し、六經を修輯す。道統の源流を恢拓し、大いに斯文の委靡を振ひ、幽蹟を發揮し、精玄を鉤纂す。博く先儒の格言を采り、以て前聖の輔翼と為す。衆途を一軌に合せ、萬理を一原に會す。地負海涵、天晴日皦。是を以て教化を興し、是を以て人心を正す。夫の已に斷じて續かざるの墜緒をして、復た續かしめ、復た聯ねしむ。已に晦みて明らかならざるの蘊微をして、復た彰らかにし復た著らかにせしむ。肇めて古自り無き所の著作を建て、古自り無き所の事功を纘述す。惟だ經筵に備覽するのみに非ず、實に天下に頒佈せんと欲す。人をして皆正路に由らしめ、學びて他歧に惑はざらしむ。孔孟を家にし程朱を戸にし、必ず真儒の用を獲ん。道徳を佩し仁義を服し、咸《みな》聖域の歸に趨り、頓ち太古の淳風に回り、一たび相沿ふ陋習を洗ふ。煥然として極めて備はり、猗なるかな盛なるかな。竊に嘗て之を觀るに、周衰へ道廢れ、汲汲皇皇、斯道を以て世教を維持する者、惟だ師儒君子のみ。未だ大有為の君、能く六經の道を倡明し、先聖の統を紹承し、今日の如き者有らず」(一三)。

同時に経書と道が一であることが強調され、道は経書にあるとされた。これは聖人の説く修身から治国安邦にいたる道がいずれも六経に備わっているということである。経典を編修することはそのなかにある大道を発掘することであり、天下の人に経典の道理を知らしめ、「教化を興し、人心を正す」ことを通じて、修身・斉家・治国・平天下という目的の達成を期しているのだ。これと同時に『四書大全』、『五経大全』、『性理大全』の編纂は、経典に新たな体制側の認可を与える、強烈なイデオロギー的色彩を持つものであり、理学の主導的な地位をさらに強め、思想を統一し、人心を収攬する作用を発揮した。

もちろん、より深長な意味としては、成祖は経典を編修し、自分を道統・学統・治統の継承者として確立し、簒奪者としての印象を払拭して、皇位の合法性を確立するために役立てた。この意味において、この編纂作業は明太祖、および恵帝の実録を改竄し、破棄した行為と軌を一にしているともいえる。

これとともに、明代の科挙試験の参考書は『四書大全』、『五経大全』を主とするようになった。言い換えれば体制の経典への解釈が確立してから、科挙試験もおおむねこれに準拠することになったのである。『明史』選挙志の記載によれば、科挙の試験の科目はおおむね唐宋時代のものを踏襲し、しかし具体的な試験の方法や形式には変化がみられた。例えば明の太祖および劉基が定めたところによれば、試験のテーマは主に『周易』、『尚書』、『詩経』、『春秋』、『礼記』の五経、および四書から採られており、その文はおおむね宋代の経義に倣ったものであったが、しかし古人に代わって語るかたちがとられ、文体には対句が用いられ、八股文あるいは制義と呼ばれた。三年に一度大規模な試験が行われ、三つの形式に分かれていた。まず省レベルの試験は郷試と称され、これに合格したものは挙人と呼ばれた。挙人を対象に京師で行われる試験を会試といい、これに合格した者は朝廷で天子の臨席のもと試験を受け、これを廷試、または殿試といった。殿試の結果は一二三甲に分けられ、一甲はわずかに三人のみで、それぞれ状元、榜眼、探花と呼ばれた。はじめ科挙を設けた際、はじめの試験では経義二問、四書義一問が課され、のちに科挙定式が頒布されたとき、四書義三問、経義四問が課されることとなった。四書は朱熹の『四書章句集注』を主とし、五経も宋儒の経説を用いた。『周易』は程頤の『伊川易伝』と朱熹の『周易本義』を用い、『尚書』は蔡沈の『書集伝』を中心としつつ古注が参照された。『詩経』は朱熹の『詩集伝』が使われ、『春秋』は左伝、公羊伝、穀梁伝の三伝を中心に胡安国、張洽の伝が参考とされた。『礼記』は古注から出題された。永楽年間に成祖が『四書大全』、『五経大全』を頒布すると、漢唐の注疏は用いられなくなり、『春秋』でも張洽の伝が外され、『礼記』でも陳澔の『集説』のみが用いられるようになった（一四）。太祖の時代には漢唐の注疏がまだ用いられていたが、成祖の頃になると宋人の経注経説のみが用いられるようになり、宋人の経書に対する解釈は漢唐のものにとってかわり、主導的な地位を持つようになった。この変化もまた『四書大全』、『五経大全』の重要性を示すものである。諸大全が科挙に用いられたことは、その伝播、拡散に対してポジティブな作用をもたらした。これはつまり、生員および考生はみな『四書大全』、『五経大全』、『性理大全』を学ばなければならず、そこに書かれた文字や論述を熟知していなければならないということであって、その波及の広さ、影響の大きさは、他の経書とはくらべものにならないほどであった。

漢唐経学は初唐の五経正義および義疏によって完成され、宋元の経学は明初の『五経大全』、『四書大全』によって完成された。この書物は宋元の儒者の著述を集め、宋元の経説の集大成、あるいは宋学の集大成とも称するべきものである。諸大全は体制の公認のものであった。明の太祖が即位すると、まず太学を設立し、許存仁を祭酒とし、朱子学を尊崇し、学者は五経や孔孟の書以外は読んではならず、濂洛関閩の学でなければ講じてはならないという詔勅を発した。成祖はその父の主張をさらに発展させた。儒臣に命じて『五経大全』、『四書大全』および『性理大全』を編纂させ、天下に頒布したのである。饒州の儒者、朱季友は周敦頤、二程、張載、朱熹を非難する内容の上書を奉じた。これを見た成祖は大いに怒り、「此れ儒の賊なり」と言った。そして官吏に命じてその罪を譴責させ、棒打ちに処した上で、流罪とし、その著書を焼き捨てさせ、「後人を誤ること毋からしめよ」と述べた。ここにおいて邪説は鎮まり、それから二百余年にわたって、学校での教育も、科挙の試験も、諸大全に依拠することとなったのである。（一五）崇禎十四年（一六四一）、明の思宗は詔勅を下し、成祖が儒臣に命じて『五経大全』、『四書大全』、『性理大全』を編纂し、そのなかで作述・伝注・引証などに宋儒周敦頤、二程、朱熹、張載、邵雍のものを主に採用したことを評価し、宋代において理学は大いに明らかになり、周敦頤、二程といった諸子は聖門（儒学）において大きな功績を残したとした。（一六）ここからも、体制側が『五経大全』、『四書大全』を評価する態度を保持し続け、これにより人材を選抜してきたことは明らかであろう。

諸大全の刊行は理学の発展と伝播を大いに推進したが、そこには弊害も現れた。最も大きな弊害は経典の解釈の硬直化であり、とりわけ読書人と俸禄や利益とを結びつけたことは、学者たちの批判を受けた。ここにそのうちの幾つかを挙げよう。

何良俊は以下のように述べた。明の太祖の頃は、士大夫たちは経義において漢唐の注疏を用い、同時に程朱の伝注を参照していた。成祖が『五経大全』、『四書大全』を編纂してから、漢儒の説は放棄され、程朱の伝注ばかりが中心とされるようになってしまった。漢儒は聖人と時代も近く、学問にも専門があり、その伝授も根拠があるものであった。しかも聖人の言葉は広く、かつ緻密なものである。どうして後世の人の一言や二言で窮め尽くすことができようか。このように漢儒が退けられ、宋儒が推尊されることに対して不満を示している。「程朱の説出でて自り、聖人の言を将て死死説定し、學者は但だ此に據りて略《やや》敷演を加へ、八股を湊成し、便ち科第を取りて、孔孟の書の何物為るかを知らず」。このような方法で人材を登用したならば、世の中の本当に才能があり、実学を身につけた人をとることはできないのである。「朝廷士を求むるの心、其の切なること此の如し。而して有司士を取るの術、其の乖くこと彼の如し。余今の日に由りて以て今の世を盡し、但だ此輩を用て有位に布列して、隆古の治を致さんと欲することを恐る。是れ猶ほ酖を以て疾を毒し、日に羸憊に就き、必ず救藥す可からずして後に已むに至るのみ」（一七）。更に重要なのは、世道人心に影響することであって、程朱理学を硬直化させ、イデオロギー化することに反対しているのである。

顧炎武もまたおおむね同様の考え方を持っていた。

「當日儒臣旨を奉じて『四書（大全）』、『五經大全』を修め、餐錢を頒ち、筆劄を給ふ。書成るの日、金を賜ひ秩を遷す。國家に費す所の者凡そ幾なるかを知らず。將に此の書既に成れば、以て一代教學の功を章らかにし、百世儒林の緒を啓く可きを謂はんとす。而して僅に已に成るの書を取りて抄謄一過すれば、上は朝廷を欺き、下は士子を誑す。唐宋の時に是の事有らんや。豈に骨鯁の臣已に建文の代に空しくするに非ざらん。而して制義（八股文）初めて行はれ、一時の人士盡く宋元以來傳はる所の實學を棄て、上下相蒙まし、以て祿利を饕みて、之に間《かん》すること莫し。ああ、經學の廢るること、實に此れ自り始まれり」（一八）。

また「八股行はれて自り古學棄てられ、『大全』出でて經說亡ぶ」、「洪武・永樂の間も、亦た世道升降の一會なり」とも述べている。（一九）どんな事象であっても、二面的な性格を持っているものであって、『五経大全』、『四書大全』、『性理大全』の編纂もまた同様であった。その積極的意義は儒学、特に理学を広め、人心を教化し、思想を統一し、社会を安定させ、文教政策を推進させたところにある。他方、消極的な面としては、民衆に負担を与え浪費を招いたことはおくとしても、経典の形式化・硬直化をまねき、人心を束縛し、創造性を抑圧し、とりわけ利益や俸禄と結びつき、功利主義をまねき、学問をないがしろにするのみならず、政治腐敗をも招いた点が挙げられよう。

二、朱子学から陽明学への転換

明代の体制が常に朱熹の学説を尊んだのとは異なり、陽明学が勃興し、士大夫や民間に認められるようになると、明代の学術には朱子学から陽明学への転換がみられた。陽明学の興起こそが明代思想の最も重要な特色であったといえよう。

明代の学術的な変遷は、『明史』儒林伝では、おおむね以下のように説明されている。

「明太祖布衣より起ち、天下を定め、干戈搶攘の時に當り、至る所耆儒を徴召し、道德を講論し、治術を修明し、教化を興起し、煥乎として一代の宏規を成す。天亶英姿と雖も、而れども諸儒の功、助け無しと為さざるなり。科を制して士を取るに、一に經義を以て先と為し、碩學を網羅し、嗣世承平、文教特に盛んなり。大臣文學を以て登用せらるる者、朝右に林立す。而して英宗の世、河東薛瑄は醇儒を以て機政に預る、用を究めざると雖ども、其の清修篤學、海内の宗たり。呉與弼は名儒を以て薦められ、天子幣を修め、之を聘くに禮を殊とし、前席延見し、風采を望まんことを想ふ」、

「自ら是れ甲科を積重し、儒風少しく替《おとろ》ふ」、

「原より夫れ明初の諸儒皆朱子門人の支流餘裔なり、師承自るところ有り、矩矱秩然たり。曹端、胡居仁踐履を篤くし、繩墨を謹しみ、儒先の正傳を守り、敢て錯りを改むること無し。學術の分は、則ち陳獻章、王守仁自り始まる。獻章を宗とする者は江門の學と曰ふ、孤行獨詣、其の傳遠からず。守仁を宗する者姚江の學と曰ふ、別に宗旨を立て、顯らかに朱子と背馳し、門徒天下に遍ねし、流傳百年を逾《こ》へ、其の教大いに行はれ、其の弊滋《ますます》甚し。嘉隆よりして後、程朱を篤信し、異説を遷らざる者、複た幾人と無し。有明の諸儒、伊雒の緒言を衍《の》べ、性命の奥旨を探り、錙銖或爽、遂に岐趨を啓く、謬を襲い訛を承《う》け、指歸彌《いよいよ》遠し。専門經訓、授受の源流に至りては、則ち二百七十餘年間、未だ此を以て名家たる者を聞かず。經學漢唐の精專に非ざれば、性理宋元の糟粕を襲ふ。論者謂へらく科擧盛んにして、儒術微《おとろ》ふ、殆ど其れ然れるか」（一〇）。

この話は幾層かの意味を含んでいる。まず、明初は朱子学の独擅場であり、例えば薛瑄、曹端、呉与弼、胡居仁らはいずれも朱子の後学であったこと。次に、陳献章や王守仁の心学が興り、次第に朱子学にとってかわり、明代において広汎な影響力を持つ学問となったこと。第三に、明代の中期から後期にかけて、王守仁およびその後学が主導的地位を占めたこと。ここから明代の学術の変遷を見ることができる。すなわちそれは朱子学から陽明学への転換であり、この転換は陳献章によって始められ、王守仁によって完成されたのである。また、「儒林伝」は明代に思想、すなわち性命の奥旨があることを認めつつも、その評価は高くなく、経学にいたってはひたすら低調なものだったとみなしている。明代の学術は、宋儒、とりわけ朱熹の学説を中心としたものであったが、同時に漢学も徐々に台頭を始め、漢・宋問題が新たに提起されたが、この問題は後に論じ、ここではしばらく取り上げない。簡潔に言って、明代の学術が発展していく趨勢は、大体におい

て朱子学から陽明学への転換にあった。以下、いささか分析を加えたい。

南宋の理学の論争において、もっとも大きかったのは朱熹と陸九淵の鵝湖における論争であった。のちに両者は歩み寄ることなく、各自自ら正しいと信じる道を推し進め、さらにそれぞれの門人は師に依拠して、その説を押し広め、そのことは彼らの対立を更に深めていくこととなった。二人を比較すれば、朱熹のほうが優勢であった。その原因を考えると主に以下の三つが挙げられよう。まず、第一に、朱熹は陸九淵より寿命が長く、学問の範囲も広く、工夫も切実であり、著述も多かった。第二に、陸九淵の学問は禅に近かった。朱子学は陸九淵が禅に近いことを非常に批判していたが、実は程、朱を含む理学者たちは多かれ少なかれ禅の影響を受けていた。しかし、程朱理学の消化能力は大きく、改造能力も高かったため、引用や装飾によって、あるいは融合と変化によって、儒学を革新する栄養素としてしまい、陸学のように明心見性、頓悟などといった禅の修行法の痕跡をとどめていなかった。朱子学が陸学を禅に近いと批判したのも、陸学からすると免れがたいことであった。そのため宋以来、陸学を学んだ人は少なく、朱子学の影響は飛ぶ鳥を落とす勢いで、厳然たる儒家の正統派となったのである。[二一]

元代を継承し、明初においては朱子学が推戴された。容肇祖は明初の朱子学を博学と涵養――あるいは致知派と躬行派といってもよい――に分けている。前者は朱熹の学問を継承する際に「致知」、所謂「多學にして識る」ことを重んじた。章学誠は次のように述べている。「性命の説、易く虚無に入る。朱子は一貫を多學にして識ることに求め、約禮を博文に寓す、其の事繁にして密、其の功實にして難し。朱子の求むる所と雖も、未だ敢て必ずしも失無きとは謂はず。然して其の學に沿ふ者、一傳して勉齋、九峰と為り、再傳して西山、鶴山、東發、厚齋と為り、三傳して仁山、白雲と為り、四傳して潛溪、義烏と為る。」この一派は、「則ち皆な古に服し經に通じ、學は其の是を求め、而して己を専らにして殘を守り、性命を空言するの流には非ざるなり」といわれている。[二二]黄榦、蔡沈、真德秀、魏了翁、黄震、王應麟、金履祥、許謙といった三世代にわたる人々を経て、第四世代にあたる宋濂、王禕および宋濂の門人、方孝孺らが明初の朱子学の博学一派であった。一方、後者、明初の太祖、成祖以降、歴代の皇帝は理学を奨励し、理学を実践した者としては薛瑄、呉与弼が挙げられる。太祖は朱熹らの注を科挙試験の標準に定め、成祖は胡広らに命じて『五経大全』、『四書大全』、『性理大全』を編纂させ、いずれも宋元理学の説を採った。統治者が奨励したことで、朱子学はおのずと興隆したのである。しかし、明代の皇帝の奨励によって生まれてきた朱子学と明初の宋元の致知派を受け継いだ朱子学とは全く異なっていた。涵養一派は復性と躬行によりかかり、極端な者は著述や学問もせず、単純で陳腐なものとなっていったのである。

物が極まれば必ず反すという言葉があるように、朱子学は最高の地位に達するとともに、だんだんと硬直化し腐敗する方向へとむかっていった。そしてこれは陽明学を生み出す学術的、思想的条件となったのである。具体的に述べれば、第一に、朱子学のなかの博学あるいは致知派の衰退により、複雑化、守旧化、躬行実践の一途に落ち込み、これは才能ある人士の忌み嫌うところとなった。第二に、究理、致知から極端に敬を重視する学問に転換することによって、自ずから心学への発展がなされた。第三に、朱子学の堕落は、朱子学自身の変革を招き、変革者は陸学に依拠しようとした。しかし、国家が朱子学を奨励し続けたため、ある変革者たちは完全に朱子学を否定することはできず、陸学を朱子学と結びつけ、朱陸は始めは異なっていたが、後に同じ考えに到達したとする説が生じた[二三]。第四に、程朱理学の内部にも、心をめぐる議論を含んでおり、とりわけ朱熹自身の著述のなかには心を論ずる部分が多くあり、その思想そのものに心学と通じる部分を持っていた。このこともまた、程朱理学が心学に転換する原因となった。これらが陽明学の出現に客観的な前提を提供したのである。

朱子学から陽明学への変遷において、呉与弼と陳献章はキーとなる作用をもたらした転換点といえよう。黄宗羲はこのように述べている。

「康齋小陂に倡道し、一に宋人成説を稟く。心を言はば則ち知覺を以てして理と二と為る、工夫を言はば則ち靜時存養し、動時省察す。故に必ず敬義を夾持し、明誠兩進し、而る後に學問の全功を為す。其れ一派を相傳へ、一齋、莊渠稍《やや》轉手を為すと雖も、終に敢て此の矩矱を離れざるなり。白沙は其門に出て、然も自ら得る所を敍ぶ、聘君に關せず、當に別派と為すべし。於戲、椎輪は大輅の始と為り、增冰は積水の為に成る所、康齋微《な》かりせば、焉ぞ後時の盛有ることを得んや[二四]」。

ここでの康斎、聘君はいずれも呉与弼を指す、莊渠は魏校のことで、彼は胡居仁に私淑し、呉与弼の再伝の弟子である。白沙すなわち陳献章もまた呉与弼の教えを受けた。彼らは学術上においても、呉与弼と多かれ少なかれ関係がある。呉與弼の学術的地位を説明するのに、黄宗義は南朝梁の蕭統の「文選序」の「若し夫れ椎輪を大輅の始と為さば、大輅寧んぞ椎輪の質有らん」、「增冰は積水の為に成る所、積水曾て增冰の凜微《な》し」という言葉を借りている。こうした言葉は、思想的源泉を喩えたもので、呉与弼を明代思想の開山祖師、あるいは明代心学一派の創始者とみなすものである。

四庫館臣はこの一派について以下のような論評を下した。

「與弼の學、實に能く朱陸の長を兼采して、刻苦自立す。其の及門陳獻章は其の靜觀涵養を得て、遂に白沙の宗を開く、胡居仁其の篤志力行を得て、遂に餘干の學を啓く。有明一代、兩派遞傳へ、皆與弼自り之を倡せり、其の功未だ盡く沒す可からざるなり[二五]」。

「白沙の宗」とは陳献章すなわち陳白沙の学問が呉与弼に由来していることを示している。「餘干の学」とは呉与弼のもう一人の弟子、胡居仁である。これはつまり呉与弼は陳献章と胡居仁の学問の発端となったということだ。呉与弼と陳献章の師弟関係は密接であった。陳献章は「為學は須く靜中に從りて個の端倪を養ひ出し來たるべし」という考え方を提出しているが、これは呉与弼が学問をしていくにあたって「靜中の意思」を求め、「靜中に其の理を思繹する」ことに由来している。しかし、陳献章はひたすら呉与弼の考えに従っていたわけではなく、自分の主張を持っていた。黄宗羲はすでに「白沙は其門に出て、然も自ら得る所を敍ぶ、聘君に關せず、當に別派と為すべし」と述べている。ここでの「別派」とは、心学への流れを開いたということである。

「餘干の学」については、胡居仁の他に婁諒、羅倫らがいた。彼らは江西の餘干に集まり、「篤志力行」を重んじ、「主靜獨立」、「靜中有物」を主張した。黄宗羲は胡居仁の言葉を賞賛して次のように述べた。「靜中の涵養は、尤も學者の津梁と為す。然して斯の言や、即ち白沙の所謂「靜中に端倪を養ひ出す」なり[二六]」。陳白沙と同様に、胡居仁たちもまた呉与弼が説いた「靜中に其の理を思繹する」に基づきながら、内に向かって心を求めた。四庫館臣は胡居仁について「其の學治心養性を以て本と為す」、「放心を求むることを以て要と為す」と述べている[二七]。婁諒もその師呉与弼の「洗心」、「此心の涵養す」という思想を発展させ、「放心を収むることを以て、居敬の門と為し、何をか思ひ何をか慮からん、忘るること勿れ助くること勿れを以て居敬の要指と為す」こととした。[二八] 彼らはみな大なり小なり王守仁の学問に影響を与えているのである。

黄宗羲はかつて明代の学問について「白沙其の端を開き、姚江に至りて始めて大いに明かなり」という卓見を述べた。[二九] 具体的には、王守仁と呉与弼の学術的継承は、婁諒と陳白沙の弟子である湛若水を通じてあらわれた。王守仁は婁諒の家を尋ねたことがあったが、談話のなかに、言わずして通じるものがあり、「姚江の學、先生發端を為せり」と述べられている。湛若水と王守仁は互いに諫めあうことができるような親友であった。呉与弼、陳献章と王守仁の学術的な流れに継承がみられるのは明白である。呉与弼は王守仁の学問の勃興にあたって、基礎工事の役割を果たしたのだそのため、黄宗羲は「康齋微かりせば、焉ぞ後時の盛を得んや」と述べている。莫晋もまた「實に大宗を以て姚江に屬し、而して崇仁を以て啓明と為し、蕺山を後勁と為す」と述べている。[三〇] 呉与弼から王守仁に至り、さらに劉宗周に至る屈曲した道のりから、明代学術の変転の軌跡を描きだすことができるだろう。

陽明学の学術的変遷については、黄宗羲の説に依るならば、その成熟の前後にそれぞれ三変しているという。成熟前の三変とは、以下のようなものであった。

（一）若き日の王守仁の詩文への熱中。

（二）その後ひたすら朱熹の著作を読み、格物の義を追求し、その結果物の理と自らの心がはっきり別物になってしまうことを発見し、朱子の方法によって学び続けることはできないと感じたこと。

（三）それから長年老荘思想や仏教に取り組んだこと。

貴州の龍場の駅丞に左遷されるに及んで、ここにおいて「夷に居り困に處し、心を動かし性を忍び、因みに聖人此に處して更に何れの道か有ると念じ、忽ち格物致知の旨、聖人の道、吾性自ら足り、外に求むる假らざるを悟る」こととなった。[三一] 王守仁は龍場駅に滞在した時期の苦難に満ちた鍛錬を通じて、次第に聖道の門を体得していったのである。また、三度にわたる変化を通じて、自らの心学思想を確立していったのである。この後、王守仁はさらに三度の変化を経験した。その第一は、「此れ自りの後、盡く枝葉を去り、一に本原を意ひ、默坐澄心を以て學的と為す。未發の中有りて、始めて能く發して節に中るの和の有り。視聽言動、大率收斂を以て主と為す、發散は是れ已むを得ざるなり」というものであった。第二には、「江右以後、專ら致良知三字を提す、默は坐するを假らず、心は澄むを待たず、習はず慮らず、之を出すに自ら天則有り。蓋し良知は即ち是れ未發の中、此の知の前に更に未發無し、良知は即ち是れ中節の和、此の知の後、更に已發無し。此の知自ら能く收斂し、更に收斂を主とするを須たず、此の知自ら能く發散し、更に發散を期するを須たず。收斂なる者は、感の體、靜の動なり、發散なる者は、寂の用、動にして靜なり。知の真切篤實の處は即ち是れ行、行の明覺精察の處は即ち是れ知、二有ること無きなり」というものとなった。第三には、「越に居りて以後、操する所益熟し、得る所益化し、時時是を知り非を知り、時時是無く非無く、口を開けば即ち本心を得、更に湊泊を假借すること無く、赤日の空に當りて萬象畢に照さるるが如し」といわれる境地に至った。[三二] 初めの変化は流罪から戻って、南京で官途についてからのことであり、心から出発して未発と已発の中和を体得するという問題をめぐるものであった。二度目の変化は、江西に移って以後に「致良知」を提唱したことであり、これは王守仁の学問の核心となった。とりわけ、良知は未発の中であり、また已発の和でもあり、それは知覚認識の前にも後にも持続しており、発散と収斂、動と静、本体と工夫を一致させ、知行合一であるようなものである。三度目の変化は浙東に移って以後のものであり、致良知や知行合一の思想はますます純化精錬され、自然に行われるようになり、「是を知り非を知る」――即ち「善を知り悪を知るは是れ良知」、「是無く非無し」――即ち「善無く悪無きは心の体」という「四句教」が明らかにされた。これは王守仁晩年の学問の特色を反映している。

明代における陽明学の伝播について、黄宗羲は地理上から区分を与えている。それは浙中、江右（「止修学案」を含む）、南中（江蘇、「泰州学案」を含む）、楚中、北方、粤閩の六つの陽明学分派に分かれ、この区分のもと彼らの思想を簡潔に叙述している。

浙中王門――「姚江の教、近き自りして遠かりき。其の最初の學者は、郡邑の士に過ぎざるのみ。龍場而後《じご》、四方の弟子始めて益進す。郡邑の學を以て鳴る者は、亦た僅《わず》かに緒山、龍溪のみ。此外は則ち椎輪積水のみ。然るに一時の盛、吾が越講誦を尚び、禮樂を習ひ、弦歌の音絶へず、其の儒者一二を數ふる能はず（三三）」。緒山とは銭徳洪、龍溪は王畿のことである。このグループにはまた徐愛も含まれる。徐愛は最も早く王守仁の「致良知」の思想を体得し、王守仁の思想の真髄を得ている人物であった。王畿と銭徳洪はそれぞれ師の説く良知の体得において異なる部分を持っていた。王畿がたった今変化し続ける体を悟ることに依ったのに対し、銭徳洪は事物の上において心の鍛錬を積んだのである。このため、銭徳洪は悟りの深さにおいて王畿に及ばなかったし、王畿は修養の実践において銭徳洪に及ばなかった。王畿は禅を交え、銭徳洪は儒家の規矩を失わなかった。彼らは陽明学を伝播した最も古いグループであった。

江右王門――「姚江の學、惟だ江右のみ其の傳を得たりと為す。東廓、念庵、兩峰、雙江は其の選なり。再傳して塘南、思默と為り、皆能く陽明未だ盡さざるの旨を推原す。是の時越中流弊錯出し、師を挾て以て學者の口を杜ざす、而して江右獨り能く之を破る、陽明の道賴りて以て墜ちず。蓋し陽明一生の精神、倶に江右に在り、亦た其れ感應の理宜なり（三四）」。東廓は即ち鄒守益、雙江は聶豹、念庵は羅洪先、兩峰は劉文敏である。鄒守益の学問は敬を中心とし、敬は良知のエッセンスであるとした。聶豹は良知を本寂の体であるとし、それは内から外に向かって発せられるものであるから、工夫もまた帰寂を中心とすべきであるとした。羅洪先の学問は初期には実践に力を用い、中期には寂静に帰ることを重んじ、晩期には仁体を徹悟することを重んじた。劉文敏の学問はおおむね聶豹に似ている。しかし、性情については異なるところがあり、聶豹が未発は性に属し、已發は情に属すと主張したのに対し、劉文敏は喜怒哀楽を情とし、情の正しきを得たものについては性であるとした。この一派は最も陽明学の精神を体現している。

南中王門――「南中の名王氏學者は、陽明在りし時、王心齋、黄五嶽、朱得之、戚南玄、周道通、馮南江其の著なり。陽明歿後、緒山、龍溪所在に講學し、是に於て涇縣に水西會有り、寧國に同善會有り、江陰に君山會有り、貴池に光岳會有り、太平に九龍會有り、廣德に復初會有り、江北に南譙精舍有り、新安に程氏世廟會有り、泰州に複た心齋講堂有り、幾ど比戸に封ず可し（三五）」。

黄五嶽は即ち黄省曾のこと、周道通は即ち周沖、朱得之らのことである。黄省曾は情識を良知とみなし、その学問についての議論は多くは王守仁の意図とはかけはなれたものであった。周沖は王守仁に学ぶとともに、湛若水にも学び、「湛師の天理を體認するは、即ち王師の致良知なり」と述べている。当時、王守仁と湛若水の弟子たちは互いの長所や短所について論争していたが、周沖だけはその宗旨を疏通させてみせたのである。朱得之の学問は極めて老子に近いものであった。格物の見は感性を束縛するとして、旧聞はごとごとく洗い流し、内面を空洞にし、感じるがままに従う。このようであれば最も真実であると考えた。この頃、講会が多く設立され、陽明学は各地方において極めて広範な影響を与えるものになっていった。

楚中王門――「楚學の盛は、惟だ耿天臺一派、泰州自り流入す。陽明在りし時に當りて、其の信從する者尚お少なし。道林、闇齋、劉觀時に出ずるに武陵自りす、故に武陵の及門、獨り全楚に冠たるのみ」。「然るに道林實に陽明の傳を得たり。天臺の派盛なると雖も、反て多く良知學派を破壞す、悉ど較ぶる可けんや(三六)」。天台はすなわち耿定向である。彼は泰州学派に属する。道林は蒋信、闇斎は冀元亨のことである。蒋信は気の角度から命、道、誠、太極、仁などのカテゴリーを論じ、理気、心性、人我はそれぞれ分かちがたく一なるものであるとみなした。このグループの創見は少なく、黄宗羲もまた多くを語っていない。

北方王門――「北方の王氏學を為す者は獨り少し。穆玄庵既に問答無く、而して王道、字は純甫なる者、業を陽明の門に受く、陽明其の自以て是と為し、求益の心無きを言い、其の後の趨向果して異にし、必ずしも之を王門に列せず。二孟（孟化鯉、孟秋――訳者注）の嗣響に非ず、即ち賢者有るも、亦た跡象聞見の學に過ぎずして、自得する者は鮮し(三七)」。北方の陽明後学にもまた衰退がみられる。いくらかの人々は陽明の学問について論じているが、陽明の学問のありかたについて本当に把握しているとはいえず、黄宗羲の評価も高くない。

粤閩王門――「嶺海の士の文成に學ぶ者は、方西樵自り始む。文成府を贛州に開くに及びて、從學する者甚だ衆し。文成言はく、潮南海の涯に在りて、一郡のみ、一郡の中、薛氏の兄弟子侄有れば、既に盛とするに足れり。而も又た楊氏の昆季有り。其の餘聰明特達、毅然として道に任ずるの器數十を以てす。乃ち今の著なる者は、唯だ薛氏の學のみ(三八)」。

西樵とは方獻夫のこと、字は叔賢といった。薛氏には薛尚賢、薛尚謙がいた。楊氏とは楊驥、楊仕鳴のことである。彼らは王守仁から学んだが、その影響は一部の地域に限られ、北方の陽明学とだいたい同様であって、陽明学の衰退した支流といえる。

止修学案――「見羅は鄒東廓に從學し、固より亦た王門以下一人なり。而して別に宗旨を立つ、別に一案を為さざるを得ず。今止修の學を講ずる者、興起して未だ艾せず、其れ以て良知の弊を救へば、則ち亦た王門の孝子なり(三九)」。

李見羅は李材である。鄒守益に師事し、王守仁の良知の学を学び、後に変貌、「止修」の二字を考えだし、これこそが孔子・曾子の真伝であるとみなした。いわゆる「止修」とは、時々刻々に止まれば、視聴言動は規矩にあたり、修を言わなくても修は自ずからそこにあると考えるのであった。

泰州学派に関しては、黄宗羲は多くの記述を残し、五つの学案でとりあげて考察を加えている。そこで示される主な観点は、明代滅亡の原因は陽明学末流の空談にあり、泰州学派をその最たるものとする見方である。

彼の泰州学派に対する全体的な見方は次のようなものであった。

「陽明先生の學、泰州、龍溪有りて天下に風行するも、亦た泰州、龍溪に因りて漸く其の傳を失ふ。泰州、龍溪時時其の師説に滿たず、益《ますます》瞿曇の秘を啓きて之を師に歸す。蓋し陽明を躋《すす》めて禪と為す。然るに龍溪の後、力量龍溪に過ぐる者無し。又た江右之が為に救正するを得、故に十分決裂に至らず。泰州の後、其の人多く能く赤手を以て龍蛇を搏ち、傳へて顔山農、何心隱一派に至りて、遂に復た名教能く羈絡する所に非ず。顧端文曰く、心隱輩坐して利欲膠漆盆中に在り、能く人を鼓動し得る所以なり。只だ他の一種の聰明に縁るも、亦た自ら到る可からざる處有りと。羲（黄宗羲――訳者注）以為く其の聰明に非ず、其の學術を正すなり。所謂祖師禪なる者、作用を以て見性す。諸公天地を掀翻し、前に古人有るを見ず、後に來者有るを見ず。釋氏一棒一喝、機に當りて横行し、拄杖を放下すれば、便ち愚人の如きと一般なり。諸公赤身擔當して、放下の時節有ること無し。故に其の害是の如し」[四〇]。

　泰州学派の王守仁の思想に対する発展と敷衍は、功罪毀譽相半ばするものであった。「成るもまた蕭何、敗るるもまた蕭何」ともいうべきであろう〔とも言えよう〕。その主要な人物は王艮、羅汝芳、耿定向、および再伝の弟子である顔均、何心隠らであった。王艮は王守仁の学問に禅学を交え、陽明後学が禅に流れていったのも彼と関係がある。江右の陽明後学一派によって矯正が加えられたものの、その弊害は続いていくこととなった。王艮の学について、黄宗羲はその格物説を挙げている。王艮は、格物の物は「物に本末あり」の物であるとし、自分の身と天下国家もまた一つの物なのだとした。格知は身を本とし、家や国や天下を末とする。実践してうまくいかないことがあれば、自己への反求を行い、この自己への反求こそが格物の工夫なのだ。そのため、家を斉え、国を治め、天下を平らげるには必ず身を安んじなければならない。これが所謂淮南格物説である。王艮は自らが主体的に内心において体悟することを強調した。外力に頼らずに、すべての問題は自己への反求においてさっぱりと解決するというのである。

　顔均、何心隠に伝わるに及び、泰州の学問は「名教の能く羈絡する所には非ず」といわれるようなものになっていった。劉宗周のこれに関する「今天下は爭ひて良知を言ふ。其の弊に及ぶや、猖狂する者は之を參ずるに情識を以てし、而して一に是れ皆良し。超潔する者は之を蕩かすに玄虚を以てして、良を賊に夷す」というような見解を、その脚注にあてることもできよう[四一]。顔均は劉現泉、徐波石に師事した。彼は人の心を万物のなかでも、とりわけ微妙で測りがたいものとみなした。性は明珠のように、そもそも汚れがない。そうである以上、外からの見聞を取り入れたり、恐れたりするような必要があろうか。日常のなかで気性にしたがって行い、まったく自然のままにふるまうことこそが道である。およそ先儒の教えや、道理、形式などは道にとって障碍となってしまう。これがその学問の大意であった。何心隠は顔均に学んだが、その学問はその引き写しには終わらず、ある理があるのならば、本当にその事もあるのだと考えた。音もなく匂いもないが、事は理の裡に隠されており、かたちあるものではあるが、理は事に顕現する。彼らは二人とも禅の影響を受け、儒家の名教、理法を顧みることなく、固有の性を解放し、絶対の自由を追求した。黄宗羲を含む多くの明の遺民たちは、いずれも明の滅亡と彼らの学説の流行に関係を見いだしていた。

　黄宗羲は、劉宗周の学問を慎独を宗とし、その慎独の解釈には他の人々と異なるところがあると考えていた。それは気を天地の間に存在する本体とし、それが人心に流れあらわれたものを誠とし、わかれて喜怒哀楽の情、仁義禮智の性となり、その情性が自然に流れ出し、発現して中和がなされることを性善とするものであった。性善は性の本体を反映しており、時々刻々に保持されるのが慎であった。慎の工夫は主宰においてなされ、この主宰は心のなかの意であり、独であった。慎独とは本体であり、工夫なのである。慎独は本体と工夫、天と人、理と気、心と性、未発と已発をいずれも一に帰するものであった。慎独を劉宗周思想の核心と見なしたのは、まことに要を得たものであったといえよう。

　明代の中期から後期にかけて、体制はまだ朱子学を尊崇していたものの、もはやそれは有名無実なものとなり、民間にも朱子学を復興しようとする趨勢が見られたものの、それは学術界の主流とはなりえなかった。朱子学が本当に歴史の舞台に再び登場するのは、あるいは体制側と学術界の双方の承認を得るのは、清代に入ってからのことであった。

三、心学と経学の離合

　前章に朱子学から陽明学への転換について述べたが、陽明学の核心は心学であった。そのため学術界では心学を明代思想の主流と見做している。実際には、明代の思想は極めて豊富なものであって、心学はわずかにその重要な一つの流れに過ぎず、全体ではないのである。心学によって明代を概括するのは完全ではないし、全面的とは言えない。心実は明代の思想発展のなかには経学の流れがあって、しかもそれはしばしば心学と結びついたものであった。心学と経学の離合は明代思想の特色の一つのといえよう。以下、いささか分析を加えてみることとしよう。

　「心」と「学」の字を初めて並べて用いたのは韓愈である。「納涼聯句」では「誰か言はん朋老を擯てんと、猶ほ自ら将に心學せんとす」と述べられている(四二)。ここでの用例は心を修める学を指すのであって、心学ではない。邵雍『皇極經世書』巻八下は「心學第十二」を表題とし、「心を太極と為す」という言葉から始まっている。これこそが心学の名の始まりであろう。王禕は、人が小さな存在でありながら、限りなく広大でありうるのは、心があるためだとしている。人の心は天地の空間を覆い、古今の時間を貫き、人の理をおさめ、物事の変化に応じることができる。心学においては、まず放心が求められる。続いて養心に進み、さらに尽心によってこれを節制しなくてはならない。もし心学がなければ、人に心があっても、無いのと同じである。心身がなければ主宰もない。物と同じであって、人ではなくなってしまう。陳献章はこう述べている。

　「學を為むる者は當に諸を心に求めて必ず得べし。所謂虚明静一なる者は之の主を為し、徐に古人緊要文字を取りて之を讀み、能く契合する所有るを庶ひ、影響依附して、以て外に徇ひて自ら欺くの弊に陥ることを為さず。此れ心學の法門なり(四三)」。

　湛若水も心学を提唱し、「夫れ聖人の學は心學なり」と述べている(四四)。王守仁もまた「聖人の學は心學なり」とみなした。そして『尚書』大禹謨の「人心惟れ危、道心惟れ微。惟れ精惟れ一、允に厥の中を執れ」という一節を心学の淵源とみなし、「中なる者は、道心の謂なり」と考えた(四五)。この心こそが道心であり、心学は倫理学に属するものであった。彼は心によって自己の思想体系を構築し、心学を集大成したのである。

　心学の核心となる概念は心である。宋代理学の諸家は心について大いに論じている。ここに幾つかの例を挙げることにしよう。邵雍は『皇極經世書』において「先天の學は心法なり。故に圖は皆中自り起く。萬化萬事、心に生ずるなり」と述べている。張載は『正篇』大心において、「其の心を大にすれば、則ち能く天下の物を體す。物未だ體せざる有らば、則ち心外有りと為す」と述べている。程顥は『遺書』において「心は是れ理、理は是れ心」と述べ、程頤も同じく『遺書』において「心は道を生ずるなり。是の心有り、斯れ是の形を具して以て生ず。惻隱の心、人の生道なり」と言っている。朱熹は『語類』で「一心は萬理を具す」と言い、また「心と理とは一なり。是れ理は前面に在りて一物を為すにはあらず。理は便ち心の中に在り」との述べている。彼らは心について論じているけれども、理など他の範疇についても論じており、心を自らの思想体系の核心とはみなしていない。この点において、陸九淵は先駆的であり、心を軸に自己の思想体系を構築している。『象山集』においては「宇宙は便ち是れ吾が心、吾が心は即ち是れ宇宙」というテーゼが提出されており、この言葉は彼の学問的傾向を代表するものといえよう。こうしたすべてが明代の儒者に影響を与え、心学の発展に思想的な準備を提供したのである。

宋儒の後をついで、明儒もまた心を論じた。薛瑄は「為學の第一の工夫は、立心を本と為す」と述べている。[四六] 呉与弼もまた心を「虚靈の府、神明の舍」とみなしていた。それは「古今を妙にして穹壤を貫き、一身を主宰して萬事を根柢す」ということができるものであると考えていた。[四七] 心の本体は純粋で明らかなものであり、何の汚れもないものなのであった。その弟子、陳献章は若かりし日には読書において要領を得なかったというが、それについて「吾が心と此の理と未だ湊泊吻合の處有らざるなり」と述べている。そこで書物を捨てて心を探求し、ひたすら静坐を行うことによって、次第に心の本体を悟っていった。そして聖人の工夫はすべてここにあるのだとみなした。[四八] 彼は聖学は「人心」にあるとみなしており、「聖朝古に仿ひ學を設け師を立て、以て天下に教ふ」るのであって、先生は心を伝えるべきであり、学生はこれを学ばなければならない。[四九] 湛若水は「聖賢の學は心に本づき、千萬世の上、千萬世の下、此心を同じくし此理を同じくす」と述べている。[五〇] 一言で言えば、「萬事萬物心に非ざる莫し」ということである。[五一]

王守仁は体系的に心を論じた。心は彼にとって立論の起点であり、その思想は全てこれを基礎とし、様々な範疇もこれによって展開されたのである。彼は「格物の功、只だ身心上に在りて做す」と述べているように、彼は徐愛の述べた「格物」の「物」とは、つまり「事」なのであり、全て心について述べているのだという見解を肯定した。

天理人欲については「此の心私欲の蔽無くんば、即ち是れ天理。須く外面一分を添ふべからず」と述べている。

心性とは「吾性は吾心を具し、吾心は乃ち至善の止まる所の地、則ち向時の紛然外求を為さずして、志定む」ようなものであった。ある人が「人皆是の心有り。心即ち理なれば、何ぞ以て善を為すこと有らん、不善為すこと有らん」と尋ねると、彼は「悪人の心其の本體を失ふ」と答えている。

良知については「心は自然に知る會し。父を見れば自然に孝を知り、兄を見れば自然に弟を知り、孺子を見れば井に入り、自然に惻隱を知る。此れ便ち是れ良知、外に求むるを假らず」と述べている。

知行については「外心以て理を求むるは、此れ知行の二する所以なり。理を吾心に求むるは、此れ聖門知行合一の教、吾子又た何ぞ疑わんや」と論ずる。[五二]

要するに事物は心について論じられ、格物の工夫はもちろん心から始まるのだ。心が私欲によって覆われていなければ、それは天理なのである。天理と人欲の区別は心において始まる。性は心に具備され、心は性善が止まるところである。心性の問題の探求は心に立脚する。心の本体は善なるものであり、不善とは心の本体を失っていることである。善と不善とは心の本体を失っていないかどうかを基準として判断される。良知は心の自然な発露であり、心即理は知行合一の基礎である。心は理であり、心の外に理は求め得ず、もちろん知と行とは一であり、心の外に理を求めるならば、知と行とは別物になってしまうのである。彼は幾度ともなく、外に求めることはないと説くが、これは心の外に求めず、心に求めるべきだということである。心は王守仁の思想の出発点、礎石であるのみならず、またその思想の核心でもある。心は一本の赤い糸のようにその思想の全体を貫く、その思想の魂なのだ。

　経学が支配的な地位を持っていた時代には、いかなる思想の生成と発展も経典の解釈を離れることがなかった。そして、歴史的にみて経典の解釈には、経典が私を注釈するというものと、私が経典を注釈するというものと、二つの方向性があった。心学者には経学を心学と結びつけ、心学を軸として経書を解釈する傾向がある。これは経典が私を注釈することの具体的な現われであり、明代の儒者にこのような見解は少なくないのである。

　宋濂は心学によって経典を解釈し始めた。彼は「六経論」において次のように詳細な分析を加えている。「六經は皆心學なり。心中の理具せざる無く、故に六經の言該せざる無し。六經吾が心の理を筆にする所以の者なり」。人には二つの心はなく、六経にも二つの理はない。心によって理はあり、経典によって言葉はある。心は形のようなもの、経典はそれに対する影のようなものである。心がなければ経典もない。心が正しければ治まり、邪であれば乱れる。だから、慎まないわけにはいかない。秦漢以来、こうした心学は伝わらず、多くは外に求めるばかりであった。それでは「六經の實に吾の一心に本づくことを知らざるなり」といわざるをえないのである。高い者は空虚で高遠なところにいってしまって帰らず、低い者は浅く卑しいところに安んじてそこを離れず、上と下は互いに学び、その過ちにおいて軌を一にしている。これらは全て本心に基づかない誤りである。彼は経と心の合一を主張し、「始めには、則ち戛乎として其れ入り難し、中ほどには、則ち浸漬して漸く得る所有り、終りには、則ち經と心と一にして、心の經為る、經の心為るを知らざるなり」と述べている。彼に言わせれば、さまざまな経典の教化は人々をその本心にたち帰らせることにあるのである。「聖人復た其の心の有る所に因りて、六經を以て之を教ふ」。例えば『詩』は温柔敦厚によって人を教え、『書』は疏通知遠によって人を教え、『楽』は広博易良によって人を教え、『易』は潔静精微によって人を教え、『礼』は恭敬荘倹によって人を教え、『春秋』は属辞比事（言葉や事実に託すこと）によって人を教えた。六者の角度は異なっているが、「之をして以て其の本心の正に復さしむるに非ざるは無し」なのである。具体的に結実した経書と心の関係とは次のようなものだ。『易』が天を説くのは、わが心が太極そのものだからであり、『書』が事を説くのは、わが心が政治を行う場だかあらであり、『詩』が志を説くのは、わが心が性と情を統合したものだからであり、『春秋』が理を説くのは、わが心が善悪を分けるものだからであり、『礼』が体を説くのは、わが心に天の秩序があるからであり、『楽』が民を導くのは、わが心に人との和が備わっているからである。[五三]これは心学と経典の関係を見事に表現したものといえよう。

　陳献章は「六經は夫子の書なり」と言い、学ぶ者はただ経書を読むばかりで、それを味わうことを忘れ、経書をただの搾りかすのようにしてしまい、これでは玩物喪志を免れないという。自分（の心）によって本を読んでいかなければならない、そうすれば随処に得るものがあるだろうが、もし書物によって自分を広げていったとしたら、書物を閉じれば何も残らないであろう。[五四]彼は「此の心太古自りす、何ぞ必ずしも唐虞に生ぜん。此の者苟し能く明らかなれば、何ぞ必しも多く書を読まん」と述べている。[五五]六経以外、散じて諸子百家の文章となった言葉に至っては、余計な言葉にすぎないのである。

王守仁は経学はすなわち心学であるとする思想を唱えた。彼はこう述べている。「夫れ聖人の學は心學なり。學は以て其の心を盡さんことを求むるのみ」[五六]。ここでの聖人の学問はつまり心学である。心の角度からさまざまな経典を解釈するとき、君子は六経に対して心を求めさえすればよい。例えば『易』を尊ぶのはわが心の陰陽消息が時々刻々に流行することを求めるからである。『書』を尊ぶのはわが心の紀綱政事が時々刻々に施行されることを求めるからである。『詩』を尊ぶのはわが心が性情を歌い、時々刻々に発露されることを求めるからである。『礼』を尊ぶのはわが心の条理節文が時々刻々にあらわれることを求めるからである。『楽』を尊ぶのはわが心の歓喜と平和が時々刻々に生じることを求めるからである。『春秋』を尊ぶのはわが心の真偽邪正が時々刻々に分別されることを求めるからである。彼からすれば、六経は他でもなく、わが心の常道なのだ。この常道は天においては命としてあらわれ、人には性として賦与され、身体においては心となり、天と人と、命と性と、身と心とで一致しているのである。常道は具体的な経書において結実している。『易』で述べられているのは陰陽消息の流行であり、『書』で述べられているのは紀綱政事の施行であり、『詩』で述べられているのは性情の歌の発露であり、『礼』で述べられているのは条理節文のあらわれであり、『楽』で述べられているのは歓喜と平和の生成であり、『春秋』で述べられているのは真偽邪正の区別なのである[五七]。王守仁は心学を唱え、学問は自得にあるとし、古の経伝、注疏にはこだわらなかった。経義を発揮し、自らの心において体認することを重んじた。経書を学ぶには、必ず心から出発しなくてはならず、心によって経書を解釈しなくてはならない。そして、このことを通じて自我と社会のなかでの人生における準則を構築するのである。

六経をわが心の常道とすることは、経と道との関係にかかわるものであり、明代の儒者はこれについて見解を示している。宋濂の師である呉萊はどのように胡宏の『春秋正伝』を読むべきかを論じ、次のように説いている。

「正傳を觀んと欲せば、又た必ず先ず之を通旨に求む。故に曰く、史文は畫筆の如く、經文は化工の如しと。若し一例を以て觀れば、則ち化工と畫筆と何ぞ異らん。惟だ其れ事に隨ひて變化すれば、則ち史外傳心の要典、聖人時中の大權なり」[五八]。

「化工」の語は蔡沈「書集伝序」にみえる。

「文は時を以て異なり、治は道を以て同じきなり。聖人の心書に見はる、猶ほ化工の妙物に著はるるがごとし、精深に非ざれば識る能はざるなり」。

「史外心を傳ふ」、「文外旨を見る」というのは、経書や史書の文にこだわらず、道を帰着点とみるということである。彼は『元史』を編纂して「文苑伝」を削除した。その理由は以下の様なものであった。

「前代の史傳は皆儒學の士を以て、分ちて二と為す。經藝顓門の者を以て儒林と為し、文章名家の者を以て文苑と為す。然れども儒の學為るや一なり。六經は斯道の在る所、而して文は則ち道を載する所以の者なり。故に經文に非ざれば以て其の旨趣を發明すること無く、而して文の六藝に本づかざるも、又た烏ぞ之を文と謂ふに足りんや。是に由りて言はば、經藝、文章分ちて二と為す可からざるや明らかなり」[五九]。

経書と文章は一なるものである。また「道は六經に在り」ともいわれる。永楽帝の頃、「大全御纂序」には次のように述べられていた。

「聖人の道は六經に在り」、「天下の人をして經書の全きを睹ることを獲さしむれば、是に由りて理を窮めて以て道を明らかにし、誠を立て以て本に達す」。経と道は緊密に結びついており、道は経のなかの道であり、経もまた道を含みこんだ経であった。

羅欽順はこのように述べている。

「程子言はく、性は即ち理なりと、象山言はく心は即ち理なりと。至當は一に歸し、精義は二無し、此れ是なれば則ち彼れ非、彼れ是なれば則ち此れ非、安ぞ之を明辨せざる可けん。昔吾が夫子『易』に贊して、性を言ふこと屢なり。曰く、乾道變化して、各性命を正すと。曰く、之を成す者は性と。曰く、聖人『易』を作して、以て性命の理に順ふと。曰く窮理盡性、以て命に至ると。但だ此の數言を詳味すれば、性は即ち理なるは明らかなり。心に於るも亦た屢之を言ふ。曰く、聖人此を以て心を洗ふと。曰く、其心を易へて後語ると。曰く、能く諸心を説ばしむと。夫れ心にして洗と曰ひ、易と曰ひ、説と曰ふ、洗心にして曰く、此を以てすと。試みに此の數語を詳味すれば、心即ち理なりと謂ふは、其れ通ず可きか。且つ孟子嘗て言はく、理義の我心を悦ばすは、猶ほ芻豢の我口を悦ばすがごとしと。猶ほ明白易見と為す。故に學びて證を經書に取らざれば、一切師心自用にして、未だ自ら誤らざる者有らざるなり[六〇]」。

理学の「性即理」、「心即理」という命題を明らかにするにあたっては、「證を經書に取る」ことが必要なのであって、例えば『易伝』や『孟子』などに証を取るのである。義理を明らかにするには、経書を規範・尺度とすべきである。経書から出発すれば自ずと明らかになるのである。もし、自らの恣意によって独断的にみるならば、これは「師心自用」であり、理論的根拠にかけ、空虚な議論に流れ、学において誤るとともに、また己を誤ってしまう。ここにおいて「性即理」、「心即理」は道であり、「證を經書に取る」ことは経であり、経と道との相関性が強調されているのである。

楊慎は次のように指摘した。

「伊川經を治めて道を遺すを謂て、韓非子の櫝を買て珠を還すを引く。然れば猶ほ經有るを知るなり。後世經を治め仕を求むる者、則ち所謂魚を得て筌を忘る。猶ほ筌を以て魚を得たるがごときなり。今の學者六經皆聖人の跡と謂て、必ずしも之を學ばず。又格物を謂ふ者は理を窮むるには非ざるなり。格物は其の物の心を格すなり、致知は其の物の知を致すなり」、「是れ全く我に在らず、全く工を用いず。是れ櫝無くして珠を市わんと欲し、筌無くして魚を得んと欲するなり[六一]」。

「買櫝還珠」というフレーズは『韓非子』外儲説左上に出るものである。「筌魚の説」は、王弼の『周易』に対する解釈から出たものである。楊慎は経書と道の関係を、珠玉と箱、罠と魚の関係に例えている。箱がなければ珠玉を買うことができず、罠がなければ魚をとることができないように、それらは密接不可分であり、同時に本末転倒になってはならぬものなのである。彼はまた「儒を逃れ聖に叛する者六經を以て注脚を為し、學に倦み息まんことを願ふ者忘言を謂ひて妙筌と為す」と述べている[六二]。これは経と道を分裂させる二つの偏向に対して批判を加えているのである。

帰有光は「聖人の道、其の跡六經に載す」と書いている。彼にとって六経の言葉は、次のようなものであった。

「何ぞ其れ簡にして易ならんや。平心以て之を求む能はずして、別に講説を求め、別に功效を求め、言語の支にして蹊徑の旁出なるを怪しむこと無し[六三]」。

道は経に載せられているとみなし、経に離れて道を講ずることに反対している。天下の学者について、「道徳性命の精微を明らかにせんと欲するも、亦た未だ六藝を舍いて以て空言講論す可き者有らざるなり」というのである。(六四) 彼はまたこうも述べている。

「漢儒は之を講經と謂ひて、今世は之を講道と謂ふ。夫れ能く聖人の經に明らかなれば、斯道明らかなり。道亦た何ぞ講ず容けんや。凡そ今世の人、多く紛紛然として説を異にする者、皆講道に起こる」。(六五)

漢代の人々を標準とし、経書を基礎あるいは出発点とし、さらに一歩進めて経を明らかにすることは、道を明らかにすることであり、経を離れて道を明らかにすることはできないという見解を強調している。万暦年間になると、彼らに続いて焦竑、陳第らが登場し、この時期、「明経君子」と称せられた。焦竑はこう述べている。

「孔子の言に曰く、我生れて之を知る者に非ず、古を好み敏にして以て之を求むる者なりと。故に詩に興り、禮に立ち、樂に成る。晩に迨《いた》りて易を學び、韋編三たび絶す。曰く、是れ我の易に於るが若きは、則ち彬彬たり。蓋し經の學に於るや、之を譬ふるに法家の條例、醫家の難經、字字皆《みな》法、言言皆《みな》理。之を益損せんと欲して能はざる者有り。孔子絶類離倫の聖を以てしても、亦た經を釋して以て學を言ふ能はず。他は知る可きのみ。漢世經術盛行して身心に當ること無し、陋を守り殘を保ち、道以浸晦。近世玄を談じ虚を課し、争いて自ら方を為す。而して徐に其の行を考ふるに、我の崇重する所、經の絀くる所なり。我の簡斥する所、經の與ふる所なり。道に向ふを之何と謂はん。而して卒に遺經と相ひ刺謬す。此の如くなれば法は憲令を稟けず、術は軒岐に本づかずして、臆決を以て工を為さんと欲す。豈に悖らざらんや」。(六六)

孔子から経が道を離れず、道が経を離れないことを主張し始めた。

焦竑は「六經を糟粕にする」説、「玄を談じ虚を課する」人士や「臆決を以て工と為す」学術的雰囲気に対して強い不満を抱いていた。儒家の経典は、あたかも法家の条例、医学における『難經』のように、「字字皆《みな》法、言言皆《みな》理」なのである。その道理は経籍のなかに含まれており、ただ解読され、掘り出される必要があるだけなのだ。経書を解読するにあたっては、心身において読まれるべきである。「身心に當ること無し」という有様では、大道をうかがい知ることはできない。それでは煩瑣な訓詁・考証に堕してしまう。

陳第は幼いころ家で『尚書』を読み、ただ経文のみを読み、伝注を読まなかった。父は彼を叱り、「傳注、經に適くの門戸なり。門戸に由らず、安ぞ堂室に入らん」。と言ったが、陳第はこれに答えてこう言った。

「竊に聞く經なる者は、徑なり。門戸堂室經中自ら具す。兒不肖にして、思ひて之を得んと欲し、敢て先入の見を以て靈府を錮することをせざるなり」。(六七)

注釈を読まないのは、「先入の見」を無くし、直接経書からその道理を体得しようと願ったからであった。なぜなら経書のなかには既に道はあり、「門戸堂室經中自ら具す」ものであるはずだからである。彼はまた経書を学ぶ方法として、このように述べる。

「余の傳經注の異同に於るや、最も參看することを喜ぶ、譬へば兩造具備するが如し、能く片言を以て之を析し、兩情をして俱に固善に服せしむ。然らざれば、此の如く五色並列し、五音並奏するも、亦た人心靈竅を見、此の説の外、又た彼の説有るも、無益と為さず」。(六八)

異なる伝注を比較・分析・評価し、ここから経義を解読するのである。とりわけ、古代の音を考証するなかで、「本證、旁證二條を列す。

本證は『詩』自ら相ひ證するなり。旁證は之を他書に采るなり。二者倶に無ければ、則ち宛轉して以て其の音を審らかにし、參錯して以て其の韻を諧はす」という方法をとっており[六九]、ここで述べられている「本證」、「旁證」の考証の方法は、顧炎武らに受け継がれ、清代の考証学に重大な影響をもたらした。

　明代の儒者の経と道の関係をめぐる分析には二つの傾向があった。一つ目は経文にこだわらず、そのなかの微言大義を明らかにしようとし、道を中心とするもの。二つ目は、道は経のなかにあり、道は経と離れないとみなし、経を中心とするもの。これらの両者は本来互いに補いあうべきものであったが、極端に走ることによって経学と心学の分離を予示することとなった。その結果として、心学は空疎に走り（例えば明末の心学がそうである。ここでは論じない）、経学もまた活力を失ってしまい、復古へと向かった。

　明代中期から後期にかけての儒者のなかには、経書を重んじ、道を軽んじ、宋学を批判し漢学を評価する学風が出現した。経学はだんだんと復古的な特色を有した漢学へと向かっていった。

　王鏊は指摘する。「漢初の六經、皆な秦火煨燼の末、孔壁剝蝕の餘に出ず。然れども古を去ること遠からず、尚ほ孔門の舊を遺す」。漢儒は「掇拾補葺して、專門名家、各其の師の説を守る。其の後鄭玄の徒、箋注訓釋して、餘力を遺さず。未だ盡く聖經微旨を得ざると雖も、而れども其の功誣す可からざるなり」。逆に宋儒は「性理の學行はれ、漢儒の説盡く廢さる」ということをした。しかし、幸いに滅びていないものがあった。それが福建版の『十三経注疏』である。もしこの版が廃棄されてしまったならば、漢儒の学はもはや存在しえなかったであろう[七〇]。一方では漢学の復興の必要性を説き、一方では宋学の盛行と漢学の明代における衰退を対比しているのである。

祝允明はこう述べている。「經業漢儒自り唐に訖るまで、或ひは師弟子傳授し、或ひは朋友講習し、或ひは戸を閉じて窮討し、布を敷きて演繹し、疑を難じ訛を訂し、益久しく益著はる」。しかし、宋儒はそれらを覆い隠し、無視してしまった。彼らは「或は用ひて己の説と為し、或は稍か他人を後援し、必ず當時の黨類なり。吾知らず果して先人一義一理無きか、亦厚く誣ふの甚しきと謂ふべし。其の謀深くして力悍ければ、能く學者をして盡く其の學を棄てしめ、其の歩趨に隨ひ、數百年に迄るまで寤めず疑はずして愈《いよいよ》固なり[七一]」という有様であった。

　明の太祖は千古を明察し、学者たちが経書を学ぶ際には古の注疏を用い、以後の説を参考とすることを望んだが、残念なことに士人たちはこれに従わなかったと、彼はみなしている。試みに漢・魏・晋・六朝・隋・唐の経学をみれば、其の「義指理致」・「度數章程」、どれほど緻密で幅広いことか。これに対して、宋儒は努力しても効果がなく、「義理」・「度数」などの方面でも前代のそれに及ばず、空疎で取るに足らないものだ。

　楊慎は、宋学が漢儒を排除して、自己の恣意的な見解を採用している誤りを指摘して、次のように述べている。

　「六經は孔門に作し、漢世孔子を去ること遠からず、之を傳ふる人劣なると雖も、其の説宜しく其の真を得たるべし。宋儒孔子を去ること千五百年なり、其の聰穎人に過ぐと雖も、安ぞ能く一旦盡く其の舊を棄てて獨り心に悟らんや[七二]」。

　彼はこのようにみなしていた。六経は秦の焚書坑儒を経て、漢代には伝注が盛んとなり、唐代には疏釈が盛んとなり、宋代には議論が盛んとなり、日々変化し続け、学者はその先後を知らなくてはならない。現在の学者はしばしば卑近なものを捨て、高遠なものを求める。すなわち漢唐の伝注疏釈を捨てて、宋儒の議論を読む。そして、こうした議論が伝注・疏釈から起こってきたことを知らず、かえってその〔正大高明〕を主張するのである。実のところ伝注は経文の六、七層を説明できているに過ぎず、宋儒は努力して偽を削り真を打ち出そうとしたが、経文を三、四層補うことができただけだった(七三)。

鄭暁は「宋儒吾に功有ること甚多なり、但《しか》し口を開けば便ち漢儒駁雑を説く、又た訓詁を譏汕し、恐らく未だ以て漢儒の心に服するに足らざるなり」と述べている。とりわけ宋儒の主張の七、八割は漢儒の成果を借りたものに過ぎず、作られた経伝もまた漢儒に及ばない。宋儒は漢儒の誤りを議論するが、近世においては宋儒の誤りを信じている。〔宋儒は漢儒を批判しすぎ、近世では宋儒を信用しすぎている〕彼からみれば、古の注疏は決して廃すべきものではない(七四)。黄洪憲はまたこう述べている。

「經藝の奥微、漢儒其旨に精通す。注疏をして先ず世に行はしめるに非ざれば、則ち扃鐍未だ啓かず、宋儒の學未だ必ずしも能く其の堂奥を窺はず」

宋儒は経書が滅び去った後に生まれたにせよ、その見識もまた古の注疏を超えるものではない。まして、漢代は古代からまだそう時間が経っておらず、漢儒が六経を顕彰してから、残された文献が次々に現れ、儒者達の校勘も一定の根拠あるものであった。そのため、漢儒の貢献は否定すべきではないのである(七五)。銭謙益はこう述べる。

「六經の學は、兩漢に淵源し、大に唐、宋の初に備はる。其れ固にして通を失ひ、繁にして要寡《すく》なく、誠に亦た之有り。然れども其の訓故皆原先氏に本《もと》づき、而して微言大義、聖賢の門を去ること猶ほ未だ遠からざるなり。學者の經を治むるや、必ず漢人を以て宗主と為す」。

銭謙益の見方によれば、漢は唐を必要とせず、唐は漢を必要とせず、唐宋は今の時代を必要とせず、このようであって聖賢の門ははじめて伺うことができ、儒家の先学たちのキーポイントをつかむことができるのであった(七六)。

明儒が宋学を抑え、漢学を称揚する理由は以下のいくつかのものが挙げられよう。第一に、宋学に比べて漢学はより古く、孔子や六経の本来の姿により近く、そのためより信じられると考えられたこと。第二に、宋学に比べて、漢代の儒者は孔子や六経の真実をよりよく理解しており、宋学の議論は恣意的に孔子や六経の本来の意味を歪曲していること。第三に、宋学に比べて、漢学の伝承には家法・師法があり、伝承に順序があり、それを尋ねるに依拠する手段がある。第四に、宋儒は漢儒の成果を取り入れながら、これに粉飾を加え、漢儒に批判さえ加えているのは、その学問的淵源を忘れる行為である。要するに、宋儒は経書を解釈する上で、漢儒に及ばない。そのため漢儒の経書解釈の伝統を回復することは、孔子、六経の真伝を得るために必要なことなのだ。

明儒の宋学を抑え、漢学を称揚する学風はまた、具体的な経書注釈の過程にもあらわれている。明代の初期には主に宋・元の儒学を尊崇しており、『性理大全』、『四書大全』、『五経大全』はいずれも、朱子学を中心としていた。宋学が中天に輝く太陽のようであったのに較べ、漢学は衰退し、わずかに胡居仁『易象鈔』が漢代の象数説を取り入れ、袁仁『毛詩或問』が「小序」を重んじ、毛伝鄭箋に接近し、呂柟「毛詩説序」において毛氏の義を説明しているくらいのものである。中期以降になると宋儒を抑え、漢儒を称揚する学風がだんだん起こってきており、それは明儒の経書に対する解釈がそれまでと異なっていることにもあらわれている。例えば『周易』において、宋代の一連の儒者たちは『周易』の河図洛書の学を明らかにしたが、明儒はこれに対する考証を始め、宋易の河図洛書の学が道家に淵源することを批判し、漢易を研究し、宣揚するようになった。『詩経』では、明儒は朱熹『詩集伝』が「詩序」を廃したことに不満を持ち、「詩序」の冒頭を中心とし、漢・宋の説をともに採用することを主張した。この他、『詩経』の研究もまた徐々に名物制度を明らかにする方向に転換しつつあった。『春秋』についていえば、『左伝』の方面から胡安国『春秋伝』が是正され、その春秋学の地位の動揺が始まった。『四書』の領域においても、漢代・宋代それぞれのものを兼ねて採用する観点が少なからず現れた。また名物を考証するような著述もなされた。これらはいずれも明儒の経典に対する研究のなかに、宋儒を抑え、漢儒を称揚する傾向があらわれたことを見出すことができるし、少なくとも漢・宋を兼ねて採り、ひたすら宋学に従うものではなくなったということはできよう。(七七)

経学が支配的な地位を占める時代においては、いかなる思想も順調に発展しようとするなら経を離れることができず、必ず経書に依拠し、経書によって自己の思想を展開しなくてはならない。このようにしてこそ、体制側の支持や、士大夫たちの賛同、大衆の承認を獲得できるのである。明代後期の心学の発展は経典を離れ、日ましに空虚な方向へと向かい、空論に流れ、国を誤るに至った。ついに明清交代期の士大夫たちの批判の的となったのも、理由の無いことではないのである。これに対して、経学は心学を離れ、自我を失い、さらに硬直化、教条化し、現実離れした古学となり（清代のように）、これは同様に学界における悲劇といえた。心学と経学が合わされば見事な相乗効果が挙げられるが、分かれてしまえば共倒れになってしまう。これは恐らく心学と経学の関係の一種の宿命といえよう。

四、思想の教化と大衆化

明代思想のもう一つの特徴は思想の教化と大衆化である。これは明代社会全体の平民化と関係がある。明代思想の教化と大衆化は主に経典解釈の通俗化、および体制が編纂した『大誥』三編、『教民榜文』、『勸善書』、『為善陰騭』、『孝順事實』などの書物に体現されているほか、語録、郷約、書院、会講などの形式を通じてあらわれている。

宋代以前、儒家経典に対する解釈の伝統的なかたちは主に注と疏を並び称するところの注疏体であった。注とは儒家経典の字句への注解であり、また伝、箋、解などとも呼ばれた。疏は注に対する注解であり、義疏、正義、疏義などとも称する。注疏の内容は儒家経典の文字の正誤、語句の意味、正しい読み方、語法修辞から、名物、典礼制度、史実などに関するものにまで及ぶ。また章句体といわれるものがある。章句とは「離章辨句（章を離れ句を辨ず）」を省略して称したものであり、これは儒家経典の章節句読を分析する意味である。注釈の一種としての章句は語義の解釈を中心とする伝注類とは違い、文章の一句・一章を逐いながらその大意を分析し説明するものなのである。宋代以来の語録体も儒家経典解釈の方式の一つといえる。もし注疏・章句などが厳格な経典注釈に属するとすれば、語録体は比較的フレキシブルな経書解説といえるだろう。前者はまず全文あるいは一部分を引用し、それから改めて注釈を加えるものである。後者は先に経典を引くことはなく、しかも人との問答および自己の学問を論じた書簡の言葉のなかに経典を引き、そこに自分の考えを述べることが主である。形式にこだわらないことによって、語録体はさらに経書のなかの微言大義を明らかにでき、聴く人にもわかりやすく、教化と大衆化の役割を果たしたのである。

宋代において語録体は盛んに行なわれたが、明代に入るとさらなる発展があった。その最も代表的なものが『伝習録』である。『伝習録』は王守仁と友人、および学生が学術的な問題を討論した記録であり、語録体に属する。「伝習」という言葉は『論語』学而にある「伝えて習わざるか」からきている。朱熹は「傳とは之を師に受くるを謂ひ、習とは之を己に熟するを謂ふ」と注解している。そのなかで、主に問答の形式によって学生達、及びそれ以外の聴衆に経典を伝播させたのである。上巻は主に徐愛、陸澄、薛侃の記録によるものであり、彼らは記録者もまた質問者であり聞き手であった。下巻もやはり語録である。『伝習録』は語録体として王守仁の問答語録を含みながら、儒家経典を解釈する学術的な著作なのであった。例えば『大学』の今本と古本、親民と新民、さらに格物などはいずれも徐愛と王守仁の問答を通じて説明されているのである。これはまた、王陽明が徐愛の質問に対して自分の『大学』古本、親民、格心之物に対する理解を説明しているのだともいえよう。また、これは弁証法的な教育方法を体現したものであり、比喩を駆使した、いきいきとした、機鋒に満ちた言語芸術ともいえよう。

明儒が語録によって経書を解説することを提唱した例は少なくない。ここに幾つかの例を挙げることにしよう。徐愛はこんなふうに問うている。「先儒六經を論じ、『春秋』を以て史と為す。史専ら事を記す。恐らく五經と事體と終に或は稍《やや》異なる」。王陽明はこう答えた。「事を以て言はば之を史と謂ふ、道を以て言はば之を經と謂ふ。事は即ち道、道は即ち事。『春秋』も亦た經なり、五經も亦た史なり[七八]」。通俗的な言葉によって、経と史の結合、道と事の一致が説明され、理論と実践の統一が体現されている。また『近渓語録』にはこのような記述がみえる。

「問ふ、『大學』の首は止まるを知る、『中庸』の重んずるは天を知り人を知る、而して『論語』は却て「吾知ること有るか、知ること無きなり」と言ふ。博く群書を觀て、知を言ふ處甚だ多し。而して「識らず知らず」とは、惟だ『詩』のみ則ち一に之を言ふ。然れども未だ夫子の若く無知を直言することの明決たる者有らざるなり。請ふ其の旨を問ふ。曰く、吾人の學、専ら心を盡すに在りて、心の心為るは、専ら明覺に在り[七九]」。

明覚とは仏教で説かれる正知であり、これによって尽心を説明したのである。明代の主な語録としては、他に王畿『龍渓語録』、高拱『問弁録』、呉与弼『日録』、羅汝芳『近渓語録』、胡居仁『居業録』、湛若水『問弁録』、王艮『心斎語録』等がある。『明儒学案』では大量の経典を解釈した語録を採録しているが、これらは思想の大衆化と普及に積極的な作用をもたらすものであった。

明の太祖が「大誥」を制定した目的な「忠君孝親、治人修己」を実現することにあった。『大誥續編』申明五常第一には「臣民の家は務めて父子親有らんことを要す、率土の民は君臣の義を知らんことを要す。務めて夫婦別有り、鄰里親戚必然として長幼序有り、朋友信有らんことを要す。衆有徳を尊び、年の壯幼に拘らず、長幼の分を序せず。此れ古人の大禮なり」と述べられている。体制が発布した「教民榜文」は「大誥」の規定をさらに一歩推し進めるものであった。その第二十六条には次のようにある。「民間子弟の七八歳の者或は十二三歳の者、此の時心未だ動かざらんと欲し、良心未だ喪はず。早く三編『大誥』講讀せしめ、誠に先入の言を以て主と為し、合に凶を避け吉に趨ることを知らしむべし」。榜文は儒家道徳について、第十七条のように規定している。もし郷里に「孝子順孫『義夫節婦』や「一善の稱す可き者」がいれば、その土地の長老はその善行を上の者に報告し、朝廷に知らせなければならない。榜文もまた聖諭六言の「父母に孝順たれ、長上を尊敬せよ、郷里に和睦せよ、子孫を教育せよ、各《おのおの》生理に安んぜよ、非為を作すこと毋れ」という精神を体現したものである。この六つの言葉を毎月六回木鐸老人に述べさせ、また所謂叫喚《よびかけ》の制度を形成させた。

『孝順事実』は成祖が儒臣に命じて古今の歴史書のなかから、親孝行の事蹟を集めて作らせた書物である。全十巻あり、代表的な二百七人の孝行を収録し、それぞれの事蹟について論評と詩を付けている。成祖は自ら序を作ってこのように述べている。朕惟ふに天地經義親より尊きは莫し。降衷秉彝孝より先ずるは莫し。因りて、孝は百行の本、萬善の原と為し、大なるものは以て天地を動じ鬼神を感ずるに足りて、微なるものは以て強暴を化し鳥獣を格し草木を孚にするに足る。是れ皆自然天理より出でて、矯揉造作に非ず。成祖はまた『為善陰隲』という書物を勅撰している。これは「陰隲」という観念を通じて、民衆を教化し善を行い、徳を積むようにさせるもので、儒・仏・道を「陰隲」という観念のもと融合させようとするものであった。仁孝徐皇后の著した『勧善書』は儒・仏・道の勧善の言葉をごたまぜにしたものである。上に述べた御製の書籍、あるいは勅撰の書籍は、みな儒家の五倫とくに孝道を中心とし、他に仏教、道教の勧善の言葉を採録し、これによって補助、証拠としたものであり、ここでは儒・仏・道が一となっている[八〇]。これらの朗読・講義を通じて儒家的な倫理道徳を地方にまで貫徹、結実させようとしたのである。

郷約は一種の地方制度ではあるが、儒家思想に貫かれたものであり、儒家思想は郷約を通じて下々にまで伝わり、普及したのだともいえる。こうして思想は人々の行為に転化され、ついに教化の作用をもたらしたのだ。宋代の呂大臨『呂氏郷約』および朱熹『文公家礼』は明代の郷約に影響を与えた。宋代の郷約には『周礼』の影がみえ、また理学から影響を受けている。それは個人が力を尽くして日常倫理のなかで修養を積んでいくことを誓うものであった。郷約は自主的に組織を結成し、この組織を通じて、儒家のエリートが大衆に模範を垂れ、社会大衆との結合を体現し、全体的な道徳水準を高めるのに役立てようというものであった。明代の郷約は宋代のものと較べて大変大きな発展をみることができよう。ここでいくつかの例を挙げる。

黄佐の『泰泉郷約』全七巻は郷礼綱領、郷約、郷校、社倉、郷社、保甲、郷射などの内容を含み、『呂氏郷約』に基づいている。約とは「六言を奉じ、四禮の條件を遵行して郷約に違背せず」、すなわち朱熹の『文公家礼』にもとづいて、冠婚葬祭の四礼を行うことである。その内容は「父母に孝順たれ、長上を尊敬せよ、郷里に和睦せよ、子孫を教訓せよ。各《おのおの》生理に安んじ、非為を作すこと毋れ。四禮條件を遵行し、郷約に背くこと毋れ。心を齊くし徳を合せ、同じく善に歸す」。地方官がそれぞれの郷土で施行する教化政策について、郷約、郷校、社倉、郷社、保甲の五項目から説明を加えている。

王守仁は贛南で郷約を制定し、その項目は以下のようなものであった。「以て爾《なんじ》ら民を協和す、今自り凡そ爾ら同約の民、皆宜しく爾の父母に孝たれ、爾の兄長に敬たれ、爾の子孫を教訓せよ、爾の郷里を和順せよ、死喪相ひ助け、患難相ひ恤し、善は相ひ勸勉し、惡は相ひ告戒し、訟を息め爭を罷めよ、信を講じ睦を修め、務めて良善の民と為り、共に仁厚の俗を成せ」[八一]。彼は大衆をこのように戒めた。人々はしばしば自分自身は愚鈍でありながら、他人を責めるときだけ聡明になる。人々はまたしばしば聡明でありながら、自分が誤った時には愚かになるものである。つまり、己に寛容であり、人には厳しいのである。固定観念によってひたすら他人の悪を見てはならない、他人の善を見るようにしなくてはならない。このようであってこそ、自分で善人になることができるのだ。自らのことを良民であると思ってその身を修めないようではならない。わずかでも悪い念慮があれば悪人になってしまうのだ。人の善悪はわずかな念慮にある。どうか私の話を聞いてほしい。

嘉靖二十三年（一五四四）、湛若水は沙堤郷約をつくり、実行した。その内容を見ると、礼義を尊ぶことには、「父子相親しみ、兄弟相友し、長幼相愛し、夫婦相敬し、朋友相信じ、恩有り親有り、有禮相接與父坐子立、夫婦始賓、兄先んじ弟隨ふの類」などが含まれた。また聖訓・宣諭を講ずるとともに、また章ごとに経書の講義をなどを行った。明の世宗は「各《おのおの》子為る的《もの》孝道を盡し、父為る的《もの》子孫を教訓し、長者は那《か》の幼なき的《もの》を撫し、幼なき的那《ものか》の長じたる的《もの》を敬ひ、生理に勤め、好人と倣らんことを要す。我が此の言に依り、此に欽《つつし》め」という宣諭を下したが、これは太祖の六諭の白話版といえよう。また経書を使って教えを垂れており、例えば『尚書』洪範の「遵王の義」は、一切について王道に従うことである。『詩経』小雅「鹿鳴」は、もと周王が賓客を宴会でもてなす内容の詩歌であるが、ここでは郷約の賓客に感謝を表すのに用いられている。『孟子』の「死徙郷を出づること無し」については、主に人々が助け合うことを説かれる（八二）。これらは、経典の引用を通じて儒家の教化を実践しようとしているのである。

羅汝芳の「寧国府郷約訓語」では保甲、郷約の組織を結合して郷約を実行し、彼自ら六言の訓戒を行っている。聖諭六条を主とし、「呂氏郷約」でこれを補い、郷約と六諭とを相互に啓発させ、両者を並び用い、人々はみな良民になることができるとした。羅汝芳はそれぞれの任地においてもこの郷約を実施し、雲南で実施した「騰越州郷約訓語」や「里仁郷約訓語」も全てこの郷約全書に収められている。羅汝芳は六諭を中心として郷約をめぐって敷衍、訓戒した方針は、民衆に心学を説明し、良知を講義するものといえた。これは教化を通じて心学を宣揚し、その思想を普及しようとしたものといえる（八三）。

明代の書院は主に王守仁の講学の影響を受けている。歴史書には次のように書かれている。「正嘉の際、王守仁徒を軍旅の中に聚め、徐階學を端揆の日に講じ、流風被る所、朝野を傾動す。是に於て縉紳の士、遺佚の老、講會を聯ね、書院を立て、遠近を相望む（八四）」。沈徳符もまた言う。「武宗朝自り、王新建の良知の學、江浙兩廣の間に行はれ、而して羅念庵、唐荊州諸公之を繼ぎ、是に於て東南景附、書院頗る盛んなり（八五）」。王守仁は龍岡書院、貴陽書院、濂溪書院、稽山書院、敷文書院で講学を行い、二十年の長きに及んだ。のちに書院はさらなる発展をみせた、王守仁とその後学に関係するものとしては、浙江の陽明書院、混元書院、江西の復古書院、雲興書院、南京の水西書院、志学書院などがある。

張居正は天下の書院を禁止し、破壊しようとしたが、まもなく回復した。明代の後期において最も影響力を持った書院は東林書院である。東林書院は亀山書院とも称する。無錫城の東南に位置し、宋代には二程の高弟である楊時がここで講学を行い、後にここに書院を設けたものである。元朝の至正年間に書院は廃され寺院となり、明代の邵宝は書院を復活させようと望んだが実現させることはできなかった。万暦三十二（一六〇四）、顧憲成とその弟顧允成は書院を復活させ、顧憲成の死後、高攀龍、葉茂才が相次いで書院の責任者をつとめ、東林書院と命名された。当時、顧憲成と高攀龍はここで講学を行い、毎年二度の大会、毎月一度の小会、それぞれ三日間挙行していた。書院ではおおむね白鹿洞書院規則に従った。彼らは講学のついでに、朝政を風刺する議論をし、人物批評をし、時弊を指摘し、刷新を図ろうとした。世道に志を持ち、実践躬行することを主張し、空虚な議論を行い実際から離れることを批判した。各地の名賢は、これに呼応し、天下の学者はみな東林に従い、その帰趨とした。

南宋時代には講会という言葉は存在していなかったが[八六]、淳熙二年（一一七五）に、朱熹・陸九淵らが行った鵝湖の会は、講会の先駆けであった。明代の中期以降になって、講会は知識層のみならず、大衆までもが参加する学術活動となり、王守仁とその後学は講会の発展に重要な役割を果した。

王守仁の考えでは、師友たちが一箇所にあつまって、道義や徳業切磋琢磨することは、とても有益なことであった。ばらばらに暮らしているとき、個人の情欲は放縦になることを免れず、他人からの励ましがなければ、その結果は恐るべきものであった。当時ある人は王守仁を称して、「古の名世、或は文章を以てし、或は政事を以し、或は氣節を以し、或は勳烈を以てす。而して公克く之を兼ぬ。獨り講學一節を除却せば、即ち全人なり」といった。彼はこれに「某願はくば講學一節に従事し、盡く四者を除却し、亦た全人を愧しむること無からん」と答えた[八七]。このことからも講学が彼のなかでいかに重要な位置を占めていたかを見ることができよう。彼の一生の志業はついに講学において結実したのである。彼は、当時の一部の学者が少し訓詁を学んだだけで、学問がわかったと思い込み、講学の追求をしようとしないことを悲しむべきことだと考えていた。「夫れ道は必ず體して後に見る。已に道を見て後に道を體するの功を加ふるに非ざるなり。道は必ず學びて後に明らかなり。講學を外にして復た所謂明道の事有ること非ず」。彼は講学を、道を明らかにすることだと考えていたのである。彼は当時の学者の講学には二つの方向があると指摘している。一つは口耳による講学、もう一つは心身による講学である。口耳による講学は憶測に過ぎず、実質のないものを追い求めるものに過ぎない。心身によって講学を行えば、行爲と習慣にあらわれ、すべては自分にあるのである。後者のようであってこそ孔門の学を知ることができる[八八]。王畿はこれを発展させてこう書いている。「耳に入り口に出で、遊談して根無きは、所謂口説なり。行著《あき》らか習察《あき》らかにして、以て自得を求むるは、所謂躬行なり[八九]」。彼は講学は着実なところに落ち着くようにしなくてはならず、空虚な議論をしてはならないことを強調している。

王守仁の弟子はその師が講学を唱導したことについて肯定的であった。銭徳洪は三代以前には講学の会などはなかったとみなしている。師友の道は君臣・父子・兄弟・夫婦の間にあり、教えも明らかだったので、学問を修めるにあたっても根本があった。灑掃応対（日常の立居振舞）から詩書礼楽まで教でないものはなく、親に順い、兄を敬うことから世を修め教化を行うことまで、いつでも学問であり、閨房、寝室、村落、州の集まりから宗廟、朝堂まで、どこでも講会なのであった。したがって講会という名称がなかったにせよ、むしろその実質はあったのだ。後になって世の中の士人たちが富貴や名声、利益に奔る習いが日ましにひどくなり、道徳性命の理はだんだんと衰微していった。そのため道を己の任とする者はこれを憂い、そこで道統を綱紀し、人々の心を悟らせることを提唱し、四方の同志も喜んでその徳に帰した。そのため、鄒魯濂洛以降になって、天下に講会という名称が生まれたのである。自分の師である王守仁は『大学』の教えを提唱し、数十年来、四方の同志たちの講会は日ましに広まり、地方の官吏たちもこれに賛同し支持するようになっていった[九〇]。このこともまた、講会の盛行のに必要な条件を提供していた。王守仁の考えに従えば、聖人の思想は諸賢の揺るぎなき堅信に依拠するほか、さらに伝え合って、広く同志にひろめ、それでこそその伝を失わないでいられるようなものなのである。講学は伝道の重要な道筋といえるのだ。顔鈞は「聖人心に因りて以て學を立て、學に因りて會を成す。會惟だ學を成すのみ、學必ず會を立つ」と述べ[九一]、学問における講会の必要性を強調している。

鄒守益は惜陰会のために会約を作り、その内容は次のようである。今よりのち古きを捨て新しきを布く方策を定め、一人一人に帳簿を用意してこれを使って自ら考えるもので、功過格に似たものであった。家に会をつくり、家庭の人々とともに考え、郷に会をつくり郷土の人々ともに考え、郷会の日にはいつも先師の像を中庭に用意し、お香を焚いて礼拝し、席次にしたがって座り、ともに虚心に戒め合って助け合う。立ち居振る舞いにおいて果たして恭しくしていることができたか、物事を行って敬であることができたか、人とつきあって忠であることができたか。できたのであれば徳業であり、できなかったのであれば過失である。徳業はノートに素直に書きとめ、酒で祝い、過失はノートに婉曲に書きとめ、酒で罰する。小さな過ちには罰金を払い、大きな過ちには倍の罰金を払い、これを会費とする。会に参加する友人たちは、それぞれ自ら姓名と字、それに誕生日を書き、下に「約の如きなるを願う（願如約）」という三文字を注する。参加したくない者に無理強いしてはならないし、参加したいものについては、制限を加えてはならない[九二]。講学で、私一人が十人の友を信じることができるように、十人の友がぞれぞれ十人の友を信じることができれば百人になり、百人の友がそれぞれ十人の友を信じることができれば千人になり、千から万、万から億へと広げていけば、四海に達することも容易いだろう。講学を通じて友と信頼関係を結び、天下の人と団結するのである。李顒は陽明とその後学の講学を賞賛している。人を立たせたり達せさせたりして、風俗を良いものに変え、乱をおさめて治に立ち返らせ、天と地とを廻らせる作用は全て講学にあるのである。上は徳をおさめ、下は民をおさめることまで、全ては講学にあるというのである。講学は人々の命脈、宇宙の元気であり、一日として休んではならないものだ。講学は人によって開かれ、互いに教え合い、一人から千万人に、一方から他方に、生機を至るところに流通、貫通させるものである。これこそが「天地の為に心を立て、生民のために命を立つ」ということなのだ。講学の結果は「雨化風行、雲蒸豹變、一時學術日の中天にあるが如し」と表現された[九三]。ある意味では、陽明学の伝播と展開はある講学運動の発展史ともいえるのだ。

王守仁とその後学の講会は正徳年間から始まり、嘉靖・隆慶・万暦を経て、明末に至った。長江右岸の吉安府、寧國府、浙中、浙東、徽州等の土地に集中しており、主なものとして、生員によって組織された南直隷講会、南直隷涇県の水西会、南大吉の稽山書院、王守仁の門人による陽明書院、薛侃らによる天真精舎、王艮、湛若水、呂楠、鄒守益、歐陽徳による南直隷講会、鄒守益の復初書院、劉起宗の水西書院、耿定向、羅汝芳の志學書院、劉邦采の惜陰会、鄒守益、劉邦采らの復真書院、聶豹の養正書院、呂懐らの新泉精舎大同樓、鄒守益、劉邦采の四郷惜陰会、鄒守益らの東山会、王時槐、陳嘉謨の西原惜陰会、劉元卿の安福県講会、羅洪先らの玉虚会、雪浪閣講會、石蓮洞講學、鄒元標らの仁文會、周汝登、陶望齡らの紹興府講会、沈国模らの關霖義學（後に姚江書院と名を改めた）、劉宗周らの紹興証人会などがあった[九四]。

講会に参加したメンバーの多くは各地の生員であった。通常は地方官や有名な郷紳、あるいはすぐれた儒者の指導のもと集まって会を組織したのである。講学の内容は主に四書や先儒の語録、身を修め、徳を成し遂げる修養に及び、また聖諭、郷約、会規などを含んでいた。士大夫は郷士にいるときであれ、官吏として勤めているときであれ、次のようであるべきであった。

「常に我が高皇帝の『聖諭』を繹誦し、衍べて『郷約』と為し、以て『會規』を作りて、士民見聞して、處處興起する者、輒ち響應するを覺ゆ。乃ち知『大學』の道我朝に在りて果して當に大いに明らかなるべくして、高皇帝真に是れ挺生聖神、堯舜の統を承け、孔孟の傳に契して、茲に太平を開き、天下萬萬世無疆なる者なり(九五)」。

講会は基本的に地方的な活動であり、地方の士人を主体としており、講会は郷村を単位として地方の安穏を維持する組織であった。地方の講会はより普及的な性格を有していた。銭穆は言う。

「講會と以前の講堂との精神は又た同じからず。講會は其れ先ず陽明の惜陰會に原づく、守仁の弟子王龍溪、錢緒山の諸人、推行して尤も力あり」、

「以前の講堂は是れ學者相集ひて師に従ふ。講會は則ち會中由り講者を延請す。請ふ所一人に止らず(九六)」。

講会の時間やその間隔はそれぞれの求めに応じて決められており、統一された規定はなかった。その具体的な場所は主に書院や寺院、廟に集中している。書院は私人が講学を行う場所であり、寺院や廟もまた郷紳や士人の生活の重要な活動場所であった。社交生活と講会は融合して一体のものだったのである。祭祀は講会のなかでも重要な活動であり、講会は往々にして祭祀から始まった。先儒や先師を祀ることを通じて、聴講者たちにに模範と伝承の系譜を確立させるのである。その他、黙坐して自ら考え、心体を研ぎ澄ませ、歌詩を詠唱し、義理を議論し、道徳修養の心性の学を修めるなど、こうした活動は身体的な訓練によって聖人の学問における実践の工夫を追求し、過ちを正して善へと向い、徳に進み業を修め、風俗を良いものにすることが目的であった(九七)。

講学は決して王守仁およびその後学の専売特許というわけではなく、その他の流派の学者もまた講学を主張した。馮少墟などは「講學は正に職業を修むる所以なり」と言っている。精確に言うならば、講学は忠君愛国の本心を目覚めさせ、それによって職分に勤める。大雑把に言うならば、講学ではその大づかみな綱要と細かいディティールの在処を考究しなければならない。そうすることで職分を全うすることができる。そうでなければ、日々の忙しさにかまけて、いい加減にごまかして、左遷あるいは抜擢を待っているだけに過ぎない。もし官吏について職分を全うできないのであれば、それは講学しないことの過ちなのだ。職分を全うすることは講学と切り離せないのである。つまり、講学は官吏の徳、あるいは官吏としての職業道徳をうちたてるために役立つものなのだ(九八)。顧憲成は未だかつて門戸を閉ざしてたったひとりで聖賢になった人はいないと考える。古来より聖賢もまた人々を離れて孤立のなかで学問をしたわけではない。

「君一郷の善士講習すれば則ち一郷の善皆收まりて吾の善と為りて、精神一郷に充滿す。君一國の善士講習すれば即ち一國の善皆收りて吾の善と為りて、精神一國に充滿す。君天下の善士講習すれば即ち天下の善皆收りて吾の善と為りて、精神天下に充滿す(九九)」。

道徳の善を習い、伝えることを通じて、個人・地方・国家を一つにし、天下の全ての人が善であるような、一種の理想社会を達成することが最終目標なのである。

明代後期の儒者たちはひたすら講学を行い、その内容は日ましに空疎なものとなっていった。こうしてあらわれた流弊に対しても批判が

寄せられた。顧憲成は「今人の講学はただこれ学を講ずるのみ」、「この天崩地裂に任せ、他もまた管せず」と述べ(一〇〇)、講学の内容が社会の実際から離れ、空疎な議論がなされ、実際の問題に対して何の助けにもなっていないのである。これは陽明後学、とりわけ泰州学派について述べられたものだ。これに対して銭謙益はこう述べている。

「良知の弊を稽ふる者、泰州の後流狂子と為り、僇民と為ると曰ふ。所謂狂子・僇民とは、顔山農、何心隱、李卓吾の流なり。彼れ其の人皆身世を脱屣し、權幸を芥視するも、其れ蠅營狗苟して、君を欺きて國を賣ることを肯んずるか、其れ身を偸みて賊に事へ、迎降して勸進することを肯ずるか。良知の學を講ずる者、沿ひて之に下れば、則ち狂士と為り、僇民と為り、激して之に返れば、則ち忠臣、義士と為る。世の公卿・大夫、臂を交へて相ひ仍るも、違心して反面する者を視すれば、其れ同年にして語る可からざるは、亦た已に明らかなり(一〇一)」。

黄宗羲もまたこう言っている。

「陽明先生の學、泰州、龍溪有りて天下に風行し、亦た泰州、龍溪に因りて漸く其の傳を失ふ。泰州、龍溪時に其の師説に滿たず、益す瞿曇の秘を啓きて之を師に歸し、益す陽明を躋げて禪と為せり。然るに龍溪の後、力量龍溪に過ぐる者無し。又た江右之が為に救正するを得、故に十分決裂するに至らず。泰州の後、其人多く能く赤手以て龍蛇を搏ち、傳ふるに顔山農、何心隱一派に至りて、遂に復た名教の能く羈絡する所に非ざるなり(一〇二)」。

陽明学末流の後学は実際から遊離し、空疎な議論によって国を誤った。明末の遺老たちは概ねこのような見方をしており、明の滅亡の原因をここに帰している。

講学の興起には二面性があった。その一つの面は、学問の硬直化を打破し、学術界に新風を吹き込み、思想の伝播と大衆化を促進し、教化の作用をもたらしたということである。もう一つの面は、講学の内容がもっぱら世道人心と関係のないことに終始し、空虚な議論に流れ、ある意味では社会にマイナスの影響をもたらしたことである。しかし私としてはやはり積極的な面から講学を評価したい。思想はもとよりわずかに人々の脳髄に留まるものではなく、それはある方法で表現される。これもまた思想の実践の過程とみなされるであろう。儒家を主体とした明代思想は内聖外王の学問であったが、内聖と外王の貫通には実践が必要である。以上に述べた語録、郷約、書院、会講などはいずれも実践の形式であり、これを媒介として儒家思想は広く伝播し、大衆化し、大衆的な行為となり、ここにおいて結実し、真の教化作用をもたらしたのである。

まさに中国史の発展にその歴史的段階があるように、中国思想の発展にもまたその歴史的段階があらわれている。そして、それぞれの特定の歴史的段階にはそれぞれの独自性があり、それによって互いに区別されるのである。例えば学術界においてしばしば言われる、先秦の諸子学、漢代の経学、魏晋の玄学、隋唐の仏学、宋明理学、清朝考証学などというのも、最も簡単な概括である。中国思想の異なる歴史的段階はあたかも、中国思想の発展において過ぎてきたマイルストーンのようなものであって、しかも異なる歴史的段階のなかであらわれた異なる特色はこのマイルストーンの要素を構成しており、それらを理解することは完全に歴史的段階の特徴を把握することにおいてのみならず、中国思想の進んできた軌跡や変化の脈略を確かめる意味でも、重要な学術的価値を持っている。このようにみるならば、以上述べてきた明代思想の様々な特色は、例えば政治においては諸『大全』の編纂による儒家思想の体制における支配的地位の更なる強化であり、学術的にみれば尊崇の対象の朱熹から王守仁への転換であり、思想的にみれば心学と経学の離合であり、思想と社会の融合についてみるならば、語録・書院・郷約・講会などの媒介を通じた、本来のエリート思想が大衆化であり、普及であった。一言でいうならば、明代思想の様々な特色は中国の中世思想から近世思想への全面的な転換を表しているといえよう。こうした特色は明代思想研究を深化させるのに役立つのみならず、中国思想史研究を促進するために重要な意義があるのである。

《注》

（一）伝統的な経学の考え方では、衰退した時代として概括される。例えば皮錫瑞が「宋・元・明の経学を論ずるならば、元は宋に及ばず、明は元に及ばない」と述べているようなのがそうであって、顧炎武、朱彝尊なども概ねこのような見方をしている。皮錫瑞は今文経学家の視点から経学史を説明しており、思想的なことを全く放棄しているのをしばらく問わないにせよ、経学の面からいっても経学の面についても彼の述べたようではない。

（二）『禮記・經解篇』、『十三經注疏整理本』、北京大學、二〇〇〇年版、一五九七頁。

（三）『明史』巻一四七、「解縉傳」、上海古籍出版社、一九八六年版、四二八頁。

（四）『大明太祖高皇帝寶訓』巻二、「尊儒術」、『皇明寶訓』刻本、故宮博物院圖書館藏。

（五）孫承澤『春明夢餘録』巻十二、『文淵閣四庫全書』臺灣商務印書館、一九八三年、第八六八冊、一二四頁。

（六）陸弋『病逸漫記』、『叢書集成初編』、商務印書館、一九三七年版、六頁。

（七）『明太宗實録』巻一五八、臺灣中研院史語所、一九六二年、二頁。

（八）『明史』巻一四七、「金幼孜傳」、四一二九頁。

（九）『明太宗實録』巻一六二、一二頁。

（一〇）談遷『國榷』巻十六、成祖永樂十三年九月己酉條、古籍出版社、一九五八年版。

（一一）『明太宗實録』巻一六八、二頁。この分野の研究については以下を参照。陳恒嵩『五經大全纂修研究』、臺灣花木蘭文化出版社、二〇〇九年版。

（一二）明成祖「御製序」、『明太宗實録』巻一六八、二一—三頁。

（一三）胡廣等「進五經四書性理大全表」、程敏正『明文衡』、六三—六四頁所収。

（一四）『明史』巻七十、「選擧志二」、一八五頁。

（一五）陳鼎『東林列傳』巻二、「高攀龍傳」、『四庫全書』第四五八冊、一九九頁。

（一六）孫承澤『春明夢餘録』巻二十一、「文廟」、『四庫全書』第八六八冊、二五二頁。

（一七）何良俊『四友齋叢説』巻三、「經三」、中華書局、一九五九年版、二二頁。

（一八）顧炎武『日知録』巻十八、「四書五經大全」、上海古籍出版社、二〇〇〇年、一〇四三頁。

（一九）顧炎武『日知録』巻十八、「書傳會選」、一〇四四—一〇四五頁。

（二〇）『明史』巻二八二、「儒林傳」、七八七頁。

（二一）容肇祖『明代思想史』、齊魯書社一九九二年、第一、二、三章。

（二二）章學誠『文史通義』巻三、「朱陸篇」、中華書局一九八五 年版、二六四頁。

（二三）容肇祖『明代思想史』、第一、二、三章。

（二四）黄宗羲『明儒學案』巻一、「崇仁學案一」、『黄宗羲全集』第七冊、浙江古籍出版社、二〇〇五年版、一頁。

（二五）『四庫全書總目』巻一七〇、「康齋集提要」、中華書局、一九六五年版、一四九一頁。

（二六）黄宗羲『明儒學案』巻二、「崇仁學案二」、二二頁。

（二七）『四庫全書總目』巻一七二、「胡文敬公集」、一四九六頁。

（二八）黄宗羲『明儒學案』巻二、「崇仁學案二」、三八頁。

（二九）黄宗羲『明儒學案』巻十、「姚江學案序」、中華書局、二〇〇八年版。

（三〇）莫晉「明儒學案序」、『明儒學案』巻首。

(三一) 黄宗羲『明儒學案』巻十、「姚江學案」、二〇一頁。
(三二) 黄宗羲『明儒學案』巻十、「姚江學案」、二〇一頁。
(三三) 黄宗羲『明儒學案』巻十一、「浙中王門學案」、二四五頁。
(三四) 黄宗羲『明儒學案』巻十六、「江右王門學案」、三七七頁。
(三五) 黄宗羲『明儒學案』巻二十五、「南中王門學案」、六七一頁。
(三六) 黄宗羲『明儒學案』巻二十八、「楚中王門學案」、七二七頁。
(三七) 黄宗羲『明儒學案』巻二十九、「北方王門學案」、七三八頁。
(三八) 黄宗羲『明儒學案』巻三十、「粤閩王門學案」、七六一頁。
(三九) 黄宗羲『明儒學案』巻三十一、「止修學案」、七七七頁。
(四〇) 黄宗羲『明儒學案』巻三十二、「泰州學案」、八二〇頁。
(四一) 劉宗周「語録八・證學雜解・解二十五」、『劉宗周全集』第二冊、浙江古籍出版社 二〇〇七年版、二七八頁。
(四二) 韓愈『韓愈集』巻八、嶽麓書社 二〇〇〇年版、一〇二頁。
(四三) 陳獻章「書自題大塘書屋詩後」、『陳獻章集』巻一、中華書局、一九八七年版、六八頁。
(四四) 湛若水『湛甘泉文集』巻十八、「泰州胡安定先生祠堂記」、『四庫全書存目叢書』集部第五七冊、一五頁。
(四五) 王守仁「象山文集序」、『王陽明全集（新編本）』、第一冊、二六一―二六二頁。
(四六) 薛瑄『讀書録』巻十、『四庫全書』第七一一冊、六九五頁。
(四七) 呉與弼『康齋集』巻十、「浣齋記」、『四庫全書』第一二五一冊、五六一頁。
(四八) 陳獻章『陳獻章集』巻二、「復趙提學」、一四五頁。
(四九) 陳獻章『陳獻章集』巻一、「古蒙州學記」、二八頁。
(五〇) 湛若水『聖學格物通』巻六十一、「學校四」、『四庫全書』第七一六冊、五三五頁。
(五一) 湛若水『湛甘泉 文集』巻二十、「泗州兩學講章」、『四庫全書存目叢書』集部 第五七冊、五七頁。
(五二) 王陽明『王陽明全集（新編本）』、第一冊、第一三一―一三二、六―七、二一三、二八、一六、七、四七頁。
(五三) 宋濂「六經論」、『宋濂全集』浙江古籍出版社 一九九九年版、七二一、七三頁。
(五四) 陳獻章『陳獻章集』巻一、「道學傳序」、二〇頁。
(五五) 陳獻章『陳獻章集』巻四、「贈羊長史、寄賀黄門欽」、二九四頁。
(五六) 王陽明「文録四・重修山陰縣學記」、『王陽明全集（新編本）』巻七、二七三頁。
(五七) 王陽明「文録四・稽山書院尊經閣記」を参照、『王陽明全集（新編本）』巻七二七一、二七二頁。
(五八) 呉莱の言葉は『宋元學案』巻三十四、「武夷學案」に見える、『黄宗羲全集』第四冊、四六一―四六二頁。
(五九) 宋濂『元史』巻一八九、「儒學傳序」、五〇一頁。
(六〇) 羅欽順『困知記』巻下、中華書局一九九〇 年版、四七―四八頁。
(六一) 楊慎『升庵外集』巻六十一、「買櫝還珠」、萬曆間楊有仁刻本。
(六二) 楊慎『升庵文集』巻二、「周官問詁序」、陳大科重刻本。
(六三) 歸有光『震川先生集』巻七、「示徐生書」、『四部叢刊初編』本、一〇〇頁。
(六四) 歸有光『震川先生集』巻九、「送計博士序」、一三三頁。
(六五) 歸有光『震川先生集』巻九、「送何氏二子序」、一二四頁。
(六六) 焦竑『澹園續集』巻 一、「鄧潛谷先生經繹序」、中華書局、一九九九年版、七五九～七六〇頁。
(六七) 陳第『一齋集・尚書疏衍自序』、『四庫禁毀叢書叢刊』第五七冊、北京出版社、二〇〇〇年版、三九頁。
(六八) 陳第『一齋集・松軒講義』、『四庫禁毀叢書叢刊』第五七冊、二八三頁。
(六九) 陳第『毛詩古音考』巻首、「毛詩古音考自序」、『四庫全書』第二三九冊、四〇七頁。
(七〇) 王鏊『震澤長語』巻上、朱彝尊『經義考』巻二九七に見える、中國文哲所、一九九九年版、第八冊、八三九頁。
(七一) 祝允明『懷星堂集』巻十、「學壞于宋論」、同上書、八三四頁。
(七二) 楊慎『升庵外集』巻二六、「日蝿星鳥」條。
(七三) 楊慎『升庵外集』巻二六、「劉靜修論學」條。

(七四) この語は朱彝尊『經義考』卷二九七、八四四〜八四五頁にみえる。

(七五) 費密『弘道書』卷上、二二頁引に見える。

(七六) 錢謙益『初學集』卷七九、「與卓去病論經學書」、『錢牧齋全集』一七〇六頁。

(七七) 林慶彰『明代經學研究論集』、文史哲出版社、一九九四年、二五頁。

(七八) 王陽明『傳習録』上、『王陽明全集（新編本）』、第一冊、一一頁。

(七九) 羅汝芳『近溪語録』、『明儒學案』卷三十四、「泰州學案三」にみえる、三八〜三九頁。

(八〇) 酒井忠夫『中國善書研究』第一章、江蘇人民出版社、二〇一〇年版。

(八一) 王陽明「南贛郷約」、『王陽明全集（新編本）』第二冊、六三五頁。

(八二) 朱鴻林『中國近世儒學實質的思辨與習學』北京大學出版社、二〇〇五年版、二七五〜二七七頁參照。

(八三) 羅汝芳「寧國府郷約訓語」、『羅汝芳集』鳳凰出版社、二〇〇七年版、七五〇〜七六五頁。

(八四)『明史・列傳』第一一九、六五〇頁。

(八五) 沈德符『萬暦野獲編』卷二四、「書院」、中華書局、一九五九年版、六〇八頁。

(八六) 論述の便のために、ここでは講會、會講、講學について厳格な区分を設けなかった。もちろんこうした呼称は、思想の大衆化と教化に積極的な作用を及ぼした。

(八七) 鄒守益「陽明先生文録序」、『王陽明全集（新編本）』第六冊、二〇八二頁。

(八八) 王陽明『傳習録』、『王陽明全集（新編本）』第一冊、八二頁。

(八九) 王畿『龍溪會語』卷六、「書同心冊後語」、『王畿集』、鳳凰出版社、二〇〇七年版、七八二頁。

(九〇) 錢德洪「賀程後臺序」、『徐愛錢德洪董澐集』、鳳凰出版社、二〇〇七年版、一六一〜一六二頁。

(九一) 顔鈞『顔鈞集』卷四、「揚城同志會約」、中國社會科學出版社、一九九六年、第三〇頁。

(九二) 鄒守益『鄒守益集』卷一五、「惜陰申約」、鳳凰出版社、二〇〇七年版、第七三四頁。

(九三) 李顒『二曲集』卷一二、「匡時要務」、中華書局、一九九六年版、一〇五、一〇六頁。

(九四) 以下の研究を參照。呂妙芬『陽明學士人社群——歷史、思想與實踐』、新星出版社、二〇〇六年、呉震『明代知識界講學活動』、學林出版社二〇〇三年版、陳時龍『明代中晚期講學運動（一五二二〜一六二六）』、復旦大學出版、二〇〇五年版。

(九五) 羅汝芳『近溪子明道録』卷一、『續修四庫全書』第一一二七冊、七頁。

(九六) 錢穆『國史大綱』商務印書館、一九九九年版、八〇五頁。

(九七) 呂妙芬『陽明學士人社群——歷史、思想與實踐』、新星出版社、二〇〇六年參照。

(九八) 馮少墟『馮少墟續集』卷二、「都門稿語録」。

(九九) 高廷珍『東林書院志』卷三、會語一。

(一〇〇) 顧允成『小心齋劄記』卷十、二五七頁。

(一〇一) 錢謙益『重修維揚書院記』、「牧齋初學集」卷四十四、一一二九—一一三〇頁。

(一〇二) 黄宗羲『明儒學案』卷三十二、「泰州學案」、八二〇頁。

分科会（Ⅱ）八

元代の詩序にみる元人の詩学観

韓　格　平
稀代麻也子（訳）

元という時代は短かったが、詩歌の創作は盛んに行われた。最近出版された楊鎌氏主編の『全元詩』には五千人余りの詩人の一三万二千首が収録されている。清代に編纂された『全唐詩』は、「詩四万八千九百余首、作者二千二百余人」（一）である。比べてみると、元代詩壇の盛況ぶりがうかがえよう。詩歌をつくると同時に、元代の文人は友人の詩集・詩文集・詩巻につける序文から、文人たちが一緒に唱和した送別詩や鑑賞詩・慶寿詩・宴集詩・節婦詩・孝子詩・哀挽詩等につけるものに及ぶまで、大量の序文（引文・跋文・題記を含む）も書いた。それらの序文は詩意を際立たせ読書案内にもなるという点で独特の価値をもっていたので、元代の文人はよく用いたのである。何のために「送聶道元詩序」を書いたのかについて馬祖常が語ったように、「若し夫れ詩人の情性を壮にし、執手の別離を惜しまば、則ち詩序を之れ製る。情性の由る所、以て人の親に達するに因りて、別離の相慕ふを慨むは、今日より推して以て当時に至れば、則茲《すなは》ち序の起こる所なり。敢へて是れを以て道元への送別詩に序を為る」（二）なのである。「詩人の情性を壮にし」、「別離の相慕ふを慨む」というのは、当時、官吏たちが聶道元と送別した詩のやりとりにおいても基調をなしていた。

上に述べたように、詩の序文は詩作に関わる内容を紹介すると同時に、序文作者の詩歌の創作と美的判断に対する考え方がはっきりと述べられていることも多く、序のついた詩が流布するにつれて、序文の詩学観の方も当時の社会に広く伝わっていった。元代文人の詩序の文は、詩歌自体やその詩文評とともに元代詩壇を輝かせたのである。本稿は現存する元人の詩序を精読した上で、元人の詩歌本体論・元人の詩歌創作論・元人の詩歌鑑賞論・元人の詩歌史観などから、彼らの詩学観に初歩的な整理を施し論評を加えんとするものであり、大局的見地から元人の詩序が内包する基本的な主張と、それらの主張がどの程度継承されていったのかということや独創的であったのかということを明示せんとするものであり、それによって元代の詩学と元代の詩歌創作について理解し、「近世の詩を為る者　其の幾千百人なるかを知らず、人の詩を為る者　其の幾千百篇なるかを知らざるなり」（呉澄「張仲默詩序」）という元詩隆盛を更に深く理解するのに多少は役立つであろう。

一、詩歌本体論

元人の詩序にある、詩歌の本質は何かとか、どんな特徴がありどんな機能があるのかなどに関する詩歌本体論の問題は、多くのことに関係してくる。なかでも、詩歌の起源と本質については、宋代に朱熹が「詩集伝序」で「人の生まれて静かなるは、天の性なり。物に感じて動くは、性の欲なり。夫れ既に欲あり、則ち思なき能はず。既に思あり、則ち言なき能はず。既に言あり、則ち言の尽くす能はざる所、而して諮嗟詠歎の余に発する者、必ず自然の音響節族《リズム》有りて已む能はず。此れ詩を之れ作る所以なり(三)」と言っているが、元代の文人が述べることは、しばしば朱熹が言ったことに基づいて発せられている。たとえば、王義山「章貢劉愛山詩集序」が言うように。

　人の生まれて静かなるは、天の性なり。物に感じて動くは、性の欲なり。性は一なり、欲する所有らば則ち情なるかな。『中庸』に「喜怒哀楽の未だ発せざる、之を中と謂ひ、発して皆 節に中る、之を和と謂ふ」と。未だ発せざるは、性なり。既に発するは、情なり。人の情、豈に能く皆 中節なるかな。昌黎韓子「韓愈」又 充てて喜怒哀懼愛悪の欲を為し、且つ其れ皆 情より出でしと謂ふ。又之を品して三となし、上なる者、中なる者、下なる者有り。性は、生とともに生ずる者なり。情は、物に接して生ずる者なり。章貢の劉君雲甫、愛山を以て其の詩に名づく。夫れ愛は、七情の一なり。詩は、情 中に動きて形《あらは》るるの言なり。……愛は情に発すと雖も、静ならば則ち実に性に根づく。……劉君は他物を之れ愛せざるに、山を愛す、必ず仁者の静を得たる有り(四)。

　王義山（一二一四～一二八七）は、宋の景定三年の進士で、通判瑞安軍府事に至り、元になってからは江西学事を掌った。『元詩選』二集は、彼の詩を「意を刻み新を求むる」ものだと評価している。劉雲甫の『愛山集』は今のところ伝本が発見されていない。王義山の序文にある「物に感じて動く」は『礼記』（楽記）の「凡そ音の起こるは、人の心より生ずるなり。人の心の動くや、物 之をして然らしむるなり。物に感じて動く、故に声に形る。……」にもとづいている。最初の「人の生まれて静かなるは、天の性なり。物に感じて動くは、性の欲なり」は、朱熹の言葉を通して楽記を孫引きしているといえる。性～欲～情という叙述によって「詩は、情 中に動きて形るるの言なり」という結論を導き出していることは、詩における王氏の、抒情を重んじる考え方を反映している。当然のことながら、王義山が言う「情」には特定の修養も含まれていて、「夫れ詩は、『情に発し』、『礼義に止まる』、其れ天理 民彝《みんい》なるか」（王義山「趙文溪詩序」）と、詩の「情」は礼儀と一致することがもとめられると強調している。朱熹より前、「毛詩序」に「（詩は）情 中に動きて言に形る」とあるのを承けて、唐の白居易は「詩は、情を根とし、言を苗とし、声を華とし、義を実とす」（「与元九書」）と言っている。だから王義山の言うことは単なる思いつきではない。元という時代には、あまたの文人が、詩歌は性情を吟詠すべきだと主張した。「詩は、情性を道ふ所以なり」（何夢桂「胡汲古詩序」）、「詩は以て情性の真を道ふ」（呉澄「譚晋明詩序」）、「性 情に発すれば、則ち言言 天真より出づ。情礼義に止まれば、則ち事事 世教に関はる有り。古の詩を為る者は是の如し、後の詩を能くする者も亦或いは能く然り」（呉澄「蕭養蒙詩序」）、「感慨を情性の正に発し、憂患を敦厚の言に存す、是れ及ぶべからざる者と為す」（虞集「劉公伯温学斎吟稿序」）、「感を以て人の善心を発すべく、懲を以て人の逸志を創るべく、性情を吟詠して其の正を得る者、始めて与に詩を言ふべし」（干文伝「松陵続集序」）、「詩は性情に本づきて詞を為す者なり。古の聖人、以て政教を成す」（傅若金「欧陽斯立詩序(三)」）。我が国では、先秦時代にすでに「詩言志」（『尚書』舜典）を詩歌創作における基本原則としていた。元代の文人はこの原則を尊重すると同時に、詩歌は性情を吟詠すべきである、なぜなら創作範囲を広げるのに役立つし、物我の情感が交流する実際の創作において詩歌のもつ審美機能をよりよく発揮させ、美学的に価値あるよりよき表現をするのにも有益であるからだ、と主張する。

伝統的な詩学では「詩教」が詩歌に授けた社会的な機能を極めて重視する。『論語』(陽夏)に「子曰く、小子 何ぞ夫の詩を学ぶ莫き。詩は以て興すべく、以て観るべく、以て群すべく、以て怨むべし。邇きは父に事へ、遠きは君に事ふ。多く鳥獣草木の名を識る、と」とあり、「毛詩序」は「得失を正し、天地を動かし、鬼神を感ぜしむるは、詩より近きは莫し。先王 是を以て夫婦を経し、孝敬を為し、人倫を厚くし、教化を美とし、風俗を移す」と言う。『礼記』(経解)は『詩』の教えを六経の教の筆頭に据えて「孔子曰く、其の国に入りては、其の教へ 知るべきなり。其の人と為り、温柔敦厚なるは、『詩』の教へなり、と」と言い、孔穎達の疏に『詩』は依りて諷諫を違へ、指して事情を切せず、故に温柔敦厚は是れ『詩』の教へなりと云ふ」[六]とある。元代の文人は上述の学説を固く守りつつも、ある程度は展開しているのだ。虞集「会上人詩序」には「古、君臣 朝に賡歌《かうか》し、以て相 勧戒し、徳を頌し楽を為して、以て天地・宗廟に薦む。朝観宴享の合、征伐勉労の恩、建国設都の役、車馬田猟の盛、農畝艱難の業、閨門和楽の善、悉く詩に托す、其の用 大なるかな。国を亡ぼし家を失い、臣を放ち子を逐ふに至りては、嫠婦《りふ》怨女の感あり、淫泆讒刺の起こりて、其の変 極まれり。是に於て 又 隠居放言の作、市井田野の歌、謡誦讖緯の文、史伝物色の詠、神仙術数の説、鬼神幽怪の語 有り。其の類 尚ほ多く之を有す、而して最善なるは、君子の道徳 其の身に有し、則ち諸を音に発して文を成す者、以て世に垂れ教へを立て、以て天下の務めを成すに足る者なり」とあり、同恕「跋南士蘇明徳詩後」には「詩は志を言ふ。盛治の世、教化 洽く、人心正しく、言に形るるは、類皆《みな》 敦厚にして和平、理は精にして義は密、彝倫・綱紀・風俗を培植する所以にして、功能 浅からず。……今 明徳の諸作を観るに、山程にも水駅にも、雲檐にも月睹にも、一念として父母の桑梓に在らざる無く、情性の正を得たりと謂ふべし。其の辞未だ達せざるをして、固より将に之を取りて以て善を勧めんとせしむ、況んや典有り則有ること此くの如きをや。」とあり、李祁「長留天地間集序」には「天地の秀、合して人と為り、人の秀、発して詩と為る。詩の道、固より天地と相 流通す。……予 謂へらく 詩の能く天地の間に長留する所以は、其れ人心世道の大なるに関はり有るを以てして、徒に其の辞の美を取るのみに非ざるなり[七]」とある。

虞集(一二七二〜一三四八)は元代中期の著名な文人である。楊載・范梈《はんぼう》・掲傒斯らと共に「元詩四大家」、掲傒斯・柳貫・黄溍らと共に「儒林四傑」、姚燧と共に「元文両家」と併称され、現存する詩文が非常に多く、詩序の文は七六篇ある。虞集は「世に垂れ教へを立」つというが、これこそ彼の詩学上の主張における立論の基礎であるため、関係する言及が多い。「聖門の人に教ふるは、蓋し詩を以て学と為す。……聖賢の詩に於けるや、将に以て其の気質を変化せしめ、その徳性を涵養せんとし、優游し厭飫《えんよ》し、淫泆《いんいつ》を詠歎し、得る有らしむ。則ち所謂 温柔敦厚の教へ、習い性と成るは、詩を学ぶの道に庶幾からん」(「鄭氏毛詩序」)、「天 国家声文の盛んなるを観んと欲せば、詩より善きは莫し」(「国朝風雅序」)、「古の詩を言ふ者、其の民庶 深く先王の沢に感じて発する所 有るよりすれば、則ち之を風と謂ふ。其の公卿大夫の朝廷宗廟に、賓客・軍旅・学校・稼穡・田猟・宴享、更唱迭和して、以て太平の盛を鳴らすは、之を雅と謂ふ。……『詩』は、文の最も深きなり。而して風・雅は、又『詩』の盛なる者なり[八]」(「飛龍亭詩集序」)のようにである。同恕(一二五四〜一三三一)は虞集より少し年長で、魯斎書院で教えたことがあり、「人に教ふるに曲もて開導を為し、趨向の正しきを得しめ」(『元史』儒林伝一)、その間に彼に学んだ者は千人とも言われる。そののち郷試を主ると、みな彼の公明正大な仕事ぶりに感服した。彼の名は響き渡り、蕭䩞《しようく》と共に「蕭同」と並び称された。彼の詩文集『榘菴《くあん》集』には輯本があり、四〇〇首あまりの詩が収録されている。李祁（一二九九～?）は、虞集より後の世代で、元統元年（一三三三）次席の左榜進士である。翰林応奉文字・婺源州同知・江浙儒学副提挙などの職を歴任したが、元が亡んでからは仕えなかった。翰林学士の劉三吾は「謂へらく 其の胸次 廓然たり、文を為るに剞劂《きけつ》を事とせず、詩も亦 之の如し[九]」とし、朱徳潤は斎銘のなかで、「秉彜 好徳は、惟だ心の従ふ所のみ。過ちて改むるに憚ること勿く、乃ち厥の中に協ふ。賢なる哉 衛蘧のごとく、己に克ちて実践せり。徳を進むるの功、老いて倦まず……[一〇]」と李祁を称賛している。詩序の文が三〇篇と詩が一六〇首、現存する。

虞集・同恕・李祁、先に引いた三人の言葉は、詩歌に対する典型的な考え方を示すものといえる。かつて曹丕は『典論』の「論文」で「文章は、経国の大業にして、不朽の盛事なり」と言った。許有壬は「精なる者は文と為り、文の精なる者は詩と為る」（「撃壌同声集序」）といい、危素は一歩進めて「予 惟ふに詩の道は大なるかな、天地の間に盈つ。煙雲の巻舒も、風霆の震盪も、日月星辰の森列も、山川の流峙も、草木の栄華も、鳥獣の飛走も、魚龍の変化も、詩に非ざるは無きなり」（「劉彦昺詩集序」）といい、辛文房は「夫れ詩は天地を動かし、鬼神を感ぜしめ、人倫を厚くし、風俗を移す所以なり。其の情に発するも、礼儀に止まる。苟くも辞を尚ぶのみに非ず[一一]」（「唐才子伝引」）と説いた。これらの言葉から、元代の文人が詩歌をいかに重視していたか、垣間見ることができる。

二、詩歌創作論

元人の詩序では詩歌創作の原則や方法について論じるが、その際に先人の言葉を借りて説明することがよくある。補充したり修正したりしながら、次第に幅広い共通認識をつくっていくのである。その主要な論点は次に挙げるいくつかに集中しているので、具体的に述べていこう。

（1）文は気を以て主と為す。

曹丕の『典論』論文篇に、「文は気を以て主と為す。気の清濁に体有り。力強《つと》めて致すべからず」とある。元代の文人は「文は気を以て主と為す」という観点を承け、それを進展させて、詩は気を以て主と為す、という創作論を提出した。これについては、呉澄が割合はっきりした言い方をしている。「韓子［韓愈］の文を論ずるや、気盛んなれば則ち言の短長・声の高下 皆 宜しと謂ふ。夫れ詩と文の気に資する有るや尚し」（「李侍読詩序」）、「詩なる者は、乾坤の清気の成る所なり」（「蕭独清詩序」）、「詩は気に本づき、言に形る。伍椿年は、気有り言有る者なり。詩は宜しく工《たくみ》なるべく、又詩に因りて気を治め言を審らかにし、気をして調あらしめて言 度れば、則ち詩は古に浸浸たり。其の人と為り 温柔敦厚にして愚かならず、詩に深き者は是の如しとは、古の教へなり」（「伍椿年詩序」）、「主簿の石君 東麓張君の詩文四巻を以て余に示す。余 之を読むに、理勝ち気勝つ。詩文は理を以て主と為し、気を輔と為せば、是れ其の本を得たり[一二]」（「東麓集序」）などである。

呉澄（一二四九～一三三三）の字は幼清で、草廬先生と呼ばれていた。至大元年（一三〇八）に出仕し、国子監丞・国子司業・集賢直学士・翰林学士・経筵講官等を歴任した。亡くなると臨川郡公に封ぜられ、文正と諡された。許衡と並んで元代の鉅儒とされる。李侍読は翰林侍読学士の李源道（字は仲淵）のことで、呉澄は彼の「心 易直にして気 勁健、其の詩たるや其の人に肖る」ところを買っているのである。『元詩選』三集に李源道の詩が一〇首収録されていて、それらを読むと確かに気が盛んという感じがする。呉澄は「詩と文の気に資する有るや尚し」という考え方を基本に据えた上で、詩が「乾坤の清気の成る所」であることをよしとし、「濁気」については退けているのである。呉澄以前では、元好問が詩を論じる同時代人の言葉を引きつつ「乾坤に清気有り、散じて詩人の脾に入る。千人万人の中、一人両人のみ知る」（「双渓集序」）と述べており、呉澄の主張には基づくところがあったようだ。呉澄の言い方に近いものとしては、方鳳が仇遠の詩を「蓋し乾坤の清気の全きを得る者なり」（「仇仁父詩序」）とみなし、林景煕が王英孫の詩を評して「天地の間 惟だ正気のみ撓せず。故に清気 渾せず、清気と正気合して文と為らば、以て今に化すべく、以て後に伝ふべし。而して詩は其の一なり」（「王修竹詩集序」）と称え、烏斯道も慈谿 龍山 永楽院の用剛禅師の詩を評して「詩を之れ作るは、夫の天地の清気を得るに非ざれば能はざるなり（一三）」（「松下小稿序」）と称えているのなどがある。これらは清気によって詩を論じたものである。伍椿年の詩はいま伝わらないが、呉澄は「気を治め言を審らかにす」と褒めている。東麓は張桓のこと。字は武叔、東昌の人である。彼の詩も伝わらない。呉澄は彼の詩を「理勝ち気勝つ」と称え、そこから進めて「詩文は理を以て主と為し、気を輔と為せば、是れ其の本を得たり」という考え方を提出している。当時の学者は宋儒の理学を重視したが、呉澄もできるだけその宣導者たらんとしていたことと、実際、関係するだろう。劉将孫は有名な文士である劉辰翁の子で、呉澄より八歳下である。彼は「文は気を以て主と為すとは、気を主とするに非ず、廼ち其の中に主とする所有らば、則ち其の気 浩然として流動し、充満して達せざるは無く、遂に気 之が為に主となるが若きのみ」とはっきり述べてから「文は理を以て主と為し、気を以て輔と為す（一四）」（「譚村西詩文序」）という考えを出している。だから、呉澄の主張は決して孤立したものではない。

ほかに、気志・養気などの問題に説き及ぶ詩序もある。徐明善は羅達衆の詩を評した時に「詩は志を言ひ、志は気を帥ゐる（一五）」（「従軍詩序」）という考えを出している。釈円至は恩以仁と印廷用の「廬山に遊ぶ」詩を評した折り、「夫れ所謂 言なる者は、気志の容を形すのみ。……然らば則ち言なる者は、志を之れ動かし、気を之れ宣《あ》ぐ。養ふ所無くして言に敏なるは、是れ其の根を撥くがごとく、其の末の茂るを責むるなり。……然らば則ち、是の詩の工・文詞の美、固より君の余事たるは、言ふに足らず。余 独り繁言の者、蓋し覧んと欲する者は二君の気志 養ふ所此くの如きを知るのみ（一六）」（「廬山遊集序」）と言った。呉師道は張養浩の詩文を評した時に「人声の発するや言と為り、言の精なるは文と為る。而して皆 気より出づるなり。昔人 文は学ぶを以て能くすべからず、気は養ふを以て致すべしと謂ふ。是の気や、孟子の所謂『浩然』にして、『至大至剛、直を以て養ひて害無』き者か。夫れ其の養ひ充ちて気 完く、然る後 理 暢び辞 達す（一七）」（「張文忠公雲荘家集序」）と言った。黄溍は呉師道の詩文を評して「溍 窃かに聞くに 昔人の文を論ずるや、率ね文は気を主とし、気は志を命とし、志は学に立つ者と謂ふなりと。……惟ふに夫れ学は以て其の志を輔くるに足り、志は以て其の気を御するに足る者、気 和して声 和し、故に其の言に形るるや、粋然として一に正に出づ（一八）」（「呉正伝文集序」）とする。以上のべた諸説は、大体「詩言志」や孟子の養気説に基づいており、これを解き明かしたものである。

（2）（詩は）情 中に動きて言に形る。

「毛詩序」に「詩は、志の之く所なり。心に在りて志と為り、言に発して詩と為る。情中に動きて言に形る。之を言ひて足らず、故に之を嗟歎す。之を嗟歎して足らず、故に永じて之を歌ふ。之を永歌して足らず、手の之を舞ひ、足の之を踏むを知らざるなり」[19]とある。元人詩序作者の大多数は「毛詩序」の見解に同意しているが、彼らは（上述の王義山のように）詩歌の本質的な特徴を説明するためだけにではなく、さらに詩歌創作の原則や方法を明らかにするためにも「毛詩序」の見解を使っている。それらのうち、黄溍の説明が代表的なものであろう。

『午渓集』は、栝蒼の陳君伯銖の詩なり。伯銖は生まれて盛時に逢ふも、禄仕に苟《つつし》まず、里閈に徜徉し、時に湖間に出游す。……予聞く 詩を為る者、必ず情に発すと。人 此の心に同じ、心 此の理に同ずれば、則ち其の情も亦 以て大いに相 遠ざかること無し。詩を言ひて人情に本づく、故に之を聞く者 契《きざ》む所有らざるは無し。格力の高下・語意の工拙に至りては、特だ其の受材の斉しからざるを以てし、強ひて致すべきに非ざるなり。後世乃ち詩を以て顓門の学と為し、雅淡を慕ひては則ち韋・柳［韋応物・柳宗元］を宗とし、富麗を矜りては則ち温・李［温庭筠・李商隠］に法り、掇拾し摹擬して、以て其の形似を求む。為さず近からずして、人情を去ること已に遠し。伯銖の詩、一に自然に出で、未だ嘗て高きを凌ぎ空を厲《と》ぎ世を驚かせ俗を駭かすを務めと為さず。事を指すに物に托して意趣 深遠、固より能く人をして之を覧しめて厭はざるは、其の情に発して虚強に架けざるの作に由るなり。[20]（『午渓集序』）

（許嗣）先生 学成り行修むるに、世 能く知りて之を用ゐる莫し。是に於て浩然として長往す。窮居 独游して、雲林の下に嘯歌し偃息す。常に安んじ順に処り、聖賢の道を楽しみ、以て其の老を忘れて、優游として以て歳を卒ふ。襟度の夷曠、概ね見るを想ふべし。故に其の言たる、清高なれども迂に失せず、平実なれども俚に近からず、大篇も短章も、其の胸中の真趣を寓するに非ざるは無し。惟れ世と接せずして外物其の心に攖《ふ》る能はず、是を以て言 皆 情に発して 苟《かりそめ》にする所無きなり。[21]（『得静斎集序』）

黄溍（一二七七〜一三五七）の字は晋卿である。延祐二年の進士で、翰林直学士・知制誥同修国史・同知経筵事に至り、亡くなると文献と諡された。元代中後期の著名な文人である。

陳伯銖の名は鎰という。松陽県の県学教諭をつとめたことがある。彼の『午渓集』は現存し、『全元詩』には彼の詩歌が四六三首とられている。黄溍は「詩を為る者」という角度から詩歌の創作は「必ず情に発す」ると主張し、陳鎰の詩歌を例に挙げて、「其の情に発して虚強に架けざるの作に由るなり」という点にこそ陳鎰の創作の特色があると指摘している。

許嗣の字は継可、得静山人と号した。彼自身は一度も出仕しなかったが、息子の許広大が出世して父の許嗣に浙江の儒学副提挙を贈ることができたため、二一首の詩が現存する。黄溍は彼の詩歌創作が成功しているのは「言 皆 情に発して苟にする所無」きが故であると結論づけている。陳鎰・許嗣の二人が「情に発して虚強に架けざるの作」・「情に発して苟にする所無」き作をものするところまで到達したことについて、黄溍は「禄仕に苟まず、里閈に徜徉し、時に湖間に出游す」・「窮居 独游して、雲林の下に嘯歌し偃息す」というこの二人の情趣に富む生き方と関係があるとみなしている。

王沂（字 師魯）は黄溍と同年の進士である。彼は黄溍の「詩を為る者 必ず情に発す」という主張に賛同し、一段と詳しく論じている。「熊石心詩序」では次のようにいう。

至元二年秋九月、沂 属車の塵を竜虎台に望まんとして、昌平に過る。会たま熊石心教授 袖詩もて見示し、且つ翰林待制 掲公曼石 其の先の辞を銘するを出だせば、其の予章の人たるを知る。之と与に劉諫議の祠に過り、西山を望み、石泉に酌み、古碑を捫でて之を読み、留まること三日にして別る。明年夏五月、石心其の稿 千巻如《ばかり》を携へて余が京師の客舎に過り、其の端に書するを求む。之を観るに則ち其の単り遊び遠く寓る憂嘆愉楽の情 必ず之を詩に発するを知る。大江に載り、洞庭に過り、彭蠡に転じ、魚竜の宮にて、龍虎の聚にて、風ふき雨ふり明るく晦く、寒く燠《あつ》かはしきの変あらば、一に詩に発す。陳蔡 梁宋 趙代の故墟に過り、山川の形勝を覧、風土の嬿きと悪しきと、民族の澆きと淳きとあらば、又 詩に発す。光を観 京に上り、宮闕の壮麗を仰ぎ、人物の繁庶、其の耳目に接する者 紛然として層なり出でて、心の属する所は又一に詩に於て発するなり。士 文軌混同を生ずるの時、遐観 遠覧して以て文辞に見すこと能はず。而るに居るを懐ひ安を養ひて以て没するは、独り何人たるかな。石心の詩、翰林供奉 黄君子粛 其の彫刻して工なるをなさず、故に其の語は質、憔悴の態 無く、故に其の気は平、惟だ其の語質にして気平なるのみ、故に真にして雑へずと称ふ。余 謂へらく言 出でて詩と為るは、一に人情の真なるに原づく。声 発して歌と為るは、皆 風土の素なるに本づくと。此れ蓋し天地の自然に得たる有り、之れ為す莫くして之を為す者なり。古の作者は皆 是れなり、所謂 真にして雑へざるは其の言に味 有るかな。是れ為に序す。[二三]

熊石心の事蹟はわからない。王沂は序文の中で黄子粛（名は清老）の「語は質」・「気は平」・「真にして雑へず」という評価に賛同し、さらに熊石心が詩で発揮している「情」の内容は多岐にわたるけれども、「一に人情の真なるに原」づくものであり、「蓋し天地の自然に得たる有り、之れ為す莫くして之を為す者なり」と論を進めている。程端礼・陳旅などの主張もこれに近く、程端礼は「詩は性情に本づき、政に雕琢を以てせざるに組織 靡麗にして工なるを為す」（「燕台嘯詠序」）といい、陳旅は「詩は情性の微なるに原づき、刻み斲りて以て其の真を戕《そこな》はず」（「王平章文集序」）といっている。元人の詩序をみると、「詩を為る者 必ず情に発す」という主張に賛同するもののほかに、伝統儒学の立場から「情」が含みこむものを説明する学者もいる。史伯璿の「続下澇陳氏十詠詩序」に「詩は無為にして作るに非ず、性情に発し、道徳に本づく……言 理に根ざさず、文 道を載せざるは、之を譬ふるに画かれし錦は衣るべからざるがごとく、摶《ひろ》はれし沙は食らふべからざるがごとく、多しと雖も亦 奚を以てか為さんや。是の故に詩は辞を貴ばずして理を貴び、文は飾を尚ばずして実を尚ぶ。……諸君の製るや、浮華の詞に非ず、忠義の勧めを為すに足る。録事を以て道存すと題し、勤忠を以て教行せんことを言ふ。且つ文は質にして華ならず、淡にして厭ならず。……予の取る所は是に在り。若し夫れ章句を飾りて擲地金声なれば、則ち之を巧言と謂ふのみにして、世教に於て何をか補はん。」とあり、倪瓚の「拙逸斎詩稿序」に「詩は必ず謂れ有りて、徒らに吟詠を作さず、性情の正を得れば、斯《すなは》ち善と為す」とあり、張以寧の「李子明挙詩集序」に「詩は、性情の発するなり。……古の君子は仁義忠信のみ。焉を学ぶ者は一己に淑にして以て身を古くし、焉に仕ふる者は一世に行ひて以て人より古なるは、其の心を純にするのみ。其の心純なれば則ち其の性情は正、其の性情正なれば則ち其の詩に発するや質にして俚ならず、靡にして華ならず、其の厚にして以て醇なるを淵《ふか》くす」[二三]とあるように、「道徳に本づく」とか「性情の正を得」るとか「世教に於て何をか補はん」とか「其の心純なれば則ち其の性情は正」とかいうことが、伝統儒学のこの問題における基本的な見方であると考えていいだろう。

（3）詩は窮まりし者にして後 工なるに殆し。

韓愈は「荊潭唱和詩序」で「夫れ和平の音は淡薄、愁思の声は要妙。讙愉の辞は工なり難く、窮苦の言は好なり易し。是の故に文章を之れ作るは恒に羈旅の草野に発す」[二四]といい、欧陽脩は「梅氏詩集序」で「予 聞くならく世に詩人の達せしは少なく窮まるは多しと謂ふと、夫れ豈に然らんや。蓋し世に伝ふる所の詩は、多く古の窮せし人の辞なり。凡そ士の其の有する所を蘊《たくは》へて世に施すを得ざる者は、多く自ら山巓水崖の外に放ち、虫魚草木風雲鳥獣の状類を見、往往 其の奇怪なるを探るを喜ぶ。内に憂思感憤の鬱積有り、其の怨刺を興するに、羈臣寡婦の歎く所を道ひ、人情の言ひ難きを写すを以てす。蓋し愈いよ窮すれば愈いよ工なり、然らば則ち詩の能く人を窮せしむるに非ず、窮せし者にして後 工なるに殆きなり」[二五]といっている。韓愈の詩歌は道を明らかにすることによって悲しみを紛らせる体のものが多いし、欧陽脩は梅堯臣が官界で伸び悩んでいるのに同情していたので（たとえば、欧陽脩が『六一詩話』で自分の「水谷夜行詩」を引いて梅堯臣を「近ごろの詩 尤も古硬、咀嚼せんとすれども苦だ嘬《か》み難し」とし「梅の窮するは独り我のみ知る、古貨 今売り難し」[二六]と評しているように）、上に引いたようなことを述べているのである。元初の激動の社会にあって、漢族の文人は「世に施すを得」ず、「憂思感憤」していた。彼らの詩には悲惨な苦しみのトーンに包まれたものが多く、そのために詩序の方も「窮」という字に着目して作品の巧拙を云々することが多い。そのようなもののうち、方回の詩序が代表的なものであろう。彼は次のように言う。

予が友 孫元京、詩に陶［陶淵明］に近き者、二謝［謝霊運 謝朓］に似たる者、元次山［元結］・孟東野［孟郊］に似たる者有り。其の作ること少なき七言律は、全て陸放翁［陸游］に似たる者 有り。長句の「杜詩引」及び「閬山谷詩長句」の如きは、其れ之を中に得て之を外に見す者か。根本より自ら来たる有り。清勁にして枯淡なる、整厳にして幽遠なる五言律は近世の詩人の未だ及び易からざる所なり。五言古体の「秋懐」五・「感興」六・「冬初雑興」の如きは、乃ち近世の詩人の能くせざる所なり。詩を為るは棋を弈《う》つが如く、弓を挽くが如く、一著 高き者、高き一著を決定す。膂力弱き者は強ひて進まんと欲すと雖も、分寸すら不可なり。謂はざりき吾が州に近ごろ此の人有りて持するを。是を以て朱文公［朱熹］に見ゆるも、愧づること無かるべきかな。[二七]（「孫元京詩集序」）

兄弟の詩を能くするは、『書』の五子之歌 関する所 甚だ多く、其の詩 以て世に名だたるに足るが為に非ず。丕・植［曹丕・曹植］の豆を煮、萁を燃やすとは、則ち名を争ふ。後世の詩に工にして世に伝はる者、二謝［謝霊運 謝瞻］、五竇［竇常 竇牟 竇群 竇庠 竇鞏］、蘇才翁・子美［蘇舜元・蘇舜欽］、坡・穎［蘇東坡・蘇轍］、王介甫・平甫［王安石・王安国］、黄魯直・知命［黄庭堅・黄叔達］、秦少游・章・儀［秦観・秦少章、秦覯・秦少儀、秦覯］、兪秀老・清老［兪紫芝・兪澹］、臨江の三孔［孔文仲 孔武仲 孔平仲〕・予章の四洪〔洪朋 洪芻 洪炎 洪羽〕・昭徳〔晁公武〕ら諸晁、余杭の二趙〔趙汝談 趙汝讜〕、皆 是れなり。然れども其の間に達して顕なる者、名の伝はるは本より詩に因らず。惟れ窮して伝ふ可き無き者、其の名 詩に頼りて後 伝ふ。蓋し達すれば則ち詩名を兼有し、窮すれば則ち詩名を専有す。惟れ兄弟 倶に窮す。詩名は倶に窮すれば専有す。而ち《すなは》兼有に非ざれば、斯ち《すなは》優れたるかな。余が同郡 休邑の二孫君 是れのみ。長なる孫君の嵩 元京、詩の清勁苦淡は、其の人となりの如し。小なる孫君の巌 次皐、予 未だ之を識らざりしとき、忽ち袖詩もて予を武林に訪ひ、亦清勁苦淡なること、其の兄の如し。惟だ貌は則ち稍や腴え、其の兄の臞せたると同じからず。次皐の晩節、豈に窮に終るか。然りと雖も、士 窮まるも何の害かある。前に挙げし所の兄弟、倶に窮し詩名を専有す。能く好山 猛虎を吟じて奇句あるは、半山丞相〔王安石〕に視《くら》ぶれば足らざるも多とす。(二八)(「孫次皐詩集序」)

方回（一二二七～一三〇七）の字は万里といい、宋の景定三年の進士である。宋朝の官吏として厳州の長官に至った。上書して賈似道の罪を論じたことがある。元代になると建徳路総管になったが、五年すると代わりがみつかったので、銭塘に寓居した。方回が生きたのは激動の時代で、役人としては平凡な人生を送りつつ、詩文が多く伝わっている。『四庫全書総目』は「実に宋末諸家の上に出づ」と評価している。方回によると、孫氏兄弟の詩の主たる特徴は「清勁にして枯淡たる、整厳にして幽遠たる」、「清勁苦淡」な点にあり、それらは彼らの詩の到達点でもあった。だから彼らの作品は「乃ち近世の詩人の能くせざる所」であり、「半山丞相に視ぶれば足らざるも多とす」なのである。なぜそのような優れた詩を書いたのかについては、「惟れ兄弟 倶に窮す。詩名は倶に窮すれば専有す。而ち兼有に非ざれば、斯ち優れたるかな」と、二人とも「窮」したという事実に根本的な原因をもとめている。似たような主張は、呉澄が「秋山翁詩集序」で康敬徳の詩歌がなぜ成功しているかについて概括した「詩は固より窮愁し発憤して後 能くすること多きかな」(二九)という言葉に見える。一方、王義山や蘇天爵などは、韓愈や欧陽脩の言葉をそのまま引用して詩序を書いている。(三〇)

趙文（一二三八～一三一四）の字は儀可、宋で太学に入り、後 文天祥に依って元に抵抗した。宋が亡ぶと、故郷で学問を講義し、それから他郷で東湖書院の院長や南雄路の儒学教授などの職についた。彼の「王奕詩序」には一味違う感慨が込められていていて、「世に詩は能く人を窮せしむると謂ひ、鴎公〔欧陽脩〕は詩の能く人を窮せしむるに非ず、詩は必ず窮せし者にして後 工なりと謂ひ、陳無己（名は師道）は詩は能く人を達せしむると謂ふ。皆 未だ必ずしも然らざるなり。詩は、天の窮人を私する所以、之をして以て其の窮する者に通ずる有らしめんとするなり。孟郊・賈島は、世に所謂 羇窮の極なる者、天をして之に与らしめず清才を以て能く詩を為ること、亦甚だしきかな。宰物は人に与ふるに富貴を以てするを軽んじ、人に与ふるに清才を以てするを重んず。委巷の人、崛起して千金 有り、大馬に跨がり達官と称せらるるもの、所在 時時 之 有るも、詩を能くするの士に至りては、曠《むな》しく十年を数えて一たびも遇はざるなり。豈に天の靳《を》しむ所 此に在りて彼に在らざるに非ずや。吾が友 王奕 亦大、苦学すれども蕭然として一に寒なり。人 皆 亦大は詩窮なりと謂ふ、吾 謂へらく亦大は窮ならず、亦大は貧なるのみ、亦大 何ぞ窮せんや。」と、大略このようなことを述べている。(三一)

元代の社会がだんだん落ち着いてくるに従って、元詩の創作も更に豊富で多彩になっていき、詩序の作者たちの着眼点にも変化があらわれた。次に示すように、非常に多くの学者が韓愈や欧陽脩の説とは違う見方を示すようになったのである。

古の詩を為る者、未だ辞の巧拙を以て、夫の人の窮達を験するを始めず。窮達を以て詩を言ふは、昌黎の韓子［韓愈］・廬陵の欧陽子［欧陽脩］より始む。昌黎 蓋し曰く、「窮苦の言は好なり易し」と。廬陵も亦曰く、「詩の能く人を窮せしむるに非ず、窮して後 工なるに殆きのみ」と。夫れ是の言を為すより、好事の者或いは又 之を矯むるに詩は能く人を達せしむるの説を以てす。此れ豈に理に近からんや。「匪風」・「下泉」誠《も》し窮ならば、「凫鷖」・「既酔」は未だ或いは工ならざる者有り。窃かに意ふに昌黎・廬陵は特だ夫の秦漢以来、幽人狷士 悲呼憤慨するの辞を指して以て言と為すのみにして、未だ深く古の詩を為るを論ずるに暇あらず。臨川の艾君は、宋の季に当たり、其の有する所を負ひ、一として世に售らず。凡そ撰する所の著は散落に率《したが》ひ、詩のみ独り伝はる。其れ亦 所謂 窮まりて工なる者ならんや。城郭の是に非ざるに感じ、江濤の眇然たるを嘆じ、悃欵し惻怛し、一たび畎畝の衷に出でなば、流離 顛越すと雖も悔いず。是の耿耿たるは、固より詩の能く窮達する所に非ず。而して其の詩も亦 窮して後 工なるを俟たざるなり。夫れ豈に先民の性情の正しきに適ふに非ずや。溍の生まるるや後れ、君の風采を望むに及ばず。幸ひに君の諸孫 廷暉と游ぶを辱くし、君の詩を聆《き》くを獲たり。其の辞の工なるを愛し、其の窮せしを閔《あはれ》むのみ。且つ老いて死するや、庸ぞ敢へて顕さん。聞く所を誦して、以て其の帰趣を発くなり。（黄溍「蕙山愁吟後序」）

昔人 詩は能く人を窮せしむるに非ず、窮せし者の詩 乃ち工なりと言ふ。然れども窮して工なるは、怨悴して無聊なる語多く、強ひて自ら寛釈すと雖も、猶ほ丈夫 忍怒の形色、掩ふべからざる有るを賤しむ。今 夫の蛍窓の雪屋・残釭の独坐・山荘の野館・風晨と雨夜と、他人は荒寒にして悽楚なる悲しみに勝へざる有るも、先生は目の遇する所・心の触るる所、之を歌詠に形し、沖融蕭散たりて、一毫の抑鬱不平の気も無し。始終の巻帙、一章の投贄奔趨の詩も無し。其の造る所は淵からざらんや。夢中に仁を談ずるに至りては、則ち 信道に於て篤し。其れ方外に於てするも亦 寓なるのみ。（許有壬「玉淵集序」）

先輩 詩を論ずるに、「必ず窮まりし者にして後 工なり」と謂ふは、蓋し韓子［韓愈］の語に本づく。窮する者は専攻の技・精治の力を以て、其の諸の思慮する者を極めんとし、工ならずんば止めず。老杜［杜甫］の所謂「佳句に癖耽し、語 必ず人を驚かす」の如きは是れなり。然れども「三百篇」豈に皆 窮せし者を得んや。当時 公卿 大夫 士より、下は閭夫 鄙隷に及ぶまで、言を発して詩を成す。雕琢を待たずして大工 出づるは、何ぞや。情性の天至あり、世教の積習あれば、風謡の音 之を載するは自然なり。然らば則ち窮を以て詩を論ずるは、道の古を去ること遠し。……（宛陵の貢公［貢師泰、玩斎］）其の他 作る所は、固より未だ一二もて数ふべからず。此れ豈に世に効ふの畸人にして窮士の専攻し精治して後に得んや。蓋し其の先公 文靖侯［貢奎］古文を以て延祐の間に鼓吹す。公 冑学に由り省台に出入し、其の風儀色沢たり、雍容として暇予《たのし》むは、古の公卿 大夫の盛明に游ぶに異ならず。故に其の詩や、自然を得。雕琢を待たずして大工 出づるは此く有り（三二）。（楊維楨「玩斎集序」）

蕙山は艾可翁の号である。可翁は宋の時代に朝請郎になったが、賈似道から江万里の仲間であるとみなされると、辞任して二度と仕えなかった。黄溍は可翁の孫の廷暉と友人同士だったので、可翁の詩をみることができた。黄溍は「是の耿耿たるは、固より詩の能く窮達する所に非ず。而して其の詩も亦 窮して後 工なるを俟」たないと考え、可翁という人の詩歌がうまくできているのは「先民の性情の正しきに適ふ」からであり、結果として儒家の正統な学説に回帰するものになっているからであると考えていた。

『玉淵集』は陳一霆の詩集である。一霆の字は翼卿、玉淵と号した。科挙試験場では優等生として知られていたが、時代が変わって世の中が騒がしくなると隠居した。李玉渓に随行して学問を身につけた。名声や利益はつまらないもので破れた草履の方がずっとましだと思いながら、八五歳まで長生きした。許有壬は陳一霆に会ったことがあり、息子の陳雍之に頼まれて「玉淵集序」を書くことになる。許有壬からすれば、「窮して工なるは、怨悴して無聊なる語多」いのであって、そういう詩は、陳一霆の「一毫の抑鬱不平の気も無」く「一章の投贄奔趨の詩も無」い詩のよさには及ばないのであった。

『玩斎集』は貢師泰の詩集である。師泰の字は泰甫、号は玩斎で、楊維楨とは年齢も近く、とても仲が良かった。楊維楨は序文で貢師泰の佳詩一七首と佳句四句に言及した上で、優れた詩歌を作り得たのは「自然を得」ていることに大きく負う、と結論づけている[三三]。

いま述べてきた黄溍・許有壬・楊維楨の「窮して後 工」に関する議論は、更に広い視野から詩歌の芸術性と創作について扱う際に役立った。例えば、「専を貴ぶ」（舒岳祥「劉士元詩序」）・「活を貴ぶ・響を貴ぶ」（方回「滕元秀詩集序」）・「道を知る」を貴ぶ（方回「趙西皐明叔集序」）・「詩眼」を貴ぶ（方回「天下夕陽佳詩説」）・「妥帖」を貴ぶ（劉壎「雪笠詩跋」）・「句を琢き辞を錬る」を貴ぶ（呉澄「劉巨川詩序」）・「実を貴ぶ」（欧陽玄「惟実外集序」）・「真実を貴ぶ」（李祁「跋蕭如岡詩」）・「純を貴ぶ」（王褘「書劉宗弼詩後」）など多くの詩の「工」に関する説と一緒に、詩を評したり創作したりする時の文化的な雰囲気を営々と作っていき、元代の中後期の詩壇に明らかに影響を及ぼしたのである。

注目に値するのは、元代末期に社会の矛盾が激化して戦乱が頻発し、それが直接多くの文人の生活と創作とに影響を及ぼしたことである。かくして、詩歌の「窮して後 工」が、重要な命題としてまたもや当時の文人の詩序にあらわれる。例えば、劉楚の「鍾祥詩集序」では次のように述べられている。

昔人 詩は能く人を窮せしむと謂ふ、信に然るかな。詩を将て必ず窮して後 工ならば、則ち窮の人に於けるや必ず焉を苟にせざる有り。余 少きより四方に遊ぶに、交はる所は皆 能言の士なり。其の貴富にして利達し、高視し雄拠し、辞を発すれば気を吐き、能く赫然として虹霓の如く、轟然として雷霆の如きは、吾固より得るも之を友とせず。惟れ得るも之を友とせず、故に亦其の懐負の有する所を窺ふを以ゐる能はず。其の友を以て之を窺ふを得し者、皆 飢寒にして振るはざるの人に類す。夫の困阨 無聊の輩と与に、徒だ窮簷に呻吟し、遅暮を咨嗟し、悽然として日び秋蜩 寒蛩と相 爾汝たり。而ち世の之を知る者 或いは寡し。乱離に来帰し、方に汲汲焉として所謂 窮して工なる者を求めんとするも卒に亦 之きて遇ふ莫し。将た天 是の道を閟ざして軽がろしく以て人に畀《あた》へざるか、亦 徒だ能く窮に工なるのみにして以て言に工なる能はざること毋からんと欲するか。久しくして、武山の北に於て一士を待す。蕭翀と曰ふ者にして、蓋し方に其の言を工にするを志す有るも未だ其れ窮せられず。又 翀に因りて鍾端・鍾祥を得。之の兄弟は蓋し窮なるかな、又 言に工なる者なり。嘗て之と西華に登り、雲峰に憩ひ、丹井の清冷に漱ぎ、石門の岑峭を叩く。或いは連月 遅留し、或いは竟日 返るを忘る。其の幽を探ね隠を極め、澹を抒べ寂を鈎《と》る。皆 世の厭棄し擯斥する所、而ち三子は独り之を甘しとし、至味の如く大楽の如く、眷恋として之を釈てず。彼 豈に其の工を為すを信ぜんや。他日之に過るに、則ち端や蚤世して返らず、翀や世変に日び鶩《は》せて未だ遑あらず。而して祥のみ独り志を肆にするを得て一に詩に力めて工なること之を有す。茲《すなは》ち独り其れ幸に非ずや。然れども祥乱に遭ひ、其の親を喪くし、又 其の妻子 兄弟を喪くし、煢煢焉として奉身の具に乏しく、強近の助け無し。嘗て小屋を南渓の浜に営み、楹柱もて雨に立つ。将に三年になんなんとするに、卒に未だ以て覆を為す者 有らず、蓋し今の窮する所の人なるか。然れども其の志を視るに嶷然として挫けず、其の色を視るに侈然として憂へず。方に長吟し短詠し、行歌し坐嘯し、怡然として自得す。宜しく其の詩の工に達するや幾かるべし。今年 秋、其の詩若干首を録して以て余に示す。其の録する所を観るに、則ち往往

盛年の江海、斉楚の故都、朋遊の意気を追述す。時に感じて古を吊ふの作、又 直だ呻吟・咨嗟して秋蜩・寒蛩と相 爾汝たるのみならず。則ち所謂 窮して詩に工なるとは、豈に徒だに其の能く窮苦の辞に工なるのみならんや。苟くも是に由りて以て益ます工なるを求めなば、吾はその貴富なるを見て、未だ其の窮なるを見ざるなり。然りと雖も、余は惟れ窮して以て此に至りて子に識有り。子の兄は已む。吾 既に之と語するを得ず、子 帰りて是を以て翀に語げよ。盍ぞ亦 思ひて以て振るひて工に進まざる。[三四]

劉楚（一三二一～一三八一）の字は子高、太和州（現 江西省泰和県）の人である。至正十六年（一三五六）の郷貢進士だが、戦渦を避けて二十三年（一三六三）に興国県（現 江西省興国県）に逃れた。明の洪武三年（一三七〇）に出仕し、吏部尚書に至った。鍾祥 字は挙善、彼の詩集は散佚してしまった。劉楚は「余は惟れ窮して以て此に至りて子に識 有り」と自分の言葉で表現するだけでなく、先人の「詩は必ず窮せし者にして後 工なり」という説によって、鍾祥の詩歌創作を高く評価している。劉楚が蕭雅言の為に書いた「蕭子所詩序」や、楊伯睿・楊蘭谷・費振遠の為に書いた「三窮詩序」にもよく似た見解がみられる。

（4）詩を学ぶは仙を学ぶが如し。

陳師道は「次韻答秦少章」のはじめの二句で「詩を学ぶは仙を学ぶが如く、時至らば骨 自ら換はる」[三五]言い、長きにわたって積み重ね次第次第にうまくなるような詩の学び方があると主張している。これが何夢桂・呉澄といった元代の文人に引き継がれた。陳師道の主張は、以下に挙げるように元代の文人が書いた詩序に表現されている。

陶淵明の一部の詩は菊辺に在り、林和靖[林逋]の一部の詩は梅辺に在り。夫れ菊・梅は詩に非ざれども、目に触れ心に会ひて、自ら詩にせざる能はざるのみ。鄭若春叟は屋を松間に築き、暇日其の下を婆娑し、花を採り実を摭ひ、時に清泉を汲みて之を咀嚼す。故に其の詩思は此より得ること多し。日びに新たに月づきに長け、松泉の趣 窮する無く、君の詩の得る所も亦 未だ渠ぞ央きざるや。詩を学ぶは仙を学ぶが如く、時至らば骨 自ら換はる。君 試みに陶・林の二公に問ふを持てせば、当に印可を為すべし。
（何夢桂「題鄭松泉詩序」）

久しく東麓に見ひ詩を談ぜざるに、忽として一日、吟稿を以て寄せ示せり。亟《すみや》かに展べ亟かに読むに、其れ清灑にして愛すべ

く、啓発 弘だ多し。詩を学ぶは仙を学ぶが如く、時至らば骨 自ら換はる。安期生の神楼妙散、方を得て匕もて之を服せしか、縦ひ未だ飛竜を駕して八極を周り、白鶴を控して九陔を遍くせずとも、其の肌骨は軽爽、耳目は精明にして、早くも塵表の風度 有り。他日 洗髄 脱胎せん。視を回らして宿習せば、又 幾塵を隔つるかを知らず。子 其れ勉めよ。輒ち篇端に書して以て帰さん。(何夢桂「題東麓詩巻」)

詩は篇を聯ね牘を累ね、句を成し章を成せども、一字として是れ詩人の語 無きこと能はず。然らば則ち詩は小技と雖も、亦難きかな。金谿の朱元善、才も思も倶に清、辞を遣ふに意を経ざるが若きに、字字 詩人に似たる有り。然りと雖も、吾 猶ほ其の似たるを欲せず。何ぞや。詩の詩に似ざるは、詩に非ざるなり。詩にして詩に似たるは、詩なれども、我に非ざるなり。詩 而ち詩は已《はなは》だ難し、詩 而ち我は尤《こと》に難し。奚ぞ其れ難きや、蓋し強ひて至すを以てすべからざればなり。詩を学ぶは仙を学ぶが如く、時至らば気 自ら化す。元善の詩に於けるは似たるのみ。其の化するに比すれば、則ち其の似たるを見ず。吾 猶ほ将に其の至るを俟《ま》たんとす。(三六)(呉澄「朱元善詩序」)

「詩を学ぶは仙を学ぶが如く、時至らば骨 自ら換はる」と。此の語 無為にして之を言ふに非ず。予 固身の体もて心に之を験す。往嘗 写字のとき、意の如くする能はざるを恨む。長者 予に教へて曰く、「久しくせば当に自ら熟すべし」と。当時 嘗みに俗語を以て之に反して「傭書者 已まざること久しきか。」と云ふ。既にして写すこと愈いよ久しく愈いよ多く、筆 下れば忽ち転換して神を移すが如きを覚え、方めて其の趣を悟る。詩も亦此の若く、齲《むしば》に顰むるの効を以て之を得べきに非ず。久しく以立の詩を見ざれども、往年 其の老意の喜ぶべきを見る。近ごろ帰るに、此の小巻を得。亹亹として人に逼りくる。凡そ吾が数十年 力むるを以て趣を得し処、忽ち已に収攬して之を枕籍にす。律詩の事を用ゐるに、用意は対なるか対ならざるかにあるが似し。古句の奇を出だすに、厳整も浩蕩も収斂《をさ》めらる。合作ならざるは無し。詩は何ぞ必ずしも多からん、倘し此に由りて之を拡充せば、名家たるも難からず。予 故に欣然として之を識る。(三七)(劉将孫「牛蓼集序」)

余 少きより詩を学ぶを嗜むも、法を得ず。或ひと曰く、「当に優孟 孫叔敖の衣冠を学ぶが如くすべし。掌を抵ち語を談ずるに皆 叔敖ならば可なり」と。即ち名家の詩を取りて昼夜に之を読み、句ごとに擬ね字ごとに摹ね、以て其の似たるを求め、是の如きこと数年、独だ自ら喜びて以て得たりと為すのみに非ず、或ひとも亦 謬りて之を許す。先生長者 之を見て曰く、「噫。是の三年刻楮の智、亦 固からずや。古人は一家の、篇句の声韻も風度の老少も、自ら似すること能はず。謝[謝霊運]は陶[陶淵明]に似ず、杜[杜甫]は李[李白]に似ず、建安・大暦・元和の諸家 各おの相 似ず。今 愈いよ其の似するを求めなば、将に愈いよ似ず。縦ひ悉く似すとも、之を古人に還さば、則ち子は詩 無からん。能く名家たらんや。」と。余 爽然として自失して曰く、「然らば則ち奈何せん。」と。曰く、「詩を学ぶは仙を学ぶが如く、時至らば気 自ら化す。之を為すに在りては已まざるのみ」と。余 儒者の学を念ふに、詩より大なること千万 有り。烏んぞ能く畢世是を為して以て其の化するを俟たん。故に之を棄てて三十年、一語すら作さず。甬東の呉友雲は老氏に隠れ、霊仙 飛化の術を学ぶ。詩を為るに百事を外にして以て専らにするを得。故に詩を之れ化せしむ。其の学を視るに、昔 余と時を同じくして詩を学びしに、詩 余に過ぐること十倍なる者なり。近ごろ十年間、又 悉く科挙の廃するを以て、其の成るを観るを得ざるを惜しめりき。今 友雲 天独、其の嗜みを厚くして専らにせしめ得たれば、且久く以て他日を俟たんと。人をして之を読ましむるに、鈞天広楽九奏万舞を聞くが如ければ、必ず友雲の詩なるかな。(三八)（程端礼「道士呉友雲集序」）

士子は能くする処を持して一第を得、能事 畢はれりと為す。高昌の納璘普華 文瑑は則ち然らず。湘陰に守たりて帰るに迨ぶも、学問に汲汲たり。猶ほ未だ第せざる時、予 其の志を遠到に有するを嘉す。詩 一帙を出だし、言を求むること甚だ切に、己無ければ、則ち之に復して曰く、「三百篇の後、詩を作りて世伝ふるは数ふべく、詩を評して世 服するも数ふべし。後学 望洋、止まる所を知る罔し。愚 敢て聞く所を以て進めん。曰く学、曰く師、曰く識、曰く力あるのみ。学 以て之を聚め、師 以て之を伝へ、識 以て之を別ち、力 以て之を終ふ。四者廃せざらば、一旦 自得するや、然るを期せずして然る有る者なり。故に曰く、『詩を学ぶは仙を学ぶが如く、時至らば骨 自ら換はる』(三九)と。（許有壬「跋納文瑑詩」）

何夢桂（一二二八〜?）の字は巌叟である。宋の咸淳元年（一二六五）の進士で、大理寺卿に至った。その後、病気を口実に辞任した。元の至元年間に何度も招聘されたが役人にはならなかった。しかし、在野の名文家として評判が非常に高く、現存する詩文の大多数は至元年間に作られたもので、以後、大徳七年（一三〇三）に書かれたものまでである。鄭松泉という人とその詩、東麓という人とその吟稿については、ともに不明。台湾にある中央大学の王次澄教授の考察によると、宋人の総集・雑考・類書には陳師道の「詩を学ぶは仙を学ぶが如し」を引用したものが数多くあるというから、(四〇)何夢桂の発言は珍しいものではないことになる。朱元善の業績・作品についても不明。呉澄の引用では「骨 自ら換はる」が「気 自ら化す」になっているが、他に基づくところがあったのかどうかわからない。序文で「詩 而ち我」という「化」の境地について力説しているのは、一歩進んだ芸術性の追究といえる。

劉将孫（一二五七〜?）の字は尚友、あの有名な文人 劉辰翁の息子だ。宋が亡ぶと、仕官せずに二〇年のあいだ家に引きこもった。その後、延平路・汀州路・竜興路などで教授になり、光沢県の主簿などの職についた。彼の詩文は呉澄に褒め称えられた。劉将孫は序文で「牛蓼集」の作者である曽聞礼（字は以立）の詩について、「律詩の事を用ゐるに、用意は対なるか対ならざるかにあるが似し。古句の奇を出だすに、厳整も浩蕩も収斂めらる。合作ならざるは無し」であり、すでに「骨 自ら換はる」というところに達していると評価する。

程端礼（一二七一〜一三四五）の字は敬叔。建平県・建徳県の教諭、稼軒書院・江東書院の山長、鉛山州・台州路の教授を歴任した。甬東の道士 呉友雲という人物については、程端学の「送呉友雲序」に「生産の作業を問はず、酒 一壺・詩 一篇あるのみ」(四一)とあることから窺うことができる。鄭端礼の序文では呉友雲を「百事を外にして以て専らにするを得。故に詩を之れ化せしむ」と称賛している。その根拠として引かれていた「則ち自ら化す」は呉澄の「気 自ら化す」とは違いがある。

許有壬（一二八七〜一三六四）の字は可用、延祐二年（一三一五）の進士である。遼州同知に任命された。彼は集賢大学士 兼 太子左諭徳に至った。亡くなると文忠と諡された。納璘普華は納璘不花とも表記される。字は文璨、号は絅斎、高昌（現 新疆 吐魯番《トルファン》）の人。泰定四年（一三二七）の進士で、役人としては湘陰州の判官から始まり、盱眙県の達魯花赤《ダルガチ》に至った。許有壬は納璘普華が少数民族の学者でありながら漢詩を学んでいることに鑑みて、学・師・識・力という四つの基本事項を使って彼を励まし、いつの日か「骨 自ら換はる」ことを期待した。以上の諸説はすべて「詩を学ぶは仙を学ぶが如し」に基づいて論を展開している。これは、元代の文人が、詩に関する修養や創作する際の技巧を身につけるにあたって、全体にわたってだんだんと積み上げていくことを重んじていた、そういう詩学上の主張をもっていたことのあらわれである。

　元代の文人には、「詩を学ぶは仙を学ぶが如し」と並行して、「詩を学ぶは参禅の如し」という主張もある。例えば、「詩を学ぶは易く、詩を学びて工なるは難し。……詩を学ぶは洞山の禅に参ずるが如く、正位を犯さざるを須ちて後 縦横に変化し、其の用 窮まらず」[四二]（何夢桂「琳渓張兄詩序」）、「詩は固より禅の如からざるを得ざる有る者なり。……夫れ豈に独だ禅の如きのみならんや。禅の捷解は、殆ど及ぶこと能はざるなり。然れども禅は、滉瀁を借りて以て人をして測るべからざらしむ。詩は、則ち眼前の景・望中の興・古今の情性もて、覚者をして之を詠歌し、之を嗟歎し、手の舞い足の蹈みて已む能はざるに至らしむ。高きに登りて遠きを望み、懐を興すもの目に触るるもの、百世の上から千載の下におよぶまで、啻だに其の口より出づるが如きのみならず。詩の禅なるもの此に至りて極まれり。……其の汪洋たる大篇は、極まるべからざるの勢 有り。其の簡浄たる短賦は、尽くすべからざるの情 有り。此より推して禅の宗と為すも可なり。抑も詩は但だ禅なる能はざるを患ふのみ。儻し其れ撤悟すれば、真に所謂『之を向かふ所に投じて、意の如くならざるは無』きなり。……予挙ぐるに詩の禅なりと叙ぶるを以てせん。禅か。禅か。独り詩なるのみならんや。」[四三]（劉将孫「如禅集序」）、「詩に参といふこと有り、禅にも亦 参といふこと有り。禅に悟といふこと有り、詩にも亦 悟といふこと有り。実存 英 上人 作りし所の『白雲集』、脱然として已に空趣に入るは、其れ参じて悟る者ならんか。唐人 夜半の鐘、詩人に非ずして句を得なば、即ち高僧の悟道なり。詩・禅の悟り、寧んぞ二有らんや。集中に『詩 悟れば必ず禅に通ず』と謂ひ、又『妙所は如何ぞ説かん、悟り来たれば方に知るを得ん』といふ。上人 嘗て自ら之を道ふ、余 復た何をか言はん。」[四四]（林昉「白雲集序」）というように。「仙を学ぶ」が次第に積み上げていく鍛錬を重んじているのとは違い、「参禅」は「悟」という技量を重んじる。この両者が相俟って詩学の素養を身につけ高めていく性質をもつために、「参禅」の主張も元代の文人に重んじられたのである。

三、詩歌観賞論

　そもそも詩を作る者がいれば、読む者、評する者がいて当たり前。詩の批評は歴代にわたって沢山なされてきたが、それらはしばしば読者が詩をしみじみと味わうための審美眼を養うい手引きになってきたし、作者が詩を作り構想を練る際のヒントにもなってきた。だから詩を批評したものは歴代の文人に重んじられてきたのである。しかし、詩を評するのは難しい。知り合いの詩を評するのはもっと難しい。これに関しては、舒岳祥が詩序で言及している。

　詩を作るは難く、詩を評するは尤も難し。必ず真識を具へて後 之を評して当に、必ず正気を全うして後 之を評して公なり。故に富貴なる者は評すること能はず、貧賤なる者は評するに足らず、少鋭なる者は評すべからず、衰老なる者は敢へて評せず。夫れ富貴 評する能はざるは固けれども、貧賤も亦 評するに之《いた》る莫きは何ぞや。少鋭 評すべからざるは固けれども、衰老も亦 評するに之る莫きは 又 何ぞや。蓋し富貴なる者は真識 懵然たり。夫れ科挙寸晷《すんき》の長さを以て、顕仕を猟取し、一生の学問 是より出でざるに、安んぞ能く剤《わりふ》もて詩人の銖両を量らんや。貧賤なる者は正気 索然たり。辺に酤ひ畔に炊き、毀誉 実を失ふに、安んぞ能く人の軒輊を為さんや。特だに之を評する者の妄なるのみにあらず、之を求むる者も亦 甚だ微薄なるか。少鋭なる者は真識 未だ定まらず。新たに筆墨の行間を渉るに、安んぞ古人の要眇を知らんや。雛鳥の習ひ飛ぶや、自ら謂へらく已に冥鴻のごとく挙がれりと。口を肆にして談論するは、固より先生長者の羞づる所なり。衰老なる者は正気 已に耗せり。方に人の己を議するを畏れて、自ら後生の者に媚ぶる所以を求む。故に論を立つるも恕なること多くして、人を擬《はか》るも倫《みち》に非ず。故に真識 有るに非ざれば、以て人を知る能はず。正気 有るに非ざれば、己を失ふに至り易し。近時の諸君を見る毎に、文人を以て自ら任ずるを喜ぶ。而れども輒ち詩家の予人を以てすれば、往往にして四者の病を出でず。窃かに其の然るを憫む。予は貧賤なり、衰老なり、方に自ら警《いまし》むるを以てせんとするに、安んぞ敢へて人を評せんや。地を香巌に避くるに、馬峰の兪宜民、数しば相 過り、必ず予の為に其の作りし所を出だし、予に之を評するを請ふ。予 前言を以て自ら警むるも、宜民 予と遊ぶこと最も久しく、黙せんと欲するは不可なり。則ち之に語して曰く、「君の詩は幽巌の乳宝 時どきに涓滴を下すがごとく、疏蕊 人に被りて微かに香りの度るを聞くが如し。然りと雖も、思には遠きを尚ぶも語には近きを尚び、神には蔵するを貴ぶも色には茂るを貴ぶ。試みに君に与へて之を評するのみにして、敢へて君を評するに非ざるなり(四五)」と。戊寅 九月 日。（『兪宜民詩序』）

舒岳祥（一二一九～一三〇一）の字は景薛という。宋の宝祐四年（一二五六）の進士で、奉化尉を授けられ、宋代にあって承直郎に至った。元代になると故郷で門弟に教授し、仕えなかった。弟子の戴表元らが今でも有名である。袁桷は舒岳祥が「晩歳 詩 益ます工(四六)」であったと称賛している。『全元詩』に八四二首が収録されている。引用した詩序は、戊寅（一二七八）の年の九月に書かれたものである。この二年前の丙子（宋の徳祐二年、一二七六）の正月に宋の恭宗が玉璽を差し出して降ることを請い、二月に元の使者が臨安に入城した。閏三月、舒岳祥は妻子を連れて甯海県 香巌山の麓 閬風里 尚義村にある故宅に避難したが、序文に「地を香巌に避」けたと言うのはこれである。故郷の「真に佳き山水」（「篆畦詩序」）は舒岳祥の暮らしぶりを少しく落ち着かせた。この頃、「跋僧日損詩」（一二七六）、「跋王榘孫詩」（一二七七）、「跋陳莀自画梅作詩」・「劉士元詩序」・「兪宜民詩序」・「劉正仲和陶集序」（一二七八）、「王任詩序」（一二七九）、「陳儀仲詩序」（一二八〇）など、詩序を次々に書いている。舒岳祥は「送兪宜民帰馬耳峰」・「十月初三日追記丙子歳以此日風雪中度平阬嶺入馬耳峰」という二篇の詩を作っており、舒岳祥と兪宜民が確かに「遊ぶこと最も久しく、黙せんと欲するは不可」であるような間柄だったことがわかる。序文では「真識を具へ」・「正気を全うして」方めて「当」を得た「公」平な詩の批評ができるのだと言い、次いで「君の詩は幽巌の乳宝 時どきに涓滴を下すがごとく、疏蕊 人に被りて微かに香りの度るを聞くが如し」と兪宜民の詩歌がもつ美しさを評価し、「思には遠きを尚ぶも語には近きを尚び、神には蔵するを貴ぶも色には茂るを貴ぶ」と、その詩歌の特質を総括している。

詩歌がもつ美しさを評価することと、詩歌の特質を総括すること、この二つは元人の詩歌鑑賞において重要な内容になっていると言っていい。前者については、方回が三馮の詩を「秀石の詩は九転の神丹の如く、抱甕の詩は五銖の古銭の如く、庸居の詩は千頃 豊年の穀粟の如し」（「跋馮庸居詩」）と評価し、呉澄が欧陽斉汲の詩を「欧陽生の歌行は夔峡の春濤・浙江の秋潮の如く、其の勢 屋の如く山の如く、迅雷 颶風の如く禦ぐべからず。何ぞ近づくべけんや」（「欧陽斉汲詩序」）と評価し、陸文圭が陳元復の詩を「余 陳君の詩藁を読むに、事を摘みては充ちたる実のごとく、筆を肆にして壮《おほ》きなる宕《いへ》のごとし。蜀の山の雪 消《と》けて、春の江の怒《はげ》しく漲り、万里 東に注ぎ、灘にも瀬にも已まざるが如し。魚・竜・蛟・蜃の蜿蜒たる万状、其の中に錯《ま》じり出だす。偉は則ち偉なれども、奇にして則ち奇なり」（「跋陳元復詩藁」）と評価し、周霆震が張瑩の詩を「君の作は、諸の名家を出入す。浩蕩たるは潮の如く、磊落たるは星の如し。車馬 風帆の如く翕忽に変化し、時に或いは抑揚 反復す。又 山陽の笛の風に倚りて独奏せらるるが若し。聞く者は自ら懐を為す能はざれども、一に平易を以て之を出だせば、瀏瀏乎として其れ遺音 有り。佳き処 古人と雖も譲らざるは、其の性情 超越し、趣を識りて開朗なるに由る。故に衆楚にも屹立し、其の夙心を変ぜず[四七]」（「張梅間詩序」）と評価しているように。後者については、袁桷が程君貞の詩を「程君貞 其の詩たるや、淡にして和、簡にして正、激せずして以て高く、春容《しょうよう》として怡愉《たのし》む。将に以て太平の盛んなるを鳴らさんとす。其の不遇の意、心に発すれども、未だ始めより以て怨みと為さざるなり[四八]」（「書程君貞詩後」）と総括し、虞集が易南甫の詩を「高安の易君 南甫、予に示すに賦 詩の若き一編を以てす。尽く詩賦の諸体を具へ、流俗を蹈まず、有為にして作り、辞 苟くも造らず」（「易南甫詩序」）と総括し、李祁が王子嘉の詩を「廬陵の王子嘉、世に科名の裔たるを以てし、志を篤くし学に力むるも、詩に於て尤も工なり。意を用ゐて精深なるも刻苦の態無く、語を措きて平淡なるも鄙俗の懐 無し。雍容として治世の音 有り、瀟灑として出塵の想 有り。善く詩を為す者と謂ふべし」（「王子嘉詩序」）と総括し、王禕が戴良（字は叔能）の詩を「叔能の詩は、質なれども敷、簡なれども密、優柔にして迫らず、沖澹にして携《つら》ねず、上つかた漢魏の遺音を追ふに庶幾く、其れ復た自ら一家を成す者か[四九]」（「浦陽戴先生詩序」）と総括しているように。事実、元人の詩序の大多数は上述の二つの内容を含んでいる。文章にはそれぞれ書き方があるから、両者のバランスがとれているものもあるし、どちらかに重点が置かれているものもある、というに過ぎない。

詩序の作り手の多くは、自分の主張を更に簡明に伝えようとして、物事を一括りにするような性質が強い文字やその文字を使ったフレーズを使っている。それらは、上述の、詩歌がもつ美しさを評価することと詩歌の特質を総括することとの双方に配慮できることが多い。いま王義山の四篇の詩序を使ってあらましを示そう。

詩人 惟ふに林逋は梅を知己と為すとし、逋の自序 其の三十聯、深く其の「疏影 横斜 水 清浅、暗香 浮動 月 黄昏」の句を取る有り。或いは謂へらく逋の梅を詠む詩は此に止まらず、「雪後の園林 纔に半樹、水辺の籬落 忽ち横枝」、此の一聯 風味 減ぜずと。逋と梅と相 似たり、清なるかな吾が逋や。劉君夔翁、梅南を以て名づく。人 逋と相 似、詩 又 梅と相 似たり、清なるかな吾が夔翁や。……夔翁 梅花の下に坐し、酒を把りて詩を賦し、沈吟 索笑す。暮夜に至るや、月を招邀し来たり、四友を成すに足る。清にして又 清、吾が夔翁や。（「劉梅南詩集序」）

梅垣『同人詩集』を以て余に示すに、其の詩 皆 梅の為にして吟じたり。……噫。露の朝、風の夕べ、更ごも霊均[屈原]蘭を携へて来たり、靖節[陶淵明]菊を携へて来たり、濂渓[周敦頤]蓮を携へて来たるに、梅垣 其の間に着くを得たり。所謂 伊の人、誰か其れ之に似たる。吾が梅垣、清にして又 清。(「陳梅垣同人詩集後序」)

章貢の劉君 雲甫、作りし所の『愛山集』を以て余に示す。余既に昌黎[韓愈]の三品説を以て之に告ぐ。別れて後 三年、又 愛山の近作を観るに、愈いよ出にして愈いよ奇。劉君の愛悪は人と異なり、世俗の愛する所を愛せずして、世俗の愛せざる所を愛す。清なるかな、劉君の愛する所や。(「章貢劉愛山詩集後序」)

唐人に詩 有りて「泉声 玉琴を帯ぶ」と云ふは、玉 泉に仮りて以て鳴るなり。清なれども、猶ほ未だし。何ぞや。詩 有りて則ち清ならば、詩 有らば、必ず其の人 之と与に清なり。吾が猶子の公信『玉泉』を以て其の詩稿に名づけ、雪坡 姚君 之に序す。詩は『玉泉』を以てし、序は雪坡を以てす。清なるかな。詩に云はざるか、「所謂 伊の人」、「温なること其れ玉の如し」と。其の人 玉の如くして、而る後 其の詩玉の如し。東坡[蘇軾]漱玉の句、清なり。然らば必ず坡ありて後 漱玉の名 始めて重なる。然らば則ち泉は玉を以て清、玉は詩を以て清、詩 又 人を以て清なり。(五〇)(「猶子公信玉泉詩集跋」)

以上の四つの文章すべてにおいて、「清」という字で詩を評している。「清」は、印象面でいえば清澈明浄、明るくすみわたっていることだし、本質面でいえば清雅高潔、気高く上品であることだから、詩歌がもつ美しさを評価したり詩歌の特質を総括したりするのに使うことができる。昔の人はずいぶん早くから「清」を人物評価に使っていた。東漢後期の月旦評や『世説新語』の人物鑑定には、「清」字によって考察するものが多い。王義山は劉夔翁・陳梅垣・劉雲甫・公信たちの人と詩とを評しているが、使われている「清」字がなかなか効いている。元人の詩序には「清」字を含むフレーズによって作品を評価するものも多くある。劉表元が史和旨の詩を「清純典密」(「跋史和旨詩巻」)、陳櫟が沈立之の詩を「清麗秀抜」(「銭塘沈教諭送行詩巻序」)、趙孟頫が高文度の詩を「清雋奇雅」(「高惟正呉山紀実詩序」)、呉師道が陳森の詩を「清峭刻厲」(「陳森詩後題」)、欧陽玄が孫春洲の詩を「清曠簡遠」(「虚籟集序」)、蘇天爵が宋褧の詩を「清新飄逸」(五一)(「宋翰林文集序」)などと言っているように。どれも簡にして要を得ていてわかりやすく、しかも詩歌がもつ美しさを評価したり詩歌の特質を総括したりというところまでやってのけている。現存する元人の詩序では、詩序の作者たちが「清」という文字や「清」を含むフレーズを使って詩歌を評することが多い。

私は、三四一名の作者が書いた二三七〇篇の詩序に目を通した。そこには詩歌がもつ美しさを評価したり詩歌の特質を総括したりという個人的な見解が大量に有った。しかし、詩序作者の生活感情や詩の素養にしろ、対象となる詩人とその詩にしろ、割と違いが大きく、詩序にみられる個人的な見解も様々である。こうなると、元代において詩歌がもつ美しさや特質がどのように捉えられていたのかを、詩序を整理し概括し帰納することによって窺うことは非常に難しく、今後の研究に俟たねばならない。

四、詩歌史観

詩歌が辿ってきた道のりをどのように取り扱っているのか、その善し悪しをどのように見定めているのか、これらもまた、元人の詩序が正面切って答えなければいけない大切な問題だ。多くの文人が「変」という視座によって歴代の作家や作品を論評している中でも、元末明初の文人である王褘の「練伯上詩序」が代表的だから、その文をざっとみてみよう。

古今 詩道の変は一に非ず。気運に升降 有りて、文章 之と与に盛衰を為す。蓋し其の来るや久し。「三百篇」は論ずる勿きのみ、漢より以来 蘇子卿［蘇武］・李少卿［李陵］は実《すなは》ち作者の首、此れ詩の始変なり。建安に迨び、魏の黄初に接ぐに、曹子建［曹植］父子起こりて振るひ、劉公幹［劉楨］・王仲宣［王粲］相 倡和す。正始の間、嵆・阮［嵆康・阮籍］又 継ぎて作り、詩道 是に於て大盛を為す、此れ其の再変なり。是れより以後、正音 稍や微なり。晋の太康に逮びて中興し、陸士衡の兄弟［陸機・陸雲］・潘安仁［潘岳］・張茂先［張華］・張景陽［張協］・左太沖［左思］は、咸 其の称首たり。而れども陶元亮［陶淵明］の天分 独り高く、其の得たる所に自《おい》て、建安を超えて上るに殆し。此れ又 一変なり。宋の元嘉より以還《このかた》、三謝・顔・鮑［謝霊運 謝恵連 謝朓・顔延之・鮑照］なる者らの作、復た漢魏の風 有るが似し。然れども其れ間ま或いは藻を傷つけて刻み、渾厚の意 欠す。太康を視るに相 及ばず。斉の永明より下るに、其の弊 滋ます甚だしく、沈休文［沈約］の声韻に拘り、王元長［王融］の編迫に局《くぎ》り、江文通［江淹］の摹擬に過ぎ、陰子堅［陰鏗］・何仲言［何遜］の繊瑣に流れ、徐孝穆［徐陵］・庾子山［庾信］の婉縟を専らにす。此れ復た一変なり。唐初は陳・隋の弊を襲ひ、多く徐・庾を宗とし、張子寿［張九齢］・蘇廷碩［蘇頲］・張道済［張説］・劉希夷・王昌齢・沈雲卿［沈佺期］・宋少連［宋之問］皆 久習に溺れ、頽靡して振るはず。王・楊・盧・駱［王勃・楊炯・盧照鄰・駱賓王］始めて唐晋の端を開くが若く、陳伯玉［陳子昂］又 復古に力む。此れ又一変なり。開元・大暦に杜子美［杜甫］出で、乃ち上は風雅に薄り、下は漢魏を掩ふ。所謂 集大成する者なり。而れども李太白［李白］又 風騒を宗として建安を友とし、杜と相 拮抗す。復た王摩詰［王維］・韋応物・岑参・高達夫［高適］・劉長卿・孟浩然・元次山［元結］の属、咸 興寄を以て相 高く、以て銭・郎・苗・崔［銭起・郎士元・苗発・崔峒］の諸家、比比《しきり》と作るに及ぶ。既にして韓退之［韓愈］・柳宗元 元和に起こりて、実ち方に李・杜［李白・杜甫］に駕し、元微之［元稹］・白楽天［白居易］・杜牧之［杜牧］・劉夢得［劉禹錫］咸 彬彬として附和す。唐世 詩道の盛んなるは、是に於て至ると為す。此れ又一変なり。然れども大暦・元和より以降、王建・張籍・賈浪仙［賈島］・孟東野［孟郊］・李長吉［李賀］・温飛卿［温庭筠］・盧仝・劉叉・李商隠・段成式、各おの自ら家を成すと雖も、或いは怪に淪み、或いは険に迫り、或いは寒苦に窘《くる》しみ、或いは靡曼に流れ、開元に視《くら》ぶるに遂に逮ばず。其の季年に至るや、朱慶余［朱可久］・項子遷［項斯］・鄭守愚［鄭谷］・杜彦夫・呉子華［呉融］が輩、悉く繊弱 鄙陋にして、観るに足る無し。此れ又一変なり。宋初は晩唐の習に仍り、天聖より以来、晏同叔［晏殊］・銭希聖［銭惟演］・楊大年［楊億］・劉子儀［劉筠］、皆 将に其の習を易へんとして、之れ革むる莫し。欧陽叔に及び、乃ち西崑の弊を痛み、而して蘇子美［蘇舜欽］・梅聖兪［梅堯臣］・王禹玉［王珪］・石延年・王介甫［王安石］、競ふに古学を以て相 尚ぶ。元祐の間、蘇・黄［蘇軾・黄庭堅］挺出するも、諸作 廃するに幾し。此れ又一変なり。建炎の余、日にひに弊に趨き、尤延之［尤袤］の清婉なる、朱元晦［朱熹］の沖雅なる、楊廷秀［楊万里］の深刻なる、范致能[范成大]の宏麗なる、陸務観[陸游]の敷腴なる、固より粲然として観るべきも、抑そも唐為を去ること已に遠し。淳祐・咸淳の末に及び、音は促局にして器は苦窳ならざるは莫く、議を以て為す無し。此れ又一変なり。元初は金氏の風を承け、作者 質朴を尚びて辞致 鮮し。延祐・天暦、豊亨 予大の時に至り、范・虞・掲[范梈・虞集・掲傒斯]より以て楊仲弘[楊載]・元復初[元明善]・柳道伝[柳貫]・王継学[王士熙]・馬伯庸[馬祖常]・黄晋卿[黄溍]に及ぶまで諸君子 出で、然る後 詩道の盛んなること、唐を跨ぎて漢を軼《す》ぐるに幾し。此れ又 其の一変なり。然れども今に至るまで未だ久しからざるに、気運 乖裂し、士 習ふこと遽に卑しく、争ひて粉絵 鏤刻に務めて以て相 高しとし、斉・梁に効ふも及ぶ能はず。……余 嘗て之を聞く。楊公[楊載]の言に曰く、「詩は当に材を漢魏より取るべくして、音節は唐を以て宗と為すべし」と。黄公[黄溍]の言に曰く、「詩は平実にして流麗なるを貴ぶ」と。嗟。詩を言ふの要、此れより易きは無し。伯上の詩を読むに、二公の言を合して之を求むれば、則ち其の詩たるや得べくして識るなり。伯上は予と官を同《とも》にし左右の史たり。相知ること厚し。故に因りて其の詩に序して、歴れきと古今 詩道の変を道ひて、之に与へて商略せり。(五二)

王禕（一三二二〜一三七二） 字は子充、婺州路 義烏県（現 浙江省 義烏市）の人である。若い頃、柳貫・黄溍に師事した。危素と張起巌が推薦してくれた時には仕官することにはならなかった。青岩山に隠居して書き物に精を出した。至正十八年（一三五八）に朱元璋が婺州を占拠すると、召し出されて中書省掾史となり、翰林待制に至った。洪武五年（一三七二）、明に降るよう梁王を説得するため雲南に赴いたが、たまたま元の使者である脱脱が税の取り立てに来ていて、結局 王禕は殺された。練伯上の名は高、元末に郷試に合格したが、隠居して元には仕えず、王禕とともに朱元璋のもとで掾史として働いた。上には引かなかったが「公 没して且に二十年にならんとす」、虞集が亡くなって二十年が経とうとしていたという記述もあることから、この序文が至正二十七年（一三六七）頃に書かれたことがわかる。だからこの作品を元末のものとみなすことができるのだ。

王禕に先立つ学者たちは「変」という視座によってそれまでの文学を論述していた。『文心雕龍』（時序）には「時運は交ごも移り、質文は代だい変はる」とある。王禕の序文では主として「古今 詩道の変」である十回の変遷について論じている。中でも、唐詩の三「変」と宋詩の二「変」についてはかなり多くの言葉を費やしていて、唐代の詩人四六名と宋代の詩人一七名に言及している。その説明は妥当なもので、詳しくてわかりやすい。詩道の変化を引き起こすことについては、「気運に升降 有りて、文章 之と与に盛衰を為す」からだという。気運とは、運命のことである。王禕は、唐代に詩道が盛んになり宋末に「音は促局にして器は苦窳」と衰えたのも運命のせいだし、元末の詩歌に弊害が現れたのも「気運 乖裂」したせいだとみなしている。「気運」という言葉を使って時代や文章の盛衰を示すと、『文心雕龍』の「時運」を使うよりもずっと説得力が増す。だから元代の人はよくこの言葉を利用した。鄧剡（一二三二〜一三〇三）の「翠寒集序」では「詩は変を悪むか。三百篇の後、『手を携へて河梁に上る』に変じ、下は建安・斉梁に迨ぶまで数しば変じて唐に至る。宋季の詩に洎び、大いに変じて絶するは、何ぞや。詩は風化に関はり、気数に繫かる。士 昔 時文に騖《はし》り、詩を視て長物と為せしとき、工ならざる有ると雖も工なり。唐に及ばず。詩の変に非ず、乃ち時の変なり。吁。詩は変を貴びて、一律を守らず。千変万化、之を変じて窮まらず(五三)」、戴良（一三一七～一三八三）の「皇元風雅序」では「気運に升降 有り、人物に盛衰 有るは、是れ詩の変化なり。亦 毎に之に与して相為すに窮まる無きに於てす[五四]」と、どちらも詩歌の「変」を重んじつつ、「気数」・「気運」という言葉を使って説明している。

詩歌の「変」に重きをおくことによって、元代の文人は『詩経』以来、それぞれ違う時代における詩歌の特徴とその成果とに注意を払うようになる。その見解は次の三点においてほぼ一致している。

（1）魏晋の詩歌をしっかりと認めている。

五言詩は東漢に始まって、建安で盛んになり、両晋で熟していき、陶淵明で非の打ち所が無くなった。元人の詩序では魏晋の詩歌を十分に認めているが、とりわけ陶淵明を高く評価するものが多い。方回は「天理に純ならざれば、公論 尽くさず、流俗を抜かざれば、人品 高からず。……必ず此れを知る者、始めて与に陶淵明の詩を語るべきかな。淵明の詩、人は皆 以為へらく平淡なりと。之を細読するに、天下の豪放を極む。惟だ朱文公［朱熹］のみ能く之を知る」（「張沢民詩集序」）と言い、呉澄は「陶子の詩、悟る者 鮮し。其の泊然として沖澹 甘んじて為す無き者は、命分に安んず。其の慨然として感発して為す有らんと欲する者は、志願を表す」（「陶淵明集補註序」）と言い、劉岳申は「陶淵明の本志は子房［張良］・孔明［諸葛亮］の下に在らざれども、終身 漢の高皇［劉邦］・蜀の昭烈［劉備］に遇はざれば、徒に詩を賦し酒を飲む。時時に微かに其の意を見すも、放曠に托し、其の真率に任す。事ふる所 無き者多きが若し。……故に其の詩は至腴を以て至澹を為し、雄奇の恢脆を以て隠居の放言を為し、人をして未だ窺測し易からざらしむるを要す」（「張文先詩序」）と言い、倪瓚は「『詩』亡びて『騒』と為り、漢に至りて五言と為る。吟詠して性情の正を得たる者は、其れ惟だ淵明のみなるか。韋・柳［韋応物・柳宗元］は沖淡 蕭散、皆 陶［陶淵明］の旨趣を得、下は此れ則ち王摩詰［王維］なり。何となれば則ち、富麗 窮苦の詞は工なり易く、幽深 間遠の語は造り難ければなり[五五]」（「謝仲野詩序」）と言っている。元の時代、陶詩に和した作品集や陶集に注釈を施した書物が七種も出たということも、注意すべき現象であるとわかる。

（2）唐代の詩歌について口を極めて褒めている。

唐代は我が国の詩歌創作の絶頂期である。傑出した作家が多く、優秀な作品も豊富なため、元代文人は敬慕してやまない。「唐は三百年に幾く、鼎鐘 雅道を挟み、中間 大体 三変す。故に章句に焦心の人有り、声律は穿楊の妙に至り、法に於て能く備へ、言に於て仮る所無く、其の逸度 高標に及び、余波 遺韻あり。高きに臨みて能く賦し、閑暇に微吟し、旧格も近体も古風も楽府の類も、芳しきは当代に沃《そそ》ぐも、響きは陳人より起こる。淡寂なれども枯悴の嫌はしき無く、繁藻なれども淫妖の忌み無く、猶ほ金碧 彩を助け、宮商 自ら協ふがごとく、端《まさ》に仰ぎて先塵を緒《つ》ぎ、俯して来世に謝《つ》ぐるを以てするに足る。清廟の瑟、薫風の琴、未だ或いは其の沈鬱を簡《はぶ》かざるも、両晋の風流より、相 下らざること秋毫に於てす[五六]」（辛文房「唐才子伝引」）。唐代の詩人は数多いが、元人が最も評価するのは、「李太白［李白］の天才は間気、神俊 八極の表に超然とするも、法度の中に従容するは、夫子 心の欲する所に従ひて矩を踰えざるが如し。故に詩の聖と曰ふ。黄鶴楼を槌ち、鸚鵡洲を倒すは、此れ夢を以て語る」（呉澄「丁暉卿詩序」）、「子美［杜甫］特起し、遂に詩家の宗と為る。曠達の高き、感慨の極まる、情性の至る、志節の大きなる、当時の諸人 蓋し之れ備ふる莫し」（虞集「新刊杜工部詩詩類序」）、「杜子美［杜甫］の大篇は江河のごとく、転た怪にして不測、太白「李白」・退之「韓愈」の天才と雖も及ぶこと罕なり。五言七言律に至りては、微かに拙なる処 有り。然れども時時に風雨 鬼神の助けを得れば、解くべきに在らず。七言の若きは宕麗、或いは更に古野に入りて、而も俚を為さず。亦惟だ作者のみ自ら知り、大家と雖も数しば評すること能はざるなり」(五七)（劉辰翁「跋白廷玉詩」）などからもわかるように李白と杜甫とであり、とりわけ杜甫に対する評価が高い。元という時代に二十八にものぼる杜詩の注解書が書かれた杜詩学の奇跡が何故あり得たのかがわかる。注意すべきは、元人の詩序においては、自分で詩を作る際に学ぶべき対象として魏晋と唐の詩歌をみていることである。確かに、王禕の序文が楊載を引用して「詩は当に漢魏に取材し、音節は唐を以て宗と為すべし」と言い、また甘楚材が「騒 変じて選となり、選 変じて律となる。選の極みに造《いた》るは靖節「陶淵明」に若くは莫く、律の極みに造るは工部「杜甫」に若くは莫し。選は陶に学ぶこと能はずして三謝「謝霊運 謝恵連 謝朓」に流れ、律は杜に学ぶこと能はずして則ち晩唐に流る」(五八)（「存中詩稿序」）と言っている通りである。

（3）宋代の詩歌に対する判断は周到で慎重である。

元詩が宋詩を引き継ぐにあたっては、客観的に捉えて公平な態度で臨み妥当な判断を下さなければならない。それができて初めて宋詩の短所を改め新しい潮流を作り出し、元代にあってまた詩壇を輝かせることが可能となる。これについては、方回が「送羅寿可詩序」でかなり詳しく述べているので、大体のところを引くと、「詩 晩唐に学ぶは、四霊「徐照 徐璣 翁巻《おうけん》 趙師秀」より始まるにあらず。宋は五代の旧習を鏟《けづ》り、詩に白体・崑体・晩唐体 有り。白体は李文正「李昉」・徐常侍 昆仲「徐鉉 徐鍇」・王元之「王禹偁」・王漢謀「王奇」の如し。崑体は則ち楊・劉「楊億・劉筠」の『西崑集』有りて世に伝はり、二宋「宋庠 宋祁」・張乖崖「張詠」・銭僖公「銭惟演」・丁崖州「丁謂」皆 是れなり。晩唐体は則ち九僧「希昼 保暹 文兆 行肇 簡長 惟鳳 恵崇 宇昭 懐古」最も真に逼り、寇莱公「寇準」・魯三交「魯三江、魯交」・林和靖「林逋」・魏仲先父子「魏野 魏閑」・潘逍遙「潘閬」・趙清献「趙抃」の父など凡て数十家、深く涵《うるほ》ひ茂《さか》んに育み、気 極まり勢ひ盛んなり。欧陽公「欧陽脩」出で、一変して李太白「李白」・韓昌黎「韓愈」の詩を為《をさ》むるに、蘇子美「蘇舜欽」ら二難 相 頡頏するも、梅聖兪「梅尭臣」則ち唐体の出類なる者なり。晩唐 是に於て退舎せり。蘇長公「蘇軾」欧陽公に踵ぎて起つ。王半山「王安石」は衆体を備へ、絶句・古五言 或いは三謝「謝霊運 謝恵連 謝朓」に精し。独り黄双井「黄庭堅」のみ専ら少陵「杜甫」を尚び、秦・晁「秦観・晁補之」其の藩を窺ふこと莫きも、張文潜「張耒」の自然は唐風 有り、別して一宗を成す。惟ふに呂居仁「呂本中」克く陳後山「陳師道」に肖て、学ぶ所を棄てて双井に学ぶ。黄は致りて広大、陳は極めて精微なれば、天下の詩人 北面せり。立てて江西派の説を為すこと、銓取 或いは尽くは然らざれば、胡致堂「胡寅」之を詆る。乃ち後に陳簡斎「陳与義」・曽文清「曽幾」は渡江の巨擘《きよはく》たり。乾淳以来、尤・范・楊・陸・蕭「尤袤・范成大・楊万里・陸游・蕭徳藻」は其の尤なり。道学は師を宗び、書に於て通ぜざる所 無く、文に於て能くせざる所 無く、詩は其の余事なり。而れども高古清勁、尽く余子を掃ふは、又 一朱文公「朱熹」有り。嘉定より降り、稍や江西を厭ひ、永嘉の四霊 復た九僧の旧を為むるのみにして、晩唐体は此の四人より始まるに非ざるなり。後生の晩進は顛末を知らず、靡然として之を宗び、其の波を渉るも其の源を究めざれば、日にひに浅く日にひに下る。然れども尚ほ余杭の二趙「趙汝談 趙汝讜」・上饒の二泉「趙蕃 韓淲」有れば、典刑 未だ泯びず。今の詩を学ぶ者は三千年の間に於て上に溯り下に沿《くだ》り 探るを窮めて邃《ふか》く索むるにあらず、而して徒だ近世六・七十年間の偏する所を追逐するのみなれば、区区として敢へて知らんとする所に非ざるなり」[五九]ということだ。ここでは、欧陽脩より以前は「晩唐体」に則っていたが、欧陽脩が出て「一変して李太白・韓昌黎の詩を為め」たこと、乾道・淳熙年間に活躍した宋学の大家たちのうち「尽く余子を掃」う詩を作ったのが朱熹であること、嘉定以降は江西派の詩風がやや飽きられたことが述べられている。宋詩がたどった変化の過程について簡にして要を得た記述がしてあり、方回が宋末の詩壇における風潮をなぜ批判しているのかがよくわかる。南宋後期には永嘉四霊の影響で晩唐体を学ぶのがトレンドになっていたが、彼らは永嘉四霊が宋初の九僧たちの晩唐体を復活させたのだという「顛末を知らず」、流行にのるだけだったから、作る詩も「日にひに浅く日にひに下」ったのだと、自分たちの詩の源流を究めようとしない態度を批判しているのである。

詩歌の「変」に注意することは、歴代の詩型と詩風の変遷について更にしっかりと理解するのに役立つ。呉澄は「皮照徳詩序」で「詩の変は一にあらず。虞[舜]廷の歌 邈かなるは、論 勿し。余 三百五篇を観るに、南は自ら南、雅は自ずから雅、頌は自ら頌、変風は自ら変風なり。変雅も亦 然り、各おの同じからず。詩 亡びて楚騒 作《おこ》り、騒 亡びて漢の五言 作り、魏・晋に訖る。顔・謝[顔延之・謝霊運]以下は、五言と曰ふと雖も、魏・晋の体は已に変じたり。変じて陳・隋に極まり、漢の五言 是に至りて幾んど亡ぶ。唐の陳子昂 顔・謝以下より変じて上《のぼ》せて晋・魏・漢を復し、而して沈・宋[沈佺期・宋之問]の体 別に出づ。李・杜[李白・杜甫]之を継ぐ。子昂に因りて変あり、柳・韓[柳宗元・韓愈]は李・杜に因りて又 変ず。変の中に古体 有り、近体 有り。体の中 五言 有り、七言 有り、雑言 有り。詩の体は一ならず、人の才も亦 一ならず。各おの其の体を以てし、各おの其の才を以てし、各おの一家を成す。信に造化 物を生ずるが如く、洪も繊も曲も直も、青も黄も赤も白も、均しく大巧の一巧なり。三百五篇より、已に一概に斉しくすべからざるに、況んや後の作者をや。宋氏に王・蘇・黄[王安石・蘇軾・黄庭堅]の三家 各おの杜の一体を得たり。涪翁[黄庭堅] 蘇迥に於て相 同じからざれば、蘇門の諸人 其の初めより略ぼ之を許さざるも、坡翁[蘇軾]独り深く器重し、以て絶倫と為す。眼は一世に高きも、必ずしも人の己に同ぜざること此の如し。近年 乃ち或いは清円にして倜儻なるを之れ尚しと為して、涪翁を極詆す。噫。群児の愚かなるのみ、詩の全くして該《そな》はるを会《さと》らず。夫れ一ならざるの変、偏《ひとへ》に一を守り是として悉く其の余を非とするは、不合にして不公、何を以てか漢の世 専門の経師と異ならんや」[六〇]と述べている。詩の体というとき、詩の様式と風格の両方を含めて言うが、呉澄は詩体の「変」から歴代の詩人を評価しており、ユニークである。

詩歌の「変」に注意することは、元代の文人がある時代の詩文をよりよく取り扱うのにも役立った。詩歌に「変」があるのであれば、特定の時代にはその時代の特徴を代表するような作家がいるはずだし、作品があるはずである。詩序の作者たちも、こうした考えに基づいて論じていた。呉善の「牧庵集序」には次のような記述がある「文章には一代の宗工 有り。其の出づるや、山川の霊を秉り、天地の運に関はる。所謂 百年 幾見なる者なり。漢の四百年、惟だ司馬遷 父子・揚雄・班固の四人あるのみ。両晋・魏・隋の間は則ち聞く無し。唐の三百年、惟だ韓愈・柳宗元の二人あるのみ。宋の三百年、惟だ欧陽脩・蘇軾の二人あるのみ。是の時に当たり、作者無きに非ず。其の間に雑出し、三・四君子と相 与に長を度り大を挈り、駕を並べて斉び駆く。然れども皆 掇拾し剽窃すれば、一家の言を成して、当代の宗工の任を負ふこと能はず。此の山川の気・天地の運、誠し時 有りて或いは息まば、即ち我が朝なり。国の初め、最も賢 多しと号するも、文章 衆くして一代の宗工と称する者は、惟だ牧庵 姚公 一人のみ」。(六一)『牧庵集』は姚燧の詩文集である。呉善は姚燧を元代初期における代表的詩人とみなしているが、この論の出発点は「文章には一代の宗工有り」ということにある。王沂の「隠軒詩序」には「余 嘗て世の唐詩を宗とする者は中州を陋《せば》むるかと怪しむ。是れ蓋し一代の文に一代の体 有るを知らざればなり」とある。隠軒は太原の李文美の自号で、王沂は「早に遺山 元先生[元好問]に従ひて遊ぶ。其の詩と楽歌を為るや、質なれども俚に近からず、華なれども浮に至らず、婉約なれども達し、敷暢なれども則り、甚だ遺山に似たる有り」(六二)と李文美の詩作を評価する。「一代の文に一代の体 有り」という考えに立脚した作品であることを褒めているのである。呉善や王沂の言ったことは、古代文学を研究する後進の学者に影響を与えた。

趙孟頫の「劉孟質文集序」が詩序の対象に批判的なことを記すなど少数の例外はあるものの、現存する元人の詩序の殆どは、程度の差こそあれ褒めすぎるきらいがあり、読者に反感を抱かせる。しかしその欠点を大目にみて、ばらばらで断片的な大量の記述を集めて帰納し分析すれば、そこから必ず元人の詩学主張と詩文史料とを選り分けて読み取ることができ、我々が元代の詩歌を掘り下げて研究するのに資する。この仕事は有意義であるが、難しいうえ、始まったばかりである。我々は各方面から寄せられる御意見を真摯に受け止め、元人詩序研究の仕事がさらに着実に進むよう力を尽くす所存である。

《注》

(一)『四庫全書総目』、北京 中華書局、一九六五年版、一七二五頁。
(二)李修生主編『全元文』、南京 鳳凰出版社、第三二冊二〇〇四年版、四〇七頁。
(三)朱熹『詩集伝』、上海 上海古籍出版社、一九五八年排印本、一頁。
(四)李修生主編『全元文』、南京 鳳凰出版社、第三冊一九九八年版、一二二頁。
(五)以上の六カ所については、李修生主編『全元文』、南京 鳳凰出版社、第八冊一九九八年版、九九頁／第一四冊一九九九年版、三〇三・三二九頁／第二六冊二〇〇四年版、一三一頁／第三二冊二〇〇四年版、七五頁／第四九冊二〇〇四年版、二七一頁から引用した。
(六)以上の三カ所については、『十三経注疏』、北京 中華書局、一九八〇年版、二五二五・二七〇・一六〇九頁から引用した。
(七)以上の三カ所については、李修生主編『全元文』、南京 鳳凰出版社、第二六冊二〇〇四年版、二四八頁／第一九冊二〇〇〇年版、三五七頁／第四五冊二〇〇四年版、四一〇頁から引用した。
(八)以上の三カ所については、李修生主編『全元文』、南京 鳳凰出版社、第二六冊二〇〇四年版、七九～八〇・九四・一〇二頁から引用した。
(九)顧嗣立『元詩選』初集下、北京 中華書局、一九八七年版、一七六一頁。
(一〇)李修生主編『全元文』、南京 鳳凰出版社、第四〇冊二〇〇四年版、五九三頁。
(一一)以上の三カ所については、李修生主編『全元文』、南京 鳳凰出版社、第三八冊二〇〇四年版、九九頁／第四八冊二〇〇四年版、二五〇頁／第三六冊二〇〇四年版、二六五頁から引用した。
(一二)呉澄の言葉は、李修生主編『全元文』、南京 鳳凰出版社、第一四冊一九九九年版、三六六・三三六・二九七・二七八頁から引いた。
(一三)以上の四カ所については、李修生主編『全元文』、南京 鳳凰出版社、第一冊一九九八年版、三〇六頁／第一〇冊一九九九年版、六五五頁／第一一冊一九九九年版、四〇頁／第五七冊二〇〇四年版、一〇八頁から引用した。
(一四) 李鳴・沈静校点『劉将孫集』、長春 吉林文史出版社、二〇〇九年版、九四頁。
(一五) 李修生主編『全元文』、南京 鳳凰出版社、第一七冊二〇〇〇年版、二二七頁。
(一六) 李修生主編『全元文』、南京 鳳凰出版社、第二〇冊二〇〇〇年版、一五頁。
(一七) 邱居里・邢新欣校点『呉師道集』、長春 吉林文史出版社、二〇〇八年版、三五〇頁。
(一八) 王頲点校『黄溍全集』、天津 天津古籍出版社、二〇〇八年版、二五九頁。
(一九)『十三経注疏』、北京 中華書局、一九八〇年版、二六九～二七〇頁。
(二〇) 王頲点校『黄溍全集』、天津 天津古籍出版社、二〇〇八年版、二七五～二七六頁。
(二一) 王頲点校『黄溍全集』、天津 天津古籍出版社、二〇〇八年版、二七九頁。
(二二) 李修生主編『全元文』、南京 鳳凰出版社、第六〇冊二〇〇四年版、八八頁。
(二三) 以上の五カ所については、李修生主編『全元文』、南京 鳳凰出版社、第二五冊二〇〇一年版、五一五頁／第三七冊二〇〇四年版、二七二頁／第四六冊二〇〇四年版、四五六・四五八頁／第四六冊二〇〇四年版、六一二頁／第四七冊二〇〇四年版、四八二頁から引用した。
(二四) 董誥等編『全唐文』巻五五六、上海 上海古籍出版社、一九九〇年版、二四九三頁。
(二五) 呂祖謙編『宋文鑑』巻八六、長春 吉林人民出版社、一九九八年版、七七四頁。
(二六) 何文煥『歴代詩話』北京 中華書局、一九八一年版、二六八頁。
(二七) 李修生主編『全元文』、南京 鳳凰出版社、第七冊一九九八年版、一一九頁。
(二八) 李修生主編『全元文』、南京 鳳凰出版社、第七冊一九九八年版、八八頁。
(二九) 李修生主編『全元文』、南京 鳳凰出版社、第一四冊一九九九年版、二五二頁。
(三〇) 王義山の「陳国録庚辰以後詩集序」に「昌黎 唱和詩に序して曰く、『和平の音は淡薄、愁思の声は要妙。讙愉の辞は工なり難く、窮苦の言は好なり易し』と。陳君は甲戌以前は、和平の音、讙愉の辞なり。庚辰以後は、愁思の声、窮苦の言なり。陳君 愈いよ窮すれば、詩 愈いよ工なり。庚辰以後の詩、猶ほ子美の夔州以後の詩のごとし」とある。李修生主編『全元文』、南京 鳳凰出版社、第三冊一九九八年版、一一七頁。蘇天爵の「題黄応奉上京紀行詩後」に「昔欧陽子 梅聖兪の身 窮まりて辞 愈いよ工なるを以て、嘗て曰く『世に詩人の達せしは少なく窮まるは多しと謂ふ……蓋し詩の能く人を窮せしむるに非ず、窮せし者にして後 工なり』と。晋卿の詩は縝密にして思ひは清、豈に天 固より之を窮せしめ、其の辞を工ならしめんと欲せんや」とある。李修生主編『全元文』、南京 鳳凰出版社、第四〇冊二〇〇四年版、八八頁。
(三一) 李修生主編『全元文』、南京 鳳凰出版社、第一〇冊一九九八年版、六七～六八頁。
(三二) 以上の三カ所については、李修生主編『全元文』、南京 鳳凰出版社、第二九冊二〇〇四年版、一〇〇～一〇一頁／第三八冊二〇〇四年版、九七頁／第四二冊二〇〇四年版、四九三頁から引用した。
(三三) 楊維楨は「才」が「工」に及ぼす肯定的な作用も重視する。彼は「衛子剛詩録序」で「昔人詩を論じて、『窮苦の詞は工なり易く、驩愉の詞は好なり難し』と謂ふ。子剛の工なるは窮苦に得ずして驩愉に得るにあり。以て其の才の等輩より高く出づるは、休戚の情を以て限るを得ざればなるを知るべし」と述べている。李修生主編『全元文』、南京 鳳凰出版社、第四一冊二〇〇四年版、二四四～二四五頁。
(三四) 李修生主編『全元文』、南京 鳳凰出版社、第五七冊二〇〇四年版、四六一～四六二頁。
(三五) 傅璇琮・孫欽善ら主編『全宋詩』、北京 北京大学出版社、一九九五年版、第一九冊、一二六五二頁。
(三六) 以上の三カ所については、李修生主編『全元文』、南京 鳳凰出版社、第八冊一九九八年版、一三〇頁／第八冊一九九八年版、一三五頁／第一四冊一九九九年版、三一一頁から引用した。
(三七) 李鳴・沈静校点『劉将孫集』、長春 吉林文史出版社、二〇〇九年版、九五～九六頁。
(三八) 李修生主編『全元文』、南京 鳳凰出版社、第二五冊二〇〇一年版、五一二～

五一三頁。

(三九) 李修生主編『全元文』、南京 鳳凰出版社、第三八冊二〇〇四年版、一四九頁。

(四〇) 王次澄「元初詩集序文価値探討」（王次澄著『宋遺民詩与詩学』所収、北京 中華書局二〇一一年版、一一九頁）参照。この論文は、何夢桂の詩学に対する考えも詳述する。

(四一) 李修生主編『全元文』、南京 鳳凰出版社、第三二冊二〇〇四年版、一六〇頁。

(四二) 李修生主編『全元文』、南京 鳳凰出版社、第八冊一九九八年版、一二五頁。

(四三) 李鳴・沈静校点『劉将孫集』、長春 吉林文史出版社、二〇〇九年版、九六頁。

(四四) 李修生主編『全元文』、南京 鳳凰出版社、第五一冊二〇〇四年版、四六八頁。

(四五) 李修生主編『全元文』南京 鳳凰出版社、第三冊一九九八年版、二三二～二三三頁。

(四六) 袁桷「先君史蚤承師友晩固艱貞習益之訓伝於過庭述師友淵源録」（李軍・施賢明・張欣校点『袁桷集』所収、長春 吉林文史出版社、二〇一〇年版、四八二頁）。

(四七) 以上の四カ所については、李修生主編『全元文』、南京 鳳凰出版社、第七冊一九九八年版、二一八頁／第一四冊一九九九年版、二六六頁／第一七冊二〇〇〇年版、五五五頁／第三九冊二〇〇四年版、一五〇頁から引用した。

(四八) 李軍・施賢明・張欣校点『袁桷集』、長春 吉林文史出版社、二〇一〇年版、六九〇頁。

(四九) 以上の三カ所については、李修生主編『全元文』、南京 鳳凰出版社、第二六冊二〇〇四年版、一〇九頁／第四五冊二〇〇四年版、四二七頁／第五五冊二〇〇四年版、三〇五頁から引用した。

(五〇) 以上の四つの文章については、李修生主編『全元文』、南京 鳳凰出版社、第三冊一九九八年版、一一八・一三〇・一三一～一三二・一四〇頁。

(五一) 以上の六カ所については、李修生主編『全元文』、南京 鳳凰出版社、第一二冊一九九九年版、一七二頁／第一八冊二〇〇〇年版、一二〇頁／第一九冊二〇〇〇年版、八一頁／第三四冊二〇〇四年版、一〇八・四四〇頁／第四〇冊二〇〇四年版、六九頁から引用した。

(五二) 李修生主編『全元文』、南京 鳳凰出版社、第五五冊二〇〇四年版、二八六～二八七頁。

(五三) 李修生主編『全元文』、南京 鳳凰出版社、第九冊一九九八年版、二～三頁。

(五四) 李軍・施賢明校点『戴良集』、長春 吉林文史出版社、二〇〇九年版、三二五頁。

(五五) 以上の四カ所については、李修生主編『全元文』、南京 鳳凰出版社、第七冊一九九八年版、七六頁／第一四冊一九九九年版、三六〇頁／第二一冊二〇〇一年版、四五六頁／第四六冊二〇〇四年版、六一四頁から引用した。

(五六) 李修生主編『全元文』、南京 鳳凰出版社、第三六冊二〇〇四年版、二六六頁。

(五七) 以上の三カ所については、李修生主編『全元文』、南京 鳳凰出版社、第一四冊一九九九年版、二八五頁／第二六冊二〇〇四年版、九四頁／第八冊一九九八年版、五七四頁から引用した。

(五八) 李修生主編『全元文』、南京 鳳凰出版社、第一三冊一九九九年版、二二九頁。

(五九) 李修生主編『全元文』、南京 鳳凰出版社、第七冊一九九八年版、五一～五二頁。

(六〇) 李修生主編『全元文』、南京 鳳凰出版社、第一四冊一九九九年版、二七〇～二七一頁。

(六一) 李修生主編『全元文』、南京 鳳凰出版社、第三五冊二〇〇四年版、三二七頁。

(六二) 李修生主編『全元文』、南京 鳳凰出版社、第六〇冊二〇〇四年版、八六頁。

［参考文献］

(1)『元史』、宋濂等撰、北京、中華書局、一九七六年。
(2)『元人伝記資料索引』、王徳毅・李樹栄・潘柏澄編、北京、中華書局、一九八七年。
(3)『元代文学史』、鄧紹基著、北京、人民文学出版社、一九九一年。
(4)『元詩史』、楊鎌著、北京、人民文学出版社、二〇〇三年。
(5)『中国文学批評通史・宋金元巻』、顧易生・蔣凡・劉明今著、上海、上海古籍出版社、一九九六年。

（6）『中国詩歌史通論』、趙敏俐主編、北京、人民文学出版社、二〇一三年。

［附記］

本稿は、二〇一一年度国家社会科学基金プロジェクト『元人詩序整理与研究』（11BZW055）の研究成果の一部である。

総合討論一

全体会・分科会Ⅰ・総合討論を振り返って

石井　仁

　東方学会は、二〇〇九年八月以来、中国社会科学院歴史研究所との間で、日中（中日）学者中国古代史論壇を継続的に開催している。第六回となる今回は、「中国史の時代区分の現在―歴史学・思想史・文学の連携による」をテーマに、二〇名の報告が行われた。

　周知のように、日本の東洋史学界には、中国史の時代区分について、大別すれば、二つの異なる考え方が並存している。ひとつは、戦前、京都大学の内藤湖南によって唱えられた説をベースにする京都学派の説であり、もうひとつは、戦後、前田直典（「東アジアに於ける古代の終末」一九四八年）、西嶋定生など、東京大学出身の歴史学研究会のメンバーによって唱えられた歴研派（東京学派）の説である。前者はおおむね三世紀までを上古（古代）、一〇世紀までを中古（中世）、一〇世紀以後を近世とみなし、アヘン戦争以後を最近世とする。後者はマルクスの唯物史観をベースに、おおむね一〇世紀までを古代奴隷制社会、一〇世紀以後を中世封建制社会、アヘン戦争以後を近代資本制社会とみなす論陣を張った。本来、内藤の学説は自ら「余の所謂東洋史は支那文化発展の歴史」（『支那上古史』緒言）と述べているように、中国文化の動向を基に組み立てられたものであって、唯物史観とは無関係であったが、宮崎市定らによって、歴研派の説に対応すべく、社会経済史的な視点から再構成された。以後、両派の間に激しい論争がおこなわれるが、一九七〇年代以降、膠着状態に陥った。

　いっぽう、中国においても、第二次大戦をはさんで、いわゆる「古代史論争」がおこった。発端となったのは、郭沫若『中国古代社会研究』（一九三〇年）である。郭沫若もまた、マルクスの唯物史観の影響をうけ、これを中国古代社会の理解に応用し、殷およびそれ以前を原始共同体社会、西周を奴隷制社会、春秋以後を封建社会と規定した。これに対して、呂振羽は殷を奴隷制社会、西周を封建社会と主張した（『殷周時代的中国社会』一九三四年）。郭沫若は殷も奴隷制社会であると旧説を修正し（『十批判書』一九四五年）、さらに春秋末までを奴隷制社会と見なす新説を提唱した（『奴隷制時代』一九五二年）。侯外廬『中国古代社会史』（一九四九年）は郭沫若の説を継承し、いっぽう、范文瀾『中国通史簡編』（一九五三年）修訂本第一編は呂振羽の説を取り入れた。古代史論争は、井田制の理解をめぐる農村共同体論（農村共同体の解体後、奴隷制になるのか、封建制になるのか）などとリンクしつつ、盛んにおこなわれるが、後漢以後、あるいは魏晋以後を封建制とみなす説まで登場して紛糾を極め、決着していない。このほか、「近代史分期論争」などもおこなわれた。

　日本における時代区分論争は、一九八〇年代に入ると、政治情勢の変化とも相俟って、急速に下火になり、代わって個別実証的な研究が盛行し、断代史的な学会・研究会が活動を活発化させていった。一九九一年一月、京大会館で開催されたシンポジウム「戦後日本の中国史論争」（詳細は谷川道雄編『戦後日本の中国史論争』河合文化教育研究所、一九九三年）以降、時代区分を正面から論じる試みは絶えて久しい。さらに、日中学者の意見交換ということになれば、一九五五年一二月、中国科学院訪日学術視察団の翦伯賛らを迎え、史学会、東方学会、歴史学研究会など在京の六学会が共催した討論会（詳細は鈴木俊・西嶋定生編『中国史の時代区分』東大出版会、一九五七年）が、（成果が公刊されているという意味で）数少ない機会だったように思われる。

以上のような状況をふまえれば、「中国史の時代区分の現在」というテーマを掲げた今回の論壇の意義は、決して小さくはない。なおかつ、今回の論壇には歴史学のみならず、文学、哲学・思想など、幅広い分野の報告が集まった。これまでの時代区分論は（日中双方とも）歴史学の研究分野とされ、しかもその中心は（唯物史観がベースである以上、当然のことではあるが）社会経済史的な研究であった。おそらく、中国史の時代区分というテーマに、歴史学以外の研究者が本格的に参加し、学際的な形式で討論がおこなわれるのは、おそらく初めての試みなのではないかと思われる。

午前中に行われた「全体会」では、石井仁（駒澤大学准教授）・博明妹（中国社会科学院歴史研究所研究員）を司会に、四名が報告を行った。池田知久（山東大学儒学高等研究院教授）は、今回の論壇のテーマの主旨を述べ、本テーマが第四回論壇の「中国新出資料学の展開」というテーマからの継続性を持ちながら、かつて論争されたことのある中国史の時代区分論や中国古代史の歴史的特質論を、思想・語学文学をも含めた文化全体の中で考えるという新たな視点に立って、再度検討し直そうという試みであることを紹介した。楼勁（中国社会科学院歴史研究所研究員）「〝法律儒家化〟与魏晋以来的〝制定法運動〟」は、中国の法律の基本的特徴とその発展を理解するために、魏晋期に起こった法制定運動に着目し、「法律の儒家化」が律・令形態への進化を推進し、法典が司法における作用と地位を強化したことを解明し、その影響を論じた。妹尾達彦（中央大学教授）「人類史と東アジアの時期区分」は、中国に止まらない、世界史の時期区分を新たに提唱するものである。具体的には、第一期（前四〇〇〇年〜三、四世紀）は「古典国家の形成期」であり、陸路を交通手段として古典文化が形成される。第二期（四〜一五世紀）は、「ユーラシア史の形成期」であり、交通手段は陸路から水路・海路への移行期となり、農牧複合国家が形成され、世界宗教圏が成立する。第三期（一六〜二一世紀）は、「地球一体化の進展」の時期であり、海路を交通手段としながら世界が一体化する中で、近代国家が成立していく、としている。湯開建（澳門大学教授）「明詔州同知劉承范《利瑪伝》的発現、内容及其価値」は、『劉氏族譜』に掲載される劉承范『利瑪伝』の意義を劉氏と利氏との密接な関係が見られること、利瑪竇（マテオ＝リッチ）の中国文による長編の伝記として、西欧の文献に対する史料批判を可能にすることに求めた。

午後からは、主として時代ごとに、二つの分科会が開催された。分科会Ⅰは、石井仁・博明妹の司会のもと、八名が報告を行った。王彦輝（東北師範大学教授）「秦漢聚落形態研究――兼議宮崎市定的〝中国都市国家論〟」は、中国古代の聚落の形態は、殷周の昔から城邑と自然「聚落」との共存としてあり、秦漢で郷里体制が強化される過程で、散らばっていた聚落がそのまま行政システムに入った、と主張し、宮崎市定の時代区分の一つの指標となっている都市国家論を批判する。宋艶萍（中国社会科学院歴史研究所副研究員）「論〝堯母門〟対西漢中后期政治格局以及政治史観的影響」は、前漢の公羊学者である眭弘が提起した「漢家堯裔」思想は、趙婕妤が懐妊してから十四ヵ月で生んだ弗陵（昭帝）を同じく十四ヵ月で生まれた堯に準え、武帝が趙婕妤の住居の宮門を「堯母門」と称して宣揚したことの影響によって生まれたことを主張する。渡邉義浩（早稲田大学教授）「『古典中国』の成立と展開」は、中国史における新しい時代区分として、古典中国が成立するまでの原中国、古典中国の成立、古典中国の展開、古典中国の崩壊という、古典中国を指標とする四時代区分法を提起する。古典中国は、「儒教国家」の国制として後漢の章帝期に白虎観会議により定められた中国の古典的国制と、それを正統化する儒教の経義により構成される。具体的には、古典中国の統治制度は「大一統」を原則とし、それを保つ方策として、「郡県」と「封建」が対照的に語られる。「大一統」の障碍となる私的な土地の集積に対しては「井田」の理想を準備し、文化に依拠するあらゆる価値基準を国家のもとに収斂するため「学校」を置く。支配の正統性は、「皇帝」と共に用いられる「天子」という称号に象徴され、現実に中国を脅かす異民族を包含する世界観として「華夷」思想を持つ国家のことを古典中国と定義する。王承文（中山大学教授）「漢晋道教〝静室〟与斎戒制度的淵源考釈」は、漢から晋に至る道教の「静室」は、先秦から両漢にかけての祭祀礼の「斎宮」と「斎室」等の宗教施設が発展したものである、として吉川忠夫の理解を批判する。そして、「静室」は、儒家の祭祀斎戒の制度がもつ人と神とが通じるという性格と制度関連の規定などが、漢晋の天師道やその他の道派の斎戒制度形成に直接影響を及ぼす、と展望した。劉屹（首都師範大学教授）「道教〝霊宝〟伝統的歴史嬗変」は、道教「霊宝」の時代区分を六段階に分けて論ずる。第一は古霊宝経の形成以前、第二は「已出」や「未出」の古霊宝経が相次いで作られる段階、第三は古霊宝経から分化し発展していく段階、第四は霊宝が人為的に作り替えられた段階、第五は霊宝が新たに科儀化という性質を与えられた段階、第六は霊宝の科儀化された内容を受け継ぐだけで何も生み出さなくなった段階、である。そして、これらの段階の中で最も重要な区別が生まれたものは、宋代であった、と唐宋変革の重要性を指摘する。劉洪波（中国社会科学院歴史研究所研究員）「陰陽五行観念与魏晋南北朝時期禳災、減災」は、魏晋南北朝時代において、知識人たちの意識では、玄学の興隆や道教・仏教の段階的な普及があったとはいえ、儒家思想が依然として主導的な地位を占めていたことを明らかにする。この時期の儒学は、前漢以降の陰陽五行説の影響を深く受け、同時に後漢以降の讖緯思想の影響を受けていた。前者の陰陽五行観念が、この時期の各政権が行う救災・減災活動で重要な役割を果たしたことを、具体例に基づき論じられた。黄寿成（陝西師範大学教授）「西魏政権建立之初的宇文泰集団」は、西魏政権の初期には、宇文泰グループで権力の中枢に位置する人は少なかったが、それが宇文泰グループが大統六年以前の西魏政権を十分に掌握していたことにはならない、とする。それは、宇文泰が西魏政権樹立の初めに、すでに頼みにできる軍隊を握っていたためである、という。牧角悦子（二松学舎大学教授）「中国文学史における近代」は、近代という価値の転換期に見える文の価値評価の持つ意味を、古典解釈の中から探る。具体的には、近代的学術観と近代的文学観に基づく聞一多の『詩経』研究を扱い、そこには、歌謡としての『詩経』の解釈体系を提示するという新しさと同時に、その痛烈な鄭玄批判のなかに古典に向かうスタンスの相違に基づく異質な解釈に対する否定という偏狭さをも抱え込んでいたことを指摘する。そして、伝統的「文」概念から近代的「文学」概念への移行は、近代という未曾有の価値転換期に、社会体制、とくに教育制度との関連の中である意味強引に行われ、体制的に持ち込まれたものであったがゆえに、現在に至るまで多くの認識の齟齬をもつ不確かな「文学」認識が生まれた、と展望している。

分科会Ⅰと同じ時間に、分科会Ⅱが同時に行われていたが、その内容については、伊東貴之の文章を参照されたい。

分科会の終了後には、石井仁・伊東貴之・楼勁・博明妹を司会として、総合討論が行われた。はじめに分科会Ⅰの報告を石井仁が、ついで分科会Ⅱの報告を伊東貴之が総括し、それぞれにコメントを附した。そののち、フロアを含めて総合的な討論が行われ、十分な時間が取れなかったとはいえ、内藤湖南の時代区分に関する質疑応答が行われた。

岸本美緒は、次のような発言をした。かつての時代区分論争華やかなりしころの時代区分の方法とか指標に関する考え方と、現在我々がそういうことを考える場合の考え方とは果たして違っているのだろうか、どういうところに共通点があるのだろうか、ということを少し考えました。それで、考えてみますと、かつて時代区分論争が華やかに行われていたその背景には、例えば古代とか中世とかいう時代区分概念、それから封建制・奴隷制とか、そういうものはやはり、普遍的な発展コースの中の段階を指すものという共通認識があり、お互いに喧嘩しているようでも、普遍的な発展段階があるということが共有されていたからこそ喧嘩もできたという、そういうことがあるかと思います。では、現在はどうなのかということを考えますと、今日かなり多くの先生方が、内藤湖南の唐宋変革論などを論じられまして、やはり唐宋変革論というものを考えてみますと、例えば平民の力の台頭にしても、中央集権化ということにしても、あるいは商業化・都市化ということにしても、あるいは、小島毅さんのお話に出てきた規律と選抜というような問題にしましても、やはり一種、ヨーロッパと共通点があると考えられています。したがって、その内藤湖南の唐宋変革論という時代区分論の中で論じられてきた背景には、やはりそうした普遍的な発展コースというものがある意味あるのではないかと思います。唐宋変革論を考えたときに、内藤湖南自身は、そういう普遍的な発展コースみたいなものをどの程度明確に思い描いていたのでしょうか。そののち、戦後にマルクス主義と論争する過程で、そちらに引き摺られて発展段階論的な発想が、内藤湖南に対してもあったように受け取られていく気もするのですが、その点どうお考えであるのか、ということが一つです。それから、今日、内藤湖南の議論に言及なさった先生方は普遍的な発展コースということについてどのようにお考えなのか。そして、第三に中国では現在、そういう普遍的発展コースというものに対して、以前とは違う考え方というものがあるのか。もし、時間があったら伺ってみたいと思いました。

これに対して、司会は氣賀澤保規に発言を求め、次のような回答を得た。内藤湖南は、中国の歴史に内在する論理を追求しようとする中で、中国文化の発展を強く言っております。貫通する流れが見えてくる、と言っていたかと記憶しますが、それが西洋の発展史観とどう繋がるのかは、微妙なところではないかと思います。だからこそ、内藤湖南が提示した問題に対して、文化史によって流れを解こうとして、いわゆる京都学派の人々は、東京学派と言われる歴研派の人たちから言われる前から、文化史観だけでは、西洋との関係を上手く説明しきれないと意識していたと思います。それを補おうと、宮崎市定さんも、そうした立場で、文化を言う以上に奴隷制とか農奴制を盛んに意識したところがあります。第二に、私自身がどのような立場にいるかというと、それは少し困ります。ただ、今回そういう時代区分論を考える中では、そうした共通の場を競争の立場をもって議論する。そうした信頼関係の中で、違う意見をお互い言い合っていた、と本当にその通りであると思います。私もまた、歴史の発展の可能性をどう見たらいいか、にやはり拘っております。今の人たちが、そこにどうかというのは仕方ないと思いますが。

この後、時間がないために、議論は打ち切られ、司会として、次のように発言した。今回のシンポジウムが新しい流れになるのであれば、報告者も含め、ご参集くださいました先生方は、それぞれお考えになられたことがあると思いますので、ぜひ持ち帰って宿題にしていただき、またこういう機会があれば、再び集まって議論を深めることができればと願っております、と。

先に述べたように、本論壇は「中国史の時代区分の現在」というテーマを掲げたこと自体に、大きな意義があったと言える。たしかに、中国史ないし世界史の時代区分について正面から論じ、新たな仮説を提唱したのは、妹尾達彦・渡邉義浩の二報告にとどまった。しかし、他の報告者もそこまで踏みこまないまでも、たとえば、牧角悦子の報告がそうであったように、自らの研究を如何に時代に位置づけるのか、自らの専門分野において如何なる時代区分が可能なのか、それぞれ時代区分を意識した報告がなされたことは評価に値する。また、中国側の報告の中には、たとえば、宮崎市定の古代都市国家論に異議を唱えた王彦輝の報告に代表されるように、日本の研究成果を踏まえたものも少なくはなかった。六年に及ぶ継続的な日中の研究交流が、成果を挙げつつあることの証であろう。

総合討論二

分科会Ⅱを終えて

伊東　貴之

去る二〇一四（平成二十六）年五月二十四日（土）、東方学会の主催による、平成二十六年度の第五十九回・東方学者会議の日程と併せて、東京都千代田区一ツ橋の日本教育会館において、東方学会と中国社会科学院歴史研究所の共催による、第六回・日中学者中国古代史論壇が開催された。当日は、「中国史の時代区分の現在―歴史学・思想史・文学の連携による」との統一テーマの下、午前中の全体会（Plenary Session）の四名、午後からは、分科会Ⅰ（SectionI）の八名、並行して催された、分科会Ⅱ（Section II）の八名の計・二十名による研究報告が行われ、活発な議論が展開されて、大いに研究上の交流の実を挙げることが叶った。

そのうち、全体会と分科会Ⅰ（SectionI）の司会は、石井仁（駒澤大学）・博明珠（中国社会科学院歴史研究所）の両氏が担当されたほか、筆者は、楼勁（中国社会科学院歴史研究所）氏とともに、分科会Ⅱ（SectionII）の司会を務めた。次いで、最後の総合討論に関しては、如上の四名が、引き続き、司会（主持人）として、取り纏めを行った。全体会、並びに、総合討論、また、分科会Ⅰ（SectionI）の模様については、石井仁氏の御論攷に譲らせて頂き、以下、分科会Ⅱ(SectionII）における八名の方々の御報告を概観しつつ、大変僭越ながら、筆者なりの印象を記すこととしたい。

なお、当日、全体の趣旨説明を行われた、池田知久（山東大学儒学高等研究院）氏とともに、今回の論壇の開催に当たっても、企画の段階から、大変な御尽力をなされた、渡邉義浩（早稲田大学文学学術院）氏による、「第六回日中学者中国古代史論壇の開催」と題する詳細なレビューが、既に「東方學會報」№１０６にも収載されていることを附言しておきたい。御関心の向きには、是非とも、併せて御参看を願うものである。

さて、分科会Ⅱ（SectionII）は、気賀澤保規（元・明治大学）氏の報告「内藤湖南の時代区分論（内藤湖南的分期論及其現代意義）」をトップバッターとして、始められた。同報告では、まず、周知のように、後漢代までを「古代（上古）」、唐末までを「中世（中古）」、宋元から明清までを「近世」とする、戦前期に、内藤湖南によって提起された時代区分論を概説しつつ、それが、従前までの王朝の興亡にもとづく断代史を超えた、中国史の発展に関する独自の史観にもとづくものであり、戦前期には、日本の学界はもとより、広く世界の中国史学会にも影響を与えたことに、改めて注意を喚起された。また、戦後になってからは、前田直典（「東アジアにおける古代の終末」、『歴史』一―四、一九四八年）らの史的唯物論にもとづく世界史的観点を支持する立場の人々（「歴研」派、あるいは、東京学派）との間で、激しい論争が展開されたこと、取り分け、内藤湖南の学統を継ぐ京都学派の唐宋変革説の理解をめぐって、研究史的な回顧がなされた。

しかるに、周知のように、唯物史観にもとづく世界史の基本法則論の行き詰まりなどとも相俟って、やがて日本の学界では、かかる論争それ自体が下火となった。ところが、その後、まず台湾の学界で、魏晋南北朝から隋唐期を「中国中古史」として括る考え方が擡頭したのに次いで、九〇年代以降、大陸中国においても、それが伝播し、歴史区分上の用語として、ほぼ定着を見るに至っている。論者によって、若干の差異はあるものの、それは、日本で言う「中国中世」と概ね符合し、内藤説を大筋で踏襲するものと考えられる。更には、張広達（「内藤湖南的唐宋変革説及其影響」、『唐研究』十一、二〇〇五年）氏の如く、文化史的観点の重要性を指摘しつつ、内藤湖南を再評価する試みが現れている。翻って、我が邦の学界では、こうした中国側の新たな動向に殆ど対応出来ていない点を批判的に問題化した上で、谷川道雄、川勝義雄、吉川忠夫の諸氏ら、戦後の論争を整理しながら、「中国中世」という時代区分が成立する可能性や意義を検証された。その意味では、本報告は、内容的にも、今回の論壇全体の趣旨にも、最も相応しい内実と問題提起を具えるものであった。

次いで、李天石（南京師範大学）氏の報告「従身分制度看中国中古社会的変遷（身分制度から見た中国中古社会の変遷）」では、まず、中国の中古社会の特質や変遷をめぐって、気賀澤報告でも言及された、日本の京都学派といわゆる歴研派（「歴史学研究会」系、ないしは、東京学派）との間に、大きな懸隔があること、更には、中国の研究者との間にも、かなり大きな相違が存在することが指摘された。同報告では、主として、法制史と身分制度に即して、それらの変遷の角度から、漢晋から唐宋にかけての長いスパンで、氏の言われる中国中古社会の変遷を論じられた。

それによれば、秦漢から唐にかけての各王朝は、何れも法律的な見地から見れば、人びとの社会的身分に対して、制度上の統一規定を加えるという形式で、皇帝権力の末端社会に対する強い干渉を表現しているかに見える。確かに、秦漢の身分制が強調していたのは、国家が階級を分けるという特徴を持つ「編戸斉民」の制度であったが、晋から唐にかけての身分制度は、国家と士族との価値観のいわば妥協と統一の産物として、貴族制と家父長制の色合いの濃い士族制度と良民と賤民とを分かつ身分制度とが存在した。また、唐宋の変革の際にも、王朝国家が、土地制度に対する従前のような強い干渉政策を放棄したのと同様に、身分制度に関しても、宋代の経済や社会の実態に即して、新たな法律の策定など、具体的な変化が現れ、それが大筋では、元明清の歴代王朝にも踏襲されたことを示唆された。本報告ではまた、伝世文献のみならず、多くの出土文献も参照されており、同時に、日本の古代史研究や唐代史研究、更には、仁井田陞、滋賀秀三の諸氏らの法制史研究などにも、広く目配りがなされていたことが、印象に残った。氏自身が述べられた如く、個別の事象や時代区分の理解などには、相応の差異も認められようが、全体的な見通しとしては、日本の研究とも、多々符合する点も多く、向後の対話や交流による、相互の研究の進展が大いに期待される内容であった。

第三報告となる、梁建国（中国社会科学院歴史研究所）氏は、「北宋東京的城市功能聚散与空間拓展――兼論中国古代城市化的階段性与地域性特徴（北宋・東京における機能的集住と都市空間の拡大――並びに中国古代の都市化の段階と地域性の特徴について）」と題して、宋代の都市化の問題を論じられた。氏によれば、唐末から両宋期は、中国古代の都市化が、一つのピークに達した時代で、唐末までに、古代的な都市の発展は、ほぼ終末を迎え、宋代からは、新たな都市の発展や都市化の現象が見られるという。また、これまで、宋代の都市や都市化に関する研究は、江南地方にかなり偏していたが、むしろ北宋の東京（開封府）こそ、北宋の政治の中心であったのみならず、最も発展した都市として、また、黄河中下流域、延いては、全国の商業の中心地として、全国の豊富な物資や技術的・文化的な資源が集積されていたことが指摘され、改めて研究上の重要性に言及された。しかるに、その都市化に際しては、重要な時代的意義とともに、独自の地域的な特徴を逸することは出来ない。すなわち、東京は元来、地方の州城に拡張を重ねて成立したため、根本的な計画性を欠いており、外城の修築を経ても、都市機能の核心や商業地区などは、依然として内城に集中していた。そのため、都市機能の高度の集中や内城に人口が密集することで、僅かな土地をめぐっての官民の紛争やさまざまな都市問題が絶えず、庶民にとっては、生活空間も逼迫して、到底、居住に適した都市ではなかったという。だが、その活力とともに、そうした都市形態にも対応しつつ、相応の対策が講じられたことも含めて、時代を画する意義もまた、見出し得ることが示唆された。

第四報告は、阿風「崇士重商：宋代以来徽州人的四民観（崇士重商——宋代以降の徽州人の四民観）」と題される。八〇年代以降の徽州商人の研究の進展の中で、王陽明の「新四民論」と徽州商人の商業倫理とを結び付けて、徽州商人こそが、「新四民論」を実践した典型であると見なす一群の研究者が現れた。その代表的な事例が、余英時氏の『中国近世宗教倫理与商人精神』（台湾・聯經出版事業公司、一九八三年）と言えようが、本報告では、宋元時代以来の徽州商人の語録や言行録を引証しつつ、そうした見方を斥け、徽州商人は、商業を通じて富を蓄積し、富を得た段階で、やがて教育を重視し始め、子弟に教育を施し、最終的には、子孫を官途に就かせて、故郷に錦を飾るという、立身と成功への階梯に関わる共通了解が、夙に存在していたことを論証する。その意味では、「崇士重商」は、徽州商人にとって、むしろ古くからの伝統であり、その「四民観」も従来の伝統の延長線上に考えられるべきものであって、それが清末まで続いていくことが示される。従って、王陽明の「新四民論」の影響が、徽州にも及ぶことは、言を俟たないが、徽州商人を王陽明の「新四民論」を実践した典型とする見解は、一面的であるとして批判される。全体を通じて、時代区分に直接、関わる議論は見られないものの、明代の商業上の発展なり、陽明学なりの画期性や特殊性を強調するのではなく、むしろ徽州の地域性に加えて、伝統中国を通じての価値観の継続性を強く示唆する内容のように見受けられた。

次いで、第五報告となった、小島毅（東京大学）氏の「思想史から見た宋代近世論（从思想史看宋代近代史）」以下、思想史の分野からの三報告が続いた。まず、小島報告では、内藤湖南が提起した、唐宋変革説、ないしは、宋代以降を近世とする時代区分を取り上げた上で、その実、こうした時代区分が、むしろ彼に先駆けて、服部宇之吉、遠藤隆吉、宇野哲人ら、いわゆる「支那哲学」の分野においては、夙に常識化されていたことに注意を喚起する。次いで、当時の「支那哲学」の成立の経緯に触れて、それが西洋哲学の影響の下に、西洋哲学史における「古代（ギリシャ哲学）・中世（キリスト教哲学）・近世（デカルト以降）」という三区分法を多分に意識しつつ、それらを参照した歴史認識枠組みでもあったことを指摘される。続いて、政治文化の担い手を「貴族から平民へ」と定式化した内藤湖南の時代区分には、原勝郎や津田左右吉といった、当時の日本史学との同時代性が看取されることを強調される一方、更には、三宅雪嶺や徳富蘇峰らの精神史的な影響さえ垣間見られる点などについて、近年の研究を参照しながら論じられる。その上で、ヨーロッパにおいても、

「規律と選抜」を重視する学説（ゲルハルト・エストライヒ）が存することにも言及しつつ、士大夫を新たな担い手とする、在地社会からの秩序構想や王朝理念の更新などを実現化した背景として、宋学・朱子学の画期性に加えて、印刷技術の向上や書物の流通と普及、総じて、印刷出版文化の進展に「近世」の指標を読み取ろうとされる。中国や東アジアなど、歴史上の時代区分論としては、内藤湖南説を支持しながら、グローバリズムと「電脳」化の進展によって、ボーダレス化が著しく進行する今日、広義の「近世」が終焉を迎え、新しい時代が到来しつつあることを示唆して、この点にこそ、この時代区分を現在、再考する意義があると結論づける。思想史の立場からの挑発的な問題提起を含んだ報告として、向後の更なる議論の呼び水となることを期待したい。

続く第六報告は、陳支平（厦門大学）氏の「唐宋変革与明清実践——以理学、朱子学為例（唐宋の変革と明清の実践——理学、朱子学を例として）」と題されたもので、唐宋の変革期以降、宋学・朱子学から、明清時期までの思想史を俎上に載せ、社会史的な観点を加味しつつ、先行研究への批判的な提言とともに、大きなスパンで、新たな見取り図を提示された。

まず、同報告では、唐宋変革期以降、従来のいわゆる宋明理学の研究が、西洋哲学との比擬にもとづいて、その哲学・形而上学的な側面に偏重していること、他方で、歴史学的な研究にあっては、必要以上に時代を分断して、各々の時代的特徴の究明のみに埋没している点が批判される。翻って、氏によれば、むしろ宋代の「理学」から、清代に至る変化の過程を歴史的に検証することを通じて、宋代「理学」は、形而上的な思惟や意識形態と言うより、道徳におけるリーダーであることと社会をデザインすることとを車の両輪とするようなシステムであるべきこと、加えて、やがて制度化され、皇権政治に利用された側面のみならず、取り分け、明清以降の民間社会においては、一定の社会的な調和を目指した、社会末端の管理と民衆儀礼としての次元を兼ね具えていたことが主張される。世評も高かった、近年の余英時氏の大著『朱熹的歴史世界——宋代士大夫政治文化的研究』（允晨文化実業股份有限公司、二〇〇三年；生活・知識・讀書・新知三聯書店、二〇〇四年）の内包する視座への批判的な言及の一方で、馮爾康氏らの中国の宗族に関する社会史的研究（『中国宗族社会』、浙江人民出版社、一九九四年；『中国宗族史』、上海人民出版社、二〇〇九年）を大幅に引証するなど、問題提起にも満ちた、意欲的な報告であった。

次いで、汪学群（中国社会科学院歴史研究所）氏が、「試論明代思想的歴史階段特色（明代思想の史的段階と特色に関する試論）」と題する報告を行った。同報告では、各時代のそれぞれ異なった歴史的段階や社会背景を伴って出現した思想は、中国思想の発展の里程標と見なし得ること、明代思想もまた、中国思想の発展において、重要な段階であったことが、まずは確認される。しかるに、明代の思想は、理学、就中、より具体的には、心学という側面から概括されがちで、経学の面では、その思想的な特色が重要視されず、動もすれば等閑視されるなど、公正さを欠いた、一面的な見方が支配的であった。それに対して、氏は、学術・思想・社会の三つの側面から、バランスの取れたかたちで、明代思想の歴史的段階とその特色を明らかにしようとされる。

結論として、明代思想の特徴として、第一には、『四書・五経大全』の編纂に象徴されるように、儒家思想が政府の思想として、統治に資するものと観念されて、その主導的地位が一層、強化されたこと、第二に、朱子学から陽明学への比重の推移に端的に表現されているように、学術を問う風潮から徳を重視する風潮への変化が見られたこと、第三に、心学の勃興とともに、経学が心学の裡に取り込まれたこと、それ故、「経学即心学」、「六経が即吾が心の道」とされるような思潮が現出したこと、第四に、講学を通じて、思想が大衆化したこと、その結果、思想における実践と教化の効能が注目され、地域社会の一種の自治を促進したことなどが、列挙された。そして、かかる四つの特徴の裡に、中国的な中古思想の近世思想への全面的な展開を見出すことが出来るとされた。

最後は、文学のジャンルから、韓格平（北京師範大学）氏の報告「元人詩序中的元人詩学観（元代の詩序にみる元人の詩学観）」によって、締め括られた。氏によれば、元代の詩集や詩文集には、文人や友人同士で、序文を附したものが多数、現れたが、そこでは、詩作の関連事項の紹介のみならず、序文作者の詩歌創作に関する批評や審美観が主観的に述べられたものも多いという。すなわち、元代詩壇の隆盛は、元人の詩歌のみならず、彼らの詩序や詩文評とも綯い交ぜになって、その輝きを生み出しているという。また、序文の中で、彼らの詩歌本体論、創作論、鑑賞論、詩歌史観などを看取することが出来るが、その分析を通じて、元人の詩学に対する基本姿勢、彼らの伝統からの継承性と新たな独創性とが見出し得るとされる。やはり直接、時代区分に言及するものではないが、元代の詩作の流行の裡に、時代や意匠的にも、新旧の併存を垣間見る思いがした。

二つの分科会の終了後の総合討論では、双方の分科会で司会を務めた、石井仁、博明珠、楼勁の各氏とともに、筆者も、引き続き、司会を担当した。最初に、石井仁氏が、分科会Ⅰの報告と併せて、戦後日本の時代区分論争について、改めて回顧的な概観と総括を行うとともに、本論壇の意義を縷説された。次いで、筆者も、分科会Ⅱに関する報告とコメントを申し述べた。当日は、時間的な制約や司会の不手際もあって、必ずしも十分な時間は取れなかったが、気賀澤保規氏や岸本美緒（お茶の水女子大学）氏らによって、主に内藤湖南の時代区分論をめぐる質疑応答や討論が行われた。

さて、本論壇を全体として顧みるとき、「中国史の時代区分の現在」というテーマそのものに深く切り結ばれて、新たな時代区分上の仮説を提示されたのは、全体会における妹尾達彦報告「人類史と東アジアの時代区分（人類史和東亜史的劃分時期）」、分科会Ⅰにおける渡邉義浩報告「「古典中国」の成立と展開（〝古典中国〟的成立与展開）」に止まっていたし、また、内藤湖南の時代区分論そのものを俎上に載せたものも、一見したところ、直接的には、分科会Ⅱにおける気賀澤保規報告「内藤湖南の時代区分論」と小島毅報告「思想史から見た宋代近世論」に限られていたように見受けられる。しかるに、分科会Ⅱを通じても、李天石報告の解説の中で、少しく触れたように、若干の差異や齟齬はあっても、時代区分などの領域においても、部分的にではあれ、日本の研究とも符節を合する側面も多々窺えるように思われた。梁建国報告なども、唐末から両宋の間を古代中国の都市史における一つの分岐点と見なすものと考えられるし、取り分け、思想史分野での陳支平、汪学群の両氏の報告に至っては、近年の日本における中国近世思想史研究の動向とも、大まかな見通しとしては、さしたる径庭があるようには思えなかった。

また、各報告を通じて、日本の研究成果を含む、中国の内外での豊富な研究上の達成が、貪欲に吸収されていることが確認された点も、特に印象に残ったが、その意味でも、日中両国の学界が、お互いに前提として共有すべき共通了解が、徐々に蓄積されてきたようにも見受けられる。贅言するまでもなく、「時代区分」それ自体は、歴史を広い視座で見通すための、いわば仮説的・構成的な概念でもあって、特定の学説を自己目的化して論証しようとすることは、ある意味では、むしろ転倒した見方とも言えようが、相互の異なった観点を競い合わせ、時には擦り合わせも行うことを通じて、より良い仮説の提示を積み重ねていくことは、相互の研究を相対化し、交流をより一層、深化させるためにも、殊の外、肝要なことかと思われる。

あとがき

本書は、東方学会と中国社会科学院歴史研究所の交流協定に基づき開催された第六回日中学者中国古代史論壇の成果の一部である。

第六回日中学者中国古代史論壇は、二〇一五年五月二四日、第五十九回国際東方学者会議に併設して、「中国史の時代区分の現在――歴史学・思想史・文学の連携による――」というテーマに基づき、中国から一六名の参加を得て行われた。

論壇は、午前中に行われた「全体会」では、石井仁（駒澤大学）・博明妹（中国社会科学院）を司会に、四名が報告を行った。池田知久は、今回の論壇のテーマの主旨を述べ、本テーマが第四回論壇の「中国新出資料学の展開」というテーマからの継続性を持ちながら、かつて論争されたことのある中国史の時代区分論や中国古代史の歴史的特質論を、思想・語学文学をも含めた文化全体の中で考えるという新たな視点に立って、再度検討し直そうという試みであることを紹介した。

午後からは、主として時代ごとに、二つの分科会が開催された。分科会Ⅰは、石井仁・博明妹の司会のもと、八名が報告を行った。分科会Ⅱは、伊東貴之（国際日本文化研究センター）・楼勁の司会のもと、八名が報告を行った。

分科会の終了後には、石井仁・伊東貴之・楼勁・博明妹を司会として、総合討論が行われた。はじめに分科会Ⅰの報告を石井仁が、ついで分科会Ⅱの報告を伊東貴之が総括し、それぞれにコメントを附した。そののち、フロアを含めて総合的な討論が行われ、十分な時間が取れなかったとはいえ、内藤湖南の時代区分に関する質疑応答が行われた。

論壇の終了後、報告者より提出された原稿のうち、中国語の論文は、主として若手研究者に翻訳を依頼した。氏名・所属を掲げておく。

全体会
一、池田知久（山東大学）
二、楼勁（中国社会科学院）、島田悠（青山学院大学非常勤講師）
三、妹尾達彦（中央大学）
四、湯開建（澳門大学）、周力（二松学舎大学非常勤講師）

分科会Ⅰ
一、王彦輝（東北師範大学）、髙橋康浩（駒澤大学非常勤講師）
二、宋豔萍（中国社会科学院）、池田雅典（東野高等学校講師）
三、渡邉義浩（早稲田大学）
四、王承文（中山大学）、冨田絵美（早稲田大学大学院）
五、劉屹（首都師範大学）、冨田絵美（早稲田大学大学院）
六、劉洪波（中国社会科学院）、西念咲和希（早稲田大学大学院）
七、黄寿成（陝西師範大学）、三津間弘彦（大東文化大学非常勤講師）
八、牧角悦子（二松学舎大学）

分科会Ⅱ
一、氣賀澤保規（明治大学）
二、李天石（南京師範大学）、袴田郁一（早稲田大学大学院）
三、梁建国（中国社会科学院）、関俊史（早稲田大学大学院）
四、阿風（中国社会科学院）、仙石知子（日本学術振興会特別研究員）
五、小島毅（東京大学）
六、陳支平（厦門大学）、黒﨑恵輔（早稲田大学大学院）
七、汪學群（中国社会科学院）、阿部亘（早稲田大学非常勤講師）
八、韓格平（北京師範大学）、稀代麻也子（筑波大学）

渡邉義浩（記）

The Present State of the Periodization of Chinese History:

Watanabe Yoshihiro

Since August 2009, the Tōhō Gakkai has been holding annually a Forum of Japanese and Chinese Scholars on Ancient Chinese History together with the Institute of History, Chinese Academy of Social Sciences. The 6th Forum was held on the subject of "The Present State of the Periodization of Chinese History: In Collaboration with History, the History of Thought, and Literature," with twenty scholars presenting papers, and much lively discussion took place.

The plenary session held during the morning was chaired by Ishii Hitoshi 石井仁 and Bo Mingmo 博明妹, and four papers were presented. In his introductory remarks, Ikeda Tomohisa 池田知久 explained that the aim of this forum was to reexamine the periodization of Chinese history and theories about the historical characteristics of ancient Chinese history from a new perspective by considering them in the context of culture as a whole, including intellectual thought, linguistics, and literature. Lou Jin 楼勁 ("The 'Confucianization of Laws' and the 'Statute Law Movement' from the Wei-Jin Period") showed how the movement to enact laws that arose in the Wei-Jin period advanced the evolution of laws in the form of administrative and penal codes (lü 律 and ling 令), and he discussed the influence of this. Seo Tatsuhiko 妹尾達彦 ("The Periodization of Human History and East Asia") proposed a new periodization of world history in which the first period is the "formative period of classical states," the second period the "formative period of Eurasian history," and the third period the "advance of global unification" (16th to 21st centuries). Tang Kaijian 湯開建 ("The Discovery of the Li Ma Zhuan by Liu Chengfan, Vice Magistrate of Mingshao Sub-prefecture, and Its Content and Value") sought the significance of the Li Ma zhuan 利瑪伝, a biography of Matteo Ricci by Liu Chengfan 劉承范 included in the Liushi zupu 劉氏族譜, in the fact that it makes possible a critical examination of European sources.

The papers presented in the afternoon were divided into two sections. Section I was chaired by Ishii Hitoshi and Bo Mingmo, and eight papers were presented. Wang Yanhui 王彦輝 ("A Study of the Forms of Settlements during the Qin and Han, with a Discussion of Miyazaki Ichisada's Thesis of the Chinese City-State") criticized Miyazaki Ichisada's 宮崎市定 thesis, arguing that in ancient China towns and natural settlements coexisted and in the process of strengthening the township-village (xiangli 鄉里) system during the Qin and Han periods scattered settlements entered the administrative system in their existing form. Song Yanping 宋艶

萍（“The Influence of the ‘Gate of Yao’s Mother’ on the Political Situation during the Middle of the Western Han and on Views of the Political History of This Period”）argued that the idea that members of the imperial family of the Han dynasty were descendants of the mythical emperor Yao 尭 arose from the comparison to Yao of Fuling 弗陵（Zhaodi 昭帝）, who was born after a gestation of fourteen months. Watanabe Yoshihiro 渡邉義浩（“The Formation and Development of ‘Classical China’”）proposed a new periodization of Chinese history consisting of four periods, with “classical China” as a common element: proto-China（until the establishment of classical China）, the establishment of classical China, the development of classical China, and the collapse of classical China. Wang Chengwen 王承文（“An Examination of the Origins of the ‘Quiet Chamber’ and the System of Maigre Feasts in Han-Jin Daoism”）argued that the “quiet chamber”（jingshi 静室）used in Daoism during the Han to Jin periods grew out of retreat chambers（zhaigong 斎宮 and zhaishi 斎室）that were used in religious rites from the pre-Qin period through to the Early and Later Han. Liu Yi 劉屹（“Historical Changes in the Lingbao Tradition of Daoism”）divided the Lingbao 霊宝 tradition of Daoism into six stages and pointed out that changes from the Tang to the Song were the most important. Liu Hongbo 劉洪波（“The Notions of Yin, Yang, and the Five Phases［Wu¬xing］and Efforts to Avert Natural Disasters by Prayers and Reduce Their Effects in the Wei, Jin, and Northern and Southern Dynasties”）argued that during the Wei, Jin, and Northern and Southern Dynasties Confucian thought, which continued to occupy a leading position, played an important role in activities aimed at averting disasters and reducing their effects. Huang Shoucheng 黄寿成（“Yuwen Tai’s Group during the Initial Founding of the Western Wei Régime”）argued that in the early years of the Western Wei Yuwen Tai 宇文泰 gained control of the army and had full control of government. Makizumi Etsuko 牧角悦子（“The Modern Period in the History of Chinese Literature”）pointed out that Wen Yiduo’s 聞一多 research on the Shijing 詩経 possessed both innovativeness in that he presented a system for interpreting the Shijing as songs and a narrow-mindedness that rejected any different interpretations based on differences in their exponents’ stance towards the classics.

Section II was chaired by Itō Takayuki 伊東貴之 and Lou Jin, and nine papers were presented. Kegasawa Yasunori 氣賀澤保規（“Naitō Konan’s Periodization of China”）noted that a study by Zhang Guangda 張広達（“Naitō Konan’s Thesis on the Tang-Song Transition and Its Influence”）has reevaluated Naitō Konan 内藤湖南 from the viewpoint of cultural history, and he lamented the fact that academic circles in Japan were failing to respond to these new moves

in China. Li Tianshi 李天石（“Changes in Early Medieval Chinese Society as Seen in the Class System”）put forward the view that differences between the class system of the Qin-Han period and the class system from the Jin to the Tang arose depending on whether legalists took the lead or Confucianists took the lead. Liang Jianguo 梁建国（“Concentration of Urban Functions and Spatial Expansion in Dongjing during the Northern Song: With Comments on Characteristics of the Phased and Localized Nature of Urbanization in Ancient China”）argued that while Kaifeng 開封 during the Northern Song attracted abundant materials and technological and cultural resources from all parts of China, possessed sound urban functions, and abounded in all manner of temptations and opportunities, it was not a city suited to residential living. A Feng 阿風（“Revering Scholars and Valuing Merchants: Views of the Four Classes of People in Huizhou since the Song”）noted that Huizhou 徽州 merchants had a tradition of valuing education once they had accumulated wealth through commerce and encouraging their descendants to enter government service, and he cautioned against reading into their view of the four classes of people too much influence from Wang Yangming’s 王陽明 new theory of four classes of people. Kojima Tsuyoshi 小島毅（“The Song Dynasty as an Early Modern Period, Seen from the History of Thought”）pointed out that the method of periodization equating the period from the Song onwards with the early modern period had from an early stage become conventional wisdom in the field of “Chinese philosophy” through the influence of European philosophy, and he also noted the possibility that Naitō Konan’s periodization was contemporaneous with similar developments in Japanese historiography. Chen Zhiping 陳支平（“The Tang-Song Transition and Ming-Qing Practice: With Lixue and Neo-Confucianism as Examples”）criticized research on Song-Ming lixue 理学 for being biased towards philosophy and metaphysics and dividing historical periods, and he suggested that by considering the process of change from the Song to the Qing in historical terms control of the lowest echelons of society and aspects of popular rites would become clearer. Wang Xuequn 汪学群（“A Consideration of Characteristics of the Historical Stage of Ming Thought”）sought the characteristics of Ming thought in the strengthening of the leading position of Confucian thought, a shift from a tendency to question scholarship to a tendency to value moral virtue, the incorporation of the study of the Confucian canon in mind-and-heart learning（xinxue 心学）, and the popularization of philosophical thought. Han Geping 韓格平（“Yuan Views of Poetics as Seen in Poem Prefaces by Yuan Writers”）noted that during the Yuan there began to appear in poetry anthologies prefaces setting forth theories of creativity, essence, and so on, and he suggested that by analyzing these it would be possible to elucidate their traditionality and novelty.

After the conclusion of the two sections, a general discussion was held, chaired by Ishii Hitoshi, Itō Takayuki, Lou Jin, and Bo Mingmo. First, Ishii summarized the papers presented in Section I and Itō summarized those presented in Section II, and they both added comments on the papers. There followed a general discussion that included questions and comments from the floor, and although the allotted time was insufficient, there was an exchange of questions and answers about Naitō Konan's periodization.

During the general discussion, Ishii Hitoshi spoke eloquently about the significance of the fact that the subject of periodization had been readdressed at this forum for the first time in many years, and it could be said that the very fact that this forum had taken up the topic of "The Present State of the Periodization of Chinese History" was in itself of great significance. Of course, there were only two papers, by Seo Tatsuhiko and Watanabe Yoshihiro, that offered hypotheses for a new periodization of Chinese history as a whole and world history, but it was very significant that there were many papers founded on periodization in which the speakers in the course of their specialized research had questioned how they might situate their own research in a particular period, or what sort of periodization might be feasible in their own field of specialization, or how they might set their own research against past epoch-making research such as the theses of Miyazaki Ichisada and Yoshikawa Tadao 吉川忠夫. Further, there were several papers by Chinese scholars who had formulated their theories after having also taken into account the findings of Japanese scholars, and one gained the impression that, when compared with earlier times, the gulf between Japanese and Chinese research is growing smaller. It may be assumed that this continuous academic exchange between Japan and China, now in its sixth year, is gradually producing results.

As has been the case with past forums, it is planned to bring out the proceedings of this forum in the form of a collection of essays to be published by Kyūko Shoin 汲古書院, and I hope that large numbers of people will look through them. Next year, it is planned to hold the 7th Forum at Capital Normal University in Beijing in late August. By continuing to create a precedent for the regular holding of forums in Japan and China, we hope to continue playing a part in international academic exchange between Japan and China.

第六回日中学者中国古代史論壇論文集
中国史の時代区分の現在

二〇一五年八月一二日

編　者　渡　邉　義　浩
発行者　三　井　久　人
印　刷　モリモト印刷株式会社

発　行　汲　古　書　院
〒102-0072 東京都千代田区飯田橋二―五―四
電　話　〇三（三二六五）九七六四
ＦＡＸ　〇三（三二二二）一八四五

ISBN978-4-7629-6554-8 C3022

KYUKO-SHOIN,CO.,LTD. TOKYO